Lehrbuch Germanistik

Peter-André Alt

# Aufklärung

2., durchgesehene Auflage

Lehrbuch Germanistik

Verlag J.B. Metzler
Stuttgart · Weimar

Peter-André Alt ist Professor für Neugermanistik (Schwerpunkt: Deutsche Literatur des 17.–18. Jahrhunderts) an der Universität Bochum. Buchveröffentlichungen zur Ironie im modernen Roman, zur Geschichte der literarischen Allegorie in der frühen Neuzeit, zur Tragödie der Aufklärung und zu Schiller (2 Bde.).

Die Deutsche Bibliothek – CIP-Einheitsaufnahme

*Alt, Peter-André:*
Aufklärung / Peter-André Alt. – 2., durchges. Aufl. – Stuttgart; Weimar: Metzler, 2001
(Lehrbuch Germanistik)
ISBN 3–476–01853–9

Gedruckt auf chlor- und säurefreiem, alterungsbeständigem Papier

ISBN 3–476–01853–9

© 2001 J.B. Metzlersche Verlagsbuchhandlung
und Carl Ernst Poeschel Verlag GmbH in Stuttgart

Einbandgestaltung: Willy Löffelhardt
Satz: Typograffiti Birgit Neumann, Wannweil
Druck und Bindung: Franz Spiegel Buch GmbH, Ulm

Printed in Germany
Mai / 2001

Verlag J.B. Metzler Stuttgart · Weimar

# INHALT

Vorbemerkung .......................................................................... IX


## I. Ideen- und wirkungsgeschichtliche Aspekte der Epoche

1. Allgemeine Tendenzen
   Geschichte des Aufklärungsbegriffs ........................................... 1
   Phasengliederung und Periodisierung .......................................... 7
   Hauptströmungen und Leitaspekte ............................................. 11
2. Entwicklung des frühaufklärerischen Rationalismus
   Descartes und Leibniz ....................................................... 14
   Schulphilosophische Popularisierung: Christian Wolff ........................ 18
   Empiristische Tendenzen bei Thomasius ....................................... 21
3. Das neue Weltbild der Naturwissenschaften
   Grundlagen der kopernikanischen Astronomie .................................. 25
   Kopernikus-Rezeption in der frühen Neuzeit .................................. 28
   Durchsetzung des heliozentrischen Weltbildes ................................ 32
4. Theologisch-konfessionelle Strömungen
   Physikotheologie ............................................................ 34
   Deismus ..................................................................... 36
   Neologie .................................................................... 40
   Pietismus ................................................................... 41
5. Buchmarkt und Publizistik
   Entfaltung literarischer Öffentlichkeit ..................................... 45
   Zeitschriftenproduktion seit Beginn des 18. Jahrhunderts .................... 47
6. Forschungsübersicht
   Methodik der Ideengeschichte ................................................ 49
   Sozialhistorische Perspektiven .............................................. 51
   Gesichtspunkte der mentalitäts- und kulturgeschichtlichen Forschung ......... 55
   Fragen der Epochenabgrenzung ................................................ 58


## II. Poetik und Ästhetik

1. Aspekte der Poetik im 17. Jahrhundert
   Rhetorisches Ordnungsgefüge ................................................. 60
   Nachahmungskonzept .......................................................... 62
   Normwandel um 1700 .......................................................... 65
2. Gottscheds Normpoetik
   Grundzüge der *Critischen Dichtkunst* ....................................... 68
   Mimesistheorie .............................................................. 72

Kategorien poetischer Produktivität ..................................................... 76
Funktion der rhetorischen Regelkunde ................................................ 78

3. Dichtungstheorie bei Bodmer und Breitinger
Frühschriften .............................................................................. 80
Begriff des ›Wunderbaren‹ ............................................................. 83
Das Erhabene .............................................................................. 86
Poetik Breitingers ......................................................................... 88

4. Sensualistische Ästhetik: Baumgarten und Meier
Anregungen durch Muratori, Dubos und König ................................. 92
Ästhetisches System bei Baumgarten ............................................... 95
Meiers Wissenschaft des Schönen ................................................... 99

5. Lessings Grundlegung der Illusionsästhetik
Methodische Aspekte .................................................................... 102
Wechselseitige Erhellung der Künste ............................................... 104
Lehre von den Zeichen ................................................................. 107
Fundierung des Illusionsgedankens ................................................. 111

6. Forschungsübersicht
Ältere Stiltheorie ......................................................................... 115
Untersuchungen zum Naturbegriff ................................................. 118
Neuere Arbeiten zu poetologischen Leitkategorien ........................... 121


III. Lyrik und Lehrdichtung

1. Grundzüge der Aufklärungslyrik
Zum Lyrikbegriff ......................................................................... 126
Entwicklung nach 1700 ................................................................. 127
Wandel der Formen ...................................................................... 128

2. Brockes und sein Kreis
Biographisches ............................................................................ 129
Leitmotive des Hauptwerks ........................................................... 131
Naturwissenschaftliche Thematik ................................................... 134

3. Hallers Lehrgedichte
Poesie und Naturforschung ........................................................... 138
Die Alpen ................................................................................... 139
Lehrdichtung .............................................................................. 143

4. Anakreontische Odendichtung
Grundzüge des Gattung ................................................................ 148
Zentrale Topoi ............................................................................ 150

5. Klopstocks Oden und Hymnen
Aspekte des Gesamtwerks ............................................................. 152
Der Zürchersee ............................................................................ 155
Das Landleben ............................................................................ 157

6. Forschungsübersicht
Studien zum naturwissenschaftlichen Horizont der Aufklärungslyrik ....... 161
Gattungsgeschichte ...................................................................... 164
Perspektiven und Desiderate .......................................................... 165

# IV. Drama und Theater

## 1. Drama zwischen Barock und Aufklärung
Vom Schultheater zum Kunstdrama ................................................. 167
Trauerspiel des 17. Jahrhunderts ................................................. 170
Entwicklung des Lustspiels ................................................. 174
Barocke Schulbühne ................................................. 176
Verfall des Dramas um 1700 ................................................. 182

## 2. Theaterreform seit Gottsched
Bühnenpraxis zur Zeit der Frühaufklärung ................................................. 184
Schlegels Gottsched-Kritik ................................................. 188
Nationaltheaterbewegung ................................................. 189

## 3. Tragödie der frühen Aufklärung
Gottscheds Trauerspielkonzept ................................................. 194
Gottscheds *Sterbender Cato* als Musterstück ................................................. 197
Modifikation des klassizistischen Heldentyps bei Schlegel ................................................. 201
Lessings *Philotas* ................................................. 206

## 4. Das bürgerliche Trauerspiel
Begriffsgeschichte ................................................. 207
Lessings Poetik des Mitleids ................................................. 212
*Miss Sara Sampson* als Gattungsparadigma ................................................. 215
Trauerspieltheorie der *Hamburgischen Dramaturgie* ................................................. 218
Das Modell der *Emilia Galotti* ................................................. 221

## 5. Entwicklung der Komödie
Aspekte der Typenkomödie ................................................. 224
Lustspiele des Gottschedkreises ................................................. 227
Lustspiele in Versen ................................................. 230
Die rührende Komödie ................................................. 232
Lessings Lustspiele ................................................. 234
*Nathan der Weise* als gattungspoetischer Sonderfall ................................................. 238

## 6. Forschungsübersicht
Geistesgeschichtliche Strömungen der älteren Tragödienforschung ................................................. 239
Quellenstudien ................................................. 239
Sozialhistorische Arbeiten ................................................. 240
Aktuelle Tendenzen ................................................. 243
Aspekte der Lustspielforschung ................................................. 244

# V. Fabel, Erzählung und Roman

## 1. Formen der aufgeklärten Prosa
Gattungsgeschichtliche Hintergründe ................................................. 247
Konjunktur des Romans ................................................. 249

## 2. Wirkungskonzepte der Fabel
Historischer Horizont ................................................. 251
Fabeltheorie ................................................. 251
Formen der Gattung ................................................. 258

3. Satire und Erzählung von Gottsched bis Wieland

    Grundmuster der Aufklärungssatire ................................................... 260

    Abriß der Gattungstheorie ............................................................ 262

    Satirische Praxis von Liscow bis Lichtenberg ................................. 264

    Poetik der Erzählung .................................................................. 268

    Differenz der erzählerischen Formtypen ........................................ 272

4. Roman der Frühaufklärung

    Theoretische Entwicklung seit Opitz ............................................. 276

    Heideggers Romankritik und ihre Rezeption .................................. 278

    Schnabels *Insel Felsenburg* und der frühaufklärerische Roman ........... 281

5. Entwicklung des Romans zwischen 1740 und 1775

    Typologie des Aufklärungsromans ................................................ 286

    Rehabilitierung der Gattung ........................................................ 292

    Wielands *Geschichte des Agathon* ................................................ 294

    Theorie des Romans bei Blanckenburg ......................................... 298

6. Forschungsübersicht

    Allgemeine Tendenzen der Prosaforschung .................................... 302

    Studien zum Roman ................................................................... 305


VI. Abschluß und Ausblick

    Popularphilosophie, Pädagogik und Anthropologie der Spätaufklärung ............. 310

    Geschichtsdenken ....................................................................... 314

    Vollendung der Aufklärung: Geschichtsphilosophie bei Lessing und Herder ........ 316


Bibliographie

    Zu Kapitel I .............................................................................. 321

    Zu Kapitel II ............................................................................ 326

    Zu Kapitel III ........................................................................... 329

    Zu Kapitel IV ........................................................................... 332

    Zu Kapitel V ............................................................................ 336


Namenregister ................................................................................ 340

# VORBEMERKUNG

Das vorliegende Buch versteht sich als Einführung in Themen und Probleme der deutschen Literatur der Aufklärung. Seine Gliederung sucht das stets prekäre Gleichgewicht zwischen historischen und systematischen Sachaspekten zu bewahren. Die besondere Signatur der Epoche sollte sich im Idealfall durch die methodische Zusammenführung von ideen- bzw. mentalitätsgeschichtlicher und literaturwissenschaftlicher Untersuchungsperspektive erschließen. Der Konzentration auf einzelne Autoren wurde die problemorientierte, zumeist an der (im 18. Jahrhundert noch intakten) Ordnung der Gattungen ausgerichtete Darstellungsweise vorgezogen. Derart entstand die Möglichkeit, komplexe Entwicklungsprozesse überschaubar zu halten und historische Bezüge jenseits biographischer Einzelfälle deutlicher herauszuarbeiten.

Die Chronologie der Untersuchung folgt, nach einem umfassenden Einführungskapitel und Ausführungen zur Literaturtheorie, der historischen Gattungsentwicklung, wie sie sich im 18. Jahrhundert abzeichnet. Eine solche Disposition schien sinnvoll, weil sie geschichtlichen und systematischen Aspekten gleichermaßen Rechnung tragen konnte. Grundlegend für das interpretatorische Verfahren blieb stets die Annahme, daß die Literatur der Aufklärung vielfältiger und facettenreicher ist, als es das noch immer wirksame Vorurteil vom ›Zeitalter ohne Poesie‹ vermuten läßt.

Die Darstellung verzichtet auf einen Anmerkungsapparat. Statt dessen finden sich am Ende des Buches fünf Teilbibliographien, die, den Kapiteln I–V zugeordnet, nach für das jeweilige Sachgebiet relevanten Werken und Quellen (A) bzw. Forschungspublikationen (B) gegliedert sind. Hinweise auf Primär- und Sekundärliteratur erfolgen im fortlaufenden Text unter Angabe von Autornamen und Seitenzahl. Die voranstehende römische Ziffer bezeichnet die Kapitelzugehörigkeit der Teilbibliographie, in der das Werk genannt ist. In Zweifelsfällen (bei verschiedenen Werken desselben Autors) werden Siglen verwendet. Am Schluß der fünf Hauptkapitel findet sich jeweils ein detaillierter Forschungsbericht, der in den Stand der aktuellen Sachdiskussion einführt.

Bochum, Oktober 1995                                             Peter-André Alt

# I. IDEEN- UND WIRKUNGS-GESCHICHTLICHE ASPEKTE DER EPOCHE

## 1. Allgemeine Tendenzen

### Geschichte des Aufklärungsbegriffs

Im Dezember 1783 konstatiert der konservative Theologe Johann Friedrich Zoellner in einem Beitrag für die »Berlinische Monatsschrift« ein Mißverhältnis zwischen dem programmatischen intellektuellen Anspruch der Zeit, sich und andere aufzuklären, und dem merkwürdig unbestimmten Profil des Begriffs ›Aufklärung‹ selbst. Zoellner erklärt: »Was ist Aufklärung? Diese Frage, die beinahe so wichtig ist, als: was ist Wahrheit, sollte doch wohl beantwortet werden, ehe man aufzuklären anfinge! Und noch habe ich sie nirgends beantwortet gefunden.« (I Hinske Hg., 115). Den Hintergrund dieses distanzierten Einwurfs bildet der skeptische Vorbehalt angesichts eines vermeintlichen intellektuellen Modephänomens, dessen Profil unzureichend bestimmt scheint. Zoellner, der keineswegs zu den aufgeklärten Theologen seiner Zeit gehört, hegt offenkundig Zweifel daran, daß es gelingen könnte, den schillernden Begriff angemessen zu erläutern. Seine Frage ist von Distanz, nicht aber von Loyalität gegenüber dem Phänomen geprägt, dessen programmatischer Charakter näher diskutiert werden soll.

Auf der anderen Seite gilt es zu betonen, daß Zoellners Verfahrensweise selbst durchaus aufgeklärtes Format besitzt, insofern sein Artikel ungelöste Fragen offenlegt und den Leser in einen Verstehensprozeß einbezieht, dessen Verlauf nicht von vornherein fixiert scheint. Derjenige, der Aufklärung über den Begriff ›Aufklärung‹ sucht, tritt an die **Öffentlichkeit** und stellt, was ihn intellektuell bewegt, im Rahmen eines publizistischen Beitrags zur Debatte. Im Sinne dieses Vorgehens ist die Aufklärung des 18. Jahrhunderts als Bewegung zu deuten, die, gestützt auf den lebendigen Austausch von Argumenten, vor den Augen des lesenden Publikums die sie bedrängenden Probleme im Zusammenhang eines fortlaufenden Kommunikationsprozesses möglichst umfassend zu diskutieren sucht. Wenn Zoellner zur Beantwortung seiner Frage nach dem Wesen der Aufklärung ermuntert, dann ist dieses Verfahren selbst schon wieder genuin aufklärerisch, insofern es über die Herstellung von Öffentlichkeit einen Beitrag zur Bewältigung intellektueller Herausforderungen leisten möchte.

Ebenso berühmt geworden wie Zoellners programmatische Frage ist die Replik, mit der sich Immanuel Kant zu Wort meldet. Sie erscheint im Dezember 1784 in der »Berlinischen Monatsschrift« und hebt mit einer vielzitierten Definition an:

> Aufklärung ist der Ausgang des Menschen aus seiner selbst verschuldeten Unmündigkeit. Unmündigkeit ist das Unvermögen, sich seines Verstandes ohne Leitung eines anderen zu bedienen. Selbstverschuldet ist diese Unmündigkeit, wenn die Ursache derselben nicht am Mangel des Verstandes, sondern der Entschließung und des Mutes

liegt, sich seiner ohne Leitung eines andern zu bedienen. Sapere aude! Habe Mut, dich deines eigenen Verstandes zu bedienen! ist also der Wahlspruch der Aufklärung. (I Kant, Bd. XI, 53; vgl. I Möller, 7f.).

Aufklärung und Verstandestätigkeit gehören für Kant unmittelbar zusammen. Zentrales Kriterium bleibt dabei, daß sich das Geschäft der Aufklärung jenseits der reinen Privatsphäre des Menschen außerhalb seines ausschließlich individuellen Interessenbereichs vollziehen kann. Kant betont, der Akt des Aufklärens trete primär im »öffentlichen Gebrauch« (I Kant, Bd. XI, 55) der Vernunft sichtbar hervor. Aufklärung wird verstanden als publizistischer Prozeß, an dem sich Gelehrte und Schriftsteller zum Zweck einer allgemeinen, möglichst breit angelegten Erziehung des Menschen zur Mündigkeit zu beteiligen haben. Kants Prämisse bleibt zumal, daß der ›öffentliche Gebrauch der Vernunft‹ in Rede und Schrift durch die Demonstration der Leistungskraft rationaler Reflexion vorbildhaft wirken könne. Unzweideutig scheint dabei, wogegen sich die von Kant geforderte Vernunftpraxis im Wirkungskreis der Öffentlichkeit richten soll (vgl. I Habermas St, 81f.). Unmündigkeit, Unfreiheit, nicht zuletzt, als deren Spielarten, Aberglaube und Trägheit des Menschen gilt es durch die Ermächtigung der jedem gegebenen Verstandesfertigkeiten zu vertreiben. Gegen diese Formen selbstverschuldeter, nämlich durch Verzicht auf den Vernunftgebrauch zustandegekommener Abhängigkeit setzt Kant den Imperativ ›sapere aude!‹. Das Wagnis des Einzelnen, sich seiner rationalen Geisteskräfte zu bedienen, vermag zur Freiheit der Selbstbestimmung zu führen, die einzig dort entspringt, wo das Individuum auf die ihm verliehenen intellektuellen Möglichkeiten zurückgreift und als sein eigener Herr über sich und sein Geschick souverän entscheidet.

Kant läßt keinen Zweifel daran, daß das **Projekt Aufklärung** für ihn noch unabgeschlossen ist; wir leben, so vermerkt er, in einem Zeitalter der Aufklärung, nicht aber in einer selbst aufgeklärten Epoche. Kants Definition stellt folglich weniger den Versuch einer Bilanz dar als einen Beitrag, der eine programmatische Vision im Auge hat: die Vollendung des Aufklärungsprojekts, das den Menschen zu Freiheit und Autonomie führen soll. Bedingung für die Erfüllung dieses Anspruchs ist die Aufklärung über das, was Aufklärung anstrebt: die Selbstreflexion des Vorhabens im Hinblick auf seine Möglichkeiten und Ziele. Auch dieser Aspekt gehört fraglos, in den unterschiedlichsten historischen Phasen, zum geistigen Erscheinungsbild jener Epoche, die man ›Aufklärung‹ nennt. Daß aufklärerisches Denken die eigenen Vorsätze und Ziele durchleuchtet, um sich ihrer im Prozeß des Räsonnements zu versichern, bestimmt auf entscheidende Weise sein spezifisches intellektuelles Profil. Besonders charakteristisch tritt die Tendenz zur Selbstreflexion, zur skeptischen Überprüfung intellektueller Hypothesen und der methodischen Verfahrensweisen, die sie umsetzen sollen, in der späten Aufklärung, in Kants drei großen kritizistischen Abhandlungen zutage.

Im selben Jahr wie Kant versucht sich auch der Berliner Philosoph Moses Mendelssohn an einer Antwort auf Zoellners Frage. Mendelssohn erklärt: »Die Worte *Aufklärung, Kultur, Bildung* sind in unsrer Sprache noch neue Ankömmlinge. Sie gehören vor der Hand bloß zur Büchersprache. Der gemeine Haufe verstehet sie kaum. Sollte dieses ein Beweis sein, daß auch die Sache bei uns noch neu sei? Ich glaube nicht.« (I Mendelssohn, 266). Mendelssohns knapper Hinweis gilt dem Umstand, daß der Begriff der Aufklärung ungleich jüngeren Datums ist als das intellektuelle Geschäft, das er bezeichnet. Ehe im folgenden der Versuch einer Periodisierung der Aufklärungsepoche im Hinblick auf ihre verschiedenen Phasen unternommen wird, sei daher zunächst ein Blick auf die Wortgeschichte gerichtet (vgl. zum folgenden I Mahlmann, 621f., I Stuke, 245ff., I Pütz, 11f.).

Erstmalig nachweisbar ist das deutsche Wort ›aufklären‹ im ausgehenden 17. Jahrhundert. In Kaspar Stielers *Der Teutschen Sprache Stammbaum und Fortwachs oder Teutscher Sprachschatz* von 1691 begegnet dem Leser ›aufklären‹ im Sinne von ›aufhellen‹, ›aufheitern‹ (I Stieler, Sp. 969). Die hier anklingende metereologische Hauptbedeutung behält das Wort im frühen 18. Jahrhundert bei. Zugleich jedoch gewinnt es eine neue Nuance durch metaphorische Verwendung; ›aufgeklärt‹ meint nun auch ›geistig erhellt‹, ›zur Klarheit geführt‹. Diese Bedeutungsdimension taucht schon bei René Descartes auf, der 1637 in seinem *Discours de la méthode* davon spricht, daß die Urteile der Vernunft klar und distinkt sein müßten, um jeglichem Zweifel standzuhalten. Sein eigenes Ziel sei es, »de ne comprendre rien de plus en mes jugements, que ce qui se présenterait si clairement et si distinctement à mon esprit, que je n'eusse aucune occasion de le mettre en doute.« (II,14). In vergleichbarem Sinne verwendet Leibniz in den berühmten *Essais de théodicee* (1710) und in seinen Schriften zur Metaphysik die Worte »éclairer« und »éclaircissement« als Metaphern, die erhellende Akte des Verstandes, aber ebenso die religiöse Erleuchtung des Geistes bezeichnen; Leibniz selbst überträgt das französische »éclairer« mit »ausgeklärt« (vgl. I Pütz, 11). Eine ausschließlich auf den Bereich der Ratio konzentrierte Bedeutung läßt sich hier noch nicht erkennen; das Bild des Lichtes und der Aufhellung illustriert einen Prozeß der Vermehrung von geistigen Einsichten, der durch Verstandesübung und religiöse Inspiration gleichermaßen in Gang gesetzt werden kann.

Metaphorischen Status besitzt ebenso das englische »to enlighten«, wie es an exponierter Stelle, im Rahmen einer Ansprache Gottes an Engel und Menschen, in John Miltons großem Epos *Paradise lost* (1667) (XI, v. 115) begegnet. Johann Jacob Bodmers deutsche Prosaübersetzung von 1742 hält den doppelten Sinnaspekt des Wortes fest, indem sie neben der religiösen auch die intellektuelle Bedeutungsdimension erfaßt: »(...) eröffne dem Adam, was in den künftigen Tagen geschehen soll, wie ich dich durch meinen Geist erleuchten werde (...)« (I Milton, 501). Erst im Verlauf des ersten Drittels des 18. Jahrhunderts verfestigt sich jedoch die hier berührte, auf die Verstandeserkenntnis bezogene Aussagefunktion des Wortes; ›éclaircissement‹ (bzw. italienisch ›illuminismo‹ und spanisch ›ilustración‹), ›enlightenment‹ und ›Aufklärung‹ avancieren nunmehr zu gängigen Begriffen, die den Akt der rationalen Aufhellung der Vernunft durch Schulung des Intellekts, Erweiterung der Erfahrung und Einübung logischer Denkpraxis bezeichnen. Die Metaphorik der ›Erleuchtung‹ wird damit zur geregelten Terminologie, die auf das Geschäft der Verstandestätigkeit und die ihr zugeordneten programmatischen Vorsätze verweist.

Als Christoph Martin Wieland im April 1789, fünf Jahre nach Zoellners Vorstoß, in einem Beitrag zum von ihm selbst herausgegebenen »Teutschen Merkur« »sechs Antworten auf sechs Fragen« zum Begriff der Aufklärung formuliert, stützt er sich konsequent auf die Metapher des Lichts, die leitmotivisch seinen gesamten Beitrag durchzieht. Welche Bedeutung das Wort ›Aufklärung‹ besitze, wisse jeder, »der vermittelst eines Paars sehender Augen erkennen gelernt hat, worin der Unterschied zwischen Hell und Dunkel, Licht und Finsternis besteht. Im Dunkeln sieht man entweder gar nichts oder wenigstens nicht so klar, daß man die Gegenstände recht erkennen und voneinander unterscheiden kann: sobald Licht gebracht wird, klären sich die Sachen auf, werden sichtbar und können voneinander unterschieden werden (...)« (Wieland, in: I Bahr Hg., 23). Die Gegensphäre des Lichts und seiner erkenntnisstiftenden Distinktionsleistung bildet die Nacht, in der irrationale Phantasien gedeihen können, weil die Grenzen zwischen den Erscheinungen verschwimmen und das Feld der Einbildungen sich ins Unermeßliche öffnet. Dem Geschäft der Aufklärung, das Wieland wesentlich an die Erhellung der »sichtbare(n) Gegenstände« (ebd.) binden möchte, widerstreitet der Obskurantismus unvernünftiger Spekulation und Mystik; Tag und Nacht stehen hier für unterschiedliche Formen menschlicher Geistestätigkeit, wie sie paradigmatisch durch die Epochenbegriffe ›Aufklärung‹ und ›Romantik‹ bezeichnet scheinen.

Charakteristisch ist in diesem Kontext bereits der Sprachgebrauch Gottscheds, der in seiner 1730 erstmals publizierten *Critischen Dichtkunst* im Zusammenhang mit einer Kritik allegorischer Stilmittel erklärt, daß »Zaubereyen« und Phantasiegestalten aller Art nichts mehr auf der Bühne eines neuen Theaters der Gegenwart zu schaffen hätten, und nachdrücklich hinzufügt: »Sie schicken sich für unsre aufgeklärte Zeiten nicht mehr, weil sie fast niemand mehr glaubt (...)« (I Gottsched CD, 625; vgl. 183). In dem hier vorliegenden Sinn verwendet das gesamte 18. Jahrhundert den Aufklärungsbegriff. Er bezeichnet (noch) keine abgeschlossene Epoche des europäischen Geisteslebens, sondern das intellektuelle Bemühen der eigenen Gegenwart, das Wissen des Menschen zu mehren und seine Verstandestätigkeit zu stimulieren. Wenn Gottsched 1739 in seiner Gedächtnisrede auf Martin Opitz das »aufgeklärte Deutschland« dazu ermuntert, den »Vater« seiner Poesie angemessen zu würdigen, so schließt das charakterisierende Attribut den Appell ein, die programmatisch gewordenen Vernunftansprüche der Zeit ernstzunehmen und ihnen auch im Bereich der literarischen Urteilsbildung Ausdruck zu verleihen (I Gottsched AW, Bd. IX/1, 189).

Zum **Selbstverständnis der Aufklärung** gehört, wie sich schon in Kants kurzer Programmschrift bekundet, die Ansicht von der intellektuellen Singularität der eigenen Epoche. Der systematische Prozeß der Verstandeserziehung erscheint als prinzipiell neuartiges Projekt, die programmatische Ausrichtung an der Vernunft als tiefgreifender Umschwung in der Geschichte menschlichen Denkens (vgl. I Blumenberg LN, 159f.). Daß Aufklärung gleichwohl keine Angelegenheit des 18. Jahrhunderts ist, sondern schon von der griechischen Antike, von Reformation und Renaissancehumanismus betrieben wurde, bleibt dabei den meisten Autoren der Zeit durchaus geläufig (vgl. I Schmidt Hg., bes. die Artikel von Fuhrmann und Haug). Die geschichtliche Dimension der eigenen Zielsetzungen, die Historizität des Programms einer gegen Aberglaube und Vorurteile gerichteten Vernunfterziehung kommt der aufgeklärten Epoche jedoch erst in der zweiten Hälfte des 18. Jahrhunderts deutlicher zu Bewußtsein. 1788 betont Christoph Martin Wieland in seinem Aufsatz »Das Geheimnis des Kosmopolitenordens« die Einsicht, daß auch vorangehende Epochen wesentliche Beiträge zur Aufklärung des Geistes geleistet hätten, die die Gegenwart notwendig beeinflussen müßten:

> Vor allen andern Völkern hat die *teutsche Nation* vorzüglich Ursache, eine Beschütze-
> rin der Preßfreiheit zu sein; sie, in deren Schoße zuerst die Erfinder der Typographie,
> und bald darauf die geist- und mutvollen Männer entstanden sind, die bloß durch den
> freien Gebrauch, den sie von jener machten, fähig wurden, die Hälfte von Europa von
> der Tyrannei des römischen Hofes zu befreien, und den unabhängigen Geist der Unter-
> suchung, der nach und nach über alle Gegenstände der menschlichen Kenntnis ein so
> wohltätiges Licht verbreitete, aus einem mehr als tausendjährigen Schlummer aufzu-
> wecken. Wie übel stünde es uns an, unsre eigne Wohltaten wieder zurückzunehmen,
> den Fortgang der Wissenschaften mitten in ihrem muntersten Lauf aufhalten, und der
> Aufklärung, der wir so viel Gutes schon zu danken, von der wir und unsere Nach-
> kommen noch so viel Gutes zu erwarten haben, unnatürliche Grenzen setzen zu wol-
> len, da sie doch, vermöge der Natur des menschlichen Geistes, ebenso grenzenlos ist,
> als die Vollkommenheit, wozu die Menschheit mit ihrer Hilfe gelangen kann und soll?
> (I Wieland, 138f.)

Aufklärung erscheint in der Perspektive Wielands als Prozeß, der bereits lange vor dem 18. Jahrhundert in Gang gekommen ist – angespielt wird hier auf die Epoche der Reformation – und sich in der Gegenwart lediglich beschleunigt zuträgt. Die eigene Zeit, der Wieland rät, das Geschäft der Verstandeserziehung entschlossen fortzuführen, leistet ihren Beitrag zur Bündelung der rationalen Anlagen des Menschen, indem sie auf verschiedensten Feldern der Naturerkenntnis, der philosophischen Reflexion, nicht zuletzt der Literatur und Pädagogik die Befreiung von Vorurteilen und Abhängigkeiten vorantreibt. In diesem Sinne faßt Wieland, Kants Position übernehmend, Aufklärung als Projekt, das in naher Zukunft noch nicht vollendet sein, vielmehr auch eine Herausforderung für spätere Generationen darstellen wird. Friedrich Schlegel hat diesen Gedanken ein Jahrzehnt später in den »Ideen«-Fragmenten eigenwillig aufgegriffen, indem er die Diagnose über die Unabschließbarkeit aufklärerischer Tätigkeit aus der Vorurteilsfreiheit ihrer Reflexionsakte ableitet: »Gibt es eine Aufklärung? So dürfte nur das heißen, wenn man ein Prinzip im Geist des Menschen, wie das Licht in unserm Weltsystem ist, zwar nicht durch Kunst hervorbrächte, aber doch mit Willkür in freie Tätigkeit setzen könnte.« (I Schlegel, Bd. II, 257).

Erst am Beginn des 19. Jahrhunderts etabliert sich der Terminus ›Aufklärung‹ als **Epochenbegriff**. Voraussetzung dieser Bedeutungsentwicklung ist das verstärkte Aufkommen gegenaufklärerischer, zumindest aber aufklärungskritischer Strömungen im Geistesleben um 1800 (Klassik, Frühromantik, idealistische Geschichtsphilosophie), die ihrerseits das Bewußtsein historischer Distanz entfalten helfen, das wiederum die Prämisse für eine abschließende Bewertung bilden kann. Als Epochenbegriff erscheint ›Aufklärung‹ erstmals in systematischeren Zusammenhängen bei Hegel, dessen zwischen 1820 und 1830 entstandene, posthum publizierte Berliner Vorlesungen *Über die Geschichte der Philosophie* bzw. die *Geschichte der Religion* das gesamte 18. Jahrhundert unter das Rubrum des ›aufgeklärten Zeitalters‹ stellen (I Hegel, Bd. XVII, 329f., Bd. XX, 308ff.). Wegweisend für die Verwendung des Begriffs im auf Hegel folgenden Historismus des 19. Jahrhunderts ist dabei die Gleichsetzung der Termini ›Aufklärung‹ und ›Rationalismus‹, die fraglos die nega-

tive Bewertung der Epoche begünstigt, wie sie die frühen geschichtlichen Einordnungsversuche seit Leopold von Ranke, aber auch die verbreitete Aufklärungskritik
des 20. Jahrhunderts prägen wird. Ohne die Details der Rezeptionsgeschichte näher
zu erörtern, sei hier nur darauf hingewiesen, daß in dem Moment, da der Aufklärungsbegriff der Epochenbezeichnung dient, notwendig auch Wertungen ins Spiel
kommen, die eigene Akzente setzen. Insofern führt die Begriffshistorie des Wortes
›Aufklärung‹ ab dem Beginn des 19. Jahrhunderts unmittelbar zur Wirkungsgeschichte der aufgeklärten Epoche selbst (vgl. I Merker, 13ff.).

Ein Leitthema dieser **Wirkungsgeschichte** ist die (oftmals polemische) Kritik
am Zeitalter der Vernunft und den Folgelasten dogmatisch verhärteter Rationalität.
Aufklärung erscheint schon bei Hegel, einseitig, als Phase reiner Verstandesorientierung und dezidierter Ausgrenzung des Anderen der Vernunft – der Phantasie, des
Gefühls, der Triebwelt. Die *Phänomenologie des Geistes* spricht 1807 von der »unbefriedigten« Aufklärung, die, einer religiösen Glaubenshaltung vergleichbar, an der
Unerfüllbarkeit ihrer geschichtlichen Fernerwartung leide (I Hegel, Bd. III, 424; vgl.
I Oelmüller, 9f.). Bis in die Gegenwart hinein hat die Perspektive der kritischen
Bewertung programmatischer Vernunftansprüche Wirkung gezeitigt, nicht zuletzt
unter dem Einfluß von Horkheimers und Adornos *Dialektik der Aufklärung* (1944).
Zum methodischen Rezept beider Autoren gehörte es nachgerade, die Epoche unter
einem verengten Blickwinkel zu betrachten, um Aufklärung als reines Verstandesgeschäft, als Prozeß der Ermächtigung der Vernunft zum Zweck der – neue, inhumane
Unvernunft hervorbringenden – Ausgrenzung des Irrationalen entlarven zu können
(wobei jedoch nicht die Suspension der Ratio schlechthin angestrebt wurde, sondern
eine kritische Bestandsaufnahme ihrer Möglichkeiten zum Zweck der qualitativen
Neubegründung einer ideologisch nicht mehr deformierbaren Vernunftkonzeption).

Gewiß hat Aufklärung immer auch (zumindest bis zur Mitte des 18. Jahrhunderts) die von Horkheimer und Adorno kritisch durchleuchtete **Tendenz zur dogmatischen Verhärtung** der eigenen Vernunftlehren repräsentiert: das Streben nach
Herrschaft über die Natur, das durch die Überlegenheit des menschlichen Geistes
ausgelöst wurde (und das, wie beide Autoren demonstrierten, noch unser technisches Zeitalter und dessen hybride, in Naturzerstörung mündende Verfügungsansprüche bestimmt (I Horkheimer/Adorno, 212f.)); das Unverständnis gegenüber den
von der Hauptstraße der Vernunft abweichenden Formen menschlichen Verhaltens,
gegenüber Schwärmern, Melancholikern, Irren und Sonderlingen; die Intoleranz
angesichts abweichender Lehrmeinungen und Schulbildungen, die sich dem Projekt
der rationalen Erziehung des Menschen verweigern; die sture Funktionalisierung
jeglicher künstlerischer Tätigkeit, die Phantasie und Inspiration nur als Instrumente
der Vernunftpädagogik zum Zweck der Verstandesaufhellung zu betrachten weiß.

Aber diese gewiß stark ausgebildeten Tendenzen enthüllen noch nicht die
Wahrheit über die gesamte Epoche, sondern decken nur Teilaspekte ihrer Wirkungsprogrammatik ab. In weitaus stärkerem Maße, als dies die Kritiker in der
Nachfolge Hegels erkennen mochten, zeigt sich das aufgeklärte Zeitalter offen und
neugierig gegenüber der Sinneswahrnehmung des Menschen und seiner Affektkultur, interessiert an den psychischen Prozessen, die ihn beherrschen, und den Gemütshaltungen, die seinen Gefühlshaushalt bestimmen. Zur Epoche der Vernunft gehört
auch eine **empfindsame Unterströmung**, die keineswegs als Gegenaufklärung ver

bucht werden darf, sondern ihrerseits die andere Seite der aufklärerischen Rationalität offenbart – das Interesse an der affektiven Disposition des Menschen, das die Erwartung einschließt, daß derjenige, der zu intensivem Gefühlserleben imstande ist, auch über beträchtliche Tugendqualitäten verfüge. »Der mitleidigste Mensch ist der beste Mensch«, so lautet Lessings vielzitiertes Diktum (in einem Brief an Mendelssohn vom November 1756), das die Vorstellung einer Synthese zwischen Empfindungsvermögen und Moralität exemplarisch wiedergibt. Es ist diese andere Seite der Aufklärung, ihre wahrnehmungs- und affektpsychologische Orientierung, die in den letzten 15 Jahren von der literaturwissenschaftlichen und mentalitätsgeschichtlichen Forschung stärker als zuvor in den Mittelpunkt des Interesses gerückt wurde (vgl. neuerdings I Schings Hg., ferner I Sauder, I Schings, I Pfotenhauer).

Die vorliegende Darstellung wird, in Übereinstimmung mit solchen neueren Gewichtungen, um ein möglichst pluralistisches Bild der Epoche bemüht sein, das die Vielfalt der Aufklärung ebenso zu demonstrieren hat wie ihre möglichen Verengungen und Defizite. Nichts wäre jedoch fataler, als sogleich mit kritischen Urteilen bei der Hand zu sein und der Aufklärung – als Repräsentantin ungebrochenen Fortschrittsglaubens und Vernunftvertrauens – historische Irrtümer und Fehleinschätzungen vorzurechnen, ehe man ihre Leistungen und Innovationen angemessen gewürdigt hat. Die Epoche besitzt zunächst Anspruch auf gerechte Bewertungen, die die Verpflichtung zu Differenzierung und Perspektivenvielfalt einschließen (vgl. hier Sauder, in: I Adam Hg., 25–39).

## Phasengliederung und Periodisierung

Als gesamteuropäisches Phänomen stellt die Aufklärung trotz bestimmter übergreifender Ziele und Gedankenmotive keine einheitliche Epoche dar; sie zerfällt vielmehr in unterschiedliche Phasen, in denen heterogene Tendenzen vorherrschen, die eine möglichst differenzierte Periodisierung ratsam scheinen lassen. Zu unterscheiden wären drei Hauptströmungen, die in einem gewissen zeitlichen Folgeverhältnis zueinander stehen:
– der **Rationalismus** als bestimmendes philosophisches System der ersten Phase zwischen 1680 und 1740
– der **Empirismus** bzw. der (in Deutschland teilweise noch rationalistisch fundierte) Sensualismus der zweiten Phase zwischen 1740 und 1780
– der zwischen 1780 und 1795 hervortretende **Kritizismus**, der sich vor allem mit der Transzendentalphilosophie Kants verbindet und seinerseits den Übergang in die (aufklärungskritischen) Geschichtsphilosophien des Idealismus (Schelling, Hegel) anbahnt (vgl. dagegen die abweichenden Vorschläge bei Grimminger, in: I Grimminger Hg., 34ff., ferner I Möller, 37f.).

Die **frühe Aufklärung** zeigt sich wesentlich beherrscht durch die Ausrichtung am Prinzip der Rationalität als Fundament einer neuen Denkmethode, wie sie sich, nicht zuletzt im Zusammenspiel mit naturwissenschaftlichen Fächern und der Mathematik, gegen Ende des 17. Jahrhunderts entfaltet. Das Zentrum des frühaufklärerischen Rationalismus bildet der Gedanke, daß die von Gott geschaffene Natur als Vernunftnatur und logisch gegründete Ordnung aufzufassen sei, die der Mensch mit den Mitteln des Verstandes, gestützt auf ein regelgeleitetes wissenschaftliches Verfahren systematisch zu erschließen vermöge. Die Durchsetzung eines neuen Wissensbegriffs soll es dem denkenden Individuum erlauben, mit Hilfe der Ratio die Geheimnisse der Natur zu durchdringen, deren absolute Erkenntnis für die Ordnungsentwürfe der Scholastik und des Humanismus allein Vorrecht des souveränen Schöpfergottes geblieben war. Gleichwohl tritt der neue Rationalismus nicht in offene Konkurrenz zur christlichen Metaphysik; deren Grundsätze – zumal der Offenbarungsgedanke und das Modell heilsgeschichtlicher Erlösung – sollen als Komplement der Wahrheitsansprüche der Vernunft gelten und nach Möglichkeit mit ihnen vermittelt werden (vgl. I Möller, 29f.).

Als die entscheidenden Gewährsleute der europäischen Frühaufklärung, deren Gedanken in Deutschland relativ spät, nämlich erst am Beginn der 20er Jahre des 18. Jahrhunderts breitenwirksam rezipiert werden, gelten René Descartes (1596–1650) und Gottfried Wilhelm Leibniz (1646–1716). Ihre rationalistische Erkenntnistheorie und das daran gebundene System einer aufklärerischen Metaphysik, die christlichen Gottesglauben und innerweltliche Vernunfttätigkeit des Menschen zu verknüpfen trachtet, erfährt in Deutschland vor allem durch die sogenannte Schulphilosophie Christian Wolffs (1679–1754) maßgebliche Popularisierung. Wolffs für die deutsche Literaturgeschichte bedeutsamster Schüler ist wiederum Johann Christoph Gottsched, der die rationalistische Methodik wissenschaftlicher Erkenntnis in ein normbildendes poetologisches Lehrsystem überträgt.

Die **zweite Phase der Aufklärung** steht unter dem Einfluß heterogener Faktoren und läßt sich nicht mehr einem einzigen Leitbegriff unterordnen. Durchgängig zeigt sich spätestens in der Mitte des 18. Jahrhunderts eine gewisse Distanz zum logozentrischen, allein auf die Möglichkeiten des Vernunfturteils gegründeten, rein verstandesorientierten Lehrsystem des Rationalismus. An seine Stelle tritt eine neue Philosophie der menschlichen Erfahrung, die auch die Untersuchung psychischer Wahrnehmungsvermögen, der individuellen Empfindungen und des Verhältnisses von Leib und Seele einschließt (ein Thema, das bereits Descartes und Leibniz gründlicher erörtert hatten, das aber nun in neuer Gewichtung, gestützt auf eine Vielzahl wegweisender sinnesphysiologischer Erkenntnisse, behandelt wird). Ebenso wie der frühaufklärerische Rationalismus läßt sich das erfahrungswissenschaftliche Denken vom Primat der Vernunft leiten, jedoch möchte es eine veränderte methodische Basis für die systematische Erforschung von Mensch und Natur schaffen, welche auch diejenigen Bereiche der Erfahrung erfassen hilft, die gemeinhin als nicht verstandesgestützt gelten (Akte der Sinneswahrnehmung, physiologische Prozesse, Empfindungen und Nervenreize).

Gefördert wird dieses neue Forschungsinteresse durch die methodischen Innovationen, die vom britischen Empirismus ausgehen. Sein bedeutendster Repräsentant ist David Hume, der, als Schüler John Lockes, in seiner *Enquiry Concerning Human Understanding* (1748) eine erfahrungswissenschaftlich begründete Erkenntnislehre vorgetragen hatte, die dem Bereich der Empirie Vorrang vor einem allein theoretisch fundierten Vernunftdenken mit kategoriebildendem Anspruch gegeben hatte. Im unmittelbaren Vorfeld des Empirismus, der in Deutschland vor allem den jungen Kant, aber auch Mendelssohn und Sulzer beeinflußt hat, entfaltet sich der Sensualismus als neue Lehre von den Empfindungen des Menschen, welche in den

40er Jahren vor allem die poetologisch-ästhetischen Abhandlungen der Schweizer Johann Jacob Bodmer und Johann Jacob Breitinger bestimmt, methodisch aber auch auf die fast zeitgleich entstehenden Ästhetiken von Alexander Gottlieb Baumgarten und Georg Friedrich Meier einwirkt. Der Sensualismus betrachtet das Feld der Wahrnehmungen, denen sich der Mensch überantworten kann, als einen der Vernunft korrespondierenden, durchaus rational analysierbaren Bereich, der keineswegs der Regellosigkeit des Irrationalen unterliegt, vielmehr wissenschaftlichem Urteil zugänglich ist. Die Empfindung gilt den Sensualisten als *analogon rationis*, als Komplement der Vernunft, das selbst wiederum vernünftigen Gesetzen gehorcht. In diesem Sinne hatte bereits Jean Baptiste Dubos in seinen *Reflexions critiques sur la poësie et la peinture* (1719, dt. erst 1760) die Kunst als unmittelbaren Ausdruck der sensuellen Bedürfnisse des Menschen verstanden, ohne damit die Regelhaftigkeit der Kunstwerke selbst in Zweifel zu ziehen.

Nicht zuletzt ist es die Gattung des sich am Ende der Aufklärung im literarischen Kanon etablierenden Romans, die der epochenspezifischen Auseinandersetzung mit der Kategorie der Erfahrung ihre Aufmerksamkeit zuwendet. Im Roman wird der Held zum Zweck seiner umfassenden Ausbildung durch eine Vielzahl von Konfliktsituationen geschickt, in denen er sich zu bewähren und zu disziplinieren hat. Der Prozeß wachsender Weltkenntnis (der zumeist mit Enttäuschungseffekten verbunden bleibt) stattet den Protagonisten am Ende idealiter mit einem empirischen Wissen aus, das wiederum seine Sozialfähigkeit garantiert, insofern es ihm erlaubt, sich in das Ordnungsgefüge der bürgerlichen Wirklichkeit harmonisch einzufinden (Grimminger, in: I Grimminger Hg., 50f.). Das Lernen durch Erfahrung, wie es der Roman demonstriert, wird um die Pädagogik der Leidenschaften ergänzt, die das Drama, namentlich das Trauerspiel der Aufklärung vorführt. Das Reich der Empirie und die Sphäre der Affekte erlangen erst in der zweiten Phase der Epoche systematische Beachtung, bisweilen schon begleitet von einer dezidiert antirationalistischen Tendenz, die zunehmende Distanz zur Leibniz-Wolffschen Schulphilosophie signalisiert. Durch die frühzeitige Artikulation ihres empirischen bzw. affektpsychologischen Interesses scheint die Literatur dabei der Entwicklung des ideengeschichtlichen Prozesses partiell vorauszugehen.

Die dritte, **abschließende Phase der Aufklärung** hat ihr intellektuelles Zentrum fraglos in der Philosophie Kants, dessen Hauptwerk, die *Kritik der reinen Vernunft* (1781, 1787 in zweiter Auflage), sowohl die rationalistische Metaphysik der Frühaufklärung als auch den Empirismus der mittleren Strömung in einer neuen methodischen Synthese aufhebt. Kant, der sich in seinen frühen Schriften von Problemen der Metaphysik, aber auch von empiristischen Fragestellungen beeinflußt gezeigt, mithin die durch ihn in den kritischen Hauptschriften überwundenen älteren Tendenzen selbst repräsentiert hatte, geht in seiner *Kritik der reinen Vernunft* von der Frage aus, wie der Mensch im Akt des Urteils über die ihn umgebende Erfahrungswelt seine Freiheit als reflektierendes Wesen behaupten könne. Sein Grundgedanke lautet dabei, daß das Urteil über die Erfahrungswirklichkeit im Zusammenspiel von Verstand und Sinnlichkeit gefällt werde. Es stützt sich auf allgemeine, logisch begründbare Verstandesprinzipien und Anschauungsformen, die ihrerseits unsere Wahrnehmung der Realität (und damit diese selbst) wesentlich strukturieren. Das synthetische Urteil a priori, das laut Kant die intellektuelle Auseinandersetzung des Menschen mit der Realität bestimmt, konstituiert sich aus Verstandesprinzipien und Formen der Anschauung (die nicht mit deren empirischem Vollzug identisch sind, sondern die theoretischen Muster bezeichnen, die sie bestimmen); synthetisch ist dieses Urteil, weil es allgemeine Kategorien sowohl der Verstandes als auch der Anschauung als Modelle der Wirklichkeitserschließung zur Einheit verbindet.

Die entscheidende Konsequenz von Kants Theorie des Urteils liegt darin, daß die Erkenntnis der Wirklichkeit transzendental, das bedeutet: im Hinblick auf die Bedingungen der theoretischen Möglichkeit dieser Erkenntnis bestimmt wird. Der Mensch ist das, was er denkt; er wird zum Souverän der Wirklichkeit, insofern er sich im Akt des Denkens – des Urteils – seine Realität erst schafft. Voraussetzung dieser Einsicht in die Autonomie der Erkenntnis bleibt die von Kant exemplarisch vorgeführte Analytik der verschiedenen rationalen Vermögen des Menschen. Methodisch bedeutet die derart entwickelte Erkenntnistheorie den Sprung auf die Ebene der systematischen Vernunfterkenntnis. ›Kritik‹ impliziert hier Auseinandersetzung mit den theoretischen Möglichkeiten dieser Vernunfterkenntnis; durch eine solche Form der Kritik als Reflexion über die Leistungskraft der Vernunft leistet Kants Erkenntnistheorie den entscheidenden Beitrag zur Bilanzierung des aufgeklärten Zeitalters, zur methodischen Überprüfung seiner Ansprüche und Möglichkeiten.

Bedeutsam ist Kants Schrift aber auch für die Theorie der Vernunft selbst. In der Annahme, daß der Mensch als Vernunftwesen über die Wirklichkeit herrschen könne, indem er ihr intellektueller Souverän wird, bekundet sich ein Optimismus, der keines metaphysischen Beistands mehr bedarf. Exemplarisch heißt es in der »Vorrede« zur *Kritik der reinen Vernunft*: »Unser Zeitalter ist das eigentliche Zeitalter der Kritik, der sich alles unterwerfen muß. Religion, durch ihre Heiligkeit, und Gesetzgebung, durch ihre Majestät, wollen sich gemeiniglich derselben entziehen. Aber alsdenn erregen sie gerechten Verdacht wider sich, und können auf unverstellte Achtung nicht Anspruch machen, die die Vernunft nur demjenigen bewilligt, was ihre freie und öffentliche Prüfung hat aushalten können.« (I Kant, Bd. III, 13). Kritik, wie sie hier verstanden wird, macht auch vor den bisher unangefochtenen Autoritäten der Kirche und der weltlichen Gerichtsbarkeit nicht Halt. Sie gehorcht autonomen Prinzipien, die sich nicht auf überlieferte Konventionen, sondern einzig auf die Gesetze der Vernunft stützen.

In **Kants Kritizismus** hat sich der Mensch seinen eigenen Himmel und Gott geschaffen; er ist ein Wesen, das über sich und sein Geschick im Akt des Vernunftgebrauchs frei entscheiden darf. Selbstbewußter als hier ist Aufklärung nie zuvor gedacht worden. Jenseits des von Kant angegebenen Punktes konnte es keine Theorie der Vernunft mehr geben, nur noch deren Kritik mit anderen Mitteln: eine Kritik, die nicht, wie jene Kants, die Befreiung des Menschen aus den Zwängen des Vorurteils als Resultat seines Vernunfthandelns dachte, sondern der Selbstbegrenzung der Ratio durch die Erweiterung vernunftjenseitiger Vermögen Vorschub zu leisten suchte. Angebahnt wurde diese andere Form der Vernunftkritik, welche die irrationalen Vermögen und Strebungen des Menschen akzentuierte, erst im Ausgang des 18. Jahrhunderts, dann in bewußter Abgrenzung von der Aufklärung. Frühromantik und Idealismus bilden die Gegenströmungen aus, die dieses Projekt in prinzipieller Absicht verfolgen. Ihre wesentlichen Anreger finden sie in Friedrich Heinrich

Jacobi und Johann Gottfried Herder, den eigentlichen Antipoden des Kantianismus, die, vermittelt über die im späten 18. Jahrhundert breit einsetzende Rezeption der pantheistischen Naturphilosophie Spinozas, gestützt auf eine erfahrungsbezogene Anthropologie, auf der Basis einer monistisch fundierten (das heißt alle Erscheinungen monokausal ableitenden) Lehre von den Empfindungen und im Horizont traditioneller metaphysischer Denkinhalte, ein dezidiert antirationalistisches Bild vom Menschen entwerfen, ohne dabei den Sprung in die durch Kant vorgeschlagene theoretische Begründung der Erkenntnis nachzuvollziehen. Es gehört zu den reizvollen Konstellationen der facettenreichen Ideengeschichte am Ende der deutschen Aufklärung, daß sowohl Kants Kritizismus als auch die psychologisch orientierte, metaphysisch getönte Anthropologie bzw. Naturphilosophie Herders und Jacobis auf die Vertreter des deutschen Idealismus gleichermaßen stark eingewirkt hat.

## Hauptströmungen und Leitaspekte

Drei Phasen sind mithin zu unterscheiden, die die Aufklärung als gesamteuropäisches Epochenphänomen bestimmen: ›Rationalismus‹, ›Sensualismus‹ bzw. ›Empirismus‹ und ›Kritizismus‹ lauten die programmatischen Begriffe, die sie jeweils kennzeichnen. Jenseits der Gegensätze, die diese Perioden beherrschen, lassen sich durchaus Gemeinsamkeiten entdecken, die das intellektuelle Profil der Aufklärung übergreifend prägen. Zu nennen wären im folgenden vier Stichpunkte, die für sämtliche Prozeßstufen der Aufklärung leitend bleiben und von diesem Buch immer wieder berührt werden.

1. Aufklärung scheint beherrscht durch eine grundsätzliche **Ermächtigung der Vernunft**. Der Vernunftbegriff selbst unterliegt dabei divergierenden Auffassungen; im Rationalismus scheint er allein auf die Verstandestätigkeit des Menschen bezogen, im Empirismus wird er auf den Bereich des Fühlens und Empfindens ausgeweitet, bei Kant besitzt er den Charakter eines die Realität selbst erst konstituierenden Instruments. Trotz solcher Differenzen bleibt Aufklärung jedoch in sämtlichen ihrer Phasen eine Bewegung, die die Vernunft des Menschen in den Mittelpunkt ihres analytischen bzw. praktischen Interesses rückt. Die Arbeit des menschlichen Verstandes bildet den bevorzugten Gegenstand aufklärerischer Erkenntnis und zugleich das maßgebliche methodische Fundament, von dem diese ausgeht. Die Vernunft steht aber auch im Zentrum der optimistischen Zukunftserwartungen aufgeklärten Denkens. Das praktische Ideal vernunftgegründeten Handelns soll die Garantie dafür schaffen, daß sich der Mensch in der von Gott hervorgebrachten Schöpfung nach besten Möglichkeiten einrichtet und, gestützt auf eine zunehmend souveränere Verwendung der ihm gegebenen rationalen Fertigkeiten, in seiner individuellen bzw. gattungsgeschichtlichen Entwicklung zu immer größerer Vollkommenheit fortschreitet.

2. Aufklärung versteht sich als **Erziehung des Menschen**, als Anleitung zum Gebrauch seiner Verstandeskräfte, Beitrag zur vernünftigen (das heißt hier auch: tugendhaften) Lebensführung, als Programm der Befreiung von Aberglaube und

Unfreiheit im Interesse der Ausbildung intellektueller Fertigkeiten vor dem Hintergrund des epochentypischen Anspruchs auf die diesseitige Verwirklichung der persönlichen Glücksmöglichkeiten des Einzelnen. Hilfsmittel solcher Wirkungsabsichten wären – man denke an Kants Replik auf Zoellners Frage – die Förderung publizistischer Öffentlichkeit, die Ausbildung von Buch- und Zeitschriftenmarkt, die Neukonzeption des schulischen und universitären Unterrichts. Das aufgeklärte 18. Jahrhundert ist das Zeitalter der Entdeckung des Lesers und die Epoche der Pädagogik; Buch und Schule, Lektüre und Ausbildung repräsentieren zentrale Elemente des aufklärerischen Diskurses und seiner praktischen Wirkungsabsicht. Dieser phasenübergreifende pragmatische Aspekt bestimmt nicht zuletzt die Ambitionen der schönen Literatur zwischen Gottsched und Lessing, Pope und Young, Voltaire und Diderot. Nutzen (im Sinne der Umsetzung erzieherischer Intentionen) und Gefallen (als Wirkung ästhetischer Formen) sollen sich in der Poesie des aufgeklärten Zeitalters die Waage halten; antiker Mustertext bleibt hier Horaz' *Ars poetica* mit der immer wieder zitierten Formel » aut prodesse volunt aut delectare poetae / aut simul« (v. 333f.).

3. Aufklärung erscheint als das **Zeitalter des Wissens und der Wissenschaften,** der Neuformulierung szientifischer Methoden und Denkansätze. Nie zuvor wurden die drängenden Fragen der Naturerkenntnis mit vergleichbarer Energie angegangen, nie zuvor mit ähnlichem Selbstbewußtsein theoretische Probleme diskutiert und wissenschaftliche Hypothesen erprobt. Entscheidend für dieses neue Vertrauen in die intellektuellen Fertigkeiten des Menschen ist der veränderte methodische Anspruch, mit dem die Naturwissenschaften ihrerseits aufwarteten. An die Stelle des noch im 17. Jahrhundert gültigen Vorbehalts, daß der Mensch die Geheimnisse der Schöpfung letzthin nicht erschließen könne, weil allein Gott absolutes Wissen über sie besitze, tritt im Zeitalter der Aufklärung ein bis dahin unbekanntes Wahrheitspostulat wissenschaftlicher Verfahrensweisen. Kenntnisse über die Natur tragen keinen rein hypothetischen Charakter, sondern empfangen eine realitätserschließende Dimension; sie bilden keine bloßen Denkmodelle ohne echten Wirklichkeitsbezug, wie dies die Selbstbeschränkung der humanistischen Wissenschaften noch vorsah, vielmehr treten sie in Konkurrenz zum Wahrheitsprivileg der Theologie. Schaltstelle dieses konzeptionellen Veränderungsprozesses ist der Rationalismus, der davon ausgeht, daß die Natur von Gott nach den Prinzipien der Vernunft geschaffen wurde, mithin auch durch eine auf Vernunftregeln gegründete Wissenschaft vollständig zu erschließen ist. Wesentliche methodische Stützen dieses Anspruchs bilden die empirische Beobachtung der Natur und die Überprüfung ihrer Gesetzmäßigkeiten im Experiment, die nunmehr als Verfahrensweisen in den Mittelpunkt der naturwissenschaftlichen Welterkenntnis treten.

4. Aufklärung bedeutet stets auch **Säkularisierung** und schließt eine fortschreitende Verweltlichung im Zeichen der Verdrängung kirchlicher Autoritäten ein. Der Prozeß dieser Verdrängung vollzieht sich zunächst nur langsam und steht durchweg unter dem Diktat strategischer Rücksichten angesichts einer im ausgehenden 17. Jahrhundert noch unangefochtenen Herrschaft der Kirchen. Bereits in der Frühphase der europäischen Aufklärung, die entscheidend geprägt ist vom Versuch, Vernunfter-

kenntnis und Wahrheit der christlichen Offenbarung miteinander zu versöhnen, zeichnet sich jedoch ab, daß die Ermächtigung der menschlichen Ratio zwangsläufig die Entmächtigung der Sphäre des Glaubens und seiner Institutionen herbeiführen muß. Säkularisierung impliziert freilich mehr als nur die, wie Hans Blumenberg gesagt hat, »Liquidation von Restbeständen des Mittelalters« (I Blumenberg LN, 14); sie ist zugleich auch Umwertung, Umbesetzung theologischer Problemgehalte durch weltliche Themenkomplexe. Im Prozeß der Säkularisierung vollzieht sich nicht allein eine von der fortschreitenden Verdrängung religiöser Inhalte geförderte Verweltlichung des Denkens, sondern auch die umgekehrte Bewegungsrichtung: Die Vernunft empfängt ihrerseits den Charakter der Ersatzreligion, indem sie an den Platz der christlichen Konfession tritt. Wesentliche Bedeutung besitzt in diesem Zusammenhang die Literatur, welche die durch die Zerstörung des theozentrischen Weltbildes entstandene Lücke ausfüllt und die freigewordenen religiösen Energien auf sich zu ziehen versteht. Dieser Befund gilt, so wäre noch zu zeigen, insbesondere für die Phase nach 1750, etwa für das Werk Klopstocks (grundlegend I Schöne, ferner I Kaiser K, bes. 9ff.).

Säkularisierung bedeutet aber auch, daß dem einzelnen Menschen bisher unbekannte Freiheiten im Prozeß seiner Selbstentfaltung zugestanden werden, dessen Dynamik das 17. Jahrhundert durch den Gedanken der christlichen Transzendenz, die dezidierte Abwertung weltlicher Existenz und die neostoizistische Philosophie der Vertröstung auf die Erlösung im Jenseits (als Heilmittel gegen die Enttäuschungen der Welt) eingeschränkt hatte. Die Aufklärung betont dagegen die je individuellen Möglichkeiten jedes einzelnen Menschen, sein Glück innerhalb der diesseitigen Ordnung der Dinge zu begründen. Diese persönliche Glücksverheißung gehört zum Programm sämtlicher philosophischer Entwürfe aufgeklärter Provenienz. Sie mag an den Gedanken der Vernunftvollkommenheit, an Tugendrigorismus und Moralistik, die Idee der privaten Erfüllung im häuslichen Leben, die Deutungsmuster der gelehrten Disziplinen und schönen Künste gebunden sein – stets aber liegt ihr die Prämisse zugrunde, daß der Mensch nicht erst im Jenseits, sondern schon innerhalb der Grenzen seiner irdischen Welt zur Vollendung der ihm gegebenen Möglichkeiten finden könne (vgl. zum Verhältnis von theoretischer und praktischer, von rationalistischer und empirischer bzw. ›emanzipatorischer‹ Aufklärung I Schneiders, 23f.).

Die hier genannten Stichpunkte – Vernunftorientierung, Erziehungsanspruch, Neuformulierung wissenschaftlicher Erkenntnisabsichten, Säkularisierung – bezeichnen Leitmotive aufklärerischen Denkens, die auch für die literarische Entwicklung bedeutungsvoll bleiben. Am Beginn dieses allgemein gehaltenen Überblicks zur Geistes- und Bewußtseinsgeschichte der Epoche soll dabei zunächst die Auseinandersetzung mit den Grundzügen der frühen Aufklärung in der Phase zwischen 1680 und 1740 stehen. Ins Zentrum der Aufmerksamkeit rücken neben ideenhistorischen Fragen Aspekte der wissenschaftlichen Entwicklung, der Theologie und des Buchmarkts, sofern sie im engeren Sinne für das Verständnis der Aufklärungsliteratur bedeutsam scheinen. Der Schwerpunkt liegt dabei auf der deutschen Aufklärung, schließt jedoch Ausblicke auf den gesamteuropäischen Prozeß nicht aus. Eine derartig erweiterte Perspektive bleibt unverzichtbar, weil zumal in der Frühaufklärung nationale Identität auch intellektuell weniger stark als im späteren 18. Jahrhundert entwickelt scheint. Symptomatisch für diesen Umstand wäre hier das Werk von Leibniz, der zwar Deutscher ist, jedoch französisch und lateinisch schreibt, in Frankreich ebenso weitreichend wie in Großbritannien und Deutschland wirkt, mithin die frühe Aufklärung als gesamteuropäisches Phänomen repräsentiert.

Der allgemeine ideengeschichtliche Abriß führt zunächst nur bis zur Mitte des 18. Jahrhunderts. Spätere Entwicklungsprozesse, insbesondere die Entfaltung von Sensualismus, *Moral-sense*-Philosophie, Empirismus und psychologisch fundierter Anthropologie der Spätaufklärung finden im Kontext der engeren literarhistorischen bzw. gattungspoetischen Fragestellungen der Einzelkapitel Berücksichtigung. Eine solche problembezogene Darbietung schien angemessener als die summarische Überblicksbetrachtung zu Beginn, weil ideengeschichtliche Strömungen generell nicht isoliert, sondern in ihrer Bedeutung für die literarhistorischen Prozesse erfaßt werden sollten. So bot es sich an, zentrale Tendenzen der mittleren und späten Aufklärung innerhalb der Spezialkapitel zu diskutieren: das Problem der Säkularisierung in Hinblick auf die Naturlyrik, die Entfaltung der Moralphilosophie im Kontext der Dramengeschichte, vor allem des Trauerspiels, Psychologie und Anthropologie unter Bezug auf Fragen der Romanpoetik.

## 2. Entwicklung des frühaufklärerischen Rationalismus

### Descartes und Leibniz

Die entscheidende ideengeschichtliche Voraussetzung für die systematische Entwicklung aufklärerischen Denkens bildet die Konstitution des frühneuzeitlichen Rationalismus, wie er wesentlich durch das seit 1630 entstehende Werk René Descartes' vorbereitet wird. Das cartesianische Denkmodell entfaltet dabei seine volle Wirkungskraft erst am Beginn des 18. Jahrhunderts; seine breitere Rezeption unterliegt einer Verspätung, die ihrerseits durch die relative Stabilität des im Barockzeitalter restaurierten scholastischen Wissenssystems bedingt wird (vgl. I Schmidt-Biggemann Tu, I Kondylis, 42ff.). Bereits in seinem *Discours de la méthode pour bien conduire sa raison, et chercher la vérité dans les sciences* (1637) weist Descartes den Weg zu einem neuen Vernunftverständnis, dessen Durchsetzung im Ausgang des 17. Jahrhunderts zugleich die Ablösung von der traditionellen, metaphysisch orientierten Wissensordnung bedeutet, wie sie noch das Naturbild der Barockliteratur prägt.

Für Descartes besitzt das rationale, logisch begründbare Urteil über einzelne Naturprozesse, das vor allem durch die Denkoperationen der Mathematik vorbereitet wird, wahrheitserschließenden Charakter. Während Wissen im mittelalterlich-scholastischen Ordnungssystem unter dem Vorbehalt steht, daß es nur Hypothesen, nicht aber die allein Gott vorbehaltene Wahrheit über die Natur vermitteln kann, beansprucht Descartes' *Discours*, wie schon sein Titel signalisiert, eine realitätserfassende Dimension menschlicher Forschungstätigkeit zu begründen. »La vérité dans les sciences«: Mit dieser Formel bricht Descartes das jahrhundertealte Dogma der Theologen, demzufolge Wahrheit nur durch die Botschaft der Offenbarung, also im Gehalt der heilsgeschichtlichen Ereignisse, die im Bibelwort übermittelt werden, geborgen liegen kann, nicht jedoch im menschlichen Wissen über die Natur. Das geistige Zentrum des *Discours de la méthode* bildet die Bestimmung des Menschen als reflektierendes Wesen, das im Akt des Denkens seine gattungsspezifische Identität gewinnt; »cogito ergo sum« (IV,3), so lautet Descartes' berühmtgewordene Formel, die wegweisend bleiben wird für die gesamte europäische Aufklärung bis zu Kant.

Descartes hat seine Lehre von der rationalen Methode des Wissens in seinen *Meditationes de prima philosophia* (1641) zu einem metaphysischen System ausgeweitet. In sechs Meditationen reflektiert der Autor über die Tätigkeit des menschlichen Geistes (I), die Differenz zwischen Geist und Körper (II), über die Möglichkeit eines Gottesbeweises (III), Wahrheit und Irrtum (IV), die Wesenhaftigkeit der materiellen Erscheinungen dieser Schöpfung (V) und den prinzipiellen Gegensatz zwischen Seele und Körper (VI). Grundlegend für Descartes' Metaphysik ist die Annahme, daß die Existenz nahezu jeden Elements, das in der empirischen Welt vorkommt, bezweifelt werden kann. Der Mensch zeigt sich imstande, den Phänomenen dieser Wirklichkeit mit einem durchgreifenden Skeptizismus zu begegnen; alles, was besteht, besteht primär in der Vorstellung, und darf daher unter verschiedenen Perspektiven bewertet, mithin in seinem objektiven Gehalt in Zweifel gezogen werden.

Ausgehend von der Diagnose, daß Urteile über die Natur prinzipiell unzuverlässig und mehrdeutig ausfallen, setzt Descartes sodann auseinander, daß jenseits des unsicheren und bezweifelbaren Wissens auch Distrikte der Natur existieren, über die zuverlässige Urteile möglich sind. Nicht anzuzweifeln ist, wie Descartes in einem längeren Beweis im dritten Teil ausführt, das Dasein Gottes als eines vollkommenen (damit konkurrenzlosen) Wesens, das am Ursprung der Schöpfung steht. Nicht zu bezweifeln bleibt jedoch auch, daß der Mensch über bestimmte Wahrheiten verfügt, die ihm das mathematische Wissen von der Natur vermitteln kann. Die Mathematik erschließt insofern letzte Wahrheitsgründe, als ihre Erkenntnisse und Lehrsätze nicht in Frage gestellt werden können: »Denn ich mag wachen oder schlafen, so sind doch stets 2+3=5, das Quadrat hat nie mehr als vier Seiten, und es scheint unmöglich, daß so augenscheinliche Wahrheiten in den Verdacht der Falschheit geraten.« (I Descartes M, I,8). Wieder meldet sich hier ein philosophischer Rationalismus, der die frühe Aufklärung maßgeblich beeinflussen wird. Die Logik des wissenschaftlichen Urteils über die Natur dient nicht allein der Aufstellung bestimmter Hypothesen, sondern unterstützt ihrerseits die Erkenntnis der Wahrheit, die nicht allein durch die Offenbarungsreligion, vielmehr auch vermittels der Vernunftschlüsse des forschenden Menschen erfaßt werden kann.

Als Beitrag zur Begründung des frühneuzeitlichen Rationalismus erfährt das Werk Descartes' seine eigentliche Rezeptionsgeschichte erst im ausgehenden 17. Jahrhundert. Auf Kritik stößt zunächst sein schroffer weltanschaulicher Dualismus. In den *Meditationes* hatte Descartes erklärt, daß Seele und Körper des Menschen, Geist und Materie prinzipiell zu trennen seien; geschieden werden *res cogitans* (der Geist als etwas, das unteilbar ist) von den sinnlichen Erscheinungen, den *res extensae* (die als grundsätzlich teilbar gelten) (II,9). Eine echte Vermittlung zwischen *res cogitans* und *res extensa* kann nur Gott herstellen, und zwar im Akt einer gelegentlichen Harmonisierung, die von Fall zu Fall (okkasionell) einzutreten vermag. Die Konsequenz dieses Ansatzes – der sogenannten ›cartesianischen Substanzentrennung‹ – besteht darin, daß der Geist des Menschen in den Erscheinungen stets nur ihm fremde Dinge zu erkennen vermag und die Einheit der Schöpfung als Ausdruck ihrer Vollkommenheit (von der ein christliches Weltbild auszugehen hat) derart in Frage gestellt scheint. Auf den cartesianischen Dualismus antwortet Gottfried Wilhelm Leibniz mit zwei neuen Gedankenmotiven, die zugleich die rationalistische Metaphysik von Descartes fortschreiben: mit dem Modell der Monadologie und dem Konzept der *harmonia praestabilita* (vgl. zum folgenden I Cassirer, 76ff.).

Gegen Descartes' schroffe Trennung von *res extensa* und *res cogitans* setzt Leibniz die Vorstellung, daß in der Schöpfung einfache, nicht teilbare Substanzen, die **Monaden**, existieren, welche gleichsam eine Verknüpfung zwischen geistigen und körperlichen Elementen der Natur schaffen und deren Einheit garantieren (so die Argumentation zumal in der posthum publizierten *Monadologie* von 1720 (I Leibniz M, Abs.1–14)). Leibniz betrachtet es als zentrales Merkmal einer von Gott vollkommen eingerichteten Schöpfung, deren vernünftiger Aufbau wiederum den Schöpfer selbst lobt und seine Souveränität anzeigt, daß sie nicht (wovon Descartes ausging) durch Gegensätze, vielmehr durch Harmonie und inneren Zusammenhang geprägt ist. Insofern bleibt der Gedanke, es existierten in der Natur unteilbare Substanzen wie die Monaden, von zentraler Bedeutung für Leibniz' Rationalismus. Nur diejenige Natur erscheint vollkommen, die vernunftkonform aufgebaut ist und den Gesetzen des Logos folgt.

Ähnlichen Überlegungen gehorcht auch Leibniz' Vorstellung, daß das Verhältnis zwischen Körper und Geist im Menschen durch einen von Gott geschaffenen inneren Ausgleich, durch eine immer schon gegebene, vorausentworfene Korrespondenz, die *harmonia praestabilita*, geprägt sei. Entfaltet ist der Gedanke der **prästabilierten Harmonie**, der ebenso wie das Monaden-Modell die letztgültige Einheit der von Gott vollkommen eingerichteten Natur unter Beweis stellen soll, bereits im frühen *Discours de métaphysique* (entst. 1686), weiter ausgeführt im *Système nouveau de la nature* (1695). Monadenkonzeption und *harmonia praestabilita* verweisen als tragende Gedankenelemente der von Leibniz repräsentierten rationalistischen Metaphysik auf eine grundlegende, für die gesamte Frühaufklärung maßgebliche Vorstellung. Sie besagt, daß die Schöpfung als Werk Gottes vollkommen, und das heißt: nach einem Höchstmaß an Vernunft geschaffen und aufgebaut sei.

Dieser Gedanke führt zum dritten wesentlichen Leitmotiv der Leibnizschen Metaphysik, zur **Theodizee-Konzeption**, wie sie die 1710 publizierten *Essais de theodicée* entwickeln. Ausgangspunkt und Angriffsfläche für Leibniz' *Essais* war Pierre Bayles 1697 veröffentlichtes *Dictionnaire historique et critique*, ein umfassendes, vom Geist des neuzeitlichen Wissenschaftsenthusiasmus geprägtes Wörterbuch, das das Prinzip einer grundsätzlichen Differenzierung zwischen der (religiösen) Wahrheit der Offenbarung und derjenigen der Vernunft verkündet hatte. Gegen Bayles säuberliche Scheidung des christlich-metaphysischen und des rational-wissenschaftlichen Wahrheitsbegriffs setzen Leibniz' *Essais* den Versuch einer Verknüpfung von Theologie und Rationalität. Leibniz wird dabei geleitet durch die Überzeugung, daß die Wahrheit der Vernunft und die der Offenbarung einander allein aus logischen Gründen nicht entgegengesetzt sein dürfen. »Ich setze voraus«, schreibt er im *Discours de la conformité de la foi avec la raison* (»Abhandlung über die Übereinstimmung des Glaubens mit der Vernunft«), der die *Theodizee*-Schrift einleitet, »daß zwei Wahrheiten einander nicht widersprechen können, daß der Gegenstand des Glaubens die Wahrheit ist, die Gott auf ungewöhnlichem Wege offenbart hat, und daß die Vernunft die Verknüpfung der Wahrheiten ist, besonders aber – im Gegensatz zum Glauben – der Wahrheiten, zu denen der menschliche Geist auf natürlichem Weg, ohne Beihilfe der Erleuchtung durch den Glauben, gelangen kann.« (I Leibniz PhS, Bd. II/1, 69). Die Wahrheiten der Vernunft und jene der Offenbarung lauten gleich, so betont Leibniz, weil es nicht zweierlei Formen der Wahrheit, folglich auch keine Konkurrenz zwischen Wahrheitsbegriffen geben könne. Glaube und Wissen erweisen sich derart nur als Varianten der Wahrheitserschließung; sie erfassen, auf je verschiedene Prämissen gestützt, stets dieselbe unteilbare Wahrheit – die Einsicht in die vernünftige Einrichtung der Schöpfung und die Weisheit ihres göttlichen Souveräns.

Diese methodische Vorüberlegung, die, in entschiedener Abgrenzung gegen Bayles *Dictionnaire*, eine Synthese von Rationalismus und christlicher Metaphysik anstrebt, führt zum Hauptgegenstand der *Essais*, zur Reflexion über den Status des Übels in dieser Welt. Wie, so fragt Leibniz im zweiten Teil der Schrift, ist die vielfältig erweisbare **Vernunft der Schöpfungsordnung**, die wissenschaftliches Urteil und Glaube gleichermaßen erschließen, mit der Beobachtung vereinbar, daß es in dieser Welt auch Not, Leid und Kummer gibt? Warum hat Gott in seiner absoluten Weisheit und Güte das Übel im Diesseits zugelassen? Ist dessen Existenz nicht ein Grund, an Gottes Macht ebenso wie an der Vernunftordnung seiner Schöpfung zu zweifeln? Leibniz' Antwort sucht wiederum den Beistand der Rationalität, indem sie auf ein logisch fundiertes Beweisverfahren zurückgreift. Gottes Vollkommenheit läßt sich, so heißt es, prinzipiell nicht in Frage stellen. Da ein Wesen, das vollkommen ist, nur vollkommene Werke produzieren kann, muß notwendig auch die von Gott hervorgebrachte Schöpfung als perfekt gelten. Die offenkundigen Fehler, die sie aufweisen mag, waren folglich, so Leibniz, unvermeidbar und unumgänglich. Wäre eine bessere als die bestehende Welt möglich gewesen, hätte Gott sie geschaffen; die existierende Schöpfung ist mithin die beste aller denkmöglichen Welten, deren Vollkommenheit unübertrefflich scheint. Noch das jeweilige Übel gehört konstitutiv dem Wesen der so gearteten Vollkommenheit an und wird sich innerhalb der gegebenen Ordnung dereinst zum Guten wandeln: »Die höchste Güte Gottes hat zur Folge, daß sein vorhergehender Wille jedes Übel, das moralische Übel aber mehr als jedes andere, von sich weist: dieser Wille läßt es nur aus unumstößlichen höheren Gründen und mit großen Milderungen zu, die die bösen Wirkungen jenes Übels mit Nutzen wiedergutmachen.« (I Leibniz PhS, Bd. II/1, 377).

Argumentiert wird mit den Mitteln strenger Logik auf der Grundlage eines syllogistischen Systems, das charakteristisch für Leibniz' mathematische Denkschulung bleibt. Die *Essais de theodicée* repräsentieren das wohl typischste Zeugnis für den metaphysischen Optimismus der europäischen Frühaufklärung. Deren Ausgangspunkt bildet das ungebrochene Vertrauen in die Vernunftordnung des Universums, in der sich Gottes Allmacht spiegelt. Das Verfahren der rationalen Naturerkenntnis erweist sich so als der Schlüssel nicht nur zum tieferen Verständnis der

Schöpfungsgeheimnisse, sondern auch als Weg zur Einsicht in Gottes Souveränität und Güte. Die Theodizee – die Lehre vom obersten göttlichen Weltprinzip – ist bei Leibniz aufs innigste verknüpft mit einem an Descartes geschulten Rationalismus, der seinerseits davon ausgeht, daß die Welt zum allgemeinen Besten eingerichtet und organisiert sei. Besonderes Merkmal solcher Einrichtung scheint dabei laut Leibniz, daß die Schöpfung sich im Prozeß einer ständigen Vervollkommnung befindet. Dieser Prozeß der Perfektibilisierung begründet den innerweltlichen Optimismus des Aufklärers Leibniz: Der Mensch schreitet fort zu immer souveränerer Beherrschung seiner Vernunftkräfte und zur optimalen Nutzung der ihm durch Gott verliehenen Freiheit (vgl. I Möller, 31ff., I Schmidt-Biggemann TT, 11ff.).

Fast fünfzig Jahre nach Leibniz' *Essais* wird Voltaire mit seinem 1759 anonym erschienenen Roman *Candide ou l'Optimisme* eine beißende Satire gegen den Theodizee-Gedanken richten. Die Verspottung des metaphysischen Optimismus, wie sie hier im Kontext der Erzählfiktion, vermittelt über die Geschichte des naiv-gutgläubigen, immer wieder neu betrogenen Helden Candide kenntlich wird, speist sich zumal aus einer historischen Erfahrung, die für die zweite Hälfte des 18. Jahrhunderts prägend gewesen sein dürfte: aus der Erfahrung des Erdbebens von Lissabon, das im November 1755 annähernd 50.000 Menschen das Leben kostete und in ganz Europa Ratlosigkeit und Entsetzen auslöste. Die hier geschehene Naturkatastrophe galt dem aufgeklärten Zeitalter als Rückfall in die Barbarei und stellte die kühnen Visionen stets fortschreitender rationaler Naturbeherrschung, mit ihnen das sie stützende rationalistische System des Leibnizianismus fundamental in Frage. Die intellektuelle und metaphysische Verunsicherung, die sich mit dieser symptomatischen Katastrophenerfahrung verband, führte letzthin zur Abkehr vom rationalistischen Optimismus der frühen Aufklärung und leitete eine skeptischere Phase aufklärerischen Denkens ein, für die beispielhaft das Werk Rousseaus mit seinen zivilisationskritischen Positionen und deutlicher Distanz gegenüber einer dogmatischen Vernunftkultur stehen dürfte.

## Schulphilosophische Popularisierung: Christian Wolff

Der cartesianische Rationalismus und Leibniz' optimistische Metaphysik bilden die zentralen Elemente der frühaufklärerischen Schulphilosophie, deren Haupt und wesentlicher Vermittler in Deutschland Christian Wolff ist. Von ihm gehen die bedeutsamsten Impulse der neuen rationalistischen Philosophie aus, er importiert die Gedanken Descartes' und mit ihnen die neuen naturwissenschaftlichen Methoden, die die Zeit bewegen, er verbreitet aber ebenso die Leibnizsche Metaphysik und deren optimistische Botschaft von der Existenz einer nach denklogischen Gesichtspunkten unübertrefflich eingerichteten Welt. Im Gegensatz zu seinen Lehrmeistern befaßt sich Wolff jedoch weniger mit Fragen der Erkenntnistheorie als mit den Gegenständen, denen menschliche Forschungstätigkeit nachspürt. Sein unermüdliches, über fünf Jahrzehnte sich erstreckendes publizistisches Wirken gilt einer Vielzahl von Themenfeldern – der Politik, Ethik, Rechts- und Moralphilosophie, der Metaphysik, Logik, Mathematik und Naturwissenschaft. Insofern ist Wolff nicht nur der deutsche Popularisator der rationalistischen Denkrichtung, sondern auch der erste Autor, der ihre Methoden auf ein weit gefaßtes Lehrgebäude und die unterschiedlichsten Materien überträgt. Wenn man von der Leibniz-Wolffschen ›Schul-philosophie‹ spricht, so bezeichnet diese Terminologie eine intellektuelle Allianz, bei der Leibniz die Rolle des geistigen Vorreiters und Wegbereiters, Wolff aber die Aufgabe der Vermittlung, praktischen Umsetzung und Verbreitung der rationalistischen Methode zufiel.

Wolffs Tätigkeit ist unmittelbar an das universitäre Leben im Deutschland der ersten Hälfte des 18. Jahrhunderts gebunden. Nach einem Studium der Theologie und Mathematik begann er seine Laufbahn als akademischer Lehrer 1703 in Leipzig, das zu diesem Zeitpunkt noch keineswegs das Zentrum der deutschen Universitätslandschaft bildete (wie dreißig Jahre später in der Ägide Gottscheds), sondern eher durch akademische Arroganz und mangelnde Weltläufigkeit gekennzeichnet war. Angesichts der in Leipzig vorherrschenden intellektuellen Mediokrität konnte Wolff zufrieden sein, daß er nach nur vier Jahren eine Berufung an die Universität Halle erhielt, wo größere Freiräume für methodische Innovationen herrschten. Als Professor der Mathematik gehörte er der philosophischen Fakultät an (das entsprach dem alten Gliederungssystem der humanistischen Artistenfakultät, zu der neben der Theologie und der Logik auch die mathematisch-naturwissenschaftlichen Fächer zählten; erst im Prozeß der Ausdifferenzierung der Naturwissenschaften, der sich im Verlauf des 18. Jahrhunderts zutrug, wurde diese alte Ordnung sukzessive aufgegeben). Um mit seinen ausgeprägten philosophischen Interessen innerhalb der Fakultät nicht in Konkurrenz zu Christian Thomasius zu treten, der das Gebiet der Metaphysik, ferner die Natur- und Rechtsphilosophie vertrat, blieb Wolff zunächst genötigt, sich im Rahmen seiner Lehrtätigkeit auf Veranstaltungen zur allgemeinen Logik und Mathematik zu beschränken. Er selbst betrachtete diesen Umstand, wie er rückblickend in seiner Lebensbeschreibung erklärte, als ideale Gelegenheit zur Denkschulung. Noch seine späteren metaphysischen Abhandlungen zeigen sich geprägt von einer streng logisch-deduktiven Methodik, die einen mathematisch geübten Verstand verrät. In den folgenden Jahren erweiterte Wolff seinen Themenkreis, bezog zunächst experimentell-naturwissenschaftliche Fächer wie Mechanik und Optik in sein Unterrichtsangebot ein, später, ab etwa 1715, jedoch auch Probleme der Metaphysik und Sittenlehre, also Kernbereiche der zunächst gemiedenen philosophischen Disziplin.

Seit Beginn der 20er Jahre geriet Wolff in einen bald auch öffentlich wirksamen Disput mit Vertretern der theologischen Fakultät, die seinem rationalistischen Lehrsystem eine dezidiert atheistische Tendenz vorwarfen und ihn beschuldigten, den englischen Freidenkern nahezustehen, deren dogmenkritische Konfession innerhalb der deutschen Orthodoxie, aber auch in Kreisen des in Halle überaus starken Pietismus als ketzerisch verworfen wurde (dazu genauer Kap. I,4). Wolff, der dem Leibnizschen Theodizee-Gedanken (und damit einer durchaus orthodoxen theologischen Grundposition), kaum aber, wie man behauptete, freidenkerischen Lehren nahestand, setzte sich mit einem scharf formulierten Schreiben gegen die an ihn adressierten Vorwürfe zur Wehr. Dieses wiederum veranlaßte seine theologischen Fakultätskollegen Joachim Lange und August Hermann Francke – bekennende Pietisten und unerbittliche Gegner der von ihnen als religionsfeindlich eingestuften rationalistischen Philosophie – auf höchster Ebene vorstellig zu werden und beim preußischen König auf die Entlassung Wolffs zu drängen. Die Antwort ließ nicht lange auf sich warten. Friedrich Wilhelm I. formulierte am 8. November 1723 die folgende Kabinettsorder:

> Demnach uns hinterbracht worden, daß der dortige Professor Wolf in öffentlichen Schriften und Lectionen solche Lehren vortragen soll, welche der im göttlichen Worte geoffenbarten Religion entgegenstehen und Wir denn keineswegs gemeynet sind, solches ferner zu dulden, sondern eigen höchsthändig resolviret haben, daß derselbe seiner Profeßion gänzlich entsetzet seyn und ihm ferner nicht mehr verstattet werden soll, zu dociren. (...) Wie ihr denn auch gedachtem Wolf anzudeuten habt, daß er binnen 48 Stunden nach Empfang dieser Ordre die Stadt Halle und alle unsere übrige Königl. Lande bey Strafe des Stranges räumen solle. (I Wolff WL, 28).

Der solcherart Geächtete kam der rüden Aufforderung, die preußischen Lande zu verlassen – Sachsen gehörte ihnen zu –, unverzüglich nach. Seine beträchtliche wissenschaftliche Reputation verschaffte ihm jedoch rasch neue Aufgaben; nach kürzerer Bedenkzeit folgte er einem Ruf an die Universität Marburg (und schlug zugleich ehrenvolle Angebote aus Petersburg und Utrecht aus). Der Hallenser Konflikt zwischen dem gelehrten Aufklärer Wolff und seinen pietistischen Widersachern ist in besonderem Maße aufschlußreich, weil er die religiöse und politische Intoleranz beleuchtet, die im ersten Drittel des 18. Jahrhunderts in Deutschland durchweg herrschte. Noch war die Obrigkeit weit davon entfernt, den Geist des neuen Zeitalters sich frei und ungezwungen entfalten zu lassen; eine Allianz wie das spätere Gedankenbündnis zwischen Voltaire und Friedrich dem Großen wäre den Gelehrten um diese Zeit als kaum zu verwirklichende Utopie erschienen.

Wolffs akademischer Laufbahn und seiner Karriere als bedeutendster philosophischer Schriftsteller der ersten Phase der deutschen Aufklärung haben die Vorfälle in Halle nicht geschadet. Annähernd 17 Jahre wirkt er an der Marburger Universität, ehe ihn der junge, eben gekrönte Friedrich II. nach Halle zurückruft und damit demonstriert, daß er, anders als sein Vater, ein Klima religiöser Toleranz und geistiger Unabhängigkeit in Preußen zu schaffen gedenkt. Wolffs Antrittsvorlesung wird im Rahmen eines imposanten akademischen Festakts gefeiert, dem jedoch bald Ernüchterung folgt: Der über sechzigjährige Gelehrte besitzt nicht mehr die intellektuelle Spannkraft früherer Jahre, er wirkt verbraucht, schöpft aus bekannten Ressourcen, scheint auch methodisch nicht mehr auf der Höhe seiner Zeit. Der Prozeß der Aufklärung ist fortgeschritten und letzthin über die Schulphilosophie hinweggegangen. Deren Rationalismus bildet zwar die Grundlage der neuen, in der Jahrhundertmitte aufkommenden sensualistischen Lehren, besitzt aber nicht mehr jene unangefochtene Autorität wie um 1730, auf dem Höhepunkt von Wolffs Wirken.

**Wolffs Schriften** gehorchen unterschiedlichen Wirkungsintentionen; die deutschen Werke, meist aus Vorlesungen entstanden, richten sich an eine breitere Leserschaft, die lateinischen Arbeiten sind an die Gelehrtenwelt und das internationale Publikum adressiert. Seine wichtigsten Publikationen erscheinen in raschem Tempo zwischen 1710 und 1725: Den Beginn machen 1712 die *Vernünfftigen Gedancken von den Kräften des menschlichen Verstandes* (*Deutsche Logik*); es folgen 1720 die *Vernünfftigen Gedancken von der Menschen Tun und Lassen* (*Deutsche Ethik*) sowie, im selben Jahr, die *Vernünfftigen Gedancken von GOTT, der Welt und der Seele des Menschen* (*Deutsche Metaphysik*), 1721 die *Vernünfftigen Gedancken von* *dem Gesellschaftlichen Leben der Menschen* (*Deutsche Politik*), schließlich 1724 die *Vernünfftigen Gedancken von den Absichten der natürlichen Dinge* (das naturwissenschaftliche Grundbuch). Seine mathematisch geschulte Denkmethode hat Wolff in der Logik von 1712 entwickelt und exemplarisch vorgeführt. Alle Erscheinungen, denen das Vernunfturteil auf die Spur kommen möchte, sollen auf logisch nachvollziehbare Weise analysiert werden; der Beweisgang selbst muß so angelegt sein, daß die einzeln angeführten Gründe einander nicht widersprechen, sondern, in sich stimmig, auseinander folgerichtig hervorgehen. Gestützt auf diese Methode der ›demonstrativischen Vernunftschlüsse‹ entwickelt Wolff sein gesamtes Lehrsystem; dessen formale Verfahrensweise entspricht aufs genaueste dem von ihm angenommenen Bau der Natur, deren rationale Ordnung wiederum auf Gott als vollkommenes Wesen zurückverweist (I Kondylis, 545ff., I Merker, 59ff.).

Rationalität und Metaphysik, Verstandesgebrauch und Glauben, Logik und Offenbarungswahrheit bilden für Wolff, der hier ganz als Leibnizianer auftritt, keine inneren Widersprüche, sondern treten zur Einheit zusammen. Sehr prägnant hat Kant im Vorwort zur zweiten Auflage der *Kritik der reinen Vernunft* das rationalistische Lehrsystem charakterisiert: Wolff habe zu erweisen gesucht, »wie durch gesetzmäßige Feststellung der Prinzipien, deutliche Bestimmung der Begriffe, versuchte Strenge der Beweise, Verhütung kühner Sprünge in Folgerungen der sichere Gang der Wissenschaften zu nehmen sei (...)« (I Kant, Bd. III, 36f.).

Da Natur Vernunftnatur, darin wiederum von Gott als höchstem Vernunftwesen abkünftig ist, besitzt das rationale Erkenntnisvermögen des Menschen den Charakter eines die letzten Wahrheiten der Schöpfung erschließenden Instrumentariums. Erst in der durch die Logik des demonstrativischen Beweisverfahrens am je einzelnen Gegenstand rekonstruierbaren Vernünftigkeit des Weltbaus zeigt sich laut Wolff die Vollkommenheit Gottes; dieses ist die zentrale Botschaft nahezu sämtlicher seiner Schriften, die lediglich im Zusammenhang verschiedener Materien und Disziplinen zutage tritt. Gerade die thematische Vielfalt gehört bei Wolff zum programmatischen Anspruch eines sich universalwissenschaftlich präsentierenden Aufklärungskonzepts, das das gesamte Spektrum der Natur und des menschlichen Gesellschaftslebens erschließen und umfassend katalogisieren möchte. Nachzuweisen steht immer wieder neu die durchgreifende Vernunftordnung der Schöpfung, die sich in je verschiedenen Gegenständen manifestiert. Zentrales Mittel der Erkenntnis dieser Ordnung ist die Ratio. »Der Mensch«, bemerkt Wolff in der Vorrede der *Deutschen Logik* (1712), »hat nichts vortreflicheres von GOTT empfangen als seinen Verstand.« (I Wolff DL, Vorrede, Bl. 1)

## Empiristische Tendenzen bei Thomasius

Daß Wolff der deutschen Aufklärung eine eigene Methodik zu verschaffen vermochte, mit deren Hilfe sie fächerübergreifend operieren durfte, verdankt er Leibniz, dessen Erkenntnistheorie auf mathematisch-logischer Grundlage von ihm praktisch umgesetzt wird. Daß er eine philosophische Terminologie entwickeln konnte, die bis zu Kant wirksam blieb, war allein möglich durch den Vorstoß seines späteren Hallenser Fakultätskollegen Christian Thomasius, der die akademische Dominanz des lateinischen Idioms gebrochen und das Deutsche als Unterrichtssprache hoffähig gemacht hatte. Der Rechts- und Philosophieprofessor Thomasius, 20 Jahre älter als Wolff, hielt im Herbst 1687 in Leipzig die erste deutschsprachige Universitätsvorlesung. Trotz größeren Widerstands seiner akademischen Kollegen wiederholte Thomasius sein Experiment in späteren Jahren und bot alternierend Lehrveranstaltungen in deutscher und lateinischer Sprache an. Wie stark nach dem damaligen Verständnis der gelehrte Diskurs an das lateinische Idiom und die scholastische Terminologie gebunden blieb, demonstriert die Tatsache, daß in Halle noch am Beginn des 18. Jahrhunderts durch eine Verordnung des Rektorats deutschsprachige Vorlesungen generell verboten wurden. Thomasius erinnert sich 30 Jahre nach seinem Vorstoß an den Aufruhr, den seine deutsche Vorlesungsankündigung bewirkt hatte, und spottet: »Denkt doch! ein teutsch Programma an das lateinische schwarze Brett der löbl. Universität. Ein solcher Greuel ist nicht erhöret worden, weil die Universität gestanden. Ich muste damahls in Gefahr stehen, daß man nicht gar solemni processione das löbliche schwartze Brett mit Weywasser besprengte.« (I Thomasius DS, Nachwort, 193)

Thomasius hat das **Plädoyer für die Verwendung der deutschen Sprache** im akademischen Unterricht in einer Programmschrift aus dem Jahr 1687 näher erläutert. In seinem *Discours Welcher Gestalt man denen Frantzosen in gemeinem Leben und Wandel nachahmen solle* warnt er vor der alleinigen Ausrichtung am Latein der scholastischen Gelehrsamkeit. »Sprachen«, so heißt es, »sind wohl Zierrathen eines Gelehrten / aber an sich selbst machen sie niemand gelehrt.« (I Thomasius DS, 29). Problematisch findet Thomasius dabei vor allem die Tendenz, lateinische Wendungen ins Deutsche zu übernehmen; hier regt sich der Gedanke der Sprachpflege durch Bewahrung des ursprünglichen Bestandes, wie ihn auch schon die barocken Sprachsozietäten (etwa die Nürnberger »Fruchtbringende Gesellschaft« oder der Hamburger »Elbschwanenorden«) vertreten hatten: Das Deutsche soll von fremden Einflüssen ferngehalten und terminologisch bereinigt werden. Thomasius' Vorstoß ist im Zusammenhang der am Ende des 17. Jahrhunderts immer noch verbreiteten Dominanz der lateinischen Lehrbegriffe scholastischer Prägung zu sehen. Ihnen gegenüber favorisiert er neben dem Gebrauch der Muttersprache das Französische, das ihm wie vielen seiner Zeitgenossen als besonders geschmeidiges Idiom gilt – eine Einschätzung, die durch die zeitgenössische Bedeutung der französischen Philosophie, etwa Descartes', Bayles oder Fontenelles, unterstützt wird. Thomasius richtet sich jedoch gleichzeitig gegen eine Überschätzung der französischen Sprache und die übertriebene Bewertung des Vorbildcharakters der Werke französischer Denker. Zwar läßt sich deren Rang kaum bestreiten, jedoch bezweifelt Thomasius die verbreitete Ansicht, »daß alle Weißheit und aller Verstand von der Welt eintzig und allein bey denen Frantzosen anzutreffen sey / und daß alle andere Nationes gegen die Frantzosen gerechnet den Kopff mit Gritze gefüllet hätten.« (I Thomasius DS, 37). Anstelle der bedingungslosen Subordination unter den gewiß anspruchsvollen Geschmack und die beeindruckende Gelehrsamkeit der Franzosen sollten die Deutschen zu ihrem eigenen intellektuellen Selbstbewußtsein finden (wobei ihnen wiederum die Orientierung an der französischen Sprach- und Geisteskultur hilfreich sein könnte).

An der Universität Leipzig vertrat Thomasius seit dem Jahr 1681 die Fächer der Jurisprudenz und Philosophie. Als Rechtsgelehrter verbreitete er das durch Hugo Grotius (1583–1645, *De iure belli et pacis*, 1623) zunächst noch auf der Grundlage scholastischer Prinzipien entwickelte, später von Samuel Pufendorf (1632–94) ausgebaute System des Naturrechts, das für das gesamte Zeitalter der Aufklärung bedeutsam blieb. Dessen Ausgangspunkt bildet die Vorstellung, daß der Mensch durch seine Geburt mit einem natürlichen Rechtsempfinden ausgestattet sei und über die Disposition zum rechtskonformen Handeln verfüge (so Pufendorf in *De iure naturae et gentium*, 1672). Der idealtypisch gedachte Mensch des Naturrechts ist ein Wesen, das aufgrund seiner Vernunftfähigkeiten zugleich die natürliche Anlage zur Soziabilität, das heißt: die Bereitschaft zur Eingliederung in eine auf Rechtsnormen beruhende und diese zur Geltung bringende Gemeinschaft besitzt. Wesentlich war, daß das Naturrecht nicht mehr vom Gedanken der Erbsünde ausging, sondern vom natürlichen Vermögen des Menschen, Gutes zu tun; naturrechtliche Vorstellungen begründeten damit auch die ›Enttheologisierung‹, die Säkularisierung des Rechtsbegriffs.

Sein aufklärerisches Wirken entfaltete Thomasius vor allem auf dem Gebiet der Rechtslehre. Im Jahr 1690 verließ er, auf Geheiß der Obrigkeit, die Universität Leipzig und wechselte an die Ritterakademie zu Halle (die wenig später durch seine Initiative zur ordentlichen Universität ausgeweitet wurde). Hintergrund dieses Vorgangs war ein Lehrverbot nach einem Disput mit den orthodoxen Stadtgeistlichen Leipzigs, die sich durch einige beißende Sottisen gekränkt fühlten, welche Thomasius in seinen »Monatsgesprächen« gegen sie gerichtet hatte. Die »Monatsgespräche«, die zwischen 1688 und 1690 zwölf Mal im Jahr erschienen, bilden ansatzweise bereits eine Vorform der aufgeklärten Moralischen Wochenschriften, deren für die erste Hälfte des 18. Jahrhunderts paradigmatische Funktion noch genauer zu erörtern ist (I Martens BT, 80ff.). Thomasius' Periodikum bietet im Rahmen von Gesprächsfiktionen, die nach dem Muster der humanistisch-barocken Dialogerzählungen (Castiglione, Gracián, Harsdoerffer) gestaltet sind, populäre Darstellungen von aktuellen wissenschaftlichen und philosophischen Themen, spart dabei nicht mit satirischem Witz und folgt einem breit gefaßten pädagogischen Vermittlungskonzept, das Aufklärung als handfestes Geschäft der vergnüglichen Belehrung des Lesepublikums begreift.

In Halle führt Thomasius die rechtsgeschichtlichen Studien fort, mit denen er sich bereits in Leipzig befaßte. Ins Zentrum rückt nun das Interesse an den seit dem Spätmittelalter dokumentierten Hexenprozessen und deren spezifisch juristischen Aspekten. Thomasius vertieft sich in die vorliegenden Prozeßschilderungen, wie man sie in der *Cautio criminalis* (1631) des Jesuiten Friedrich von Spee nachlesen konnte, er prüft Meinungen und Gegenmeinungen und gelangt schließlich zu der Ansicht, daß die meisten Gerichtsverfahren, die im Zusammenhang mit Anschuldigungen wegen Hexerei geführt wurden, durch schwerwiegende Formfehler und juristische Irrtümer geprägt waren. Im Jahr 1701 legt Thomasius seine Abhandlung *De Crimine Magiae – Von dem Verbrechen der Zauber- und Hexerei* vor, deren Thesen er von einem seiner Schüler öffentlich an der Leipziger Universität verteidigen ließ. 1712 folgt die Schrift *Vom Ursprung und Fortgang des Inquisitions-Processes wider die Hexen*, die sich ganz dem Kampf gegen Aberglauben und irrationale Vorurteile, gegen die unheilvolle Allianz von Hexenwahn und Rechtsprechung widmet, wie sie vorangehende Jahrhunderte beherrschte.

In wesentlichen Punkten bildet Thomasius die intellektuelle Kontrastfigur zum neoscholastischen Systembaumeister Wolff. Sein Vernunftbegriff wird nicht deduktiv auf der Grundlage logischer Methoden entwickelt und dann erst auf die einzelnen Materien und Fächer übertragen, sondern besitzt von vornherein eine praktische Dimension. Als Jurist denkt Thomasius in gesellschaftlichen Zusammenhängen, fragt er nach den sozialen Konsequenzen menschlichen Vernunfthandelns und dem unmittelbaren Nutzen, den die pragmatische Umsetzung von Verstandesprinzipien für die Begründung eines gerechten Gemeinwesens herbeiführen kann. Die sittliche Bedeutung des Vernunftgebrauchs liegt vor allem darin, daß er praktische Folgen zeitigt, indem er das soziale Verhalten des Menschen bestimmt. Die erfahrungswissenschaftliche Orientierung macht Thomasius' Schriften zum empiristischen Gegenstück der strengen Logik Leibniz-Wolffscher Prägung. Betont die Schulphilosophie die Übereinstimmung von allgemeinen rationalen Naturgesetzen und unmittelbarer Erfahrungswelt, so operiert Thomasius mit einem pragmatischen Verstandesbegriff, bei dem die Konzentration auf das gesellschaftliche Handeln des Menschen die entscheidende Rolle spielt (I Schmidt-Biggemann TT, 34f.). In seiner *Einleitung zu der Vernunfft=Lehre* (1691) grenzt er sich entschieden von einem nur akademisch-wissenschaftlichen Gebrauch menschlicher Ratio ab und erklärt die Ausrichtung am ›gemeinen Nutzen‹ sowie das Erreichen diesseitiger ›Glückseligkeit‹ für das vornehmste Ziel der Arbeit der Vernunft (I Thomasius VL, 95 (III, §1); vgl. I Grimminger, 79f.).

In den Mittelpunkt dieses vernunftpraktischen Lebenskonzepts rückt der Begriff des ›Politischen‹, der für die gesamte deutsche Frühaufklärung Gewicht besitzt. Seine Quelle hat er bereits in den Lehren der Staatsklugheit, wie sie seit der Mitte des 17. Jahrhunderts zumal von den Spaniern Balthasar Gracián und Diego Saavedra Fajardo vertreten werden (I Barner, 135ff., 167ff.). Ideal der politischen Verhaltenslehre, die Graciáns Standardwerk *Oraculo manual, y arte de prudencia* (1647) entwirft, ist das geschmeidige, taktisch kluge Verhalten am Hofe; die Zielgruppe dieser prudentistischen (lt.: *prudentia*) Lehre bildet neben dem höfisch orientierten Adel auch die Schar der ehrgeizigen bürgerlichen Staatsbeamten, die eine politische Karriere avisieren und entsprechender Handlungsvorschriften bedürfen, um sich nicht in den Wirren der Kabinettsintrigen zu verstricken. In Deutschland sind es zunächst Daniel Casper von Lohenstein und Christian Weise, die ihrem Lesepublikum die Kunst des politischen Handelns zu vermitteln suchen. Insbesondere die Gattung des Romans – Lohensteins *Arminius* (1690) demonstriert es –, empfiehlt sich dabei als praktischer Ratgeber, der die Gesetze geschickten höfischen Agierens an anschaulichen Exempeln zu verdeutlichen pflegt. Auf die prudentistische Tradition greift auch Thomasius zurück, wenn er in seiner *Vernunfft‑Lehre* das kluge Verhalten des Einzelnen zum Maßstab praktischer Rationalität erhebt. Das sozial aufstrebende, in höfische Beamtenpositionen vorrückende Bürgertum bildet dabei die Adressatengruppe, auf die die politische Pragmatik der *Vernunfft=Lehre* wesentlich zugeschnitten scheint.

Thomasius und Wolff treffen sich trotz unterschiedlicher methodischer Ansatzpunkte in der Absicht, eine möglichst allgemeinverständliche **philosophische Erkenntnislehre** zu entwickeln, die dem Menschen einen Leitfaden für sein soziales Handeln zur Verfügung stellt. In ihrer ersten Phase ist die deutsche Aufklärung selbst dort, wo sie sich metaphysischen Fragen zuwendet, in hohem Maße praxisorientiert. Während Moses Mendelssohn im Jahr 1784 in der »Berlinischen Monatsschrift«

erklärt, Aufklärung sei Reflexion über die »Bestimmung des Menschen« und dabei »mehr auf das Theoretische zu beziehen« (I Mendelssohn, 266), betont vor allem Thomasius stets die praktischen Konsequenzen des Vernunftgebrauchs. Mendelssohns Definitionsversuch zeugt bereits von einem ganz anderen Interesse, von der Absicht, der menschlichen Vernunft nicht nur die idealen Wirkungsbahnen vorzuzeichnen, sondern sie selbst als Erkenntnisobjekt zu betrachten und ihre theoretische Möglichkeit kritisch zu durchdenken. Von diesem reflexiven Vernunftbegriff, den zumal Kant gründlich exponieren wird, sind Thomasius und letzthin auch Wolff noch weit entfernt. Ihr Rationalismus ist sowohl in seiner empirischen als auch in seiner mathematisch-logischen Ausprägung ein Instrument der praktischen Erkenntnis, kein Medium der Selbstreflexion, deren intellektuelle Strategien erst der Kritizismus Kants entwickeln wird.

## 3. Das neue Weltbild der Naturwissenschaften

### Grundlagen der kopernikanischen Astronomie

Wesentlich für das intellektuelle Profil der Aufklärung bleibt zumal in ihrer frühen Phase die rasch sich vollziehende Herausbildung veränderter naturwissenschaftlicher Erkenntnismethoden. Zur Besonderheit der szientifischen Entwicklung gehört nicht nur die Beschleunigung dieses Prozesses, die wiederum seit dem Beginn der frühen Neuzeit zu einer Vielzahl vertiefender Einsichten in Fragen der Astronomie, Physik und Chemie führt, sondern auch die Neukonzeption des Wissensbegriffs selbst, die ein verändertes Selbstverständnis der Naturwissenschaften fördert. Menschliche Erkenntnis steht seit Descartes und Leibniz nicht mehr, wie im gesamten Mittelalter und noch im 17. Jahrhundert, unter dem Vorbehalt von Gottes Allmacht, der allein das Privileg absoluten Wissens zufiel. Sie bildet keineswegs nur das unvollkommene Modell einer in ihren letzten Gründen nicht verstehbaren Natur, sondern unterliegt dem Zweck, Wahrheit zu erschließen und die Ordnung der Vernunft, nach der die Schöpfung gestaltet ist, hinreichend durchsichtig zu machen. Erst die Aufklärung zeigt sich damit, auf der Basis eines neuen, mit Wahrheitsanspruch ausgestatteten Wissensbegriffs, imstande, die Brisanz von teilweise älteren naturwissenschaftlichen Erkenntnissen vollständig zu ermessen und produktiv umzusetzen.

Besonders deutlich wird das im Fall der Astronomie, der Königsdisziplin unter den naturwissenschaftlichen Fächern des 17. und 18. Jahrhunderts. Bis tief in die frühe Neuzeit hinein bildete Klaudios Ptolemaios' *Mathématiké syntaxis* (2. Jh.) das allgemein verbindliche astronomische Lehrbuch, an dessen Grundannahmen die Experten erst seit Beginn der Epoche des Humanismus, freilich mit wachsender Intensität, zu zweifeln begonnen hatten. Die ptolemäische Astronomie ging von Aristoteles' Himmelsphysik aus und betrachtete die Erde als immobiles kosmisches Zentralgestirn in unangefochtener Mittelpunktstellung, das von kristallenen Schalen mit darauf befestigten Planeten und Fixsternen flankiert und von einem unendlichen Raum – dem Empyreum – überwölbt wird, in dem Gott und die Seligen wohnen (vgl. I Koyré, 12ff.). Die Differenzierung zwischen dem endlichen Gestirnshimmel, der zum Gegenstand astronomischer Forschung taugt, und dem jeglicher zuverlässigen Erkenntnis entzogenen Empyreum besaß für die christliche Ordnungsmetaphysik des Mittelalters und noch für die frühe Neuzeit ihre besondere Attraktivität, weil sie eine säuberliche Trennung von physischer und spiritueller Sphäre, von Wissenschaft und Glauben garantierte. Astronomische Forschung steht im ptolemäischen System unter der erklärten Einschränkung, daß dem Menschen die umfassende Erkundung des Himmels und seiner räumlichen Verhältnisse verwehrt bleibt. Dieser Generalvorbehalt bringt die prinzipielle Scheidung von Astronomie und Metaphysik mit sich; der Mensch kann zwar den Himmel mathematisch zutreffend berechnen, aber die absolute Wahrheit dabei gleichwohl verfehlen. In letzter Konsequenz betrachtet die Scholastik die metaphysisch begründete Allmacht Gottes als Ursache für gewisse Unstimmigkeiten der Planetenmessungen, wie sie im ptolemäischen System, bedingt durch die falsche Annahme einer geozentrischen Ordnung des Kosmos, zwangsläufig auftreten müssen (auch zum folgenden I Blumenberg G, Bd. I, 165ff.).

Es sind diese Unstimmigkeiten, an denen sich die wissenschaftliche Kritik des Nikolaus Kopernikus entzündet. Sein gegen die ptolemäische Himmelskunde gerichtetes Hauptwerk *De revolutionibus orbium coelestium libri VI*, von dem wesentliche Teile schon um 1514 entstanden waren, legt er erst kurz vor seinem Lebensende im Jahr 1543 auf Drängen des Wittenberger Mathematikers Joachim Rheticus vor, nachdem er ursprünglich aus Furcht vor kirchlichen Reaktionen geplant hatte, die Abhandlung zurückzuhalten und nur im engsten Schülerkreis zirkulieren zu lassen. Das Vorwort des Nürnberger Theologen Andreas Osiander sucht den Eindruck zu erwecken, als handele es sich bei Kopernikus' Schrift um die Darstellung einer mathematischen Hypothese, die von den Ordnungsgrundsätzen der Geozentrik nur abweiche, um bestimmte astronomische Beweise führen zu können, ohne dabei aber eine tatsächliche Annäherung an ein heliozentrisches Weltbild vollziehen zu wollen. In einigen knappen, prinzipiellen Bemerkungen über das Wesen der naturwissenschaftlichen Urteilsbildung betont Osiander, daß Kopernikus' Ausführungen einzig mathematische Vermutungen bildeten, die geeignet seien, bestimmte Naturprozesse anders als zuvor zu berechnen, dabei aber keinen Anspruch auf unbedingte Geltung und unanfechtbare Evidenz zu erheben suchten. Der erkenntnistheoretische Relativismus, der in Osianders Vorrede steckt, mußte dabei nicht notwendig den Charakter eines methodischen Prinzips besitzen; wahrscheinlicher ist, daß er Kopernikus' Schrift im Vorgriff gegen mögliche kirchliche Reaktionen schützen sollte, indem er deren wissenschaftliche Wirkungsabsichten auf die Immanenz mathematisch-astronomischer Hypothesen jenseits absoluter (nur der Theologie zugänglicher) Wahrheiten beschränkte. Dieses taktische Kalkül blieb im übrigen für einige Zeit effizient: mehrere Jahrzehnte lang nahmen theologische Kreise von Kopernikus' System kaum Kenntnis, zumal sie es als Produkt einer wissenschaftlich immanenten Diskussion, nicht jedoch als kosmologisches Modell mit eigenem Wahrheitsethos betrachteten. Erst 1616 ließ die katholische Kirche Kopernikus' Abhandlung indizieren, weil sie die Annahme einer heliozentrischen Himmelsordnung als mit der christlichen Lehre und der von ihr verkündeten Zentralstellung der Erde unvereinbar betrachten mußte.

Daß Kopernikus im Gegensatz zu seinem beflissenen Vorredner Osiander durchaus Wahrheitsansprüche vertritt, demonstriert die an Papst Paul III. gerichtete

Widmungsvorrede von *De revolutionibus*. Sie formuliert die These, daß die ältere Astronomie sich in eine Vielzahl von Irrtümern verwickelt habe, die seine eigenen Annahmen aufzulösen und durch stimmigere Hypothesen zu ersetzen suchten. Unterstellt wird dabei ein erkenntnistheoretischer Prozeß, dessen inneres Gesetz als stetiges Fortschreiten der Wissensmöglichkeiten des Menschen zu bestimmen wäre. Die Geschichte der Wissenschaft ist – solche Auffassung besitzt geradezu revolutionären Charakter – geprägt durch einen ständigen Zugewinn an Wahrheit. Mit dieser Ansicht kündigt Kopernikus die nicht nur bei Osiander, sondern in kirchlichen Kreisen generell geltende Generalformel auf, derzufolge theologisches und szientifisches Wissen prinzipiell unterschiedlichen Gesetzen gehorchen. Gegen die seit der Scholastik gängige Differenzierung der Disziplinen, die allein der Theologie wahrheitserschließende Funktionen, der Mathematik aber nur den Status eines theoretischen Systems ohne Wirklichkeitsbezug zubilligt, setzt Kopernikus die für den Humanismus charakteristische Lehre von der prinzipiellen Einheit der Fächer und des sie verbindenden Ethos der Wahrheitssuche. Gemäß der neuen Perspektive, die Kopernikus' Widmungsvorrede beherrscht, haben Astronomie und Philosophie gleichermaßen teil am Ringen des Menschen um die Erkenntnis des von Gott geschaffenen Kosmos. Angesichts dieser methodischen Prämisse wäre es unsinnig, die Möglichkeiten der mathematischen Hypothesenbildung gegen die absolute Wahrheit der Theologen auszuspielen.

Gleichwohl hatte Kopernikus nicht im Sinn, die alte **Ordnung des ptolemäischen Systems** zu zerstören und die Verbindlichkeit der überkommenen astronomischen Deutungsmuster fundamental zu erschüttern. Auch er ging zunächst von der Annahme aus, daß die Gestirne ihre Positionen stetig verändern, indem sie kreisförmige Bahnen beschreiben; jedoch erkannte er, daß die Erde sich ebenfalls bewegte, und zwar auf festen Umlaufzirkeln, die sie um die ruhende Sonne führten. Die näheren Aspekte und Details dieser mathematisch gestützten Hypothese mußten, trotz gegenteiliger Intentionen des Autors, tiefgreifende Zweifel an der Schlüssigkeit des ptolemäischen Systems hervorrufen: Die Himmelsbewegungen weisen, so glaubte Kopernikus zu beobachten, keinen gemeinsamen Mittelpunkt auf, der die Annahme einer geozentrischen Ordnung des Himmelssystems gestatten könnte; der Mittelpunkt der Welt liegt nahe der Sonne; die Erde dreht sich täglich einmal um ihre eigene Achse, einmal jährlich um die ruhende Sonne; die Erde ist damit ein Planet unter mehreren anderen; der Abstand zwischen Erde und Fixsternhimmel läßt sich nicht ausmessen, wobei die Fixsterne (wie auch Ptolemäus angenommen hatte) bewegungslos sind.

Revolutionär wirken nicht nur die Hypothesen des Kopernikus, sondern ebenso die Prämissen, die sie anleiten: Die Absicht, der formalen Unstimmigkeit des ptolemäischen Systems eine neue Theorie des Himmels entgegenzusetzen, die von größerer innerer Konsequenz ist, bedeutet zumal, daß Kopernikus die scholastische Skepsis gegenüber den Möglichkeiten einer absolut verbindlichen Naturforschung nicht mehr akzeptieren kann. Der gelehrte Anspruch, der die Widmungsvorrede bestimmt, bleibt geprägt von der Vermutung, szientifische Erkenntnis könne die alten Grenzen unserer Wahrnehmung beseitigen und dem Menschen tiefere Einblicke ins bis dahin unergründliche All verschaffen. Das aber heißt, daß sich Kopernikus bei seinen astronomischen Berechnungen an einem neuen Ethos der vernünftigen Wahrheitssicherung jenseits von metaphysischen Invarianten und spirituellen Faktoren orientiert. Er billigt der durch seine Hypothesen angebahnten Korrektur des ptolemäischen Systems eine Steigerung des Wahrheitsgehalts astronomischer Erkenntnisse zu und verrät damit ein humanistisch geprägtes Vertrauen in die Möglichkeiten von Wissenschaft schlechthin, das im scholastischen Weltgebäude seine Grenze an der Priorität der Metaphysik gefunden hatte (vgl. I Blumenberg G, Bd. I, 238f.).

### Kopernikus-Rezeption in der frühen Neuzeit

Das nur vorsichtig vorgetragene wissenschaftliche Ethos, das Kopernikus' Methodendenken begründet, bildet den Ausgangspunkt für **Giordano Brunos** produktive Auseinandersetzung mit der neuen Astronomie. In seinen *Dialoghi de l' infinito universo et mondi* aus dem Jahr 1584 begegnet man erstmals dem Versuch, den Gedanken von der Vielheit der Welten unter metaphysischen Aspekten abzuwägen und damit auch jenseits seiner astronomischen Geltungshorizonte fortzuführen. Hatte Kopernikus bereits auf die Abhängigkeit der empirischen Beobachtung vom Standort des Betrachters verwiesen, so weitet Bruno diese Einsicht zur Theorie der Unendlichkeit der Perspektiven aus, die dem Umstand geschuldet ist, daß in einem infiniten Raum auch unzählige Möglichkeiten der Wahrnehmungsposition enstehen. Als Gottes Werk, so vermutet Bruno, findet die Schöpfung ihre ideelle Einheit in jener Unendlichkeit, die sie mit ihrem Schöpfer teilt. Gott hat damit die zunächst nur für ihn selbst gültige Qualität des Unendlichen dem von ihm hervorgebrachten kosmischen Raum zugewiesen. Die Vorstellung, daß der Himmel nicht allein unermeßlich (»immensum«, wie es bei Kopernikus hieß (I Copernicus Dr, 17)), sondern unendlich weit sei, bedeutet einen revolutionären Vorstoß, insofern sie ein ursprünglich sakrales Attribut adaptiert und in ein neues System der Welterklärung einfügt: Gottes Eigenschaft, unendlich zu sein, avanciert zu jener des Raums, den er schuf. Hans Blumenberg hat diese Umbesetzungsoperation für ein Indiz auch der sprachlichen Säkularisierung gehalten, wie sie bevorzugt an Epochenschwellen zutagetritt, an denen ein neues Denksystem unter die »Totalitätspflicht« (I Blumenberg LN, Erster Teil, 76) der universellen Begründung gerät und sich durch die Verwendung von theologisch besetzten Sprachformen zu legitimieren trachtet.

In Brunos *Dialoghi* geht es nicht um die mathematische Unterstützung der kopernikanischen Hypothesen, sondern um eine Neubestimmung des Menschen im Kosmos, um eine fundamentale Einschränkung seiner bisherigen Rolle als exponiertes Wesen der göttlichen Schöpfungshierarchie (I Bruno, 51ff.) Die heterodoxe Dimension dieser konsequenten Anwendung der neuen Astronomie erhellt dann, wenn man sich die metaphysischen Folgelasten und Zumutungen von Brunos Ansatz vor Augen führt. Zur Debatte steht hier nichts weniger als das durchgreifende Ordnungsprinzip der Schöpfung und daran anschließend die Frage, was nach der Verabschiedung des ptolemäischen Systems an den Platz der alten Hierarchie des endlichen Raums mit seinen festen Planeten und dem empyreischen (von *Empyreum*) Horizont des Lichthimmels treten solle. Bruno sucht dieses Problem zu lösen, indem er eine Kosmologie entwickelt, deren Zentrum die Erkenntnis bildet, daß Zeit und Raum Größen repräsentieren, die jeweils vom Standort des Betrachters abhängen und absolut nicht mehr bestimmbar sind. Aufgrund der Einsicht in die unendliche Weite der Schöpfung lassen sich Bewegung und Ruhe von Körpern nur mehr als relative Kategorien verstehen; was aus der Position des Erdbewohners als Ruhe erscheint, ist tatsächlich Bewegung (ein Faktum, das, wie man im 18. Jahrhundert lernen wird, nicht nur für die Planeten, sondern ebenso für die Fixsterne gilt).

Das eigentliche metaphysische Skandalon von Brunos Lehre liegt darin, daß sie die bis dahin ausschließlich Gott zugebilligte Qualität des Unendlichen zur Eigenschaft des von ihm geschaffenen Raumes werden läßt. Mit dieser Zuordnung verliert Gott seine absolute Überlegenheit als erhabener Schöpfer und tritt ein sonst nur ihm zugestandenes Attribut dem durch ihn hervorgebrachten Kosmos ab. Bruno hält Gott allein für den Erbauer einer unendlichen Weltenvielfalt, nicht aber für den Garanten des Heils und den Wegbereiter des durch Christus vollendeten Erlösungswerks. Der Mensch unterliegt vielmehr der Logik seiner eigenen Möglichkeiten und damit dem zyklischen Charakter des Naturprozesses, der dahin drängt, die unendlichen Variationen seiner Erscheinungen in je konkreter Gestalt zu realisieren. Eine der tiefgreifendsten und folgenschwersten Konsequenzen der kopernikanischen Lehre, die Bruno metaphysisch entfaltet, ist die der Neubestimmung von Körperbewegungen im Himmelsraum. Angenommen wird jetzt nicht mehr Gott als der eine, selbst unbewegliche Verursacher dynamischer Prozesse, sondern eine von den Körpern ausgehende Kraft, die ihre eigenen Bahnen bestimmt. Die Theorie der Bewegungsimmanenz richtet sich gegen die metaphysische Herleitung astrophysikalischer Abläufe und die neoscholastische Lehre vom hierarchisch strukturierten Himmelsbau, innerhalb dessen jegliche Wirkung auf Gott als oberste und einzige Ursache zurückzuführen ist (I Bruno, 120f.).

Die Lehren Giordano Brunos, der im Februar 1600 nach mehrfachen Inquisitionsprozessen als Ketzer auf dem römischen Campo di Fiore öffentlich verbrannt wurde, blieben im gesamten 17. Jahrhundert mit dem Geruch des Irrglaubens behaftet. Daß auch eine jenseits aller metaphysischen Problemgehalte angesiedelte rein wissenschaftliche Prüfung der kopernikanischen Hypothesen zunächst durch die Dominanz kirchlicher Vorurteile verhindert wurde, demonstriert der Fall **Galileo Galileis**, der im Jahr 1633 unter dem Druck der Inquisition seinen astronomischen Lehren öffentlich abschwören mußte. Verantwortlich für die verzögerte Rezeption der kopernikanischen Doktrin und ihrer (immerhin denkmöglichen) kosmologischen Konsequenzen bleiben mehrere Faktoren. Neben dem fortdauernden Einfluß der Inquisition, die im 17. Jahrhundert die Freiheit der Forschung maßgeblich einschränkte, wird man insbesondere an die kontinuierliche Geltung des scholastischen Wissenschaftsverständnisses mit seiner rein mathematisch begründeten, erfahrungsfeindlichen, den Bereich der Empirie ausgrenzenden Naturlehre und den daraus resultierenden weltanschaulichen Konservatismus erinnern müssen, der das Zeitalter der Glaubenskämpfe beherrschte.

Im geistigen Klima des 17. Jahrhunderts, das durch politische und ökonomische Krisen tiefgreifend erschüttert wurde, vermochten sich revolutionäre naturwissenschaftliche Gedanken nur schwer zu behaupten. Angesichts der weltanschaulichen Orientierungsnöte, die die konfessionellen Konflikte zwischen Reformation und Katholizismus und die in ihrem Gefolge sich zutragenden kriegerischen Auseinandersetzungen mit sich brachten, ist es kaum verwunderlich, wenn sich in verschiedensten Bereichen – in Staatsrechtslehre, Philosophie und Theologie gleichermaßen – konservative Tendenzen durchsetzten, die dem Bedürfnis nach hierarchischen Ordnungsstrukturen inmitten polemisch zugespitzter Religionskonflikte, politischer Krisensymptome und verheerender Kriegsfolgen Rechnung zu tragen suchten. Die Ausrichtung an der präzisen Aufgabenteilung des scholastischen Lehrsystems, die Erneuerung des ursprünglich aristotelischen, im Mittelalter systematisch begründeten *Ordo*-Modells mit seiner mathematisch fundierten, gegenüber empirischen Beobachtungen unzugänglichen Naturphilosophie und das starre Festhalten an einer christlich-traditionellen Kosmologie, deren Kernelement die hierarchische Strukturierung des Schöpfungsraums blieb, erweisen sich letzthin als Reaktionen auf die tiefgreifenden Erschütterungen des traditionellen Weltbildes, die im Spannungsfeld von Reformation und Gegenreformation zutage getreten waren. Falsch wäre es dabei, den weltanschaulichen Konservatismus des 17. Jahrhunderts allein auf der Seite des Katholizismus zu vermuten; zumindest im Verhältnis zu naturwissenschaftlichen Fragen und Problemen der Metaphysik erwies sich das Luthertum zunächst als nicht weniger traditionsverhaftet. Skepsis und Zurückhaltung gegenüber neuen astronomischen Erkenntnissen, die womöglich geeignet waren, das theozentrische Weltbild der Neoscholastik zu beschädigen, ließen sich folgerichtig auf beiden Seiten des konfessionellen Spektrums beobachten (wenngleich die reformierte Kirche ihre diesbezüglichen Reserven früher aufgab als der Katholizismus) (grundlegend I Oestreich, ferner I Trevor-Roper, 49ff., I Kondylis, 240f.).

Theologisch konservative Kreise erblickten in den astronomischen Hypothesen des Kopernikanismus eine Provokation, die zumal den Prämissen der neoscholastischen Ordnungsmetaphysik galt. Der Himmel erscheint hier als unbegrenzter Raum, in dem es keine hierarchischen Gliederungsstrukturen und keine Harmonie der kosmischen Bewegungen mehr gibt. An die Stelle der subtilen Gradationsgesetze des ptolemäischen Systems, denen zufolge die Erde vom endlichen Gestirnshimmel mit seinen gläsernen Kristallschalen überwölbt, dieser wiederum vom empyreischen Lichthimmel als Wohnort Gottes und der Seligen überragt wird, tritt eine unüberschaubare Sphäre, deren Einheit durch die Unendlichkeit der räumlichen Bezüge hergestellt scheint, die in ihr herrschen. War das von Aristoteles entwickelte, bei Ptolemäus ausgeweitete astronomische Ordnungsmodell durch ein Defizit an logischer Evidenz (insbesondere in bezug auf die kosmische Position der Planeten) und ein hohes Maß an formaler Harmonie gekennzeichnet, so verhält es sich im Fall des kopernikanischen Systems genau umgekehrt: der mathematischen Kohärenz steht ein beträchtlicher Grad an Unregelmäßigkeit der angenommenen Naturprozesse entgegen. In Bertolt Brechts *Leben des Galilei* (1938/39) fällt es dem an scholastischen Argumentationsformen geschulten Philosophen zu, auf die gleichsam ästhetische Dignität der alten Himmelslehre hinzuweisen: »Das Weltbild des göttlichen *Aristoteles* mit seinen mystisch musizierenden Sphären und kristallenen Gewölben und den Kreisläufen seiner Himmelskörper und dem Schiefenwinkel der Sonnenbahn und den Geheimnissen der Satellitentafeln« sei »ein Gebäude von solcher Ordnung und Schönheit, daß wir wohl zögern sollten, diese Harmonie zu stören.« (I Brecht, Bd. III, 1267) Die kopernikanische Astronomie erscheint hier als Instrument der Destabilisierung des kosmischen Gleichgewichts und Mittel zur Verletzung der ihm innewohnenden Schönheit, als Vorstoß gegen die nur formal, nicht aber empirisch gesicherte Evidenz des ptolemäischen Systems. Für die methodische Doktrin der Neoscholastik entscheidend ist, daß das astronomische Modell die Harmonie der kosmischen Raumbeziehungen suggeriert; die mathematische Absicherung der physikalischen Hypothesen besitzt dagegen eine untergeordnete Bedeutung, zumal sie in keinem Fall zur Anerkennung von natürlichen Unregelmäßigkeiten führen darf. Erlaubt sind der Astronomie nur solche Denkoperationen, die das Gleichgewicht des kosmischen Systems unter Beweis stellen (vgl. I Schmidt-Biggemann Tu, bes. 156ff.).

Die Ablehnung der Kopernikanischen Erkenntnisse, der man im gesamten 17. Jahrhundert begegnen kann, leitet sich aus der Verunsicherung her, die vom Gedanken eines unermeßlich großen Weltraums auszugehen scheint. Inmitten des unendlichen Kosmos droht der Mensch, der bisherige Gipfel der Schöpfung, zu einer vernachlässigbaren Größe zu werden. An die Stelle des bisherigen Vertrauens in die Sonderstellung des *Homo sapiens* tritt jetzt die mit den neuen astronomischen Erkenntnissen begründete Aufhebung der anthropozentrischen Souveränität. Angesichts solcher Perspektiven werden Verse wie die des Engländers John Donne verständlich, der 1611 in seiner *Anatomie of the world* erklärt:

> (...) new Philosophy calls all in doubt,
> The Element of fire is quite put out;
> The Sun is lost, and th'earth, and no mans wit
> Can well direct him where to looke for it.
> And freely men confesse that this world's spent,
> When in the Planets, and the Firmament
> They seeke so many new; then see that this
> Is crumbled out againe to his Atomies.
> 'Tis all in peeces, all cohaerence gone;
> All just supply, and all Relation. (I Donne, 202)

Reflektiert wird der Verlust des Zusammenhangs zwischen den Himmelskörpern, die fehlende empirische Kohärenz des neuen Systems, die Atomisierung des Weltalls durch Infinitisierung seines Raums, die Ordnungseinbuße, die mit der Aufhebung der ptolemäischen Himmelshierarchie und der sie ersetzenden Theorie des relativen Weltenzentrums gegeben scheint. Donnes Gedicht formuliert hier eine durchaus modern anmutende Klage über die Desorientierung, die den Menschen angesichts der Unübersichtlichkeit der astralen Konstellationen beherrschen kann. In einer »Zwischenbetrachtung« zum historischen Teil der *Farbenlehre* (1810) erklärt Goethe, unter den Entdeckungen der Neuzeit habe keine eine »größere Wirkung auf den menschlichen Geist hervorgebracht« als »die Lehre des Kopernikus«, wobei er nicht versäumt, auf die Zumutungen zu verweisen, die die neue Astronomie für den in der alten Kosmologie befangenen Menschen mit sich führte:

> Kaum war die Welt als rund anerkannt und in sich selbst abgeschlossen, so sollte sie auf das ungeheure Vorrecht Verzicht tun, der Mittelpunkt des Weltalls zu sein. Vielleicht ist noch nie eine größere Forderung an die Menschheit geschehen: denn was ging nicht alles durch diese Anerkennung in Dunst und Rauch auf; ein zweites Paradies, eine Welt der Unschuld, Dichtkunst und Frömmigkeit, das Zeugnis der Sinne, die Überzeu-

gung eines poetisch-religiösen Glaubens; kein Wunder, daß man dies alles nicht wollte fahren lassen, daß man sich auf alle Weise einer solchen Lehre entgegensetzte, die denjenigen, der sie annahm, zu einer bisher unbekannten, ja ungeahnten Denkfreiheit und Großheit der Gesinnungen berechtigte und aufforderte. (I Goethe, Bd. XVI, 395).

Die hier betonte Ausweitung der intellektuellen Lizenzen des Forschers hat als erster Giordano Bruno für die zentrale Konsequenz der Kopernikanischen Lehre gehalten. Unter den Zeitgenossen des 17. Jahrhunderts überwog jedoch zunächst die Furcht vor Denkinhalten, die an vielen Punkten mit dem theozentrischen Weltbild des Christentums unvereinbar waren und in ihrer kosmologischen Radikalität zu einer grundsätzlichen Abkehr von der anthropozentrisch bestimmten Astronomie des Ptolemäus nötigten.

## Durchsetzung des heliozentrischen Weltbildes

Es ist nicht verwunderlich, daß erst im nachcartesianischen Zeitalter der Rationalität die ganze Spannweite von Kopernikus' neuer Kosmologie ausgemessen werden konnte. Der in der Widmungsvorrede zu *De revolutionibus orbium coelestium* zutage tretende Geltungsanspruch wissenschaftlicher Hypothesen wies den Weg in eine bisher unbekannte Richtung. Er verdeutlichte, daß Kopernikus sich nicht mit der ihm von Osiander zugeteilten Rolle des nur hypothetisch verfahrenden Denkers abgeben mochte und seinerseits den Anspruch erhob, ein szientifisches System entwickelt zu haben, das Wahrheitscharakter besaß. Erst mit Descartes' Vernunftbegriff aber wurde es möglich, wissenschaftliche Lehrsätze als intellektuelle Maßstäbe zu betrachten, welche die logozentrisch gedachte Vernunftordnung der Natur in ihren Grundzügen erschließen konnten, folglich nicht allein hypothetisch bleiben mußten, sondern eine wirklichkeitserfassende Funktion aufwiesen.

In dem Moment, da die Kopernikanische Lehre ernsthaft durchdacht und aufgegriffen wurde, traten jedoch auch ihre für die Theologie beider Konfessionen problematischen Konsequenzen zutage. Kopernikus' Annahme einer heliozentrischen Ordnung bedeutete, daß der Mensch im neuen astronomischen Ordnungssystem seine kosmische Mittelpunktstellung eingebüßt hatte. Nun gehörte es aber zu den zentralen Dogmen der christlichen Lehre, den *Homo sapiens* als Krönung von Gottes Schöpfung aufzufassen (Christi Erlösungstat und Opferung schien einzig erklärbar durch die auch räumlich begründete Priorität des Menschen, für den sie erfolgte). Verlor der Mensch seine Zentralposition, so wurden Spekulationen über die Bewohnbarkeit der mit der Erde nunmehr gleichberechtigten übrigen Planeten des Sonnensystems Tür und Tor geöffnet. Der durch das kopernikanische System vorbereitete Verlust der kosmisch begründeten Anthropozentrik schloß damit die Frage nach der Evidenz der Erlösungsbotschaft für den Menschen ein und bedeutete eine unerhörte Provokation theologisch konservativer Lehrmeinungen.

Problematisch blieb zweitens die Annahme eines unendlich weiten Himmelsraums, die Kopernikus' Lehre von der Vielzahl der kosmischen Weltensysteme bestimmte. Das Attribut des Unendlichen war im orthodoxen christlichen Lehrsystem allein Gott vorbehalten. Dachte man sich nunmehr nicht nur den Schöpfer, sondern auch sein Werk unendlich, so lag es aus logischen Gründen nahe, beide miteinander zu identifizieren, den Schöpfer mit seinem Werk gleichzusetzen. Das aber bedeutete, daß man sich Gott als in seiner eigenen Schöpfung enthalten, diese als Verkörperung Gottes vorzustellen hatte – eine pantheistische Weltkonstruktion, die nach Meinung der Kirchen zu den gefährlichsten Irrlehren gehörte, gegen die man entschieden zu Felde ziehen mußte. Diese beiden Problemaspekte, die die kopernikanische Astronomie mit sich führte, seien hier nur festgehalten, ohne daß Lösungsmuster erörtert werden, die die Frühaufklärung in diesem Punkt herausarbeitete; sie kommen im Kontext der Darstellung zur theologischen Entwicklung in der ersten Phase der Aufklärung, aber auch im Lyrik-Kapitel dieses Buches ausführlicher zur Sprache.

Die Annahmen der kopernikanischen Himmelslehre erfuhren bereits im 17. Jahrhundert Bestätigung durch die empirischen Beobachtungen Keplers und Galileis. Ihre erste verbindliche Stütze fanden sie in **Isaac Newtons Gravitationstheorie**, die die *Principia mathematica* von 1687 vortrugen. Die Bewegungen der Himmelskörper und die Raumbeziehungen, die sie zueinander unterhielten, wurden nunmehr erklärbar durch das Prinzip der Schwerkraft bzw. die Masseanziehung, die zwischen den Himmelskörpern herrschte (I Kondylis, 235f.). Mit Newton hatte die neuzeitliche Astronomie ihr vorläufig höchstes Erkenntnisniveau erreicht; als Königsdisziplin behauptete sie sich nicht nur deshalb, weil sie Physik, Chemie und Geologie als Untersuchungsgebiete einschloß, sondern auch, weil sie das Weltbild des aufgeklärten Zeitalters nunmehr auf entscheidende Weise prägte. In ihr dokumentierte sich eindrucksvoll die Macht einer Vernunftordnung, die gesetzmäßig festgelegt und bis ins kleinste Detail durchschaubar schien. Typisch für den neuen Erkenntnisoptimismus ist die geradezu hymnische Begeisterung, mit der die europäische Aufklärung von Bernard de Fontenelle über Alexander Pope und Francesco Algarotti bis zu Gottsched und Wieland den großen Newton feiert. In einem Epitaph, das auf seiner Grabplatte in der Londoner Westminster Abbey angebracht werden sollte, formuliert Pope: »Nature and nature's laws / lay hid in night / God said: ›Let Newton be!‹ / And all was light.« (I Pope, 808; vgl. I Fabian, 117f.).

Bereits am Ende des 17. Jahrhunderts nimmt die Zahl der **naturwissenschaftlichen Lehrbücher** mit popularisierender Tendenz erheblich zu. Es handelt sich um ein gesamteuropäisches Phänomen unter britischer Dominanz, wobei die zumal in England herrschende religiöse Toleranz wesentlich für diese Gewichtung verantwortlich war. Zu den beliebtesten populärwissenschaftlichen Abhandlungen der frühen Aufklärung gehören Bernard de Fontenelles *Entretiens de la pluralité des mondes* (1686), Christiaan Huygens *Kosmotheoros* (1698) und Algarottis *Il Newtonianismo per le dame* (1737, dt. 1745). Stärker systematische Darstellungen der neueren Naturforschung lieferten Christian Wolff (*Vernünfftige Gedancken von den Absichten der natürlichen Dinge*, 1724), Johann Christoph Gottsched (im theoretischen Teil seiner *Ersten Gründe der gesammten Weltweisheit*, 1731) und Johann Gottlob Krüger (*Naturlehre*, 1740). In sämtlichen dieser Werke nimmt die Astronomie den zentralen Platz ein, insofern sie die entscheidenden Fragen eines neuen naturwissenschaftlichen Rationalismus auf empirischer Grundlage in den Vordergrund treten läßt, mithin paradigmatischen Charakter besitzt (vgl. I Schatzberg, 21ff., 49f.). Signifikant für das naturwissenschaftliche Verständnis der Aufklärung ist, daß Gottsched im Rahmen seiner Darstellung des kopernikanischen ›Weltbaus‹

auch Fragen der Optik berührt und Newtons Experimente zur Farbanalyse, zu Lichtgeschwindigkeit und Lichtbrechung erörtert (Newtons *Opticks* waren im Jahr 1704 erschienen und hatten erstmals die genaue Zusammensetzung der Spektralfarben nachgewiesen). Noch hierin zeigt sich der besondere Charakter der Astronomie als Königsdisziplin: Sie zieht eine Vielzahl von verwandten naturwissenschaftlichen Themengebieten an sich und bündelt sie; Gravitationstheorie (also Mechanik), Optik, Thermodynamik und Kinetik werden im Rahmen der Astronomie ebenso berührt wie Geologie und Chemie. Die Astronomie ist im naturwissenschaftlichen System der Zeit der Brennpunkt, der die zentralen Fragestellungen konzentriert.

# 4. Theologisch-konfessionelle Strömungen

### Physikotheologie

Einen entscheidenden Widerstand für die Rezeption der neuzeitlichen Astronomie bildete die Dominanz der kirchlichen Autorität, die vor allem in Deutschland bis ins erste Drittel des 18. Jahrhunderts hinein wirksam blieb. Das Fortleben orthodoxer bzw. dogmatischer Tendenzen auf beiden Seiten des konfessionellen Spektrums begründete die deutsche Verspätung, die den phasenverschobenen Prozeß der Aufklärung vor allem in Süddeutschland bestimmte; auch die Zentren aufklärerischer Aktivitäten – Berlin, Hamburg, Leipzig – blieben jedoch bis zur Mitte des 18. Jahrhunderts durch konservativ-theologischen Einfluß beherrscht. Die von England und Frankreich ausstrahlenden Reformtendenzen, die bereits am Ende des 17. Jahrhunderts zur Ausbildung einer rationalistisch fundierten, die naturwissenschaftlichen Erkenntnisse der Zeit aufgreifenden Theologie führten, wirkten sich in Deutschland kaum oder doch nur relativ spät (ab etwa 1730) aus. Da die Aufklärung zumal in ihrer frühen Phase von der intensiven Auseinandersetzung mit religiösen Fragestellungen gekennzeichnet blieb, sei hier auf die bedeutsamsten Strömungen hingewiesen: auf die Physikotheologie (1), den Deismus (2), die sogenannte Neologie (3) und den (weitgehend als deutsches Sonderphänomen erscheinenden) Pietismus (4).

    Wesentliche Impulse zu einer theologischen Erneuerung, die dem Geist des aufgeklärten Denkens zuträglich war und seine Erkenntnisse förderte, gingen zunächst nur von England aus. In Großbritannien entwickelte sich seit 1690 eine breite physikotheologische Strömung, die, verspätet, in der ersten Hälfte des 18. Jahrhunderts auch in Deutschland entscheidenden Einfluß gewinnen konnte (vgl. I Philipp, 21ff., I Kondylis, 238ff.). Das Weltbild, das die Physikotheologie in Grundzügen vertritt, beleuchtet exemplarisch der Titel eines ihrer frühesten populären Standardwerke aus der Feder von John Ray: *Wisdom of God manifested in the Works of the Creation* (1691). Die Weisheit Gottes bekundet sich in der unübertrefflichen Vollkommenheit seines Werkes, der Natur – das bleibt das fundamentale Credo der Physikotheologie, mit dessen Hilfe eine methodische Vermittlung von wissenschaftlicher Erkenntnis und christlicher Metaphysik angebahnt werden soll. Die Erforschung der mechanischen Naturprozesse tritt nach physikotheologischer Auffassung nicht in Konkurrenz zu einem theistischen (also orthodoxen)

Gottesbegriff, der die gesamte Schöpfung unter die Regie ihres allmächtigen geistigen Souveräns stellt. Vielmehr implizieren solide Fundierung und Vermehrung menschlichen Wissens über den Kosmos stets auch eine mit intellektuellen Mitteln vollzogene Würdigung von Gottes Werk, dessen Perfektion sich dem suchenden Verstand des aufgeklärten Individuums in besonderer Signifikanz sukzessive enthüllt. Je umfassender der Einzelne szientifische Kenntnisse über die Natur entwickelt, desto besser mag er dazu befähigt sein, ihre Vollkommenheit einzusehen und die Omnipotenz des Schöpfers zu ermessen.

Naturwissenschaftliche Forschung erscheint derart als moderne Form des Gottesdienstes, als vernunftgestützter Beitrag zur Lobpreisung Gottes. Die innovative Dimension des hier zutage tretenden methodischen Prinzips besteht darin, daß die Natur nicht, wie im Zeitalter von Humanismus und Barock (scholastischer Naturphilosophie folgend), als Sphäre des Menschen betrachtet wird, die unter dem Gesetz der Endlichkeit und Vergänglichkeit steht (mithin durch die Erbsünde beherrscht bleibt), sondern als Werk Gottes nunmehr selbst teilhaben darf an dessen Allmacht und Weisheit. Natur ist nicht Spiegel des Sündenfalls, des endlichen, dem Verfall preisgegebenen Lebens (wie sie die Literatur des Barock zeichnet), statt dessen Sinnbild göttlicher Vernunft und rationaler Planung. Die Physikotheologie bahnt mit diesem Perspektivwechsel der christlichen Legitimation naturwissenschaftlicher Forschung den entscheidenden Weg.

Physikotheologische Abhandlungen über die verschiedensten Themen kommen rasch in Mode. Zu nennen wäre für England vor allem das Werk William Derhams, der mit seiner *Physico-Theology* (1713) und der *Astro-Theology* (1715) ein internationales Lesepublikum erreicht. Ins Deutsche übersetzt wird Derham durch den Hamburger Johann Albert Fabricius (die Physikotheologie beeinflußt vor allem die norddeutsche Frühaufklärung, deren Zentrum, als wirtschaftlich konsolidierte Freie Stadt mit tolerantem Geist, Hamburg bildet). In der *Physico-Theology* erklärt Derham exemplarisch das Credo seiner gemäßigt rationalistischen Naturphilosophie: »The creator doubtless did not bestow so much curiosity, and exquisite Workmanship and Skill upon his Creatures, to be looked upon with a careless, incurious Eye, especially to have them flighted or contemned; but to be admired by the Rational Part of the World, and the Ages therof.« (I Derham PT, 466). Je präziser die naturwissenschaftliche Erforschung der Schöpfung verfährt, desto besser ist sie laut Derham dazu befähigt, Gottes Leistung und die Perfektion seines Werks zu ermessen. Die Naturprozesse bleiben damit an einen spirituellen Ursprung gebunden (»Final Causes in God's Work«) und erscheinen folgerichtig als »Manifestation of the Infinite Creator« (I Derham PT, 469, 465). Es versteht sich, daß auf diese Weise die zentralen Dogmen der christlichen Lehre ihre Bestätigung finden: der Gedanke der in der Heiligen Schrift verkündeten Offenbarungswahrheit, die Vorstellung von Gott als souveränem, gütigem Herrscher über sein Werk, die Annahme einer räumlichen Trennung zwischen Schöpfer und Schöpfung (deren Aufhebung pantheistische Auffassungen unterstützen würde).

Am Beginn des 18. Jahrhunderts scheint die Zahl der physikotheologischen Spezialwerke fast unüberschaubar. Nahezu sämtlichen Einzeldisziplinen der Naturwissenschaft werden gesonderte Untersuchungen gewidmet, die sich der physikotheologischen Methode verschreiben (vgl. I Philipp, 22f.). Ihre Verfasser sind durchweg Theologen, die dem wachsenden Einfluß der neuen Wissenschaften durch eine am Geist der christlichen Lehre geschulte Naturbetrachtung entgegenwirken möchten. Mancherlei Kuriositäten kommen im Spektrum der so entstehenden physiko-theologischen Spezialliteratur zu Gesicht. So existiert eine »Melittotheologie«, die sich ausschließlich dem Reich der Bienen widmet, eine »Rana-Theologie« (über Frösche und Kaulquappen), eine »Akridotheologie« (die der Welt der Heuschrecken gilt) oder auch eine »Bombyco-Theologie« (über Seidenwürmer); zumeist hat man es hier mit ausführlichen Einzelwerken zu tun, die die physikotheologische Untersuchungsmethode auf spezifische Gegenstände des Mikrokosmos übertragen und an ihnen in bisweilen befremdlich anmutender Pedanterie die Weisheit Gottes wie die Vollkommenheit seines Werkes demonstrieren möchten.

Die Physikotheologie bleibt in den meisten Fällen einem orthodoxen Weltbild konservativen Zuschnitts verpflichtet. Die wissenschaftliche Erforschung der Natur steht unter der Einschränkung, daß sie die metaphysischen Wahrheiten des christlichen Glaubens nicht beschädigen darf. Geradezu programmatisch wirken in diesem Zusammenhang die Formulierungen, mit denen der später als Hebräist und Bibelforscher hervorgetretene Hermann Samuel Reimarus in einem 1736 verfaßten Nachruf die intellektuellen Leistungen seines verstorbenen Schwiegervaters, des führenden Hamburger Physikotheologen Johann Albert Fabricius, würdigt: »Durch die Betrachtung des Feuers hat er die kaltsinnigen und achtlosen Menschen zur Liebe Gottes angeflammt. Durch seine aufmerksame Betrachtung des Geräusches und anderer Eigenschaften des Wassers hat er uns den Mund wäßrig gemacht, die Herrlichkeiten, deren Geschöpfe genauer einzusehen und uns so zu mehrerer Bewunderung ihres Schöpfers aufgemuntert.« (zit. nach I Philipp, 33). Die Naturforschung, wie die Physikotheologie sie versteht, erweist sich stets als Beitrag zur Lobpreisung Gottes. In diesem Sinne hat sie auch die Lehrdichtung der frühen Aufklärung, vor allem das Werk des Hamburgers Barthold Heinrich Brockes beeinflußt, von dem an späterer Stelle genauer zu sprechen sein wird.

## Deismus

Ungleich radikaler als die Physikotheologie sucht der primär in England auftretende Deismus die Anpassung an das neue Denkmodell des Rationalismus zu vollziehen (grundlegend hier I Kemper, Bd. V/2, 60f.). Seine Wurzeln liegen bereits im frühen 17. Jahrhundert; als Begründer des deistischen Weltbildes gilt Lord Herbert Cherbury (1581–1648), der in seinen Schriften erste Ansätze zur Fundierung des Begriffs der natürlichen Religion liefert. Die ›Naturalis theologia‹ findet sich durch den zentralen Gedanken begründet, daß diese Welt zwar von Gott geschaffen worden sei, der Schöpfer sich jedoch nach Vollendung seines Werks aus der Verantwortlichkeit für seine Schöpfung zurückgezogen habe. Gott erscheint lediglich als verursachendes Prinzip, nicht aber, wie im theistischen Religionsverständnis, als das Weltgefüge in sämtlichen Momenten steuernder Souverän. Das Attribut der ›natürlichen‹ Religion gewinnt der Deismus zumal, weil er sein Augenmerk ganz auf die vernünftige Ergründung der Natur richtet, ohne dabei am Gedanken der Offenbarung festzuhalten.

Cherburys Vorstellungen werden am Beginn des 18. Jahrhunderts vor allem in England fortgeführt. Zu den exponierten Vertretern des Deismus zählen hier John

Toland mit den gegen jegliche Form des religiösen Aberglaubens gerichteten *Letters to Serena* (1704) und Matthew Tindal mit seiner Schrift *Christianity as old as Creation* (1730). Ihnen steht Anthony Collins nahe, der im Jahr 1713 seinen *Discourse of Free-Thinking* publiziert, einen Traktat, der die Abkehr von streng dogmatisch fixierten Religionsbegriffen zugunsten der Begründung einer rational fundierten Naturphilosophie fördern möchte.

Die Lösung vom Offenbarungsgedanken als zentralem christlichem Dogma ist es vor allem, die den Deismus in Deutschland unter Ketzereiverdacht bringt. Anders als im liberalen England, wo seit Beginn des 18. Jahrhunderts ein entspannteres konfessionelles Klima herrscht, welches der Ausbreitung deistischer Strömungen günstig scheint, dominiert in Deutschland ein orthodoxes Glaubensverständnis, das jegliche Modifikation traditioneller kirchlicher Lehren als atheistische Abweichung verwirft. Der Hamburger Hauptpastor Johannes Müller publiziert bereits 1685 eine Schrift mit dem Titel *Atheismus Devictus*, in der er den englischen Deisten vorwirft, sie seien Menschen, »die gestehen müssen / daß ein Gott sey / daß er aber der Menschen Thun und Vorhaben achte / läugnen sie (...)« (zit. nach I Kemper, Bd. V/2, 62). Johann Georg Walch bemerkt in seiner *Historischen und Theologischen Einleitung in die Religions-Streitigkeiten* (1733–39, 5 Bde.) über die deistisch-rationalistische Tendenz der von Johann Lorenz Schmidt stammenden sogenannten Wertheimischen Bibelübersetzung (1735): »Die GrundWahrheiten der christlichen Religion hat man damit über einen Haufen werfen und den Vortrag des heiligen Geistes in die Form einer Schul=Logic und Oratorie gießen wollen.« (I Walch, Bd. V/2, 1299). Als unheilvolles Element der neuen Glaubensauffassung gilt der dezidierte Bezug auf die Ratio: »(...) die Vernunft soll alles allein ausmachen: man gedencket mit keinem Wort ihrer natürlichen Blindheit in geistlichen und göttlichen Dingen: man schweigt ganz stille von der erleuchtenden Gnade: von den Geheimnissen.« (I Walch, Bd. V/2, 1286).

Quer durch die Konfessionen zieht sich in Deutschland bis zum Ende des 18. Jahrhunderts die Überzeugung, daß die deistischen Religionsbegriffe ketzerisch seien. Die polemische Leitvokabel, die die unisono vorgetragenen Angriffe gegen Cherbury, Toland und Tindal beherrscht, lautet, unter bezug auf Collins Traktat, ›Freigeisterei‹. Als freigeistig gilt, wer die Wahrheit der Offenbarung leugnet, die Religion mit Vernunftbegriffen begründen möchte, Gott allein als Verursacher, nicht als Herrscher über die Natur auffaßt. Reflexe der Kampagne gegen theologische Liberalisierung und Dogmenkritik finden sich auch in der schönen Literatur: Der junge Lessing publiziert im Jahr 1749 seine Komödie *Der Freigeist*, deren Titelheld nun freilich eher ein weltfeindlicher Misanthrop als ein überzeugter Atheist zu sein scheint. Johann Joachim von Brawes zu Unrecht kaum beachtetes Trauerspiel *Der Freigeist* (1758) stellt einen düsterer schattierten Vertreter des Gottesleugners vor, einen wüsten Intriganten, der, gestützt auf seine kühl kalkulierende Verstandeskraft, ein grausames Spiel der Rache und Vergeltung in Gang setzt (I Brawe). Noch Schillers Franz Moor läßt sich der Schar der Atheisten zurechnen, die die deutsche Literatur als abschreckende Exempel der auch moralisch verderblichen Freigeisterei vorzuführen pflegt (wobei zu betonen bleibt, daß Moors Kritik der Religion sich dezidiert auf Gedankenmotive des erst ab der Jahrhundertmitte aufkommenden französischen Materialismus stützt, der in Deutschland als Gegenstand der Polemik den englischen Deismus rasch ablöst).

Zeugnis von der verbreiteten Kritik des Deismus legt auch ein Gelegenheitsgedicht Johann Christoph Gottscheds ab, der als Schüler Wolffs keineswegs im Verdacht steht, Vertreter eines dogmatisch-orthodoxen Glaubensbegriffs zu sein. Es
handelt sich um eine Ode aus Anlaß des theologischen Doktorexamens von Christian Gottlieb Jöcher, der es in der Geschichte des deutschen Geisteslebens als Herausgeber eines mehrbändigen Gelehrtenlexikons noch zu mittlerer Berühmtheit
bringen sollte. In Gottscheds Gedicht heißt es:

> (...) Es sind nicht Ketzereyen;
> Man will sich von dem Joch des Christenthums befreyen! (...)
> Denn was ein Cherbury, ein wilder Toland schreibt,
> Was Mandeville sucht, wohin Collins treibt,
> Was Woolston, Tyndal, Chubb, sammt andern angesponnen,
> Das ist dem Christenthum zum Untergang ersonnen. (I Gottsched AW, Bd. I, 454).

Cherbury, Toland, Tindal, Collins – eine annähernd komplette schwarze Liste der
deistischen Freigeister ist es, die Gottsched hier zusammenstellt. Für Differenzierungen bleibt an diesem Punkt kein Platz; die polemische Attacke trifft ohne Unterschied jene, die die Bedeutung der geoffenbarten Religionsbegriffe und die Evidenz
der Schöpfungsgeschichte leugnen.

Wer sich in Deutschland mit Fragen der deistischen Lehre zu befassen oder
sogar deren Positionen zu übernehmen gedachte, konnte dieses einzig im Schatten der
Anonymität tun, wollte er nicht seine Existenz aufs Spiel setzen und Gefahr laufen,
öffentlich als Atheist an den Pranger gestellt zu werden. Einer der wenigen deutschen
Intellektuellen, der deistischen Lehren nahestand, war der bereits genannte
Hamburger Hebräist Hermann Samuel Reimarus (1694–1768). In seiner zu Lebzeiten
unveröffentlichten *Apologie oder Schutzschrift für die vernünftigen Verehrer Gottes*
formulierte er eine im Geist des Rationalismus gehaltene Kritik des christlichen Wun-
derglaubens, der biblischen Prophetenberichte und der geoffenbarten Wahrheiten
über die mosaische Religion. Zugleich plädierte er für eine historisch-kritische Lesart
der Heiligen Schrift, deren Textzeugnisse er als Dokumente und Überlieferungen ohne
letzten spirituellen Wahrheitsgehalt aufgefaßt wissen wollte (diesen sah Reimarus
allein in den mündlich überlieferten Traditionen der christlichen Gemeinden
verankert). Der Leitfaden, an dem der Autor seine Bibellektüre orientierte, blieb die
Vernunft, an deren Maß die Evidenz des Textes selbst geprüft wurde.

Es verstand sich, daß solche Methoden den orthodoxen kirchlichen Kreisen
als Ausdruck der Ketzerei hätten gelten müssen. Reimarus, der eine Professur an
einem Hamburger Gymnasium bekleidete, entschloß sich in vorsichtiger Einschätzung der Lage dazu, die Schrift nicht zu publizieren. Nach seinem Tod gelangte
jedoch Gotthold Ephraim **Lessing**, der mit der Familie des Gelehrten befreundet war,
in den Besitz des Manuskripts, und veröffentlichte es, durch eigene, keineswegs
unkritische Kommentare ergänzt, innerhalb der von ihm begründeten »Wolfenbütteler Beiträge« im Rahmen der Reihe »Zur Geschichte und Literatur.« Um Reimarus' Familie zu schützen, bediente sich Lessing einer taktischen Herausgeberfiktion;
er erklärte, bei den abgedruckten Fragmenten handele es sich um Funde aus der vom
Herzog August gegründeten Wolfenbütteler Bibliothek (deren Direktor er seit 1770
war), ohne daß der Autor der Texte zu ermitteln sei.

Nachdem ein erster Fragmentabdruck im Jahr 1774 keine publizistische Resonanz gefunden hatte, ließ Lessing 1777 eine Reihe weiterer Texte aus Reimarus' *Apologie* folgen, denen er fünf *Gegensätze* aus eigener Feder hinzufügte (darunter die ersten 53 Paragraphen seiner 1780 komplett veröffentlichten religionsphilosophischen Hauptschrift *Erziehung des Menschengeschlechts*). Lessings durchaus distanzierte Kommentare zu Reimarus' Thesen suchten den Mittelweg zwischen historisch gestützter Bibelexegese und Kritik des deistischen Rationalismus; sie lagen weder auf der Linie der Orthodoxie noch schlossen sie sich der Vernunftreligion des Hamburger Gelehrten an. Gegen die Deisten betonte Lessing, daß Offenbarung und Verstandesorientierung sich nicht widersprechen müßten; gegen die Glaubensartikel der Orthodoxie äußerte er die Überzeugung, daß Religion und Bibel, christlicher Geist und Buchstabe der Schrift nicht zwangsläufig identisch seien: Es gelte, die Möglichkeit des Irrtums auch für Moses' Schöpfungsbericht, die Schriften der Evangelisten und des Apostels in Rechnung zu stellen. Die biblische Erzählung bildete für Lessing kein Dogma, sondern einen potentiellen Gegenstand philologischer und historischer Betrachtung; dem orthodoxen Gedanken der Verbalinspiration, der im Wortlaut der Schrift einen von Gott gestifteten verbindlichen Sinn erkennt, konfrontierte Lessing damit (durchaus im Sinne von Reimarus) eine historisch-philologisch begründete Bibelkritik, deren Methode sich erst im 19. Jahrhundert allmählich durchsetzte (Reimarus' Fragmente in I Lessing G, Bd. VII, 313–604; vgl. auch I Bollacher, 41ff.).

Über die theologische Legitimität von Lessings Veröffentlichung und die Seriosität seiner Kommentare entbrannte Ende des Jahres 1777 ein erbitterter Streit mit dem Hamburger Hauptpastor Goeze, der als Vertreter einer streng orthodoxen Linie in Erscheinung trat. Für ihn ging es zunächst um prinzipielle Probleme, die weniger die Religionskritik der publizierten Auszüge als vielmehr Lessings Anmerkungen betrafen. Statt sich mit Reimarus' Thesen zu befassen (die ihm als Ausdruck zutiefst verwerflicher Ketzerei galten), attackierte Goeze den Herausgeber der Fragmente, der aus orthodoxer Sicht gegen das Prinzip der Exklusivität von Glaubensstreitigkeiten verstoßen und Grundsatzfragen in aller Öffentlichkeit behandelt hatte, die nach Meinung der Amtskirche allein unter Ausschluß des Laienpublikums erörtert werden durften. Während Lessing die Veröffentlichung der Fragmente auch seinem Herzog gegenüber als Beitrag zu einer offenen Diskussion über abweichende theologische Meinungen, sogar als Versuch begründet hatte, deren geheime Ausbreitung im Interesse orthodoxer Positionen zu unterbinden, sah der Hamburger Hauptpastor in ihr nur die publizistische Reklame für ketzerische Ansichten (Dokumentation des Streits in I Lessing G, Bd. VIII, 21–379).

Der erbittert geführte Disput der beiden Antipoden wurde schließlich, nachdem die gegenseitigen Attacken immer rüder geworden waren, im Sommer 1778 durch eine Zensurmaßnahme des braunschweigischen Herzogs beendet, der seinem Bibliothekar Lessing die Publikationsfreiheit entzog und ihn damit zum Schweigen verdammte. Unabhängig von den vertrackten theologischen Details, um die hier mit aller Sophistik gestritten wurde, ist die Kontroverse zwischen **Lessing und Goeze** aus zwei Gründen aufschlußreich: Sie demonstriert, daß auch im Deutschland der Spätaufklärung für dogmenkritische religiöse Positionen jenseits der herrschenden orthodoxen Meinungen nur wenig Spielraum bestand; und sie zeigt zudem, wie sich, trotz solcher Behinderungen, im Widerstand gegen die Orthodoxie allmählich eine historische Bibelkritik entfalten konnte, die sich vom Gedanken der geoffenbarten Wahrheit sukzessive löste. Noch war es freilich ein weiter Weg zu einer philologischen Auseinandersetzung mit der biblischen Erzählung, zur Aufhebung des Dogmas der Verbalinspiration im Zeichen jener Entkoppelung von christlichem Geist und Buchstaben der Schrift, die Lessing gefordert hatte.

### Neologie

Zwischen der konservativeren Physikotheologie und dem in Deutschland nicht durchsetzungsfähigen Deismus steht die sogenannte Neologie, eine aus der Leibniz-Wolffschen Schulphilosophie hervorgehende, aufklärerisch orientierte theologische Richtung, die den Methoden der rationalistischen Vernunfterkenntnis auch im Feld der Glaubensfragen Raum geben, dabei jedoch am Gedanken der Offenbarung festhalten möchte. In gewisser Weise handelt es sich bei der Neologie, die sich ab 1730 zumal in den Aufklärungszentren Leipzig und Berlin durchsetzt, um eine deutsche Sonderströmung, die spezifische Impulse der deistischen Lehre aufgreift, ohne aber deren radikal dogmenkritische Einstellung zu adaptieren (vgl. I Kondylis, 568ff.).

Den Ausgangspunkt für die Neologie bildet die Leibnizsche Lehre mit ihrer Annahme der Identität zwischen Vernunft- und Offenbarungswahrheit (vgl. I Cassirer, 235ff.). Den Neologen gilt der Verstand des Menschen als Instrumentarium, das die Botschaften der Bibel stützt, sie nachvollziehbar und durchsichtig werden läßt. Zu verstehen ist dieser Ansatz als Versuch, den Offenbarungsgedanken vom Geruch des Irrationalen, Wunderbaren zu befreien und als vernunftkonform auszuweisen. Die Vertreter der Neologie waren zumeist durch die Schule Wolffs gegangen; das galt für Gottsched, der neologischen Kreisen nahestand, ebenso für den späteren Braunschweiger Hofprediger Friedrich Wilhelm Jerusalem (dessen Sohn Karl Wilhelm zum Vorbild für Goethes Werther werden sollte), den Berliner Oberkonsistorialrat Johann Joachim Spalding und seinen Kollegen August Friedrich Wilhelm Sack. In Sacks Abhandlung *Vertheidigter Glaube der Christen* (1748–50) heißt es exemplarisch über das konfessionelle Selbstverständnis der Neologie: »Auf denn, meine Seele! und strenge die Kräfte an, die du fühlst, um zu untersuchen, ob die Gründe, darauf du bißher deinen Glauben und deine Hoffnung gebauet hast, wahr oder falsch seyn.« (I Sack, Stück I, 76). Charakteristisch bleibt die hier anklingende Idee der Verknüpfung von Glaubensartikeln und Vernunftschlüssen, die die Neologie zur Grundlage ihrer Bibelinterpretation erklären möchte. Die von Sack und Spalding exemplarisch vertretene Methode einer rationalistischen Begründung der theologischen Wahrheit wäre dabei primär als Beitrag zur Absicherung des christlichen Weltbildes zu verstehen. Im historischen Rückblick freilich erscheint die Neologie als eine Übergangsströmung, die noch einmal die Bastionen der christlichen Offenbarungslehre gegen den andrängenden Rationalismus verteidigen wollte, letzthin aber dessen Siegeszug nicht verhindern konnte. Insofern erwies sich die neologische Theologie selbst als ein beschleunigender Faktor im Prozeß der Säkularisierung, der innerhalb des letzten Jahrhundertdrittels unaufhaltsam geworden war.

## Pietismus

Als einflußreichste der jenseits orthodoxer Glaubenslehren sich bewegenden religiösen Sonderströmungen, deren Bedeutung für die Literatur der Aufklärung unbestritten ist, tritt seit Beginn des 18. Jahrhunderts der Pietismus hervor. Er scheint, ähnlich wie schon die Neologie, ein spezifisch deutsches Phänomen zu bilden, ohne daß die von ihm vertretenen Grundsätze jedoch im europäischen Kontext einzigartig wären. Vergleichbare Ziele wie der Pietismus verfolgt etwa der französische Guyonismus (nach Jeanne-Marie Guyon du Chesnoy, 1648–1717) oder auch der in Frankreich bzw. England stark verbreitete Quietismus. In sämtlichen dieser Fälle handelt es sich um Frömmigkeitsbewegungen, die aus der Opposition gegen die Autorität der Amtskirchen und deren dogmatische Tendenzen entstehen (vgl. I Schmidt, 192ff., ferner I Kaiser PP, 6f.). Der Pietismus begreift sich als Widersacher institutionalisierter Gläubigkeit, als Bewegung, die ganz auf eine im Gefühl verankerte Herzensfrömmigkeit setzt, mit deren Hilfe ein unmittelbarer, teilweise mystisch gefaßter, im Moment der Versenkung möglicher Zugang zu Gott und Christus geschaffen werden soll. Programmatische Bedeutung besitzt schon der Titel der ersten pietistischen Schrift; sie stammt von Jacob Spener und erscheint im Jahr 1675 unter dem Titel *Pia Desideria* – ›fromme Wünsche‹. Aus dem Wort ›pietas‹ (›Frömmigkeit‹) leitet sich der Name der Bewegung – ›Pietismus‹ – ab. Speners kurze Abhandlung, die eine entschiedene Kritik an der Amtskirche und ihren erstarrten dogmatischen Glaubenslehren formuliert, bildet zugleich das Vorwort zum Neudruck einer der berühmtesten Schriften der deutschen Barockmystik, zu Johann Arndts *Vier Bücher vom wahren Christenthum* (zuerst 1605, um zwei Bücher erweitert 1610). Diese Verknüpfung ist nicht zufällig: Mit den zentralen Strömungen der Mystik des 17. Jahrhunderts verbindet den sich im Gefolge von Speners Schrift etablierenden Pietismus die ganz auf das Gefühl setzende Herzensfrömmigkeit und die innere Reserve gegen ein allein auf formale Regeln gegründetes Kirchenleben.

Nicht die streng geordnete Gemeinde, sondern die locker organisierte **Gemeinschaft der Gläubigen** bildet den jeweiligen Kern der pietistischen Sozietät. Diese steht damit nicht in offener Opposition zur protestantischen Amtskirche, aus der sie hervortritt, sondern bleibt ihr ohne äußeren Bruch zugehörig. Abweichend von deren Institutionscharakter entfaltet sie jedoch neue Vorstellungen vom Gottesdienst und die damit verbundene Auffassung einer religiösen Herzensgemeinschaft jenseits hierarchischer Ordnungsstrukturen. Unter bewußter Berufung auf das Urchristentum erneuert man den Laiengedanken, der jedem Gemeindemitglied die Möglichkeit offenhält, liturgische Handlungen durchzuführen. Im Gegenzug zum protestantischen Vernunftethos, das eine deutliche Fixierung auf das Schriftwort einschließt, begreift sich die pietistische Sozietät als Gefühlsgemeinschaft, die ihre konfessionellen Überzeugungen durch entsprechend stärker affektiv getönte Rituale zum Ausdruck bringt. Vor allem das Kirchenlied gewinnt im Rahmen der neuen Frömmigkeitsbewegung zentrale Bedeutsamkeit; hier zeichnet sich eine erste, besonders markante Linie ab, die den Pietismus mit der Literatur des 18. Jahrhunderts verbindet: Die erbaulichen Texte eines Nikolaus Ludwig von Zinzendorf, Philipp Friedrich Hiller und Gerhard Tersteegen, die noch heute zum Gesangbuchkanon der evangelischen Kirche zählen, besitzen ihre eigene Poetizität, eine lyrische Intensität, die den Weg zur Dichtung Klopstocks und des jungen Goethe weist.

Die Blütezeit des Pietismus liegt zwischen 1690 und 1740. Sein regionales Zentrum bildet er in **Württemberg** aus, ferner in einzelnen Städten wie Berlin (gefördert durch König Friedrich Wilhelm I.), Gießen und Halle. Charakteristisch für die spezifische Organisationsform der pietistischen Bewegung ist der Aufbau sogenannter ›Brüdergemeinden‹, deren berühmteste seit 1722 im sächsischen Herrnhut, dem Anwesen Nikolaus Ludwig von Zinzendorfs besteht. Hier wird das Ideal des pietistischen Frömmigkeitsgedankens realisiert: das Modell eines einfachen, ganz dem Glauben gewidmeten Lebens in der Abgeschiedenheit einer sektenähnlich geordneten Gemeinschaft. Bildungsgeschichtlich bedeutsam wird zudem das von August Hermann Francke in Halle gegründete Schulstift (die Keimzelle des Hallensischen Pietismus), das die pietistischen Wertvorstellungen in pädagogische Praxis umzusetzen suchte.

An mehreren Punkten weicht der Pietismus von der Linie der Orthodoxie ab (ohne, wie betont, äußerlich mit ihr zu brechen): Neben die Kritik des protestantischen Wortglaubens tritt die Überzeugung, daß der Mensch durch die in Gebet und Gesang mögliche Versenkung in Gott der Seligkeit ansatzweise schon im Diesseits teilhaftig werden könne (eine aus dem mystischen Traditionsgut stammende Auffassung, die gegen das orthodoxe Dogma der allein im Jenseits erfolgenden Erlösung verstößt). Bedeutsam für den Pietismus bleibt die Opposition zur Vernunfttheologie, zu jener Überschätzung der rational fundierten Schriftexegese, die der Pietismus als programmatische Strömung innerhalb der Orthodoxie ausfindig gemacht zu haben meint. An ihre Stelle soll der im Gefühl beschlossene Glauben rücken, der verstandesmäßig nicht begründbar, einzig affektiv erfahrbar ist.

Immer wieder beschwört die pietistische Traktatliteratur diese affektive Dimension des konfessionellen Selbstverständnisses, die sich in letzter Konsequenz dort äußert, wo die gläubige Seele durch den Akt der Versenkung ins Zwiegespräch mit Christus oder mit Gott tritt (ein Motiv, das der Pietismus wiederum aus der Mystik des 17. Jahrhunderts, etwa Jacob Böhmes, Catharinas von Greiffenberg oder des Angelus Silesius übernimmt). Es liegt nahe, daß sich aus dieser Orientierung auf das Gefühl eine radikale Vernunftkritik herschreibt, die die pietistische Religion nicht nur in Opposition zur Orthodoxie, sondern auch in die Gegnerschaft zum Rationalismus der Leibniz-Wolffschen Schulphilosophie treibt. Das Musterbeispiel für diese Konstellation bietet Wolffs Konflikt mit den Hallenser Pietisten, der seinen literarischen Niederschlag in der nach einer französischen Vorlage gearbeiteten Komödie *Die Pietisterey im Fischbeinrocke* (1736) gefunden hat, worin Luise Adelgunde Victorie Gottsched den gesamten Pietismus als betrügerische, letzthin auf vernunftwidrige Schwärmereien barockmystischer Provenienz beschränkte Bewegung ohne geistige Substanz abzuqualifizieren sucht (vgl. I Martens LF, 76ff.).

In einem Sonett aus dem Jahr 1689 umreißt der Leipziger Poesieprofessor und mehrmalige Universitätsrektor Joachim Feller, ein Schwager von Christian Thomasius, die antirationalistische Tendenz des pietistischen Gefühlschristentums, zu dem er sich selbst öffentlich bekannt hat:

(...) Es ist ietzt Stadt-bekannt der Nahm der Pietisten;
Was ist ein Pietist? der Gottes Wort studirt /
Und nach demselben auch ein heilges Leben führt.
Das ist ja wohl gethan / ja wohl von iedem Christen.
Denn dieses machts nicht aus / wenn man / nach Rhetoristen
Und Disputanten Art / sich auf der Cantzel ziert.
Und nach der Lehre nicht lebt heilig / wie gebührt:
Die Pietät die muß vor aus im Hertzen nisten. (nach I Breymeyer, 88f.).

Hier sind zentrale Motive des pietistischen Konfessionsverständnisses versammelt: die Ablehnung der rhetorischen Logik der orthodoxen Kanzelargumentation und der damit verbundenen Verstandesausrichtung, das Bündnis von Glaube und Gefühl, die Verpflichtung zur diesseitigen Annäherung an Gott und die daran geknüpfte Zurückdrängung der Sphäre der Transzendenz.

Wesentliches Element der pietistischen Religion ist der (gleichfalls aus der Mystik stammende) Gedanke, daß der einzelne Gläubige durch die intensive Auseinandersetzung mit seinem Sündenstand, den ihn beherrschenden Schwächen und Lastern im Prozeß einer mühsamen Buße zur wahren Seligkeit vordringen müsse, um schließlich in Gott gleichsam wiedergeboren zu werden. Die einzelnen Stationen dieses Prozesses, die sich vergleichbar auch schon in Johann Arndts *Wahrem Christenthum* skizziert finden, hat August Hermann Francke exemplarisch in der Schrift *Anfang und Fortgang seiner Bekehrung* (1690f.) vorgezeichnet. Mit Franckes Abhandlung entsteht ein spezifischer Werktypus, der die pietistische Publizistik künftig stark bestimmt: jener der Autobiographie, die sich wesentlich auf die Darstellung quälender Bußerfahrungen, rücksichtsloser Selbstbeobachtung und darauf folgender geistiger Erneuerung im wahren Glauben verlegt. Das eindrucksvollste Zeugnis der Gattung bildet die siebenbändige *Historie der wiedergebohrnen*, die zwischen 1698 und 1745 unter der Herausgeberschaft von Johann Henrich Reitz und Johann Conrad Kanz erscheint – eine Sammlung von Beschreibungen authentischer religiöser Erweckungserlebnisse, an denen sich die spätere pietistische Autobiographik ihrerseits schulen darf (I Reitz, bes. Bd. I–III; vgl. I Schrader, 79ff.).

Daß der Pietismus keineswegs nur unter frömmigkeitsgeschichtlichen Aspekten Interesse verdient, hat die Forschung frühzeitig erkannt. Jenseits seiner theologischen Bedeutung als in sich spannungsvolle Bewegung, die sachlich überzeugende Dogmenkritik mit Zügen von Schwärmertum, Intoleranz und Eskapismus verbindet, hat er in verschiedenen Punkten auf die poetische Landschaft der Aufklärungsepoche Einfluß genommen. Die **literarhistorische Relevanz des Pietismus** liegt maßgeblich in seiner sprachbildenden Leistung und in der Vorläuferrolle begründet, die er im Prozeß der Entfaltung einer empfindsamen Affektkultur versieht. Der Stilentwicklung des 18. Jahrhunderts trägt er wesentliche Impulse zu, insofern er Neukreationen hervorbringt, die bis in die Gegenwart hinein wirksam geblieben sind. Wörter wie ›Liebesneigung‹, ›Selbsterfahrung‹, ›Lebensstrom‹, ›Gemütlichkeit‹, ›überfließen‹, ›einschreiben‹, ›zärtlich‹ oder ›berührt‹ entstammen dem pietistischen Sprachschatz des 18. Jahrhunderts und werden rasch von der schönen Literatur der Zeit aufgegriffen (vgl. I Langen). Der Pietismus vererbt der Poesie eine Vielzahl von Wendungen, die der Intensität des Gefühls im Akt der gläubigen Annäherung an Gott Ausdruck verleihen. Unter den Gesetzen des literarischen Aneignungsprozesses werden sie zumeist ihres religiösen Bezugs entkleidet und auf die diesseitige Welt der Stimmungen und Leidenschaften übertragen. Am deutlichsten läßt sich das Fortleben pietistischer Sprachformen in der Lyrik Klopstocks und des jungen Goethe erkennen, ferner im rührenden Lustspiel Gellerts und in den empfindsamen Romanen der Spätaufklärung (exemplarisch in Johann Martin Millers *Werther*-Nachahmung *Siegwart. Ein Klosterleben* (1776)).

Es ist kaum zu übersehen, daß die sprachschöpferische Leistung des Pietismus mit seinem Einfluß auf eine säkularisierte Empfindsamkeit, wie sie sich ab der Mitte des 18. Jahrhunderts herausbildet, eng verknüpft bleibt. Übernommen wird von der empfindsamen Literatur die affektive Energie, die die Beschreibung des pietistischen Glaubenserlebnisses stützt, nicht aber der religiöse Gehalt selbst. Bei Gellert, Klopstock und Jung-Stilling begegnet folgerichtig die gefühlsbetonte Selbstwahrnehmung des pietistischen Bekenntnisstils jenseits christlicher Themen und Motive im rein weltlichen Kontext. Insofern bietet die Adaption der Affektkultur des Pietismus durch die Empfindsamkeit der (späten) Aufklärung ein höchst charakteristisches Beispiel für den Prozeß literarischer Säkularisierung im Zeichen der Umwertung religiöser Interpretamente und spiritueller Funktionszusammenhänge.

Einflußreich bleibt der Pietismus schließlich noch in einem dritten Feld, dem der bereits angeführten literarischen Autobiographik. Die pietistische Tendenz zur Selbstbeobachtung im Kontext der Beschreibung religiöser Erweckungserlebnisse bringt, wie die Forschung erkannt hat, eine neue Gattung hervor, die seit dem letzten Drittel des 18. Jahrhunderts auch die weltliche Literatur, vor allem das Genre des Romans bestimmen wird: den autobiographischen Bericht. Dessen Anspruch auf die möglichst authentische Reflexion subjektiver Erfahrung prägt Werthers bekenntnishafte Darstellung der Schicksale seines Herzens ebenso wie die düstere Melancholie von Karl Philipp Moritz' *Anton Reiser* (1785–90), die Lebensbeschreibungen Heinrich Jung-Stillings und die Geschichte der schönen Seele aus dem sechsten Buch von Goethes *Wilhelm Meisters Lehrjahre*. Auch hier zeigt sich der formprägende Einfluß des Pietismus, dessen Bedeutung für die literarische Entwicklung der zweiten Hälfte des 18. Jahrhunderts kaum überschätzt werden kann.

Ohne die nähere Kenntnis der konfessionellen Hauptströmungen, die die Zeit zwischen 1700 und 1740 bestimmen, läßt sich die Literatur der Aufklärung nicht angemessen würdigen. Manche ihrer Werke stehen noch unter dem unmittelbaren Einfluß theologischer Fragestellungen oder berühren sie zumindest; das gilt für die Naturlyrik ebenso wie für die Gattung des Dramas, für Texte eines Brockes, Haller und Klopstock ähnlich wie für das Œuvre Gottscheds und Lessings. Trotz solcher Verknüpfungen ist auf der anderen Seite kaum zu übersehen, daß der Prozeß der Säkularisierung im aufgeklärten Jahrhundert beschleunigt fortschreitet; gerade die schöne Literatur scheint an ihm maßgeblich beteiligt, übernimmt sie doch Formen und Sprachmittel der religiösen Erbauungsschriften, um sie in völlig neue Wirkungszusammenhänge zu integrieren. Die Poesie tritt sukzessive an den Platz der populären geistlichen Publizistik, der Andachtsbücher, Postillen und Liedersammlungen, die den Leser des ausgehenden 17. Jahrhunderts noch unterhalten und belehrt hatten.

# 5. Buchmarkt und Publizistik

### Entfaltung literarischer Öffentlichkeit

Dieser Vorgang der »Enttheologisierung« (I Pütz, 19) läßt sich nicht zuletzt an der Entwicklung des Buchmarktes verdeutlichen: Während im Jahr 1625 45,8 % aller veröffentlichten Bücher theologischen Inhalts waren, galt dies im Jahr 1800 nur noch für 6 % (vgl. I Pütz, 19). Insgesamt vollzieht sich im 18. Jahrhundert eine gewaltige Ausweitung des Buchgeschäfts, die durch Zahlen zu belegen ist: Im Jahr 1740 erschienen zur Ostermesse 1.144 neue Buchtitel, 1800 waren es bereits 2.569. Besonders stark partizipierten die Belletristik und die schönen Wissenschaften (namentlich Altertumskunde, Philologie und Poetik) an diesem Expansionsprozeß. Zwischen 1740 und 1770 wuchs deren Anteil am Buchmarkt von 5,8 auf 16,4%, zwischen 1770 und 1800 nahm er nochmals um weitere 5 % zu (nach I Schön, 45f., vgl. auch I Kiesel/Münch, 85f.). Unterstützt wurde eine derartige Tendenz von der allgemeinen Bildungsentwicklung in Deutschland. Im Zuge fortschreitender Alphabetisierung nahm die Zahl der lesefähigen Menschen im Verlauf des 18. Jahrhunderts langsam, aber stetig zu; im Jahr 1770 lag sie bei 15% (eine größere Entwicklungsbeschleunigung vollzog sich erst zwischen 1800 und 1880 mit einem annähernd fünffachen Zuwachs). Zu den aktiven Lesern zählten freilich im Zeitalter der Aufklärung nur wenige Menschen; Lektüre war zwar, anders als im Humanismus, keine Sache allein der Gelehrten, aber noch längst nicht Beschäftigung der Massen (wie im späteren Industriezeitalter). In der zweiten Hälfte des 18. Jahrhunderts rechneten kaum mehr als 100.000 Menschen innerhalb Deutschlands zu den aktiven Lesern (das entspricht bei einer Gesamtbevölkerung von 20–22 Millionen Einwohnern um 1800 lediglich 0,5%) (vgl. auch I van Dülmen KA, Bd. III, 152f., 249ff.).

Die expansive Entwicklung auf dem Buchmarkt wurde nicht nur durch die Intensivierung der schulischen Bildung und durch das **Fortschreiten der Alphabetisierung** gefördert, sondern auch maßgeblich durch die Verbesserung der technischen Möglichkeiten des Druckereigewerbes und die effizientere Gestaltung des Vertriebs unterstützt. Neben die Buchhandlungen, deren Zahl in den größeren Städten rapide wuchs, rückten als neue Errungenschaft der aufgeklärten Epoche die Leihbibliotheken, die dafür sorgten, daß zumal belletristische Werke immer weitere Leserkreise erreichten. Nimmt man noch die Kaffeehäuser und Salons hinzu, in denen Bücher und vor allem Zeitschriften zirkulierten, so treten die Konturen einer schon im ersten Drittel des 18. Jahrhunderts neu sich konstituierenden literarischen Öffentlichkeit deutlich genug hervor (vgl. I Haferkorn, 164f., v. Ungern-Sternberg, in: I Grimminger Hg., 147ff., I van Dülmen GA, 84ff.).

Mittelpunktfigur dieser Öffentlichkeit war der ökonomisch langsam an Einfluß gewinnende Bürger, dessen **sozialer Emanzipationsprozeß** zunächst im kulturellen Bereich vonstatten ging. Erst entfaltet sich der Bürger als Autor und Leser, als Theaterzuschauer und Kritiker, als Lehrer und Publizist, ehe er, im Ausgang des 18. Jahrhunderts, seinen derart gewonnenen Einfluß auch auf die Ebene der Politik zu übertragen sucht. In diesem Sinne bleibt Aufklärung wesentlich ein bürgerliches Geschäft, dessen moralischer Anspruch ebenso wie der damit verbundene Erziehungsgedanke einer mit neuem Selbstbewußtsein auftretenden Gesellschaftsschicht die spezifische soziale Identität, zugleich aber auch Möglichkeiten der durch den Gedanken sittlicher Superiorität begründeten Kritik am absolutistischen Staat verschafft (I Koselleck, 81ff., I van Dülmen KA, Bd. III, 253f.). Als Staatsbürger mit politischem Ehrgeiz, die die Neuverteilung staatlicher Macht anstreben, verstehen sich die Repräsentanten des dritten Standes in Deutschland erst relativ spät (vgl. dagegen Lübbe, in: I Vierhaus Hg., 35ff.). Dabei bleibt außer Frage, daß das kulturelle Wirkungsprogramm der bürgerlichen Aufklärung von vornherein auch eine politische Komponente besitzt; sie tritt jedoch zunächst nur zurückhaltend zutage, dort etwa, wo das gesellschaftsübergreifende Programm der Erziehung zur Vernunft den regierenden Fürsten einbeziehen und ihn zum moralisch besseren Souverän machen möchte.

Die einseitige Orientierung am publizistischen Markt, das öffentliche Wirkungsinteresse und die vorwiegend auf gelehrte Tätigkeit zielenden Neigungen der bürgerlichen Intellektuellen im Deutschland der ersten Hälfte des 18. Jahrhunderts bleiben das Produkt einer Entwicklungsverspätung, die ihrerseits zu einer spezifischen Eigendynamik des sozialen Prozesses selbst führt (I v. Graevenitz, 76, I Vierhaus, 170f.). Die starke Konzentration auf die kulturelle Praxis, die für die deutsche Aufklärung bestimmend ist, findet nicht zuletzt darin ihren Grund, daß das Bürgertum als gesellschaftliche Schicht, anders als in England und Frankreich, keine ökonomische Macht besaß und in führende Beamtenpositionen, die zumindest beschränkte Möglichkeiten politischer Einflußnahme hätten bieten können, relativ spät einrückte; die Etablierung einer bürgerlichen Beamtenelite erfolgt in Deutschland erst im letzten Drittel des 18. Jahrhunderts (vgl. Vierhaus, in: I Kopitzsch Hg., 177f.). Sieht man von den freien Reichsstädten ab, so gingen die Vertreter des Bürgertums vorwiegend landwirtschaftlichen Tätigkeiten nach; das galt auch für die Residenzstädte, insbesondere für jene Süddeutschlands, wo die traditionelle Ständeordnung noch im 18. Jahrhundert durchgängig intakt blieb und Handel bzw. Verwaltungsarbeit innerhalb des bürgerlichen Berufsspektrums keine wesentliche Rolle spielten.

Daß der anfangs zurückhaltend vorgetragene politische Anspruch des Bürgertums auch in Deutschland Folgen zeitigt, erweist sich am vielfach beschriebenen Übergang vom höfischen Absolutismus des 17. Jahrhunderts (als dessen später Repräsentant Preußens König Friedrich Wilhelm I. gelten kann), zum **aufgeklärten Absolutismus**, wie ihn Friedrich II. kultivierte. Daß, andererseits, Despotismus und Willkür auch nach 1750 zu den wesentlichen Elementen feudalistischer Machtstrukturen im kleinstaatlich organisierten Deutschland der Aufklärung gehörten, demonstriert gerade die Geschichte der Literatur durch die Schicksale ihrer Autoren und das Zeugnis einzelner Werke mit hinreichender Klarheit. Fast sämtliche der führenden Köpfe der deutschen Aufklärungsliteratur waren in Konflikte mit der Obrigkeit verstrickt – mit Zensurbehörden, kirchlichen Autoritäten oder Fürstenhäusern. Nahezu ständig drohte die Gefahr des Schreib- und Veröffentlichungsverbots, disziplinarischer Verfahren, ja, wie im Fall des Philosophen Wolff, der Landesverweisung (zur Zensur vgl. I Kiesel/Münch, 104ff.). Das gespannte Verhältnis zu staatlichen oder amtskirchlichen Mächten, die zumeist ähnliche Interessen – Stabilisierung ihres Einflusses, Zurückdrängung aufklärerischer Strömungen – vertraten, bleibt kennzeichnend für die meisten Autoren der Zeit – für Gottsched, Haller und Lessing ebenso wie für Herder und Wieland. Noch der junge Schiller muß bekanntlich unter falschem Namen aus württembergischen Landen fliehen, um dem Schicksal Christian Friedrich Daniel Schubarts zu entgehen und sich der drohenden Verhaftung durch die Schergen des Herzogs zu entziehen. Die kühnen Visionen von der auf Vernunft und Tugendmoral gegründeten Befreiung des Menschen aus den Zwängen einer durch den absolutistischen Staat festgeschriebenen geistigen und sozialen Unmündigkeit blieben für lange Zeit auf die imaginären Welten der Literatur beschränkt.

### Zeitschriftenproduktion seit Beginn des 18. Jahrhunderts

Moralischer Anspruch, bürgerliches Wirkungsethos und publizistische Ambitionen der Aufklärung treten gleichermaßen exemplarisch in der Gattung der Moralischen Wochenschrift zutage, die vor allem das erste Drittel des 18. Jahrhunderts beherrscht. Ihr Programm ist pädagogisch gefärbt, ihr Profil häufig bieder, das künstlerische Niveau oftmals niedrig; als populäres Medium der Vermittlung aufgeklärten Gedankenguts besitzt das Genre jedoch historisch herausragenden Rang. Die Wochenschriften richten sich nicht an die zahlenmäßig begrenzte Gelehrtenzunft oder den geistlichen Stand, sondern an das breite lesende Publikum, bisweilen ausdrücklich an dessen weiblichen Teil. Im Rahmen von eingängigen Lehrgedichten, Fabeln, Allegorien, kurzen, oftmals dialogisch gehaltenen Erzählungen und Abhandlungen werden Themen der Naturwissenschaft und Moralphilosophie, Glaubensfragen, aber auch alltagspraktische und pädagogische Probleme erörtert. Der wöchentliche Erscheinungsrhythmus gestattet die Veröffentlichung von Fortsetzungsgeschichten, deren Umfang das Konzentrationsvermögen auch der ungebildeten Leser nicht überforderte (vgl. I Martens BT, ferner I Engelsing, 71ff.).

Sieht man von Thomasius' »Monatsgesprächen« (1688–90) ab, so repräsentieren englische Zeitschriften die für die deutsche Entwicklung maßgeblichen Muster der Moralischen Wochenschriften. 1711 erscheint der »Tatler«, ihm folgen zwischen 1711 und 1712 der berühmtgewordene, von Joseph Addison und Richard Steele edierte »Spectator« (als »Zuschauer« später auch übersetzt) und der »Guardian« (1713). Die Blütezeit der deutschen Wochenschriften bilden die 20er und 30er Jahre: In Hamburg wird zwischen 1724 und 1726 »Der Patriot« publiziert, in Leipzig gibt Gottsched zwischen 1725 und 1726 die »Vernünftigen Tadlerinnen« heraus, ihnen schließt sich zwischen 1727 und 1729 der »Biedermann« an. Die Titel, bisweilen an die englischen Vorbilder angelehnt, spiegeln das Programm: Vernunfterziehung und moralische Konsolidierung des bürgerlichen Standes stehen im Mittelpunkt. Nicht nur Gottsched adressiert dabei seine Lehren bevorzugt an ein weibliches Lesepublikum, das sukzessive von der Aufklärung entdeckt und als Zielgruppe angesprochen wird.

Betrachtet man die Entwicklung des Zeitschriftenmarkts bis zum Ausgang des 18. Jahrhunderts, so erkennt man eine Tendenz zur thematischen Konzentration auf Gegenstände der Literatur und Philosophie (vgl. I Habermas St, 81f.). Ab der Mitte des Jahrhunderts dominieren jene Periodika, die, anders als die Moralischen Wochenschriften, auf eine Erörterung allgemeiner moralphilosophischer oder religiöser Fragen verzichten und sich ganz dem Feld der Poetik und der Wissenschaften widmen. Charakteristisch ist hier bereits die Gründung der »Neuen Beiträge zum Vergnügen des Verstandes und Witzes« (der sog. »Bremer Beiträge«) im Jahr 1744, denen der Satiriker Gottlieb Wilhelm Rabener, der Dramatiker Johann Elias Schlegel und Christian Fürchtegott Gellert nahestanden – Autoren, die sich um eine erste Abgrenzung vom zu dieser Zeit beherrschenden Einfluß der Leipziger Gottsched-Schule und ihres in poetischen Fragen nicht eben inspirierenden Rationalismus bemühten. Die hier zutage tretende Ausrichtung an literarischen Gegenständen (auf Kosten thematischer Breite, zugunsten der Sachqualität der Einzelbeiträge) setzt sich fort in den Zeitschriften des Berliner Aufklärers und Lessing-Freundes Friedrich Nicolai. Nicolai, der als Erbe einer gut eingeführten Berliner Verlagsbuchhandlung über den organisatorischen Hintergrund verfügte, welcher für die Durchführung von Zeitschriftenprojekten notwendig war, trat zunächst als Begründer der »Bibliothek der schönen Wissenschaften und freyen Künste« (1757–65) auf, eines Periodikums, das bevorzugt Buchkritiken und theoretische Beiträge abdruckte. Ganz auf das Rezensionswesen konzentriert blieb dann die nachfolgende »Allgemeine Deutsche Bibliothek«, die es zwischen 1765 und 1805 auf 250 Bände brachte, in denen über 80.000 Neuerscheinungen (keineswegs allein der schönen Literatur, vielmehr auch der wissenschaftlichen Fachdisziplinen) besprochen wurden.

Anders als die Zeitschriften Nicolais publizierte Wielands »Teutscher Merkur« nicht nur Kritiken und Abhandlungen, sondern zugleich poetische Texte. Die Zeitschrift zeigte sich durchaus offen für unterschiedliche literarische Strömungen, blieb pluralistisch im besten Sinn und spiegelte über die fast vier Jahrzehnte ihres Erscheinens (1773–1810) hinweg die dichterische Entwicklung von der späten Aufklärung und der Genieperiode bis zur Klassik wider (wobei es sich keineswegs um eine lineare Abfolge, häufig vielmehr um synchrone Strömungen handelt). Im Gegensatz zu den Moralischen Wochenschriften erhoben Wielands »Merkur« und Nicolais »Bibliothek« den Anspruch auf ein meinungsbildendes Monopol in literarischen Fragen. Sie wollten mehr sein als nur auf den Beistand der Poesie (oder ihrer kritischen Bewertung) gestützte Organe populärer Vernunfterziehung. Ihr programmatischer Ehrgeiz ließ sie teilhaben an jenen erbitterten Disputen, die seit Gottsched über die Entwicklung der deutschen Poetik geführt wurden. Von diesen Disputen wäre im folgenden Kapitel zu sprechen.

# 6. Forschungsübersicht

Das Feld der Aufklärungsforschung ist gut bestellt, die Vielzahl der methodisch divergierenden Ansätze beträchtlich, der Reichtum der Perspektiven eindrucksvoll. Die Literaturwissenschaft kann mit Gewinn auf diverse grundlegende Studien zu philosophischem Profil, Sozialhistorie und anthropologisch-mentalitätsgeschichtlichen Hintergründen der Epoche zurückgreifen, die es gestatten, den literarischen Entwicklungsprozeß zwischen 1720 und 1780 in systematischen Zusammenhängen zu erörtern. Im Interesse der Übersichtlichkeit werden nachfolgend drei zentrale Untersuchungsfelder bzw. -methoden – Ideengeschichte, Sozialgeschichte und historische Anthropologie – näher vorgestellt, die der literaturwissenschaftlichen Aufklärungsforschung in den letzten beiden Dekaden besonders starke Impulse vermitteln konnten.

## Methodik der Ideengeschichte

In engerem Zusammenhang mit geistesgeschichtlichen Ansätzen (Dilthey, Unger, Baeumler) stehend, diskutiert die ideengeschichtliche Forschung zur Aufklärung vornehmlich deren bewußtseinshistorische Entwicklung und ihr Verhältnis zu vorangehenden bzw. folgenden Epochen. Die ideengeschichtliche Epochenbetrachtung denkt in den Kategorien der Entwicklungslogik – der Ablösung, des Übergangs oder Umbruchs, der Kontinuität und Teleologie. Ihr zentrales Thema ist, im Fall des 18. Jahrhunderts, das **Problem der Säkularisierung**, das sich schon in Ernst Cassirers fundamentaler Studie über die *Philosophie der Aufklärung* von 1932 als wesentliches Untersuchungsfeld abzeichnet. Aufklärung gilt den Vertretern der Säkularisierungsthese primär als Produkt der Verweltlichung im Prozeß der Überführung religiöser Werte in diesseitige Denkinhalte. Divergierend bleibt die Beurteilung dieses Vorgangs, der gleichermaßen als Ausdruck unterschwelliger Kontinuität (Umwertung religiöser Gehalte im Sinne ihrer verdeckt fortdauernden Geltung) oder auch als Produkt des Umbruchs (Umwertung im Sinne der Abkehr von spirituellen Deutungsmustern) eingeschätzt werden kann.

Die literaturwissenschaftliche Anwendbarkeit des Säkularisierungstheorems bekundete sich in Untersuchungen zur Geschichte von Sprach- und Formgesinnungen, die ihr besonderes Profil aus der produktiven Übertragung religiöser Sinnbilder in weltliche Themenzusammenhänge beziehen. Musterbeispiel solcher Rezeptionsprozesse ist der Pietismus mit seiner Kirchenlieddichtung, die ihrerseits das Oden- und Hymnenwerk Pyras und Klopstocks inspiriert. Albrecht Schöne hat 1958 in seiner wegweisenden Arbeit über *Säkularisation als sprachbildende Kraft* verschiedene Felder der literarhistorisch aufschlußreichen Umsetzung religiöser Formenergien in Textformen weltlicher Poesie nachzuzeichnen gesucht; Gerhard Kaiser ist ihm dabei in seinem Klopstock-Buch (1962), trotz gewisser Vorbehalte im Detail, gefolgt.

Gegenüber dem Paradigma der Säkularisierung hat Hans Blumenberg den Einwand formuliert, es erhebe eine Kategorie historischer Illegitimität zur Konstitutionsbedingung der Neuzeit (I Blumenberg LN, 20ff.). Abweichend vom Gedanken der systematischen Differenz zwischen Aufklärung und Mittelalter betont Blumenberg den Zusammenhang beider Epochen; die Aufklärung übernehme Fragen, die das Mittelalter bereits gestellt habe, behandle sie jedoch grundlegender und vorurteilsfreier, weil sie ihre theoretische Neugierde in ganz anderer Weise entwickeln dürfe als frühere Epochen. Die Aufklärung sei keineswegs eine Periode der (illegitimen) Säkularisierung, vielmehr Produkt einer (legitimen) Ermächtigung des menschlichen Verstandes im Zeichen der *curiositas*, deren intellektuelle Antriebsenergie zumal im christlichen Mittelalter, unter dem Einfluß des älteren Neugierde-Verdikts der Patristik, insbesondere Augustins, kritisch betrachtet wurde. Insofern führe die Aufklärung die intellektuelle Auseinandersetzung um Fragen der Kosmologie, Naturphilosophie und Erkenntnistheorie fort, die im Mittelalter bereits angelegt gewesen sei, aber aufgrund entsprechender Theorieverbote nicht zu systematischer Entwicklung habe gelangen dürfen.

Wie problematisch die unbefangene Verwendung des Säkularisierungstheorems in der Literaturwissenschaft sein kann, zeigt der insgesamt instruktive Artikel von Dieter Kimpel in Viktor Žmegačs Sammelwerk zur literarischen Entwicklung zwischen Aufklärung und Vormärz. Kimpels Versuch, das aufgeklärte Zeitalter mit Hilfe des Säkularisierungsbegriffs vom Konfessionalismus des 17. Jahrhunderts abzugrenzen, bleibt bedenklich, weil er das Fortleben der traditionellen Metaphysik im Wolffschen Rationalismus gänzlich außer acht läßt, damit aber eine wesentliche Komponente frühaufklärerischen Denkens vollkommen ausblendet (Kimpel, in: I Žmegač Hg., 20f.). Nur vor dem Hintergrund der ultramundanen Orientierung der Frühaufklärung wird wiederum die Leistung Kants verständlich, der mit seiner *Kritik der reinen Vernunft* die erste systematische Attacke gegen sämtliche Formen jener metaphysischen Ordnungsansprüche führt, die im Gefolge von Leibniz und Wolff das deutsche 18. Jahrhundert noch stark geprägt hatten.

Die inzwischen spürbar entspannte Säkularisierungsdebatte verdeutlicht die spezifische Interessenlage einer ideengeschichtlich orientierten Aufklärungsforschung. Wesentlich bleiben für sie Fragen der Denkform, der Reflexionsstrategie und Begriffsrezeption, wie sie schon Ernst Cassirer in seinem noch heute faszinierenden Standardwerk zur *Philosophie der Aufklärung* erörterte. Für Cassirer vollzieht sich die Konstitution aufklärerischen Denkens wesentlich über dessen Form, über die Entfaltung neuer intellektueller Energien (Blumenbergs theoretische Neugierde wäre ein solcher energetischer Faktor) und die Bereitschaft zur kritischen Durchleuchtung überlieferter Denkinhalte und Methoden (paradigmatisch wird hier Lessings Wort, demzufolge nicht der Besitz der Wahrheit, sondern die »aufrichtige Mühe«, die ein Mensch »angewandt hat, hinter die Wahrheit zu kommen«, den Wert des Individuums ausmache; I Lessing G, Bd. VIII, 32f.). Gestützt auf die These von der Evolution der wissenschaftlichen Methoden als Signatur des Epochenwandels ließ sich der Umbruchprozeß zwischen Barock und Aufklärung im Sinne eines Paradigmenwechsels beschreiben, der insbesondere durch die ab 1700 verbreitet einsetzende Rezeption des Cartesianismus angebahnt wurde (vgl. I Schmidt-Biggemann Tu, 296f., ferner für die Literarhistorie I Grimm, 556ff.).

Die neuere Ideengeschichte hat zumal an die **Vielfalt des Aufklärungsbegriffs** jenseits seines enger gefaßten Epochenstatus erinnert. Jürgen Mittelstraß zeichnet in seiner grundlegenden Studie über *Neuzeit und Aufklärung* (1970) am Paradigma der Naturwissenschaften aufgeklärte Strömungen im Denken der Antike nach (I Mittelstrass). Ein von Jochen Schmidt herausgegebener Sammelband zu Aufklärung und Gegenaufklärung im Prozeß der abendländischen Geistesgeschichte demonstriert augenfällig die kategoriale Vielfalt des Aufklärungsbegriffs und die zyklische Logik, der seine (nicht immer programmatische) Entwicklung in der Historie europäischen Denkens unterliegt (I Schmidt Hg.). Sichtbar wird hier, daß Aufklärung nicht allein ein Phänomen des 18. Jahrhunderts ist, sondern ihrerseits auch in Antike und Mittelalter als geistige Bewegung zutage tritt. Neugier, Vorurteilsfreiheit, Vernunftbezug, Selbstreflexion methodischer Vorentscheidungen und Opposition gegenüber mystisch-irrationalen Denkmustern gehören jedoch als zeitübergreifende Faktoren der aufgeklärten Verstandeskultur unabdingbar zu. Werner Schneiders hat derartige

Merkmale aufklärerischen Denkens in einer grundlegenden Arbeit (1974) am Beispiel der im Ausgang des 18. Jahrhunderts sich vollziehenden Selbsteinschätzung der Aufklärungsepoche systematisch analysiert (I Schneiders, 12ff.). In Panajotis Kondylis' Standardwerk über die Aufklärung im Rahmen des neuzeitlichen Rationalismus (1981) werden solche historisch übergreifenden Perspektiven gleichfalls erkennbar; das aufklärerische Denken erscheint, bezogen auf entsprechend ältere Tendenzen in Scholastik und Renaissance, als geschichtlich geprägte intellektuelle Strömung, für deren Verständnis die Durchleuchtung des Quellenbestands unerläßlich scheint. Als besonders glücklicher methodischer Ansatzpunkt erweist sich zudem bei Kondylis die Ausrichtung an der rationalistischen Komponente der Aufklärung, die keineswegs zur Konstruktion eines verengten Epochenbegriffs führt, sondern, im Gegenteil, auch andersartige Strömungen – den Spinozismus, die Gefühlsphilosophie, die psychologische Anthropologie – aus ihrem Kontrast zum Rationalismus besser würdigen hilft (I Kondylis, 563f.).

Daß von diesem Verständnis ideengeschichtlicher Prozesse ein Zugang zu im engeren Sinne literaturwissenschaftlichen Fragen möglich ist, hat wiederum Hans Blumenberg mit seinem metaphernhistorischen Ansatz demonstriert. Blumenberg geht davon aus, daß sich die Ideengeschichte in der Evolution von metaphorischen Sprachbildern abzeichnet, deren Umwertungen jeweils dem Wandel der geistigen Interessen folgen, denen der Mensch unterliegt (I Blumenberg PM, 7f.). Die Metapher vom Weltbuch, die Allegorie der wissenschaftlichen Tathandlung, das Höhlengleichnis oder das Bild Gottes als Uhrmacher illustrieren solche ideenhistorischen Entwicklungsprozesse auf signifikante Weise und lassen sich mit Gewinn auch auf die Literatur der Aufklärung übertragen, deren Bildsprache ihrerseits aus traditionellen Ressourcen gespeist wird, dabei aber das überlieferte Quellenmaterial eigenständig umzuformen sucht (I Blumenberg G, Bd. II, 329ff., I Blumenberg LW, 150f., I Blumenberg H, bes. 508f.). Von diesem Punkt aus wäre eine Erneuerung ideengeschichtlicher Aufklärungsforschung auch mit Blick auf die Literaturwissenschaft interessant; größere Evidenz entfaltet sie zumal dort, wo die Geschichte menschlicher Denkhaltungen im Spiegel ihrer Rezeption sprachlicher Topoi untersucht wird.

### Sozialhistorische Perspektiven

Der eigentliche Höhepunkt des sozialhistorischen Ansatzes zur Erforschung der Aufklärungsliteratur lag in den 70er und frühen 80er Jahren. Ältere Vorläuferstudien, die Maßstäbe setzten, stammten von Leo Balet / Eberhard Gerhard (1936) und Arnold Hauser (1953). Auftrieb erhielt das sozialhistorische Forschungsinteresse durch Jürgen Habermas' Marburger Habilitationsschrift zum *Strukturwandel der Öffentlichkeit* (1962) innerhalb der Emanzipationsbewegung des europäischen Bürgertums und Reinhart Kosellecks gesellschaftsgeschichtliche Arbeit über das Verhältnis von bürgerlicher Wertwelt und absolutistischem Staat im Prozeß der Aufklärung zwischen 1680 und 1789 (*Kritik und Krise*, 1959).

Im Mittelpunkt steht hier jeweils der Versuch, die innerhalb des 18. Jahrhunderts sich vollziehende **Emanzipationsgeschichte des Bürgers** als historische Grundlage für das Verständnis der gesamten Aufklärung zu bestimmen. Emanzipation bedeutet dabei für Koselleck und Habermas gleichermaßen, daß der Bürger sich zunächst im Bereich seiner eigenen Wertwelt ein soziales Selbstbewußtsein verschafft, das ihn sukzessive an politische Zielsetzungen mit programmatischen Ambitionen heranführt. Betont Koselleck die im Ausgang des 18. Jahrhunderts politische Kritik legitimierende und zur Krise des absolutistischen Staates führende moralische Selbstbestimmung des bürgerlichen Individuums (als Konsequenz der ihm durch die praktische Umsetzung von Hobbes' Philosophie des arbeitsteilig organisierten absolutistischen Staates (*Leviathan*, 1651) ermöglichten sozialen Stabilität), so arbeitet Habermas an zahlreichen Beispielen den Prozeß der Entstehung neuer Öffentlichkeitsstrukturen heraus (Buchmarkt, Bibliotheken, Salons), der den Bürger zunächst im Privatsektor als kulturelles Subjekt zur Entfaltung kommen läßt, ehe er ihm die Gelegenheit verschafft, vermittelt über die Konstitution eigenständiger, gegen die repräsentative Ordnung des Hofes sich ausbildender Formen sozialer Wirksamkeit in die politische Auseinandersetzung einzugreifen (I Habermas St, 69ff.).

Umstritten blieb dabei die Bewertung von Form und Funktion der bürgerlichen Privatsphäre, deren Sozialstruktur Habermas zumal im Blick auf die Situation in England und Frankreich analysiert hatte. Gerhart von Graevenitz erinnerte demgegenüber in einem instruktiven Aufsatz an die deutsche Sonderentwicklung im 18. Jahrhundert, die nicht nur durch eine verspätete, vielmehr, damit verbunden, auch eine qualitativ andere Ausbildung bürgerlichen Selbstverständnisses geprägt sei. Graevenitz verweist dabei auf die territorialen Differenzen, die im Deutschland der Duodezfürstentümer herrschten. Das Hamburger Bürgertum unterscheide sich etwa von dem Württembergs durch ein höheres Maß an ökonomischer Selbständigkeit und politischem Selbstbewußtsein. Der Grad seiner privaten und, daraus folgend, öffentlichen Selbstorganisation hänge jeweils von den besonderen sozialen Ordnungsstrukturen der Einzelstaaten ab. Hervorgehoben wird zudem, daß innerhalb Deutschlands nicht jede Form spezifisch bürgerlicher Privatheit als Ausdruck der Opposition gegen die höfisch-repräsentative Öffentlichkeit zu bewerten sei. Graevenitz demonstriert am Beispiel des süddeutschen Pietismus, inwiefern der Rückzug auf einen machtgeschützten Raum der Innerlichkeit durchaus die Anerkennung des abolutistischen Staates und seiner Ordnungsstrukturen einschließen konnte (I v. Graevenitz, bes. 13f., 69f.).

Lothar Pikulik hat einige Jahre später (1984) Graevenitz' Thesen mit aufschlußreichem Quellenmaterial zur Sozialgeschichte des deutschen Bürgertums im 18. Jahrhundert zu stützen vermocht. Im Vordergrund auch seiner Studie steht die Beobachtung, daß die Gesellschaftsordnung im Deutschland des aufgeklärten Zeitalters wesentlich ständisch strukturiert und durch territoriale Gegensätze gekennzeichnet ist, die verschiedene Entwicklungsgrade bürgerlicher Lebensformen hervortreten lassen (I Pikulik, 77ff.). Dem ökonomisch stabilisierten, durch Partizipation am Beamtenstatus politisch einflußreichen, sozial selbstbewußten Bürgertum der freien Reichsstädte (Bremen und Hamburg) sowie der größeren Handels- und Universitätsstädte (Frankfurt/M., Leipzig) steht das ökonomisch rückschrittliche, in Großfamilien organisierte, landwirtschaftlicher Tätigkeit nachgehende, noch traditionell ständisch denkende Bürgertum kleinerer Städte zumal im süddeutschen Raum entgegen (vgl. Wild, in: I Grimminger Hg., 107f.). Der neueren Forschung zufolge gehört es zu den Wirkungen der schönen Literatur, daß dem Bürgertum ab der Mitte des 18. Jahrhunderts veränderte Wertvorstellungen im Zeichen der Empfindsamkeit (Mitleidsethos, Rührbarkeit, Psychologie der Einfühlung) zugänglich wurden, die sukzessive auch sein schichtenspezifisches Selbstverständnis zu bestimmen begannen (grundlegend I Sauder, ferner I Mog, 4ff.). Die Literatur erfüllt dabei im Prozeß sozialer Identitätsstiftung eine fördernde, verstärkende Funktion, die ihrerseits das gewandelte gesellschaftliche Rollenprofil des Bürgers unterstützte (vgl. I Haferkorn, 164f., I Engelsing, 182f., I Pikulik, 240ff., I Pütz, 149f.). Neuere methodische Ansätze vermochten zu zeigen, daß eine einseitige Konzentration auf die empirischen Aspekte der bürgerlichen Sozialgeschichte ebenso problematisch ist wie die gesellschaftshistorische Abstinenz der älteren Forschung. Die schöne Literatur besitzt niemals nur den Status eines Dokuments, an dem sich geschichtliche Prozesse ablesen lassen, sondern wirkt ihrerseits auf die psychosoziale Prägung des Individuums ein, indem sie abstrakte Gedankeninhalte illustriert, utopische Entwürfe fördert, nicht zuletzt menschliche Bewußtseinsproduktion aktiviert und derart auch Rollenbilder entwickeln hilft, die wiederum gesellschaftliche Evidenz gewinnen können (I Mog, 33f., I Pikulik, 244f.).

Im Anschluß an die von Habermas und Koselleck betriebene sozialwissenschaftliche Grundlagenforschung schickte man sich in den 70er und 80er Jahren an, die Fundamente der gesellschaftsgeschichtlichen Literaturbetrachtung zu befestigen. Unterstützung erhielt dieses Vorhaben durch eine größere Zahl von Einzelstudien, die Problemen der historischen Familiensoziologie (I Hausen, I Rosenbaum), der Entwicklung von Erziehungskonzepten im 18. Jahrhundert (I Wild), der sozialen Position der Frauen (I Becker-Cantarino) und dem Verhältnis der Geschlechter (I Mauser Hg.) galten. Auf diese Weise erweiterte sich das Arsenal historischer Quellen, aus denen eine Sozialgeschichte der Aufklärungsliteratur schöpfen konnte. Zugleich zeigte sich jedoch, daß die bisweilen schematischen älteren Deutungsmuster einer typologisch verfahrenden Gesellschaftswissenschaft, die das 18. Jahrhundert als Zeitalter der Emanzipation des Bürgers betrachtete, nicht ausreichten, um die empirische Komplexität und die mit ihr verbundenen nationalen Differenzen der sozialen Entwicklung im Prozeß der Aufklärung hinreichend zu erfassen.

Zu den schwierigsten **Aufgaben der sozialhistorischen Literaturbetrachtung** gehört es, eine überzeugende Vermittlung von literarischen und gesellschaftsgeschichtlichen Prozessen herzustellen, die sich nicht auf bloße Ableitungsoperationen im Zeichen der marxistischen Widerspiegelungstheorie oder die summarische Aufzählung sozialkritischer Aspekte literarischer Themen beschränkt. Balet und Gerhard versuchten schon 1936 spezifisch ›bürgerliche‹ Formen in der Literatur, Malerei und Musik des 18. Jahrhunderts ausfindig zu machen, gerieten jedoch, im Rekurs auf die Stilkategorien Heinrich Wölfflins (*Kunstgeschichtliche Grundbegriffe*, 1915), nicht selten unter das Diktat einer ahistorischen Typologie literarischer Formen, deren Einzelelemente schematisch auf ein vermeintlich charakteristisches bürgerliches Bewußtsein zurückgeführt wurden. Arnold Hausers *Sozialgeschichte der Kunst und Literatur* (1953), die die Aufklärung als Epochenphänomen eher beiläufig behandelte, sah hingegen den Prozeß der Ausbildung bürgerlichen Bewußtseins vornehmlich in der Themenwahl gespiegelt, an der sich im Ausgang des 18. Jahrhunderts die neue Interessenlage einer machtvoll aufstrebenden neuen Schicht abzeichne, die erst am Ende der Epoche zu künstlerisch eigenständigen Ausdrucksformen – als Produkt ihrer gesellschaftlichen Emanzipation – gelange (I Hauser, 619f.).

Die Aufgabe der Vermittlung zwischen literarischem Formprozeß und (wiederum gesellschaftlich determinierter) Bewußtseinsentwicklung des Menschen setzten sich auch die beiden neueren Sozialgeschichten der deutschen Literatur unter der Herausgeberschaft von Glaser und Grimminger zum Ziel. Das Vorwort Grimmingers zum (für unser Thema zuständigen) dritten Band der Hanserschen Sozialgeschichte beleuchtet einige der hier entstehenden Problemfelder: den Konnex zwischen der Ordnung des poetologischen Systems der Gottschedzeit und dem Ordnungsstaat absolutistischer Prägung, die mögliche Korrespondenz von Formtypen aufgeklärter Lehrdichtung mit dem zur Zeit der Frühaufklärung erwachenden naturwissenschaftlichen Interesse, die denkbare Korrelation zwischen dem Empirismus und der Darstellung fiktiver Erfahrung im Roman, den Zusammenhang von personal erlebter Geselligkeit und literarischer Empfindsamkeit (Grimminger, in: I Grimminger Hg., 42f.).

Die Aufgaben der sozialhistorischen Betrachtungsweise sind im Fall der Aufklärungsforschung, die rasch zum exemplarischen Feld gesellschaftsgeschichtlicher Methoden avancierte, stets nur ansatzweise gelöst worden. Das gilt gerade für die beiden hier angesprochenen größeren Projekte, vor allem für die Literaturgeschichte Glasers, deren Beiträge auf konsequentere methodische Reflexion der von ihnen gewählten Vorgehensweise zumeist verzichten. Problematisch blieb aber auch, daß Sozialgeschichte nicht selten aus primär ideologiekritischer Perspektive betrieben, die Frage nach den literarischen Spiegelungen gesellschaftlicher Strukturen zugleich in eine Reflexion über die Antagonismen des bürgerlichen Emanzipationsprozesses im 18. Jahrhundert umgewandelt wurde (vgl. I Schlaffer, 9f., Schulte-Sasse, in: I Bürger u.a. Hgg., 87ff., zur Kritik I Frühwald, 72). So bedeutsam die Analyse sozialgeschichtlicher Widersprüche und ihrer Brechungen in der Literatur der Aufklärung bleibt, so zwingend erscheint es doch, historisches und kritisches Interesse nicht zu kontaminieren, vielmehr beide Untersuchungsansätze gegeneinander abzugrenzen. Diese Differenzierung wäre auch deshalb notwendig, weil die voreilige Identifizierung von Sozialgeschichte und Ideologiekritik aus einem einseitigen, inzwischen überwundenen Bild der Epoche entspringt, das Aufklärung mit Formen eines dogmatisch verhärteten Rationalismus gleichsetzt, dabei aber die Vielfalt aufklärerischen Denkens selbst unterschätzt.

Es scheint, als ob, trotz jüngerer Versuche der fundierteren theoretischen Begründung einer Sozialgeschichte der Literatur (vgl. die einschlägigen Beiträge in: I Danneberg/Vollhardt Hgg., ferner I v. Heydebrand u.a. Hgg.), das Interesse an der praktischen Erprobung ihrer erkenntnisleitenden Intentionen inzwischen stark zurückgegangen sei. Die Aufklärungsforschung hat sich in der letzten Dekade vor allem um die Diskussion anthropologischer bzw. mentalitätsgeschichtlicher Fragen bemüht, sozialhistorische Ansätze aber kaum noch verfolgt. Einer der wenigen, freilich nicht aus geschichtlichem Erkenntnisinteresse gespeisten Versuche, die soziologische Erforschung des Zeitalters der Vernunft auf anderer Ebene fortzuführen, bildet Jürgen Habermas' *Theorie des kommunikativen Handelns*, die die Möglichkeiten aufklärerischer Rationalität jenseits reiner Zweckbindung im Horizont seiner früheren Gesellschaftstheorie (*Erkenntnis und Interesse*, 1968) neu demonstrieren möchte, indem sie dem Individuum Freiräume im Zwischenfeld von sozialem Handeln und intersubjektiver Kommunikation vorzuzeichnen sucht (vgl. zumal I Habermas ThkH, Bd. I, 171ff.). Habermas' häufig kritisiertes soziologisches Modell einer rational fundierten Kommunikationstheorie bildet einen der letzten größeren Versuche, das unvollendete Projekt der Aufklärung weiterzudenken und unter den Bedingungen der Moderne in kritischer Loyalität zum Begriff der Rationalität fortzuführen. Sein Ausgangspunkt bleibt ein Verständnis von aufklärerischem Denken, das diesem wegweisende Bedeutung für den Prozeß sozialer Sinnstiftung im Kontext moderner Gesellschaften zuweist.

## Gesichtspunkte der mentalitäts- und kulturgeschichtlichen Forschung

Es ist bemerkenswert, daß das sich in den letzten zehn Jahren artikulierende mentalitätsgeschichtliche Interesse der Literaturwissenschaft aus zwei methodisch sehr unterschiedlichen Ansatzpunkten entsprang, die ihrerseits aufklärungskritische Positionen reflektierten. Auf der einen Seite steht Odo Marquards Plädoyer, das historische Scheitern des Projekts Aufklärung nicht allein auf die Rechnung ihres einseitigen Vernunftbezugs zu setzen, vielmehr auch zu berücksichtigen, daß Aufklärung den Menschen mit einem unerhörten Auftrag belaste, den er selbst kaum bewältigen könne: dem Anspruch einer in sämtlichen Momenten seines Handelns gegebenen Selbstverantwortlichkeit im Zeichen des Autonomiepostulats. Marquard betont in mehreren zumeist aus den 60er Jahren stammenden, 1973 gesammelt publizierten Aufsätzen, daß die aus der Aufklärung hervorgehende Geschichtsphilosophie allzu einseitig historische Langzeitprozesse betrachtet, die je konkrete Wirklichkeit des Individuums aber außer acht gelassen habe. Im Rückblick auf die ideenhistorische Entwicklung des 19. Jahrhunderts gelangt Marquard zur Einsicht, daß die Entstehung der **philosophischen Anthropologie** das Resultat des Unbehagens an der Geschichtsphilosophie und ihren den konkreten Menschen ignorierenden Systemzwängen sei (I Marquard, 122ff.). Eine Aufklärungsforschung, die ihrerseits Konsequenzen aus der Wissenschaftshistorie zu ziehen imstande wäre, müßte sich entschlossen von geschichtsphilosophischen Fragestellungen verabschieden und ihre Konzentration auf den Bereich des Anderen der Vernunft richten, auf das, was hinter den Theorien und Systementwürfen der Ratio liege – auf den Menschen als körperliches, empfindendes, wahrnehmendes Wesen. Im Gefolge von Marquards Analyse entfaltete sich das neue anthropologische Interesse an der Aufklärung, das wiederum aus dem Unbehagen an einer die Denklogik der Geschichtsphilosophie selbst in allen Details nachvollziehenden Ideenhistorie geboren wurde.

Von einer anderen methodischen Position aus, jedoch nicht minder kritisch, argumentiert Michel Foucault in seiner wissensgeschichtlichen Studie *Les mots et les choses* (1966). Für Foucault bildet die Aufklärung nur eine Station in der Geschichte abendländischer Denksysteme, deren jeweils gemeinsames Merkmal darin liegt, daß sie Machtinteressen über die praktische Umsetzung der sie prägenden methodischen Prinzipien verfolgen. Wesentliches Kennzeichen der aufgeklärten Ordnung des Wissens, die Foucault zufolge bereits im 17. Jahrhundert hervorzutreten beginnt, bildet das Prinzip der ›Repräsentation‹, das den einzelnen Erscheinungen distinkte, fest umrissene Bedeutungen zuschreibt, die eine auf die systematische Abgrenzung der Phänomene im Raum der empirischen Welt gestützte Struktur der vernunftgeleiteten Erkenntnis hervorbringt (I Foucault, 78ff.). Foucaults spätere Arbeiten zur Ge-

schichte der Strafpraxis, der Psychiatrie und menschlichen Sexualität suchen, von
dieser Hypothese ausgehend, die Herrschaftstechniken des aufgeklärten Diskurses
im Zusammenhang einer als ›Archäologie des Wissens‹ charakterisierten struktura-
listischen Rekonstruktion seiner epistemologischen Prinzipien ans Licht zu bringen.
Gestützt auf eine Vielzahl historischer Quellen, möchte Foucault demonstrieren, daß
das anthropozentrische, logozentrische Denken der Aufklärung systematische Aus-
grenzungsoperationen gegenüber abweichenden Verhaltens- und Reflexionsweisen
vornimmt, um seine eigene Rationalität als Instrument totaler Denkherrschaft zu
etablieren. Anders als Horkheimer und Adorno will der Wissenshistoriker Foucault
jedoch keine Korrektur des gescheiterten Projekts Aufklärung anregen, sondern
möglichst illusionslos dessen historisch flüchtigen, vorübergehenden Charakter vor
Augen führen. Der Blick auf den aufgeklärten Umgang mit Abweichlern, Irren und
Sonderlingen, mit Leidenschaften, Lüsten und Gefühlsextremen soll zugleich die
machtsichernden Techniken des Diskurses der Rationalität verdeutlichen: seine
rücksichtslos selektierende, eigene Normen stabilisierende, Geltungstotalität über
Verwerfungen anstrebende Verfahrensweise.

Auch von Foucault aus gerät die Aufklärungsforschung an ihr anthropologisches Sujet. Den Weg einer kritischen **Betrachtung des menschlichen Zivilisa-
tionsprozesses** war, stärker sozialhistorisch orientiert als Foucault, bereits Norbert
Elias in den 30er Jahren gegangen; schon bei ihm rückten anthropologische Fragestellungen in den Mittelpunkt eines Interesses, das nicht primär ideengeschichtlich orientiert, sondern an der psychophysischen Disposition des ›ganzen Menschen‹
ausgerichtet bleibt (wobei jedoch Elias im Gegensatz zu Foucault die Diszipliniе-
rungsakte des Zivilisationsvorgangs nicht als Äußerungsformen diskursiver Macht-
strategien, sondern als Elemente eines auf intersubjektive Harmonie und allgemeine
Befriedung zwischenmenschlicher Verhältnisse zustrebenden Prozesses auffaßte)
(I Elias, Bd. II, 369f.). Geleitet von der Annahme, daß sich die spezifische Signatur einer Epoche nicht allein in der abstrakten Logik ihrer Ideen, vielmehr im jeweiligen Bild vom Menschen manifestiere, stößt die anthropologisch orientierte Aufklärungsforschung im gesamten 18. Jahrhundert auf eine schwierige Gemengelage.
Der aufgeklärte Diskurs gestattet die Auseinandersetzung mit vernunftjenseitigen
Strömungen nur dort, wo diese methodisch unter das Regiment der Rationalität
tritt. Sein intellektuelles Verhältnis zu Problemen menschlicher Körperlichkeit, Wir-
kungsformen der Leidenschaft und Fragen der Sinneswahrnehmung ist zuvörderst
geprägt durch Maßnahmen der Distanzierung, Selektion und Abwehr. In diesem
Sinne haben Hartmut und Gernot Böhme Aufklärung wesentlich verstanden als
Prozeß der systematischen Tabuisierung dessen, was man das ›Andere der Vernunft‹
nennen kann – der Triebe, Leidenschaften, Normabweichungen und Verhaltens-
anomalien des Individuums. Erst durch Nietzsche und Freud seien, so die Auto-
ren, die im 18. Jahrhundert mit programmatischem Anspruch ausgegrenzten
Strukturen des Unbewußten wiederentdeckt, damit auch die Folgelasten einseitiger
Entfaltung von Rationalität grundlegend durchschaubar geworden (I H. u. G.
Böhme, 16f., 189f.). Aufklärung erscheint derart als Epoche der Vertreibung des
Körpers und seiner unterschiedlichen Triebkräfte, anthropologisch interessierte
Aufklärungsforschung als Beitrag zur wissenschaftlichen Erkundung der einzelnen
Strategien dieser Vertreibung.

Eine derartige Perspektive bleibt nicht frei von Einseitigkeit, unterschätzt sie doch, daß die Aufklärung selbst dort, wo sie die Erscheinungsformen des Irrationalen bekämpft, ein fundamentales Interesse am Nicht-Vernünftigen, logisch kaum Erfaßbaren an den Tag legt. Das anthropologische Themenfeld ist im gesamten 18. Jahrhundert – nicht erst am Ende der Epoche – reich bestellt. Nie zuvor wurde derart gründlich über Prozesse der Physiologie und Nervenerregung, über Wahrnehmungs- und Bewußtseinsakte, seelische Krankheiten, Psychosomatik und Psychologie nachgedacht wie im Zeitalter der Aufklärung. Einem differenzierteren Verständnis der Epoche erschließt sich die Tatsache, daß sich der Rationalismus des 18. Jahrhunderts durch die von ihm selbst tabuisierten oder doch unter das Regime der Vernunft gezwungenen Themen immer wieder neu fasziniert zeigte. Aufgeklärte Anthropologie vermittelt daher mehr als nur das Bildnis eines reduzierten, einzig verstandesbezogenen Menschen; ihre Erforschung stößt zugleich auf eine Vielzahl psychologischer, medizinischer und diätetischer Theorien, die demonstrieren, daß das 18. Jahrhundert dem Anderen der Vernunft die Aufmerksamkeit nie völlig entzog (vgl. dazu, mit kritischem Blick auf die entsprechenden Vereinfachungen einer im Namen des ›ganzen Menschen‹ und seiner affektiven Bedürfnisse argumentierenden aktuellen Gegenaufklärung, Sauder, in: I Adam Hg., 25–39). Zu berücksichtigen gilt es zudem, daß die Sache des Menschen nirgendwo sonst in solcher Breite und Einläßlichkeit verhandelt wird wie in der schönen Literatur, sich mithin die anthropologische Neugier der aufgeklärten Epoche unmittelbar in ihren poetischen Werken niederschlägt. Insbesondere der zeitgenössische Roman bildet Formstrukturen heraus, die es gestatten, mit der »innren Geschichte« des Helden (Friedrich von Blanckenburg) zugleich anthropologische Fallstudien zu liefern, die die psychophysische Disposition des Menschen im Kontext seiner Erfahrungswelt an prägnanten Modellfällen demonstrieren dürfen.

Die anthropologisch interessierte Aufklärungsforschung hat in den letzten 20 Jahren verschiedene Themenkomplexe der Literatur des 18. Jahrhunderts systematischer erarbeitet (vgl. das Referat von I Riedel, 133ff.). Angeregt durch Hans-Jürgen Schings' wegweisende Studie über das Melancholiethema in literarischen bzw. psychologisch-medizinischen und philosophischen Texten der Aufklärung (I Schings), erschloß man eine Vielzahl von Untersuchungsfeldern, an denen die spannungsreiche Auseinandersetzung der Aufklärung mit den jenseits der Vernunft liegenden Antrieben im Menschen sichtbar werden konnte. Dazu gehörte die Analyse anthropologisch-psychologischer Gehalte der literarischen Autobiographik (I Pfotenhauer, I Müller), die Rekonstruktion des aufklärerischen Umgangs mit menschlicher Angst (I Begemann) und Krankheit (I Wöbkemeier), mit dem Körper (I H. Böhme, 179ff.) und den verschiedensten Spielarten der Leidenschaft im Kontext ihrer diskursiven Darstellung (I zur Lippe, I Luserke), nicht zuletzt die Untersuchung des bereits für die antike Tradition bedeutungsvollen Verhältnisses von Anthropologie und Rhetorik (I Behrens/Galle Hgg.) sowie des Menschenbildes aufgeklärter Schauspielkunst (I Košenina). Die Vielfalt der aktuellen Forschung wurde jüngst erst durch die Beiträge des 1992 in Wolfenbüttel veranstalteten DFG-Symposions zur literarischen Anthropologie des 18. Jahrhunderts eindrucksvoll vor Augen geführt (I Schings Hg.). Wesentliche Unterstützung erfährt das hier sich artikulierende Interesse an den ästhetisch reflektierten Dimensionen der Aufklärungskultur durch die Arbeiten der neueren Mentalitätsgeschichte, wie sie, exemplarisch und in hohem Maße instruktiv, der Historiker Richard van Dülmen zu Fragen der gelehrten Sozietäten und Geheimbünde, der Entfaltung lebensweltlicher Strukturen, der Arbeitsorganisation und der Bildungspraxis der frühen Neuzeit vorgelegt hat (I van Dülmen, GI, GA, KA, bes. Bd. I u. III).

Im Idealfall gelingt es einer anthropologisch interessierten Aufklärungsforschung, literarische Werke aus ihrem Zusammenhang mit der zeitgenössischen Kultur- und Mentalitätsgeschichte zu erschließen, mithin eine methodische Synthese zwischen Textinterpretation und historischer Erkenntnis herbeizuführen, die im Fall ideen- und sozialgeschichtlicher Untersuchungsansätze nur recht selten glückt. Bedingung dieser Verknüpfung bleibt die Einsicht, daß das weite Feld der Anthropologie und Alltagskultur – die Geschichte von Körperbildern, Geschlechterbeziehungen, Leidenschaften und Phantasieproduktion – in besonderem Maße dazu disponiert scheint, literarische und lebensweltliche Prozesse in ihrer organischen Verbindung und wechselseitigen Durchdringung transparent werden zu lassen. Zu beobachten ist hier, daß die Literatur der Aufklärung stets auch das je aktuelle Bild des Menschen bestimmt, umgekehrt anthropologische Theorien der Poesie Quellen zuspielen, aus denen diese ihre Stoffe beziehen kann.

### Fragen der Epochenabgrenzung

Neu erörtert wurde in den letzten beiden Jahrzehnten auch das Problem der **Abgrenzung der Aufklärung** von vorangehenden bzw. folgenden Epochen. Im Fall des Bezugs zur frühen Neuzeit betonte die ältere Forschung zumal die Kontinuität einer normativen Dichtungstheorie, deren Gesetze von Opitz bis Gottsched nach allgemeiner Ansicht relativ unverändert in Kraft blieben, ohne daß man dabei die mit der Aufklärung sich durchsetzende neue rationalistische Begründung des poetologischen Regelsystems berücksichtigen mochte (I Newald, 484f., vgl. dagegen Kap. II,1 dieser Arbeit). Andererseits galt die Entfaltung einer klassizistischen Stiltheorie als wesentliche Innovation der frühaufklärerischen Poetik, wobei unterschlagen wurde, daß sich bereits die Dichtungslehren des Barock in theoretischer und praktischer Hinsicht an antiken Musterautoren (Aristoteles, Horaz, Sophokles, Vergil) orientierten. Inzwischen scheint die Forschung in diesem Punkt zu veränderten Einschätzungen gelangt zu sein, die der Erkenntnis Rechnung tragen, daß Kontinuität und Diskontinuität zwischen früher Neuzeit und Aufklärung wesentlich durch den Fortbestand der Normpoetik bei gleichzeitigem Umbruch des theoretischen Bezugssystems im Horizont des Rationalismus (vgl. Grimminger, in: I Grimminger Hg., 43ff., I Jørgensen u.a., 16f., 101f.) bestimmt werden.

Ein einschneidenderer Beurteilungswandel vollzog sich in den letzten beiden Dekaden im Fall der Einschätzung der Relationen zwischen **Aufklärung und Sturm und Drang** bzw. **Empfindsamkeit**. Es bleibt das Verdienst Gerhard Sauders, die genetische Verknüpfung der empfindsamen Affektkultur mit den emotionalistischen Unterströmungen bereits der frühen Aufklärung herausgearbeitet zu haben (I Sauder, XIIIf., 65ff.). Sauders Befunde wurden durch nachfolgende Studien bestätigt, die von der inneren Zusammengehörigkeit der früher zumeist als einander entgegengesetzt aufgefaßten Bewegungen (I Korff, Bd. I, 75f., I Kohlschmidt, 442) ausgingen und damit zur Neubegründung eines pluralistischen Bildes der aufgeklärten Epoche beitrugen (vgl. bereits I Kaiser AStD, 13f., ferner I Wegmann, 18f., Siegrist in: I Hinck Hg., 1f., I Huyssen, 20f., Bahr, in: I Bahr Hg., 23f.). Auf der anderen Seite betont man neuerdings auch wieder differenzierende Aspekte, die insbesondere dort zutage treten, wo man auf die Techniken des poetologischen Diskurses, auf Sprachstrategien und Rezeptionsmodelle blickt. Empfindsamkeit und Sturm und Drang lassen sich derart als radikalisierte Spielarten der Aufklärung, als Formen der Überbietung ihrer diskursiven Analysetechniken zum Zweck der Ermächtigung des Affekts, als leidenschaftlicher Ausdruck einer Potenzierung der Vernunft im Dienste ihrer kritischen Selbstreflexion auffassen (I Jørgensen u.a., 23).

# II. POETIK UND ÄSTHETIK

## 1. Aspekte der Poetik im 17. Jahrhundert

### Rhetorisches Ordnungsgefüge

Die Regelpoetik des deutschen 17. Jahrhunderts ist klassizistisch orientiert und rhetorisch fundiert. Ihr Gliederungssystem empfängt sie von den Redelehren der Antike, deren formale Anlage in den dichtungstheoretischen Abhandlungen des Barockzeitalters, zuweilen verdeckt, fortbesteht. Insbesondere die für die Rhetorik zentralen Kapitel zur *inventio* (Lehre von der Verarbeitung der Themen und Sujets), *dispositio* (Gliederung des Stoffs, Aufbau und Darbietung des Gesamtentwurfs) und *elocutio* (Doktrin der stilistischen Mittel und ihrer themengebundenen Verwendung) besitzen auch im Rahmen der deutschen Barockpoetik eine überaus bedeutsame Funktion (*memoria* und *actio*, die das klassische Fünferschema der Rhetorik abschließenden Abschnitte zu Textaneignung und Rededarbietung finden dagegen im dichtungstheoretischen System der Zeit keinen direkten Niederschlag).

Nicht zuletzt bekundet sich die Relevanz der rhetorischen Ordnungsstruktur in der Wirkungsorientierung des poetologischen Konzepts, von dem man gemeinhin im 17. Jahrhundert ausgeht. Poetische Werke, gleichgültig welcher Gattung, sollen ebenso wie die mündlich vorgetragene Rede bestimmte Effekte herbeiführen, das Gemüt des Lesers aktivieren, belehren, erfreuen oder unterhalten. Mit der antiken Rhetorik teilt die Poetik des 17. Jahrhunderts den konsequenten Wirkungsbezug, von dem sie ihre innere Ordnung und den logischen Zusammenhang des sie konstituierenden Regelwerks empfängt. Die Bestimmung des Stoffs und der Einsatz der poetischen Stilmittel gehorchen jeweils dem Prinzip der Intentionalität; der Zweck entscheidet über die Form, Gattung und Themenbindung eines dichterischen Werkes (vgl. I Barner, 74ff., II Dyck, 33ff.).

Zur formalen Systematik, die an das **Fortwirken der rhetorischen Tradition** gemahnt, gesellt sich die Berufung auf die prominentesten Musterautoren der Antike. In den Poetiken von Opitz, Buchner, Harsdoerffer, Birken, Neumark, Kindermann und Rotth repräsentieren Aristoteles und Horaz die unbestrittenen theoretischen Autoritäten; zu ihnen treten als poetische Vorbilder zumal Vergil und Ovid (Homer wird seltener genannt). Mag auch der Stil, den die meisten Autoren des 17. Jahrhunderts pflegen, aufgrund seiner Tendenz zu bildhafter Opulenz und verblümten Redensarten wenig mit der klassischen Formsprache der Antike (vor Seneca) gemein haben, so bleibt man doch in poetologischen Grundfragen konsequent am Muster der Alten orientiert (vgl. I Barner, 57). Während die zeitgenössische Dichtungspraxis Vertreter der silbernen Latinität (Claudian, Lucan, Statius) oder Repräsentanten europäischer Renaissancepoesie bzw. frühbarocker Formströmungen (Ronsard, Vondel, Marino) als bevorzugte Stilvorbilder schätzt (was bisweilen ihre Neigung zur bilderreichen Diktion stützt), hält sich die Theorie durchgängig an die älteren Autoritäten der klassischen Periode, vor allem an die aristotelische *Poetik* und Horaz' *Ars poetica*.

Daß Dichtungslehre und Rhetorik einem verwandten Regelsystem folgen, scheint die Grundüberzeugung der meisten Poetiker des 17. Jahrhunderts zu sein (vgl.

II Dyck, 25 f., II Fischer, 11 f.). In der Vorrede zum dritten Teil des *Poetischen Trichters* (1647–53) schreibt Georg Philipp Harsdoerffer: »Diesem nach ist die Poeterey und Redkunst miteinander verbrüdert und / verbunden und verknüpfet / daß keine sonder die andre gelehret / erlernet / getrieben und geübet werden kan.« (II Harsdoerffer, Vorrede zu III, Bl. 4). Harsdoerffer kennt jedoch auch die feinen Unterschiede, die beide Genres voneinander trennen. Zwar bedienen sich Rhetorik und Poetik einer ähnlichen Systematik, die die Abfolge der einzelnen Problemfelder aufs genaueste regelt, doch liegen im Detail abweichende Akzentuierungen vor. Der Dichter, so betont Harsdoerffer in Übereinstimmung mit den Poetikern der europäischen Renaissance (Scaliger, Castelvetro, Minturno, Robortello), besitze größere Freiheit bei der Wahl der Stilmittel, damit verbunden die Lizenz zur häufigeren Verwendung des *genus sublime* und des ihm zugehörenden Stilinventars (zu dem opulente Bilder, pathetische Hyperbolisierungen und das Gemüt bewegende Gleichnisse zählen können) (II Harsdoerffer, Vorrede zu III, Bl. 4). Entscheidend bleibt neben dieser dichtungstheoretischen Legitimation des dem Redner nur in Ausnahmefällen gestatteten hohen Stils, daß der Poet nicht allein Regelkenntnis mitzubringen hat, sondern auch Enthusiasmus und Inspiration. Ähnlich wie schon seine Vorgänger Scaliger (*Poetices libri septem*, 1561) und Opitz (*Buch von der Deutschen Poeterey*, 1624) betont Harsdoerffer die Bedeutung des ›Ingenium‹ für die Poesie: »Dieses aber / ein Gedicht das Feuer und Geist hat / zu Papier setzen / muß von höherer Eingebung herflüssen / man wolle gleich solches einem reinen und mässigerwärmten Gehirn oder andren Ursachen beymessen / in welchen die Poeten mit den Mahlern meinsten Theils verglichen werden / und die Red=Kunst weit übertreffen.« (II Harsdoerffer, Vorrede zu III, Bl. 2).

**Ingenium und Regelkenntnis** müssen sich im idealen Poeten harmonisch vereinen; so hatte dies bereits die *Poetica* Scaligers, die nicht allein Opitz zur unbedingten theoretischen Autorität wird, mit großer Entschiedenheit formuliert. Es gehört zu den Grundüberzeugungen der deutschen Barockpoetiken, daß der Dichter in stärkerem Maße als der Redner auf seinen Enthusiasmus, den *furor poeticus*, als Movens des Schaffensprozesses angewiesen sei. Das ändert jedoch nichts an dem Umstand, daß die Deduktion der Regeln das Hauptgeschäft der Poetiken des 17. Jahrhunderts bleibt. Dieser Befund gilt auch dann noch, wenn man sich die Vielfalt der verschiedenen dichtungstheoretischen Konzeptionen vor Augen führt, die zwischen 1630 und 1690 beherrschend sind. Poetiken können im 17. Jahrhundert systematische literarhistorische Darstellung mit Regelkunde verbinden (Opitz, Harsdoerffer, Rotth), ebenso aber Einzelfragen (vor allem der Metrik und allgemeinen Verslehre) in den Mittelpunkt rücken (Buchner, Titz, Zesen) oder sich wesentlich auf die Präsentation von Exempla konzentrieren, an denen die Leser ihre eigenen poetischen Fertigkeiten schulen sollen (Hübner, Kindermann). Zu bedenken wäre nicht zuletzt, daß auch solche Unterrichtswerke, die keineswegs explizit als Poetiken ausgewiesen sind, Fragen der Dichtungstheorie erörtern dürfen – das gilt für Justus Georg Schottels *Ausführliche Arbeit von der Teutschen HaubtSprache* (1663) oder Kaspar Stielers *Teutsche Sekretariat=Kunst* (1673), Abhandlungen, die neben ihren primär sprachgeschichtlichen bzw. anweisungspraktischen Schwerpunkten auch poetologische Probleme berühren (II Fischer, 20 f.).

Trotz derart unterschiedlicher Funktionen bleibt die Ausrichtung an der Rhetorik das die Konzeptionsdifferenzen übergreifende Merkmal der deutschen Barockpoetiken. Zumal *inventio* und *elocutio*, die beiden das rhetorische Ordnungssystem tragenden Elemente, finden sich in den meisten Dichtungstheorien des 17. Jahrhunderts wieder. Charakteristisch ist hier bereits die Gliederung von Opitz' *Deutscher Poeterey*: Einem theoretischen Auftakt, der der näheren Bestimmung des Dichterischen und der Geschichte der Poesie gilt, folgt als fünftes Kapitel eine konzise Darstellung der poetischen Technik: »Von der zugehör der Deutschen Poesie / vnd erstlich von der invention oder erfindung / vnd Disposition oder abtheilung der dinge von denen wir schreiben wollen.« Was Opitz unter der klassischen *dispositio* versteht, erhellt ein genauer Blick auf die Exempla des fünften Kapitels; verhandelt werden hier vor allem die einzelnen literarischen Gattungen und deren jeweilige Stoffwelt. Die rhetorische Stillehre, die ihre Systematik aus der im Zeichen von *aptum* (Angemessenheit) und *decorum* (Ordnung der Teile) stehenden präzisen Festlegung des Verhältnisses zwischen Redeinhalt und Wahl der Sprachmittel bezieht, wird hier auf die Gattungspoetik übertragen (II Dyck, 91ff., II Fischer, 101ff.). Zu Heldenepos und Tragödie gehören laut Opitz hohes Personal und pathetische Stoffe, zu Komödien und Hirtenliedern niedriges Personal und handfest-unterhaltsame Sujets. Das gesamte Gattungsspektrum wird – als Gegenstandsbereich der poetischen Invention – unter dem Gesichtspunkt von *aptum* und *decorum* behandelt; die poetologische Systematik empfängt auch hier ihren Ordnungscharakter durch die normativen Maßgaben der rhetorischen Tradition.

Nach Opitz' Vorbild verfahren die meisten deutschen Poetiker des 17. Jahrhunderts. Harsdoerffer, dessen *Poetischer Trichter* in Grundsatzfragen ergiebig, aber kaum das Musterbeispiel strenger argumentativer Ordnung ist, greift das rhetorische Gliederungsschema auf, wenn er im zweiten Teil Probleme der Invention und der einzelnen Gattungen, im dritten Teil Aspekte der sprachlichen Darstellung, insbesondere der Tropenlehre (»Bildereyen«) diskutiert. In Birkens *Teutscher Redebind- und Dicht-Kunst* (1679) wird zwar die traditionelle Reihenfolge vertauscht, die *elocutio* vor der *inventio* abgehandelt, doch ändert das nichts an der das poetologische Argumentationssystem tragenden Bedeutung der beiden Bereiche. Mit geringfügigen Variationen begegnen Abschnitte über Stilmittel und Themensuche bzw. Gattungsfragen an zentraler Stelle der meisten Barockpoetiken – in Georg Neumarks *Poetischen Tafeln* (1667), Balthasar Kindermanns *Der Deutsche Poet* (1679) oder auch Albrecht Christian Rotths *Vollständiger Deutscher Poesie* (1688).

### Nachahmungskonzept

Neben die rhetorische Ordnung des poetologischen Systems und die damit verbundene Wirkungsorientierung der Dichtungstheorie, die wiederum ihre Stütze in einer klassizistischen Geschmackslehre findet, tritt als weiteres Charakteristikum der deutschen Barockpoetik ein für das 17. Jahrhundert insgesamt verbindlicher gedoppelter Naturbegriff, der auch das seit Aristoteles zentrale Prinzip der dichterischen Mimesis entscheidend modifiziert. Prägend für das Naturverständnis des 17. Jahrhunderts ist, wie Friedrich Gaede gezeigt hat, die triadische Lehre der Stoa, die bei Seneca, Epictet, aber auch bei Justus Lipsius, dem Hauptvertreter des niederländischen Neostoizismus (spätes 16. Jahrhundert), deutlich hervortritt. Unterschieden werden hier sinnlich erfahrbare Gegenstände, die sich der Augenwahrnehmung offenbaren, ferner solche der Vorstellung, die erst im Akt der Einbildung realisiert werden, und schließlich Objekte der sprachlichen Bezeichnung, die auf Sichtbares und Imaginiertes gleichermaßen bezogen sein kann (vgl. II Gaede, 59ff.). Aus dieser dreifachen Fundierung des Naturbegriffs leitet sich ein entsprechend differenziertes poetisches Nachahmungskonzept her; das Verfahren der dichterischen *imitatio* beschränkt sich nicht notwendig auf die Phänomene der sichtbaren Natur, sondern läßt sich ebenso fassen als Vorgang der Darstellung von Gegenständen der Einbildung, nicht zuletzt als Nachahmung von älteren Texten, die ihrerseits Produkte der *imitatio naturae* repräsentieren. Wenn zur Natur auch ein im sprachlichen Zeichen manifestierter Bedeutungsgehalt zählt, sofern dieser sich auf die Sphäre der sinnlich erfahrbaren Erscheinungen bezieht, dann darf der Prozeß der *poesis* nicht allein auf die Beschreibung des unmittelbar Sichtbaren beschränkt bleiben; die poetische Darstellung kann ebenso aus der Auseinandersetzung mit Produkten der Schriftkultur und ihrer Überlieferung hervorgehen, zählen diese doch gleichfalls zum (erweiterten) Bereich der Natur.

In engster Verbindung mit diesem stoizistisch geprägten triadischen Naturbegriff steht das aus der humanistischen Bildungsidee hervorgegangene **Ideal der Gelehrsamkeit**, dem noch die Dichtungstheorie des 17. Jahrhunderts von Opitz bis zu Rotth huldigt (exemplarisch entwickelt ist es bereits in Scaligers Poetik von 1561). Wenn der Vorgang der Mimesis nicht notwendig auf Naturerfahrung bezogen bleiben, sondern mit gleichem Recht das Produkt der Text-Rezeption bilden kann, liegt es nahe, daß er Wissen und Bildung der Autoren notwendig voraussetzt. Tritt neben die *imitatio naturae* im aristotelischen Sinn die *imitatio veterum*, das heißt: die Nachahmung älterer poetischer Werke, so muß der Dichter über einen möglichst großen Vorrat von dichterischen Exempeln verfügen, an denen er Maß nehmen und seine eigene Originalität entfalten darf (die wiederum Produkt der Aneignung des Fremden ist). Bereits Opitz betont, daß die poetische Mimesis weniger auf die sichtbare Natur als auf das Reich der Imagination bezogen sei (was dem zweiten Aspekt des stoizistischen Naturbegriffs entspricht): »Die erfindung der dinge ist nichts anders als eine sinnreiche faßung aller sachen die wir vns einbilden können / der Himmlischen vnd jrrdischen / die Leben haben vnd nicht haben / welche ein Poete jhm zue beschreiben vnd herfür zue bringen vornimpt (...)« (II Opitz, 24).

Noch deutlicher als Opitz definiert Harsdoerffer, dessen *Poetischer Trichter* die ambitionierteste Mimesis-Theorie der deutschen Barockpoetiken bietet, das **Nachahmungsproblem** als Frage der Imitation einer unsichtbaren, in der Imagination oder in dichterischen Texten begegnenden Naturvorstellung. Harsdoerffer empfiehlt dem künftigen Poeten, er solle seine Fähigkeiten zunächst an älteren literarischen Beispielen schulen und danach zur genauen Beobachtung der Natur fortschreiten; zuerst erfolgt die *imitatio veterum*, dann die *imitatio naturae*:

> Das Gedicht / dahin dieses Buch meinsten Theils abzielet / hat eine grosse Vereinbarung mit der Mahlerey. Ein Mahler aber muß anfänglich andere geringe Gemählde für die Hand nehmen / selbe nachzeichnen / die Freundschafft un Feindtschafft der Farben erlernen / ihre Mischung Liecht und Schatten verstehen / und wan er darinnen geübet / so ist die Natur sein bester Lehrmeister dere er Kunstrichtig nachzuahmen verbunden ist. Gleicher Weise muß der Redner erstlich andre wolgestelte Reden oder Gedichte

lesen / ihre wolgeführte Wort beobachten (...) als dann seine Gedanken in Raht ziehen / seinen Inhalt entwerffen / nach allen Umbständen überlegen / und zuletzt mit schicklichen Worten begreiffen und ausbilden (...) (II Harsdoerffer, III, 36f.).

Was hier über den Maler und den Redner gesagt wird, gilt ebenso für den Poeten; dessen Invention gedeiht dann am besten, wenn sie ihren Stoff aus überlieferten Vorlagen und Naturbeobachtung gleichermaßen bezieht. Die Anhäufung technischer Fertigkeiten des Stils, wie sie durch die gründliche Rezeption älterer Werke vermittelt wird, bildet die zentrale Prämisse für das Gelingen der eigenen dichterischen Erfindung und Komposition.

Poetische Nachahmung gilt Harsdoerffer als ›Dolmetschung‹, als Akt der Übersetzung entweder der sichtbaren Natur oder einer tradierten literarischen Vorlage in eine neue Form: »Die Dolmetschung gleichet dem durchzeichnen / wann ich nemlich das vorgeschribne in eine andre Sprache / und gleichsam auf eine andre Tafel überbringe.« (II Harsdoerffer, III, 37). Die Formulierung »das vorgeschribne« bleibt bewußt zweideutig, kann sie sich doch auf eine schriftliche Vorlage, also einen überlieferten literarischen Text, ebenso wie, in metaphorischem Sinn, auf Elemente der von Gott vorausentworfenen, dem Menschen durch Erfahrung zugänglichen Natur beziehen. Beide Erprobungsfelder der *imitatio* scheinen im 17. Jahrhundert gleichrangig, auf beide, Natur und Schrift, kann sich der poetische Darstellungsprozeß mit demselben Recht beziehen (vgl. II Willems, 233f.).

Die Bedeutsamkeit gelehrter Bildung für das künstlerische Profil des idealen Poeten schärfen nahezu sämtliche Dichtungstheorien des 17. Jahrhunderts seit Opitz mit nicht ermüdender Intensität ein. Bei Birken heißt es exemplarisch: »Vor allem muß ein Poet seyn Scharfsinnig und ihme von einem Dinge mancherley Bildungen vorstellen können. Dan seine Kunst und das Dichten / hat den Namen vom Denken / und fließet aus den Gedanken in die Worte.« (II Birken, 170). Harsdoerffer wiederum bemerkt in der Vorrede zum zweiten Teil des *Poetischen Trichters* lakonisch: »Daß zu der Poeterey absonderlich seltne Gaben der Natur und die Erkundigung fast aller Wissenschafften vonnöthen / kan aus allen wolverfasten und leswürdigen Gedichten beglaubet werden.« (II Harsdoerffer, Vorrede zu II, Bl. 1).

Zum allgegenwärtigen Sinnbild poetischer Tätigkeit wird die Biene, deren Sammeleifer die Tugenden des gelehrten Fleißes und der Sorgfalt illustriert. Emblematik und Allegorik verdeutlichen mit dem Bienenmotiv den Grundgedanken des zeitgenössischen Poesieverständnisses: Nicht allein der (unverzichtbare) Enthusiasmus, sondern auch die konsequente Aneignung von Regelwerk und allgemeinem naturkundlich-geschichtlichem Wissen bilden wesentliche Voraussetzungen für das gelungene dichterische Werk (I Barner, 220ff., I Grimm, 115ff., II Dyck, 123ff., II Fischer, 81). In der zweiten Hälfte des 17. Jahrhundert wird dabei das humanistische Bildungsideal, dem zumal Opitz und seine Schüler verpflichtet blieben, sukzessive ersetzt durch das neue Programm polyhistorischer Gelehrsamkeit, die sich in den verschiedensten Bereichen des Wissens zu entfalten hat. Ihr bevorzugtes Objekt bilden die Realien, jene Fächer, die Fragen der Naturerkenntnis und praktischen Verhaltenslehren behandeln. Die starke Ausrichtung auf literarische Texte antiker Provenienz, wie sie die humanistische Gelehrtenkultur geprägt hatte, wird damit verdrängt durch ein Wissensverständnis, das sich aufgeschlossen auch für Gegenstände der äußeren Erscheinungswelt zeigt. Zwar sammelt noch der Polyhistor seine Kenntnisse nicht durch genaue Beobachtung empirischer Prozesse und deren Simulation im Experiment, sondern einzig durch gründliche Textlektüre, doch eröffnen sich ihm neue Felder gelehrter Aktivität, die dem Humanismus fremd geblieben waren.

## Normwandel um 1700

Zu beobachten ist nun freilich eine interessante entwicklungsgeschichtliche Tendenz, die ihrerseits aufschlußreich für die Einschätzung der Umbruchsituation zu sein scheint, welche um 1700 die dichtungstheoretische Landschaft in Deutschland bestimmt. Während Opitz, Harsdoerffer, Birken und Neumark ihren Wissensbegriff gemäß dem humanistischen Gebot des gelehrten Quellenstudiums unmittelbar an genaue Textlektüre binden und vom künftigen Dichter verlangen, daß er die Originalwerke studiere, kommt es im Ausgang des 17. Jahrhunderts zu einer **Formalisierung des Gelehrsamkeitskonzepts** und des mit ihm verknüpften Ideals des *poeta doctus*. Die poetologischen Unterrichtsbücher verstehen sich immer einseitiger als praktische Anleitungen zur Dichtkunst; sie ersetzen die Deduktion grundlegender Regeln durch umfangreiche Exempelsammlungen und ausführlich dargebotene Textzitate. An die Stelle des antiquarisch-philologischen Quellenstudiums tritt das ›Ausschreiben‹ von Werken, die nur mehr Wissen aus zweiter Hand bieten; um 1700 erobern Lexika, Kompendien und Florilegien (sogenannte ›Blütenlesen‹ mit den bedeutendsten Auszügen fremder Werke) den Büchermarkt. Zur gleichen Zeit kommt es zu einer Hochkonjunktur der Kasualpoesie und der ihr eigentümlichen pragmatisch-merkantilen Tendenz. Gelegenheitsdichtung bildete schon bei Opitz und seinen Schülern eine wichtige Quelle poetischer Arbeit – kein Autor des 17. Jahrhunderts konnte darauf verzichten, Auftragswerke zu verfassen, die Fürsten und höhere Beamte feierten, Ehrentage würdigten, Traueranlässe thematisierten, politische Leistungen rühmten. Im letzten Viertel des 17. Jahrhunderts weitet sich die Neigung zur Gelegenheitspoesie jedoch fortschreitend aus. An die Stelle der Exklusivität rückt die *occasio*, die ›Göttin Gelegenheit‹, die den *furor poeticus* durch das nüchterne Kalkül der marktabhängigen Auftragsdichtung ersetzt. Dieser Entwicklung tragen wiederum die Poetiken Rechnung, indem sie weniger mit Regelkunde als mit handfesten Exempeln aufwarten, die ihrerseits die beliebig veränderbaren Schablonen darstellen, nach denen sich rasch ein punktuell abzuwandelndes Trauergedicht, ein Hochzeitscarmen oder eine Geburtstagsode verfertigen läßt (I Grimm, 281f., II Segebrecht, 253ff.).

Die Neubestimmung des poetologischen Selbstverständnisses, die sich hier abzeichnet, wird von einem fortschreitenden Verfall des dichtungstheoretischen Ordnungssystems begleitet. Die Grenzen zwischen *inventio* und *elocutio* verschwimmen jetzt, weil die meisten Poetiken keine prinzipiellen Lehren, sondern nur noch praktische Beispiele zu vermitteln suchen. Ein Exempel für bildhafte Schreibweise läßt sich ebenso als Muster bestimmter Formen der dichterischen Erfindung auffassen, umgekehrt ein themengebundenes längeres Textzitat als Beitrag zur Einführung in Fragen der Tropenlehre betrachten. Die methodischen Gegensätze zwischen topischer Invention (als Lehre von der Wahl des Stoffs) und dem System der Tropen (als Element der *elocutio*) verlieren im ausgehenden 17. Jahrhundert ihr normprägendes Gewicht. In den poetologischen Abhandlungen Johann Riemers (*Apophthegmatischer Vormund*, 1687), Magnus Daniel Omeis' (*Gründliche Anleitung zur Teutschen accuraten Reim- und Dichtkunst*, 1704), Johann Christoph Männlings (*Expediter Redner*, 1718) und Erdmann Uhses (*Wohl=informirter Redner*, 1719) treten diese Grenzverwischungen zwischen den Gegenstandsbereichen der klassischen Rhetorik besonders augenfällig zutage (II Windfuhr, 116ff., II Alt, 327f.). Sie bilden das Zeugnis für den allmählich eintretenden Geltungsverlust der rhetorischen Systematik, die erst von Gottsched, vor dem Hintergrund eines neuen, rationalistischen Wissensparadigmas, wiederhergestellt wird. Die wirkungsorientierte Poetik des 17. Jahrhunderts erlebt dort ihren intellektuellen Tiefpunkt, wo sie sich einzig kasualpoetischen Zwecksetzungen verschreibt, ohne selbständige theoretische Ambitionen zu verfolgen. Die Abnutzung des poetologischen Argumentationssystems und die Entleerung seiner formalen Prinzipien zeugen aber auch davon, daß die humanistische Gelehrtenpoesie ihre Blütezeit überschritten hat. Ein primär auf literarische Quellenkenntnis, erst in zweiter Hinsicht auf Naturbeobachtung gestütztes Nachahmungskonzept scheint im Zeitalter des Rationalismus nicht mehr hinreichend, um dichterische Wirkungsansprüche zu begründen. Fortan bedarf es einer genaueren Auseinandersetzung mit dem Wesen der darzustellenden Natur, will man den Gedanken der Mimesis aktualisieren und dem Niveau der frühaufklärerischen Naturphilosophie anpassen.

Auf einer zweiten Ebene vollzieht sich gleichfalls eine Ablösung vom poetologischen Wertsystem des 17. Jahrhunderts. Zum zentralen Feld erbitterter, teilweise polemischer Debatten wird um 1700 der **Bereich der poetischen Bildlichkeit**. Auf der einen Seite stehen die Anhänger des vornehmlich von Hoffmannswaldau und Lohenstein repräsentierten allegorisch-scharfsinnigen Stils (*stilus sententiosus*), die, wie Männling, der junge Benjamin Neukirch oder Christian Schröter, die dichterische Leistung ihrer Vorbilder durch die Publikation von Nachlaßeditionen, Anthologien und Werkkommentaren zu demonstrieren suchen. Auf der anderen Seite sammelt sich nach 1700 eine rasch wachsende Gruppe von Autoren, die dem opulent-bildhaften Stil der zweiten schlesischen Schule das klassizistische Gebot der sprachlichen Klarheit und Prägnanz des Ausdrucks entgegenhält. Daniel Georg Morhof bringt 1682 den negativ gefärbten Schwulstbegriff auf, der die spätbarocke Stildebatte beherrschen wird; bereits Morhof erhebt den Vorwurf, daß zumal die Vertreter des Nürnberger Dichterkreises um Harsdoerffer und Johann Klaj die Neigung zum überladenen ›Tumorstil‹ gepflegt hätten (II Morhof, 314ff.; vgl. II Windfuhr, 316ff., II Schwind, 2ff.). Die schwulstkritische Bewegung bezeugt ihrerseits, daß die Kategorie des *iudicium*, des geschmacksprägenden, die normativen Prinzipien von *aptum* und *decorum* umsetzenden Vermögens der Urteilsbildung, stärker als in den vorangehenden Dekaden zur Geltung kommt (II Sinemus, 161ff.); noch Gottsched wird seine rationalistische Poetik entschieden auf die Kategorie des *iudicium* stützen, das bei ihm zum Garanten vernunftbezogener Naturnachahmung avanciert. Morhofs Kritik am Tumorstil der Nürnberger folgen vor allem Johann von Besser (*Des Herrn von Besser Schrifften*, Vorrede, 1711), Christian Friedrich Hunold (*Einleitung zur vernünftigen Poesie*, 1713) und Erdmann Neumeister (*Die Allerneueste Art, zur reinen und galanten Poesie zu gelangen*, 1722); ihr theoretisches Vorbild ist Nicolas Boileaus poetologisches Lehrgedicht *L'Art Poétique*

(1674), die bedeutsamste Darstellung der klassizistischen Dichtungsdoktrin im Frankreich des 17. Jahrhunderts, ihr Musterautor der zu Lebzeiten kaum rezipierte Freiherr Rudolph Ludwig von Canitz, dessen Werke 1727 posthum von Johann Ulrich König ediert wurden.

Gebündelt treten die gewandelten Formtendenzen der Umbruchperiode im Werk des Zittauer Gymnasialrektors Christian Weise zutage. Seine eigenen poetischen Arbeiten – vornehmlich für den Schulgebrauch verfaßte Dramen mit mythologischen, biblischen oder historischen Sujets – weisen den Autor als Übergangsgestalt aus. Entschieden wendet sich Weise von den Stilformen des barocken Kunstdramas ab; allegorische Figurationen, drastische Antithetik, Folter- und Greuelszenen, Welttheateranspruch und heilsgeschichtliche Perspektivierung der dramatischen Historie fehlen bei ihm fast durchgängig. An die Stelle der pathetisch-bildhaften Diktion eines Gryphius oder Lohenstein rückt in Weises Œuvre ein spannungsarmes Prosa-Idiom, an den Platz des *Theatrum-mundi*-Gedankens tritt jetzt eine pragmatisch geprägte Moralistik, die das Drama auf den Zweck der Illustration handfester Tugendlehren für jugendliche Zuschauer verpflichtet. In seinem breit angelegten rhetorischen Unterrichtswerk – besonders gewichtig hier der *Politische Redner* (1681) – folgt Weise zwar noch den Schulnormen des 17. Jahrhunderts und ihren verbindlichen Gliederungsprinzipien, doch tritt nunmehr ein deutlicher Bezug zur alltäglichen Lebenspraxis auf. Weises rhetorische Schriften möchten nicht mit scholastischer Gelehrsamkeit aufwarten, sondern nützliche Ratgeber für denjenigen bieten, der in den unterschiedlichsten Bereichen sozialen Austauschs auf die Dienste seiner Sprache, auf Überzeugungskunst und Redegeschick angewiesen ist (I Grimm, 314f., II Schwind, 153ff.). Subsumiert wird dieser Vorsatz dem Leitbegriff des ›Politischen‹, der insbesondere dem Feld der höfischen Verhaltensregeln gilt, wo nur reüssiert, wer über sämtliche Nuancen des verbalen Ausdrucks souverän verfügt (I Barner, 167ff., I Grimm, 426f., II Sinemus, 108ff.).

Weises pragmatisch fundierter Rhetorikbegriff, sein zweckorientiertes Dichtungsverständnis und die pädagogische Grundlinie seiner dramatischen Arbeiten profilieren ihn als Vertreter einer neuen praxisbezogenen Vernunftkonzeption, wie sie zur selben Zeit vor allem Christian Thomasius repräsentiert (vgl. II Campe, 137ff.). Weises Unterrichtskonzept fehlt freilich noch die prinzipielle Begründung durch eine philosophische Bestimmung des Begriffs der Ratio, die wenig später Christian Wolffs Lehrgebäude entwickeln wird. Erst in dem Moment, da man Wolffs Rationalismus auf den Bereich der poetologischen Regelkunde überträgt, erhält die Frühaufklärung eine neue dichtungstheoretische Systematik, die das alte humanistisch gefärbte Modell der Anweisungspoetik des 17. Jahrhunderts grundlegend zu ersetzen vermag. Mit dieser Systematik verbinden sich zwei Tendenzen, die im folgenden genauer zu erörtern sind: die Verwissenschaftlichung des poetologischen Argumentationsverfahrens und die Rationalisierung des Naturbegriffs.

# 2. Gottscheds Normpoetik

### Grundzüge der Critischen Dichtkunst

Über annähernd zwei Jahrzehnte, von 1725 bis 1745, beherrscht Johann Christoph Gottsched das Geistesleben der aufgeklärten deutschen Öffentlichkeit. So unangefochten seine Position in diesen beiden Dekaden ist, so rasch erfolgt danach der Verlust seines Ansehens. Ab der Mitte des Jahrhunderts sieht man im einstigen ›Präceptor Germaniae‹ allein noch einen uninspirierten Schulmeister und anachronistischen Regelkrämer, der, wie Wieland es formulierte, den »teutschen Parnaß« mit »bleiernem Zepter« (I Wieland, 101) zu regieren gesucht und, einem Wort Goethes gemäß, durch ein »Fächerwerk« von Regeln »den innern Begriff von Poesie« (I Goethe, Bd. X, 300) verfehlt habe. Der sachlich nur bedingt zutreffende, vor allem auf fehlende Bereitschaft zur historischen Würdigung gegründete Vorwurf des Pedantismus hat für geraume Zeit die Rezeption von Gottscheds Werk geprägt. Erst die neuere Forschung der letzten beiden Dekaden vermochte zu einer angemessenen, geschichtlich fundierten Bewertung seiner Positionen zu finden.

Gottscheds wissenschaftliche und organisatorische Lebensleistung ist imponierend. Seit 1730 war er in Leipzig Professor der Poesie – der erste Schüler Wolffs, der in ein akademisches Lehramt gelangte –, vier Jahre später Ordinarius für Philosophie, ab 1739 für einige Zeit auch Rektor der Universität. Gottscheds Aktivitäten galten verschiedensten akademischen Bereichen und Themen. Seine Hauptschriften waren vor allem Poetik, Philosophie, Rhetorik und Sprachgeschichte gewidmet – der *Versuch einer Critischen Dichtkunst* (1730, 1751 in vierter Auflage), die *Ersten Gründe der gesammten Weltweisheit* (1733–34, 1762 in siebenter Auflage), die *Ausführliche Redekunst* (1736, 1743 in dritter Auflage), die *Grundlegung einer Deutschen Sprachkunst* (1746, 1752 in dritter Auflage). Von sämtlichen dieser Schriften, die jeweils in kürzester Zeit neu gedruckt werden mußten, veranstaltete Gottsched zudem Kompilationen mit Zusammenfassungen der wichtigsten Lehrelemente für den reinen Schulgebrauch.

Nicht minder umtriebig war der Leipziger als Herausgeber und Übersetzer. Begonnen hatte er mit der Edition zweier hier schon erwähnter Moralischer Wochenschriften, der »Vernünftigen Tadlerinnen« und des »Biedermann«; ihnen folgten, im Umfeld der nach dem Muster der Sprachsozietäten des 17. Jahrhunderts arbeitenden »Deutschen Gesellschaft« (vgl. I van Dülmen GA, 43ff.), die *Beyträge zur Critischen Historie der Deutschen Sprache, Poesie und Beredsamkeit* (1732–44), später schlossen sich Textsammlungen wie die einflußreiche *Deutsche Schaubühne nach den Regeln und Exempeln der Alten* (6 Bde., 1741–45) (mit dem Abdruck von Übersetzungen sowie zeitgenössischen Originaldramen) und Zeitschriften wie »Das Neueste aus der Anmuthigen Gelehrsamkeit« (1751–62) an. Beträchtlich war auch die Anregungskraft, die von Gottscheds Übersetzungsarbeit ausging. Der Leipziger zeigte keine Scheu, Pierre Bayles umstrittenes, in kirchlich-orthodoxen Kreisen als ›freigeistig‹ geltendes *Dictionnaire historique et critique* (1697) ins Deutsche zu übertragen; unter den zahlreichen, vorwiegend französischsprachigen Texten, die er übersetzte, sind berühmte Werke wie Leibniz' *Essais de theodicée* (1710) (pikanterweise die philosophische Gegenstimme zu Bayles Lexikon), Bernard de Fontenelles

*Entretiens sur la pluralité des mondes* (1686), Auszüge aus Charles Batteux' *Les Beaux-Arts réduits à un même principe* (1746) und Claude Adrien Helvétius' *De l'esprit* (1758) (vgl. II Rieck, 48ff.).

Als Poetiker folgt Gottsched dem methodischen Grundmuster von Wolffs Rationalismus. Seine **Erneuerung der Dichtungstheorie** gründet in einem wissenschaftlichen Anspruch, der sich nicht vollständig mit den Ordnungsstrukturen der rhetorisch fundierten barocken Regelpoetik deckt. Zwar lassen sich in der *Critischen Dichtkunst* allenthalben Spuren der rhetorischen Wirkungslehre antreffen, jedoch besteht ihr leitendes methodisches Prinzip nicht mehr darin, die Poesie in deren Systemanspruch möglichst fugenlos zu integrieren. Erwiesen werden soll vielmehr, daß die Gesetze der vernünftigen Beweisführung nicht nur für Gegenstände der philosophischen Logik, Mathematik und Naturwissenschaften gelten, sondern auch auf die Dichtungslehre und ihre Teilbereiche anwendbar sind. Über die Technik der mathematisch zureichenden, sämtliche logischen Vernunftgründe anführenden Deduktion einer Sache heißt es in der *Weltweisheit*: »Eine solche Demonstration giebt nun allererst dem Verstand eine völlige Überführung, die allen Zweifel ausschließt: und es wäre zu wünschen, daß man in freyen Künsten und Wissenschaften, alle Lehrsätze durch solche scharfe Beweise darthun könnte.« (I Gottsched AW, Bd. V/1, 172) Gottscheds Dichtkunst stellt, diesem Diktum folgend, den Versuch dar, die hier skizzierte Methode der mathematisch-logischen Begründungsstrategien in exemplarischer Weise auf das Gebiet der Poetik – den Themenbereich der ›schönen Wissenschaften‹ – zu übertragen. Bezeichnet ist diese programmatische Vorgehensweise im Begriff des ›Critischen‹, der, gemäß dem Wortverständnis des frühen 18. Jahrhunderts (II Zedler, Bd. VI, 1661f.), ein intellektuelles Verfahren charakterisiert, welches jeden Sachverhalt nach Maßgabe der Vernunft auf seine Ursachen, Folgen und Wirkungen hin präzis durchleuchtet.

Sämtliche Elemente des poetologischen Lehrsystems – allgemeine dichterische Darstellungsprinzipien, Stilmittel, Gattungen – sollen, so lautet Gottscheds erklärter Vorsatz, in sich vernünftig begründet und in einen systematischen Zusammenhang hierarchischen Charakters gerückt werden. Aus dieser Intention ergibt sich der neue wissenschaftliche Anspruch der Gottschedschen Poetik und die ihn zur Geltung bringende deduktive Ableitung der Regeln aus allgemeinen Grundsätzen. Als **rationalistisch fundiertes Unterrichtssystem** rückt die *Dichtkunst* von der humanistisch-barocken Anweisungspoetik ab, deren Ordnungsentwurf rhetorischer Herkunft, nicht aber in einer philosophischen Methodik verankert war. Zwar bleibt, wie noch zu zeigen wäre, das System der Rhetorik bei Gottsched durchweg in Kraft, jedoch scheint es jenseits der mit ihm verbundenen praktischen Wirkungskonzeption nicht prägend für die spezifische Bestimmung des literarischen Regelwerks. Diese Bestimmung erfolgt vielmehr auf der Basis eines an der Leibniz-Wolffschen Philosophie orientierten Naturbegriffs, der seinerseits der Dichtung den Gegenstandsbereich vorschreibt, auf den sie sich zu beziehen habe. Durch die Synthese aus rhetorischer Wirkungslehre und neuer Ausrichtung an einem rationalistischen Naturverständnis demonstriert Gottscheds Poetik ihre Zwischenstellung; sie weist einerseits auf die ältere Regelpoetik zurück, andererseits zeichnet sie schon den Weg zur philosophischen Ästhetik vor, die ab 1750 in

Deutschland systematisch entwickelt wird (II Birke 35ff., II Herrmann 126f.,
I Grimm, 654f.).

Eine Abweichung von den Prinzipien der Barockpoetik bedeutet nicht zuletzt
der **erweiterte Wirkungsanspruch**, mit dem Gottsched aufwartet. Poesie wird keineswegs mehr auf einen gelehrten Rezipientenkreis mit entsprechenden Vorkennt-
nissen beschränkt, sondern richtet sich idealiter auch an diejenigen unter den Lese-
kundigen, die philosophisch ungeschult, der Unterrichtung durch anschauliche
Beispiele bedürftig sind:

> Die gründliche Sittenlehre ist für den großen Haufen der Menschen viel zu mager und
> zu trocken. Denn die rechte Schärfe in Vernunfftschlüssen ist nicht für den gemeinen
> Verstand unstudirter Leute. Die nackte Wahrheit gefällt ihnen nicht: es müssen schon
> philosophische Köpfe seyn, die sich daran vergnügen sollen. Die Historie aber, so ange-
> nehm sie selbst den Ungelehrten zu lesen ist, so wenig ist sie ihm erbaulich. (...) Die Poe-
> sie hergegen ist so erbaulich, als die Morale, und so angenehm, als die Historie; sie leh-
> ret und belustiget, und schicket sich für Gelehrte und Ungelehrte: darunter jene die
> besondere Geschicklichkeit des Poeten, als eines künstlichen Nachahmers der Natur,
> bewundern, diese hergegen einen beliebten und lehrreichen Zeitvertreib in seinen
> Gedichten finden. (I Gottsched CD, 167).

Poesie richtet sich nicht allein an die hermetischen Zirkel der Gelehrten, sondern
erfüllt ebenso, wie es Gellert als Quintessenz einer seiner Fabeln formuliert hat, die
Aufgabe, »Dem, der nicht viel Verstand besitzt, / Die Wahrheit durch ein Bild zu
sagen.« (II Gellert, 65; vgl. II Wetterer, 40f.) Die didaktische Funktion, die Dichtung
im Zeitalter der frühen Aufklärung erfüllt, bleibt verknüpft mit der Aufhebung des
für Humanismus und Barock bindenden Exklusivitätsanspruchs. Poesie verfehlt
Gottsched zufolge ihre Bestimmung, wenn sie dunkel und unverständlich wirkt; die
für die gesamte Aufklärung charakteristische Kampagne gegen die bilderreiche Stili-
stik der Barockepoche empfängt ihre tiefere Bedeutung aus dieser Zielsetzung, die
Literatur in ein Instrument handfester Belehrung zu verwandeln sucht. Daß solche
Belehrung schwerlich mit einem dunklen, überpointierten, scharfsinnig-allegori-
schen, mystisch verklausulierten Stil vereinbar sein dürfte, liegt auf der Hand
(II Windfuhr, 321f., II Schwind, 253ff., II Alt, 356ff.).

Ein dritter Bereich, in dem die Aufklärungspoetik von den dichtungstheoretischen Prinzipien des 17. Jahrhunderts abweicht, ist jener der **Antike-Rezeption**
(II Wetterer 24f.). Auch Gottsched hält zunächst an den theoretischen Musterwer-
ken der Antike fest, deren Regelsystem er zumindest partiell übernimmt, deren Empfehlungen ihm selbst als Normen gelten. In sämtlichen vier Auflagen der *Critischen
Dichtkunst* druckt er zur Eröffnung des allgemeinen Teils eine eigene Übersetzung
von Horaz' *Ars poetica* ab, deren wirkungsästhetische Grundüberzeugung, derzufolge Dichtung gleichermaßen erfreuen und nutzen solle (»aut prodesse volunt aut
delectare poetae / aut simul et iucunda et idonea dicere vitae.« (v. 333f.)), er sich
konsequent zu eigen macht; nachdrücklich beruft er sich auf die aristotelische Nachahmungsdoktrin und ihr Wahrscheinlichkeitsgebot, das vom Gedanken getragen
wird, daß nur das poetisch gefällt, was nicht gegen die Regeln der Vernunft verstößt
(Aristoteles, Poetik, 1460b). Ebenso rühmt Gottsched antike Werke als Vorbilder für
die jeweilige Gattungsentwicklung: Homer, Sophokles, Vergil und Ovid stehen

dabei, durchaus in Übereinstimmung mit der Geschmacksbildung des Renaissance-humanismus, an der Spitze der Wertskala. Solche Hochschätzung weitet sich jedoch nirgends zu einer unbedingten Antike-Bewunderung, die in den Texten der Auctores unübertreffliche Vorbilder erblickt, die das zeitlose Maß aller poetischen Mühen darstellen. In einzelnen Fällen ist durchaus Kritik an den Alten möglich; Lucan, Statius und Claudian etwa, den im italienischen Seicento hochgeschätzten Vertretern der silbernen Latinität, wird stilistische Unklarheit vorgehalten (I Gottsched CD, 281 u.ö.), Seneca fast durchgängig wegen seiner Neigung zu Schwulst und hochfliegendem Pathos getadelt (I Gottsched CD, 621).

Der Vorbildcharakter der Antike muß sich vor dem kritischen Urteil der Gegenwart bewähren; er ist nicht ungeprüft vorauszusetzen, sondern bedarf der jeweils am Einzelfall zu entwickelnden Begründung. Dieses Prinzip übernimmt Gottsched von Charles Perraults *Parallèle des Anciens et des Modernes* (1688–97), jener für die Geschmacksbildungsprozesse des gesamten Aufklärungszeitalters so folgenreichen Abhandlung, die sich erstmals systematisch mit der Frage nach dem künstlerischen Verhältnis von Antike und Moderne vor dem Hintergrund der Bewertung ihrer Werke befaßt und damit den bis zum Ende des 18. Jahrhunderts währenden Streit um den Vorbildcharakter antiker Texte und Autoren – die *Querelle*-Debatte – entfacht hatte. Anders als Perrault ist Gottsched zwar nicht der Ansicht, daß die Modernen den Alten überlegen seien, doch vermag er wiederum die für das 17. Jahrhundert verbindliche unbedingte Bewunderung der Antike nicht zu teilen. Noch die allgemein gültige künstlerische Autorität muß im Rahmen des von seiner Poetik aufgestellten rationalistischen Bewertungsverfahrens einer präzisen Überprüfung unterzogen werden, ehe man ihrem Werk allgemeine Gesetze entnehmen und diese normativ festschreiben darf.

Methodische Grundlage derartiger Vorgänge der Urteilsbildung ist das **Prinzip der Kritik**. Gottsched erläutert sein Verständnis des Begriffs in der Vorrede zur ersten Auflage der *Dichtkunst* und grenzt sich dabei bewußt gegen sämtliche der im Späthumanismus kultivierten Formen gelehrter Pedanterie ab. Er betont, »daß die wahre Critick keine schulfüchsische Buchstäblerey, kein unendlicher Kram von zusammengeschriebenen Druck- und Schreibefehlern, die in den alten Scribenten begangen worden«, sondern eine »Beurtheilungs-Kunst« darstelle, die »eine Prüfung oder Untersuchung eines Dinges nach seinen gehörigen Grundregeln, zum voraus setzet« (II Gottsched, unpaginierte Vorrede). In diesem Sinne ist auch die Rezeption antiker Autoritäten nicht von bedingungsloser Akzeptanz beherrscht, sondern, anders als in den Poetiken des Barock, auf nachvollziehbare Bewertungsprozesse und Beurteilungskriterien gestützt. Verdrängt in den Dichtungslehren zwischen Opitz und Omeis die Berufung auf Aristoteles, Horaz, Donatus oder Diomedes das Prinzip argumentativer Erläuterung, so bedarf es bei Gottsched stets der rationalen Begründung dessen, was als vorbildlich und beispielgebend gilt. Die kritische Perspektive wird zum Rechtsfundament der produktiven Rezeption antiker Musterautoren, die sich als Autoritäten stets neu bewähren müssen, sollen ihre Werke normativen Charakter empfangen (II Birke, 25f.).

In späteren Auflagen der Dichtkunst hat Gottsched seinen Begriff der Kritik nicht mehr näher expliziert, vielmehr darauf hingewiesen, daß dessen methodisches Profil – als Element eines philosophischen Systems jenseits bloßer Textphilologie –

inzwischen beim lesenden Publikum bekannt genug sei: »Das Kritisieren ist seit einigen Jahren schon gewöhnlicher in Deutschland geworden, als es vorhin gewesen:
und dadurch ist auch der wahre Begriff davon schon bekannter geworden. Auch
junge Leute wissens nunmehr schon, daß ein Kriticus oder Kunstrichter nicht nur
mit Worten, sondern auch mit Gedanken; nicht nur mit Sylben und Buchstaben,
sondern auch mit den Regeln ganzer Künste und Kunstwerke zu thun hat.« (I Gottsched AW, Bd. VI/1, 16). Die hier bekundete Überzeugung, derzufolge poetologische
Kritik sich nicht in philologischen Textkommentaren erschöpfen dürfe, sondern zur
fundierten, regelgeleiteten Beurteilungstechnik im Zeichen des *iudicium* avancieren
müsse, bezeichnet zugleich die Ablösung vom Gelehrtenideal des Humanismus, der
poetologisches Wissen primär als Produkt der unsystematischen Anhäufung philologischer Kenntnisse betrachtet hatte, ohne den Prozessen der Urteilsbildung selbst
größere Aufmerksamkeit zu schenken (I Grimm, 589f.).

Der Aufbau der *Dichtkunst* gehorcht nur noch ansatzweise den Gliederungsprinzipien der humanistisch-barocken Poetiken, die sich wiederum stark an der
Struktur der Schulrhetorik und ihrer festgelegten Themenfolge – *inventio, dispositio, elocutio, memoria* und *actio* – orientiert hatten. In groben Zügen lassen sich die
Elemente der *inventio* (der Findekunst, das heißt: der Bereich der Themensuche) und
der *elocutio* (Stilkunde) als Bestandteile der Disposition von Gottscheds Poetik identifizieren. Der Invention entsprechen die Ausführungen über das Wesen der poetischen Nachahmung sowie der damit verbundenen dichterischen Verfahrensweisen,
der *elocutio* die breit entwickelten Kapitel zu einzelnen dichterischen Formmitteln
(etwa den »verblümten Redensarten«, also Tropen wie Metapher und Allegorie).

## Mimesistheorie

Stärker als die Poetiker des Barock akzentuiert Gottsched den Bereich allgemeiner
Bestimmungen zur intellektuellen Physiognomie des Dichters (die im 17. Jahrhundert meist auf die Vorreden beschränkt bleiben) und zum Wesen des Nachahmungsverfahrens. Gemeinsam mit den detaillierten Auslassungen über Dichtungsge-
schichte, die Kriterien des Wunderbaren und Wahrscheinlichen und die poetische
Schreibart bilden sie den ersten Hauptteil der Schrift. Der zweite Hauptteil ist den
Einzelgattungen gewidmet – mit besonders gründlichen Ausführungen zu Epos und
Trauerspiel. Ihn beschließen Hinweise auf jene Genres, die sich nicht auf den rein
literarischen Bereich beschränken, sondern als Anleitungen zu künsteübergreifenden
öffentlichen Aufführungen zu verstehen sind (Oper, Tanzspiel, Maskerade). Bei
näherer Betrachtung tritt zutage, daß hier Berührungspunkte mit den Prinzipien der
*actio* (Stimmodulation, Gestik, Mimik, Körpersprache) bestehen, die die klassische
Rhetorik als Grundsätze der angemessenen Redepraxis am Schluß ihrer systematischen Themenordnung zu traktieren pflegt.

Ausgangspunkt für die allgemeine Bestimmung des poetischen Nachahmungsverfahrens ist bei Gottsched der *vernünftig begründete Naturbegriff*. Als
Schüler Wolffs sucht auch der Leipziger den Dualismus der cartesianischen Philosophie zu überwinden und, in Anlehnung an Leibniz, physische und metaphysische
Welt monistisch zusammenzudenken. Der theoretische Teil der *Ersten Gründe der
gesammten Weltweisheit* führt ein bereits in Wolffs *Deutscher Metaphysik* (1720)

begegnendes Gleichnis an, um den systematischen Aufbau der gesamten Schöpfung zu charakterisieren. Die logische Ordnung der Dinge und das Verhältnis von Ursache und Wirkung entsprechen dem Funktionszusammenhang einer Uhr, deren mechanische Elemente verschiedenen Aufgabenkreisen zugeordnet bleiben: »Die Räder der Uhr stellen die Theile der Welt vor, die Bewegung des Zeigers aber, die Begebenheiten und Veränderungen in der Welt.« (I Gottsched AW, Bd. V/1, 269; vgl. II Wolff DM § 556, 335, § 638, 388f.). Die sinnliche Wahrnehmung des Menschen erfaßt einzig die Wirkungen, die das verborgene Räderwerk hervorzurufen vermag, während die Kräfte der Vernunft mit den Mitteln der Logik auch den Aufbau der mechanischen Konstruktion der Uhr erschließen helfen. Als reflektierendes Wesen ist es dem Menschen möglich, der höheren Vernunft aller Erscheinungen jenseits der reinen Perzeption teilhaftig zu werden.

Für die monistische Begründung des Wolffschen Systems bleibt jedoch der Gedanke verbindlich, daß die rationale Einsicht in die höhere Vernunftordnung der Natur den Vorgang der sinnlichen Perzeption voraussetzt. Die Prinzipien der *res cogitans* kann nur erkennen, wer die *res extensa* wahrgenommen hat; der cartesianische Bruch zwischen Geist und Körper soll durch ein philosophisches Denkmodell überwunden werden, das Perzeption und Reflexion zu Elementen einer ideellen Einheit werden läßt. Die Schöpfung erscheint dabei als Vernunftnatur, deren je besonderer Charakter nur zu würdigen ist, wenn zur Wahrnehmung der äußeren Erscheinungen die Erkenntnis ihres rationalen Baus tritt. Zweifelhaft bleibt freilich, ob diese monistische Einheit von Perzeption und Reflexion nicht nur den Umstand verdeckt, daß beide Prozesse gesondert ablaufen und zwei grundsätzlich verschiedene Möglichkeiten menschlicher Weltaneignung repräsentieren. Zwar gehört es nach den Vorstellungen der Schulphilosophie zu den besonderen Merkmalen der von Gott vollkommen eingerichteten Schöpfung, daß sich die logische Verknüpfung ihrer Elemente bereits dem sinnlichen Wahrnehmen offenbart, jedoch dokumentieren gerade Wolffs naturphilosophische und mathematische Schriften mit ihrem deduktiven Verfahren der ›demonstrativischen Vernunftschlüsse‹, daß ein solcher Zusammenhang nur durch die Arbeit des Verstandes als systematisches Ganzes erkannt werden kann (I Wolff DL). Der latent auch bei Wolff fortdauernde cartesianische Dualismus von sinnlicher Perzeption und rationaler Reflexion prägt noch Gottscheds Naturbegriff und seine Konzeption der poetischen Mimesis auf entscheidende Weise (vgl. II Herrmann, 144f.).

Ausgehend vom Konzept einer vernünftig gedachten Naturordnung unterscheidet Gottsched drei verschiedene **Formen der dichterischen Nachahmung**, die in deutlicher Wertung voneinander abgegrenzt werden. Die einfachste, zugleich künstlerisch anspruchsloseste Variante ist die **Beschreibung**, die »sehr lebhafte Schilderey von einer natürlichen Sache, die man nach allen ihren Eigenschaften, Schönheiten oder Fehlern, Vollkommenheiten oder Unvollkommenheiten seinen Lesern klar und deutlich vor Augen malet, und gleichsam mit lebendigen Farben entwirft: so daß es fast eben so viel ist, als ob sie wirklich zugegen wäre.« (I Gottsched CD, 142). Es handelt sich um die unpoetischste der drei Nachahmungsformen, beschränkt sich doch der Dichter hier, wie Gottsched vermerkt, auf die bloße Wiedergabe dessen, was ihm die sinnliche Wahrnehmung erschließt, ohne daß dabei eine kunstreiche Durchformung des Gesehenen stattfindet. Die wenig schmeichelhafte Bewertung stützt sich auf die abfällige Charakteristik, die René Pierre Le Bossus *Traité du poème épique* (1675) der poetischen Beschreibung hatte zukommen lassen: »Nous pouvons encore mettre au nombre des matières qui ne sont pas Poëtique, les descriptions de Palais, de Jardins, de Bocages, de Ruisseaux, de Navires, & de cent choses naturelles & artificielles; lorsque en descriptions sont faites un peu trop au long, d'une manière simple, propre & sans allégorie.« (II Le Bossu, 276). Beschreibungen jenseits eines allegorischen Zwecks wirken Le Bossu zufolge kunstlos und unpoetisch, ermüden den Leser und verfehlen die dichterische Wirkungsintention. Gottsched, der die poetologischen Grundsätze seines französischen Gewährsmanns nicht nur in diesem Punkt bereitwillig übernimmt (Konsens herrscht vor allem im Fall der Einschätzung des Epos (I Gottsched CD, 485f.)), zitiert die abwertenden Sätze über die Beschreibung mit großer Zustimmung (I Gottsched CD, 143f.).

An zweiter Stelle der Hierarchie poetischer Darstellungsverfahren steht die ›**Nachahmung durch das Gespräch**‹. Gemeint ist damit vorrangig die Technik des Dialogs im Drama, aber ebenso das eine fiktive Sprecherfigur profilierende Rollengedicht, wie es die zeitgenössische Gelegenheitspoesie liebt. Durch die größere Lebendigkeit der Rede steigert sich auch der Grad der Belehrung des Lesers, insofern sie seine Aufmerksamkeit fesselt und sein Gemüt aufschließt; den Ermüdungseffekten der Beschreibung steht in diesem Fall die Spannkraft des gesprochenen oder doch virtuell auf Realisierung durch Rede drängenden Wortes entgegen.

Den Gipfelpunkt in der Hierarchie poetischer Nachahmungstechniken markiert die von Gottsched allgemein hochgeschätzte **Fabel** als spezifische literarische Gattung, die in besonderem Maße geeignet ist, die sinnliche Welt der Erscheinungen und deren höhere metaphysische Valenzen gleichermaßen zur Anschauung zu bringen. Über sie heißt es genauer: »Die Handlung, die darinn steckt, hat die folgenden vier Eigenschaften. a) Ist sie allgemein, b) nachgeahmt, c) erdichtet, d) allegorisch, weil eine moralische Wahrheit darinn verborgen liegt.« (I Gottsched CD, 161f.). Daß ausgerechnet die Fabel zur idealen Form poetischer Nachahmung avancieren darf, läßt sich aus Gottscheds synthetischem Naturbegriff erklären. Nur diejenige dichterische Form kann den vernünftigen Bau der Schöpfung angemessen erfassen, die nicht allein (wie die Beschreibung) das Sichtbare wiedergibt, sondern zugleich die abstrakten Prinzipien zu beleuchten vermag, die das Naturgeschehen bestimmen (vgl. II Birke, 40f., II Herrmann, 125f., II Stahl, 104f.). Der nachgeahmte ›allgemeine‹ (das heißt hier: generell zugängliche, nicht-hermetische) Charakter der Fabelhandlung bezieht das ein, was zur sinnlich erfahrbaren Welt gehört, die durch sie bezeichnete moralische Wahrheit eröffnet den Blick auf das Reich der höheren, allein durch das Vernunfturteil zu erschließenden Logik der Sittenlehren, der Ethik oder Metaphysik. (Zu bedenken ist grundsätzlich, daß Gottsched an anderen Stellen seiner Abhandlung mit dem Begriff ›Fabel‹ nicht eine spezifische Gattung, sondern den Stoff bzw. die Geschichte eines literarischen Werkes bezeichnet).

Die Fabel rangiert neben dem (später zu diskutierenden) Genre des Trauerspiels an der Spitze von Gottscheds Gattungshierarchie, da sie wie keine andere poetische Form geeignet scheint, *res cogitans* und *res extensa* zusammenzuführen, Sinnliches und Moralisches zu verknüpfen, nicht zuletzt, gut horazisch, Vergnügen und Belehrung zu vereinen. Andererseits wird die Fabel in der *Dichtkunst* zum poetologischen Problemfall, weil sie dem seit Aristoteles unverzichtbaren Grundsatz der

Wahrscheinlichkeit poetischer Nachahmungsprodukte zunächst zu widerstreiten scheint, insofern ihre Handlung mit phantastischen Elementen – sprechenden Tieren, denkenden Pflanzen, mythischen Gestalten – durchwirkt ist. Der Akt der Mimesis muß, so lautet das schon von den lateinischen Poetikern der Spätantike immer wieder beschworene eherne Gesetz, auf das empirisch Mögliche verpflichtet, von Phantastisch-Irrationalem jedoch ferngehalten werden (II Aristoteles, 1461b). Auch Gottsched kennt dieses Gebot und wird nicht müde, es seinen Lesern mit großer Entschiedenheit einzuschärfen. Alles, was den Prinzipien der Vernunft und der (mit ihr übereinstimmenden) praktischen Erfahrung widerstreitet, sollte aus dem Reich der Dichtkunst entfernt werden. Zu verstehen ist der diesbezügliche Purismus Gottscheds nicht nur als Ausdruck konsequenter Umsetzung der aristotelischen Nachahmungsdoktrin, sondern auch als stilgeschichtlich charakteristischer Versuch der Abgrenzung vom Geschmack des Barockzeitalters – dem bildhaften Mummenschanz der schlesischen Dramatiker, ihrer Vorliebe für den bühnenwirksamen Auftritt von Engeln, Teufeln, Gespenstern und mythologischen Figuren, den phantastischen Handlungsfügungen des höfischen Romans und den personifizierungsallegorischen Erfindungen der galanten Lyrik. Die Berufung auf das Gebot der Wahrscheinlichkeit wird zum methodischen Argument gegen die poetischen Geschmackstendenzen des 17. Jahrhunderts.

Schon Aristoteles hatte nun freilich die Möglichkeit zugestanden, daß dichterische Nachahmungen sich phantastisch-wunderbarer Elemente (vor allem im Epos) bedienen, sofern sie einem nützlich-belehrenden Wirkungszweck untergeordnet werden (II Aristoteles, 1460a–b). Von diesem Punkt aus unternimmt auch Gottsched seine Verteidigung der Fabelgattung; deren Handlung, so heißt es, sei zwar auf charakteristische Weise von empirisch unwahrscheinlichen Motiven durchzogen, jedoch erfüllten sie eine moralisch aufklärende Funktion, die ihren Einsatz poetologisch legitimiere (I Gottsched CD, 199f.). Maßgeblich scheint dabei für Gottsched, daß innerhalb des phantastischen dichterischen Entwurfs eine gewisse Stimmigkeit und Vernunftökonomie herrschen muß, mit deren Hilfe Tiere und Bäume durchaus als Träger menschlicher Eigenschaften charakterisiert werden können; sofern die Attribute, die den Fabelwesen zugeordnet sind, nachvollziehbar bleiben, scheint der nützlich-moralische Zweck der Gattung garantiert: Das Schaf muß fromm, das Schwein faul, der Wolf hinterhältig sein, soll die Fabel ihre Aufgabe erfüllen und sittliche Lehren vermitteln (I Gottsched CD, 200f.). Auch die Phantasiewelt Gottscheds bildet einen übersichtlich strukturierten Kosmos aus, in dem die Dominanz der Vernunftordnung für klare Verhältnisse sorgt.

Notwendig unterliegen derartige Erfindungen, wie sie der Fabel gestattet werden, bestimmten Grenzen. Die poetische Darstellung von Engeln, Teufeln und allegorisch-mythologischen Wesen darf nie zum Selbstzweck werden. Das Reich der poetischen Einbildung, das Gottsched mit Leibniz die ›mögliche Welt‹ nennt, muß seinerseits denselben Vernunftprinzipien gehorchen wie die empirische Wirklichkeit. Gerade die Fortschritte der Wissenschaften, die, wie Gottsched betont, unsere Kenntnisse auch über unsichtbare Naturprozesse mehren, sollten den Poeten davon abhalten, mit phantastischen Spekulationen über die Existenz von Feen und anderen Fabelwesen aufzuwarten (den üblen Folgen solcher Schwärmerei widmet sich zumal der Roman der zweiten Jahrhunderthälfte). Warnend heißt es im Kapitel über das

›Wunderbare‹: »Die Welt ist nunmehr viel aufgeklärter, als vor etlichen Jahrhunderten, und nichts ist ein größeres Zeichen der Einfalt, als wenn man, wie ein andrer Don Quixote, alles, was geschieht, zu Zaubereyen machet.« (I Gottsched CD, 183).

### Kategorien poetischer Produktivität

Zu den grundsätzlichen Themen von Gottscheds *Dichtkunst* gehört neben den zentralen Verfahren poetischer Nachahmung die Frage nach dem Charakter des idealen Dichtertypus und den Spezifika seiner geistigen wie künstlerischen Ausbildung. Es bleibt verständlich, daß Gottsched auf die Kenntnis der Regeln des literarischen Handwerks größten Wert legt, begreift sich doch seine Poetik unter anderem auch als wissenschaftlich fundierter Beitrag zu ihrer praktischen Vermittlung. Neben der Beherrschung der dichterischen Techniken spielen jedoch intellektuelle Grundausstattung und Talent eine nicht minder große Rolle. Zur regelorientierten Übung tritt das poetische Ingenium, das nur bedingt erlernbar, vielmehr wesentlich angeboren ist. Als synthetisches Vermögen setzt es sich wiederum aus zahlreichen Einzeltalenten zusammen; die das Ingenium tragenden Elemente bilden der Witz und, ihm wiederum untergeordnet, Scharfsinn und Imaginationskraft.

Im Mittelpunkt der Analyse steht das intellektuelle **Vermögen des Witzes**, einer Fertigkeit, die im Französischen durch das Wort *esprit* bezeichnet wird (vgl. II Böckmann, 514f., II Birke, 35f., II Wiegmann, 76f.). Gottscheds Definition, die fast wörtlich die entsprechenden Bestimmungen aus Wolffs *Deutscher Metaphysik* übernimmt, lautet knapp: »Dieser Witz ist eine Gemüthskraft, welche die Ähnlichkeiten der Dinge leicht wahrnehmen und also eine Vergleichung zwischen ihnen anstellen kann.« (I Gottsched CD, 102; vgl. II Wolff DM, 223, § 366, 527ff., §§ 850f., 532, § 858). Als geistiges Vermögen der Kombinatorik setzt der Witz in den Stand, die zunächst nicht sofort sichtbaren Korrespondenzen zwischen den Erscheinungen der Natur zu erfassen. Seine poetische Bedeutung gewinnt er dort, wo er vermeintlich Disparates verknüpft, Beziehungen stiftet und derart den vernünftigen Bau der Natur als Ordnung ihres Zusammenhangs transparent werden läßt. Unterstützt wird der Witz vom Scharfsinn, der hier, anders als in den Poetiken des 17. Jahrhunderts, keine intellektuelle Fähigkeit (damit eine Prämisse genauer Charakterisierungskunst und pointierter Sprachartistik im Zeichen des *stilus sententiosus*) darstellt, sondern einzig das Talent zur präzisen Beobachtung der Erscheinungen, zu unbestechlicher, vorurteilsfreier empirischer Anschauung als Voraussetzung exakter Naturnachahmung verkörpert. Hinzu tritt, verstärkend und ergänzend, das **Vermögen der Einbildungskraft** im Sinne einer poetischen *ars memorativa*, einer Erinnerungstechnik, die es dem Dichter erlaubt, vergangene Erfahrungen (sei es intellektueller oder sinnlicher Art) zu speichern und im gegebenen Fall in literarische Erfindungen zu übersetzen. »Die Einbildungskraft nämlich bringet, bey den gegenwärtigen Empfindungen, sehr leicht wiederum die Begriffe hervor, die wir sonst schon gehabt; wenn sie nur die geringste Aehnlichkeit damit haben.« (I Gottsched CD, 103).

Es versteht sich, daß der poetischen Imagination Grenzen durch das Wahrscheinlichkeitsgebot gesetzt werden. Schon Wolff hatte in diesem Punkt zwischen einer ›leeren‹, die Regeln der Vernunftlogik und Erfahrung verletzenden Einbildung und einer produktiven, auf das auch rational Mögliche gestützten Spielart der Imagination unterschieden (II Herrmann, 126, I Grimm, 660f.). Findet die leere Einbildung Gefallen an phantastischen Fabelwesen, Engeln und Teufeln, so gründet sich die produktive Variante auf das Denkmögliche, das zwar empirisch nicht existiert, hypothetisch aber auch unter dem Gesichtspunkt rationaler Logik durchaus bestehen könnte (II Wolff, 134f., § 242).

Gottsched übernimmt diese Zweigliedrigkeit des Imaginationsbegriffs, erweitert jedoch die Grenzen dessen, was Wolff ›logisch möglich‹ nennt. Für ihn ist eine phantastische, gegen die Regeln der empirischen Logik verstoßende Erfindung dann vertretbar, wenn sie in sich stimmig bleibt und ihre eigene Vernunftordnung ausbildet:

> Denn da man sich in der Metaphysik die Welt als eine Reihe möglicher Dinge vorstellen muß; außer derjenigen aber, die wir wirklich vor Augen sehen, noch viel andre dergleichen Reihen gedacht werden können: so sieht man, daß eigentlich alle Begebenheiten, die in unserm Zusammenhange wirklich vorhandener Dinge nicht geschehen, an sich selbst aber nichts Widersprechendes in sich haben, und also unter gewissen Bedingungen möglich sind, in einer andern Welt zu Hause gehören, und Theile davon ausmachen. (I Gottsched CD, 150f.)

Die poetische Einbildungskraft ist legitimiert, auch in die Sphäre des Denkmöglichen, Nicht-Empirischen auszuschweifen, deren Gesetze jedoch vernunftkonform bleiben müssen, soll sie den Maßstäben des erweiterten Wahrscheinlichkeitsbegriffs genügen (I Gottsched CD, 153). Nicht allein die von Gottsched geschätzte Fabelgattung, sondern auch der seit Jonathan Swift die europäische Aufklärungsliteratur bestimmende utopisch-phantastische Roman läßt sich als Produkt der solchermaßen begründeten Imagination auffassen; was er beschreibt, bleibt Element einer rein fiktionalen, irrealen Dimension, ohne deshalb aber den Gesetzen der Logik vollständig zu widersprechen. Der Erzaufklärer Gottsched zeigt sich in diesem Punkt sehr viel toleranter, als seine späteren (oftmals ungenau lesenden) Kritiker es wahrhaben mochten.

Die wesentliche Garantie für das glückliche Zusammenspiel von Talenten und Regelkenntnis bildet der gute Geschmack des Poeten. Die **Kategorie des Geschmacks**, im 17. Jahrhundert zumeist als Produkt rein sinnlicher Empfindungen aufgefaßt, hat bereits vor Gottsched den Charakter einer mit den Prinzipien der rationalen Erkenntnis vereinbaren Urteilsinstanz. In diesem Sinne faßt schon Jean Baptiste Dubos in seinen *Réflexions critiques sur la poësie et la peinture* (1719) den *goût* als gemischtes Vermögen, in dem sich sensuelle und vernünftige Bewertungskriterien im Hinblick auf das Schöne verbinden. Wer Geschmack hat, demonstriert, so betont auch der Italiener Lodovico Antonio Muratori in seinen *Riflessioni sopra il buon gusto* (1708–1715), daß er eine Sache weder nach ausschließlich abstrakten Maßstäben noch allein unter der Regie reiner Empfindung, vielmehr einer Synthese aus beiden Prinzipien folgend beurteilt. Bei Johann Ulrich König, dem wichtigsten deutschen Vermittler von Muratoris Lehren, heißt es im unmittelbaren Vorfeld Gottscheds: »Dann es ist eben der gute Geschmack, welcher nur durch die Empfindung dasjenige hochzuschätzen lehrt, was die Vernunft unfehlbar würde gebilliget haben, wenn sie Zeit gehabt hätte, solches genugsam zu untersuchen, und durch Gegeneinanderhaltung der deutlichen Begriffe darüber zu urtheilen.« (II König, 408). Wesentlich bleibt, daß die Geschmacksbildung zwar auf der Grundlage nicht-rationaler, rein sinnlicher Prozesse erfolgt, im Idealfall aber durch Vernunft, Kenntnisse und verstandesbezogene Urteilskraft prädisponiert wird. Gottsched greift Königs Bestimmung auf, wenn er erklärt: »Derjenige Geschmack ist gut, der mit den Regeln übereinkömmt, die von der Vernunft, in einer Art von Sachen, allbereit fest gesetzet worden.« (I Gottsched CD, 125).

Wesentliche Bedeutung besitzt die Kategorie des Geschmacks auf zwei verschiedenen Ebenen. Zum einen bietet der *goût* eines Poeten die Gewähr dafür, daß seine eigenen Werke die schon der antiken Rhetorik geläufigen, vor allem von Cicero und Quintilian festgeschriebenen Normen des Anstands (unter Bezug auf die Themenwahl) und der Angemessenheit (im Verhältnis zwischen Gegenstand und Stilmitteln) nicht verletzen (Cicero, De oratore III, 55, 21,2, Quintilian, Institutio oratoria XI, 1,1–14). Zum anderen bleibt der rational fundierte Geschmacksbegriff für Gottscheds eigene Betrachtung der poetischen Stilgeschichte der entscheidende Leitfaden, der seinerseits detaillierte Einschätzungen und Urteile gestattet. Zentrale Funktionen erfüllt in diesem Zusammenhang die Kategorie des Schwulsts, die schon die Wertmaßstäbe der frühaufklärerischen Poetiken bestimmt hatte. Als schwülstig gelten Gottsched alle Formen des bildhaft-überladenen, pathetisch hochfliegenden oder übertrieben pointierten, scharfsinnigen Stils. Schwulst kann das Resultat einer Überanstrengung des für Tragödie und Heldenepos legitimen *stilus gravis* bilden (der hohen Schreibweise mit sublimen Bildvergleichen und weit ausgreifenden Wortspielen bzw. topischen Variationen), ebenso aber aus einer allzu undisziplinierten Umsetzung der in der Barockepoche (vor allem von Marino, Gracián und Lohenstein) hochgeschätzten *argutia*, des oft zur Spitzfindigkeit tendierenden Scharfsinns, resultieren. Gottscheds Schwulstdiagnose setzt, gemäß dem Ideal der unbestechlich-kritischen ›Beurteilungs-Kunst‹, sehr früh, bereits in der Spätantike, an: Seneca, ihm folgend die Vertreter der silbernen Latinität (Claudian, Lucan, Statius), Ariost und Marino, vor allem aber Lohenstein und Hoffmannswaldau zählen zu den Freunden jener »hochtrabenden« Schreibweise, die auch die *Redekunst* (1736) als abschreckendes Beispiel für die Mißachtung des schon der antiken Rhetorik unverzichtbar scheinenden stilistischen Klarheitsgebots (*perspicuitas*) anführt (I Gottsched AW, Bd. VII/1, 321).

### Funktion der rhetorischen Regelkunde

Die Bedeutung der rhetorischen Tradition für die nähere Bestimmung literarischer Gattungen ist in Gottscheds System mit Händen zu greifen. Wesentlich bleibt zumal die durch Cicero überlieferte Dreistillehre, die sich auf die nähere Differenzierung der drei Redegattungen (*genera dicendi*) nach einem ihnen jeweils entsprechenden hohen, mittleren und niedrigen Stil (*stilus gravis, stilus mediocris, stilus humilis*) gründet. Cicero folgend lassen sich den drei Stil- bzw. Redeniveaus wiederum unterschiedliche Themen und Wirkungsziele zuordnen: dem *stilus gravis* das Gebot des *movere*, der Gemütsbewegung durch die Darstellung ›hoher Sachen‹, dem *stilus mediocris* das *delectare*, die Unterhaltung durch die Behandlung erbauender Sujets, dem *stilus humilis* die Aufgabe des *docere et probare*, des Unterrichts vermittels der Erörterung ›nützlicher Dinge‹ (Cicero, Orator 23,75ff.; Quintilian, Institutio oratoria XII,10,66ff.; vgl. II Dyck, 91ff., II Ueding, 231ff.).

Die lateinischen Grammatiker der Spätantike – zumal Donatus und Diomedes – transponierten die rhetorische Systematik Ciceros auf gattungspoetische Fragen, vor allem auf solche der Dramentheorie. Zum *genus humilis* gehört nach ihren Vorstellungen das belehrende Schäferspiel, zum *genus medium* die unterhaltsame Komödie, zum *genus sublime* die Tragödie mit ihrer bewegenden Wirkung. Die stiltheoretischen Zuordnungen Ciceros verwandelte man dabei zu allgemeinen Bestimmungen über den sozialen Status des jeweils in den Gattungen auftretenden Protagonisten: Den hohen Sujets des *genus sublime* entsprach ein königliches Personal in der Tragödie, den mittleren Themen des *genus medium* der Bürger der Komödie, den niedrigen Gegenständen des *genus humile* der Bauer der Schäferspiele. Bei Diomedes (5. Jh.) heißt es dazu charakteristisch:»comoedia a tragoedia differt, quod in tragoedia introductuntur heroes duces reges, in comoedia humiles atque privatae personae (...)« (II Diomedes, 488; vgl. II Dyck, 91ff., II Fischer, 126f.). Die poetologischen Aspekte der Dreistillehre Ciceros demonstrierte im Hochmittelalter auch die *rota Virgilii*, derzufolge den einzelnen *genera dicendi* typische Werke Vergils zuzuordnen waren: Den Eklogen (*Bucolica*) korrespondierte nach dieser Systematik der niedrige, den *Georgica* der mittlere, der *Aeneis* der hohe Stil.

Die Ausdehnung dieser Zuordnungsmöglichkeiten auf das gesamte gattungspoetische Spektrum wurde ansatzweise schon in den Dichtungslehren des 17. Jahrhunderts vollzogen. Bei Gottsched erscheint sie nunmehr vervollständigt und nochmals systematisiert: Der Hirten- und Landlebendichtung werden Bauern, den Lustspielen, Fabeln und komischen Erzählungen bürgerliches Personal, den Tragödien, Staatsromanen und Heldenepen Adel und Könige zugewiesen. Dabei kann es gelegentlich zu leichten Modifikationen kommen, etwa zur Differenzierung zwischen niedrigem Adel (mit Affinität zum bürgerlich besetzten Bereich des Gattungsspektrums) und dem königlichen Personal heroischer Epen oder Tragödien. In Gottscheds System entwickelt sich aus der Überlieferung rhetorischer Normen eine sozialständische Differenzierung der Gattungslehre, die ihrerseits, wie die Forschung im Konsens festgestellt hat, der Ausdruck der aufgeklärt absolutistischen Gesellschaftsordnung und ihrer auf beschränkte Mobilität gegründeten Hierarchien zu sein scheint (II Koopmann, 67f., I Grimminger, 81f., Kimpel in: I Glaser, 112). Die *Critische Dichtkunst* wäre damit in mehrfacher Hinsicht als exemplarisches Zeugnis der deutschen Aufklärung einzustufen. Ihr ungebrochenes Vertrauen in die Möglichkeiten der Vernunfterziehung des Menschen demonstriert den geradezu paradigmatischen Optimismus der gesamten Epoche; ihre klar gegliederte Systematik bekundet den wissenschaftlichen Anspruch, mit dem die schönen Künste im Zeitalter der Ratio behandelt werden; ihr gelegentlich ernüchternder Verstandesbezug setzt den Möglichkeiten menschlicher Phantasie konsequent Grenzen (ohne sie aber vollständig einzuengen); die strikte Differenzierung von Gattungen und literarischem Personal bleibt der Reflex einer Ordnungsutopie, die das Zusammenwirken der unterschiedlichen Stände zum Wohl des Staatsganzen als politisches Ideal betrachtet und die Emanzipation des Bürgers nur innerhalb einer stabilisierten, hierarchisch strukturierten Gesellschaft für möglich halten mag.

# 3. Dichtungstheorie bei Bodmer und Breitinger

### Frühschriften

Gottscheds Einfluß auf die deutsche Poetik nahm ab der Jahrhundertmitte rapide ab. Symptomatisch für seine wachsende dogmatische Verhärtung war der Bruch mit den früheren Weggefährten Bodmer und Breitinger, die sich stärker als der Leipziger um die theoretische Legitimation einer auf die Vermögen der Phantasie und Imagination gestützten Dichtungslehre bemühten. Der Konflikt zwischen Gottsched und den Schweizern – gern als Leipzig-Zürcher Literaturstreit apostrophiert – besitzt programmatischen Charakter, weil er eine Wegscheide markiert, von der aus die Entwicklung der deutschsprachigen Poetik zweigleisig verlief: hier in den Bahnen der rationalistischen Regelpoetik, dort auf eine philosophische Ästhetik zustrebend, die sich zunehmend von den Zwängen normativer Bestimmungen emanzipierte und eine allgemeine Theorie des Schönen zu begründen suchte.

Schon am Beginn der 40er Jahre hatten sich erste kritische Stimmen vernehmen lassen, die Gottscheds *Dichtkunst* die Tendenz zu Pedanterie, mangelndes ästhetisches Feingefühl und fehlenden Sinn für den wahren poetischen Enthusiasmus jenseits dogmatischer Stilnormen vorgehalten hatten. In den Jahren 1743 und 1744 veröffentlicht Jakob Immanuel Pyra zwei polemische Streitschriften gegen die »Gottschedianische Sekte« und formuliert darin unter nachdrücklicher Berufung auf Miltons *Paradise lost* (1667) ein programmatisches Plädoyer für den pathetisch-getragenen Stil, dessen Qualitäten der Leipziger höchst skeptisch bewertet hatte (II Pyra). Zwischen 1747 und 1749 erscheint Georg Friedrich Meiers detaillierte *Beurtheilung der Gottschedischen Dichtkunst*, die Punkt für Punkt die argumentativen Widersprüche im poetologischen System des ›Praeceptor Germaniae‹ herauszuarbeiten sucht, nicht ohne dabei in jene Spitzfindigkeit zu verfallen, die der Kritiker dem Leipziger Aufklärer selbst immer wieder vorwirft (II Meier B).

Bodmer und Breitinger halten sich dagegen zunächst mit öffentlicher Kritik an Gottsched zurück. Die bestehenden Differenzen treten zumal dort zutage, wo unterschiedliche Wertmaßstäbe divergierende Geschmacksurteile über umstrittene Werke der Literaturgeschichte provozieren, besonders deutlich in Bodmers *Abhandlung von dem Wunderbaren in der Poesie*, die Miltons Epos *Paradise lost* gegen Gottscheds unfreundliche Kritik verteidigt (II Stahl, 166f.). Daß die Schweizer von anderen poetologischen Urteilsmaßstäben ausgingen als Gottsched, war in ihren Frühschriften nur ansatzweise zu erkennen. Bodmer und Breitinger debütierten am Beginn der zwanziger Jahre mit einem unter dem Titel »Die Discourse der Mahlern« publizierten Periodikum, das sich ganz am Vorbild von Addisons und Steeles »Spectator« orientierte. Die ›Gesellschaft der Maler‹, auf die der Titel anspielt, versammelte, frei nach dem Muster barocker Sprachsozietäten, eine kleinere Zahl von Berner und Zürcher Bürgern, die sich regelmäßig zu privaten Diskussionsrunden in exklusivem Kreis zusammenfanden. Obwohl einige der Mitglieder dieses Zirkels Beiträge zu den »Discoursen« zusteuerten, blieb das vierbändige Werk doch in der Hauptverantwortung Bodmers und Breitingers. Die Themen der Artikel, die unter Pseudonym erschienen (man bevorzugte Malernamen wie Rubens, Dürer, Holbein oder Carracci), waren, der Gattung der Moralischen Wochenschrift gemäß, recht weit gestreut. Erörtert wurden Probleme der Moralphilosophie, der Poetik und Ästhetik, der Affektpsychologie und praktischen Verhaltenslehre (im Kontext anthropologischer Fragestellungen), der Geschlechterbeziehung und der Pädagogik; hinzu traten kürzere Erzählungen, bukolische Idyllen und poetische Skizzen.

Die Geschmacksvorlieben der Autoren bleiben noch durch die Muster des 17. Jahrhunderts geprägt. Gepriesen wird Opitz als Vater der deutschen Dichtung; Metaphern, Allegorien und emblematische Zitate zeugen von einer starken Affinität zur poetischen Bildsprache; auf die restriktive Argumentation der Schwulstkritik verzichten die »Discourse« durchgängig, bevorzugen statt dessen eine konservative Stiltheorie jenseits der zur gleichen Zeit bei Besser und König sich abzeichnenden klassizistischen Formlehre. Andererseits kommen die zentralen Elemente der frühaufklärerischen Dichtungstheorie zur Geltung: immer wieder pocht man auf die Relevanz des Wahrscheinlichkeitskriteriums im Zusammenhang der Nachahmungsdoktrin, lobt die Fabel als Musterstück einer didaktisch orientierten Poesiekonzeption, warnt vor stilistischen Extremen und empfiehlt den Mittelweg zwischen Schwulst und prosaischer Nüchternheit. Generell ist zu erkennen, daß das Interesse an Fragen der Bildlichkeit stärker ausgeprägt scheint als bei Gottsched und die Topoi der Schwulstkritik nicht jene Dominanz besitzen wie in der *Critischen Dichtkunst*.

Zwei kleinere Schriften der zwanziger Jahre zeigen Bodmer auf dem Weg zu einer neuen Poetik, die vorrangig durch die intensive Auseinandersetzung mit den Kategorien der menschlichen Imagination und Phantasie bestimmt ist. In der Abhandlung über die *Einbildungs=Krafft* von 1727 herrscht noch ein wesentlich durch Christian Wolff inspiriertes Verständnis des Begriffs: Einbildungskraft wird dasjenige Vermögen genannt, das den Menschen befähigt, Eindrücke zu speichern und Erfahrungen in Gedanken zu rekonstruieren. Als Element des Ensembles poetischer Fertigkeiten repräsentiert sie wie der Witz ein intellektuelles Talent, aber keine Kategorie der ästhetischen Kreativität. Bei Bodmer heißt es, »daß eine feurige Einbildungs=Krafft vermögend seye die Gegenstände / wenn sie gleich abwesend / so lebendig vor das Gesicht zu stellen / daß das Gemüthe unterschiedlich beweget wird / und eben die jenige Leidenschafften in unsrer Brust entbrennen / welche der Gegenstand / wenn er anwesend ist / durch die Sinnen erregen kan.« (II Bodmer E, 118). Gemäß den Bestimmungen des Wolffschen Rationalismus wird die Einbildungskraft dem Bereich der intelligiblen Vorstellungsvermögen zugeordnet und damit wesentlich als intellektuelle Kombinationsfertigkeit jenseits genuin ästhetischer Wirkungsfelder definiert. Erst in den großen Abhandlungen, die Bodmer und Breitinger am Beginn der 40er Jahre vorlegen, emanzipiert sich der Begriff der Imagination von dieser an Wolffs Psychologie orientierten Zweckbestimmung und gewinnt seine eigene ästhetische Dignität (II Herrmann, 190f.).

Unterstützung findet die **Lehre von der Einbildungskraft** durch die Ausführungen über den dichterischen Enthusiasmus, mit denen Bodmer die Schrift abschließt. Seine Quelle hat der Passus im 15. Buch von Ps.-Longins Abhandlung *Peri hypsous* (*Über das Erhabene*) (1. Jh. n.Chr.), die auch Bodmers spätere Theorie des Wunderbaren wesentlich beeinflußt (15,1–3f.; Bodmer, der den Abschnitt in eigener Übertragung abdruckt, nennt irrtümlich Kapitel 3). Im Vordergrund steht hier der *furor poeticus*, die hochgespannte begeisterte Empfindung als Prämisse erhabener Darstellungsmuster, der Longins Schrift immer wieder ihre Aufmerksamkeit zuwendet (II Bodmer E, 238); ohne entsprechende emotionale Gestimmtheit und hinreichenden Enthusiasmus könne, so wird betont, ein künstlerisches Werk nicht gelingen. Zwar gilt es, den produktiven, der Phantasie förderlichen Enthusiasmus prinzipiell von allen Formen einer wirklichkeitswidrigen, Irrationales hervorbringenden poetischen ›Raserei‹ abzugrenzen, jedoch kann kein Zweifel herrschen, daß bei entsprechender Vorsicht und Kontrolle ein gewisses Maß an begeisterter Inspiration für die Dichtkunst bedeutsamer scheint als sture Befolgung schulmeisterlicher Regeln. Auch hier zeigt sich, daß Bodmer selbst dort, wo seine Definitionen noch dem Wolffschen Rationalismus gehorchen, eine eigene poetologische Konzeption entwickelt, die der Phantasie, der gesteigerten Begeisterung, mithin den jenseits des Regelwerks liegenden freien künstlerischen Vermögen eine beherrschende Rolle innerhalb der Dichtungstheorie zuweist.

Einen Vorläuferstatus nimmt auch der *Antipatriot* von 1728 ein. Bodmers Angriffe auf diverse stilistische Ungereimtheiten, die die Hamburger Moralische Wochenschrift »Der Patriot« bestimmen, bieten nur den Vorwand für die Entfaltung einer poetologischen Argumentation, in deren Mittelpunkt ein erweiterter Nachahmungsbegriff steht: »Ein guter Scribent«, heißt es im Kapitel »Von den Dichtungen überhaupt«, »bildet nicht allein die reichen Werke, welche ihm die Natur vor Augen leget, mit seiner Feder nach: Seinem stolzen Sinn ist auch der weite Umkreis der Natur viel zu enge: Er sucht sich neue Spuhren (...) Ein Scribent bauet sich selbst in seiner Phantasie neue Welten (...)« (II Bodmer A, 110). Ähnlich betont Gottsched in der *Critischen Dichtkunst*, daß neben der sichtbaren die ›mögliche‹ Welt im Kopf des Autors ein Gegenstand poetischer Darstellung sein könne, sofern deren Nachahmung den Gesetzen der Wahrscheinlichkeit gehorcht. Bodmer geht jedoch noch weiter, indem er ausdrücklich die Phantasie als Quelle dichterischer Erfindungen hervorhebt und damit die Mimesiskonzeption entschieden erweitert. Neben die einfache Nachahmung der Natur tritt nunmehr die selbständige ästhetische Produktion jenseits der sinnlich wahrnehmbaren Welt, die ihrerseits nicht deren empirischen Gesetzen, sondern der Logik der Phantasie unterliegt (vgl. II Preisendanz, 74).

Als letztes bedeutsames poetologisches Werk vor den Hauptschriften der Jahre 1740–41 erscheint 1736 ein Auszug aus Bodmers Briefwechsel mit dem Grafen Calepio. Im Mittelpunkt stehen zwei Themen: die Debatte über die Konzeption der Tragödie (wobei Bodmer entschieden für den heroisch-klassizistischen Typus votiert, den er in seinem literarischen Spätwerk selbst bevorzugt) und die Erörterung des Geschmacksbegriffs im Gefolge der durch den französischen bzw. italienischen Sensualismus (Dubos, Muratori) und dessen deutsche Rezeption (König) geförderten Debatte über den *goût* (bzw. *gusto*). Neben dem »natürlichen« Geschmack, der jedem Menschen durch seine physiologische Grunddisposition gegeben ist, kennt Bodmer die »figürliche« Variante, die als »Fertigkeit des Gemüths« bestimmt wird, »vermittelst welcher der Mensch die unterschiedlichen Gattungen und Arten der Wohlredenheit, und aller ihrer Theile mit Vernunft unterscheiden, und sein Urtheil darüber fällen kan.« (II Bodmer BW, 11). Die Kategorie des Geschmacks gewinnt dadurch, wie bereits Johann Ulrich König betont hatte, eine neue Dimension, schließt sie doch auch das intellektuelle Distinktionsvermögen des Verstandes ein (II König, 403). Der Geschmack als Instanz künstlerischer Wertung steht damit nicht in Konkurrenz zur Vernunft, sondern ergänzt sie lediglich. Daß letzthin das rationale Urteil bei der wertenden Bestimmung eines Kunstwerks Priorität gegenüber dem ihm komplementären Geschmack besitzt, steht für Bodmer außer Zweifel: »Also sind eben diese Vernunfts-Grundsätze der Probierstein, an welchem die Wercke der Wohlredenheit müssen geprüffet werden. Eine Schrifft ist desto vollkommener, je näher sie mit diesen Regeln und vernünftigen Grundsätzen überein kommt; und je mehr Vollkommenheit sie hat, desto mehr Ergetzen bringet sie mit sich.« (II Bodmer BW, 69).

## Begriff des ›Wunderbaren‹

In den Jahren 1740 und 1741 erscheinen die Hauptschriften der Schweizer. Bodmers *Abhandlung von dem Wunderbaren* und Breitingers zweibändige *Critische Dichtkunst* erörtern grundlegende Fragen – die Bedeutung des Erhabenen für die Naturnachahmung und die Prinzipien der Phantasieproduktion (II Herrmann, 264ff., II Stahl, 174ff.). Bodmers Schrift über die ›poetischen Gemählde‹ und Breitingers Studie zu den ›Gleichnissen‹, ursprünglich als zwei Teile *eines* Werkes konzipiert, bieten stiltheoretische Konkretisierungen der allgemeinen poetologischen Bestimmungen, wobei Bodmer wiederum primär an Fragen des Erhabenen (nunmehr im Bereich des literarischen Ausdrucks), Breitinger hingegen eher an den Problemen der Imagination und der Bedeutung einer erweiterten Mimesiskonzeption interessiert ist.

Auch methodisch unterscheiden sich die zentralen Schriften beider Autoren. Konzentriert sich Breitinger zumal auf die theoretische Deduktion übergreifender poetologischer Prinzipien, so entzünden sich Bodmers Gedanken bevorzugt an konkreten Gegenständen. Besonders deutlich demonstriert das die *Abhandlung von dem Wunderbaren in der Poesie*, in der Bodmer zu einer breit angelegten Verteidigung von Miltons großem Epos *Paradise lost* ansetzt. Unter der Oberfläche der bisweilen pedantischen Analyse tritt das intellektuelle Potential der Schrift zutage. Sie läßt sich nicht nur als Apologie des Miltonschen Werks, sondern zugleich als Beitrag zur Theorie der poetischen Wahrscheinlichkeit lesen, der sich an wesentlichen Punkten von der traditionellen Auffassung der aristotelischen *verisimilitudo* entfernt.

Angriffspunkt für Bodmer sind Voltaires *Essai sur la poésie épique* (1728) und Constantin de Magnys *Dissertation critique sur le Paradis perdu* (1729). Beide Abhandlungen hatten dem Engländer vorgehalten, er verstoße durch seine Darstellung von Engeln, Teufeln und anderen überirdischen Mächten gegen die Regeln der poetischen Wahrscheinlichkeit, verstricke sich in einem Netz allegorischer Erfindungen und kontaminiere auf bedenkliche Weise antike Mythologie und christliche Bibelwelt. Bodmer betont dagegen, daß Miltons phantastische Figuren zwar nicht empirisch existent, jedoch in ihrer literarischen Gestaltung wahrhaftig und poetisch glaubwürdig seien. Entscheidend bleibe, daß eine Figur das Gemüt des Lesers errege, ihn anrühre und seine Sinne stimuliere; nicht die Logik der Vernunft, sondern sensuelle Evidenz und künstlerische Stimmigkeit stellen die entscheidenden Indikatoren bei der Bewertung ästhetischer Qualitäten dar. Damit verbindet sich erneut ein Lob der Einbildungskraft: Der Mensch besitze das Vermögen der Imagination, das ihn damit begabe, auch poetische Erfindungen ohne empirischen Gehalt hinreichend zu würdigen. Im übrigen betont Bodmer, daß die Engel Miltons als erhabene Wesen

zwar dem Menschen überlegen, ihm jedoch verwandt seien (II Bodmer W, 14f.);
allein dieser Umstand begründe den Wahrscheinlichkeitscharakter der epischen Fi-
gurenkonstellationen, wie sie das *Paradise lost* vorführt.

Maßgeblich für die ästhetische Qualität einer dichterischen Erfindung ist nicht
deren Übereinstimmung mit den Regeln der Vernunft, sondern ihre **sinnliche Überzeugungskraft** und die Wirkung auf das Gemüt des Lesers. »Der Poet bekümmert
sich nicht um das Wahre des Verstandes; da es ihm nur um die Besiegung der Phantasie zu thun ist, hat er genug an dem Wahrscheinlichen, dieses ist Wahrheit unter
vorausgesetzten Bedingungen, es ist wahres, so fern als die Sinnen und die Phantasie wahrhaft sind, es ist auf das Zeugniß derselben gebaut.« (II Bodmer W, 47) Mit
dieser Auffassung entfernt sich Bodmer bereits von der starren Nachahmungsdoktrin Gottscheds. Die Aufwertung von Phantasie und Imagination, die zentrale Voraussetzungen poetischer Produktivität bilden, wird ergänzt durch die Erweiterung
des Naturbegriffs und die entsprechende Lockerung des Mimesiskonzepts. Nach-
ahmenswert ist für Bodmer auch die mögliche Welt, nicht allein das Reich des empirisch Sichtbaren; weniger die Arbeit der Vernunft als die Überzeugungskraft einer
sinnlich reizvollen poetischen Erfindung bestimmen das Maß künstlerischer Wirkung. Die Mimesis bezieht sich damit auch auf die Welt im Kopf, ihre Gesetze
gehorchen einer erweiterten Wahrscheinlichkeitsauffassung, für die nicht mehr, wie
in der Poetik Gottscheds, das rationale Fundament, sondern die Vorstellung von der
sinnlichen Evidenz des Kunstschönen beherrschend wird.

Einen eigenständigen Beitrag zur **Ästhetik des Erhabenen** bietet Bodmers Mil-
ton-Verteidigung nur in eingeschränktem Maße. Detaillierter äußern sich zu diesem
Thema die *Critischen Betrachtungen über die poetischen Gemählde der Dichter*
(1741), Bodmers gewichtigstes poetologisches Werk, das, trotz seiner zuweilen un-
übersichtlich-disparaten Gliederung und auffälliger terminologischer Unstimmigkeiten, wesentliche Beiträge zu einer neuen Theorie der dichterischen Gemütserregungskunst zu bieten vermag. Im Mittelpunkt steht die Erörterung der Voraussetzungen einer ganz auf affektive Wirkungen abzielenden literarischen Kunstform
(Bodmer spricht von den ›poetischen Gemälden‹). Diskutiert werden Fragen der Stillehre, der Stoffwahl, des Verhältnisses zwischen Poesie und Malerei, der Phantasieproduktion und der Imagination, nicht zuletzt Kriterien für die Wahl erhabener Themen (Bodmer meidet den Begriff und substituiert ihn durch Termini wie das
›Wunderbare‹, das ›Große‹ oder das ›Ungestüme‹). Grundlegend heißt es über die
Bedeutung imaginativer Fertigkeiten für den Prozeß der Naturnachahmung: »Aber
diese Einbildungskraft ist nicht nur die Schatzmeisterinn der Seele, bey welcher die
Sinnen ihre gesammelten Bilder in sichere Verwahrung legen, wo sie dieselben zu
ihrem Gebrauch abfodern kann; sondern sie besitzt daneben auch ein eigenes
Gebiethe, welches sich unendlich weiter erstrecket, als die Herrschaft der Sinnen.«
(II Bodmer CB, 13). Nicht allein die Sicherung vergangener Erfahrungen durch das
intellektuelle Vorstellungsvermögen gehört zu den Leistungen der Einbildung, vielmehr auch die Fertigkeit, dem Poeten jenseits der sichtbaren Welt liegende Themen
zuzuspielen, die Produkt der Imagination nur möglicher, nicht-realer Welten sind.
Die Einbildungskraft »übertrifft alle Zauberer der Welt, sie stellet uns nicht alleine
das Würckliche in einem lebhaften Gemählde vor Augen, und macht die entferntes-
ten Sachen gegenwärtig, sondern sie zieht auch mit einer mehr als zauberischen

Kraft das, so nicht ist, aus dem Stande der Möglichkeit hervor, theilet ihm dem Scheine nach eine Würcklichkeit mit, und machet, daß wir diese neuen Geschöpfe gleichsam sehen, hören, und empfinden (...)« (II Bodmer CB, 13f.). Hier tritt die Kategorie der Imagination als gänzlich selbständiges, produktives ästhetisches Vermögen hervor, das nicht mehr, wie bei Wolff und Gottsched, auf die Funktion der memorierenden *ars combinatoria* beschränkt ist. Von dieser Auffassung nimmt Bodmers Kursus durch die Welt poetischer Stoffe, der Stillehre und der Gattungen seinen Ausgang; Motive des Erhabenen, wunderbare Naturbeschreibungen, mythologische Sujets, allegorische Erzählungen, biblische Epen – das alles gilt im folgenden als Produkt einer poetischen Einbildungskraft, die bei den Schweizern den Begriff der Naturnachahmung aus dem Zentrum der poetologischen Kategorientafel verdrängt hat.

Ehe Bodmer sich anschickt, grundlegende Fragen wie jene nach dem Verhältnis von Phantasieproduktion und Stoffwahl, das Problem der Stilhöhe und die Bedeutung des Erhabenen für die Naturdarstellung zu erörtern, betont er den aus seiner Sicht engen Konnex von **Malerei und Poesie**. Die Verwandtschaft der Künste liegt nicht zuletzt in ihrer gemeinsamen Verpflichtung zur Naturnachahmung begründet. Malend verfährt die Dichtkunst, weil sie ebenfalls, wenngleich mit abstrakteren Mitteln, Bilder vor Augen führt; in noch stärkerem Maße als die Malerei liefert sie jedoch Beiträge zur Stimulation der Imaginationskraft, insofern sie a priori an der Darstellung auch des Nicht-Sichtbaren ausgerichtet bleibt – dieses macht für Bodmer ihren höheren ästhetischen Eigenwert aus. »Es giebt demnach zwo Arten der Nachahmung, eine da der Poet die Natur in ihren hervorgebrachten Wercken nachahmet, und eine andere, da er ihr in ihren Rissen folget.« (II Bodmer CB, 67). Zur Mimesis der äußerlich sichtbaren Phänomene tritt die Möglichkeit, eine Welt der Phantasie darzustellen, die zwar den Gesetzen des Wahrscheinlichen (nach den Prinzipien des Grundrisses der empirischen Realität) folgen muß, in ihren einzelnen Aspekten aber das Produkt individueller poetischer Erfindung bleibt. Mit dem Hinweis auf die dichterische Darstellung imaginärer Motive verknüpft sich sodann eine Ordnung der einzelnen Nachahmungsgegenstände: Als Bezugsfelder der Mimesis werden die materielle Welt der Erscheinungen, die Sphäre des Menschen und das immaterielle Reich Gottes (der Engel und anderer Manifestationen spiritueller Kräfte) unterschieden (II Bodmer CB, 56f.).

Wesentliche Bedeutung für Bodmers Poetik besitzt die Einsicht in die Funktion der Metapher und die Hochschätzung der **Kategorie der Gemütserregung**. Eine auf die Vermögen der Imagination und Phantasie gestützte Poesie sollte, so Bodmer, metaphorische Darstellungsformen anstreben (wobei Hinweise auf die Risiken des Schwulststils unterbleiben), weil diese vorzüglich Gelegenheit bieten, die zweite, nur mögliche Welt der dichterischen Einbildung anschaulich vor Augen zu führen (II Bodmer CB, 98f.). Damit verbunden ist der Gedanke, daß die Poesie bei der Wahl ihrer Themen am Wirkungskonzept der Gemütserregung ausgerichtet bleiben müsse; allein dort, wo der Leser durch die dichterischen Erfindungen in den Bann geschlagen und emotional gefesselt werde, profiliere sich die Poesie in hinreichend eigenständiger Weise.

### Das Erhabene

Das Wirkungsgebot der Affektbewegung führt unmittelbar zur Ästhetik des Erhabenen, deren Deduktion das Herzstück von Bodmers Schrift ausmacht (grundlegend II Zelle, 262ff.). Unterschieden werden drei Bezugsfelder für die poetische Darstellung der ›materialischen Welt‹, die ihrerseits divergierende Aspekte der Naturerscheinungen herauszuarbeiten vermögen: das Schöne, das die Einheit im Mannigfachen repräsentiert und Ergötzen hervorruft, das Große, das Erstaunen bewirkt, schließlich das Ungestüme, das zunächst ›widrige‹, unangenehme Empfindungen evoziert (II Bodmer CB, 152f.; vgl. II Schulz, 122f.). Umfaßt der erste Gesichtspunkt die Qualität des Schönen als Produkt der Harmonie seiner vielfältigen Elemente, so ist in den beiden anderen Kategorien der Begriff des Erhabenen aufgehoben, wie ihn später Kant, unter offenkundigem Rekurs auf Bodmer, in seiner *Kritik der Urteilskraft* (1790) entwickelt. Kant unterscheidet hier zwischen einem ›Mathematisch-Erhabenen‹ der Natur, das durch die Größe bestimmter Erscheinungen (Gestirnskonfigurationen, Weite des Horizonts, Gebirge, Meerespanoramen) zustande kommt, und einem ›Dynamisch-Erhabenen‹, das seine Wirkung dort entfaltet, wo die Natur als den Menschen beherrschende, ihn bedrohende Macht erscheint (Stürme, Gewitter, nächtliche Dunkelheit) (I Kant, Bd. X, 169ff., §§ 25ff.; vgl. II Riedel, 40).

Bereits Bodmer bietet mit seiner differenzierten Phänomenologie des Erhabenen eine typologische Ordnung poetischer Darstellungsformen, die ganz dem Prinzip der dichterischen Gemütserregung gehorchen. Auch wenn der Begriff des Erhabenen von ihm nur selten genutzt, zumeist durch die Kategorien des ›Großen‹ und ›Ungestümen‹ (bzw. des ›Wunderbaren‹) verdrängt wird, ist offenkundig, daß die Schrift in diesem Punkt an eine mit der Spätantike einsetzende rhetorisch-ästhetische Tradition anknüpft. Haupt- und Grundbuch zum Thema ist die Longin zugeschriebene Abhandlung *Peri hypsous* aus dem ersten nachchristlichen Jahrhundert. Sie erörtert das Erhabene primär als Produkt einer bestimmten Formsprache, die sich durch die Vorliebe für gehobene Stilmittel – tropische Wendungen, hyperbolische Ausdrücke und emphatische Figuren – bei entsprechender Vorsicht gegenüber den Risiken der stilistischen Überanstrengung, ferner durch die Zugehörigkeit zum *genus grande* bzw. *sublime* mit seinem *stilus gravis* auszeichnet. Zugleich betont die Schrift jedoch, daß das Erhabene jenseits seiner rhetorisch-artifiziellen Beschaffenheit im Horizont sprachlichen Wirkungskalküls auch als ursprüngliche Naturqualität gelten dürfe, deren spezifische Züge wiederum durch angemessene stilistische Mittel herausgearbeitet werden könnten (erhaben ist ein Gewitter, sind gewisse Flüsse, Gebirge; vgl. II Ps.-Longinos, 19,1f., 12,3f.). Nicht zuletzt bleibt es Ps.-Longin zufolge dem Menschen selbst gegeben, durch eine »große Gesinnung« erhabenen Charakter zu entwickeln (II Ps.-Longinos, 15,12) – ein Hinweis, der in den Debatten des späten 18. Jahrhunderts eine entscheidende Rolle spielen und zumal für die Tragödienästhetik Schillers maßgebliche Bedeutung gewinnen wird. Klar tritt bereits in der spätantiken Grundschrift zum Thema hervor, daß das Erhabene nicht allein rhetorisch-stilistische, sondern auch naturästhetische und anthropologische Aspekte aufweist.

Erst im Jahr 1554 wird die pseudo-longinische Abhandlung durch Francesco Robortello ins Lateinische übersetzt; eine intensivere Rezeption des Begriffs erfolgt (zunächst im Kontext seiner rhetorischen Implikationen) auf Anregung von Nicolas Boileaus *Traité du sublime* (1674), der die Kategorien der Schrift dem französischen Klassizismus vertraut macht (vgl. II Zelle, 76f.). Maßgeblich für die erst ab der Mitte des 18. Jahrhunderts beschleunigt ablaufende Wirkungsgeschichte wird Joseph Addisons »Essay on the Pleasures of Imagination«, der 1712 im »Spectator« erscheint (II Addison/Steele, Vol. III, S. 276ff. (No. 411–421)). Addisons Leistung besteht darin, daß er den Begriff des Erhabenen (bei ihm aufgehoben in der Kategorie ›Greatness‹) mit einer konzisen Theorie der Imagination zusammenführt und damit auch den Boden für Bodmers Lehre von der Einbildungskraft und der poetischen Darstellung erhabener Motive als deren Stimulanzien bereitet. Erhaben ist, so darf man Addisons Definition resümieren, was als Naturreiz das Gemüt des Menschen überwältigt und dabei eine gemischte Empfindung in ihm freisetzt, die Lust- und Unlustgefühle, freudige Erregung und Widerwillen gleichermaßen enthält. Erhabene Naturpoesie, läßt sich folgern, hat diesen Aspekt – die Erfahrung der Entgrenzung, die Aufhebung irdischer Sicherheiten, die Wahrnehmung von Weite und Größe, das Element des Schockhaft-Überwältigenden – möglichst angemessen darzustellen: nicht überladen-schwülstig, sondern knapp, mit denkbar unprätentiösen Sprachmitteln, die der Größe des jeweiligen Gegenstandes adäquat scheinen, ohne dabei angestrengt zu wirken.

Bodmers Typologie vertieft Addisons Überlegungen, die von der Verbindung zwischen Einbildungskraft und Erhabenem ausgegangen waren. Die Kategorien des Großen und Ungestümen, die als spezifische Spielarten des Erhabenen zu betrachten sind, werden ausführlich anhand von Stilexempeln und Themenvorschlägen veranschaulicht. Bei der Analyse der einzelnen Stoffe und Motive greift Bodmer auf die Zusammenfassung Addisons zurück (die ihrerseits partiell Ps.-Longins Schrift zur Quelle hat); zum Großen zählen Darstellungen von Himmelsprospekten, Gebirgen, Meerespanoramen und Horizontansichten (Bodmers Beispiele stammen hier meist aus Barthold Heinrich Brockes' *Irdischem Vergnügen in Gott*), während das Ungestüme wesentlich in der Beschreibung von Unwetter, Schiffbruch und kriegerischen Handlungen zutage tritt (die Vorbilder liefert neben Homers *Ilias*, die schon Ps.-Longin zu gleichen Zwecken konsultiert (vgl. Homer, *Ilias*, XV, 624f., II Ps.-Longinos, 10,5), Opitz' *Lob des Krieges Gottes* (1628) mit seinen martialischen Schlachtportraits). Wesentlich bleibt in beiden Fällen, daß die erhabene Wirkung – Bodmer bedient sich nun selbst dieses Begriffs (II Bodmer CB, 254, 277) – das Produkt gemischter Empfindungen ist, die durch die poetische Darstellung beim Leser ausgelöst werden. Lust und Unlust, Ergötzen und Grauen, Vergnügen und Angst bilden dabei in der Psyche des Rezipienten eine spannungsreiche Allianz, ohne daß es, wie beim Schönen, zur Harmonisierung der widerstreitenden Affekte kommt. Auch in diesem Punkt geht Bodmer über die bisweilen simplen, didaktisch funktionalisierten affektpsychologischen Folgerungen Gottscheds hinaus, indem er seinerseits eine poetologisch folgenreiche Analyse der gemischten Leidenschaften bietet, die nicht nur die Theorie des Erhabenen fundiert, sondern ihrerseits auch geeignet scheint, die Wirkungsästhetik einzelner Gattungen, zumal des Trauerspiels, auf eine neue Basis zu stellen (Lessing und Schiller werden diesen Impuls später aufgreifen). So heißt es bei Bodmer über das Wesen der gemischten Empfindungen, die das Erhabene (hier das Große) evoziert: »Man weiß ohne dem, wie nahe das Ergetzen und der Schmertz mit einander verwandt sind, also daß der höchste Grad des Ergetzens, wenn er nur um einen Grad steiget, sich in Schmertzen verwandelt (...)« (II Bodmer CB, 231).

Im Gegensatz zur antiken Begriffsbestimmung hat sich Bodmers Erhabenes vorwiegend aus seiner rhetorischen Zuordnung gelöst (hier II Begemann, 91f.). Erhabene Qualitäten besitzen primär die Erscheinungen der Natur, die den Menschen in ihren Bann ziehen und an denen auch der Künstler Maß zu nehmen hat. In den *Critischen Briefen* von 1746 betont Bodmer gegenüber seinem Freund Calepio, daß die sprachliche Darstellung die erhabenen Eigenschaften der Schöpfung stets nur annäherungsweise, nie vollkommen zur Darstellung bringen könne (II Bodmer B, 103f.). Die hier anklingende »Entrhetorisierung des Erhabenen« (II Begemann, 75) und die damit verbundene Übertragung des Begriffs auf die Ästhetik der Natur setzt sich nach Bodmer in den Schriften Mendelssohns, Burkes, Sulzers und Kants fort; die Abkehr von den Kategorien der Rhetorik und der sprachlichen Wirkungsdoktrin bildet insgesamt ein symptomatisches Kennzeichen für zentrale Bereiche der ästhetischen Debatte des 18. Jahrhunderts.

Im Hintergrund der Theorie des Erhabenen, die Bodmers Schrift vorstellt, steht fraglos die Lehre von der Einbildungskraft. Sie ist, wie auch in den Ausführungen zu Stildoktrin, Stoffwahl, Gattungen und poetischer Figurencharakterisierung, das entscheidende Prinzip, das die Dichtungsauffassung Bodmers begründet. Wie kaum ein anderes Motiv vermag das Erhabene (aufgehoben in den Kategorien des ›Großen‹ und ›Ungestümen‹) die Imagination des Menschen anzuregen und seine Phantasie zu inspirieren. Gerade durch die eigentümliche affektpsychologische Explikation des Erhabenen aus dem Geist der Theorie der gemischten Empfindungen scheint die Möglichkeit gegeben, das Motiv als Exempel einer Poesiekonzeption zu profilieren, die dem Menschen zutraut, neben der sichtbaren eine immaterielle Welt zu imaginieren, in der nicht das Wirkliche, sondern das Denkmögliche regiert. An diesem Punkt entfernt sich Bodmer auffällig von Gottscheds Wahrscheinlichkeitsbegriff. Das Erhabene, das die *Critische Dichtkunst* nur beiläufig unter stilanalytischen Aspekten (und begleitet von Hinweisen auf die Risiken des Schwulsts) traktiert, wird hier zum Medium eines neuen Konzepts der poetischen Phantasie, die den imaginativen Vermögen des Menschen größere Spielräume als je zuvor zugesteht.

### Poetik Breitingers

Breitingers *Critische Dichtkunst*, die Goethe aufgrund ihrer zuweilen disparaten Gliederung als »Irrgarten« (I Goethe, Bd. X, 289) apostrophiert hat, bietet eine in vielen Punkten ähnliche Argumentation wie Bodmers Gemäldeschrift. Die Probleme, die das Hauptwerk des Schweizers behandelt, entsprechen den zentralen Themen Bodmers: Fragen der Mimesis, des Wahrscheinlichen und Wunderbaren in der Poesie, des Verhältnisses von möglicher (fiktiver) und wirklicher Welt, der Leistungskraft poetischer Bildsprache (insbesondere der Metapher) und der Aspekte einer das Gemüt des Lesers rührenden Schreibweise (im Kontext des Wirkungskonzepts der Affekterregung) stehen im Mittelpunkt der zweibändigen Abhandlung (vgl. hierzu II Möller, 56ff.). Wie stark diese thematische Akzentsetzung vom Geschmack Gottscheds abwich, belegt dessen skeptisches Urteil im sechsten Band der *Beyträge zur Critischen Historie der Deutschen Sprache*: »In diesem Buche sind einige Materien, die zur Dichtkunst überhaupt gehören, sehr weitläufig, andere aber gar nicht berührt. Dagegen sind einige Kapitel eingeschaltet, die man hier gar nicht suchen würde (...)« (II Gottsched Hg., Bd. VI, St. 24, 679f.; vgl. II Bender, 91). Gottsched vermißte zumal ein gattungspoetisches System, auf dessen Herleitung auch Bodmer verzichtet hatte, eine eingehendere Beschreibung einzelner dichterischer Formmittel und den traditionell einer Poetik vorangestellten historischen Abriß. Umgekehrt mußte ihn die Detailgenauigkeit befremden, mit der Breitinger Probleme der Phantasieproduktion, die Bedeutung des Wunderbaren und die Differenz von philosophischem und poetischem Wahrscheinlichkeitsbegriff diskutierte.

Breitingers **Überlegungen zur Naturnachahmung** korrespondieren wesentlich mit den Gedanken Bodmers: Das aristotelische Wahrscheinlichkeitskriterium bleibt unangetastet, jedoch rückt die Darstellung einer möglichen, imaginierten, nur im Kopf des Poeten existierenden Welt als dichterisches Ideal in den Mittelpunkt der Analyse; die Ebene des empirisch Sichtbaren scheint demgegenüber weniger bedeutsam (was eine deutliche Abkehr von Gottscheds Position markiert). Auffällig bleibt auch, daß Breitinger zwar das Wirkungsgebot des Nützlichen neben das des ›Ergötzens‹ stellt (jenes als Produkt des dichterisch vermittelten Sachgehalts, dieses als Folge des poetischen Nachahmungsverfahrens und seines Ähnlichkeitsbezugs), zugleich aber betont, die Gemütsbewegung sei bedeutsamer als die dichterische Lehre, weil sich in ihr die genuin poetische Qualität eines Werkes bekunde (II Breitinger CD, Bd. I, 74ff.). Auch hier wird der Abstand sichtbar, der Breitinger von Gottscheds moraldidaktischem Poesiekonzept trennt.

Zu den Triebfedern einer auf die Erregung des Gemüts gerichteten Dichtung gehört laut Breitinger die Darstellung neuer, bisher unbekannter Aspekte der diesseitigen und der immateriellen Welt. Neben dem Schönen, Großen und »Verwundersamen« (II Breitinger« CD, Bd. I, 110) – den bekannten Elementen des Erhabenen – scheint das Neue vorzüglich geeignet, den Leser in seinen Bann zu ziehen. Angesichts des Fortschreitens szientifischer Erkenntnisse, die »die Geheimnisse der Natur« sukzessive erschlossen hätten (II Breitinger CD, Bd. I, 115f.), sei es für einen Poeten, der sich auf dem Wissensstand seiner Zeit befinde, nicht sonderlich schwierig, mit literarischen Erfindungen aufzuwarten, die dem breiten Publikum anschauliche Ansichten bisher unbekannter Wahrheiten bieten. Als Musterbeispiele werden hier die Lehrgedichte von Brockes und Pope angeführt, die, wie Breitinger erklärt, dem Maßstab der Darstellung des Neuen durch ihre Verarbeitung innovativer naturwissenschaftlicher Erkenntnisse Rechnung getragen und daraus auch ihre entsprechende Wirkungsmacht gezogen hätten (II Breitinger CD, Bd. I, 117, vgl. II Schmidt, 50).

Eine besondere Spielart des Neuen bildet für Breitinger das Wunderbare, das aus der poetischen Beschreibung einer nicht-wirklichen, möglichen Welt hervorgeht: »Da nun die Poesie eine Nachahmung der Schöpfung und der Natur nicht nur in dem Würcklichen, sondern auch in dem Möglichen ist, so muß ihre Dichtung, die eine Art der Schöpfung ist, ihre Wahrscheinlichkeit entweder in der Übereinstimmung mit den gegenwärtiger Zeit eingeführten Gesetzen und dem Laufe der Natur gründen, oder in den Kräften der Natur, welche sie bey andern Absichten nach unsern Begriffen hätte ausüben können.« (II Breitinger CD, Bd. I, 136f.). Aufschlußreich an diesem Passus bleibt nicht allein die Ansicht, daß die Poesie ihre Gegenstände mit gutem Recht aus einer imaginären denkmöglichen Welt beziehen dürfe, sondern ebenso der Hinweis auf den schöpferischen Charakter des poetischen Verfahrens selbst. An derartigen Details ist zu erkennen, daß sich die Dichtungstheorie Breitingers bereits von den Zwängen der Regelpoetik entfernt hat und dem ästhetischen Darstellungsakt selbst produktive Potenzen zubilligt, die den Dichter als Schöpfer, sein Werk als selbständiges Gebilde ausweisen (vgl. II Schmidt, 52f.). Nicht zuletzt impliziert diese veränderte Akzentuierung eine Lockerung des eng gefaßten aufklärerischen Mimesisbegriffs zugunsten der Einsicht in die Eigenmacht poetischer Erfindungen; neben der nachahmenden rückt jetzt auch die kreative Leistung des dichterischen Werkes ins Zentrum des theoretischen Interesses. Die neue Perspektive ermöglicht eine erste Annäherung an den Begriff der ästhetischen Illusion, die vor allem Lessing als entscheidendes Prinzip einer die produktive Leistung literarischer Fiktionsbildung jenseits ihrer Nachahmungsfertigkeiten würdigenden Dichtungsauffassung profilieren wird (II Preisendanz, 75f., II Herrmann, 274f.).

Im folgenden betont Breitinger, daß das Wunderbare grundsätzlich dem Gebot der Wahrscheinlichkeit widerstreite, weil seine poetische Darstellung die Regeln des Vernünftigen, Logischen notwendig durchbreche. Jedoch sieht Breitinger bestimmte Möglichkeiten einer Annäherung zwischen beiden Kategorien gegeben, wenn ein **neuer Wahrscheinlichkeitsbegriff** zugrundegelegt wird, der am Maßstab der menschlichen Sinneswahrnehmung, nicht an dem philosophischer Vernunft orientiert ist. Erfüllt eine poetische Erfindung, die den Charakter des Abenteuerlichen, Wunderbaren aufweist, das Kriterium der sinnlichen Evidenz, insofern sie die Einbildung der Leser oder Zuhörer beschäftigt und ihre Phantasie anregt, dann wäre sie auch ästhetisch salviert – als Darstellung eines fiktiven Geschehens, das nach logischen Gesichtspunkten unwahrscheinlich, nach dichterischen jedoch wahrscheinlich ist: »Man muß also«, schreibt Breitinger, »das Wahre des Verstandes und das Wahre der Einbildung wohl unterscheiden; es kann dem Verstand etwas falsch zu seyn düncken, das die Einbildung für wahr annimmt (...)« (II Breitinger CD, Bd. I, 138f., II Möller, 64f.). Auch hier zeigt sich, daß die Eigenrechte der Poesie jenseits des von Gottsched geschätzten pädagogischen Kalküls zugenommen haben. Dieser neuen Akzentuierung trägt wiederum Breitingers argumentativer Stil Rechnung, der poetologische Fragen im Zusammenhang philosophischer Begrifflichkeit behandelt und damit signalisiert, daß sich die Regelpoetik auf dem Weg zur in Deutschland erst nach 1750 systematisch ausgebauten Ästhetik befindet, die literaturtheoretische Probleme im Kontext grundlegender Bestimmungen des Natur- und Kunstschönen, der Affektpsychologie und Anthropologie erörtern wird. Die Ausweitung des innerhalb der Poetik zutage tretenden Themenspektrums und die methodische Vielfalt der Deduktionen trägt der Ansicht Rechnung, daß die Dichtkunst ein höchst komplexer Gegenstand sei, dessen spezifischer Charakter nur im Zusammenspiel differenzierter Argumentationsmuster und einander ergänzender analytischer Verfahrensweisen hinreichend gewürdigt werden könne.

Kennzeichnend für die philosophische Fundierung von Breitingers Diskussion verschiedener Aspekte dichterischer Nachahmung ist die Reflexion über den Möglichkeitsbegriff. Immer wieder betont Breitinger mit Leibniz, daß die bestehende Welt von Gott in Konkurrenz zu einer Vielzahl anderer denkbarer Schöpfungssysteme nach Maßgabe größtmöglicher Vollkommenheit hervorgebracht wurde (vgl. II Breitinger CD, Bd. I, 59f., 268f.). Da der produzierende Autor im dichterischen

Nachahmungsakt ebenfalls aus einer Pluralität von Gegenstandsbereichen einen einzigen auswählt, um ihn ästhetisch zu gestalten, wäre es, wie Breitinger ausführt, legitim, auch ihn als Schöpfer zu bezeichnen (II Breitinger CD, Bd. I, 60). Auffällig scheint dabei, daß die *Critische Dichtkunst* an diesem Punkt keine weiteren Überlegungen zur spezifischen Legitimität der poetischen Beschreibung möglicher Welten anstellt; ungeklärt bleibt, ob sich hinter dem selektiven Verfahren der dichterischen Mimesis ein Akt der Überbietung der göttlich geschaffenen Natur selbst verbirgt (was aus theologischer Sicht Ausdruck von Hybris wäre) oder ob die auswählende Nachahmung der Schönheiten der Schöpfung ihrerseits den Charakter des Gotteslobs annimmt (das entspräche dem älteren Verständnis der Mimesiskategorie, wie sie bei Opitz und seinen Nachfolgern im 17. Jahrhundert zutage tritt) (vgl. II Herrmann, 256f.).

Die poetische Transformation der wirklichen Welt, die Breitinger in eine materielle, eine historische und eine moralische Dimension einteilt, erfolgt unter Einsatz bestimmter Verfahrensweisen, zu denen vor allem die Variation (als Technik der Abwandlung empirischer Prozesse nach Gesichtspunkten der Einbildungskraft), ferner die Illustration (der Vorgang einer typisierend-konkretisierenden Zuspitzung historischer Abläufe oder Charaktere zugunsten größerer Anschaulichkeit) gehören (vgl. II Herrmann, 233). Auch in den bisweilen umständlich operierenden Kapiteln zu einzelnen Techniken der poetischen Erfindung möglicher Welten erweist sich die Originalität von Breitingers Ansatz; die einseitige Konzentration auf das Nachahmungsprinzip, die Gottscheds *Dichtkunst* geprägt hatte, wird hier überwunden durch eine eigenständige Theorie der Phantasie und durch die Herleitung eines poetischen Fiktionsbegriffs, die vom Gedanken ausgeht, daß die Welt der Dichtung ihren individuellen Wahrscheinlichkeitsgesetzen unterliegt, welche mit jenen der Logik nicht zur Deckung kommen. Fast folgerichtig schließt sich an diese Lehre eine dezidierte Aufwertung des Poeten als Schöpfer originärer Werke im Vorfeld des Geniebegriffs an, der zumal die Dichtungstheorie ab 1760 beherrschen wird.

Der zweite Band der *Critischen Dichtkunst* und die im selben Jahr publizierte Abhandlung von den Gleichnissen diskutieren wesentlich Fragen der poetischen Bildsprache, ohne dabei frei von Pedanterie zu bleiben (vgl. II Schulz, 132f.). Hinter den zuweilen langatmigen Analysen tritt jedoch einmal mehr die Originalität von Breitingers Gedanken zutage: Die Bewertung tropischer Stilmittel erfolgt nicht mehr ausschließlich im Kontext des rhetorischen Begriffssystems (dessen kontinuierliche Geltung zwar durch Anknüpfung an die Ordnungshierarchie der antiken Redelehren bekräftigt, zugleich aber durch terminologische Unstimmigkeiten und ostentatives Desinteresse an präzisen Abgrenzungen in Frage gestellt wird), sondern primär gestützt auf die bereits bekannte Theorie der Phantasie: Die Leistung der poetischen Bildsprache mißt sich an der Intensität, mit der sie die Einbildungskraft des Lesers inspiriert und sein Gemüt erregt (II Windfuhr, 459f.). Aus dieser Überzeugung erklärt sich auch, daß Breitinger trotz seiner Vorliebe für tropische Ausdrucksformen die Argumente der aufgeklärten Schwulstkritik übernimmt; Marino, Hoffmannswaldau und Lohenstein verfehlten, so heißt es immer wieder, die Emotionen des Lesers, weil ihre Bilderfindungen ausschließlich Produkte kühlen rhetorischen Wirkungskalküls blieben (II Breitinger G, 222, 242). Die »Logick der Phantasie« (II Breitinger G, 1) ist erneut der Parameter, an dem die Möglichkeiten der Poesie ausgerichtet werden. Der Abschied von der Regelpoetik hat sich angekündigt, der Weg zu einer literarischen Ästhetik, die theoretische Spezialfragen in übergreifenden Zusammenhängen erörtert, scheint gebahnt.

## 4. Sensualistische Ästhetik: Baumgarten und Meier

### Anregungen durch Muratori, Dubos und König

Die Anfänge der sensualistischen Ästhetik liegen in Italien und Frankreich. Lodovico Antonio Muratori und Jean Baptiste Dubos sind es, die am Beginn des aufgeklärten Jahrhunderts erstmals das System einer neuen Lehre vom Schönen vortragen, demzufolge der besondere Effekt eines Kunstwerks nicht in der Übermittlung vernünftiger Unterrichtsgehalte oder moralischer Wahrheiten, vielmehr in seiner sinnlichen Wahrnehmbarkeit und einer das Gemüt berührenden, gefühlsbezogenen Wirkung besteht, die jenseits des reinen Vernunfturteils den sensuellen Geschmack des Menschen anspricht. Diese ebenso einfache wie essentielle Botschaft verknüpft sich mit der Einsicht, daß ästhetische Produkte ihre eigenen Wahrheiten zu formulieren vermögen, die keinen Gegensatz zu jenen der Ratio bilden, sondern deren Komplement vorstellen. Die Werke der Kunst, erklärt Dubos in seinen *Réflexions critiques sur la poësie et la peinture* von 1719, erfaßten primär die Sinne des Menschen, erst in zweiter Linie seinen Verstand; dieser sensuelle Effekt aber, so weiß der Franzose, ist wiederum nicht frei von Vernunftaspekten: Das sinnliche Wahrnehmungsvermögen des Individuums nämlich gehorcht durchaus rationalen Prinzipien, insofern es bestimmten, genau festgelegten Gesetzmäßigkeiten unterworfen bleibt.

Ins Zentrum von Dubos' Wirkungslehre, die sich nicht allein auf Fragen der Poetik beschränkt, rückt der **Begriff der Rührung**. Er bezeichnet den entscheidenden Eindruck, den die Natur im Gemüt des wahrnehmenden Betrachters auslöst; nach diesem Modell muß auch die Kunst verfahren, um Wirkungen zu erzielen, die die Affekte des Menschen mobilisieren. Dubos hält zwar noch an der Kategorie der Mimesis fest, verlagert den Schwerpunkt seiner Überlegungen jedoch deutlich auf den Bereich der durch die Kunst ausgelösten Leidenschaften, ihren Zusammenhang mit spezifischen Stilmitteln und Stoffen sowie deren Bedeutung für den Rezipienten. Auch diese Verschiebung, mit der sich eine gewisse Distanz zur Regelpoetik verbindet, ist der sensualistischen Lehre geschuldet; das Wesen des ästhetischen Werkes läßt sich nicht über seine Formsprache oder über die von ihm vermittelte Botschaft fassen, sondern einzig durch die Beschreibung seiner sinnlich-affektiven Wirkung.

Ähnlich, wenngleich auf anderer terminologischer Basis, argumentiert der Italiener Lodovico Antonio Muratori in seinen *Riflessioni sopra il buon gusto* (1708–15). In den Vordergrund tritt hier der **Begriff des Geschmacks**, der laut Muratori als Kategorie sinnlicher Wahrnehmung das Urteil über Kunstwerke begründet. Ebenso wie Dubos grenzt sich der Italiener damit gegen ein normorientiertes Zweckdenken ab, das ästhetische Produkte nach den Regeln der Vernunft analysiert und ihre Wirkung primär in der Übermittlung moralisch-philosophischer Lehren erblickt. Auch Muratori betont, daß Kunst vornehmlich die Sinne des Menschen anspreche, deren Urteilskraft sich wiederum in den Möglichkeiten des *gusto* frei entfalten könne. Die hier vorgetragene Lehre von der Priorität des Sensuellen läßt sich jedoch kaum als Beitrag zur Legitimation ungezügelter Phantasieproduktion, des poetisch Unwahrscheinlichen und Irrationalen auffassen. Der sinnlich fundierte Geschmack ist, wie Muratori betont, keinesfalls gegen das Vernunfturteil auszuspielen, weil er sich idealiter dessen Vorgaben unterwirft. Der *buon gusto* steht in konsequenter Übereinstimmung mit den Prinzipien der Ratio, deren Gesetze er auf andere, zunächst vernunftjenseitige Weise zur Geltung bringt. An Dubos' und Muratoris Abhandlungen läßt sich erkennen, daß der Sensualismus nicht die Suspension der Verstandeskräfte anstrebt, sondern die Sinnlichkeit als Kategorie der Wahrnehmung und des ästhetischen Urteils stärker akzentuieren möchte (in Gottscheds rationalistischer Poetik sollte sie später ebenso wie der Geschmack nur eine untergeordnete Rolle spielen). Im Idealfall läßt sich der sensualistischen Ästhetik zufolge die Wirkung der Kunst auf das Gemüt des Menschen als Produkt einer vernunftanalogen Kraft auffassen, die zwar spezifischen Geltungsprinzipien gehorcht, dabei aber keineswegs den Regeln des Verstandes entzogen bleibt.

Nach Deutschland dringt der Sensualismus nur langsam und mit einer gewissen Zeitverzögerung (Dubos' große Abhandlung, im Original offenbar kaum rezipiert, wird erst 1760 übersetzt, Muratori bleibt ohne sonderlichen Einfluß). In einem längeren Beitrag über den poetischen Geschmack, der als Anhang seiner im Jahr 1727 veröffentlichten Neuedition der Gedichte des Freiherrn von Canitz beigebunden ist, nähert sich Johann Ulrich König vorsichtig den Positionen der sensualistischen Ästhetik. In teilweise expliziter Auseinandersetzung mit dem Geschmacksbegriff Dubos' und dessen Kritik durch Anne Lefèvre Dacier entwickelt König seine durchaus selbständige Auffassung vom *goût*. Geschmack ist ein aktives und passives Vermögen gleichermaßen; als Ferment eines Kunstwerks (oder auch eines kulinarischen Erzeugnisses) bildet er eine tätige Komponente, die ihren eigenen Beitrag zum Gelingen des jeweiligen Produkts leistet, in der Funktion eines Elements der Urteilskraft besitzt er hingegen den Charakter einer perzeptiven, wertenden Fertigkeit. Wie seine Vorgänger faßt auch König den Geschmack unter doppelter Perspektive, zum einen als rein sinnliche Wahrnehmungsinstanz (z.B. beim Genuß von Speisen und Getränken), zum anderen in »figürlicher Deutung« (II König, 386) (das heißt: im metaphorischen Sinn) als differenzierendes Vermögen der Bewertung von Kunstwerken oder wissenschaftlichen Leistungen.

In der letztgenannten Dimension nimmt der Geschmack eine Sonderstellung zwischen sensitiver Wahrnehmung und rationalem Urteil ein. Zwar bildet die intuitive Perzeption einen entscheidenden Aspekt dieser Art der Geschmacksäußerung, jedoch steht sie nicht in Gegensatz zu den Maßstäben der Vernunft; vielmehr ergänzt zumindest der gute Geschmack, dessen ursprüngliche Sensibilität durch ständige Übung zu vervollkommnen ist, die Urteilsakte des Verstandes, indem er ihre Ergebnisse vorwegnimmt. Was die Ratio durch umständliche Prüfung analytisch begründet, leistet die erfahrungsgebundene Intuition des guten Geschmacks in kürzester Zeit:

> Ein jeder Gegenstand, der, nach einer genauen Prüfung aller seiner Theile insbesondere und deren Gleichförmigkeit, den Beyfall unsers Verstandes verdienen würde, giebt nicht so bald einen Eindruck in die wohlbeschaffenen Werckzeuge unsrer Sinne, als

durch denselben Eindruck schon zugleich eine Empfindung in unserer Seele erzeugt wird, die, krafft der Ubereinstimmung zwischen unsern Begriffen und unsern Empfindungen, denselben Gegenstand uns liebens= und hochschätzungs=werth macht. Diese Empfindung ist eben der Geschmack des Verstandes, und dieser Geschmack pflegt sein Urtheil von einer Sache, die uns angenehm oder unangenehm vorkommt, nicht so lange zu verschieben, bis er zuvor derselben richtige Ordnung, Gleichförmigkeit in ihren Theilen, Schönheit oder Nutzen nach allen Regeln und guten Gründen, in einer genauen Untersuchung geprüft. Er empfindet alsofort das Vollkommene in einem Verse oder in einer Rede. (II König, 403).

Im Idealfall, so erklärt König, urteilt zunächst der intuitiv verfahrende Geschmack über die Qualität eines Kunstwerks, ehe sodann die gründlicher operierende analytische Vernunft die Evidenz dieser Bewertung überprüft. Handelt es sich um einen geschulten Geschmack, der in der Auseinandersetzung mit künstlerischen Produkten geübt ist, so wird sich sein Urteil von jenem der Ratio kaum unterscheiden. Zu fragen steht dabei, ob allein die größere Schnelligkeit des Bewertungsprozesses dem Geschmacksbegriff bei König Kredit verleiht oder ob andere Qualitäten hinzutreten, deren Analyse wiederum Rückschlüsse auch auf das Poesieverständnis des Autors gestatten könnten. König erklärt zwar mehrfach, daß der Geschmack keinesfalls frei von Regeln und Gesetzen funktioniere, jedoch verzichtet er auf deren nähere Beschreibung (die er einer nie publizierten Fortsetzung seiner Abhandlung vorbehält). So läßt sich nur ahnen, worin die genannten Prinzipien fundiert sein könnten; als Elemente des Geschmacks nennt König die auch bei Wolff und Gottsched angeführten Bestandteile der Imaginationskraft – Witz, Gedächtnis und Urteilsvermögen. Damit ist offenkundig, daß die auf Geschmacksbildungsprozesse gestützte Bewertung von Kunstwerken unmittelbar mit einer Reihe rationaler Fertigkeiten verknüpft ist, ohne sich in deren praktischer Umsetzung vollends zu erschöpfen (II König, 405). Welche Differenz die Leistungen der Vernunft vom Geschmack trennen, weiß König selbst, wenn er erklärt, es handele sich bei ihm um »eine Art einer durch Lehrübung vollkommen gemachten natürlichen Vernunft.« (II König, 425). An diesem Punkt wird sichtbar, daß der Geschmack nicht nur eine beschleunigt urteilende, oberflächlicher wertende Spielart des analytischen Verstandes repräsentiert. Bei aller Notwendigkeit der Schulung bleibt es sein Spezifikum, daß er in einem natürlichen, sensitiv-intuitiven Talent des Menschen begründet, kaum aber Resultat langwieriger intellektueller Ausbildung und Übung ist. Zwar betont König immer wieder die Vernunftanalogie des Geschmacksurteils, jedoch bewegt er sich mit seinen Bestimmungen bereits am Rande einer rational fundierten Poetik. Wo einem Vermögen, das nicht auf Regelkenntnis, sondern auf Intuition beruht, eine derart weitreichende Urteilskompetenz in Fragen der Kunst zugestanden wird, scheint der Weg zu einem jenseits der Normpoetik liegenden Dichtungsverständnis nicht mehr weit. Es bedurfte freilich erst einer methodischen Konsolidierung der gesamten Schulphilosophie, ehe sich im Bereich der Literaturtheorie neue Ansätze dieser Art behaupten konnten.

## Ästhetisches System bei Baumgarten

Die besondere Signifikanz der deutschen sensualistischen Ästhetik, deren systematische Begründung von Alexander Gottlieb Baumgarten stammt, liegt darin, daß sie sich auf die Fundamente der Wolffschen Philosophie stützt und aus einer Fortentwicklung ihrer rationalistischen Erkenntnistheorie hervorgeht (vgl. I Kondylis, 559f., II Möller, 83f.). Baumgartens Ausgangspunkt bildet Wolffs Differenzierung zwischen einem unteren und einem oberen Erkenntnisvermögen, wie sie die *Vernünfftigen Gedancken von GOTT, der Welt und der Seele des Menschen* (= *Deutsche Metaphysik*, 1720) ausbreiten. »So bald wir uns eine Sache vorstellen können: so erkennen wir sie. Und wenn die Begriffe deutlich sind; so ist auch unsere Erkäntniß deutlich: sind aber jene undeutlich; so ist auch die Erkäntniß undeutlich. Deutliche Erkäntniß ist der Verstand von einer Sache.« (II Wolff DM, 154, § 276). Die undeutliche Erkenntnis entspricht dem Erkennen durch die Sinnesorgane und den Vorgängen der Imagination – sämtlichen Prozessen der Wahrnehmung äußerer Erscheinungen, an denen der distinktive Verstand noch nicht beteiligt ist; der deutlichen Erkenntnis korrespondiert hingegen die vernunftgestützte Tätigkeit der Differenzierung, die Unterschiede zwischen den Erscheinungen herauszuarbeiten vermag und derart einen grundlegenden Beitrag zu Begriffsentwicklung und rationaler Urteilsbildung leisten kann: »Weil die Deutlichkeit der Erkäntniß für den Verstand, die Undeutlichkeit aber für die Sinnen und Einbildungs-Krafft gehöret; so ist der Verstand abgesondert von den Sinnen und der Einbildungs-Krafft, wenn wir völlig deutliche Erkäntniß haben: hingegen mit den Sinnen und der Einbildungs-Krafft noch vereinbahret, wo noch Undeutlichkeit und Dunkelheit bei unserer Erkäntniß anzutrefen.« (II Wolff DM, 155, § 282)

Daß die beiden genannten Erkenntnisformen ein hierarchisches Verhältnis zueinander ausbilden, wird klarer, wenn man die zuständigen Bestimmungen aus Wolffs instruktiver *Ausführlicher Nachricht von seinen eigenen Schrifften* (1726) konsultiert: »Zu dem unteren Theile der Seele rechne ich die dunckele und undeutliche Vorstellungen, und die daraus entstehende Appetite; zu dem obern Theile aber die deutliche Vorstellungen nebst dem Willen, der von ihnen kommet.« (II Wolff AN, 254) Das untere Erkenntnisvermögen der Seele ist wesentlich affektiv bestimmt durch Lust- oder Unlustgefühle; es bildet den Anfangspunkt jeglicher Erkenntnistätigkeit, insofern diese zunächst durch nicht-vernünftige Antriebe in Gang gesetzt wird. Die eigentliche Urteilsbildung stützt sich auf das obere Erkenntnisvermögen der Seele, das durch die Fertigkeiten des Verstandes seine Absicherung findet. Ihre Quelle hat Wolffs Differenzierung in Leibniz' *Meditationes de cognitione veritate et ideis*, deren Unterscheidung zwischen klarer und verworrener Perzeption später in der *Monadologie* fortgeführt wird (vgl. zumal I Leibniz M, 31f., Nr. 14; dazu II Gaede, 107, II Solms, 34f.).

Baumgartens *Aesthetica*, 1750/58 in zwei Teilen als Zusammenfassung einer seit 1742 in Halle zu ästhetischen Fragen gehaltenen Reihe von Vorlesungen publiziert, unternimmt den Versuch der **wissenschaftlichen Begründung des Schönen**, die neben anderem auf Wolffs Lehre der verschiedenen Erkenntnisvermögen basiert. Bereits die erste Bestimmung des Themenfeldes erschließt sämtliche leitenden Aspekte der späteren Begriffsdefinition: »Die Ästhetik (als Theorie der freien Künste, als untere Erkenntnislehre, als Kunst des schönen Denkens und als Kunst des der Vernunft analogen Denkens) ist die Wissenschaft der sinnlichen Erkenntnis.« (II Baumgarten TÄ, 3, § 1). Von Wolff übernommen wird der Gedanke eines sensuell fundierten Erkenntnisvermögens, das Baumgarten jedoch als prinzipiell gleichwertiges Korrespondenzphänomen höherer, verstandesbezogener Urteilskräfte, als *analogon rationis* betrachtet. Die *gnoseologia inferior*, die untere Erkenntnislehre, ist in Prinzipien verankert, die gewisse Entsprechungen zu jenen der rationalen Logik aufweisen. Das Wesen des Schönen läßt sich nicht mit den Mitteln des Verstandes erfassen, sondern nur im Rahmen seiner eigenen Gesetze angemessen analysieren. Die schöne Erkenntnis, von der Baumgarten spricht, besitzt dabei den Status einer selbständigen Wissenschaft (II Baumgarten TÄ, 43f., §§ 70f.), deren Regeln jeweils analog zu denen der Vernunft deduziert werden können (vgl. prinzipiell II Poppe, 47f., II Schweizer, 36f., II Jäger, 33f., II Wiegmann, 85f., II Solms, 31f.).

Die Schwierigkeit und innere Komplexität des Baumgartenschen Systems resultiert vor allem daraus, daß der Begriff der ›schönen Erkenntnis‹ sowohl den Bereich der Werkästhetik als auch jenen der Rezeption bezeichnet. Die »ars pulchre cogitandi« (II Baumgarten TÄ, 3, § 1) (die Kunst des schönen Denkens) ist ein Vermögen, daß der Schaffende ebenso wie der Rezipierende gleichermaßen besitzen muß; beide können die Fähigkeit der schönen Erkenntnis nur gewinnen, wenn sie die Regeln des ästhetischen Systems gründlich studieren und durch Übung ständig erweitern (II Baumgarten TÄ, 29ff., §§ 47ff.). Bedingung der *cognitio sensitiva* ist zunächst ganz allgemein die Existenz natürlicher unterer Erkenntnisvermögen, zu denen, gemäß den Bestimmungen Wolffs, Gedächtnis, Scharfsinn, Einbildungskraft und Geschmack gehören (II Baumgarten TÄ, 21f., §§ 33f.). Baumgarten betont dabei immer wieder, daß diese Fertigkeiten zwar keine klare logische Erkenntnis garantierten, jedoch Wahrnehmungsformen und Urteile begründeten, die vernunftanalogen Charakter aufwiesen (was eine Modifikation von Wolffs eher geringschätziger Analyse der *gnoseologia inferior* bedeutet). Selbstverständlich ist es für Baumgarten in diesem Zusammenhang, daß derjenige, der über das Vermögen schöner Erkenntnis verfügt, auch rationale Fertigkeiten besitzen kann, mithin der Sinn für die eigentümliche Sprache der Künste keineswegs logische Denkschulung ausschließen muß (II Baumgarten TÄ, 25, § 39).

Als wissenschaftliches System läßt sich die Ästhetik, wie Baumgarten immer wieder betont, weder auf die Deduktion spezifischer Regeln zur Verfertigung von Kunstwerken noch auf die Erörterung von Merkmalen einzelner Gattungen beschränken. Ihr Anspruch zielt darauf, die Besonderheiten der schönen Erkenntnis und des künstlerischen Bedeutungssystems phänomenologisch zu beschreiben. Damit geht sie über den normstiftenden Charakter der älteren Poetik in mehrfacher Hinsicht hinaus; sie schließt potentiell auch die bildenden Künste sowie die Musik in ihre Überlegungen ein und entwickelt eher die Grundzüge einer Philosophie des Schönen als die Konstituenten eines Regelsystems, das die künstlerische Praxis unmittelbar beeinflussen möchte. Erste Ansätze zu dieser methodischen Erneuerung zeigten sich bereits in Baumgartens 1735 veröffentlichter Magisterschrift *Meditationes philosophicae de nonnullis ad poema pertinentibus*, die die Wirkung poetischer Werke primär auf die Erzeugung sinnlicher Eindrücke, nur in zweiter Linie auf die

Vermittlung moralischer Lehrgehalte im Kontext eines normativ festgelegten dichterischen Systems zurückzuführen suchte.

In den Mittelpunkt des theoretischen Interesses rückt die Frage nach der spezifischen Beschaffenheit des **ästhetischen Wahrheitsbegriffs**. Gemäß den Vorgaben der Baumgartenschen Lehre einer schönen Erkenntnis ist es folgerichtig, daß dieser sich gegenüber jeglichen Vernunftbestimmungen mit einer eigenen Systematik und Ordnungsstruktur profiliert. Abzugrenzen wäre er von der abstrakten metaphysischen Wahrheit, die sich dem Menschen nie vollständig, stets nur ansatzweise erschließt, aber ebenso von der logischen Vernunftwahrheit, die durch das obere Erkenntnisvermögen erfaßt werden kann (II Baumgarten TÄ, 53f., §§ 424f.). Statt dessen unterliegt der ästhetische Wahrheitsbegriff solchen Kriterien, die an die Dimension des sinnlich Wahrnehmbaren gebunden bleiben; er geht auf in der Wahrscheinlichkeit, der sinnlichen Evidenz der Darstellung, der Stimmigkeit der erfundenen Charaktere, der Triftigkeit der Fiktion, der Einheit der behandelten Gegenstände (II Baumgarten TÄ, 59f., §§ 431f.). Baumgarten, dessen Argumentation an diesem Punkt anschaulicher als sonst verfährt (vgl. II Baeumler, 104), demonstriert durch seine Aufzählung, daß die Schönheitslehre den Beistand der Rhetorik sucht. Durchweg sind die Gesichtspunkte, nach denen das ästhetisch Wahrscheinliche (als Surrogat des Wahren) beurteilt wird, deckungsgleich mit rhetorischen Prinzipien (Angemessenheit im Verhältnis von Erfindung und Stilmitteln, Lehre von der *evidentia*, der möglichst anschaulichen Vergegenwärtigung eines Phänomens in Rede oder Schrift, Harmonie der Gesamtkomposition). Grundsätzlich gilt, daß das Wahrscheinliche das ästhetische Analogon des im Bereich der oberen Erkenntnisvermögen angesiedelten logisch Wahren repräsentiert: »Die ästhetische Wahrheit ist also in ihrer wesentlichen Bedeutung Wahrscheinlichkeit, jene Stufe der Wahrheit, auf der man, auch wenn man nicht zur vollständigen Gewißheit geführt worden ist, dennoch keine Falschheit beobachten kann.« (II Baumgarten TÄ, 115, § 483).

Die ästhetische Wahrheit bleibt idealiter konkret, weil ihre Richtinstanz das Urteil der Sinne, nicht die Verstandessphäre bildet. Der Künstler muß es daher vermeiden, seine Erfindungen auf die Vermittlung abstrakter metaphysischer Lehrsätze abzustellen: »Darin liegt ein Grund dafür, daß der Ästhetiker, der sich um die höchste Wahrheit bemüht, die er zu sehen vermag, den allgemeineren, den abstraktesten und umfassendsten Wahrheiten die bestimmteren, weniger allgemeinen, weniger abstrakten und den allgemeinen überhaupt die individuellen so weit wie möglich vorzieht.« (II Baumgarten TÄ, 69, § 440). Das bemerkenswerte Diktum schließt die Einsicht ein, daß Kunst sich nicht auf die Vermittlung universeller Lehren verlegen, sondern eine konkrete Botschaft bieten solle. Man kann in dieser Zuordnung eine wesentliche Quintessenz der sensualistischen Ästhetik erkennen, die, anders als die rationalistische Poetik der Gottsched-Schule, die künstlerische Praxis von den Zwängen didaktischer Zweckformen befreien und auf die ihr eigentümlichen Darstellungsmuster verpflichten möchte. Kunst, so weiß Baumgarten, verschafft nur dort ästhetische Erkenntnis, wo sie sinnlich evident und konkret bleibt, statt sich auf die Übermittlung abstrakter Botschaften zu konzentrieren.

Auch wenn die logische Wahrheit anderen Gesetzen folgt als die ästhetische, muß sich der Künstler bei seiner Arbeit ebenso wie der sinnlich Erkennende von höchstem Wahrheitsanspruch leiten lassen. Im Gegensatz zur Vernunft kann sich die

Kunst dabei der Wahrheit stets nur annähern, indem sie durch ihre Werke Vollkommenheit erzeugt. Diese Vollkommenheit, die das künstlerische Produkt in seiner materialen Ausgestaltung aufweist, entspricht, so erläutert Baumgarten mit Leibniz, dem bestmöglichen Zustand unserer Weltordnung. Sie bildet mithin das Korrespondenzphänomen zu einer letzthin nur metaphysisch erklärbaren Wahrheit; die vollkommene Formung eines Kunstwerks ist das *analogon metaphysicis*, das ästhetische Pendant der perfekt eingerichteten Schöpfung (II Baumgarten TÄ, 149, § 564; vgl. II Solms, 53f.). Um ein Höchstmaß an Vollkommenheit zu erreichen, müsse der Künstler, so rät Baumgarten, »sich schließlich individuelle Themen auswählen« (II Baumgarten TÄ, 149, § 565). Auch hier zeigt sich die Tendenz zum Konkreten, Anschaulichen, die die *Aesthetica* durchweg bestimmt; die Einsicht in die sensuelle Wirkung der Kunst immunisiert Baumgarten gegen dogmatisch starres Zweckdenken und ein Übermaß an rationaler Pädagogik.

Im letzten Teil der Abhandlung erörtert Baumgarten drei **verschiedene Aspekte des ästhetischen Wahrheitsbegriffs**, die sich auf je divergierende Schwerpunkte der vom Kunstwerk berührten Gegenstandsbereiche beziehen. Man könnte hier auch von Themenfeldern sprechen, wäre es nicht Baumgartens Anliegen, gerade die spezifisch ästhetische Form der Darstellung in seine Typologie einzubeziehen und sich derart von einer allein an rhetorisch-poetologischen Gesetzmäßigkeiten orientierten Analyse künstlerischer Sujets zu lösen. »Das unbedingte, aber ästhetische Streben nach Wahrheit tritt im einzelnen vor allem gemäß den drei Unterarten der Wahrheit, in denen es sich betätigt, und je nach dem Grade ihrer materialen Vollkommenheit in Erscheinung. Seine Stoffgebiete sind die folgenden: 1) Allgemeinbegriffe, 2) wirkliche Dinge dieser Welt , 3) Dinge, die nur in einer anderen Welt vorstellbar sind.« (II Baumgarten TÄ, 152f., § 566). Der erste Bereich entspricht im Feld der Poesie der Lehrdichtung, deren Erkenntnisinteresse stark an der Sphäre des Vernunftlogischen ausgerichtet ist (in Baumgartens Terminologie das »Genus Aestheticodogmaticum«); die zweite Sphäre korrespondiert erzählender, auf Unterhaltung, Anschaulichkeit und fiktionale Evidenz setzender Dichtung (das »Genus Aestheticohistoricum«); der dritte Sektor schließlich ist ausgewiesen als Zone, in der allein poetische Wahrheit regiert, wo jede Vermischung mit außerästhetischen Inhalten unterbleibt und ein Höchstmaß an Geschlossenheit der Fiktionswelt das Bild bestimmt (»Genus cogitandi poeticum«) (II Baumgarten TÄ, 152f., §§ 566f.).

Wie Baumgarten im folgenden zeigt, ist die Unterscheidung künstlerischer Wahrheiten wiederum an die von Beginn an gegebene Doppelperspektive gebunden, derzufolge das Ästhetische zum einen den Bereich des Produzierens von Kunst, zum anderen die Gesetzmäßigkeiten des Rezeptionsakts umfaßt. Die drei genannten Wahrheitsformen können mithin Zielvorgaben des theoretischen Ästhetikers bilden, der an einem ihm vorliegenden Werk bestimmte Gehalte aufweisen möchte (die wiederum Gegenstand sinnlicher Erkenntnis sein müssen). Es kann sich aber ebenso um Varianten der Auseinandersetzung mit der ästhetischen Substanz handeln, die der Künstler selbst im Prozeß der Werkentstehung führt. Die Kenntnis der drei Wahrheitsaspekte wäre für ihn ähnlich bedeutsam wie für den Theoretiker, weil sie ihm die Variationsbreite möglicher Stoffe vor Augen führt und zugleich demonstriert, welche unterschiedlichen Gehalte im Werk verarbeitet werden können. Aus der Sicht der sensualistischen Ästhetik ist dabei das produktive Interesse vom analytischen kaum zu trennen, weil in beiden Fällen Fragen des künstlerischen Eigenwertes ins Spiel kommen, die nach Baumgartens Überzeugung einzig im Rahmen einer Wissenschaft vom Schönen zu behandeln sind.

Baumgartens innovative Leistung besteht darin, daß er die Erörterung allgemeiner ästhetischer Probleme mit der Konstitution eines neuen Ordnungsmodells verbindet, das den Anspruch erhebt, den individuellen Charakter der Kunst innerhalb wissenschaftlich zureichender und zugleich sachangemessener Kategorien zu analysieren. Dieser Vorsatz schließt die Einsicht ein, daß die Werke der Kunst stets konkret und individuell, nie aber abstrakt und allgemein, daß sie durch Vielfalt, nicht durch Homogenität, durch sinnliche Wirkung, kaum aber durch spröde Lehrgehalte geprägt seien. Die eigentümliche Synthese von Baumgartens *Aesthetica* besteht darin, daß sie einerseits die methodischen Grundlagen von Wolffs rationalistischer Erkenntnistheorie für ihre Operationen nutzt, andererseits aber deren perspektivische Beschränkung auf die *cognitio superior* der Vernunft überwindet, indem sie die spezifische Leistungskraft der unteren Seelenvermögen herausarbeitet und für die Konstitution des ästhetischen Systems fruchtbar werden läßt. Die Einsicht in die Eigenständigkeit der künstlerischen Formenwelt verbindet sich hier mit der präzisen Analyse einer im Feld des Ästhetischen regierenden autonomen Wahrheit und der sie bestimmenden spezifischen Gesetzmäßigkeiten. Von besonderem Reiz scheint dabei die Auffassung, daß die metaphysisch verbürgte, durch Gottes Schöpfersouveränität garantierte Vollkommenheit der empirischen Welt ihre Entsprechung in der kompositorischen Vollkommenheit des Kunstwerks findet. Die hier angedeutete Analogie, die Baumgarten methodisch aus dem System der Leibnizschen Metaphysik ableitet, weist bereits den Weg zur späteren Genieästhetik und zu den Gedankenmotiven einer künstlerischen Schöpfermythologie, wie sie bei Herder, dem jungen Goethe und Lenz zum Zuge kommen wird.

## Meiers Wissenschaft des Schönen

Baumgartens Schüler Georg Friedrich Meier hat 1749, ein Jahr vor der *Aesthetica*, gestützt auf deren Vorlesungsstadien, die Intentionen der logisch begründeten Lehre von der sinnlichen Erkenntnis in seinen dreibändigen *Anfangsgründen aller schönen Wissenschaften* zu vertiefen gesucht (vgl. II Baeumler, 91f., II Nivelle KD, 44f.). Die überaus detaillierte Abhandlung, die es, anders als die *Aesthetica*, zu einigem Publikumserfolg bringen sollte, möchte die Vielfalt ästhetischer Sinnvarianten jenseits rationalistischer Systemzwänge würdigen und ihren konkreten Charakteristika Rechnung tragen, ohne sie in eine Hierarchie abstrakter Normen zu zwingen. Meiers Werk ist ein geschickter Beitrag zur Popularisierung der Baumgartschen Lehre; im Gegensatz zur häufig spröden, definitorisch-kargen Diktion der *Aesthetica* bewegt sich die Argumentation auf anschaulichem Niveau, sucht der Text immer wieder Beispiele zur Verdeutlichung allgemeiner Bestimmungen anzuführen.

Der erste Band wiederholt in wesentlichen Zügen die Grundsätze Baumgartens. Differenziert werden philosophische (rationale) und sinnliche Erkenntnis (die wiederum als *analogon rationis* fungiert); daraus leitet sich das eigenständige ästhetische System ab, das die Analyse der Kunstmittel und einer spezifischen schönen Wahrheit ermöglicht, die ihrerseits in einem Entsprechungsverhältnis zur philoso-

phisch-logischen Wahrheit steht (II Meier A, Bd. I, 8, § 5). Es ist Sache des von
Meier so genannten »ästhetischen Kopfs«, die näheren Bestimmungen des kunsttheoretischen Systems zu erschließen, nicht zuletzt den spezifischen Charakter des
ihm zugehörenden Wahrheitsbegriffs zu erfassen. Unterschieden wird auch hier die
Wahrheit der Vernunft von der ganz anderen der ästhetischen Sphäre; Verdeutlichung findet dieser Gegensatz am Beispiel der äsopischen Tierfabel, deren Erfindungen vor der gestrengen Urteilsinstanz der Verstandeslogik unwahrscheinlich,
gemessen am Maß der sinnlichen Erkenntnis, der es auf sensuelle Evidenz und
Anschaulichkeit der Fiktion ankommt, jedoch durchaus wahrscheinlich wirken können (II Meier A, Bd. I, 226, § 107).

Von einer konventionellen Poetik unterscheidet sich Meiers ästhetisches
System primär dadurch, daß es auf die Erörterung von Gattungstermini und einer
größeren Zahl einzelner Stilmittel verzichtet, statt dessen die Analyse allgemeiner
Kategorien, die für die psychische bzw. intellektuelle Disposition des Künstlers
bedeutsam scheinen, in den Vordergrund treten läßt. Zwar sind diese Kategorien
auch der Gottschedschen Schulpoetik durchaus geläufig, jedoch stehen sie dort nicht
im Mittelpunkt der Diskussion. Was Meier avisiert, ist eine Anatomie des ›ästhetischen Kopfes‹, dessen einzelne Fertigkeiten mit nicht ermüdender Akribie erörtert
werden. Prämisse bleibt dabei, daß die Wissenschaft vom Schönen die ästhetische
Erkenntnis sowie die ihr subordinierten Vermögen als Qualität künstlerischer Werke
und rezeptionstheoretische Kategorie gleichermaßen auffaßt. Unter diesem Gesichtspunkt ist für Meier ein Gemälde Form und Medium ästhetischer Erkenntnis, mit
selbem Recht aber auch das Urteil, das ein Betrachter über seinen künstlerischen
Rang gefällt hat (II Meier A, Bd. II, 6, § 256). Die *cognitio sensitiva* erscheint damit
als Bestandteil des Werkes, insofern dieses die Potenz besitzt, sinnliche Erkenntnis
hervorzurufen; zugleich bildet sie das Zentrum des Rezeptionsakts und seiner aufgrund sensueller Eindrücke aktivierten Bewertungsvorgänge.

Aufeinander folgend behandelt Meier nach der prinzipiellen Fundierung des
Systems der ästhetischen Wissenschaften die einzelnen Elemente der zentralen ›schönen Erkenntnis‹. Um in Fragen der Kunst, sei es produzierend oder rezipierend,
Kompetenz zu gewinnen, muß der Mensch über eine Reihe von Fertigkeiten verfügen, die jeweils vernunftjenseitigen Charakter, gleichwohl aber – dies ist das Erbteil
der Baumgarten-Schule – den Status des *analogon rationis* besitzen: Aufmerksamkeit (II Meier A, Bd. II, 48ff., §§ 283ff.), Einbildungskraft (die Fertigkeit, sich vergangene Empfindungen wieder vorzustellen; II Meier A, Bd. II, 256ff., §§ 371ff.),
Witz (die Potenz, Übereinstimmungen zwischen den Dingen zu sehen; II Meier A,
Bd. II, 328ff., §§ 399ff.), Scharfsinnigkeit (das Vermögen, Unterschiede zu registrie-
ren; II Meier A, Bd. II, 393ff., §§ 420ff.), Gedächtnis (als memorierende Stütze des
Witzes; II Meier A, Bd. II, 433ff., §§ 433ff.), Dichtungskraft (die Fähigkeit zu poetischen Erfindungen; II Meier A, Bd. II, 484ff., §§ 456ff.), Geschmack (in der sinnlichen Wahrnehmung gegründete Disposition zur Differenzierung zwischen Häßli-
chem und Schönem; II Meier A, Bd. II, 503ff., §§ 466ff.), ferner die Vermögen der
Vorausschau und der Vermutung (jeweils Teilkräfte der Imagination; II Meier A,
Bd. II, 537ff., §§ 480ff.) und die Fähigkeit zur darstellenden Bezeichnung (die
sowohl die aktive Hervorbringung von künstlerischen Bildelementen bzw. Wörtern
als auch die Gabe ihrer Auslegung einschließt; II Meier A, Bd. II, 609ff., §§ 513ff.).

Nahezu sämtliche dieser Kategorien, die Meier äußerst präzis zu analysieren versteht, begegnen bereits in Gottscheds Poetik. Ihre exponierte Stellung im wissenschaftlichen System der Ästhetik verrät jedoch eine Akzentverschiebung gegenüber der normativen Dichtungslehre. An die Stelle des traditionellen gattungstheoretischen Ordnungsapparates, der die Diskussion prinzipieller ästhetischer Fragen nur im Kontext wirkungspoetischer Probleme zuließ, tritt eine veränderte Gewichtung: die Tendenz zur grundsätzlichen Reflexion über die Vermögen, die den Menschen in den Stand setzen, Kunst hervorzubringen und ihre Werke zu genießen. Daß die Quellen dieser Vermögen jenseits der Logik der Vernunft in einem neuen System der ästhetischen Eigengesetzmäßigkeiten aufgesucht werden, begründet den bahnbrechenden Charakter von Meiers Schrift (vgl. II Gaede, 115).

Im dritten Band der Abhandlung zieht Meier nochmals die Summe der vorangehenden systematischen Analyse, indem er die Kategorien des ›ästhetischen Begriffs‹, des ›ästhetischen Urteils‹ und des ›ästhetischen Schlusses‹ in den Mittelpunkt seiner Überlegungen treten läßt. Die umständlichen Deduktionen verraten erneut, daß die Wissenschaft des Schönen offenkundig am Modell der rationalen Logik orientiert wird, ohne daß es sich deshalb dessen Gesetzmäßigkeiten unterwirft. Die Funktion des Schlußteils besteht auch darin, die ästhetische Verfahrensweise im Stadium der methodischen Selbstreflexion hinreichend zu beleuchten und das bisherige Vorgehen nochmals umfassend zu würdigen (vgl. II Möller, 93ff). Prinzipiell bleibt der Gegensatz zwischen ästhetischen und logisch-rationalen Begriffen. Während diese nach cartesianischer Definition als klar und distinkt gelten, hält Meier jene, Baumgarten folgend, für klar, nicht jedoch für distinkt. Mit anderen Worten: Die ästhetischen Termini besitzen zwar das Vermögen, über die Sache, die sie bezeichnen, aufzuklären, aber ihnen fällt, weil sie einzig auf die Sinne wirken und jenseits des Verstandes zur Geltung kommen, keine unterscheidende Funktion zu (II Meier A, Bd. III, 10ff., §§ 546ff.). Grundsätzlich gehorchen die Begriffe des ästhetischen Systems ihren eigenen Kriterien, an denen Bewertungen und Schlüsse orientiert bleiben. So betont Meier zwar ausdrücklich, daß das künstlerische Urteil ebenso wie jenes der Vernunft dem Prinzip des Syllogismus gehorchen kann, jedoch ist nicht die rationale, sondern die sinnliche Evidenz der zu beurteilenden Erscheinung maßgeblich für die jeweilige Einschätzung (II Meier A, Bd. III, 220f., § 646). Generell gelten hier die Auslöser der *cognitio sensitiva* – sensuelle Reize, Stimulanzien der Einbildungskraft und Phantasie – als Indikatoren für das ästhetische Urteil; auch wenn dessen formale Begründung zuweilen auf das Instrumentarium der rationalen Logik zurückgreift, so bleibt doch das Bewertungsspektrum einzig von den Kriterien der schönen Wissenschaften bestimmt.

Daß dort, wo die Ästhetik konkrete Detailprobleme behandelt, konventionelle Bestimmungen der älteren, rhetorisch beherrschten Poetik dominieren, bestätigt Meiers Schlußkapitel über die sprachlichen Bezeichnungsformen, das sich wie ein Kursus durch die Theorie der Redekunst liest. Fragen des *aptum* und *decorum*, der Ausdrucksrichtigkeit und Stilreinheit, der Relation von Aussage, Wirkung und Wortwahl stehen dabei im Vordergrund. Die neue ästhetische Methode wird hier von einem konventionellen Regelwerk überlagert, das ähnlich bereits von Gottsched entwickelt worden war. Zwar versteht Meier die rhetorischen Kategorien als adäquaten Reflex einer ästhetischen Logik, deren Prinzipien im System der sprachlichen Darstellungsformen verankert bleiben, jedoch ist die Differenz gegenüber der herkömmlichen Schulpoetik relativ gering, weil jenseits der Neubestimmung des funktionalen Status der stilistischen Regelkunde im konkreten Einzelfall dieselben Bestimmungen und Normzuweisungen ergehen wie bei Gottsched.

Die spezifischen Züge der Wissenschaft vom Schönen entfalten sich, so scheint es, zumal im Kontext übergreifender Kategorien und allgemeiner Begriffe; die neue Methode der *cognitio sensitiva* bzw. der *gnoseologia inferior* gewinnt ihre besondere Dignität dort, wo das Wesen des Schönen in seiner selbständigen Disposition genau beleuchtet werden soll. Die Leistung der von Baumgarten begründeten, durch Meier popularisierten neuen Wissenschaft besteht darin, daß sie die Analyse der Künste erstmals innerhalb eines eigenen Systems betreibt, das, frei von den Bevormundungen des Rationalismus, jedoch auf der Grundlage seiner methodischen Erkenntnislehre, einen Zugang zu den spezifischen Bedeutungsdimensionen ästhetischer Produktion erlaubt.

# 5. Lessings Grundlegung der Illusionsästhetik

## Methodische Aspekte

Lessings Beiträge zur Literaturtheorie der Aufklärung sind vielfältig; sie gelten der Poetik spezifischer Gattungen (vor allem Drama, Fabel und Epigramm), einzelnen Formen und Stilmitteln, aber auch grundsätzlichen ästhetischen Problemen im übergreifenden Zusammenhang von Fragen der Wirkungslehre, der Affektpsychologie und der wechselseitigen Erhellung der schönen Künste. Es gehört zu Lessings besonderem intellektuellen Profil, daß er theoretische Themen stets in engem Bezug auf konkrete Beispiele erörtert und dabei der induktiven, vom individuellen Fall ausgehenden Methode verpflichtet bleibt. Dieses Vorgehen prägt sämtliche seiner bedeutenden Schriften zu ästhetisch-poetologischen Fragestellungen: die Beiträge zu Schauspielkunst und Tragödie (neben der berühmten *Hamburgischen Dramaturgie* (1767–69) die zeitlich vorausliegenden Abhandlungen der »Theatralischen Bibliothek« (1754–59) und die Briefe über das Trauerspiel (1755–56), die der Autor an seine Feunde Moses Mendelssohn und Friedrich Nicolai richtet), die Studien zur Fabel (1759), seinen *Laokoon* (1766), der, wie noch genauer zu zeigen ist, im Schatten einer philologisch präzisen Verfahrensweise eine eigene Theorie der ästhetischen Illusion entwickelt, die Schrift *Wie die Alten den Tod gebildet* (1769) und die mit ihr verbundenen *Briefe, antiquarischen Inhalts* (1768–69), nicht zuletzt die im Anhang der deistischen *Fragmente eines Ungenannten* teilpublizierten Paragraphen der *Erziehung des Menschengeschlechts* (1777) und das Freimaurergespräch *Ernst und Falk* (1778–80).

Die Entfaltung neuer theoretischer Positionen erfolgt hier zumeist im Zusammenhang philologisch-antiquarischer Kommentierungsarbeit, selten außerhalb des konkreten Sachbezugs. Lessing hat sein induktives Verfahren mehrfach erläutert und aus der ihm angeborenen Neigung zum gegenstandsfixierten Denken erklärt. Im letzten Stück der *Hamburgischen Dramaturgie* betont er, daß er, der selbst keine kreative Energie besitze, Originalität nur im Kontakt mit fremden Quellen entwickeln könne:»Ich würde so arm, so kalt, so kurzsichtig sein, wenn ich nicht einigermaßen gelernt hätte, fremde Schätze bescheiden zu borgen, an fremdem Feuer mich zu wärmen, und durch die Gläser der Kunst mein Auge zu stärken.« (I Lessing G, Bd. IV, 694f.) Zwar bevorzugt Lessing in seinen theoretischen Schriften eine Methode, deren Argumente vor dem Richterstuhl der Vernunft Bestand haben und sich den Gesetzen der Logik unterwerfen sollen (I Lessing G, Bd. VII, 614), jedoch bleibt ihm die Neigung zum Unsystematischen, Assoziativen keineswegs fremd (I Lessing G, Bd. VI, 11). Frei von Vorurteilen, in kritischer Auseinandersetzung mit anderslautenden Urteilen, orientiert am Konkreten, fern von dürren Abstraktionen und spröden Lehrmeinungen, möchte Lessing, wie er in der *Hamburgischen Dramaturgie* bekennt,»Fermenta cognitionis« (I Lessing G, Bd. IV, 670) ausstreuen – je spezifische Gedankensplitter, locker verbundene Hypothesen, die bisweilen mehr bewirkten als die Argumentationsketten jener dogmatisch-umständlichen rationalistischen Lehrgebäude, deren Konstruktion im Gefolge der Leibniz-Wolffschen Schulphilosophie zur intellektuellen Modeerscheinung geworden sei.»An systematischen Büchern«, so heißt es in der Vorrede zum *Laokoon*,»haben wir Deutschen überhaupt keinen Mangel. Aus ein Paar angenommenen Worterklärungen in der schönsten Ordnung alles, was wir nur wollen, herzuleiten, darauf verstehen wir uns (...)« (I Lessing G, Bd. VI, 11).

Gegen die dogmatischen Deduktionen der rationalistischen Systeme setzt zumal der späte Lessing einen Denkstil, der den Leser in den Prozeß der intellektuellen Wahrheitsfindung einbeziehen möchte. Bedeutsamer als die definitorische Sicherung von Hypothesen wird dabei die Transparenz des Argumentationsverfahrens. Lessing steht in seinem geistigen Selbstverständnis durchaus auf dem Boden des Rationalismus, doch entfernt er sich bereits von dessen methodischen Grundlagen, indem er seine dogmatische Unterrichtsform durch die Strategie der offenen, bisweilen unsystematischen, locker-assoziativen Darstellung ersetzt. Programmatischen Charakter empfängt hier eine oftmals zitierte Äußerung aus der gegen den Hamburger Hauptpastor Goeze im Fragmentenstreit gerichteten *Duplik* (1778):»Nicht die Wahrheit, in deren Besitz irgend ein Mensch ist, oder zu sein vermeinet, sondern die aufrichtige Mühe, die er angewandt hat, hinter die Wahrheit zu kommen, macht den Wert des Menschen. Denn nicht durch den Besitz, sondern durch die Nachforschung der Wahrheit erweitern sich seine Kräfte, worin allein seine immer wachsende Vollkommenheit bestehet.« (I Lessing G, Bd. VIII, 32f.; vgl. hier II Kimpel, 230, ferner Altenhofer, in: II Grimm/Max Hgg., 196f.). In einem Gespräch mit Eckermann vom 11. April 1827 soll Goethe über das hier beschriebene methodische Ethos gesagt haben:»Lessing hält sich, seiner polemischen Natur nach, am liebsten in der Region der Widersprüche und Zweifel auf; das Unterscheiden ist seine Sache, und dabei kam ihm sein großer Verstand auf das herrlichste zustatten.« (II Eckermann, 229).

Im *Laokoon*, Lessings gewichtigstem Beitrag zur Ästhetik der Aufklärung, läßt sich die individuelle Signatur des hier skizzierten offenen Argumentationsverfahrens beispielhaft studieren. Der Autor entfaltet die von ihm vorgetragenen Hypothesen in ständiger Auseinandersetzung mit seinen Quellen, läßt den Leser an der Genese einzelner Gedankenfolgen teilhaben, ohne ihn sogleich mit vollendeten Schlüssen zu konfrontieren, riskiert bisweilen Sprünge, Digressionen und gewagte Assoziationen, um Perspektivenwechsel zu vollziehen, die das Objekt der Erörterung in verändertem Licht zeigen, formuliert beständig neue Fragen, stellt eigene Annahmen zur Diskussion und konzipiert seine gesamte Argumentation derart als offenen, von der Sache her unabschließbaren Prozeß der Wahrheitssuche, der zwar zu einer vorsichtigen Annäherung an den Gegenstand, zur vorläufigen Bewältigung der mit ihm verbundenen Probleme, nie aber zur Verkündung endgültiger Lehren führen kann. Der Vorgang der Reflexion schafft damit auch die Möglichkeit, Denkmethoden kritisch zu beleuchten und überkommene Urteile, selbst wenn sie logisch begründet scheinen, stets neu in Frage zu stellen. Von den formal genau festgelegten Argumentationsformen des Rationalismus unterscheidet sich dieses Verfahren durch die intellektuelle Rigidität, mit der der analytische Verstand hier als Instrument der Kritik und Medium permanenter Reflexion über die ihn bestimmenden Prämissen genutzt wird (II Bohnen, 28f., II Kimpel, 228f.).

## Wechselseitige Erhellung der Künste

Lessings *Laokoon* formuliert die kritische Antwort auf ein zentrales Dogma der Aufklärungspoetik; die Schrift setzt sich mit der als unantastbar geltenden Hypothese auseinander, daß Malerei und Poesie aufgrund ähnlicher Formen der Naturnachahmung (bei im Detail divergierenden künstlerischen Formstrategien) gleichursprünglich und damit einander prinzipiell ähnlich seien. Die durch Horaz' *Ars poetica* fixierte, von Simonides stammende Formel »Ut pictura poesis«, bereits im 17. Jahrhundert bei Buchner, Harsdoerffer, Birken und Masen prominentes Leitmotiv für den allgemeinen Künstevergleich, avancierte rasch zum programmatischen Motto aufgeklärter Dichtungstheorie; von Dubos' *Réflexions critiques* über die »Discourse« der Schweizer und Charles Batteux' *Les Beaux-Arts réduites à un même principe* bis zu Breitingers *Critischer Dichtkunst* reicht die Reihe der poetologischen Schriften, die den Gedanken der Verwandtschaft zwischen Malerei und Poesie diskutieren (II Buch, 26ff., 64ff., II Stahl, 173f., II Willems, 293f.).

Lessing demonstriert frühzeitig seine Reserve gegenüber der *Ut-pictura-poesis*-Doktrin. Sie gilt zunächst weniger deren theoretischer Potenz als ihren praktischen Konsequenzen – zumal dem von den Schweizern vertretenen Programm der ›ausmalenden‹, beschreibenden Poesie, die ihre enge Beziehung zur bildenden Kunst durch die Tendenz zur statischen Darstellung von Naturphänomenen und Landschaftstableaus beweisen möchte. Bereits in der für die »Theatralische Bibliothek« (1754–58) verfaßten Analyse der Trauerspiele des Seneca (1755) bemängelt Lessing am Exempel des *Hercules furens*, der Dichter sei »mit den poetischen Farben allzuverschwenderisch gewesen« (I Lessing G, Bd. IV, 80); statt das Spiel der Leidenschaften aus dem Geschehen zu motivieren, habe er sich auf überzeichnende Personenportraits beschränkt, die statischen und damit undramatischen Charakter besäßen.

Im fünften der »Literaturbriefe« (1759) kritisiert Lessing an einer Sammlung von Naturgedichten Johann Franz von Palthens, des Übersetzers der *Seasons* (1730) James Thomsons, daß sie sich ausmalend in die Details des Mikrokosmos vertieften, auf diese Weise jedoch den Leser ermüdeten und monotone Schilderungen unbewegter Landschaftsansichten lieferten: »Er malt Mücken, und der Himmel gebe, daß uns nun bald auch jemand Mückenfüße male!« (I Lessing G, Bd. V, 40) Lessing attackiert hier keineswegs nur die Ungeschicklichkeiten eines drittrangigen Gelegenheitspoeten, sondern ein charakteristisches Stilsymptom der aufgeklärten Lyrik. Auch Thomsons *Seasons*, Brockes' und Hallers Naturgedichte, Kleists Oden und Gessners Idyllen boten Musterbeispiele einer beschreibenden Dichtung, die ihre poetischen Techniken am Vorbild der Landschaftsmalerei ausrichteten und denkbar detailgetreue Ansichten der äußeren Erscheinungen zu vermitteln trachteten. Zum Ideal avancierte die möglichst große Plastizität des Portraits, die statische Darstellung von Elementen des Mikrokosmos – die literarische ›Schilderei‹, die nicht durch die Erfindung dynamischer Handlungsfolgen, sondern vermöge ihrer als Momentaufnahmen konzipierten Naturtableaus Interesse erregen möchte.

Lessings Beschäftigung mit dem Verhältnis zwischen bildender Kunst und Poesie reicht bis zum Beginn der 50er Jahre zurück. Schon 1754 hatte er für die »Berlinische privilegirte Zeitung« Hogarths *Analysis of Beauty* rezensiert und damit sein Interesse an kunsttheoretischen Fragestellungen bekundet (I Lessing G, Bd. III, 209f.). Im Dezember 1756 macht ihn Mendelssohn in einem Brief auf Winckelmanns *Gedanken über die Nachahmung der griechischen Werke* (1755) und dessen Vergleich zwischen der Laokoon-Statue und der Beschreibung des Motivs in Vergils *Aeneis* (II, v. 199–224) aufmerksam: »Er führt den Laokoon z.E. an, den Virgil poetisch entworfen, und ein griechischer Künstler in Marmor gehauen hat. Jener drückt den Schmerz vortrefflich aus, dieser hingegen läßt ihn den Schmerz gewissermaßen besiegen, und übertrifft den Dichter um desto mehr, je mehr das bloße mitleidige Gefühl einem mit Bewunderung und Ehrfurcht untermengten Mitleiden nachzusetzen ist.« (II Lessing LM, Bd. XIX, 56; vgl. II Althaus, 36f.). Lessing beantwortet den Hinweis des Freundes nicht direkt, verfolgt ihn jedoch im Rahmen privater Studien weiter. Winckelmanns Andeutung, daß Vergils Darstellung erheblich weniger wirkungsvoll ausfalle als die bildkünstlerische Vergegenwärtigung von Laokoons verzweifeltem Kampf gegen die Schlangen, mußte seinen Widerstand hervorrufen, schien sie doch eine Geringschätzung der Möglichkeiten einer auf die Imagination des Lesers zielenden poetischen Gemütsbewegung einzuschließen. »Edle Einfalt und stille Größe«, die laut Winckelmann für die Menschendarstellung der griechischen Bildkunst charakteristischen Merkmale (deren Relevanz gerade an der Analyse der Laokoon-Skulptur aufgewiesen werden sollte; II Winckelmann, 43; vgl. II Althaus, 17ff.), vermittelten sich, so die Überzeugung Lessings, auch über die dichterische Veranschaulichung individueller Schicksale und humaner Größe. Die bei Winckelmann anklingende Abwertung der Vergilschen Beschreibung regte Lessing in den folgenden Jahren zu einer intensiveren Beschäftigung mit den Problemen des Künstevergleichs und der Leistungskraft poetischer Ausdrucksformen an.

Erst in der Ruhe Breslaus, wo Lessing seit 1760 als Sekretär des Generals von Tauentzien lebt, können freilich die Vorstudien zum *Laokoon*-Projekt systematischer gedeihen. Mit Gewinn vermag Lessing nun auf eine umfangreiche eigene Bibliothek zurückzugreifen, deren Bestände – mehr als 6.000 Bände – er sich im Laufe der Breslauer Jahre auf Auktionen zugelegt hat. Zu seiner Lektüre zählen neben den eigentlichen Quellentexten – den Epen Homers und Vergils – vor allem Abhandlungen, die das Verhältnis der ästhetischen Gattungen und ihre mögliche

Verwandtschaft erörtern. Bevorzugt setzt sich Lessing mit englischen und französischen Autoren auseinander, die, im Unterschied zu den deutschen Theoretikern, das Thema des Künstevergleichs vor dem Hintergrund programmatischer Interessen behandeln (vgl. II Blümner, 26ff., II Szarota, 57f., II Althaus, 8f., 122f.). Lessing studiert Jonathan Richardsons *Essay on the theory of painting* (1719), Joseph Spence' *Polymetis* (1747), Daniel Webbs *Enquiry of the beauties of painting* (1764) und nochmals, jetzt gründlicher, William Hogarths *Analysis of Beauty* (1753) – Schriften, die die kompositorischen Prinzipien von Poesie und Malerei auf recht unterschiedliche Weise, teils streng beispielbezogen, teils systematisch, miteinander vergleichen, sich dabei aber durchgängig vom programmatischen Anspruch leiten lassen, daß die Künste letzthin aus der gemeinsamen Quelle des für sie gleichermaßen verbindlichen Nachahmungsprinzips schöpfen und daher auf demselben methodischen Fundament stehen.

Ähnlich werten die von Lessing zu Rate gezogenen französischen Theoretiker. Zum wichtigsten Text avancieren hier neben Dubos' *Réflexions critiques* zumal des Grafen Caylus' *Tableaux tirés de l'Illiade, de Odyssee et l'Eneide de Vergile, avec des observations génerales sur le Costume* (1757), eine Abhandlung, die, am Beispiel der Epen Homers und Vergils, das Funktionsbündnis von Dichtung und bildender Kunst demonstrieren möchte, indem sie aufzuzeigen sucht, daß die antiken poetischen Vorlagen ideale Muster für entsprechende Gemälde abgeben könnten. Zu den wenigen Autoren, die Vorsicht bei der methodischen Gleichsetzung der Künste walten lassen, zählt hingegen James Harris', dessen *Discourse on Music, Painting, and Poetry* (1747) von unterschiedlichen Kompositionsformen der Einzelgattungen ausgeht, ohne dabei aber zu wirklich befriedigenden Differenzierungen zu gelangen. Lessing dürfte zumindest die 1756 in Danzig publizierte deutsche Übersetzung der Schrift gekannt haben; im *Laokoon* erwähnt er sie gleichwohl nicht, konzentriert sich statt dessen auf die kritische Auseinandersetzung mit gegnerischen Positionen, die seinen eigenen Standpunkt deutlicher hervortreten läßt (vgl. dazu II Blümner, 25f., II Althaus, 123f., Anm. 9).

In Breslau entstand 1762 eine erste, im folgenden Jahr eine zweite Gliederung des *Laokoon*-Projekts, die, stärker als die spätere Endfassung, von einer deduktiven Methode geprägt scheint (II Barner u.a., 237f.). 1764 lernt Lessing Winckelmanns kurz zuvor erschienene *Geschichte der Kunst des Altertums* kennen, deren Lektüre ihn zu einer nochmaligen Umarbeitung seiner Konzeption veranlaßt (im *Laokoon* selbst gibt er fälschlich an, ihm sei die Schrift erst unmittelbar vor dem Abschluß seiner eigenen Studie bekannt geworden; I Lessing G, Bd. VI, 166; vgl. auch II Rehm, 186f.). Im Jahr 1766, nachdem er wieder nach Berlin zurückgekehrt ist, läßt Lessing den ersten Teil der *Laokoon*-Schrift erscheinen; die Disposition gehorcht nun stärker induktiven Impulsen und sorgt dafür, daß der argumentative Duktus der Darstellung zu Beginn der einzelnen Kapitel stets von konkreten Beispielen ausgehen kann. Die ursprünglich geplante Fortsetzung der Abhandlung kam nicht mehr zustande; Lessing sammelte zwar Notizen zu einem zweiten Band, fand jedoch weder unter den Belastungen der nachfolgenden Tätigkeit als Dramaturg in Hamburg (1767–69) noch in seinem späteren Amt als Wolfenbütteler Bibliothekar zur nötigen Arbeitsruhe, um das Projekt auf der Grundlage konzentrierter Abgeschiedenheit zu vollenden.

Bereits der Untertitel des *Laokoon* deutet die Hypothese an, der Lessing sich verschrieben hat: im Gegenzug zur gängigen Vorstellung von der Verwandtschaft der Künste möchte seine Abhandlung »die Grenzen der Malerei und Poesie« mit Entschiedenheit markieren. Das Vorwort erläutert sogleich die Motive, die diese Absicht leiten; nicht allein die theoretische Evidenz des zum Stereotyp der Aufklärungsästhetik geratenen Vergleichs sei in Zweifel zu ziehen, vielmehr müsse auch einer unheilvollen praktischen Fehlentwicklung entgegengesteuert werden, die aus der falschen programmatischen Ausrichtung an den vermeintlichen Gemeinsamkeiten von Dichtung und Bildkunst resultiere. Diese nämlich, so heißt es, »hat in der Poesie die Schilderungssucht, und in der Malerei die Allegoristerei erzeuget; indem man jene zu einem redenden Gemälde machen wollen, ohne eigentlich zu wissen, was sie malen könne und solle, und diese zu einem stummen Gedichte, ohne überlegt zu haben, in welchem Maße sie allgemeine Begriffe ausdrücken könne, ohne sich von ihrer Bestimmung zu entfernen, und zu einer willkürlichen Schriftart zu werden.« (I Lessing G, Bd. VI, 10f.). Problematisch findet Lessing, so scheint es, vor allem die praktischen Folgen der *Ut-pictura-poesis*-Lehre. Eine an den Techniken der Bildkunst orientierte, statische Ansichten vermittelnde Naturpoesie ist für ihn ebenso bedenklich wie die allegorische Überhöhung der malerischen Landschaftsdarstellung, die, statt dem sinnlichen Eindruck ihrer Motive zu vertrauen, deren tieferen, geheimnisvollen Sinn zu betonen sucht. Gerade weil die Künste jeweils eigene Methoden der Darstellung besitzen, ist es ihnen abträglich, wenn sie sich wechselseitig aneinander orientieren und damit ihre besonderen ästhetischen Wirkungsmöglichkeiten außer acht lassen. Jede Gattung, so betont Lessings Schrift mehrfach, verfügt über spezifische Techniken der ›Täuschung‹, die wiederum auf die ihr eigentümlichen Formen der kompositorischen Umsetzung von Themen und Motiven zurückgehen. Wesentlicher als der Malerei und Poesie verbindende Grundsatz der Nachahmung wird für Lessing die Frage nach diesen Prinzipien der künstlerischen Darstellung, deren Analyse ihn sukzessive zu einem Begriff führt, der fortan in den theoretischen Debatten des letzten Drittels des 18. Jahrhunderts den Mimesisgedanken ergänzen wird: jenem der ästhetischen Illusion.

## Lehre von den Zeichen

Der methodische Ansatzpunkt, den Lessing wählt, um die Grenzen zwischen Poesie und Malerei deutlicher als bisher zu markieren, ist die Theorie der Zeichen, wie sie seit der Antike, vornehmlich durch Platons *Kratylos* (383a–385b), bekannt ist. Unterschieden werden, gemäß den platonischen Vorgaben, natürliche Zeichen, die eine sinnlich wahrnehmbare Ähnlichkeit mit den von ihnen dargestellten Gegenständen verknüpft, und willkürliche Zeichen, die sich allein aufgrund der Konventionen einer kulturellen Gemeinschaft einem bestimmten Objekt zuordnen lassen. Die Zeichentheorie, bei den Kirchenvätern, in Scholastik und Renaissance Quelle gewichtiger sprachphilosophischer Reflexionen, wird am Beginn des aufgeklärten Jahrhunderts erstmals auf das Problem der Differenzierung zwischen den Künsten übertragen. Es ist Dubos, der in seinen *Réflexions critiques* das Erklärungsangebot der Zeichenlehre nutzt, um Malerei und Poesie gegeneinander abzugrenzen. Zwar folgten beide, so betont Dubos, denselben Nachahmungsprinzipien (was ihre grundsätzliche Vergleichbarkeit garantiert), jedoch bedienten sie sich unterschiedlicher Darstellungsformen. Die Poesie, heißt es, operiere mit den willkürlichen Zeichen der Sprache (Dubos nennt sie »signes artificiels«), die allein auf konventionelle Überlieferungen gestützt blieben, während die Malerei natürliche Zeichen verwende, deren Ähnlichkeit mit dem Bezeichneten sinnlich wahrnehmbar sei (II Dubos, I, 415).

Dubos' Unterscheidung avancierte rasch zur programmatischen opinio communis der Aufklärungsästhetik. Im unmittelbaren Vorfeld des *Laokoon* übernehmen Mendelssohns *Hauptgrundsätze der schönen Künste und Wissenschaften* (1757), durchaus zeittypisch, die Differenzierung der Künste nach den Vorgaben der Zeichentheorie (vgl. II Wellbery, 84ff.). Einer einführenden Erörterung der beiden wesentlichen Zeichenformen folgt die entsprechende Zuordnung: »Aus dieser Betrachtung fließet die erste Haupteintheilung des sinnlichen Ausdrucks, in schöne Künste und Wissenschaften (beaux arts & belles lettres). Die schönen Wissenschaften, worunter man gemeiniglich die Dichtkunst und Beredsamkeit verstehet, drücken die Gegenstände durch willkührliche Zeichen, durch vernehmliche Töne und Buchstaben aus.« (I Mendelssohn, 182) Anders verfahren die nicht-sprachlichen Gattungen: »Diese bedienen sich vornehmlich der natürlichen Zeichen. Der Ausdruck in der Malerey, Bildhauerkunst, Baukunst, Musik und Tanzkunst setzet keine Willkür voraus, um verstanden zu werden; er bezieht sich sehr selten auf die Einwilligung der Menschen, diesen oder jenen Gegegenstand vielmehr so als anders zu bezeichnen. Daher muß sich eine jede Kunst mit dem Theile der natürlichen Zeichen begnügen, den sie sinnlich ausdrücken kann.« (I Mendelssohn, 183).

Lessing geht im Gegensatz zu Dubos und Mendelssohn davon aus, daß nicht die Art der verwendeten Zeichen selbst, sondern der Modus ihrer Verknüpfung beide Künste voneinander abgrenze (vgl. Stierle, in: II Gebauer Hg., 37f.). Schon Mendelssohn hatte eingeräumt, daß die Poesie in Einzelfällen – etwa im Zusammenhang lautmalerischer Beschreibungen – natürliche, die Bildkunst wiederum – im Kontext allegorischer Darstellungen – willkürliche Zeichen verwenden könne (I Mendelssohn, 186). Lessing greift diesen Hinweis auf und betont, die Grenze zwischen den Gattungen werde nicht durch den je von ihnen bevorzugten Zeichentypus markiert, vielmehr durch das spezifische Verhältnis, das die Zeichen im Kunstwerk miteinander verbinde. Entscheidend für die Differenz von Poesie und Malerei seien der jeweils divergierende Modus der Verknüpfung und die kompositionelle Anordnung der zeichenhaften Elemente, die wiederum die besonderen Täuschungseffekte bedingten, die Dichtung und Bildkunst beim Rezipienten hervorriefen. Bleibt es Sache poetischer Erfindungen, den Leser durch die Darstellung von Handlungszusammenhängen in den Bann zu ziehen, so fällt es der Malerei zu, den Betrachter durch die Intensität anschaulicher Momentaufnahmen zu fesseln.

Die **Technik der Zeichenverknüpfung** müsse, so betont Lessing, derart auf die hier angedeuteten Verfahrensweisen abgestimmt werden, daß die Zeichen ein »bequemes Verhältnis zu dem Bezeichneten« (I Lessing G, Bd. VI, 102, vgl. Stierle, in: II Gebauer Hg., 42f.) aufwiesen, mithin die Komposition der Zeichenfolge den in beiden Künsten verschiedenen Formen der Erzeugung von Täuschungseffekten entsprechen könne:

Wenn es wahr ist, daß die Malerei zu ihren Nachahmungen ganz andere Mittel, oder Zeichen gebrauchet, als die Poesie; jene nämlich Figuren und Farben in dem Raume, diese aber artikulierte Töne in der Zeit; wenn unstreitig die Zeichen ein bequemes Verhältnis zu dem Bezeichneten haben müssen: So können neben einander geordnete Zeichen, auch nur Gegenstände, die neben einander, oder deren Teile neben einander existieren, auf einander folgende Zeichen aber, auch nur Gegenstände ausdrücken, die auf einander, oder deren Teile aufeinander folgen. – Gegenstände, die neben einander, oder deren Teile neben einander existieren, heißen Körper. Folglich sind Körper mit ihren sichtbaren Eigenschaften, die eigentlichen Gegenstände der Malerei. – Gegenstände, die auf einander folgen, heißen überhaupt Handlungen. Folglich sind Handlungen der eigentliche Gegenstand der Poesie. (I Lessing G, Bd. VI, 102f.).

Die nähere Analyse der Zeichenverknüpfung führt Lessing auf die *differentia specifica*, die die Künste nach seiner Ansicht voneinander scheidet. Erzeugt die Poesie ihre Täuschungseffekte durch die konsekutive Verbindung von Zeichen, durch die Darstellung fortschreitender Handlungssequenzen in der Zeit, so erreicht die Malerei ihre beste Wirkung, wenn sie Zeichen innerhalb eines Raums zusammenführt und zu koexistierenden Elementen eines anschaulichen Tableaus werden läßt. Die innovative Leistung von Lessings Schrift liegt nicht allein darin, daß sie die oft fahrlässig übergangenen Grenzen zwischen den Künsten exakt markiert, indem sie die ihnen je spezifischen Darstellungstechniken deutlicher als bisher zu Bewußtsein bringt; bedeutungsvoll bleibt auch ihr Beitrag zu einer Theorie der ästhetischen Illusion, die dem Gedanken der Naturnachahmung gleichberechtigt zur Seite treten kann. Lessing wird dabei nicht müde zu betonen, daß die beschreibende, an statischen Erscheinungen orientierte Poesie ihre gattungstypischen Möglichkeiten verfehle, weil sie in eine unsinnige Konkurrenz zur Malerei trete, statt den Leser durch die Darbietung dynamisch fortschreitender Handlungssequenzen zu fesseln. Einen frühen (durchaus ironischen) Reflex der *Laokoon*-Botschaft und ihrer Warnung vor der ausmalend-deskriptiven Poesie findet man in Wielands Versepos *Idris und Zenide* (1767), wo es am Beginn der 13. Strophe des vierten Gesangs heißt: »Er läßt den Fluß zurück, und tritt in einen Hain. / Den ich, weil Lessing mich beym Ohr zupft, nicht beschreibe; / Genug er schien zum Zeitvertreibe / Der Götterchen von Gnid mit Fleiß gemacht zu seyn.« (II Wieland, Bd. XVII, 207). In sachlich zustimmender Tendenz folgen auch Klopstocks Epigramme aus den frühen 70er Jahren der Argumentation des *Laokoon* und schärfen ihren Lesern ein, daß die Poesie Distanz gegenüber bildkünstlerischen Techniken zu wahren habe.

Als abschreckendes Beispiel für die ausmalende Dichtkunst führt Lessing die Verse 381–400 aus Hallers *Alpen* an, die Flora und Gesteinsformationen der Gebirgslandschaft in Farbnuancen, Oberflächenstruktur und Morphologie möglichst exakt wiederzugeben suchen, ohne dabei jedoch, wie der Kritiker erklärt, das Gemüt des Lesers zu erreichen, seine Einbildung zu aktivieren und durch die Erzeugung von Illusionseffekten (gesprochen wird, synonym, von ›Täuschung‹) dessen Aufmerksamkeit zu binden. »Es sind«, vermerkt Lessing, »Kräuter und Blumen, welche der gelehrte Dichter mit großer Kunst und nach der Natur malet. Malet, aber ohne alle Täuschung malet. (...) Ich frage ihn nur: wie stehet es um den Begriff des Ganzen? Wenn auch dieser lebhafter sein soll, so müssen keine einzele Teile darin vorstechen, sondern das höhere Licht muß auf alle gleich schnell verteilet scheinen;

unsere Einbildungskraft muß alle gleich schnell überlaufen können, um sich das aus ihnen mit eins zusammen zu setzen, was in der Natur mit eins gesehen wird.« (I Lessing G, 111f.). Der Begriff der ganzen Natur, von dem Lessing hier spricht, kann einzig durch eine poetische Darstellung erfaßt werden, die, statt bei den Details des Mikrokosmos zu verweilen, durch Auswahl und Typisierung ein Modell der Schöpfung zur Anschauung bringt, das deren Ideal in komprimierten Grundzügen hervortreten läßt. Bemerkenswert bleibt dabei, daß Lessing die sinnhafte Totalität der Erscheinungen eher durch das auf zeitliche Kontinuität seiner fiktionalen Elemente setzende Verfahren der poetischen Darstellung als durch die räumliche Perspektive der malerischen Betrachtungsweise angemessen erfaßt findet (vgl. II Wellbery, 210f.).

Daß das Zusammenwirken von **Mimesisprinzip und Illusionsgebot** seinerseits Bestandteil eines aufgeklärten Weltbildes ist, das im Gefolge des Leibnizschen Theodizeegedankens von der Vorstellung einer durch Gott vollkommen eingerichteten Schöpfung ausgeht, erhellt aus der ebenso knappen wie instruktiven Bemerkung, mit der Lessing im 79. Stück der *Hamburgischen Dramaturgie* sein Ideal der poetischen Naturnachahmung charakterisiert. Die Aufgabe des dramatischen Dichters besteht laut Lessing darin, seinen Stoff so auszuwählen, daß er den vernünftigen Bau der Natur hinlänglich sichtbar werden läßt:

> Aus diesen wenigen Gliedern sollte er ein Ganzes machen, das völlig sich rundet, wo eines aus dem andern sich völlig erkläret, wo keine Schwierigkeit aufstößt, derentwegen wir die Befriedigung nicht in seinem Plane finden, sondern sie außer ihm, in dem allgemeinen Plane der Dinge, suchen müssen; das Ganze dieses sterblichen Schöpfers sollte ein Schattenriß von dem Ganzen des ewigen Schöpfers sein; sollte uns an den Gedanken gewöhnen, wie sich in ihm alles zum Besten auflöse, werde es auch in jenem geschehen (...) (I Lessing G, Bd. IV, 598).

Entspricht die Verpflichtung zur typisierenden, die vollkommenen Züge der Schöpfung erfassenden Nachahmung dem aufgeklärten Mimesisgedanken, so der Hinweis auf die notwendige Folgerichtigkeit der Handlungsglieder und deren innere Kausalität dem Prinzip der poetischen Illusion, die nur dort ihre Wirkungsmöglichkeiten vollauf entfaltet, wo sie den Leser durch eine dynamische Darstellung fortschreitenden Geschehens – die sinnvolle Verknüpfung der Zeichen im Prozeß der Zeit – mitreißt und in ihren Bann zieht (vgl. II Bohnen, 127f.).

Die Erzeugung ästhetischer Illusion scheint, so deutet der *Laokoon* an, nicht nur im Hinblick auf die Leserwirkung erforderlich, sondern avanciert, das Gebot der Naturnachahmung ergänzend, zu den wesentlichen produktiven Vermögen dichterischer Sinnvermittlung (vgl. II Wellbery, 108, II Schmidt, Bd. I, 78f., II Willems, 332). Gerade weil der Akt der Mimesis sich nicht in der Wiederholung der empirischen Realität erschöpfen darf, wie schon Gottsched wußte, muß er sich auf charakteristische Wesenszüge der darzustellenden Sache konzentrieren, um dem Leser Einblicke in den ideellen Bau der äußeren Natur zu verschaffen. Diese zentrale Aufgabe der Poesie aber, so betont Lessing, läßt sich vornehmlich durch die illusionsstiftende Präsentation von bewegten, fortschreitenden Bildern im Rahmen dynamischer Handlungsfolgen erfüllen. Der Dichter »will die Ideen, die er in uns erweckte, so lebhaft machen, daß wir in der Geschwindigkeit die wahren sinnli-

chen Eindrücke ihrer Gegenstände zu empfinden glauben, und in diesem Augen-
blicke der Täuschung, uns der Mittel, die er dazu anwendet, seiner Worte bewußt
zu sein aufhören.« (I Lessing G, Bd. VI, 110). Im Gegensatz zur ausmalenden Naturpoesie zieht eine zur Erzeugung von Illusionseffekten fähige Dichtkunst den
Leser derart in ihren Bann, daß dieser die ihm vorgeführte imaginäre Welt für
wahr hält und das Bewußtsein ihrer Fiktionalität bei der Lektüre einbüßt. Während
die beschreibende Lyrik eines Brockes oder Haller, wie Jean Paul später im Blick
auf Lessings Befund formulieren wird, nur »Repetierwerke der großen Weltuhr«
(II Jean Paul, Bd. I, 5, 36) bietet und durch ihre ermüdende Monotonie das Gemüt
des Rezipienten verfehlt, vermag die auf konsekutive Verknüpfung der Zeichen
gegründete poetische Illusion auch affektive Wirkungen zu erzielen, die der ausmalenden Dichtung verwehrt bleiben, weil sie Stimmungen, nicht aber Handlungen darstellt.

## Fundierung des Illusionsgedankens

In den unveröffentlichten Notizen zum *Laokoon* merkt Lessing über die vollkommene Gestaltung der poetischen Fabel an: »Das Ideal der Handlung bestehet 1) in
der Verkürzung der Zeit, 2) in der Erhöhung der Triebfedern, und Ausschließung des
Zufalls, 3) in der Erregung der Leidenschaften.« (I Lessing G, Bd. VI, 603). Lessings
Analyse lenkt den Blick auf ein Prinzip, das man die Logik der poetischen Verknüpfung nennen könnte. Offenkundig muß die Verbindung der Zeichen in der Zeit, die
der *Laokoon* als besonderes Merkmal der dichterischen Illusionsbildung betrachtet,
bestimmten rationalen Gesetzen unterliegen, um die notwendige Plausibilität und
rationale Evidenz zu gewinnen. Der Hinweis auf die ›Verkürzung der Zeit‹ bezeichnet die modellbildende, oftmals typisierende Funktion der poetischen Darstellung,
ihre das Wesentliche herausarbeitende Energie, deren Funktion auch der oben angeführte Passus aus der *Hamburgischen Dramaturgie* betonte. Der ›Grundriß‹, nach
dem die Schöpfung gebaut ist, muß im Akt der dichterischen Nachahmung durch
Konzentration, im Prozeß der Illusionsbildung durch Verkürzung des zeitlichen
Ablaufs der beschriebenen Ereignisse wiedergegeben werden. Der in Lessings
Bestimmung anklingende Hinweis auf die Dynamik der idealen poetischen Handlung findet sich in Christian Garves 1769 veröffentlichter Rezension des *Laokoon*
reflektiert, wenn es dort heißt, Dichtung sei die Abbildung des »wirklichen Lauffs«
des Lebens (II Garve, Bd. II, 1255).

Daß die literarische Invention niemals willkürlich, ihre Handlung keineswegs
phantastisch ausfallen darf, schärft der zweite Gesichtspunkt ein; ›Erhöhung der
Triebfedern‹ meint nicht nur den dynamischen Grundzug der idealen poetischen
Fabel, der durch die möglichst beschleunigte, wiederum auf das Wesentliche gerichtete Darstellung ihrer zentralen Motive umgesetzt wird, sondern auch das Kriterium
der vernünftigen Evidenz der fiktionalen Erfindung, auf die das Stichwort von der
›Ausschließung des Zufalls‹ ebenfalls hindeutet. Die poetische Illusionsbildung muß
mit den Gesetzen der Ratio in Übereinstimmung stehen und durch ihre Modellfunktion die Ursachen und Folgen der dargestellten Ereignisse gleichermaßen klar
hervortreten lassen. Kausalität und Logik, Motivierung und innere Konsequenz
gehören zu den entscheidenden Indikatoren des dichterischen Handlungsaufbaus,

dessen Illusionseffekte die ehernen Prinzipien der Vernunft auch bei Lessing nicht verletzen dürfen.

Daß trotz des gewachsenen Interesses an den Eigengesetzen der ästhetischen Form Aspekte der Wirkungspoetik in Lessings Konzept immer noch dominieren, bestätigt der letzte Punkt der Notiz durch den Hinweis auf die ›Erregung der Leidenschaften‹ als Ziel vollkommener dichterischer Illusionsbildung. Nur dasjenige Geschehen, das die Affekte des Lesers aktiviert und sein Gemüt bewegt, erfüllt das Ideal der poetischen Handlung; es versteht sich, daß dieses Ziel nicht durch die Statik der beschreibenden Naturpoesie, sondern einzig durch Formstrategien umsetzbar ist, die den gewählten Stoff nach den Prinzipien der Kausalität, des ständigen Fortschreitens seiner Elemente und der inneren Folgerichtigkeit ihrer Beziehung zu bearbeiten verstehen. Sichtbar wird damit auch, in welcher Weise das Mimesisprinzip und das von Lessing neu akzentuierte Illusionsgebot idealiter zusammenwirken: Fällt der Nachahmung die Funktion der selektierenden Konzentration auf die leitenden Gesetze der Natur und die gemäß dem Theodizeegedanken vorherrschenden Beispiele ihrer Vollkommenheit zu, so bleibt es die Aufgabe der fiktiven Handlung, die spezifischen Gegenstände der poetischen Mimesis durch logisch folgerichtige Verknüpfung innerhalb eines zeitlichen Kontinuums zu einer in sich geschlossenen Einheit zusammenzuführen und möglichst effektvoll zur Geltung zu bringen.

Nicht zuletzt der Hinweis auf die ›Erregung der Leidenschaften‹ verrät, welcher Gattung Lessing in besonderem Maße zutraut, das Ideal der poetischen Illusionsbildung praktisch umzusetzen. Es ist das Drama, das wie kein anderes literarisches Genre die vom *Laokoon* geforderte Abkehr von der beschreibenden Dichtung der Frühaufklärung zu unterstützen und das Gebot der dynamischen Verknüpfung fiktionaler Handlungsglieder zum Zweck der Mobilisierung verschiedener Leidenschaften zu realisieren vermag (vgl. II Koebner, 204). Bereits in den elf Jahre vor dem *Laokoon* publizierten Seneca-Studien der »Theatralischen Bibliothek« erklärt Lessing, daß die dramatische Fabel dazu disponiert sein müsse, den Charakter der Protagonisten zu motivieren und in sämtlichen Elementen für den Zuschauer nachvollziehbar erscheinen zu lassen. An Senecas *Hercules furens* tadelt Lessing die unvermittelte Darstellung leidenschaftlicher Eruptionen, die nicht hinreichend mit dem Geschehen koordiniert und psychologisch mangelhaft begründet seien. Im Fall einer Adaption der Vorlage für das aktuelle Theater sollte der jeweilige affektive Zustand des Helden besser motiviert werden: »Ohne Zweifel würde es auf eine feinere Bearbeitung dieses Charakters selbst ankommen. Seine Raserei müßte eine *natürliche* Folge aus demselben werden.« (I Lessing G, Bd. IV, 91).

Das dramatische Geschehen zieht den Zuschauer nur dann in seinen Bann, wenn sämtliche der es bestimmenden Glieder logisch stimmig auseinander hervorgehen und derart auch die Handlungen der Bühnenfiguren durch die Konsequenz der äußeren Ereignisse motiviert scheinen. Im ersten Stück der *Hamburgischen Dramaturgie* bemerkt Lessing noch entschiedener, daß es das Ziel des Trauerspiels sei, »die Leidenschaften, nicht beschreiben, sondern vor den Augen des Zuschauers entstehen, und ohne Sprung, in einer so illusorischen Stetigkeit wachsen zu lassen, daß dieser sympathisieren muß, er mag wollen oder nicht (...)« (I Lessing G, Bd. IV, 235) Mit ähnlichem Tenor äußert sich das 32. Stück, das die Möglichkeiten der dramatischen Ereignisführung analysiert, über die spezifische Bestimmung der Figuren aus der inneren Logik der Geschehensfolge. Wenn der Autor die Prinzipien der poetischen Illusionsbildung kenne, so müsse er »suchen, die Vorfälle, welche diese Charaktere in Handlung setzen, so notwendig einen aus dem andern entspringen zu lassen; wird er suchen, die Leidenschaften nach eines jeden Charakter so genau abzumessen; wird er suchen, diese Leidenschaften durch so allmähliche Stufen durchzuführen: daß wir überall nichts als den natürlichsten, ordentlichsten Verlauf wahrnehmen (...)« (I Lessing G, Bd. IV, 377). Auch hier wird die Botschaft des *Laokoon* kenntlich: Poetische Illusionsbildung muß stets mit den Gesetzen der Vernunft verbunden bleiben und deren Prinzipien – Kausalität, vernünftige Ordnung, folgerichtiges Telos – zur Geltung bringen, will sie das Gemüt des Lesers oder Zuschauers erreichen. Die neue Theorie der poetischen ›Täuschung‹, mit der Lessing die Dichtungslehre seiner Zeit bereichert, bleibt im Fundament des Rationalismus verankert. Sie ergänzt die Doktrin der Nachahmung, indem sie deren modellbildende, typisierende Funktion durch die Logik der poetischen Verknüpfung unterstützt, welche geeignet scheint, das vernünftige Telos der Weltordnung im verkleinerten Maßstab fiktiver Handlungen zur Anschauung zu bringen.

Aus der Differenz kompositioneller Zeichenverwendung, die die Grenzen zwischen Malerei und Poesie markieren hilft, leitet sich im *Laokoon* ein weiterer funktionaler Gegensatz der Künste ab, der die **Qualität des Schönen und des Häßlichen** betrifft. Während es der Poesie gestattet ist, auch abstoßende und ekelerregende Erscheinungen zur Darstellung zu bringen, bleibt es verbindliches Prinzip der Malerei, daß sie sich auf anziehende, harmonisch-gefällige Gegenstände zu beschränken habe. Der Grund für diese Unterscheidung liegt darin, daß die literarische Fiktionsbildung aufgrund ihrer Tendenz zur dynamischen Beschleunigung des Geschehens die Phänomene der äußeren Welt bevorzugt in ein kausallogisch strukturiertes Geflecht von Handlungselementen auflöst, das es erlaubt, jede Erscheinung auf ihre Ursachen und Wirkungen hin zu durchleuchten. Während derart das Häßliche im poetischen Darstellungszusammenhang seine unmittelbar abstoßende Wirkung verliert, weil es motivischer Bestandteil eines übergreifenden Gefüges der literarischen Fiktion und funktionales Glied des aus ihr resultierenden Illusionseffekts wird, bleibt es das Charakteristikum der Malerei, daß sie Momentaufnahmen einzelner Gegenstände bietet, die das Ekelerregende nicht in Handlung auflösen, sondern für sich wirken lassen. Arbeitet das Häßliche innerhalb der poetischen Handlung als Element eines umfassenden Konzepts der Illusionsbildung zum Zweck der Erregung der Leidenschaften, so richtet sich beim Gemälde die gesamte Konzentration auf die unschöne Erscheinung, ohne daß deren abstoßender Effekt durch die Integration in ein entsprechendes ästhetisches Wirkungsprogramm gemildert wird. Eine häßliche Bühnenfigur kann, jeweils abhängig vom spezifischen dramatischen Kalkül, komische oder furchterregende Funktionen erfüllen, so daß weniger die unerfreuliche äußere Gestalt als ihr theatralischer Zweck in den Mittelpunkt der Aufmerksamkeit rückt. Ein vergleichbarer Nutzen des Widerwärtigen ist der bildenden Kunst fremd, weil sich hier zunächst, jenseits denkbarer anderer Wirkungsabsichten, der unmittelbare sinnliche Eindruck des Häßlichen in den Vordergrund drängt. Lessing erklärt zu diesem Punkt:

> In der Poesie, wie ich angemerkt, verlieret die Häßlichkeit der Form, durch die Veränderung ihrer koexistierenden Teile in sukzessive, ihre widrige Wirkung fast gänzlich; sie höret von dieser Seite gleichsam auf, Häßlichkeit zu sein, und kann sich daher mit andern Erscheinungen desto inniger verbinden, um eine neue besondere Wirkung hervorzubringen. In der Malerei hingegen hat die Häßlichkeit alle ihre Kräfte beisammen, und wirket nicht viel schwächer, als in der Natur selbst. (I Lessing G, Bd. VI, 155; vgl. II Barner u.a., 246, II Wellbery, 184f.).

An derartigen Differenzierungsversuchen erweist sich die intellektuelle Konsequenz von Lessings Gedankenführung. Unter der Oberfläche des bisweilen pedantisch anmutenden Disputs über die Qualitäten der poetischen bzw. bildkünstlerischen Laokoon-Darstellung entfaltet sich derart ein origineller Beitrag zu Problemen der literarischen Ästhetik, der die aufgeklärte Poetik durch die Lehre von der dichterischen Illusion bereichert. Neben das lange Zeit allein gültige Prinzip der Mimesis tritt damit das Gesetz der künstlerischen ›Täuschung‹, dessen wesentliche Bedeutung für die poetische Darstellungstechnik fortan nicht mehr zu unterschätzen ist. Die instruktive Wirkung des *Laokoon* hat Goethe im achten Buch von *Dichtung und Wahrheit* prägnant beschrieben: »Das so lange mißverstandene: ut pictura poesis, war auf einmal beseitigt, der Unterschied der bildenden und Redekünste klar, die Gipfel beider erschienen nun getrennt, wie nah sie an ihren Basen auch zusammenstoßen mochten. Der bildende Künstler sollte sich innerhalb der Grenze des Schönen halten, wenn dem redenden, der die Bedeutung jeder Art nicht entbehren kann, auch darüber hinauszuschweifen vergönnt wäre. Jener arbeitet für den äußeren Sinn, der nur durch das Schöne befriedigt wird, dieser für die Einbildungskraft, die sich wohl mit dem Häßlichen noch abfinden mag.« (I Goethe, Bd. X, 348).

Auffällig bleibt, daß Lessings *Laokoon* Fragen des poetischen Regelwerks nur beiläufig berührt. Zwar ist, wie auch im Fall der vorausliegenden »Literaturbriefe« und der späteren *Hamburgischen Dramaturgie*, das Konzept der Wirkungsästhetik für Lessing weiterhin gültig, doch verbindet sich dieser Umstand nicht mehr mit der Orientierung an den Prinzipien der normativen Dichtungslehre. Schon der 17. »Literaturbrief« hatte, dezidiert gegen Gottsched gerichtet, den Gedanken einer schöpferischen, von Regeln unabhängigen Genialität durchgespielt und ihn am Exempel Shakespeares zu verdeutlichen gesucht (I Lessing G, Bd. V, 72f.). Im 34. Stück der *Hamburgischen Dramaturgie* heißt es, das Genie bringe seine eigene imaginäre Welt hervor und lasse sich dabei einzig von individuellen Absichten, nicht aber vom Diktat fremdbestimmter Normen leiten (I Lessing G, Bd. IV, 385f.; vgl. II Schmidt, 78f.). Zwar attackiert Lessing an späterer Stelle entschieden die Geniebegeisterung der jüngeren Autorengeneration, die, im Gefolge von Edward Youngs *Conjectures on Original Composition* (1759), jedes neue Kunstwerk als Ausgeburt schöpferischer Inspiration feiere und die unverzichtbare Steuerungsfunktion allgemeinverbindlicher poetologischer Prinzipien unterschätze (I Lessing G, Bd. IV, 673), doch bleibt für ihn, trotz gewisser Vorbehalte, der Gedanke der regelunabhängigen künstlerischen Originalität auch künftig bedeutungsvoll. Weder die dogmatische Fixierung auf ein unbewegliches dichtungstheoretisches Lehrgebäude noch die ihr widerstreitende Anarchie der an Shakespeare orientierten jungen Autoren der neuen Genieperiode entsprechen seinen Idealvorstellungen; avisiert wird ein Kurs, der zwischen beiden Extrempositionen vermittelt und die Notwendigkeit verbindlicher poetologischer

Gesetzmäßigkeiten ebenso verdeutlicht wie die Relevanz künstlerischer Begabung und schöpferischer Originalität jenseits rationaler Zwänge.

Der *Laokoon*, so läßt sich resümieren, ergänzt die Kritik der normativen Dichtungstheorie durch eine **neue literarische Ästhetik**, die ihrerseits geeignet scheint, die für den Klassizismus charakteristische einseitige Fixierung auf den Begriff der Naturnachahmung zu durchbrechen. Erweist die vorsichtige Ausrichtung am Geniegedanken die Grenzen der Regelpoetik, so demonstriert die vom *Laokoon* formulierte Theorie der Illusion die eingeschränkte Geltung einer ausschließlich auf die Mimesisvorstellung gegründeten Dichtungslehre, wie sie neben Gottsched vor allem Batteux (*Les Beaux-Arts reduits à un même principe*, 1746) und Johann Elias Schlegel (»Abhandlung von der Nachahmung«, 1742–43) vertreten hatten. Unangetastet bleibt bei Lessing einzig die wirkungsästhetische Doktrin, von der die Illusionsauffassung wesentliche Impulse empfängt. Gerade der Gedanke der Gemütserregung und die in der *Hamburgischen Dramaturgie* neuerlich adaptierte Konzeption des dynamischen Handlungsbegriffs scheinen noch ganz auf die Ansicht zugeschnitten, daß Dichtung ihr Existenzrecht aus dem möglichst lebhaften Zusammenspiel ihrer kombinierten Effekte beziehe.

Die Einsicht in die Leistungskraft literarischer Fiktion und Illusion bedeutete zugleich, im Verein mit den Erkenntnissen der sensualistischen Ästhetik, eine weitere Distanzierung vom System der normativen Dichtungstheorie Gottscheds. In dem Moment, da das Wissen über die Vielfalt der literarischen Welt und die faszinierende Fülle ihrer Erfindungen gewachsen war, schien die Uhr der Regelpoetik abgelaufen. Fortan mußte die Analyse der poetischen Formen und Wirkungen auf jene ästhetischen Grundbegriffe gestützt werden, die Baumgarten und Lessing erarbeitet hatten. Schiller, Novalis und Friedrich Schlegel waren es zumal, die das Erbe ihrer Vorgänger fortführten und deren Lehren von der sinnlichen Erkenntnis und der poetischen Illusion auf ein neues Fundament stellten, indem sie diese mit dem Gedanken der autonomen Begründung des Schönen jenseits aller Zwecke zu verknüpfen suchten.

## 6. Forschungsübersicht

### Ältere Stiltheorie

Der Blick auf die Problemkonstellationen der aufgeklärten Poetik blieb bis in die 60er Jahre hinein durch Stereotypen und überlieferte Bewertungsschemata getrübt, die ihrerseits die Folgelasten der älteren Forschung bildeten. Dem gängigen Urteilsmuster zufolge kultivierte die Literaturtheorie vor Lessing ein im Bann des Rationalismus stehendes, kunstfremdes Zweckdenken, das die Poesie auf das Prokrustesbett der Regeln zu zwingen trachtete und erst allmählich, unter dem Einfluß des ästhetischen Sensualismus und der mit ihm verbundenen Distanzierung gegenüber wirkungspoetischen Konzeptionen, durch neue, von der Denklogik der Schulphilosophie unabhängigere Formen der Auseinandersetzung mit literarischen Gegenständen verdrängt werden konnte. Dominierend blieb dabei die Ansicht, daß die Geschichte der aufgeklärten Poetik wesentlich Vorgeschichte der ihr nachfolgenden Genieästhe-

tik und der klassischen Kunstauffassung sei, mithin Forschungsinteresse nicht als
selbständiges Thema, sondern nur als Element systematischer Entwicklungsvor-
gänge vor dem Hintergrund einer teleologisch gedachten Kontinuität des literaturtheoretischen Prozesses auf sich zu ziehen verdiene.

In Bruno Markwardts zweitem Band der *Geschichte der deutschen Poetik*
(1956), der sich mit der dichtungstheoretischen Landschaft des 18. Jahrhunderts
befaßt, treten noch die problematischen Antithesen der älteren Forschung exemplarisch zutage. Auf der einen Seite begegnet der als genuin poesiefeindlich betrachtete
Rationalismus Gottscheds und seiner Schüler, auf der anderen der sensiblere Emo-
tionalismus der Genieperiode, der im Zeitalter der Weimarer Klassik durch das
Kühlbad einer an der Antike geschulten Formgesinnung geht und zur Lehre von der
Selbständigkeit des Schönen geläutert wird. Hier steht ein nur regulatives, normorientiertes Dichtungsverständnis, dort die autonomieästhetische Begründung des
Kunstwerks im Vertrauen auf seine zweckresistenten, individuellen Möglichkeiten.
Markwardts Untersuchung lebte durchgängig von solchen idealtypischen Entwick-
lungshypothesen mit entsprechenden Oppositionsschemata; ›Genie‹, ›Originalität‹
und ›organisches Gesetz‹ (statt künstlicher Regel) – das waren die Parameter, an denen artifizielle Leistung gemessen, an deren theoretischem Standard das Niveau poetologischer Abhandlungen abgeschätzt wurde. So ließ sich der aufgeklärten Poetik
bei Markwardt in sämtlichen ihrer Phasen notwendig nur ein Vorläuferstatus zubil-
ligen; bestenfalls bescheinigte ihr der Autor, daß sie künftige Tendenzen gefördert
und unterstützt habe.

Markwardts Buch blieb im Detail durchaus instruktiv; gemessen am For-
schungsstand der 50er Jahre erschloß die Arbeit eine Vielzahl neuer Quellen, deren
Kenntnis Einflüsse und theoretische Verwandtschaften klarer als bisher hervortreten
ließ. Muratoris und Dubos' Bedeutung für die Konstitution des Geschmacksbegriffs,
die Breitenwirkung des Gottschedschen Poetiksystems, das europäische Vorfeld des
deutschen Sensualismus, Mendelssohns prägende Anregungskraft für die Ästhetik
Lessings (II Markwardt, 40f., 70f., 80f., 170f.) – derartige Filiationen und Quellen-
bezüge wurden von Markwardt erstmals detailliert berücksichtigt. Gleichwohl vermag der historische Ertrag der Arbeit aus heutiger Sicht nicht mehr zu befriedigen.
Problematisch bleibt vornehmlich die ein lineares Telos unterstellende Entwicklungshypothese der Abhandlung, die Werturteile über das Niveau der Aufklärungspoetik aus Sicht der klassisch-romantischen Kunstauffassung begründet und nicht
die systematischen Zusammenhänge des zeitgenössischen poetologischen Diskurses,
sondern seinen defizitären Status im Horizont späterer Epochenkonstellationen
erschließen möchte. Zum anderen zeigte sich Markwardts Argumentation auf
höchst befremdliche Weise von einem (an der Terminologie Josef Nadlers geschulten) nationalen Chauvinismus beherrscht, der den Autor dazu verführte, Lessings Handlungsbegriff, wie ihn der *Laokoon* entwickelt, als der »deutschen Art«
(II Markwardt, 185) gemäßes Gedankenprodukt zu kennzeichnen und die gegen
Ende der *Hamburgischen Dramaturgie* geäußerte Kritik am inflationären Gebrauch
des Geniebegriffs für ein Indiz »männliche(r) Gehaltenheit« auszugeben, die das
»Freikämpfen deutscher Selbstbewußtwerdung« einzig »im Hinüberwirken auf die
Gemeinschaft« (II Markwardt, 187), nicht aber in ›egoistischer‹ Genieattitüde zu
vollziehen vermöge.

Vergleichbare ideologische Zuordnungen bestimmten bisweilen auch die Argumentation von Paul Böckmanns *Formgeschichte der deutschen Dichtung*, deren Ergebnisse, erstmals 1948 vorgelegt, in zahlreichen Punkten zu einer tiefgreifenden Neubewertung der **Leistungen aufgeklärter Poetik** führten. Wie Markwardt sah Böckmann in einzelnen Formkonzeptionen – so in Bodmers Theorie des Erhabenen – den Reflex einer »deutschen Gefühlslage« (II Böckmann, 577), deren vermeintlich kollektive psychische Disposition jedoch nicht näher erläutert wurde. Mit Markwardt teilte Böckmanns Versuch zudem die (freilich zurückhaltender zutage tretende) Neigung zur idealtypischen Konstruktion linearer Entwicklungsprozesse. Exemplarisch begegnete sie in der Hypothese, die für die Aufklärung charakteristische Form der witzigen Darstellung von Ähnlichkeiten zwischen den Erscheinungen, deren Bedeutung als zentrales epochentypisches Gestaltungsprinzip Böckmann der Forschung mit großer Überzeugungskraft erschloß, werde im Ausgang des 18. Jahrhunderts durch die symbolische Ausdruckskunst der klassischen deutschen Nationalliteratur abgelöst und gleichsam in höherer Ebene aufgehoben (II Böckmann, 512f.). Auch hinter dieser Betrachtungsperspektive verbarg sich das gängige Urteil der älteren Forschung, die Aufklärung sei nur Durchgangsstadium auf dem Weg zur Ästhetik Goethes, Schillers und der Romantiker.

Anders als frühere Autoren betonte Böckmann jedoch zugleich die literarische Eigenständigkeit der Aufklärung und die theoretische Originalität ihrer Poetik. Insbesondere seine Analyse des Witzes als des durchgreifenden literarischen Strukturprinzips der Epoche, erstmals 1934 veröffentlicht, in der *Formgeschichte* vertiefend ausgearbeitet, kann, trotz gewisser Neigungen zur Überpointierung, auch heute noch als vorbildlich gelten. Bedeutsam scheint zumal, daß es Böckmann gelang, den Witz jenseits seiner theoretischen Ableitung aus Wolffs Metaphysik und deren Lehre von der intellektuellen Wahrnehmung der Vernunftnatur als ästhetisches Gestaltungsverfahren kenntlich zu machen, das auf der Ebene des Stils ebenso wie im Bereich der Wirkungsdoktrin zur Geltung kam. Produkt des Witzes konnte die auf der mikrostrukturellen Textebene auftretende Verknüpfung vermeintlich heterogener Gegenstandsbereiche im Zeichen einer nicht sofort sichtbaren, jedoch vernünftig begründbaren, der Reflexion sich erschließenden Ähnlichkeit sein; für ein Werk des Witzes durfte aber zugleich die wirkungsästhetische Überzeugung der Aufklärung gehalten werden, daß Poesie durch die Sprache ihrer Bilder abstrakte moralische Wahrheiten und Lehrgehalte zu vermitteln vermöge. Auch hier, so demonstrierte Böckmann (meist) überzeugend, entfaltete sich der beziehungsstiftende Charakter der durch den Witz ans Licht gebrachten Analogien, der in diesem Fall die sinnlich wahrnehmbare poetische Bilderwelt mit dem Reich des Intelligiblen verknüpfte (II Böckmann, 516ff.).

Unübersehbar blieb, daß Böckmann dort, wo er theoretische Fundierung und praktische Wirkung des Witzprinzips erörterte, aus reichem Quellenmaterial schöpfen konnte, an denjenigen Passagen jedoch in Begründungszwänge geriet, die den Übergang zur (vor-) klassischen Ausdruckskunst der symbolischen Darstellungsform schildern sollten. Übergangsfigur, so Böckmann, sei Lessing, der in seinem Frühwerk noch am Prinzip des Witzes festhalte, in späteren Jahren jedoch (als Exempel wird hier die *Minna von Barnhelm* angeführt) zu einer ›Ausdruckskunst‹ vorgedrungen sei, die den poetischen Gehalt nicht mehr als beliebiges Objekt für die Spiele des ver-

fügungsfreudigen Witzes, sondern als substantiellen Gegenstand betrachte (II Böckmann, 532f.). Es ist bezeichnend, daß Böckmann an diesem Punkt einer Auseinandersetzung mit Lessings ästhetischen Schriften auswich und sich statt dessen auf
einen detaillierten, freilich kaum überzeugenden Vergleich zwischen den witzigen
Darstellungsstrategien des Frühwerks und der in diesem Punkt vermeintlich zurück-
haltenderen *Minna von Barnhelm* verlegte. Lessings den »Literaturbriefen« folgende
poetologische Abhandlungen sprechen hier eine deutlichere Sprache. Zwar zeigen
sie eine entschiedene Konzentration des theoretischen Interesses auf Probleme der
poetischen Form, jedoch bieten sie schwerlich Indizien für die Abkehr vom Prinzip
des Witzes oder die Grundlegung einer gleichsam vorklassischen Sprach- und Aus-
druckslehre. Vielmehr steht auch der späte Lessing im Bann der Wirkungsästhetik,
ohne die seine auf den Gedanken der idealen poetischen Affekterregung gestützte
Theorie der Illusion kaum denkbar wäre.

Wie stark subjektiv gefärbte Akzentuierungen noch die neuere Forschung
bestimmen können, demonstrierte, freilich vor dem Hintergrund anderer Normen,
die 1976 publizierte Dissertation von Ulrich Hohner, die den (letzthin als defizitär
betrachteten) Vorläuferstatus der Aufklärungspoetik in deren Verzicht auf ein an der
erfahrbaren Wirklichkeit ausgerichtetes Mimesiskonzept erkennen möchte. Werte-
ten ältere Arbeiten anhand des Maßstabs klassischer Ästhetik, so urteilte Hohner
auf der Basis eines nicht näher profilierten Realismusbegriffs, den die Dichtungstheorie der Aufklärung durch ihre rationalistische Naturvorstellung notwendig verfehlen mußte (II Hohner, 33, 40, 86). In beiden Fällen kam er derart zu einer Abwertung der Aufklärungspoetik, die deren Möglichkeiten und Interessen nicht gerecht
wurde. Weder der Parameter der Autonomieästhetik noch die Norm der ›realistischen‹, an der empirischen Wirklichkeit orientierten Kunstform vermögen die Intentionen einer Dichtungstheorie zu erfassen, die Literatur darauf verpflichtet, den Ver-
nunftcharakter der Natur und die logozentrische Ordnung der Erscheinungen
möglichst präzis (und das heißt hier: ihren Grundzügen gemäß) darzustellen.

## Untersuchungen zum Naturbegriff

Erst in den 60er Jahren befreite sich die Aufklärungsforschung sukzessive von den
Werturteilen älterer Arbeiten und bahnte derart den Weg zu einer stärker sachbezo-
genen Analyse der Poetik zwischen Gottsched und Lessing. Den Beginn einer neuen
Forschungsrichtung markierte die Dissertation von Joachim Birke (1966), die, wie es
im Vorwort hieß, die Poetik Gottscheds möglichst »unvoreingenommen« aus ihren
methodischen Bezügen zur Wolffschen Schulphilosophie zu verstehen suchte
(II Birke, X). Birke setzte diese Intention um, indem er eine sachlich verfahrende,
historisch objektive Analyse des durch Gottsched begründeten dichtungstheoretischen Systems vorlegte, die erstmals auch im Detail dessen **Abhängigkeit von Wolffs
Lehrgebäude** erschloß. In den Mittelpunkt der Arbeit rückten die Auseinandersetzung mit dem Naturbegriff, der Bedeutung des Kausalitätsprinzips für die Wirkungspoetik sowie den Verwandtschaften zwischen Wolffs Deduktion der produktiven Vermögen des Menschen (Einbildungskraft, Witz, Scharfsinn, Ingenium) und der
ihr verpflichteten Gottschedschen Theorie der poetischen Erfindungskunst (II Birke,
15f., 36f.). Ausgehend von diesen grundlegenden Kategorien suchte Birke zu erwei-

sen, daß der ideale Dichtungsbegriff Gottscheds wesentlich erfüllt werde durch Wirkungsmechanismus und strukturelle Charakteristika der Fabelgattung; Lehrhaftigkeit, sinnliche Prägnanz, zweckhaft gebundene Phantasie und sittlicher Nutzen verbünden sich hier laut Birke zu einem Formtypus, der auf mustergültige Weise der moraldidaktischen Konzeption der Aufklärungspoetik entspricht (II Birke, 40f.).

Birkes Studie legte durch ihre prägnanten Begriffsanalysen die methodischen und intellektuellen Verbindungslinien frei, die Wolffs rationalistische Metaphysik und Gottscheds Dichtungstheorie verknüpften. Sie bot Einblicke in die wissenschaftliche Begründung der *Critischen Dichtkunst* und erschloß damit der künftigen Forschung die Perspektiven einer historisch objektiven analytischen Verfahrensweise, die die geschichtliche Leistung der Aufklärungspoetik frei von den Werturteilen und (zumeist an der Klassik orientierten) Maßstäben älterer Studien zu erfassen versprach.

Hans Peter Herrmanns Habilitationsschrift über *Naturnachahmung und Einbildungskraft* (1970) setzte den von Birke eingeschlagenen Weg in bisweilen recht eigenwilliger Weise fort. Einerseits betonte auch Herrmann die Verankerung der Aufklärungspoetik im System des Wolffschen Rationalismus, andererseits bemühte er sich um den Nachweis, daß die Dichtungslehren Gottscheds und der Schweizer gleichermaßen durch die kontinuierlich fortwirkende Systematik der rhetorischen Tradition gekennzeichnet seien. Abweichend von der Tendenz älterer Arbeiten, die Bodmer und Breitinger gern als Herolde der Genieästhetik im Zeichen eines vorromantischen Irrationalismus charakterisierten, betonte Herrmann zunächst die Gemeinsamkeiten mit Gottsched, wie sie im Festhalten am logisch fundierten Wahrscheinlichkeitsbegriff und in der Ausrichtung an einem regelgeleiteten Poesiekonzept mit wirkungsästhetischer Fundierung exemplarisch zutage treten (II Herrmann, 167ff.). Gerade im Hinblick auf eine angemessene historische Einordnung der Schweizer schien die Analyse der ihre Literaturtheorie beherrschenden rationalistischen Unterströmungen instruktiv, verhinderte sie doch die allzu rasche Harmonisierung der hier begegnenden ästhetischen Programmatik mit geschichtlich späteren Entwicklungen (Kritik der Regelpoetik, Phantasiegedanke, Geniebegriff, Ästhetik des Unheimlichen), die Bodmer und Breitinger angestoßen hatten, ohne sie jedoch in sämtlichen Zügen bereits selbst zu repräsentieren.

Herrmanns Gottsched-Kapitel blieb nicht frei von forcierten Hypothesen, die zuweilen den historischen Problemgehalt seiner Texte verfehlten. Überzeugten die Analysen einzelner Kategorien (etwa des *Iudicium*-Begriffs (Urteilsvermögen) als Zentrum der Gottschedschen Geschmackslehre) oder Gattungen (Abkunft der Fabeldoktrin von der antiken *Persuasio*-Doktrin, der Lehre vom Überzeugen) durch den Ansatz, das wirkungspoetische Fundament der *Critischen Dichtkunst* aus dem Fortleben der rhetorischen Tradition zu erklären, so schien Herrmanns Charakterisierung des Naturbegriffs allzu einseitig auf dessen formal-regulativen Aspekt konzentriert (II Herrmann, 112f., 133, 96f.). Gewiß orientiert sich Gottsched wesentlich an Wolffs Vorstellung der Vernunftnatur, doch schließt das, gut cartesianisch, die Berücksichtigung der sinnlichen, empirisch erfahrbaren Schöpfungsdimension keineswegs aus. Die neuere Forschung hat entsprechend nachzuweisen gesucht, daß Gottscheds Naturbegriff ein intellektuelles und ontologisches Prinzip gleichermaßen repräsentiere (II Gaede, 104), dessen »substantialistische« Züge (I Grimm, 638f.)

eine einseitige formalistische Auslegung im Sinne Herrmanns ausschließe. Bedenklich wirkte zudem Herrmanns Versuch, Gottscheds Naturbegriff von der Kategorie des Wahren abzukoppeln und ›Vernunft‹ einzig als Produkt struktureller Rationalität zu fassen (II Herrmann, 133, 144). Gerade die logische Ordnung der Natur begründet jedoch bei Wolff und Gottsched die Wahrheit der Schöpfung, die sich wiederum im poetischen Nachahmungsakt durch den Aspekt der Wahrscheinlichkeit des dichterischen Werks und seiner Erfindungen zur Geltung bringen läßt.

Die Kontinuität rhetorischer Traditionen beherrscht, wie Herrmann nachweisen konnte, nicht nur Gottscheds Poetik, sondern auch die Schriften der Schweizer. Durchaus stimmig, von der späteren Forschung bestätigt, war sein Ansatz, die Theorie der dichterischen Beschreibung, wie sie vor allem Breitingers Gleichnisbuch entwickelt, in Beziehung zum rhetorischen *Evidentia*-Begriff (Technik der detailbezogenen Aufzählung) zu setzen (II Herrmann, 167ff., vgl. auch II Möller, 51ff.). Das Spezifikum der hier vorgeführten Verarbeitung von Kategorien der Redekunst besteht darin, daß sie auf der Grundlage der (für die rhetorische Tradition undenkbaren) Trennung zwischen *res* und *verba* erfolgt. Die äußere Welt der Erscheinungen läßt sich laut Herrmann nicht mehr automatisch bestimmten sprachlichen Darstellungsstrategien zuordnen, sondern muß durch diese charakterisierend erst erschlossen werden. Die Evidenz der jeweiligen Beschreibung und nicht die Umsetzung des rhetorischen Prinzips der Angemessenheit (*aptum*) entscheidet demnach über die Qualität des poetischen Produkts. Bei den Schweizern, so die These, unterliegen die rhetorischen Grundbegriffe einem Funktionswandel, der sich dort besonders klar abzeichnet, wo die alten Kategorien in eine neue Werkästhetik mit fiktionstheoretischer Basis integriert werden.

Instruktiv blieben auch Herrmanns Hinweise auf den funktionalen Status des Erhabenen in den Schriften Bodmers und die im Zeichen eines säkularisierten Glaubensverständnisses stehende Definition der Poesie als Gemütserregungskunst. Dem Erhabenen fällt laut Herrmann die Aufgabe zu, zwischen dem Prinzip der Naturnachahmung und dem an den Möglichkeiten der Affektmobilisierung ausgerichteten Wirkungskalkül zu vermitteln; durch die *imitatio* erschreckender, bedrohlicher Aspekte der Natur werde dem Mimesisgebot ebenso wie der auf emotionale Effekte zielenden Poesiekonzeption gleichermaßen Rechnung getragen (II Herrmann, 225ff.).

Herrmanns Studie überzeugte vor allem dort, wo sie die poetologische Leistung der Schweizer im Spannungsfeld zwischen neuer Werkästhetik und traditionellen rhetorischen Wirkungskategorien analytisch zu erfassen wußte. Daß der hier bezeichnete Gegensatz für die gesamte europäische Aufklärungspoetik gültig bleibt, zeigte 1974 eine die englischen, französischen und italienischen Entwicklungsprozesse berücksichtigende Skizze von Armand Nivelle. Bereits Addison, Shaftesbury, Dubos und Muratori – Theoretiker, mit denen Gottsched und die Schweizer gut vertraut waren – erörterten am Beginn des 18. Jahrhunderts Problemkonstellationen, die für die im Zeichen einer charakteristischen Phasenverzögerung stehende deutsche Ästhetik erst 30 Jahre später bedeutsam wurden: Fragen der poetischen Phantasieproduktion und ihres Bezugs zum Nachahmungskonzept, des sinnlichen Gehalts des Kunstwerks, der literarischen Fiktion und ihres illusionsbildenden Charakters, der Psychologie wirkungsästhetischer Prozesse, nicht zuletzt des Verhältnisses von Regelhaftigkeit und genialer Schöpfungsfreiheit (II Nivelle L, 31f., 48f.). Nivelles knapper Abriß erfaßte damit die **gesamteuropäische Relevanz** poetologischer Theorieansätze, deren programmatischer Gehalt nicht nur die Konflikte zwischen Gottsched und den Schweizern beherrschte. Blickte man auf die Entwicklung jenseits des deutschen Sprachgebiets, so war zu erkennen, daß um 1720 bereits das gesamte Spektrum jener literaturtheoretischen Fragestellungen erschlossen war, die zwischen 1740 und 1770 die Schriften Bodmers, Baumgartens, Mendelssohns und Lessings dominierten. Weder das Paradigma der Phantasie, das die Schweizer auf der Grundlage des Wolffschen Rationalismus entwickelten, noch Baumgartens sensualistische Doktrin der schönen Erkenntnis, Mendelssohns Lehre von den poetischen Sprachzeichen oder die durch Lessing erarbeitete Theorie der dichterischen Illusion blieben frei von älteren Einflüssen, ohne die sie ihr intellektuelles Profil schwerlich hätten ausprägen können. Nivelles Übersichtsdarstellung verdeutlichte damit in ganzer Breite, jenseits von Detailfragen, welches Gewicht Addisons Theorie der Imagination, Muratoris Geschmacksbegriff und Dubos' Ansätze zu einer auf den Illusionsgedanken gegründeten Werkästhetik für die Entwicklung der deutschsprachigen Poetik besaßen.

## Neuere Arbeiten zu poetologischen Leitkategorien

Die Studien der 60er und 70er Jahre hatten vornehmlich die Bedeutung des Wolffschen Rationalismus für die literaturtheoretische Entwicklung von Gottsched bis zu Lessing akzentuiert; Hinweise auf den Einfluß der Regelpoetik des 17. Jahrhunderts und des rhetorischen Unterrichtssystems ergänzten diesen Ansatz, ohne daß sie jedoch mit ihm systematisch verknüpft werden konnten. Neuere Arbeiten bemühten sich daher, zumeist in kritischer Abgrenzung von den Positionen Herrmanns, die bisweilen disparaten Quellenströme zu bündeln, indem sie das Fortwirken rhetorischer Traditionen und die Bedeutsamkeit der ideengeschichtlichen Tendenzen gleichermaßen berücksichtigten. Friedrich Gaede unternahm bereits 1978 den Versuch, die Verankerung der gesamten Aufklärungspoetik im **System der rationalistischen Denklogik** von Descartes, Leibniz und Wolff zu demonstrieren. Gaede beschränkte sich dabei nicht auf den gern analysierten exemplarischen Fall Gottscheds, dessen intellektuelle Allianz mit Wolffs Schulphilosophie außer Frage steht, sondern schlug den Bogen bis zum Sensualismus Baumgartens und Meiers. In je unterschiedlicher Ausprägung erwiesen sich derart methodische und inhaltliche Interdependenzen zwischen den Positionen aufgeklärter Poetik und den denklogischen Systementwürfen des Rationalismus: Breitingers Deduktion des Möglichen korrespondiert ebenso mit Grundbegriffen der Leibniz-Wolffschen Schulphilosophie wie Baumgartens (im Detail freilich anders gewichtende) Lehre von den (zum *analogon rationis* aufgewerteten) unteren Erkenntnisvermögen und Meiers Doktrin des ästhetischen Urteils, das seine Entsprechung in der von Wolff entfalteten Ordnung des mathematischen Schlußverfahrens findet (II Gaede, 995f., 106ff., 115f.).

Das Verdienst der Studie Gaedes bestand darin, daß sie diese im Detail durchaus bekannten methodischen Abhängigkeiten in einen größeren Zusammenhang rückte und derart die durchgreifende logische Fundierung des poetologisch-ästhetischen Argumentationssystems der Aufklärung zwischen Gottsched und Meier verdeutlichen konnte. Noch Lessings literaturtheoretische Schriften leben, so könnte man Gaedes Befund ergänzen, trotz ihrer Neigung zum sprunghaft-assoziativen Darstellungsstil aus der methodischen Erbmasse des schulphilosophischen Rationalismus. Das gilt für die Fabelabhandlungen, die sich dezidiert auf Wolffs Theorie der anschauenden Erkenntnis, der *cognitio intuitiva*, beziehen, für den *Laokoon* und seinen am Prinzip der Kausalität sowie der teleologischen Folgerichtigkeit orientierten Handlungsbegriff, nicht zuletzt für die *Hamburgische Dramaturgie*, die ihre Nachahmungskonzeption im Horizont des Theodizeegedankens und der mit ihm verknüpften, bei Wolff wiederum logisch begründeten Lehre der natürlichen Schöpfungsvollkommenheit formuliert.

Ähnlich wie Gaede folgt auch Uwe Möllers 1983 publizierte Arbeit einem homogenen Untersuchungsansatz, der die Beziehung zwischen Aufklärungspoetik und rhetorischer Tradition zum zentralen Gegenstand der Darstellung der literaturästhetischen Entwicklung von Gottsched bis zu Meier werden läßt. Während in den Dichtungstheorien des 17. Jahrhunderts das Unterrichtssystem der Rhetorik den Aufbau des Lehrgebäudes, das wirkungspoetische Grundschema und die Anweisungen zur stilistischen Praxis gleichermaßen dominierte, tritt sein Einfluß in der aufgeklärten Literaturdoktrin, so die These Möllers, nur unterschwellig, häufig verdeckt und im Kontext neuer methodischer Perspektiven zutage. Daß hinter Gottscheds Fabelsatz die rhetorische Konzeption des *argumentum* (Beweistechnik) und das Wirkungsprogramm einer persuasiven Redestrategie verborgen liegen, Breitingers Theorie der ausmalenden Naturbeschreibung dem Prinzip der *evidentia* verpflichtet bleibt oder Meiers sensualistische Ästhetik Inventionslehre, Elemente traditioneller *elocutio* und die Kategorie des *iudicium* verarbeitet, zeugt von solchen nur mehr in modifizierter Gestalt zutage tretenden Bezügen zu einer Tradition, die die Aufklärungspoetik in neue Konzepte integriert, indem sie sie ihrem wissenschaftlich begründeten Lehrsystem verfügbar macht (II Möller, 28f., 55f., 88f.).

Den vorläufigen Abschluß der von Gaede und Möller repräsentierten Forschungsrichtung markiert die umfassende Arbeit Gunter E. Grimms (1983), die dem sich wandelnden Verhältnis von **Literatur und Gelehrtentum** im Umbruch zwischen früher Neuzeit und Aufklärung nachgeht. In seiner detaillierten Analyse der Gottschedschen Poetik gelingt es Grimm, eine überzeugende Synthese älterer Untersuchungsansätze herzustellen. Ausführlich erörtert werden Gottscheds Verwurzelung im System der von Wolff entwickelten mathematischen Demonstrationsmethode, der Einfluß der rationalistischen Metaphysik auf das Nachahmungskonzept der *Critischen Dichtkunst*, aber ebenso deren Prägung durch eine freilich funktional veränderte rhetorische Tradition, die nicht mehr, wie im Ausgang des 17. Jahrhunderts, als Quellenschatz für praktische Stilanweisungen, sondern primär als Argumentationshilfe für die Begründung poetischer Wirkungsansprüche genutzt wird (I Grimm, 620ff.). Bedeutsam ist in diesem Zusammenhang die Aufwertung der Kategorie des *iudicium* und die daraus resultierende Auffassung der Rhetorik als logisches Ordnungsmodell mit urteilsbildender Funktion; im neu erwachten Interesse an den iudiziösen Aspekten des rhetorischen Inventionssystems sieht Grimm zu Recht das entscheidende Distinktionsmerkmal, das die Aufklärungspoetik von der spätbarocken Dichtungslehre mit ihren primär anweisungstechnischen Neigungen abgrenzt (I Grimm, 576ff.). Zur aus dem Geist des Rationalismus geborenen wissenschaftlichen Fundierung der Poetik gesellt sich derart die Transformation des rhetorischen Unterichtssystems in ein urteilsbildendes Ordnungsgefüge, das wiederum, wie Grimm überzeugend ausführt, Gottscheds poetologischem Erziehungsprogramm und seiner jenseits des Gedankens humanistischer Bildungsexklusivität liegenden Ausrichtung am breiten bürgerlichen Publikum zuarbeiten darf (I Grimm, 675ff.).

Durch ihre souveräne Verknüpfung verschiedener Untersuchungsperspektiven zieht Grimms Arbeit zugleich die methodische Bilanz der von Birkes Dissertation angeregten ideen- bzw. wissensgeschichtlich interessierten Erforschung der deutschen Aufklärungspoetik. Verglichen mit den hier erreichten Standards wirken die der poetologischen Entwicklung zwischen Gottsched und Lessing gewidmeten Skizzen neuerer literarhistorischer Kompendien nicht sonderlich instruktiv. Weder Dieter Kimpels einschlägiger Beitrag zu Glasers Sozialgeschichte noch Christoph Siegrists und Jochen Schulte-Sasses themenverwandte Aufsätze in Grimmingers Sammelwerk vermögen überzeugende Synthesen der neueren Forschung zu präsentieren. Sieht Kimpel, orientiert am Versuch einer gesellschaftsgeschichtlichen Verortung der aufgeklärten Literaturtheorie, in der moralistischen Zweckbindung von Gottscheds Poetik und ihrer zentralen Theorie der Fabel primär »eine Veranstaltung bürgerlicher Mediokrität, die aufgrund anthropologischer Konstanten gesellschaftspolitische Integrationsfähigkeit bezeugt« (Kimpel, in: I Glaser Hg., 112), so betrachtet Siegrist die *Critische Dichtkunst* vorrangig im Kontext der sonstigen publizistischen und akademischen Aktivitäten des Leipziger Aufklärers, um derart die praktisch-organisatorische Wirkungsdimension seines Schaffens deutlicher zu akzentuieren (Siegrist, in: I Grimminger Hg., 240f.). Während am Exempel Gottscheds Ansätze einer meist verkürzten sozialgeschichtlichen Betrachtungsweise durchgespielt werden, beschränkt sich die Analyse der konkurrierenden poetologischen Positionen von Bodmer bis zu Lessing in diesen Fällen auf die Beschreibung eines allmählich aus den Zwängen des dichtungstheoretischen Rationalismus hinausführenden Entwicklungsprozesses, mithin auf die Darbietung jener teleologisch gegründeten Arbeitshypothese, wie sie auch von älteren, zumeist stilgeschichtlich fundierten Forschungsbeiträgen vertreten wird. Schulte-Sasses Aufsatz erschöpft sich wiederum im Versuch, die durchgängig bis zu Lessing vorherrschende Wirkungsorientierung der deutschen Poetik als Produkt bürgerlicher Interessen und der ihnen zuzuschreibenden Bestrebungen nach identitätsstiftender Abgrenzung gegenüber anderen sozialständischen Gruppierungen zu deuten (Schulte-Sasse, in: I Grimminger Hg., 319f.). Im Gegensatz zu solchen Vereinfachungen, die der Komplexität der aufgeklärten Dichtungstheorie schwerlich gerecht werden, zeigt sich das entsprechende Kapitel aus dem von Jørgensen, Bohnen und Øhrgaard verfaßten Themenband der de Boor-Newaldschen Literaturgeschichte um eine differenzierende Ordnung der unterschiedlichen poetologischen Strömungen zwischen 1730 und 1770 bemüht, ohne daß die Verflechtung der spezifischen Entwicklungstendenzen dabei jedoch hinreichend deutlich zutage tritt. Problematisch bleibt zumal der Versuch, Einzelbegriffe wie ›Mimesis‹, ›Geschmack‹, ›Witz‹, ›Einbildung‹ und ›Genie‹ in meist unverbundener Folge zu diskutieren, ihren systematischen Stellenwert innerhalb des gesamten dichtungstheoretischen Spektrums dabei aber unberücksichtigt zu lassen (I Jørgensen, 102ff.). Weder die Wandlungen, denen die methodische Ausrichtung am Rationalismus unterliegt, noch die eigenwilligen Transformationen der rhetorischen Tradition oder die gesamteuropäische Dimension einzelner begriffsgeschichtlicher Prozesse treten auf diese Weise klar genug ans Licht.

Fraglos gehört es zu den aktuellen Forschungsdesideraten, die Interessen der quellengestützten Einflußanalyse mit möglichst breit angelegten systematischen Ansätzen zu verbinden. Einen ersten Vorstoß in diese Richtung unternahm 1975 Karl Heinz Stahls Studie über die Kategorie des Wunderbaren in den Poetiken des 17. und 18. Jahrhunderts. Trotz einer gewissen Neigung zu pauschalen Werturteilen, die zumal Gottscheds Rationalismus galten, gelang es der Arbeit, den systematischen Programmwert, der ihrem Leitbegriff innerhalb der aufklärerischen Literaturtheorie zufällt, überzeugend zu verdeutlichen (II Stahl, 90f.). Zu Gesicht kam dabei vor allem die methodische Vielfalt der Poetiken zwischen Gottsched und Lessing, die gerade dort hervortrat, wo Stahl die unterschiedlichen Argumente würdigte, mit denen die Kategorie des Wunderbaren im 18. Jahrhundert erörtert wurde. Bleibt es Charakteristikum des poetologischen Rationalismus, wunderbare Erfindungen einzig durch den Hinweis auf ihren möglichen pädagogischen Nutzen (etwa für die moralische Wirkung einer Fabelhandlung) und damit am Parameter der praktischen Vernunft zu salvieren, so tendieren die Schweizer und mit ihnen die sensualistische Ästhetik Baumgartens dazu, die sinnliche Evidenz einer phantastischen Handlung zum Maßstab ihrer poetologischen Legitimation zu erheben (II Stahl, 92f.). Ähnlich wie im Fall der Verarbeitung des rhetorischen Normensystems unterliegt die Einschätzung eines dichtungstheoretisch relevanten Begriffs hier offenkundig methodischen Vorentscheidungen, die nur im Zusammenhang der jeweiligen poetologischen Programmatik angemessen zu würdigen sind.

In neuerer Zeit hat es einzig Gottfried Willems (1989) unternommen, die heuristischen Möglichkeiten des begriffsgeschichtlichen Forschungsansatzes an konkreten Beispielen vorzuführen. Im Rahmen seiner breit angelegten Studie zur Kategorie der **ästhetischen Anschaulichkeit** zwischen Antike und Moderne erörtert er an zentraler Stelle die paradigmatische Funktion, die dem Konzept der Naturnachahmung innerhalb der Aufklärungspoetik zufällt. Abweichend vom Verfahren der *imitatio*, das die Dichtungslehren des 17. Jahrhunderts seit Opitz als Technik der Illustration göttlich geschaffener Naturwahrheiten charakterisierten, verknüpfe die poetologische Doktrin der Aufklärung den Gedanken der Nachahmung im Sinne ihrer wirkungsästhetischen Perspektive mit dem Gesichtspunkt der Täuschung, der Fiktion und Illusion. Noch vor Lessings endgültigem Klärungsversuch folge die deutsche Aufklärungspoetik der Tendenz, den Vorgang der Mimesis mit dem Verfahren der Illusionsbildung gleichzusetzen; nicht das Kriterium der Ähnlichkeit zwischen Vorbild und Abbild, sondern die teils, wie bei Gottsched, moralisch funktionalisierte, teils, wie im Sensualismus und bei den Schweizern, als spezifisch ästhetische Leistung anerkannte Evokation der Leidenschaften avanciere nunmehr zum Maßstab für das Gelingen des literarischen Nachahmungsakts. Diese Ausrichtung auf das Konzept der Gemütserregung sei wesentlich verantwortlich für die Vorstellung einer im Prozeß der ästhetischen Illusionsbildung sich vollziehenden spezifischen Sinnstiftung, die den Akt der Mimesis mit jenem der Erfindung fiktiver poetischer Welten verbinde (II Willems, 277ff.).

Mag man auch Zweifel hegen, wenn Willems die Verknüpfung von Mimesisprinzip und Illusionskonzept bereits bei Gottsched anzutreffen vermeint – stimmig bleibt in jedem Fall der Hinweis darauf, daß die poetologische Theorie der Aufklärungsepoche den Nachahmungsbegriff in engem Kontakt mit den (dem Illusionsgedanken verwandten) Kategorien der Täuschung, Gemütserregung, des Scheins und der Einbildungskraft verhandelt, die für die *Imitatio*-Lehre des 17. Jahrhunderts noch kein entscheidendes Gewicht besaßen (II Willems, 296f.). Unabhängig von der Frage, ob man mit Willems die Konvergenz zwischen Mimesis- und Illusionsbegriff, die sich spätestens in der Poetik der Schweizer abzeichnet, tatsächlich als Beitrag zur Erneuerung des aristotelischen Nachahmungskonzepts auffassen darf, bleibt außer Zweifel, daß der hier gewählte Ansatz, die Wandlungen einer zentralen poetologischen Kategorie im systematischen Kontext zu analysieren, auch für das Verständnis der Aufklärungsepoche überaus ergiebig bleibt.

Begriffsgeschichtliche Studien nach dem Muster von Willems' im Detail nicht unproblematischer Untersuchung des aufklärerischen Mimesisverständnisses bilden fraglos ein Desiderat der neueren Forschung. Die theoretische Entwicklung der programmatischen Kategorien ›**Einbildungskraft**‹ und ›**Illusion**‹ müßte dabei ebenso analysiert werden wie deren möglicher Einfluß auf die literarische Entwicklung der Zeit. In mustergültiger Weise hat vor wenigen Jahren Jochen Schmidt (1985) die beträchtlichen Möglichkeiten des begriffshistorischen Ansatzes am Beispiel der Geschichte des Geniegedankens demonstriert (II Schmidt). Es wäre wünschenswert, wenn sich die Aufklärungsforschung neben ihrem aktuell dominierenden (und gewiß ertragreichen) anthropologischen Untersuchungsinteresse wieder verstärkt dem zentralen Bereich der Poetik und Ästhetik zuwendete. Noch immer stehen Überblicksdarstellungen aus, die der Entwicklung des Illusionsbegriffs zwischen Gottsched und Herder nachgehen, weiterhin fehlt eine Studie zu den Argumentationsstrategien des poetologischen Diskurses des 18. Jahrhunderts, nicht zuletzt mangelt es an Arbeiten, die das bereits vor Lessing spannungsreiche Verhältnis von Werkästhetik und Wirkungskonzeption erörtern und derart die systematische Ordnung der aufgeklärten Literaturtheorie wie ihre historischen Implikationen gleichermaßen erfassen.

# III. LYRIK UND LEHRDICHTUNG

## 1. Grundzüge der Aufklärungslyrik

### Zum Lyrikbegriff

In keiner anderen Gattung zeichnen sich die drängenden geistigen Fragen und Problemgehalte der Zeit, zumal der frühen Aufklärung, derart exemplarisch ab wie in der Lyrik. Vorrang besitzen für sie Themen der Naturphilosophie und Naturwissenschaft, die hier beispielhaft dargestellt und auf populäre Weise vermittelt werden können. Im Vordergrund steht dabei der Aspekt des Nutzens, des Horazischen *prodesse*; insofern wäre es falsch, mit dem erst für die Zeit Goethes und der Romantik gültigen Maßstab des traditionellen Lyrikbegriffs an die Naturpoesie der Aufklärung heranzutreten. Das Lyrische, sofern es Stimmung, Subjektivität, persönlichen Gefühlsausdruck und ästhetische Konzentration im Akt der Selbstverständigung eines Rollen-Ich meint, scheint hier nicht gegeben. Gleichwohl läßt sich die Aufklärung keineswegs, einem älteren Vorurteil entsprechend, als »Zeitalter ohne Poesie« und Periode literarischer Zweckorientierung bezeichnen (III Hazard, 388). Lyrische Dichtung ist niemals nur Darstellung individueller Affektlagen und monologische Aussprache eines monadisch eingekapselten Ich gewesen; wer sie so definiert (wie etwa Emil Staiger in seinen 1946 erstmals publizierten, geraume Zeit sehr einflußreichen *Grundbegriffen der Poetik* (III Staiger GP, 11ff.)), verengt die historische Reichweite des Begriffs und begibt sich der Möglichkeit, ihn auf Epochen wie Humanismus, Barock und Frühaufklärung anzuwenden (vgl. dagegen prinzipiell III Pestalozzi, III Richter, 51f.).

Die Naturlyrik der Aufklärung möchte den Leser fraglos auch in ihren Bann ziehen, sucht ihn durch Bilder, rhetorische Kunstgriffe, Komposition und Sprachmelodie, Einsatz metrischer und rhythmischer Techniken auf ihre jeweilige Botschaft aufmerksam zu machen. Aber neben dieser Intention steht doch die sachliche Aussage des Textes entschieden im Zentrum; die einzelnen poetischen Mittel bleiben ihr untergeordnet und besitzen derart eine primär dienende Funktion (vgl. III Siegrist, 10f.). Ausgangspunkt für die spröde Formgesinnung der Aufklärungslyrik ist die Abgrenzung vom Stilgeschmack des 17. Jahrhunderts. Der in den Poetiken seit etwa 1700 sich manifestierende Umbruchprozeß bestimmt auch die lyrische Gattung der aufgeklärten Epoche, die ihre wesentlichen literarischen Impulse gerade aus der programmatischen Verknappung der Formmittel, der Purifizierung der Bildsprache, aus einer Hinwendung zu Darstellungselementen der Prosa bezieht (die Forschung spricht hier von ›Stilreinigung‹, vgl. II Windfuhr, 316ff., III Beetz, 146f.).

Für die Lyrik gilt damit Ähnliches wie für die bereits skizzierte poetologische Entwicklung seit Beginn des Jahrhunderts; sie gehorcht der Besinnung auf klassizistische Stilnormen, insofern darunter die Reaktivierung einer nüchternen, gemäßigt bildhaften Formsprache zu verstehen ist. Diejenigen Autoren, die zu den führenden Lyrikern der gemeinhin als Übergangsperiode bezeichneten Phase zwischen 1700 und 1720 zählen, folgen durchweg klassizistischen Geschmacksvorstellungen: Das gilt für Friedrich Rudolf von Canitz und Johann von Besser ebenso wie für den zunächst als Lohenstein-Schüler auftretenden, später jedoch zum Formpuristen gewandelten Benjamin Neukirch. Auffällig ist, daß man gerade jene Stilmuster und Genres umgeht, die im Barockzeitalter höchstes Ansehen besaßen: Allegorie, mythologisches Zitat, Lautmalerei, Klingverse, scharfsinnige Wortspiele und Rätsel, Schmuckmetaphorik und exotische Bildmotive werden ebenso gemieden wie die Gattung des Sonetts und der zu ihr gehörende zweigliedrige Alexandriner-Vers, der die für das 17. Jahrhundert signifikante Tendenz zur Antithetik zu fördern vermag.

## Entwicklung nach 1700

Schon gegen Ende des 17. Jahrhunderts wuchs, wie bereits der Blick auf die poetologische Entwicklung gezeigt hat, die Distanz gegenüber den allegorisch-bildhaften Stilmitteln der galanten Lyrik. Im zweiten Band einer großen Anthologie spätbarocker Gedichte veröffentlichte der Herausgeber Benjamin Neukirch 1697 ein nachgelassenes satirisches Gedicht Christian Hoffmanns von Hoffmannswaldau, das den Titel *Allegorisch Sonett* trägt. Es handelte sich um eine frühe Parodie jener Stilsymptome, die wenig später unter dem Begriff des ›Schwulsts‹ zusammengefaßt wurden (und als deren führender Repräsentant pikanterweise, neben Lohenstein, Hoffmannswaldau selbst gelten mußte):

> Amanda liebstes kind / du brustlatz kalter herzen /
> Der liebe feuerzeug / goldschachtel edler zier /
> Der seuffzer blasebalg / des traurens lösch=papier /
> Sandbüchse meiner pein / und baumöhl meiner schmerzen /
> Du speise meiner lust / du flamme meiner kertzen /
> Nachtstülchen meiner ruh / der Poesie clystier (...)
> Der zungen honigseim / der hertzens marcipan /
> Und wie man sonsten dich mein kind beschreiben kan.
> (III Neukirch, 327f.).

Daß die hier parodierten Formen – die statische Antithetik des Alexandriners, der Hang zum entlegenen Vergleich, die hyperbolische Häufung von Kostbarkeitsmetaphern und exotischen Bildern – zum selbstverständlichen Stilarsenal barocker Lyrik zählen, bestätigt ein Blick auf Texte ihrer führenden Vertreter von Harsdoerffer, Birken, Klaj, über Kuhlmann, Lohenstein, und Catharina von Greiffenberg bis zu Hoffmannswaldau selbst. Andererseits schloß die Vorliebe für opulente Metaphern und preziöse Wortwahl parodistische Elemente keineswegs aus, wie das hier angeführte Beispiel zeigt. Es gehört zur häufig hervorgehobenen ›Distanzhaltung‹ der barocken Lyrik, daß sie ihr Stilinventar reflektiert nutzt und ihre Formensprache als variables Repertoire versteht, das man in unterschiedlichen Funktionen einsetzen kann (III Müller, 83f., III Herzog, 105ff., Glaser, in: III Glaser Hg., S. 394f.).

Kritisch wendet man sich am Beginn des aufgeklärten Zeitalters auch gegen die im Ausgang des Barock ausufernde **Gelegenheitsdichtung,** die Kasualpoesie, und die mit ihr prosperierende Gattung der Reimlexika und Anweisungspoetiken, die fertige poetische Vorlagen für die verschiedensten Anlässe feilboten. Dichtung war gegen Ende des 17. Jahrhunderts immer mehr zum bestellten Gelegenheitsprodukt geworden; unüberschaubar blieb die Zahl der Geburtstagscarmina, Festoden, Hochzeitslieder und Trauergedichte, die das selbstverständliche Inventar eines zunehmend der ritualisierten Routine anheimfallenden öffentlichen Literaturmarktes bildeten. In den Poetiken der Umbruchperiode um 1720, etwa bei Erdmann Neumeister oder Gottfried Benjamin Hancke, wird das Ausufern der Kasualpoesie bereits entschieden kritisiert. An die Stelle der uninspirierten Gelegenheitsdichtung, deren Quelle oft ökonomischer Zwang war – zahlreiche Autoren lebten von Auftragswerken jeglicher Art – hatte wieder ein stärkeres poetisches Verantwortungsbewußtsein als Prämisse dichterischer Qualität zu treten (vgl. II Segebrecht, 253f.). Schon Johann Christian Günther, fraglos der profilierteste Vertreter spätbarocker Lyrik, gibt die Maxime aus, die fortan zählen sollte: »Schreib wenig, aber gut, und schreibe nicht auf Stelzen«. (III Günther, Bd. II, 90). Günther selbst war freilich aufgrund seiner bedrückenden äußeren Lebensumstände nur selten in der Lage, die eigene Formel praktisch umzusetzen. Angewiesen auf den spärlichen Ertrag poetischer Auftragsarbeiten, blieb er abhängig von den Spielregeln eines literarischen Marktes, der, dem zeitgenössischen Geschmack gemäß, vom Gelegenheitsdichter einen hyperbolisch aufgeschwollenen oder doch preziös-galanten Stil und Affinität zu allegorisch-mythologisch überladenen Sujets verlangte.

### Wandel der Formen

›Ein neues Bewußtsein für poetische Qualität‹ – diese Formel bedarf zweifellos der näheren Konkretisierung. Zu fragen steht vornehmlich, welche poetischen Impulse die Abneigung gegen die vermeintliche Schwulsttendenz des sogenannten ›Barockstils‹ und den unpersönlichen Charakter einer nur von materiellen Zwängen diktierten Gelegenheitsdichtung produktiv ergänzen. Geschult an den klassizistischen Normen, wie sie in Frankreich Boileau, in Deutschland vor Gottsched zunächst Johann von Besser und Erdmann Neumeister vertraten, wendet man sich bevorzugt der Odengattung zu. Sie bietet Gelegenheit zur Entfaltung rhythmisch freierer Strukturen und schafft damit auch Distanz zu den als einengend empfundenen Ordnungsmustern des Sonetts. Am Leitfaden der antiken Tradition werden gemeinhin drei Odenformen unterschieden:
1.) die pindarische Ode, die durch eine Neigung zum Pathetischen und zur damit verbundenen hohen Stillage, dem *genus sublime* geprägt ist,
2.) die horazische Variante, die einen didaktisch-lehrhaften Ton annehmen kann,
3.) das anakreontische Genre, das sich meist auf die Darstellung diesseitiger Freuden vor dem Hintergrund moderaten Genußlobs beschränkt (vgl. I Kemper, Bd. V/2, 40f.).
Die Aufklärungslyrik (bis zu Klopstock) findet insbesondere in der horazischen Ode die ihr gemäßen Ausdrucksmöglichkeiten; hier konnten pädagogische Wirkungsabsichten im Zeichen praktischer Weltzugewandtheit und gefällige Darbietungstechnik ohne stilistische Extreme harmonisch miteinander verknüpft werden.

Daneben schätzt die Aufklärung das **Epigramm**, dessen knapp-pointierter Witz sich schon im 17. Jahrhundert, bei Opitz, Logau, Gryphius oder Christian Wernicke zumal, überragender Beliebtheit erfreut hatte. Es versteht sich, daß die intellektuellen Möglichkeiten der Gattung auch für das Zeitalter der Vernunft, das doch den *esprit* geradezu als Ferment des poetischen Ingenium betrachtete, ihren

Reiz bewahren (gemäß der Terminologie Logaus, dessen Werk in der Mitte des 18. Jahrhunderts wiederentdeckt und von Lessing gemeinsam mit Karl Friedrich Ramler sorgfältig ediert wird, spricht die Aufklärung zumeist von ›Sinngedicht‹). Der junge Lessing, Friedrich von Hagedorn und Abraham Gotthelf Kästner sind es vor allem, die sich als Epigrammatiker einen Namen machen. Besonders prägnant und charakteristisch scheinen hier Lessings berühmte Verse über Klopstock, die dem Mißverhältnis zwischen Dichterruhm und tatsächlicher Wirkung gelten:

> Wer wird nicht einen *Klopstock* loben?
> Doch wird ihn jeder lesen? – Nein.
> Wir wollen weniger erhoben,
> Und fleißiger gelesen sein. (I Lessing G, Bd. I, 9).

Dominierend bleibt im Zeitalter der Aufklärung der didaktische Aspekt des lyrischen Geltungsanspruchs. Lyrik ist primär Lehrdichtung, die den Leser über Natur und Naturgeschichte, über biblische Themen, Mythologie und Historie auf anschauliche Weise unterrichten möchte (vgl. die Übersicht bei Große, in: III Hinderer Hg., 139ff.). Parallel zur Abkehr von den rhetorischen Schmuckformen des 17. Jahrhunderts vollzieht sich damit eine Hinwendung zum Gegenständlichen; in den Mittelpunkt rückt das konkrete Bild einzelner Phänomene, die nicht in allegorisch-emblematischer Überhöhung als sichtbare Zeichen für eine abstrakte, spirituelle Bedeutung gezeigt, sondern in ihrer faktischen Erscheinungsform plastisch beschrieben werden sollen (vgl. Proß, in: I Grimminger Hg., 547). Kein Zufall mag es sein, daß zahlreiche der als Lyriker hervortretenden aufgeklärten Autoren über eine profunde naturwissenschaftliche Ausbildung verfügen: Albrecht von Haller (1708–1777) etwa, den man zu Recht als einen der letzten Universalgelehrten Europas bezeichnet hat (Mediziner, Botaniker, Physiker), Abraham Gotthelf Kästner (1719–1800), der in Göttingen auf einem renommierten Lehrstuhl für Physik unterrichtet (vgl. III Baasner, 75f.), oder auch Daniel Wilhelm Triller (1695–1782) (Arzt und Naturforscher). Gerade für die erste Phase der literarischen Aufklärung in Deutschland (1720–1745) gilt, daß naturwissenschaftliche Themen die Lyrik beherrschen. Wer die Moralischen Wochenschriften der Zeit mit ihren zahlreichen Lehrgedichten studiert, wer das Œuvre eines Barthold Heinrich Brockes oder die Verse Hallers betrachtet, wird diesen Befund bestätigen können. Noch für Autoren wie Klopstock und den von aufklärerischen Traditionen stark beeinflußten jungen Schiller gilt, daß sie sich mit Vorliebe auf die Darstellung kosmologisch-astronomischer Fragen verlegen.

## 2. Brockes und sein Kreis

### Biographisches

Der Hamburger Barthold Heinrich Brockes ist zweifellos die herausragende Gestalt unter den Naturlyrikern der frühen Aufklärung. Einen besonderen Status billigten ihm bereits die Zeitgenossen zu, die sein Werk außerordentlich hoch schätzten (III Ketelsen, 25); nach ihm erlangt erst Klopstock als allein im lyrischen Genre tätiger Autor vergleichbaren poetischen Ruhm. Brockes, 1680 in Hamburg geboren, folgt einem bürgerlich geprägten Lebensentwurf mit präzis festgelegten intellektuellen Sozialisationselementen. Er betreibt das Studium der Jurisprudenz in Halle (an derselben Fakultät, an der auch Thomasius unterrichtete) und unternimmt im Jahr 1702 die für die gehobenen Stände obligate Italienreise (die ›Kavalierstour‹), die ihn mit der romanischen Poesie seiner Zeit in Berührung bringt. Begeisterung entwickelt er zumal für das Werk Giambattista Marinos (1569–1625), der als bedeutendster Vertreter des italienischen *Concettismo* gelten kann, des bildhaft-scharfsinnigen Stils, der *agutezza* (lat.: *argutia*), welcher zu den markanten Kennzeichen des im Seicento blühenden Literaturbarock zählt (man spricht später auch vom ›Marinismus‹). 1705 erfolgt Brockes' Studienabschluß an der Universität Leiden, einer der damals führenden Bildungsstätten Europas, wo im 17. Jahrhundert unter anderem Descartes, Justus Lipsius, der bedeutendste Repräsentant des frühneuzeitlichen Neostoizismus, und der auch als Aristoteles-Übersetzer hervorgetretene Historiker Daniel Heinsius lehrten.

Nach der Rückkehr in seine Geburtsstadt Hamburg beschließt Brockes zunächst, auf der Grundlage seines nicht unbeträchtlichen Familienvermögens die Existenz eines bürgerlichen Privatiers zu führen und sich eine solide Basis für gesellschaftliche Anerkennung innerhalb der gehobenen Kreise der Stadt zu verschaffen. Zu diesem Programm gehört auch der Plan, »durch eine artige Aufführung zu einer reichen Heirat zu gelangen« (so Brockes' eigene Worte in seiner fragmentarisch gebliebenen Selbstbiographie (III Beyer-Fröhlich, 208). Im Rückblick heißt es lakonisch über die Phase der sozialen Standortbestimmung im Kreise der Hamburger Bürger und Patrizier: »Ich hielt mich zu den vornehmsten Compagnien, gab wöchentlich ein Concert, verschaffte mir ein klein cabinett von gemälden &. und gedachte auf solche Weise mich in Estime zu setzen und beliebt zu machen, welches mir denn eben nicht mißriete.« (III Beyer-Fröhlich, 208). Nachdem Brockes im Jahr 1720 zum Ratsherrn ernannt worden ist, bewegt sich sein Leben in den geordneten Bahnen eines bürgerlichen Lebensplans, zu dessen Zielsetzungen materielle Sicherheit und persönliche Saturiertheit gleichermaßen gehören. Innere Zufriedenheit, kontemplativer Lebensgenuß und behagliche Weltzugewandtheit scheinen die wesentlichen Merkmale der von Brockes geführten Bürgerexistenz gebildet zu haben; das gilt es nicht zuletzt deshalb zu betonen, weil auch sein poetisches Programm durch Maß, Harmonie, moderaten Ausgleich und Vermeidung des Extremen geprägt bleibt. Lebensentwurf und Dichterselbstverständnis berühren einander in diesem Punkt auf charakteristische Weise.

Anerkennung findet Brockes nicht nur in seinen Ämtern und durch das von ihm geführte gastfreie Haus, sondern auch als Mitglied der nach dem Muster der Sprachgesellschaften des 17. Jahrhunderts fortgesetzten gebildeten Sozietäten, die sich der Pflege des muttersprachlichen Idioms, der Erforschung der Geschichte der deutschen Sprache und Literatur widmeten. Der »Teutsch-übenden Gesellschaft«, die 1715 als Nachfolgerin des früheren, um Johann Rist zentrierten »Elbschwanenordens« gegründet worden war, tritt er ebenso bei wie der »Patriotischen Gesellschaft«, die seit 1724 besteht. Zu diesem Zeitpunkt gilt er zumindest im Kreise der Hamburger bereits als bekannter Autor, dessen Gedichte in den führenden Anthologien der norddeutschen Frühaufklärung erschienen sind, zumal in der mehrbändigen Sammlung *Poesie der Nieder-Sachsen*, die Christian Friedrich Weichmann zwischen 1721 und 1738 in sechs Teilen herausgibt. Die literarische Tätigkeit war anfänglich, so darf man vermuten, Element des sozialen Rollenspiels; sie gehörte zum gesellschaftlichen Programm des gewandten Gastgebers und gebildeten Bürgers, der in seinem Haus nicht nur Konzerte gab, sondern auch eigene Gedichte vortrug, bisweilen sogar Texte für Arien und kleinere Singspiele verfaßte, die mit verteilten Rollen vor geladenem Publikum aufgeführt wurden.

## Leitmotive des Hauptwerks

Brockes' literarische Anfänge scheinen gänzlich durch die barocke Formenwelt beherrscht. Seine frühen Gedichte werden noch von den traditionellen Stil- und Gattungsmustern des 17. Jahrhunderts bestimmt. Antithetik, Schmuckmetaphern, biblische Sinnbilder und Symbole, Onomatopoesie und ornatreiche Komposita sorgen für eine opulente Formsprache, die die Poetiken um 1720 bereits als ›schwülstig‹ zu verwerfen pflegen. Während generationsverwandte Autoren wie Canitz, Besser und Neukirch dem französischen Klassizismus mit seinem Ideal der stilistischen Natürlichkeit huldigen, bewegt sich der junge Brockes noch in den rhetorischen Traditionen des vorangehenden Jahrhunderts. Geradezu symptomatisch ist seine durch die Italienreise inspirierte Vorliebe für Marino, von dem er im Jahr 1715 das Epos *La strage degli Innocenti* (1633, posthum) (*Verteutschter Bethlehemitischer Kinder-Mord des Ritters Marino, nebst des Herrn Übersetzers eigenen Wercken*) ins Deutsche überträgt; den Klassizisten galt gerade Marino als Inbegriff barocken Schwulsts und bildgesättigten ›Tumorstils‹.

Erst am Beginn der 20er Jahre vollzieht sich bei Brockes ein **Formwandel**, der auch ihn zur Distanzierung von den Stilvorbildern des 17. Jahrhunderts führt. Manifest wird diese Umkehr zumal in seinem poetischen Hauptwerk, der Gedichtsammlung *Irdisches Vergnügen in Gott*, die zwischen 1721–48 in neun Bänden erscheint (der letzte Band wird posthum, im Jahr nach dem Tod des Verfassers, publiziert). Spuren barocken Stils sind hier noch gegeben, insbesondere im Bereich der Metaphorik und der bibelpoetischen Bezüge, aber Brockes hat jetzt auch Neues zu bieten – eine beschreibende, detailgenaue Diktion vor allem, die den Erscheinungen der Natur auf den Grund gehen, Mikro- und Makrokosmos gleichermaßen präzis erfassen möchte, die sich nicht mit einer allegorischen Überhöhung der Phänomene begnügt, sondern dem Leser ein konkretes Bild von ihnen zu vermitteln trachtet. An den Platz der im 17. Jahrhundert so beliebten tropischen Darstellung der Natur als Schauplatz höherer geistlicher Mächte tritt jetzt die Versenkung ins Detail und das Streben nach möglichst konziser Nachahmung der wahrgenommenen Erscheinungen. Die poetische Beschreibungstechnik wird damit zum adäquaten Ausdruck des gesteigerten empirischen Interesses, das die Aufklärung bestimmt. Hinter den umständlichen Deskriptionen des Naturdichters Brockes steht die Einsicht, daß die Welt in ihren diesseitigen Grenzen vollkommen und schön sei; nicht mehr die Konzentration auf die Transzendenz einer christlichen Heilsmetaphysik herrscht hier vor, sondern das Vergnügen an der innerweltlichen Ordnung der Erscheinungen, das im bisweilen pedantischen Beschreibungsverfahren der Naturgedichte manifest wird.

Brockes' **bevorzugte Gattung** bleibt die Ode, zumal in ihrer horazischen Spielart, die sich zur Lehrdichtung öffnen kann (III Siegrist, 31f.). Sie verschafft ihm das größte Maß an Freiräumen, auch in rhythmischer Hinsicht, und bietet Gelegenheit zu ausgedehntem Strophenbau. In früheren Bänden begegnet man zudem der ›Arie‹ oder dem ›Rezitativ‹ – poetischen Formen, die an Operndichtungen denken lassen und daran erinnern, daß Brockes' Verse zu seinen Lebzeiten des öfteren vertont und im Rahmen musikalischer Darbietungen aufgeführt wurden. Die in der späteren Aufklärung keineswegs unumstrittene, zumal von Gottsched als Ausgeburt des Barockgeschmacks heftig bekämpfte Oper hatte in Hamburg ein künstlerisches Zentrum; hier waren bis in die 20er Jahre hinein die führenden Librettisten und Musiker angesiedelt, die, in Zeiten einer dürftig entwickelten deutschen Dramenkunst, das Operngenre mit Leben füllten und an die Spitze der Publikumsgunst führten. Zwischen 1678 und 1738 fanden in Hamburg fast 300 Opernuraufführungen statt, deren Libretti von den führenden Autoren der Zeit – von Barthold Feind, Christian Heinrich Postel, Johann Ulrich König und Christian Friedrich Hunold – verfaßt wurden (vgl. III Steinmetz, 21). Im Kontext dieser Singspielkultur steht auch Brockes' Neigung, einige seiner Gedichte als ›Arien‹ oder ›Rezitative‹ zu bezeichnen; das künstlerische Zusammenwirken zwischen Poeten und Musikern bedeutete gerade für die Hamburger eine Selbstverständlichkeit. In Brockes' Bürgerhaus erfolgten über zahlreiche Jahre hinweg regelmäßig Konzertvorführungen, bei denen vermutlich auch seine eigenen Texte die Grundlage für Lieddarbietungen bildeten.

*Irdisches Vergnügen in Gott* – der Titel der Brockesschen Anthologie formuliert zugleich ihr poetisches Programm. Das Attribut ›irdisch‹ signalisiert, daß der Autor seinen Blick entschieden auf die Phänomene des Diesseits richtet; Brockes' Lyrik bleibt, trotz ihrer religiösen Prägung, wirklichkeitsorientiert, auf die mundanen Verhältnisse und nicht, wie dieses für wesentliche Strömungen der Barockpoesie gilt, auf metaphysische Problemgehalte bezogen. Das Substantiv ›Vergnügen‹ bezeichnet den Bereich der Kontemplation, jenes Behagen, das durch gemäßigten Weltgenuß jenseits des Extremen – der Askese oder der Ekstase – entsteht. Die Formulierung ›in Gott‹ verdeutlicht zuletzt Quelle und universellen Auslöser dieses Vergnügens gleichermaßen, verknüpft derart die mundane mit der spirituellen Dimension kontemplativer Erfahrung. Nur wer in Gott ruht, vermag zum wahren Weltvergnügen zu finden; nur wer die irdische Natur mit rechten Augen ansieht, kann aber auch Gottes teilhaftig werden: Vergnügen in Gott ist zugleich Vergnügen an Gott und seinen Werken. Brockes' Titel hat in der deutschen Gegenwartsliteratur Nachhall gefunden: Peter Rühmkorf nennt 1959 einen seiner ersten Gedichtbände *Irdisches Vergnügen in g*. Zum Programm gehört hier freilich ein durchgreifender Skeptizismus gegenüber jeglichen Verheißungen der Metaphysik: »Keine Posaunen zurhand, keine Verkündigungen, / der Himmel abgespeckt, / wenn der Abend mit siebenfarbener Zunge / am Fenster leckt.« (III Rühmkorf, 6).

Brockes' **poetische Themen** sind weit gespannt. Sie umfassen das gesamte Spektrum der Natur, alltägliche Erfahrungen des Menschen, Landschaftsbilder, idyllisch anmutende Stilleben sowie spezielle Fragen der Anthropologie, Astronomie, Physik, Botanik, Zoologie und Medizin. Brockes' lyrisches Universum reicht von den Bestandteilen des Mikrokosmos, von Käfern, Ameisen, Kleeblättern über ausgedehnte Wiesenlandschaften und Gebirgsketten bis zur majestätischen Sternenwelt, deren unermeßliche Vielfalt und Weite hymnisch besungen wird. In diesem Kosmos gelten, wie Brockes immer wieder betont, sämtliche Elemente der natürlichen Ordnung als vollkommen und geeignet, den Ruhm Gottes zu mehren. Noch das Profane besitzt daher Anspruch auf lyrische Darstellung; ein Lob des Weines und des Tabaks kann hier ebenso begegnen wie Gedichte über die Seifenblasen und das Treibeis. Häufig herrscht dabei noch die Tendenz, die konkrete Erscheinung gemäß den Traditionen des 17. Jahrhunderts zum allegorischen Zeichen anthropologischer Grunddispositionen oder zum Sinnbild für die Omnipotenz des Schöpfers zu erheben: »Gebrechlich ist das Eis; wir auch« (III Brockes AZ, 471); »Was bey uns der Blasen-Kreis, ist vor GOTT der Kreis der Erden« (III Brockes AZ, 348).

Behaglichkeit im durch Gottesglauben garantierten Weltvergnügen und Pedanterie der poetischen Darstellung gehören bei Brockes unmittelbar zusammen. Sinnbild dieser Allianz ist das Motiv des Gartens. Zum einen repräsentiert er die durch den Menschen domestizierte Natur, damit einen idyllischen Ort des Wohlbefindens, zugleich aber besitzt er als poetisches Sujet biblische Bezüge, gemahnt er doch an den Paradiesgarten und an den *Hortus conclusus*, den verschlossenen Garten Sulamiths und Salomos aus dem Hohen Lied des Alten Testaments. Der Garten verweist auf die kultivierende Tätigkeit des Menschen, der die freie Natur in ein geordnetes, genau umgrenztes Gehege verwandelt, ebenso aber auch, gemäß einem seit dem Renaissancehumanismus beliebten Topos, auf Gott als universellen Schöpfer und geschickten Gärtner, der seine Werke mit größter Sorgfalt überwacht und pflegt. Vergleichbare Charakterisierungen, denen das biblische Motiv des *Hortus conclusus* zugrundeliegt, begegnen zahlreich in der Naturpoesie und Sachprosa des 17. Jahrhunderts; das berühmteste Beispiel bieten Simon Dachs *Klage über den endlichen Untergang und ruinierung der Musicalischen Kürbss=Hütte und Gärtchens* (1641) und Johann Rists Gartengespräche (1657–1668) mit zahlreichen Anspielungen auf die geistlichen Hintergründe des traditionellen Topos.

Detailgenauigkeit kann bei Brockes jederzeit in Pedanterie umschlagen, die Grenzen zwischen präziser Beschreibung und monotoner Wiederholung scheinen hier fließend. Im Hintergrund steht dabei das Ideal der Vollständigkeit, das wiederum aus geistlichen Motiven gespeist wird: Sämtliche Phänomene der göttlich vollkommenen Schöpfung will der Autor durch den Akt der Poesis erfassen, weil in Gottes Reich nichts zufällig oder gar nebensächlich bleibt, vielmehr jede Erscheinung ein Recht auf dichterische Nachahmung besitzt. Es handelt sich offenkundig um einen Reflex des Leibnizschen Theodizee-Gedankens, der hier zu Gesicht kommt; zur besten aller möglichen Welten gehört neben Vollkommenheit und Vollständigkeit auch, daß kein Phänomen kontingent, ein jegliches Naturelement bedeutsames Zeichen für Gottes Weisheit und Güte bleibt. Eine Variante dieses Gedankenmotivs findet sich in Alexander Popes berühmtem Lehrgedicht *Essay on Man* (1733/34), wo es im vierten und letzten Brief heißt: »From sound to things, from fancy to the heart; / For Wit's false mirror held up Nature', light; / Shew'd erring Pride, WHATEVER IS, IS RIGHT (...)« (I Pope, IV, v. 392f.).

Wie Pope folgt auch Brockes dem Gedanken, daß Gottes Schöpfung frei von Zufälligem und Beliebigem, daß das Bestehende nicht nur gut, sondern zugleich vollkommen sei. Bisweilen, zumal im Spätwerk, gerät die daraus abgeleitete Detailorientierung der poetischen Darstellung, die sich stets als Beitrag zum Lob Gottes versteht, ausufernd und repetierend. Ein symptomatisches Beispiel bietet das mehr als 300 Seiten umfassende Gedicht *Drey Reiche der Natur*, das 1748 posthum im neunten Band des *Irdischen Vergnügens in Gott* erscheint; für den Druck wurde die Textvorlage bereits entscheidend gekürzt, weil der zeitgenössische Herausgeber Albrecht Jacob Zell dem Lesepublikum die ermüdende Lektüre des gesamten Werkes nicht zumuten mochte. Brockes bietet hier eine versifizierte Naturgeschichte, die den Anspruch erhebt, in möglichst unterhaltsamer Weise Fragen der Geologie, Botanik und Zoologie zu behandeln. Das poetische Niveau bleibt meist dürftig, die Vermittlung von wissenschaftlichen und poetischen Interessen vermag kaum konsequent zu gelingen. Am Ende der ausführlich vorgeführten beispielbezogenen Deskriptionen, die einen gründlichen Kursus durch die irdische Ordnung der Geschöpfe ermöglichen sollen, steht jeweils, als rhetorischer Akt der *applicatio*, die Anwendung auf den spirituellen Lehrgehalt dessen, was zuvor konkret beschrieben wurde: »Dienet also auch der Bär, / Seiner Wildheit ungeachtet, uns zum Nutzen, Gott zur Ehr.« (III Brockes IVG, Bd. IX, 265; vgl. dazu Lessings Parodie *Die drey Reiche der Natur* von 1747 (II Lessing LM, Bd. I, 95)).

Schon Zeitgenossen bemängelten Einförmigkeit und ausuferndem Umfang von Brockes' Gedichten. Breitinger kritisiert deren Monotonie in der *Critischen Abhandlung von der Natur, den Absichten und dem Gebrauche der Gleichnisse* (1740), obwohl er den Hamburger ansonsten als stilsicheren, die ›Mittellage‹ haltenden Poeten schätzt (II Breitinger G, 432); in der *Vorschule der Ästhetik* (1804) nennt Jean Paul seine Verse später tadelnd »Beispiele von unpoetischen Repetierwerken der großen Weltuhr« (II Jean Paul, Bd. I,5, 36) – Exempel einer sich im Akt der Nachahmung erschöpfenden Dichtung ohne größere gestalterische Qualitäten. Ein solches Urteil geht zweifellos an den konzeptionellen Möglichkeiten und Wirkungsabsichten der aufgeklärten Naturpoesie vorbei, sollten doch Brockes' Texte nach dem Verständnis des Autors kaum anderes als ›Repetierwerke‹ der kosmischen Ordnung und ihres durchgreifenden spirituellen Telos vorstellen. In diesem Sinne präsentieren sie sich nicht als hochartifizielle Gebilde, sondern eher als zweckgebundene Beiträge zur Vermittlung einer auf innerweltliche Zufriedenheit und christliches Schöpfervertrauen gegründeten Lebenshaltung.

### Naturwissenschaftliche Thematik

Brockes' Naturlyrik orientiert sich am aktuellen Wissensstand der Zeit. Immer wieder werden Probleme der Astronomie – Regelmaß der Planetenbewegungen, Vielfalt der kosmischen Welten, physikalische Implikationen des heliozentrischen Systems –, aber auch Fragen der Optik – Lichtbrechung und -bewegung, Spektralanalyse und Farbentstehung –, der Geologie und Botanik, sogar der Metereologie angesprochen (vgl. III Siegrist, 142f.). Gottlieb Stolle erklärt 1718 in seiner *Anleitung zur Historie der gelahrheit*, Brockes sei »der erste Poete, der in seinen teutschen Versen einen Copernicaner abgegeben« habe (III Stolle, 229). Es läßt sich kaum bestreiten, daß Brockes energisch für die Theorien der neuzeitlichen Astronomie eintritt und damit auch jene Vorurteile in Frage stellt, mit denen man im gesamten 17. Jahrhundert dem Kopernikanismus und seiner vermeintlich unchristlichen, den Menschen aus dem kosmischen Mittelpunkt verdrängenden Weltsicht begegnet war. Zwischen

1616 und 1757 stand Kopernikus' Hauptschrift *De revolutionibus orbium coele-stium* (1543) immerhin auf dem Index der katholischen Kirche; bis weit ins 18. Jahrhundert blieben die theologischen Vorbehalte gegen das neue Weltbild und das es bestimmende wissenschaftliche Ethos wirksam. Nur vor diesem Hintergrund läßt sich ermessen, was das intellektuelle Engagement für die Durchsetzung der kopernikanischen Astronomie im Zeitalter ungebrochener amtskirchlicher Autorität bedeutete und welchen theologischen Widerständen ausgesetzt blieb, wer deren szientifische Grundannahmen verteidigte.

Brockes versucht die kopernikanischen Lehren in ein orthodoxes christliches Weltbild zu integrieren, indem er auf Positionen der zumal in England verbreiteten Physikotheologie zurückgreift, von deren methodischen Grundsätzen hier bereits die Rede war. Die physikotheologische Weltsicht trachtet, um es nochmals knapp zu rekapitulieren, die rationalistischen Implikationen der neuen Naturwissenschaften mit einem theistisch-orthodoxen Gottesbegriff zu verknüpfen. Szientifische Forschung steht für sie nicht im Gegensatz zum Glauben; der Anspruch des Menschen, die Geheimnisse dieser Schöpfung zu ergründen, bildet in ihren Augen keinen Widerspruch zum Willen Gottes. Je gründlicher man vielmehr die Natur durchleuchtet und die Gesetzmäßigkeit in ihr ablaufender Prozesse erschließt, desto großartiger tritt auch das Werk des Schöpfers in seiner Vollkommenheit hervor. Daß eine derartige Synthese jedoch nicht frei von methodischen Unstimmigkeiten bleiben konnte, liegt offen zutage. Die Naturvorgänge selbst entfalten sich physikotheologischer Auffassung gemäß einerseits nach ihnen immanenten Prinzipien, denen die Wissenschaft durch Beobachtung, experimentelle Prüfung und mathematische Absicherung auf die Spur kommen muß, andererseits gehorchen sie in letzter Konsequenz dem Willen Gottes, damit einer übergeordneten *causa finalis* als verbindlichem Prinzip, das ihnen äußerlich bleibt. Die programmatische Versöhnung zwischen dem universalistischen Weltbild des Mittelalters und der *new science* des Rationalismus steht, so läßt sich erkennen, auf methodisch höchst unsicheren Fundamenten (vgl. I Kondylis, 249f., III Ketelsen, 93f.).

Brockes folgt in seinen **Naturgedichten** vornehmlich physikotheologischen Deutungsmustern. Die gesamte norddeutsche Frühaufklärung steht ihnen nahe. Die englischen Physikotheologen werden im Kreis der Hamburger intensiver als im übrigen Deutschland rezipiert (so stammen die Übersetzungen der Werke Derhams vorwiegend von Johann Albert Fabricius, einem der wichtigsten Mitstreiter Brockes') (grundlegend III Ketelsen, 43ff., III Kemper, Bd. I, 314f., I Martens LF, 261f.). Auf charakteristische Weise entfaltet sich die physikotheologische Perspektive in Brockes' Gedicht *Die himmlische Schrift* aus dem zweiten Band des *Irdischen Vergnügens in Gott*. Beschrieben wird zunächst, gemäß der kopernikanischen Lehre, die Vielfalt der kosmischen Erscheinungen:

> Ihr Sonnen, die ihr ohne Zahl,
> Im unergründlichen unendlich=weiten Thal
> Des hohlen Firmamentes stehet:
> Ihr Welten, die ihr euch um diese Sonnen drehet,
> Die voller Wärm' und Licht, voll Strahlen, Glantz und Gluth;
> Es soll von euch mein fast entzückter Muth

> Ein Andacht=volles Lied, ein Ehrerbietig's Singen
> Dem grossen All zum Opfer bringen. (III Brockes AZ, 115).

Die Gestirne, deren Bewegungsgeschwindigkeit und Ausdehnung sich das Betrachter-Ich in Gedanken vorstellt, erscheinen als Schriftzeichen, die Gott an das Himmelszelt geworfen hat:

> Seh' ich den Himmel an, so kömmt mir sein Sapphir
> Als eine Tafel für,
> Die unermeßlich ist, auf welcher eine Schrift,
> Die des allmächt'gen Schöpfers Wesen,
> Huld, Weisheit, Macht und Majestät betrifft,
> Im schimmernden Gestirn, in heller Pracht zu lesen. (III Brockes AZ, 122).

Der Mensch muß, will er den Kosmos erforschen, die von Gott stammende Schrift zu buchstabieren suchen. Naturwissenschaft erscheint als gründliche Lektüre im Buch der Natur, im *liber naturae*. Das traditionsreiche, seit der Antike immer wieder in unterschiedlichsten Kontexten begegnende Sinnbild des Weltbuchs (dazu I Blumenberg, LW, bes. 22ff.) besitzt bei Brockes eine höchst eindeutige Signatur; die Natur, so lautet die poetisch vermittelte Quintessenz, ist grundsätzlich interpretierbar, ihre Buchstabenschrift kann lesen und begreifen, wer über die nötige Verstandeskraft und Einsicht verfügt (vgl. H. J. Schneider, in: III Pütz Hg., 296f.).

Zugleich wird Naturforschung jedoch als spezifisch vernunftorientierte Form des Gottesdienstes charakterisiert. »So schreibt der Schöpfer, wenn Er schreibt« (III Brockes AZ, 122) heißt es gegen Ende des Textes. Der Mensch, der sich das Buch der Natur erschließt, lernt mit zunehmendem szientifischen Verständnis auch die Leistung Gottes und die Vollkommenheit seiner *creatio ex nihilo* selbst besser einschätzen. Die Erkundung der immanenten Naturgesetze – vergleichbar dem Akt des Buchstabierens – führt letzthin zur Entdeckung der göttlichen *causa finalis* – entsprechend der Annäherung an den Autor des Weltbuchs im Vorgang des Lesens:

> Noch jüngst, als ich im Buch der Sternen,
> Mit inniglicher Lust, studirte,
> Und, voller Ehrfurcht, buchstabirte;
> So deucht mich, daß ich hie und da
> Und überall geschrieben sah
> Den grossen Namen JEHOVAH. (III Brockes AZ, 122).

Bedeutungsvoll ist Brockes' **Himmelslyrik** nicht allein durch ihren Beitrag zur produktiven Rezeption des Kopernikanismus, sondern auch im Hinblick auf das von ihr berührte Motiv des Erhabenen. Noch vor den theoretischen Überlegungen Bodmers und Breitingers, die wiederum die intensivere Rezeption des pseudo-longinschen Begriffs im deutschen Sprachraum in Gang setzen, bietet Brockes' Naturpoesie Musterbeispiele erhabener Raumdarstellung. Verknüpft bleiben sie zumeist mit dem Motiv des unendlich weiten Himmels, dessen Wahrnehmung den Menschen in Angst und Selbstzweifel versetzt. Charakteristisch scheint hier das Gedicht *Das Firmament*, das sich im ersten Band des *Irdischen Vergnügens in Gott* findet (III Brockes AZ,

477). Ausgehend vom Akt der unmittelbaren Perzeption schweift der Betrachter in Gedanken durch den gesamten Kosmos, in dessen schier unermeßlicher, erhabener Weite er schließlich unterzugehen droht. Erst der am Schluß stehende Hinweis auf die Fürsorglichkeit des Schöpfergottes beruhigt den Betrachter, läßt ihn sein inneres Gleichgewicht erlangen und an der eindrucksvollen Schönheit des Himmels teilhaben, dessen Extensität von ihm keineswegs mehr als unheimliches Zeugnis der Verlassenheit des Einzelnen, sondern als Indiz für Gottes unendliche Weisheit aufgefaßt wird. So bedrohlich die majestätische Ausdehnung der unüberschaubaren Gestirnslandschaft scheinen mag – Brockes spricht von »Boden-losem Meer«, »ungeheuerer Gruft«, »Abgrunds Raum«, »unmäßig-tiefer Höle« (III Brockes AZ, 477) –, so beruhigend wirkt die Himmelstopographie in dem Moment, da sich der Betrachter daran erinnert, daß sie einzig Gottes Werk bildet (vgl. II Zelle, 134f.).

Im Hintergrund steht hier erneut die Leibnizsche Theodizee-Vorstellung, derzufolge noch das zunächst häßlich oder bedrohend Wirkende ein integrales Element der vollkommen durchdachten Schöpfungsnatur bleibt, damit, als Teil eines harmonischen Gefüges, selbst perfekt und unübertrefflich ist. Übertragen auf die praktische Bewältigung der Erfahrung der Himmelsweite entspricht dieses Credo dem Ansatz der Physikotheologie, die hinter jeder Naturerscheinung ein doxologisches, das heißt auf Gott verweisendes Zeichen erblickt. Programmatisch wirkt in diesem Sinne bereits das biblische Motto, das das *Firmament*-Gedicht eröffnet; es stammt aus den Apokryphen des Jesus Sirach und lautet: »Man siehet seine Herrlichkeit an der mächtigen grossen Höhe, an dem hellen Firmament, an dem schönen Himmel.« (Sir. 48, 1). Gottes Macht vermittelt sich über die von ihm hervorgebrachten Werke, ohne daß der Schöpfer selbst in ihnen gegenwärtig wäre. An diesen Glauben knüpft die Physikotheologie des frühen 18. Jahrhunderts an: Naturforschung steht nicht in Widerspruch zu einem orthodoxen Gottesverständnis, sondern soll es stützen; indem sie unser Wissen über die Schöpfung mehrt, vergrößert sie auch den Ruhm des Schöpfers.

Brockes' Lyrik besitzt für die Epoche exemplarischen Charakter, weil sie die unterschiedlichen Möglichkeiten der **aufklärerischen Naturerfahrung** mustergültig zusammenzuführen sucht. Die mit der kopernikanischen Astronomie aufgegebene Problematik des unermeßlichen Raums wird gelöst durch den Hinweis, daß Gott stets Beherrscher dieses Raums sei, gleichsam schöpfungsexterner Souverän, der sämtliche Naturprozesse von außen kontrolliert (ein orthodoxes Credo, das pantheistische Denkmuster a priori ausschließt). Die Erfahrung der erhabenen, den Menschen überwältigenden Natur verliert schließlich ihre zunächst bedrohlichen Züge, da sie nicht zum Selbstverlust, sondern zur verfeinerten Wahrnehmung des Kosmos führt – zum irdischen Vergnügen in Gott. Gestützt werden beide Lösungsmuster durch den Theodizee-Gedanken und die an Leibniz geschulte Vorstellung, daß diese Welt als die beste aller denkmöglichen, ihre Vollkommenheit als unübertrefflich zu gelten habe. Die methodische Annäherung von orthodox-theistischem Gottesglauben und modernem Wissenschaftsverständnis verschafft Brockes' poetisch vermitteltem Weltbild sein eigenes, unverwechselbares Profil innerhalb der frühen Aufklärung; derart ist er, wie Arno Schmidt gesagt hat, »der erste wirkliche Realist und Kirchenvater deutscher Naturbeschreibung« (III Schmidt, 59).

# 3. Hallers Lehrgedichte

## Poesie und Naturforschung

Neben Brockes gehört Albrecht von Haller (1708–77) zu den herausragenden Lyrikern der Frühaufklärung. Dieser Umstand scheint umso beachtlicher, als sein Werk schmal und sein Ruhm auf nur wenige Gedichte beschränkt geblieben ist. Hallers eigentlich produktive Schaffensperiode liegt in den Jahren zwischen 1729 und 1736; in dieser Zeit entstehen seine berühmten *Alpen*, die großen Lehrgedichte *Über den Ursprung des Übels* und *Die Falschheit menschlicher Tugenden*, die Trauerode über den Tod seiner Ehefrau Marianne, nicht zuletzt das *Unvollkommene Gedicht über die Ewigkeit*, das unabgeschlossen bleibt und den Abbruch von Hallers dichterischer Laufbahn markiert. Sieht man von drei größeren Staatsromanen ab, die im letzten Lebensjahrzehnt des Autors, zwischen 1771 und 1774 erscheinen (*Usong, Alfred, Fabius und Cato*), so drängt sich der Eindruck auf, als sei Hallers literarische Kraft seit der Mitte der 30er Jahre versiegt oder doch zunehmend durch andere publizistische und akademische Tätigkeiten gelähmt worden. In der Vorrede zur fünften Auflage seines *Versuchs Schweizerischer Gedichte*, einer erstmals 1732 veröffentlichten Anthologie, erklärt er 1762:

> Ich habe niemals verlangt ein Dichter zu seyn, und wäre es nicht mehr, wann ich es gewesen wäre. Das Alter, die Arbeit, vielleicht auch die vielen Unglücksfälle, die mein Leben mehr, als jemahls bekannt werden wird, seit meiner ersten Jugend verbittert haben, sind so viele wirksame Ursachen, die mehr als zu genugsam sind, die Lust und vielleicht auch das Vermögen zu unterdrücken, mit einigem Beyfalle zu dichten. (III Haller G, 261).

Haller hat seine literarischen Versuche stets als Produkte jener Nebenstunden betrachtet, in denen er aus unterschiedlichsten Gründen von seiner wissenschaftlichen Tätigkeit ferngehalten wurde. Im Mittelpunkt dieses Lebens steht fraglos nicht die Poesie, sondern die Forschungsarbeit (vgl. grundlegend Hirzels Vorwort in: III Haller G, XIIf., ferner III Richter, 58f., Guthke, in: II Grimm/Max Hgg., 69f., I Kemper, Bd. V/2, 128ff.). Zu Recht gilt Haller als einer der letzten Universalgelehrten des 18. Jahrhunderts, als umfassend gebildeter Geist, für den die Grenzen zwischen den Fachdisziplinen keinen Bestand hatten. Aufgewachsen in einem von calvinistischer Strenge geprägten Elternhaus, blieb er zeitlebens von der Überzeugung durchdrungen, daß der Mensch sich nur durch Arbeit und rastlose Tätigkeit aus seinem Sündenstand befreien könne. Die wissenschaftliche Lebensleistung, die durch diese protestantische Pflichtethik ermöglicht wurde, bleibt höchst eindrucksvoll. Nach einem Studium der Medizin, Mathematik und Botanik, das ihn in Leiden und Basel mit den bedeutendsten Gelehrten seiner Zeit zusammenführte, ließ sich der junge Haller zunächst als Arzt in seiner Geburtsstadt Bern nieder, ehe er, nachdem ihm hier ein öffentliches Amt versagt geblieben war, 1736 einem Ruf auf eine Professur für Medizin und Botanik an der ein Jahr zuvor gegründeten Universität Göttingen folgte. In Göttingen hielt es ihn bis zum Jahr 1753, hier entstanden seine wissenschaftlichen Hauptwerke – etwa die *Primae linae physiologiae* (*Grundlinien der Physiologie*, 1747) –, hier wurde das Fundament für eine Gelehrtenkarriere gelegt, deren wesentliche Antriebskräfte Fleiß und unerschöpfliche intellektuelle Energie bildeten (III Toellner, 56f., Guthke, in: III v. Wiese Hg., 85f.). Als Haller im Jahr 1753 nach Bern zurückkehrte, um dort Mitglied des Stadtrats und damit gehobener Verwaltungsbeamter in Regierungsposition zu werden, hatte sich sein wissenschaftlicher Ruhm über ganz Europa verbreitet. Neben seinen medizinisch-botanischen Hauptschriften, durch die er zu einem Begründer der modernen Physiologie wurde, trat er seit 1747 zumal als Redakteur der von ihm betreuten »Göttingischen Gelehrten Anzeigen« hervor. In dieser Funktion verfaßte er annähernd 12.000 Rezensionen, Besprechungen aktueller gelehrter Arbeiten, aber auch dichtungstheoretischer und poetischer Werke. Auf diese Weise hat Haller zwar nicht aktiv, aber doch als Kritiker die Entwicklung der deutschen Literatur bis in die Mitte der 70er Jahre hinein verfolgt und, beispielsweise, die Anfänge eines Lessing und Klopstock aufmerksam registriert.

Ein erfolgreiches Gelehrtenleben, aber zugleich eine Biographie, die von Rückschlägen, menschlichen Enttäuschungen und Schwermut durchzogen ist – so stellt sich diese Vita auch aus Hallers eigener Perspektive dar (von »Unglücksfällen« ist 1762 die Rede). Im Jahr 1736, unmittelbar nach der Ankunft in Göttingen, stirbt plötzlich und unerwartet die erste Ehefrau Marianne (das anrührende Zeugnis für Hallers Schmerz bildet die *Trauer-Ode, beim Absterben seiner geliebten Mariane*, 1736; vgl. III Haller AG, 81ff.); 1737 folgt der älteste Sohn der Mutter in den Tod; die zweite Ehefrau stirbt 1740 im Kindbett, das Kind überlebt sie nur um wenige Tage. Zu derartigen Katastrophen tritt Hallers offenbar ererbte Neigung zur zyklisch wiederkehrenden Melancholie und die vom calvinistischen Elternhaus geförderte Tendenz, Rückschläge und Unglücksfälle einsam, ohne Äußerung der Klage und Trauer (förmlich im Wortsinn) zu verarbeiten; Zerknirschung, Pessimismus, Verdüsterung des Gemüts kennzeichnen Haller auf diese Weise schon in frühen Lebensphasen (der zweifache Witwer ist 1740 erst 32 Jahre alt). Daß zumal die Schwermut ihm ein stetiger Begleiter war, bezeugt am deutlichsten sein nachgelassenes Tagebuch, das 1787 posthum publiziert wurde (I Schings, 133ff.). Im letzten Lebensjahrzehnt nimmt die psychische Anfälligkeit so gravierende Züge an, daß nur noch regelmäßiger Opiumgenuß – anfänglich durch wissenschaftliche Neugier motiviert – seine Arbeitsfähigkeit sicherstellt.

### Die Alpen

Hallers fraglos berühmtestes Gedicht – *Die Alpen* aus dem Jahr 1729 – verrät über diese spätere Disposition noch nichts. Im Gegenteil bekundet sich in ihm eine heitere, optimistische Weltsicht, die unmittelbar an das **Motiv der Naturerfahrung** gebunden ist. Die Anregung für das Preislied auf die majestätische Schönheit der Berge erfolgte durch eine Alpentour, die Haller im Sommer 1728 gemeinsam mit seinem Freund Johannes Gessner unternahm. Das Hauptinteresse der Reisenden war wissenschaftlich begründet; man wollte die Alpenflora erkunden und Studien an Gesteinsmassen durchführen. Daß Haller in seinem Gedicht eine Darstellung der Landschaftsreize mit der Erörterung botanisch-geologischer Fragen verknüpft, ist durchaus zeittypisch. Seit dem Ausgang des 17. Jahrhunderts hatte sich eine geologisch orientierte wissenschaftliche Spezialliteratur entwickelt, die wiederum in poetischen Gebirgsbeschreibungen ihren Niederschlag fand. In seiner *Telluris theoria sacra* (Amsterdam

1694) vertrat der Engländer Thomas Burnet die Auffassung, daß die Gebirge als Relikte einer durch die Sinnflut zerteilten und zerklüfteten Welt Mahnzeichen von Gottes Zorn bildeten. Solche spekulativen Auffassungen wurden lange Zeit fortgeschrieben, nicht zuletzt deshalb, weil man die Gesteinsmassive der Alpen in Zeiten schlecht ausgebauter Verkehrswege für bedrohlich und gefahrbringend halten mußte. Spuren dieser Ansicht finden sich etwa in John Dennis' *Letter describing his crossing the Alps* (1692) oder auch in Brockes' Gedicht *Die Berge*, das den Eindruck des Erschreckenden mit einer Reminiszenz an die Theorie Burnets verbindet:

> Wann Burnet der Berge-Höhen,
> Als von der geborst'nen Welt
> Rest und Zeichen, angesehen,
> Und durch Fluth verursacht hält:
> Sollt ihr Schutt fast glaubend machen,
> Daß vielleicht die Welt, mit Krachen,
> Durch die Gluth, schon einst verheert,
> Und, durch Brand sey umgekehrt.
> (III Brockes AZ, 128; vgl. I Kemper, Bd. V/2, 130, III Richter, 72).

Zwei divergierende Aspekte besitzt das Bergmotiv in der frühen Aufklärungslyrik: Als bedrohliche Gebirgsmassen sind Formationen wie die Alpen stets Zeugnis für eine den Menschen überwältigende Natur, der er sich unterlegen fühlen muß; zugleich aber verliert sich dieser Eindruck, wenn der Betrachter hinter den schroffen Felsmassiven die Schöpferkraft Gottes und in ihnen gleichsam Manifestationen seiner Allmacht zu erkennen vermag. ›Delightfull Horrour‹, lautet die von John Dennis stammende berühmtgewordene Formel für diese Doppelperspektive, in der man die spezifische Ästhetik des Erhabenen wahrnehmen kann (II Dennis, 380). Schrecken und Vergnügen flößt der Anblick der Gebirge dem Menschen gleichermaßen ein; das Gefühl der Angst mildert sich in dem Moment, da die Reminiszenz an Gott als Schöpfer der ganzen Natur für das spirituelle Korrektiv kleinmütiger Weltverlorenheit sorgt. Bedenkt man, daß das Erhabene nach dem Verständnis der Frühaufklärung das Produkt einer Perspektive bildet, die geistliche und konkrete Bedeutungsnuancen der Naturphänomene zu verknüpfen sucht, so lassen sich an diesem Punkt Bezüge zu physikotheologischen Interpretationsmustern erkennen: Hier wie dort treten empirischer Realitätskontakt und spirituelle Auslegung zu einer spannungsvollen Einheit zusammen, deren synthetischer Charakter nicht frei von synkretistischen Tendenzen bleibt.

Hallers *Alpen* (III Haller AG, 3f.) vermitteln auf höchst sprachmächtige Weise plastische Eindrücke von der erhabenen Gebirgsnatur; zumal Wasserfälle (v. 412f.), gewaltige Gesteinsmassive (v. 423), schwarze Wälder (v. 334) und schroffe Abgründe (v. 420f.) finden ausführliche Beschreibung. Unermeßlich scheint die Vielfalt der Gebirgswelten, die auch Haller Anlaß zur Darstellung ›gemischter Empfindungen‹ bietet; Schrecken und Ehrfurcht werden dabei gleichermaßen wach:

> Dann hier, wo Gotthards Haupt die Wolken übersteiget
> Und der erhabnern Welt die Sonne näher scheint,
> Hat, was die Erde sonst an Seltenheit gezeuget,
> Die spielende Natur in wenig Lands vereint (...) (v. 311f.).

Im Mittelpunkt des Gedichts steht jedoch ein anderes Motiv, das literarische Tradition besitzt und tief in die Antike zurückführt: das Lob des Ländlichen und die (mit ihm verbundene) Kritik des Stadtlebens. Im Gewand der Naturdichtung begegnet dabei erstmals eine überaus wichtige Problemkonstellation, die prägende Bedeutung für die gesamte Aufklärungsliteratur besitzt. Hallers Betrachtung der Alpen ist eingebettet in einen Reflexionsprozeß, der die tiefere Dimension der hier anzutreffenden Naturschönheit erschließt. Die unberührte Landschaft der Täler und Berge wird zum Sinnbild für Unschuld und idyllisches Glück des Menschen. In reichen Variationen preist das Gedicht die Alpenbewohner, die Hirten und Bauern, die ihr Vieh hüten, sich mit einfachsten Genüssen begnügen und unberührt scheinen von jenen Entwicklungen, die man erst seit Rousseau (also seit der Mitte des Jahrhunderts) als ›Zivilisation‹ zu bezeichnen pflegt. Die Kritik des zivilisierten menschlichen Entwicklungsstadiums, wie sie Rousseau in seinem *Discours sur l'inégalité* (1755) eindringlich und folgenreich beschreiben wird, scheint bei Haller bereits ansatzweise vorweggenommen.

Das Gedicht gliedert sich in 49 Strophen zu jeweils zehn meist kreuzweise gereimten Alexandriner-Versen. Die Verwendung des sechshebigen Alexandriners ist zu dieser Zeit bereits ein Anachronismus, ein Relikt des 17. Jahrhunderts, dessen Stilvorstellungen bisweilen auch die Bildwahl (zumal die Schmuck- und Duftmetaphorik) des Gedichts prägen. Haller selbst spricht in der Vorrede kritisch von »Spuren des Lohensteinischen Geschmacks darin« (III Haller AG, 3), die ihm rückblickend als Indiz inzwischen überwundener Formvorlieben erscheinen (vgl. III Kohlschmidt, 206f., III Guthke, 157f.). Der umfangreiche Text zerfällt in fünf Teile: Eine allgemein gehaltene Exposition entfaltet sogleich das **Leitthema**, den Gegensatz von Natürlichkeit und Künstelei, von Unschuld und Machtstreben des Menschen (Strophe 1–4); es folgt ein zweigliedriges Mittelstück, das das Leben der Alpenbewohner (Strophe 5–17) sowie die zyklische Wiederkehr von Jahreszeiten und Klimaphasen im Zusammenhang ländlicher Arbeitsformen beschreibt (Strophe 18–31); daran schließt sich die poetisch stimmungsvolle, von Zeitgenossen stets gerühmte Beschreibung der Alpentopographie, ihrer landschaftlichen Reize und botanisch-geologischen Vorkommnisse an (Strophe 32–44); der Schluß formuliert, nochmals das Leitthema aufgreifend, den Appell an alle Sterblichen, den eigenen Lebensentwurf nicht auf Gewinnstreben und Ehrgeiz zu gründen, sondern am Vorbild der Alpenbewohner und ihrer natürlichen Selbstbescheidung auszurichten (Strophe 45–49).

Die Darstellung der Natur erfolgt bei Haller stets im Hinblick auf ihren sinnbildlichen Charakter. Sie ist nie als unmittelbar erfahrene Landschaft gegenwärtig, sondern besitzt eine poetische Zeichenfunktion innerhalb des vom Gedicht entfalteten Gegensatzes zwischen Zivilisation und Ursprungsnähe, Stadt und Land, Vernunft und Naivität. Insofern birgt die Ästhetik der Natur in Hallers Gedicht von vornherein eine ideelle Signatur. Als erhabenes Zeugnis von Gottes Macht und Refugium der Hirten und Bauern ist die Bergwelt auf doppelte Weise Sinnbild des Reinen und Guten, ein Bindeglied zwischen Schöpfer und Mensch, das metaphysische und diesseitige Perspektiven miteinander verknüpft. Enthüllt sich in der Lebenssphäre der Alpenbewohner das höchste Maß menschlicher Vollkommenheit, so bekundet dieser Umstand zugleich deren göttliche Provenienz – die Segnung der Naturschönheit durch die Gegenwart ihres Schöpfers.

Der Naturzustand, in dem die Bergbauern des Alpenlandes leben, zeichnet sich Haller zufolge durch eine Vielzahl von spezifischen Eigenschaften aus, die das Gedicht ausführlich beschreibt. Das nähere Profil der hier beschworenen Existenzform entfaltet sich zunächst an einer Reihe von Kontrastmotiven: Zufriedenheit in der Beschränkung, nicht rastloser Ehrgeiz bestimmt die Alpenbewohner; die »Schüler der Natur« (v. 31), von denen am Anfang des Gedichts die Rede ist, kennen »noch güldne Zeiten«:

> Wohl dir, vergnügtes Volk! o danke dem Geschicke,
> Das dir der Laster Quell, den Überfluß versagt;
> Dem, den sein Stand vergnügt, dient Armut selbst zum Glücke,
> Da Pracht und Üppigkeit der Länder Stütze nagt. (v. 41f.).

Zur Zufriedenheit unter den Bedingungen des Mangels gesellen sich zahlreiche Tugenden, die die Alpenbewohner auszeichnen:

> Hier bleibt das Ehbett rein; man dinget keine Hüter,
> Weil Keuschheit und Vernunft darum zu Wache stehn;
> Ihr Vorwitz spähet nicht auf unerlaubte Güter,
> Was man geliebet, bleibt auch beim Besitze schön. (v. 151f.).

Intakt scheint ebenso das Verhältnis der Generationen, das Gefüge der Familie und die Beziehung der Eltern zu den Kindern. Garanten einer glücklichen Zukunft, sind die Nachgeborenen das Sinnbild friedvoller Unschuld. Von Zweckdenken und Kalkül frei bleibt schließlich die gesamte Lebenswelt der Alpenbewohner: »Erfahrenheit«, nicht Bücherwissen, geselliger Austausch anstelle von einsamer Lektüre bestimmen ihre tägliche Arbeit (v. 270f.; vgl. III Siegrist, 210f.).

Der Gegensatz von Stadt und Land, von Zivilisation und Natur, Zweckdenken und Unbefangenheit, Tugend und Laster, den Hallers Gedicht durchgängig darstellt, wird bereits in der Naturdichtung der Antike thematisiert und besitzt eine lange **toposgeschichtliche Tradition**. Berühmtes Beispiel für die Kritik der urbanen Verbildung natürlicher Anlagen und das Lob des freien Landlebens ist Horaz' *Epodon liber* (1. Jh. v. Chr.), wo es im ersten Buch heißt: »Beatus ille qui procul negotiis« (»Glücklich, wer den Staatsgeschäften fern«). Bei Theokrit (in den Hirtenidyllen, 3. Jh. v. Chr.) und in den berühmten *Georgica* (1. Jh. v. Chr.) Vergils begegnet der Topos ebenfalls; »O fortunatos (...) agricolas«, stimmen die Landlebengedichte an (*Georgica*, II, v. 458ff.) – auch hier ertönt das Preislied auf die Reize ländlicher Ruhe und Abgeschiedenheit (in Vergils *Bucolica* gesellt sich die Idyllisierung des Hirtenstandes nach Theokrits Muster hinzu). Haller und ihm folgend vor allem Ewald Christian von Kleist (1715–59) (in seiner Ode *Das Landleben*, 1745) greifen dieses Motiv der *laus ruris* auf und verbinden es mit einer grundlegenden Kritik zivilisierter Stadtkultur, die noch vor Rousseaus Beschwörung des *état naturel* ein zentrales Gedankenmotiv aufklärerischer Poesie zu bezeichnen scheint. »Laß mich das fröhliche Landvolk in dicke Haine verfolgen / Und mit der Nachtigall singen, und mich beim seufzenden Gießbach / An Zephyrs Tönen ergötzen«, so heißt es in Kleists Ode *Der Frühling* (1749), die zu den gefeierten Naturgedichten der Aufklärung gehört (III Kleist, 36, v. 204f.; vgl. I Kemper, Bd. V/2, 142).

Das lyrische Preislied des Einfachen, Natürlichen, wie es Haller und Kleist anstimmen, ist auf der einen Seite Ausdruck der Orientierung an festen toposgeschichtlichen Überlieferungen; vergleichbare Sujets begegnen auch im 17. Jahrhundert, in den Hirtengedichten von Martin Opitz, Sigmund von Birken oder Johann Klaj. Andererseits entfaltet sich jenseits der verfestigten Leitmotive des Landlebenlobs zumal bei Haller ein ganz eigenständiger Darstellungswille, der, die traditionelle Bewältigung des Themas überschreitend, den Gegensatz von Stadt und Natur in eine übergreifende Dimension hebt, in der er ideengeschichtlichen Gehalt besitzt. Am Schluß heißt es über die Alpenbewohner:

> Kein innerlich Feind nagt unter euren Brüsten,
> Wo nie die späte Reu mit Blut die Freude zahlt;
> Euch überschwemmt kein Strom von wallenden Gelüsten,
> Dawieder die Vernunft mit eiteln Lehren prahlt. (v. 475f.).

Hier zeigen sich die Hoffnungen eines Aufklärers, der nicht nur, einseitig, auf die Kräfte des Verstandes setzt, sondern zugleich Risiken und Folgewirkungen zweckgebundenen Denkens und instrumenteller Rationalität zu überschauen vermag. Insofern legt auch Hallers *Alpen*-Gedicht Zeugnis ab von der gern unterschätzten Vielfalt der Epoche und ihrem entwickelten Vermögen der kritischen Durchleuchtung rationaler Zweckkategorien, von der Fähigkeit zu Selbstreflexion der Vernunft und Überprüfung ihrer Grenzen. In voller Konsequenz (das heißt: unter Bezug auf mögliche soziale und politische Implikationen) wird freilich erst die junge Generation der empfindsamen Genies im Gefolge Klopstocks die Impulse der hier anklingenden Kritik des zivilisierten Zustands, nunmehr inspiriert auch durch Rousseau, literarisch fortzuführen suchen. Wirksam bleibt sie noch im Werk Schillers, dessen berühmte Elegie *Der Spaziergang* (1795/1800) ohne das Vorbild von Hallers *Alpen* kaum denkbar wäre (vgl. II Riedel, 55f.).

Zeitgenossen hielten *Die Alpen* durchgängig für das Muster- und Meisterstück aktueller Naturpoesie. Bodmer und Breitinger begrüßten das Gedicht als Exempel eines wahrhaft poetischen Stils, ähnlich äußerten sich Samuel König und Christian Heinrich Schmid (in seiner zwischen 1767 und 1769 in zwei Bänden publizierten *Theorie der Poesie* (III Schmid, Bd. I, 264)). Noch Schillers Abhandlung »Ueber naive und sentimentalische Dichtung« (1795) nennt die *Alpen* trotz mancher Kritikpunkte, die insbesondere der Dominanz räsonierender Partien und deren fehlender Poetizität gelten, ein Beispiel für die Möglichkeiten moderner Literatur im Spannungsfeld von Reflexion und Beschreibung, Verstandesbezug und Weltläufigkeit (III Schiller, Bd. XIX, 153).

## Lehrdichtung

In den Jahren bis 1736 entsteht Hallers philosophisch-lehrhafte Lyrik, namentlich die *Gedanken über Vernunft, Aberglauben und Unglauben*, *Über den Ursprung des Übels* und das *Unvollkommene Gedicht über die Ewigkeit*. Der ideengeschichtliche Gehalt der Texte steht außer Frage, auch wenn ihre Argumentation nicht immer stringent, die Gedankenführung oftmals sogar widersprüchlich ausfällt. In der Vorrede zum *Ursprung des Übels* heißt es über diesen Umstand entschuldigend, ein »Dichter« sei »kein Weltweiser, er malt und rührt und erweiset nicht.« (III Haller AG, 53). Auch für den ›Ideendichter‹ Haller – so hat ihn schon Schiller charakterisiert (III Schiller, Bd. XIX, 153) – gilt damit, daß Poesie sich nicht auf die Darstellung philosophischer Gedankenmotive beschränken läßt, sondern Ausdrucksqualitäten besitzt, die durch die individuelle Verarbeitung von Thementraditionen, Topoi und Bildelementen unterschiedlichster Art zustandekommen. Die poetische Aussage scheint nicht auf eine vernünftige Lehre reduzibel und gehorcht, wie Haller vermerkt, keinem rationalen Beweiszwang. Sie gewinnt dadurch eine Mehrdeutigkeit und Ambivalenz, die der Vielschichtigkeit bestimmter intellektueller Problemgehalte angemessener sein kann als die systematische Ordnung der vernünftigen Deduktion. In der Erkenntnis, daß der Akt der Poesis nicht als Prozeß reiner Übersetzung von Vernunftlehren in gebundene Sprache zu verstehen sei, sondern seinerseits dem jeweils darzustellenden Sachverhalt neue Sinndimensionen erschließt, bekundet sich bereits ein überraschend modernes Wissen über die Ausdruckspotenz spezifisch literarischer Diskurstechniken. Deren Möglichkeiten erschöpfen sich nicht in illustrativen Darstellungsformen zum Zweck der Versinnlichung abstrakter Lehrgehalte. Poesie ist für Haller stets auch ein besonderer Modus der sprachlichen Welterfassung, der äußere Wirklichkeit und Gedankenkosmos des Menschen im Vorgang der Mimesis auf seine Weise umformen und damit neu gestalten hilft.

Im *Ursprung des Übels* versucht sich Haller an einer poetischen Darstellung des Leibnizschen Theodizee-Gedankens (II Haller AG, 53ff., vgl. II Kemper, Bd. V/2, 142ff.). Auf ähnliche Weise wird das berühmte Thema zur selben Zeit von Alexander Pope traktiert, dessen *Essay on Man* – das große europäische Musterstück aufgeklärter Lehrdichtung – in den Jahren zwischen 1733 und 1734 entsteht. Haller und Pope diskutieren dieselben Fragen: Wie ist die Welt in ihrer gegebenen Erscheinungsform zu rechtfertigen? Wie läßt sich die Existenz des Bösen erklären, ohne daß Zweifel an Gottes Schöpfersouveränität aufkommen? Warum hat Gott die Welt überhaupt geschaffen, wenn es ihm nicht möglich war, ein völlig makelloses Werk hervorzubringen? Welchen Status besitzt der Mensch mit seiner problematischen Grunddisposition der Zweifelsucht und dem ihm angeborenen Streben nach ständiger Veränderung seiner Verhältnisse inmitten der Schöpfungsordnung?

Beide Autoren suchen diese Fragen in recht unterschiedlicher Weise zu beantworten: Pope bietet seinen Lesern eine versifizierte Kosmologie, eine Beschreibung der Schöpfungsvielfalt, deren Ordnungsprinzip durch das aus Homers *Ilias* (VIII, v. 18f.) stammende Motiv der *catena aurea*, der goldenen Kette der Wesen illustriert wird (vgl. grundlegend III Lovejoy, 176ff.). Alle Elemente dieser Schöpfung sind durch eine große Kette miteinander verbunden und damit Teil eines teleologisch zu denkenden Systems, dessen vernünftige Ordnung dadurch sichtbar hervortritt, daß es Vielfalt und Vollkommenheit miteinander verbindet. Die ›great chain of being‹ bildet das Zentrum von Popes Schöpfungsvision – ein für das gesamte Aufklärungszeitalter faszinierendes Motiv, das der Illustration von Telosvorstellung und Perfektibilisierungsgedanken gleichermaßen dient. Vom niedrigsten zum höchsten Wesen, von der Ameise über den Menschen – in prekärer Mittelposition – bis zu den Engeln sind sämtliche Geschöpfe dieser Welt Glieder einer großen Kette, Elemente einer

gewaltigen Ordnungsstruktur, deren geistiges Prinzip das der steten Vervollkommnung und Steigerung zu sein scheint. Die Verknüpfung der jeweiligen Kettenglieder
erklärt Pope durch das von Newton stammende Gesetz der Gravitation: Die Schwerkraft begründet die Anziehung, die zwischen den einzelnen Wesen herrscht, und
schafft jene innere Kohärenz, die notwendig ist, um Chaos und Anarchie zu verhindern (vgl. I Fabian, 47f.). Noch Schiller wird in der »Theosophie des Julius« aus den
1786 publizierten *Philosophischen Briefen* auf dieses Gedankenmodell zurückgreifen und die schon der Antike geläufige Vorstellung der *catena aurea* mit der modernen Theorie der Gravitation verknüpfen, diese dann allerdings um eine aus der hermetischen Naturphilosophie des 18. Jahrhunderts stammende Sympathielehre
ergänzen bzw. spekulativ überhöhen (III Schiller, Bd. XVII, 118f.). Bei Pope heißt es
über Ausdehnung und innere Ordnung der Wesenskette:

> All are but parts in one stupendous whole,
> Whose body, Nature is, and God the soul;
> That, chang'd thro all, and yet in all the same,
> Great in the earth, as in th' æthereal frame,
> Warms in the sun, refreshes in the breeze,
> Glows in the stars, and blossoms in the trees,
> Lives thro' all life, extends thro' all extent,
> Spreads undivided, operates unspent,
> Breathes in our soul, informs our mortal part,
> As full, as perfect, in vile Man that mourns,
> As the rapt Seraph that adores and burns;
> To him no high, no low, no great, no small;
> He fills, he bounds, connects, and equals all. (I, v. 267f.).

Joseph Addison hat die ›chain of being‹ im 519. Stück des »Spectator« (1712) mit
ganz ähnlichen Worten beschrieben wie Pope (II Addison/Steele, Vol. IV, 136f.).
Analysiert man die Charakterisierung Addisons und des *Essay on Man* genauer, so
lassen sich drei signifikante Attribute unterscheiden, die dem sinnbildlichen Modell
der ›chain of being‹ zugeordnet werden: Die Kette der Wesen scheint ausgezeichnet
durch die ununterbrochene Kontinuität aller Elemente (»spreads undivided«), die
subtile Steigerung ihrer Glieder von den niedrigen zu den höheren Wesen (»extends
thro' all extent«) und das Merkmal der Fülle und Vollständigkeit (»as full, as per-
fect«), das zugleich Index der Vollkommenheit von Gottes Schöpfung ist. Die drei
Eigenschaften der Kette lassen sich aus systematischen Gründen nicht trennen, treten vielmehr mit einer gewissen Logik zu einem Ganzen zusammen. Das Prinzip der
Gradation, dem die einzelnen Kettenglieder gehorchen, begründet die innere Hier-
achie des ganzen Modells, aber auch schon das Gesetz der Kontinuität, aus dem wiederum die bereits dem Mittelalter vertraute Vorstellung von der Lückenlosigkeit und
unübertrefflichen Fülle (*plenitudo*) des Kosmos abgeleitet werden kann. Das Sinnbild der Kette erhebt damit den Anspruch, die Vollkommenheit der von Gott
geschaffenen Welt in unübertrefflicher Prägnanz und Anschaulichkeit darzustellen.
Nicht nur in Popes *Essay on Man* illustriert sie den ungebrochenen Optimismus
einer aufgeklärten Weltsicht, die vom Gedanken ausgeht, daß die perfekte Ordnung
der Schöpfung Ausdruck der Souveränität Gottes sei.

Auch Haller berührt in seinem Lehrgedicht das von Pope angeführte Modell, ohne aber dessen unbedingten Optimismus zu teilen. Zwar zweifelt er in letzter Konsequenz nicht an der Schlüssigkeit des Theodizee-Gedankens, doch reflektiert er in sehr viel gründlicherer Weise als Pope über die Widersprüche, die das Verhältnis von Mensch und Welt beherrschen. An der Schönheit der Schöpfung – sie wird vom ersten Buch des Gedichts detailliert beschrieben – scheint kein Zweifel möglich; umso irritierender bleibt angesichts der Vollkommenheit von Mikro- und Makrokosmos, daß der Mensch durch Skepsis, Unzufriedenheit und innere Disharmonie gekennzeichnet ist. Über die Schöpfung heißt es:

> Ja, alles, was ich seh', sind Gaben vom Geschicke!
> Die Welt ist selbst gemacht zu ihrem Glücke,
> Ein allgemeines Wohl beseelet die Natur,
> Und alles trägt des höchsten Gutes Spur! (1. Buch, v. 61f.).

Demgegenüber bleibt der Mensch als »Zweideutig Mittelding von Engeln und von Vieh« (2. Buch, v. 107) – Reflex seiner Zwischenposition innerhalb der ›chain of being‹ – durch Selbstzweifel und Unzufriedenheit geprägt:

> Nie mit sich selbst vergnügt sucht jeder außenher
> Die Ruh, die niemand ihm verschaffen kann als er;
> Getrieben vom Gespenst stets hungriger Begierden
> Sucht er in Arbeit Ruh und Leichterung in Bürden (...) (1. Buch, v. 90f.).

Das zentrale Problem, das sich an diesen Befund knüpft, ist jenes der menschlichen Freiheit. Gott, so heißt es bei Haller, habe die Welt nicht als »Uhrwerk« (2. Buch, v. 55) angelegt (eine Attacke gegen ein rein mechanistisch-wissenschaftliches Naturbild), vielmehr innerhalb des Schöpfungskreises Freiräume geschaffen; nicht aus blind befolgtem Gesetz, sondern aus freier Entscheidung solle der Mensch Gott und das von ihm hervorgebrachte Werk lieben. »Er gönnte dem Geschöpf den unschätzbaren Ruhm, aus Wahl ihm hold zu sein und nicht als Eigentum.« (2. Buch, v. 59f.). Das Geschenk der Freiheit jedoch bedeutet, daß der Einzelne jeweils der Verpflichtung unterliegt, gemäß den von ihm als richtig anerkannten Maximen zu leben und zur Zufriedenheit zu gelangen. Nicht Luthers *Deus absconditus*, sondern ein sich dem Menschen durch dessen aktives Handeln in seiner ganzen Güte offenbarender Gott liegt Hallers Vorstellung der Freiheit an diesem Punkt zugrunde.

Gerade die Beschreibung der menschlichen Disposition zur Unzufriedenheit demonstriert nun aber hinreichend, daß Hallers Modell einem Wunschbild, kaum der Wirklichkeit folgt. Es gehört zu den Widersprüchen des Gedichts, daß die Untermauerung des Theodizee-Gedankens und der mit ihm verbundenen Überzeugung von der Vollkommenheit der Schöpfung nicht innerhalb einer rationalen Argumentation erfolgt, sondern sich letzthin im Akt des Glaubens vollzieht. Die tiefere Einsicht in die Allmacht des Schöpfers bleibt dem Menschen auf Erden vorenthalten und ist ihm erst nach seinem Tode zugänglich. Hallers Gedicht bietet daher am Schluß auch kein Rezept an, wie der Einzelne seine Zweifelsucht überwinden könne, vielmehr klingt es mit einer Jenseitsvision aus:

> Wann unser Geist gestärkt dereinst dein Licht verträgt
> Und uns des Schicksals Buch sich vor die Augen legt;
> Wann du der Taten Grund uns würdigest zu lehren;
> Dann werden alle dich, o Vater! recht verehren
> Und kündig deines Rats, den blinden Spötter schmähn,
> In der Gerechtigkeit nur Gnad und Weisheit sehn! (3. Buch, v. 227f.).

Hallers Gedicht gerät damit in letzter Konsequenz wieder an die lutherische Vorstellung vom *Deus absconditus*, der sich dem Gläubigen erst angesichts seines Todes enthüllt. Die Erkenntnis der Übel dieser Welt, die wesentlich in der Fehldisposition des innerlich unzufriedenen, ruhelosen Menschen zutage treten, bleibt mit dem Theodizee-Gedanken nur um den Preis des Verzichts auf eine rational nachvollziehbare Beweisführung vereinbar; am Ende steht bei Haller die Demonstration des Glaubens, nicht der begründete Vernunftschluß (vgl. auch III Toellner, 62ff., I Kemper, Bd. V/2, 151f.).

Hallers dichterisches Verstummen ist – neben den von ihm angeführten privaten Gründen – fraglos auch die Konsequenz der inneren Spannungen, die sein Weltbild regieren. Wissenschaftsgläubigkeit und Skepsis, orthodoxes Gottvertrauen und Zweifel an der vollkommenen Einrichtung der Welt, Kirchenkritik und theologischer Konservatismus, optimistisches Fortschrittsdenken und melancholische Introversion bilden die widersprüchlichen Impulse, die Hallers intellektuellen Haushalt beherrschen. Im *Unvollkommenen Gedicht über die Ewigkeit* (1736) (III Haller AG, 75f.) hat er noch einmal den (letzthin gescheiterten) Versuch unternommen, die ihn bedrängenden Fragen poetisch zu reflektieren. Die Quintessenz des Fragments lautet, daß die Unendlichkeit der Schöpfung weder geistig zu erfassen noch literarisch darzustellen sei. An der Aufgabe, die unerhörten Gegensätze zwischen der kosmischen »Vollkommenheit der Größe« (v. 86) und der verschwindenden Bedeutungslosigkeit des einzelnen Menschen zu beschreiben, scheitert das lyrische Ich; sein Vorsatz, den Kosmos poetisch auszumessen, muß ins Verstummen münden. Die letzten Verse des Gedichts lauten, in kaum überbietbarem Pessimismus:

> Mein Ekel, der sich mehrt, verstellt den Reiz des Lichts
> Und streuet auf die Welt den hoffnungslosen Schatten;
> Ich fühle meinen Geist in jeder Zeil ermatten
> Und keinen Trieb, als nach der Ruh! (v. 122f.).

Schiller hat Hallers Lehrgedichte später als Musterbeispiele sentimentalischer, das heißt: moderner, gedankenorientierter Poesie betrachtet: »Schon der größtentheils übersinnliche Stoff der Hallerischen (...) Dichtungen schließt sie von der naiven Gattung aus; sobald daher jener Stoff überhaupt nur poetisch bearbeitet werden sollte, so mußte er, da er keine körperliche Natur annehmen und folglich kein Gegenstand der sinnlichen Anschauung werden konnte, ins Unendliche hinübergeführt und zu einem Gegenstand der geistigen Anschauung erhoben werden.« (III Schiller, Bd. XIX, 153) Was Schiller hier beschreibt, entspricht aufs genaueste dem deduktiven Vorgehen des ›Ideendichters‹ Haller, der darauf abzielt, der ›geistigen Anschauung‹ Nahrung zu geben und philosophische Themen möglichst plastisch abzuhandeln. Seine eigentliche Heimat ist das Imperium der Begriffe, nicht die Poesie, in der er nur ein Hilfsmittel sieht, das ›übersinnliche Stoffe‹ so aufbereitet, daß sie dem Leser zugänglich werden.

Problematisch findet Schiller Hallers Verfahren dort, wo es ihm nicht glückt, seine Gedanken anschaulich zu fassen, wo die Abstraktion herrscht und die Auflösung der Begriffe in Bilder mißlingt: »Tiefrührend ist seine Klage, mit energischer, fast bittrer Satyre zeichnet er die Verirrungen des Verstandes und Herzens und mit Liebe die schöne Einfalt der Natur. Nur überwiegt überall zu sehr der Begriff in seinen Gemählden, so wie in ihm selbst der Verstand über die Empfindung den Meister spielt.« (III Schiller, Bd. XIX, 153). Schillers vorsichtige Rüge bezieht sich auf das diskursive Element, das Hallers Sprache fraglos beherrscht. Wer in ihm sogleich ein Indiz für dürre Gedankendichtung im ›Zeitalter ohne Poesie‹ erblicken möchte, darf jedoch nicht vergessen, daß Haller selbst seine literarischen Texte als versifizierte Beiträge zu epochalen philosophischen Problemen verstanden hat und an ästhetischen Fragen nur in eingeschränktem Maße interessiert war. Schillers abschließende Charakterisierung zeigt sich denn auch bei aller Distanz gegenüber der reinen Gedankendichtung – es mag die Distanz des Wahlverwandten sein – um eine gerechte Würdigung von Hallers poetischen Möglichkeiten bemüht: »Daher *lehrt* er durchgängig mehr, als er *darstellt*, und stellt durchgängig mit mehr kräftigen als lieblichen Zügen dar. Er ist groß, kühn, feurig, erhaben; zur Schönheit aber hat er sich selten oder niemals erhoben.« (III Schiller, Bd. XIX, 153).

# 4. Anakreontische Odendichtung

### Grundzüge der Gattung

Philosophische Themen bestimmen vor allem die Lyrik der frühen Aufklärung, verlieren jedoch ab der Mitte der 40er Jahre zunehmend an Einfluß und Attraktivität. Neu bildet sich jetzt eine wesentlich von Unterhaltungsmaßstäben geprägte Stiltendenz aus, die die bedeutsamste Gegenströmung zum didaktischen Ernst der Texte Hallers, Kleists oder Gessners repräsentiert. Zu räsonierendem Lehrgedicht und betrachtender Naturlyrik tritt die anakreontische Liedgattung, ein in den Spuren antiker Tradition sich bewegendes Genre ohne hochgespannte intellektuelle oder künstlerische Ambitionen. Von ›Rokokolyrik‹ spricht man hier auch bisweilen, ohne daß dieser Terminus sonderlich präzis umrissen wäre (vgl. III Anger, 20f., kritisch Siegrist, in: I Žmegač Hg., 93). Als Hauptvertreter der anakreontischen Stilrichtung profilieren sich vornehmlich Friedrich von Hagedorn (1708–54), Johann Nikolaus Götz (1721–81), Johann Peter Uz (1720–96) und Johann Ludwig Gleim (1719–1803).

Bei den sogenannten Anakreonteen handelt es sich um sehr einfach gebaute, reimlose Oden ohne strophische Gliederung mit drei- bzw. vierhebigen jambischen oder trochäischen Versen, die sich bevorzugt weltlichen Themen zuwenden. Im Mittelpunkt dieser Lieder, deren erste Sammlung dem antiken Dichter Anakreon (6. Jh. v. Chr.) zugeschrieben wurde, stehen das Lob des Genusses, der Preisgesang auf Liebe und Wein, auf Landschaftsreize und fröhliche Geselligkeit. Erst 1554 hatte der humanistische Gelehrte Henricus Stephanus im Zuge der von der Renaissance allgemein geförderten Wiederentdeckung antiker Musterautoren die insgesamt 60 Oden, die vermeintlich von Anakreon stammen (die Verfasserfrage bleibt ungeklärt), in einer gedruckten, auf der handschriftlichen Überlieferung basierenden Edition der Öffentlichkeit vorgelegt. Fortan bildeten sie ein stilistisches Exemplum, an dem sich zahlreiche Lyrikergenerationen zu orientieren suchten. Der französische Klassizismus schätzte sie ebenso wie das deutsche 17. Jahrhundert; die instruktivsten Anakreontik-Adaptionen stammen hier von Martin Opitz und Georg Rudolf Weckherlin. Im Ausgang des Barockzeitalters legte Johann Christian Günther noch unsichere Übersetzungsversuche vor, die mehrere Dekaden später von Gottsched und dem Leipziger Philologen Johann Friedrich Christ fortgeführt wurden. Erst im Jahr 1746 veröffentlichte Johann Nikolaus Götz seine gemeinsam mit Johann Peter Uz erarbeitete Anakreon-Übertragung, die das gesamte Textkonvolut enthielt. Diese komplette Edition förderte in den nächsten beiden Jahrzehnten eine Vielzahl von Bearbeitungen und Nachahmungen, von mehr oder weniger freien anakreontischen Adaptionen, die im Rahmen umfassender Liedsammlungen erschienen (vgl. zur Gattungsgeschichte III Zeman, 2ff., I Windfuhr, 376f.).

Die Zeit zwischen 1740 und 1760 bildet, im Bereich der Lyrik, die Periode der *Musa iocosa*, die Phase der scherzhaften Poesie, der frivolen oder doch zumindest den mundanen Sinnesgenuß preisenden Gesänge. Zu den wichtigsten Publikationen dieser Richtung zählen Friedrich von Hagedorns *Sammlung Neuer Oden und Lieder* (1742, 1747), der *Versuch in scherzhaften Liedern* (1744) Johann Ludwig von Gleims (der als patriotischer Verfasser der *Preußischen Kriegslieder* (1758) eine zeitgenössische Berühmtheit wurde), Johann Peter Uz' *Lyrische Gedichte* (1749), Johann Friedrich Löwens *Zärtliche Lieder und Anakreontische Scherze* (1751), Christian Felix Weißes *Scherzhafte Lieder* (1758) und Johann Christoph Rosts *Vermischte Gedichte* (1768); neben Hagedorn müssen fraglos Götz und Uz, die Anakreon-Übersetzer, als profilierteste Vertreter der anakreontischen Lyrik gelten (vgl. I Kemper, Bd. V/2, 173ff.).

Die anakreontische Stilrichtung gehört ebenso zur spezifischen Signatur der Aufklärungsliteratur wie die Lehrdichtung oder die didaktische Naturpoesie. Das Thema des unbeschwert-heiteren Weltgenusses verdrängt hier die großen philosophischen Fragen aus dem Umfeld der Theodizee-Debatte, unbefangene **Lebensfreude** artikuliert sich anstelle von melancholischer Umdüsterung und skeptischer Zweifelsucht. Nicht immer freilich sind die Ostentationen der Sinneslust wörtlich zu nehmen; manche Äußerung bleibt, ähnlich wie im Fall zeitgenössischer Bukolik und Georgik, das Produkt von konventioneller Repertoirestilistik in der Fluchtlinie einer toposgeschichtlich präzis festgelegten Tradition. Die anakreontischen Dichter des Rokoko führten zumeist ein bürgerliches Leben im Rahmen jener gemessenen Ethik des Weltgenusses, die auch Brockes predigte. Hagedorn, Gleim, Uz und Götz waren in des Wortes ursprünglicher Bedeutung Biedermänner: leidlich aufgeklärte Bürger, die ihre poetischen Talente im Rahmen eines bisweilen frivolen Dichtungsgenres erprobten, dessen Produkte jedoch keineswegs als ekstatische Konfessionen und Zeugnisse privater Ausschweifungen, sondern als Fortsetzung einer präzis fixierten toposgeschichtlichen Überlieferung aufzufassen sind.

Charakteristisch für die reiche Zahl anakreontischer Gedichte, wie sie in der Mitte des 18. Jahrhunderts entstanden, bleibt Friedrich von Hagedorns *Der Wunsch*:

»Du holder Gott der süßten Lust auf Erden, / Der schönsten Göttin schöner Sohn! / Komm, lehre mich die Kunst, geliebt zu werden, / Die leichte Kunst zu lieben, weiß ich schon. / Komm ebenfalls, und bilde Phyllis Lachen, / Cythere! gib ihr Unterricht; / Denn Phyllis weiß die Kunst, verliebt zu machen, / Die leichte Kunst zu lieben weiß sie nicht.« (III Hagedorn, 37). Hier scheinen die wesentlichen Stilzüge anakreontischer Dichtung auf relativ engem Raum versammelt: der einfache Strophenbau, die knappe Versform, die Bevorzugung weltlicher Themen und erotischer Sujets, die Auseinandersetzung mit Liebesleid und -glück, die Anrufung einer imaginären Geliebten, die primär literarische Figur ist (ihr Name folgt normativen Vorgaben, meist heißt sie ›Chlorinde‹, ›Doris‹, ›Phyllis‹ oder ›Daphne‹), die Anrufung Amors, des schönen Sohns der liebreizenden Göttin Venus, dessen verwirrendes Treiben unmittelbar auf die Menschenwelt einwirken kann, das **Hervortreten des Witzes** als formales Gestaltungsprinzip (hier in der kunstvollen strophischen Variation) und als inhaltliches Programm (Erzeugung eines pointierten Gegensatzes mit scherzhafter Quintessenz), die schlichte Wortwahl, die sich nur selten dem *genus sublime* nähert und bevorzugt die stilistische Mittellage, das *genus medium* einhält.

Bleibt es dem Witz zugedacht, als formales Gestaltungsprinzip das kühle Spiel mit verschiedenen, durch die antike Tradition verbürgten Bedeutungsrequisiten in Gang zu halten, so scheint der Scherz ein Produkt heiter-entspannten Weltbezugs zu sein. Die ›scherzhaften Lieder‹ – beliebter Titel zahlreicher Lyriksammlungen um 1750 – streben nicht allein die vom Witz garantierte Freiheit der poetischen *ars combinatoria*, sondern zugleich eine im Zeichen der Gemütsruhe stehende Perspektive milder Belustigung an (vgl. III Maler, 89ff., III Perels, 162ff.). Die Lebenslehre des Scherzens, wie sie die Anakreontik der Zeit formuliert, entspricht Brockes' irdischer Behaglichkeit, ohne deren christliche Programmatik zu übernehmen. Im anakreontischen Scherz, der die erotische Anspielung und den milden Spott über menschliche Schwäche gleichermaßen einschließen kann, bekundet sich ein Bekenntnis zum säkularisierten Weltgenuß jenseits konfessioneller Bindung und moralischer Zwänge.

### Zentrale Topoi

Zu den charakteristischen Motiven der Anakreontik gehört die Darstellung von Rollenspiel und Maskerade. Häufig verwandelt sich das lyrische Ich in Naturelemente, Kleidungsstücke oder symbolische Requisiten, um der angeschwärmten Geliebten nahe zu sein. Als Amor, Vogel oder Insekt schwingt es sich in die Lüfte, verschafft sich eine Perspektive der souveränen Überschau und berichtet derart gelassen-heiter vom bunten Welttreiben, das sich seinen Blicken darbietet. Erotische Phantasien der Symbiose mit der Geliebten werden durch die Imagination von Rollenspielen poetisch umgesetzt. In der Ode *Der Sklavenkauf* wählt Johann Nikolaus Götz die Fiktion eines lyrischen Ich, das sich von seiner Herzensdame als Diener anwerben läßt, um ihr in jeder Lebenslage nahe zu sein: »Amor bot einst zu Cythere / Mich, den treuesten Sklaven, feil. / Und ich ward, zu meiner Ehre, / Holde Phyllis, dir zu Theil.« (III Götz, Bd. I, 6). Mythologische Verhüllung, Maskenspiel, allegorische Personifikation der Leidenschaften und Rollenfiktion bilden die traditionellen Stilmerkmale anakreontischer Liebesdichtung. Ihre Funktion besteht darin, die erotische Thematik der Oden kunstvoll zu sublimieren, persönliche Bezüge zu meiden, die Darstellung von Gefühl und Leidenschaften in eine allgemeine Bedeutungsdimension zu heben, in der sie exemplarischen Charakter besitzt.

Daß es bisweilen auch derber (dabei nicht notwendig niveauvoller) zugehen kann, bezeugen die Anakreonteen Johann Christoph Rosts, dessen Ode *Die Brautnacht* noch ein Lexikon des späten 19. Jahrhunderts (III *Allgemeine Deutsche Biographie*, Bd. XIX, 277) als ›berüchtigt‹ bezeichnet. Anzügliche Beschreibungen von Liebesstellungen, erotische Phantasien und Deskriptionen anatomischer Details werden hier freizügig, zumeist ohne die toposgeschichtlich verordnete mythologische Verhüllung präsentiert. Der Autor möchte, wie er selbst einräumt, durch sein Gedicht eine spezifische Form praktischer Lebensanweisung (und das heißt hier: Liebeshilfe) bieten: »Ihr alten Buhler, die, wer Mitleid fühlt, beklagt, / Wenn euch zum Opfer vor Cytheren / Die frostige Natur den besten Dienst versagt, / Auch ihr hört zu, denn ich will dichten, / Die Schwachen männlich aufzurichten.« (III Rost, 110). Durch ihre frivolen Sujets und deren detailfreudige Darstellungskunst darf die Poesie, so Rost, selbst zur Liebeshelferin, zum lyrischen Aphrodisiakum avancieren, das der amourösen Stimulation, idealiter mit praktischen Folgen, dienen soll. Eine solche Ausweitung der anakreontischen Dichtung ins Gefilde der erotischen Literatur bleibt freilich im 18. Jahrhundert die obszöne Ausnahme von der spröden Regel (vgl. III Schlaffer, 143f.).

Anzüglichkeit und Frivolität auch gemäßigterer anakreontischer Oden provozierten rasch kritische Kommentare. Insbesondere Bodmer und Wieland attackierten die allzu banale Verherrlichung der Sinnesfreude und den fehlenden Tiefgang, der zahlreiche Anakreonteen zu Zeugnissen oberflächlicher Lebenslust ohne individuelles geistiges Profil degradierte (III Zeman, 165, vgl. III Perels, 123f.). Daß derartige Einwände ihrerseits nicht folgenlos blieben, demonstriert das Beispiel des Johann Peter Uz, der sich ab der Mitte der 60er Jahre von der anakreontischen Gattung abwandte und seine künstlerische Energie fortan auf allegorische Lehrdichtung und geistliche Poesie konzentrierte. Wie Uz, der als Justizsekretär fraglos um seine bürgerliche Reputation fürchtete und deshalb in späteren Jahren seriösere Gattungen favorisierte, hielten es manche der anakreontischen Lyriker: Sie betrachteten das Genre als publikumswirksame Variante spielerischer Gelegenheitsdichtung, der man allein eingeschränktes künstlerisches Renommee zuzubilligen hatte. Insgesamt gilt festzuhalten, daß die Anakreontik von den meisten Autoren der Zeit nur sporadisch gepflegt wurde; auch der junge Lessing und der Leipziger Student Goethe haben sich in anakreontischen Versen versucht, ohne darin mehr als Stilübungen zu sehen. Es scheint, als ob man die Gattung vornehmlich als Experimentierfeld nutzte, um individuelle poetische Möglichkeiten im Rahmen fester traditioneller Vorgaben zu erproben. Bedeutsamer ist die Anakreontik gewiß in anderer Hinsicht: Ihre weltzugewandte, geradezu ostentativ zur Schau gestellte Heiterkeit und der damit verbundene gemäßigte Hedonismus nehmen bereits Themen vorweg, die wenig später in der Periode der Empfindsamkeit, bei Klopstock, den Brüdern Stolberg, Hölty, Voss, Bürger und dem jungen Goethe eine entscheidende Rolle spielen (vgl. III Zeman, 226ff.).

# 5. Klopstocks Oden und Hymnen

### Aspekte des Gesamtwerks

In der Mitte des 18. Jahrhunderts wächst die Vielfalt lyrischer Stilrichtungen und mit ihr die Variabilität der poetisch bearbeiteten Sujets jenseits reiner Lehrdichtung. Vor allem Friedrich Gottlieb Klopstock (1724–1803) repräsentiert mit seinem Werk ältere und neuere Formströmungen gleichermaßen. Aufklärerisch ist die Wahl seiner Themen, die Tendenz zur Entfaltung einer poetischen Kosmologie, in deren Rahmen naturwissenschaftliche und metaphysische Problemgehalte systematisch exponiert werden, die trotz neologischer Elemente immer wieder orthodox fundierte Glaubensbindung, die optimistische Anthropologie und der das Naturbild prägende Perfektibilisierungsgedanke Leibnizscher Observanz. **Empfindsame Elemente** zeigen sich wiederum dort, wo Klopstock die Ideale der Freundschaft, Naturidyllen und Schönheiten der Landschaft in einer anrührenden, gefühlsunmittelbaren, jegliches Räsonnement vermeidenden Weise besingt. Im Sinne der neueren Forschung (I Sauder, XVf.) wäre dabei die Empfindsamkeit nicht als Gegenspielerin, sondern als besondere Variante der, zumal späteren, Aufklärung zu verstehen, Klopstocks Œuvre, insbesondere sein Odenwerk (am berühmtesten *Der Zürchersee*, 1748, *Das Landleben*, 1759) mithin der aufgeklärten Naturdichtung unbedingt zuzurechnen.

Klopstock führte das Leben eines ganz der poetischen Arbeit hingegebenen Autors, der zumeist das Glück besaß, durch generöse Mäzene finanziell abgesichert zu sein, ohne dabei eine Einschränkung seiner Unabhängigkeit erfahren zu müssen. 1724 in Quedlinburg geboren, erzogen in Schulpforta im Sächsischen (wie 120 Jahre später Friedrich Nietzsche), erhielt Klopstock eine gediegene altphilologische Ausbildung, die in dieser Form auch im 18. Jahrhundert keine Selbstverständlichkeit mehr war (ähnlich profunden Charakter besaßen noch die Altertumskenntnisse Lessings). Klopstocks Abschiedsrede in Schulpforta galt der Poetik des antiken Epos; sie wies thematisch bereits den Weg zu jenem Werk, das der Autor zeitlebens für sein bedeutsamstes hielt: zum von den Zeitgenossen nachgerade als poetische Verkündigung gefeierten *Messias*, der Darstellung der Passion und Auferstehung Christi, beschrieben in 20 Gesängen, für deren Vollendung der Autor ein Vierteljahrhundert benötigte (1748 bis 1773). Die verschiedenen Teile erschienen Zug um Zug, zunächst in den »Neuen Beiträgen zum Vergnügen des Verstandes und Witzes«, in den folgenden Jahren separat als Einzeleditionen. Das *Messias*-Epos bleibt, auch wenn es heute nur mehr literarhistorisch von Interesse ist, eine enorme dichterische Leistung, deren sprachschöpferische Energie und hymnische Intensität gleichermaßen Respekt abnötigen – ein Werk, das, Miltons *Paradise lost* nachfolgend, im 18. Jahrhundert seinesgleichen sucht; das letzte bedeutsame Epos der deutschen Literaturgeschichte, das noch einmal die Möglichkeiten, zugleich aber auch schon den Anachronismus der Gattung in der nunmehr hereinbrechenden Epoche des Romans und seiner ganz andersgearteten Wirkungsdynamik markiert.

Die wichtigsten Texte des lyrischen Werkes entstanden vor allem in der Dekade zwischen 1748 und 1760. Nach seinem Theologiestudium in Jena und Leipzig hatte sich Klopstock um eine Anstellung in Deutschland bemüht, die ihm hinreichend Muße zur keineswegs als Nebentätigkeit empfundenen literarischen Arbeit lassen sollte, war jedoch bei der Suche erfolglos geblieben. Im Jahr 1751 siedelte der 27jährige nach Kopenhagen über, wo er, gefördert durch Johann Hartwig Ernst von Bernstorff, in Ruhe und Abgeschiedenheit schreiben konnte. Rasch bildete sich um ihn ein Kreis von befreundeten Autoren und Publizisten, zu denen der Theologe und spätere *Messias*-Kommentator Johann Andreas Cramer, der Dubos-Übersetzer Gottfried Benedikt Funck, der Dramatiker und Essayist Helferich Peter Sturz, der Zeitschriftenherausgeber und Bühnenautor Heinrich Wilhelm Gerstenberg und der als Verfasser poetologischer Texte hervorgetretene Johann Heinrich Schlegel zählten (vgl. I Jørgensen, 242f.). Erst im Jahr 1770 kehrte Klopstock nach Deutschland zurück, ließ sich in Hamburg nieder und verbrachte dort, gefördert von vermögenden Vertretern der Bürgerschaft und des Adels, nicht nur vom literarischen Publikum hochgeschätzt, die letzten drei Jahrzehnte seines Lebens. Vor allem der Kreis der Göttinger Hainbund-Autoren um Voss, Hölty, Bürger und die Gebrüder Stolberg feierte ihn unmittelbar nach seiner Rückkehr nach Deutschland als größten Dichter des Jahrhunderts und strahlendes Vorbild der neuen Generation.

Die Oden und Hymnen, die Klopstocks Ruhm begründeten, entstanden ab Ende der 40er Jahre, zunächst in der Schweiz, wo der junge Autor der Gast Bodmers war, später in Kopenhagen. Als Odendichter bewegt sich Klopstock nicht in den seichten Bahnen der Anakreontik, sondern folgt dem Vorbild seines antiken Lehrmeisters **Pindar** (5. Jh. v. Chr.). Mit dieser Orientierung verbindet sich ein gehobener, zuweilen pathetischer Ton, ein freier Rhythmus, der bereits die ungewöhnlichen Fügungen der späteren Hymnen ahnen läßt, die Tendenz zu syntaktischen Normabweichungen durch Inversion einzelner Satzglieder, nicht zuletzt die Häufung pathoshaltiger hyperbolischer Wendungen. Diese stilistische Neuorientierung bleibt bestimmend für die lyrische Formentwicklung in der zweiten Hälfte des 18. Jahrhunderts, die sich bereits am Wechsel der Vorbilder ablesen läßt: Den die frühe Aufklärung dominierenden Horaz, dessen Oden zumal die Lehrdichtung beeinflussen, verdrängt jetzt der für den gehobenen Ton stehende, das lyrische Pathos kultivierende Pindar (an dessen Exempel sich der junge Goethe und vor allem Hölderlin emphatisch ausrichten werden) (III Henkel, 47f.).

Klopstocks Muster bleiben jedoch nicht nur die Oden Pindars, sondern auch die Gesänge der biblischen Davidspsalmen, deren Einfluß seine Lyrik ganz auf den Ton religiöser Ergriffenheit stimmt. Zum Vorbild avancieren in diesem Zusammenhang Jakob Immanuel Pyra und Samuel Gotthold Lange, die in ihren *Freundschaftlichen Liedern* (1745) demonstriert hatten, daß man poetischen Enthusiasmus, religiöses (an den Psalmen orientiertes) Pathos und weltliches Lob der Freundschaft verbinden konnte, ohne dabei Stilbrüche in Kauf nehmen zu müssen. Nicht zuletzt waren es die aus dem Nachlaß des frühverstorbenen Pyra stammenden, von Lange publizierten hymnisch ausschwingenden Gesänge wie *Der Tempel der wahren Dichtkunst* oder *Das Wort des Höchsten*, die Klopstocks Oden beeinflußten (III Pyra/Lange, 83ff.; vgl. III Peters, 143f.). Sie legten ein bis dahin in Deutschland nicht gehörtes lyrisches Pathos an den Tag, das wesentlich durch bibelpoetische Vorbilder beherrscht wurde. Der Dichter erschien hier als auserwählter Genius und religiös inspirierter Sänger, der seine Kunst nicht mehr ausschließlich zum Lob Gottes vorträgt, sondern seinerseits als künstlerische Ausnahmegestalt in geradezu überirdische Dimensionen emporsteigt. Man kann darin die weltliche Kontrafaktur der

Davidspsalmen und ihrer unzweifelhaft poetischen Struktur erkennen; vom spirituellen Charakter der Psalmdichtung bleibt einzig die Form des ergriffenen religiösen Pathos zurück, die jetzt in den Dienst der ästhetischen Selbstinszenierung tritt. Pyras *Tempel*-Ode, in manchen Partien eine Bearbeitung von Alexander Popes *Temple of Fame* (1711), greift zudem auf traditionelle allegorische Techniken der europäischen Literatur zurück (Darstellung des Streits sittlicher Mächte, geistiger Prinzipien und verschiedener Eigenschaften des Menschen), wie sie schon in Martianus Capellas *De nuptiis Philologiae et Mercurii* (5. Jh.), Dantes *Comedia* (1321) und Chaucers *Hous of Fame* (ca. 1380) ausgebildet waren.

Von Pyra übernimmt Klopstock die neue Form eines lyrischen *Furor poeticus*, der seine ursprüngliche Quelle in der Bibelpoetik hat, nunmehr aber sehr weltlichen Themen zugeordnet ist. Erste Spuren dieses poetischen Enthusiasmus durchziehen die nach 1748 entstandenen Liebesoden, deren dichterische Diktion sich von der routinierten Repertoirestilistik der Anakreontik durch den Verzicht auf formelhafte Wendungen bereits deutlich zu unterscheiden beginnt. Reflexe traditioneller Liebeslyrik zeigen sich vor allem noch bei der konventionellen fiktiven Namensgebung, die die eigentliche Adressatin verdecken soll; hinter der vielbesungenen ›Fanny‹ verbirgt sich Klopstocks Cousine Sophie Schmidt, hinter der nicht minder häufig bedichteten ›Cidli‹ steht seine spätere Ehefrau Meta Moller (vgl. I Kaiser K, 283ff.).

Neben die Liebesoden treten zahlreiche Loblieder auf Gemeinschaft und Gesellikeit, die nicht selten durch wirkliche Freundschaftserfahrungen inspiriert werden. Eine besonders enge Beziehung verknüpfte den jungen Klopstock mit den Autoren der seit 1744 existierenden, von Zachariae und Rabener gegründeten »Neuen Beiträge zum Vergnügen des Verstandes und Witzes«, den sogenannnten »Bremer Beiträgern«. Zu nennen wären hier vornehmlich Johann Dietrich Giseke und Johann Arnold Ebert, denen jeweils einzelne Oden zugeeignet sind; auch Bodmer gilt eine Widmungsode, die 1750 in Zürich entstand, wo sich der junge Autor auf Einladung seines um 26 Jahre älteren Mentors einige Wochen lang aufhielt. Für Klopstocks poetologische Orientierung besitzt das Bündnis mit den »Bremer Beiträgern« programmatischen Charakter, vertraten diese doch einen dezidiert antigottschedianischen Kurs, der die Abkehr von der schulmeisterlich-pedantischen Regelpoetik ebenso einschloß wie die Bewunderung für die (von Gottsched wenig geschätzten) Engländer Shakespeare und Milton, deren kraftvoll-mitreißenden Stil sie bewunderten. Hier konnte sich Klopstock in seinen eigenen Auffassungen bestätigt fühlen, hier fand er die nötige Unterstützung für seinen Versuch, die Möglichkeiten lyrischen Sprechens auf eine neue Lehre von der poetischen Inspiration zu gründen, die ihrerseits die dichtungstheoretische Systematik Gottscheds zugunsten einer stärkeren Akzentuierung der nicht regelhaften ästhetischen Formkräfte des Einzelnen in den Hintergrund treten ließ.

Daß Klopstock wiederum von Gottsched in der vierten Auflage der *Critischen Dichtkunst* (1751) als neubarocker Schwulstdichter abqualifiziert wurde, mag angesichts solcher Allianzen nicht überraschen (vgl. I Kaiser K, 157f.). Die »Lohensteinische Schule« sei, so heißt es, noch nicht ausgestorben, vielmehr hätten Hallers *Alpen* und Klopstocks *Messias* ihr zu irritierendem Aufschwung verholfen; als Dritter gehört Ewald Christian von Kleist mit seiner Ode *Der Frühling* (1749) laut Gottsched zum Bund der ›Schwülstigen‹ (I Gottsched CD, 285). Christoph Otto Freiherr von Schönaich, der getreue Gefolgsmann des Leipzigers, fügt dem drei Jahre später eine dezidierte Klopstock-Kritik hinzu, die den Geniekult der *Messias*-Enthusiasten verspottet und den vermeintlich hermetischen Stil des Autors angreift: »Ein jeder Dichter ist Schöpfer; nicht von Narrenpossen: nein! er ist wirklich ein Schöpfer, unter dessen Hand aus Nichts etwas wird; aus Unsinn Wörter; aus Wörtern Räthsel.« (III Schönaich, 9). Die polemischen Attacken Gottscheds und der von ihm bestellten Kritiker verraten manches über die schwindende Urteilskraft des früheren ›Praeceptor Germaniae‹, der, was sich seinem eigenen Lehrsystem entzog, in fortgeschrittenem Alter rasch abqualifizierte und unter Schwulstverdacht stellte. Allein der Umstand, daß Klopstock an ein christlich geprägtes Dichterselbstverständnis älterer Traditionen anknüpfte und gelegentlich die Neigung zu bibelpoetisch eingefärbtem, bildhaft sich entfaltendem religiösem Pathos kultivierte, genügte, um Gottscheds Urteil zu zementieren und die Auffassung zu stützen, in seinem Werk erwache der von ihm so heftig bekämpfte ›Tumorstil‹ des 17. Jahrhunderts zu neuem Leben.

## Der Zürchersee

Den Höhepunkt der **Freundschaftslieder** Klopstocks bildet die berühmte, 1750 entstandene Ode *Der Zürchersee*. Ihr Ausgangspunkt ist ein Gemeinschaftserlebnis, das seinerseits den Charakter einer ästhetisch geprägten Selbstinszenierung literarisch gebildeter Enthusiasten trägt (vgl III Sauder, in: Arnold Hg., 59f.). Im Sommer 1750 war Klopstock auf Einladung Bodmers nach Zürich gereist. Das Verhältnis zu dem 26 Jahre älteren Förderer, der begeistert auf die Publikation der ersten drei Gesänge des *Messias* reagiert und in ihnen das Musterbeispiel für eine deutschsprachige Epik aus dem Geist Miltons erkannt hatte, gestaltete sich jedoch schwierig und keineswegs spannungsfrei, weil Bodmer von seinem Gast die Einhaltung der eigenen strikten Arbeits- und Tageseinteilung verlangte, Klopstock aber der Sinn eher nach geselligem Vergnügen und regem Austausch stand. Bereits wenige Tage nach seiner Ankunft Ende Juli erhielt der Autor durch eine Schar junger Leute die Einladung zu einer Bootsfahrt auf dem Zürchersee, die Gelegenheit zu mancherlei Unterhaltung bieten, nicht zuletzt aber den würdigen Rahmen für eine Huldigung des *Messias*-Dichters bilden sollte, der in der Schweiz ebenso wie in Deutschland bereits eine feste Verehrergemeinde besaß.

Am 30. Juli 1750 fand die Fahrt statt; in einem Brief an Johann Christoph Schmidt berichtet Klopstock wenige Tage später: »Die Gesellschaft bestand aus sechzehn Personen, halb Frauenzimmer. Hier ist es Mode, daß die Mädchens die Mannspersonen ausschweifend selten sprechen, und sich nur untereinander Visiten geben. Man schmeichelte mir, ich hätte das Wunder einer so außerordentlichen Gesellschaft zu Wege gebracht. Wir fuhren Morgens um fünf Uhr auf einem der größten Schiffe des Sees aus. Der See ist unvergleichlich eben, hat grünlich helles Wasser, beide Gestade bestehen aus hohen Weingebirgen, die mit Landgütern und Lusthäusern ganz voll besäet sind. Wo sich der See wendet, sieht man eine Lange Reihe Alpen gegen sich, die recht in den Himmel hineingränzen. Ich habe noch niemals eine so durchgehends schöne Aussicht gesehen.« (III Klopstock HKA, Abt. Briefe, Bd. I, 130). Zum Genuß der Natur tritt jener der Poesie. Klopstock trägt den begeisterten Zuhörern aus dem noch unveröffentlichten vierten und fünften *Mes-*

*sias*-Gesang vor, rezitiert aus Kleists *Frühling* und den Oden Hagedorns; gegenwärtig ist aber auch die Dichtung Hallers, dessen Lieder man gleichfalls anstimmt. Von vornherein scheint damit die Unmittelbarkeit der Landschaftserfahrung in eine literarische Ebene gehoben. Man versichert sich, während man die Natur erlebt, sogleich der Möglichkeiten einer poetischen Bewältigung gesteigerter Wirklichkeitserfahrung; der Genuß des Schönen ist a priori ein literarisch reflektierter.

Klopstocks Ode *Der Zürchersee* entstand nur wenige Tage nach diesem Brief zu Beginn des Monats August. Sie ist Ausdruck des Dankes an die den Dichter feiernde Gesellschaft, nicht zuletzt an ihren führenden Kopf, den Zürcher Arzt und Gelegenheitspoeten Johann Caspar Hirzel. In ihr bekundet sich zugleich der Versuch, das Erlebnis der gemeinsamen Bootsfahrt zu einem allgemeinen Lob der Lebensfreude umzuschmelzen. Die verschiedenen Themen der Ode – Landschaftserfahrung, Erotik, Geselligkeit, Naturgenuß, dichterischer Enthusiasmus – werden durch den Oberbegriff der ›Freude‹ zusammengehalten, der das Band darstellt, welches die divergierenden Sujets und Topoi verknüpft. Von der Repertoirestilistik anakreontischer Gesänge unterscheidet sich Klopstocks Ode vornehmlich durch die freiere künstlerische Gestaltung, die kunstvolle Technik literarischer Selbstreflexion und die stärkere Intensität des lyrischen Tons (vgl. I Kaiser AStD, 45).

Die Ode besteht aus 19 Strophen zu vier paarig geordneten Versen (II Klopstock AW, 53f.). Das metrische Schema entspricht dem Grundmuster der asklepiadeischen Odenstrophe, das auf den griechischen Dichter Asklepiades (3. Jh. v. Chr) zurückgeht (Komplemente bilden das alkäische, nach Alkaios, und das sapphische, nach der Dichterin Sappho benannte Odenmaß); zu ihm gehören der fünfhebige Vers, bestehend aus Trochäen und ihm folgenden Jamben mit einem Hebungsprall in der Mitte sowie zwei verkürzte dreihebige Schlußverse (zur Form III Staiger KI, 50f.). Die 19 Strophen unterliegen einer stimmig gegliederten Ordnung: Die erste bis dritte bilden die Exposition mit einem Lob der Landschaft und der Freude, die sie spendet; die folgenden vier Strophen (bis zur siebenten) nehmen einzelne Ansichten der Landschaft in den Blick und folgen damit auch Stationen der Bootsfahrt (wobei, wie die sechste Strophe zeigt, die Erfahrung der Natur sogleich durch literarische Reminiszenzen gestützt wird). Die achte bis zwölfte Strophe beschreiben Liebe und Weingenuß als Quellen der immer wieder besungenen Freude; mit der dreizehnten Strophe setzt das Schlußthema ein, die Reflexion über die Unsterblichkeit, die ihrerseits in den verbleibenden Strophen auf die bisherigen Leitmotive – Freundschaft, Liebe, Poesie – zurückbezogen wird.

Die Ode lebt aus dem Prinzip einer ständigen Steigerung, die Form und Inhalt gleichermaßen bestimmt (vgl. Sauder, in: III Richter Hg., 228–239). Schon in der ersten Strophe tritt dieses Grundmuster hervor:

> Schön ist, Mutter Natur, deiner Erfindung Pracht
> Auf die Fluren verstreut, schöner ein froh Gesicht
> Das den großen Gedanken
> Deiner Schöpfung noch Einmal denkt. (v. 1f.).

Charakteristisch ist hier die Form des absoluten Komparativs, der sein Tertium comparationis nicht explizit nennt und sich derart bereits dem Superlativ nähert; Klopstock verwendet ihn ähnlich auch in der dritten, fünften, zehnten, elften und fünfzehnten Strophe, besonders prägnant hier: »Ach du machst das Gefühl siegend, es steigt durch dich / Jede blühende Brust schöner, und bebender, / Lauter redet die Liebe / Nun entzauberter Mund durch dich!« (v. 37f.).

Eingebunden bleibt dieses Prinzip der Steigerung in den Tenor des Freudengesangs, den die Ode anstimmt. Sämtliche der weltlichen Genußerfahrungen, die der Dichter beschreibt, finden ihre Quelle in jener Freude, die geradezu religiöse Dimensionen besitzt. Die siebente Strophe klingt aus mit den Versen: »Da, da kamest du, Freude! / Volles Maßes auf uns herab.« (v. 27f.). Wenig später heißt es ähnlich: »Göttin Freude! du selbst! dich, wir empfinden dich! / Ja, du warest es selbst, Schwester der Menschlichkeit, / Deiner Unschuld Gespielin, / Die sich über uns ganz ergoß!« (v. 29f.). Die Metaphorik des Sich-Ergießens gemahnt an die religiöse Sphäre, die hier stets mit im Spiel zu sein scheint. Wie eine höhere himmlische Macht kommt die Freude über die jugendlichen Enthusiasten, ohne daß sie bewußt und willentlich herbeigeführt werden könnte. Sie ist nicht nur das Leitmotiv, dem die von der Ode beschriebenen Glückserfahrungen unterzuordnen wären, sondern auch Antrieb und Inspirationsquelle des Dichters selbst, der im Zeichen der ›Göttin Freude‹ seine Ode anstimmt, Vergangenheit und Gegenwart, wirkliche Erfahrung und deren literarische Reflexion miteinander verknüpfend.

Spätestens hier wird sichtbar, an welchen Punkten sich die kunstvolle Organisation der Ode von den schlichteren Gesängen der Anakreontiker unterscheidet. Indem die Freude als Gegenstand und Quelle des Gedichts gleichermaßen zu Gesicht kommt, finden Thema und Form zu einem funktionalen Gleichgewicht: ›Freude‹ scheint der Begriff, der den Erlebnissen und Stimmungen, die die Ode beschreibt, am besten gerecht wird, ›Freude‹ ist aber auch auf der Ebene der poetischen Selbstreflexion des Textes gegenwärtig als Ausgangspunkt dichterischer Inspiration und literarischen Enthusiasmus. Wenn die 13. Strophe die Hoffnung ausspricht, daß den Dichter einestags »des Ruhms lockender Silberton« (v. 49) erreiche und er die »Unsterblichkeit« (v. 50) erlange, so verdeutlicht das diesen Zusammenhang auf beredte Weise. Im gesteigerten Augenblick empfindsamer Freundschaft und harmonischer Geselligkeit scheint die Zeit stillgestellt und eine Existenz jenseits aller Vergänglichkeit erreicht; wer das Leben genießt, heißt es, sei der Ewigkeit »Nicht unwürdig« (v. 64). Im Akt der Poesis wiederum wird diese nur vorübergehende Ahnung der Unsterblichkeit – das Produkt emphatisch erhöhten Naturgenusses – auf die ästhetische Ebene gehoben. Das Gedicht erweist sich somit als Versuch, die notwendig flüchtige Erfahrung der Freude festzuhalten und in der Sprache seiner Form dauerhaft zu machen. Empfindsamkeit und Gemeinschaft, Freundschaftserleben und Landschaftswahrnehmung werden derart kenntlich als Aspekte der gesteigerten Selbstreflexion des Menschen, deren Quelle die Freude, deren Medium die literarische Inszenierung ist.

### Das Landleben

Die eigentümliche Verknüpfung von Erfahrungsbezug und poetischem Darstellungsprozeß bestimmt auch, wenngleich auf anderer Ebene, Klopstocks *Frühlingsfeyer*. Die berühmte Hymne erschien im Jahr 1759 separat und ohne Titel im »Nordischen Aufseher«, wo Klopstock zur selben Zeit mehrere seiner Oden und Hymnen veröffentlichte; 1771 publizierte der Autor das Gedicht unverändert unter dem Titel *Das Landleben* innerhalb einer Sammlung seiner Oden und Elegien und ließ parallel dazu eine geringfügig abweichende Fassung erscheinen, die er *Frühlingsfeyer* nannte. Die Grundlage der folgenden Interpretationsskizze bildet die künstlerisch gewagtere, nach allgemeiner Ansicht originellere *Landleben*-Fassung von 1771, die textidentisch mit der Erstausgabe von 1759 ist (III Klopstock AW, 88f., zur Gattungsgeschichte III Gabriel, bes. 39ff.).

Die Hymne gliedert sich in 30 reimlose Strophen von ungleichmäßiger Länge in freien Rhythmen. Satzbrüche, Inversionen, harte parataktische Fügungen, ungewöhnliche syntaktische Konstruktionen (etwa die Anapher, die Variation am Satzanfang), mehrfach wiederholte Interjektionen und Parallelismen bestimmen das Gedicht und verleihen ihm eine für diese Zeit durchaus unkonventionelle formale Gestalt (die spätere Fassung bietet hier eine rhythmisch angepaßte Struktur, indem sie kürzere Verse zu längeren zusammenzieht). Erst der junge Goethe und Hölderlin werden es wagen, diese Neuerungen Klopstocks auf der Basis freier Rhythmisierung und asymmetrischen Strophenbaus fortzuführen. Ungewöhnlich wirkt auch das anhaltende Pathos der lyrischen Selbstaussprache und die damit verbundene Konsequenz der einheitlichen sublimen Stilhaltung, die nirgends unterlaufen wird. Klopstocks Hymne empfängt durch die strenge Gravität der Diktion, eine Vielzahl bibelpoetischer Anleihen (nachzuweisen sind mehr als zehn freie Adaptionen vorwiegend alttestamentarischer Schriftstellen; vgl. Ketelsen, in: III Richter Hg., 248) und die Intensität eindringlicher Fragen, Interjektionen und Satzwiederholungen ihren besonderen Charakter. Das lyrische Sprechen scheint hier gesteigert zum Gebet des gottsuchenden Menschen, der inmitten eines gewaltig über ihn hereinbrechenden Gewitters zu erhöhtem religiösem Vertrauen und christlicher Zuversicht findet (vgl. I Kaiser K, 299f.).

Die Gliederung der Hymne gehorcht einer durchaus linearen Chronologie, die ihrerseits auf (immer wieder durch die religiöse Reflexion unterbrochene) Naturwahrnehmungen des lyrischen Subjekts zurückzuführen ist. Am Beginn (Strophe 1–3) findet sich eine nähere Charakterisierung des poetischen Vorsatzes, der das Ich leitet: Gott soll durch seine Werke gepriesen werden (wobei sogleich die Ergänzung folgt, daß nicht die Vielzahl der Welten, sondern allein die Erde im Mittelpunkt dieser Lobrede zu stehen habe). Die Strophen 4–8 gelten der Frage nach dem Status des Menschen inmitten eines schier unermeßlich weiten Kosmos und dem Problem seiner Unsterblichkeit; reflektiert wird die Situation nach der (von Nietzsche so genannten) kopernikanischen »Selbstverkleinerung« (III Nietzsche, Bd. II, 893) des Individuums, die Konsequenz seiner Vertreibung aus dem Mittelpunkt des Kosmos, seine Rolle als, wie es heißt, »Tropfen am Eimer« (v. 8) des großen Weltozeans (ein biblisches Bild aus Jesaja 40,15) und die damit verknüpfte Frage nach seiner Bestimmung angesichts der Vielzahl kosmischer Welten: »Wer sind die tausendmal tausend, / Die myriadenmal hundert tausend, / Die den Tropfen bewohnen? / Und bewohnten? / Wer bin ich?« (v. 20f.). Die folgenden Strophen (8–15) reflektieren die Ängste des von der Weite der Schöpfung erschütterten, um die Unsterblichkeit seiner Seele besorgten Gläubigen, der zwischen religiösem Enthusiasmus in Anbetracht der erhabenen Majestät des Kosmos und furchtsamer Skepsis aufgrund seiner eigenen Nichtigkeit zerrissen scheint. Immer deutlicher gerät die Hymne in die Zone des

Gebets, dessen poetischer Stil an den Davidspsalmen orientiert bleibt: »Umwunden, wieder von Palmen umwunden / Ist meine Harfe! / Ich singe dem Herrn!« (v. 56f.). Das Muster solcher Ausrufe und ihrer religiös motivierten poetischen Wirkungsabsicht bilden hier die Psalmen 4, 6 und 12, in denen Davids Gesänge als Lieder zu einem Saiteninstrument ausgewiesen werden.

Mit der 16. Strophe gerät die unmittelbare Wahrnehmung der Natur in den Mittelpunkt der Hymne (schon deren Exposition könnte sich als Reflex einer Himmelsbetrachtung lesen lassen, ohne daß der Bezug jedoch explizit hervortritt). Beschrieben werden Lüfte, Rauschen des Windes, Anschwellen eines Stroms, Verdunkelung des Lichts, schließlich Blitz und Donner; in die schwüle Wärme eines morgendlichen Frühlingstags (v. 72f.) bricht ein gewaltiges Gewitter, dessen bedrohliche Wirkung im folgenden näher charakterisiert wird. Ab der 24. Strophe tritt die spirituelle Dimension wieder stärker in den Mittelpunkt. Donner und Blitz gelten jetzt als Zeichen des Gottes Jehovah, der in bestimmten Naturelementen zur Erscheinung kommt: »Seht ihr den neuen Zeugen des Nahen, / seht ihr den fliegenden Blitz? / Hört ihr, hoch in den Wolken, den Donner des Herrn? / Er ruft Jehovah!« (v. 116f.). Das Gewitter erweist sich jedoch nicht als Strafgericht eines zürnenden, sondern als Offenbarung des in seiner Allmacht milde gestimmten Gottes. Am Schluß steht denn auch der Regenbogen als Sinnbild des Friedens, der dem lyrischen Ich innere Ruhe und neues Vertrauen in seine fürsorglich durch Gott garantierte Unsterblichkeit verschafft: »Siehe«, so die Schlußstrophe, »nun kömmt Jehovah nicht mehr im Wetter! / Im stillen, sanften Säuseln / Kömmt Jehovah! / Und unter ihm neigt sich der Bogen des Friedens.« (v. 131f.).

Der Gedanke, daß Gott sich in bestimmten Naturerscheinungen offenbare, entspricht durchaus orthodoxen Vorstellungsinhalten und darf keineswegs als Zeichen einer pantheistischen Weltsicht mißverstanden werden. Gewitter, Blitz, Wolken, Feuer und Regenbogen gelten gemäß den alttestamentarisch-mosaischen Überlieferungen als Theophanie-Symbole, als Sinnbilder des Erscheinens Gottes in seiner Schöpfung. Es ist bezeichnend, daß die Hymne ihre Darstellung des Gewitters mit spirituellen Aspekten verbindet und derart die theologische Fundierung von Klopstocks Naturästhetik demonstriert (vgl. Ketelsen, in: III Richter Hg., 248f.). In der Vorrede zur Erstausgabe warnt der Autor vor einer allein auf die äußeren Erscheinungen gerichteten poetischen Wirklichkeitsbetrachtung:

> Mich deucht es sollte sich niemand rühmen, daß er die Freuden des Landlebens kenne (...), wer nicht, durch den Anblick der Natur, (...) zu Betrachtungen über *Den*, der dieß alles, und wie viel mehr noch! gemacht hat, erhoben wird. Dann erst ist der Schatten recht kühl (...) wenn die ruhige und schönere Seele als jenes alles ist, auf diesen Stufen zu dem allgütigen Vater der Schöpfung emporsteigt. (III Klopstock OE, 20f.).

Trotz solcher spirituellen Bezüge wäre es falsch, in Klopstocks Hymne einzig das Zeugnis poetischen Gottesdienstes nach dem Muster physikotheologisch geprägter Naturdichtung zu sehen. Zwar erscheinen deren prominenteste Topoi auch hier – Kosmologie und kopernikanischer Schock, Erfahrung des Erhabenen und Selbstzweifel des Individuums, Gotteslob als Preislied auf die Schöpfung, Theophaniesymbolik im Kontext orthodoxer Glaubensinhalte –, doch hat sie Klopstock durch seine gefühlsinnige, gemeinhin als ›empfindsam‹ bezeichnete Sprache und eine damit verbundene lyrische Intensität des religiösen Bekenntnisses an entscheidenden Punkten neu gestaltet (vgl. III Richter, 131f.). Gegenüber Haller und Brockes rücken jetzt die subjektive Dimension, das persönliche Gotteserlebnis und die affektive Disposition des Glaubensakts selbst in den Vordergrund (man mag hier Reflexe eines nicht verbindlich zu bestimmenden pietistischen Einflusses erkennen; vgl. generell I Kaiser, 123ff.). Besonders markant tritt der empfindsame Aspekt der religiösen Reflexion dort zutage, wo das lyrische Ich beim Anblick eines kleinen Regenwurms Tränen der Rührung vergießen muß: »Aber, du Frühlingswürmchen, / Das grünlichgolden / Neben mir spielt, / Du lebst; / Und bist, vielleicht – / Ach, nicht unsterblich! // Ich bin herausgegangen, / Anzubeten; / Und ich weine? // Vergieb, vergieb dem Endlichen / Auch diese Thränen, O du, der seyn wird!« (v. 29ff.). Der Zweifel an der Unsterblichkeit des Wurms leitet über zur Skepsis angesichts der Unsterblichkeit des Menschen, damit auch zu einer sublimen Form der im Glaubenserlebnis aufgehobenen Selbstwahrnehmung des empfindsamen Individuums (III Gabriel, 70f.).

Ebenso ungewöhnlich wie der Umstand, daß am Ende der Hymne Naturbetrachtung in subjektiv geprägte religiöse Reflexion mündet, bleibt die formale Art und Weise, in der Klopstock die Probleme christlicher Metaphysik behandelt. Nicht die deduktive Darstellungstechnik der Lehrdichtung scheint hier dominierend, sondern ein persönlich gehaltener Bekenntniston, der den Akt der Glaubenssicherung vor dem Hintergrund der Überwindung tiefgreifender Zweifel als Produkt individuellen Gefühlserlebens auszuweisen vermag. Die veränderte Bestimmung religiös gefärbter Naturdichtung im Zeichen der Empfindsamkeit schlägt sich noch auf der Ebene der Form nieder; an den Platz starrer metrischer Regeln treten neue, bisher ungeahnte Freiheiten – ein Rhythmus, der sich dem Ausdrucksgebot anpaßt, ein Satzbau, der vom Diktat der Emotionalität beherrscht bleibt und auch die Möglichkeit grammatisch inkorrekter Fügungen einschließt. Ähnlich großzügig mit Syntax und Metrum wird erst wieder der junge Goethe verfahren. Klopstock ist hier sein würdiger Vorläufer, ein Autor, der erstmals in der Geschichte der deutschen Literatur das **Primat des persönlichen Ausdrucks** über die Regeln der Form zuzulassen scheint.

Leitend bleibt für Klopstock das (aus der antiken Rhetorik stammende) Gebot der Gemütserregung, dem die künstlerischen Mittel zu unterwerfen sind. In den 1759 publizierten »Gedanken über die Natur der Poesie« heißt es: »Das Wesen der Poesie besteht darin, daß sie, durch die Hülfe der Sprache, eine gewisse Anzahl von Gegenständen, die wir kennen, oder deren Dasein wir vermuten, von einer Seite zeigt, welche die vornehmsten Kräfte unsrer Seele in einem so hohen Grade beschäftigt, daß eine auf die andre wirkt, und dadurch die ganze Seele in Bewegung setzt.« (III Klopstock AW, 992, vgl. Krummacher, in: III v. Wiese Hg., 204f.). Klopstocks Poetik möchte solche Gemütsbewegung freilich nicht um den Preis der Ablösung von religiösen Inhalten bewirken, sondern sucht ein luzides Zusammenspiel zwischen Leidenschaft und Glauben, Affekt und Konfession, Kunst und Spiritualität herzustellen (vgl. III Große, 103f.). Insofern wäre es falsch, sie ausschließlich als Produkt der Säkularisierung und Resultat der ästhetischen Umwertung geistlicher Denkinhalte zu betrachten. Gewiß zeichnet sich in der dichterischen Legitimation des lyrischen Pathos aus dem Geist der Davidspsalmen bereits die Tendenz ab, den Akt der Poesis selbst als Produkt heiliger Inspiration zu bewerten und damit zu verselbständigen; sicherlich ist die religiöse Begeisterung zuweilen nur energetische

Quelle für einen sukzessive autonom hervortretenden Enthusiasmus, der sich beim jungen Goethe bereits ausschließlich im Feld ästhetischer Selbstreflexion entfaltet. Jedoch darf man bei Klopstock keinesfalls vergessen, daß die ursprüngliche christliche Inspiration stets ihre zentrale Bedeutung für den poetischen Schaffensakt bewahrt (I Kaiser K, 63ff.).

Diese Allianz haben bereits zeitgenössische Klopstock-Leser unterschätzt, wenn sie zumal sein lyrisches Werk als Indiz empfindsamer Affektkultur jenseits religiöser Dimensionen auffaßten (im Fall des *Messias* war das kaum möglich). Das berühmteste Beispiel für dieses produktive Mißverständnis bietet Goethes *Werther*-Roman (1774): »Wir traten an's Fenster, es donnerte abwärts und der herrliche Regen säuselte auf das Land und der erquickendste Wohlgeruch stieg in aller Fülle einer warmen Luft zu uns auf. Sie stand auf ihrem Ellenbogen gestützt und ihr Blick durchdrang die Gegend, sie sah gen Himmel und auf mich, ich sah ihr Auge thränenvoll, sie legte ihre Hand auf die meinige und sagte – Klopstock! Ich versank in dem Strome von Empfindungen, den sie in dieser Loosung über mich ausgoß. Ich ertrugs nicht, neigte mich auf ihre Hand und küßte sie unter den wonnevollsten Thränen.« (I Goethe, Bd. IV, 288f.). Werther und Lotte erweisen sich in dieser denkwürdigen Situation als enthusiastische Klopstock-Leser, die dessen *Frühlingsfeyer* – der Bezug auf das Gewitter-Motiv macht die Anspielung evident – einzig als Zeugnis empfindsamer Affektpoesie zu betrachten vermögen. Die religiösen Bedeutungsaspekte sind im Prozeß der Rezeption, wie er sich hier innerhalb einer fiktiven Szene, aber auf durchaus repräsentative Weise manifestiert, gegenstandslos geworden. Als Autor gesteigerter Gefühlskultur, nicht aber als Vertreter christlich gestimmter Naturästhetik scheint Klopstock bei seinen jugendlichen Verehrern fortzuleben. Die empfindsam gewordene Aufklärung liefert damit einen ersten Beitrag für ihre historische Selbstkorrektur; Klopstock, der lyrische Vorläufer des jungen Goethe, Hölderlins und Novalis', ist zugleich einer der letzten Repräsentanten der alten Epoche.

# 6. Forschungsübersicht

## Studien zum naturwissenschaftlichen Horizont der Aufklärungslyrik

Die wesentliche Leistung der neueren Forschung zur aufgeklärten Lyrik besteht darin, daß sie durch eine profunde Aufarbeitung der ihr zugrundeliegenden ideengeschichtlichen Quellen deren historischen Standort genauer als bisher zu umreißen vermochte. Zugleich gelang es derart, die Lyrik der Aufklärung vom Vorurteil zu befreien, sie repräsentiere nur das Vorläuferstadium späterer, mit Klopstock und dem jungen Goethe einsetzender Entwicklungen. Der Blick auf den intellektuellen Gehalt der Aufklärungspoesie und die von ihr gewählten Stilmittel, die die Umsetzung eines vorwiegend didaktischen Wirkungsinteresses zu garantieren hatten, schärfte zugleich das Bewußtsein dafür, daß die Maßstäbe einer am Paradigma subjektiv geprägter lyrischer Darstellungsformen orientierten Wertungstradition in diesem Fall nicht in Anschlag kommen durften. Es gehörte zu den besonderen Leistungen der Studie Gerhard Kaisers (1962), daß sie umgekehrt das Werk Klopstocks stärker als zuvor in den geistes- bzw. konfessionsgeschichtlichen Zusammenhang der Aufklärungsbewegung einordnete, um derart die genealogische Verknüpfung von Rationalismus, Neologie, Pietismus und empfindsamen Tendenzen innerhalb des literarischen Epochenspektrums unter Beweis stellen zu können (I Kaiser K).

Drei Bereiche waren es zumal, die die Forschung der letzten beiden Jahrzehnte grundlegend neu erschloß: das naturwissenschaftliche Interesse der Aufklärungslyrik, ihre konfessionell-naturphilosophisch beherrschte Weltsicht und die Entwicklung einzelner Gattungen (Anakreontik, lehrhafte Poesie). Demgegenüber blieben Fragen der stiltypologisch orientierten Formgeschichte, wie sie vor allem die Forschung der 50er und frühen 60er Jahre im Anschluß an die perspektivenreiche Studie Paul Böckmanns (II Böckmann) erörtert hatte, zweitrangig. Noch immer stehen synoptische Arbeiten aus, die die Stilentwicklung der deutschen Lyrik im Übergang von der frühen Neuzeit zur Aufklärung im Zusammenhang der ideengeschichtlichen Prozesse (und damit nicht allein unter Bezug auf das von Böckmann ausschließlich genutzte poetologische System) erörtern. Manfred Beetz (1980) hat diesbezüglich eine erste interessante Analyse vorgelegt, deren methodische Ansätze freilich fortgeführt werden müßten (III Beetz, 144f.).

Mit der naturwissenschaftlichen Themenwahl der frühaufklärerischen Lyrik befaßte sich in den 60er Jahren zunächst die angloamerikanische Forschung, die offenkundig geringere Berührungsängste gegenüber interdisziplinären Fragestellungen zu besitzen schien als die deutsche Germanistik. Walter H. Schatzberg hat in seiner 1966 abgeschlossenen, 1973 publizierten Dissertation erstmals die ungewöhnliche thematische Präsenz naturwissenschaftlicher Sujets in der Aufklärungslyrik zu demonstrieren vermocht. Die Arbeit beschreibt die methodischen Allianzen zwischen naturwissenschaftlichem Interesse und konfessioneller Perspektive, wie sie vor allem im Fall physikotheologischer Naturdichtung begegnen, erörtert die Rezeption der *new science* im Werk einzelner Autoren von Gottsched bis Wieland (einschließlich der für die Moralischen Wochenschriften bedeutsamen *poetae minores*) und systematisiert die einzelnen Sachgebiete, die in der Naturlyrik zwischen 1720 und 1760 eine Rolle spielen (Astronomie, Physik, Geologie, Botanik) (I Schatzberg, 21ff., 51ff.). Das Defizit der Arbeit Schatzbergs liegt in der Vernachlässigung der sprachlichen Darstellungsstrategien, die die Behandlung naturwissenschaftlicher Themen in der Lyrik der Aufklärung stützen. Daß sich die Literatur aufgrund der ihr eigentümlichen diskursiven Möglichkeiten zur popularisierenden Verbreitung szientifischer Sujets in besonderem Maße empfiehlt, vermochten erst spätere Arbeiten deutlicher hervorzuheben.

Es war das Verdienst der Studie Karl Richters (1972), diesen Aspekt der sprachlichen Verarbeitung bzw. Umsetzung naturwissenschaftlicher Sujets in lyrischen Texten der Aufklärung erstmals genauer untersucht zu haben. Richter erörtert nicht allein die eigentümliche Verbindung der *new science* mit dem aufklärerischen Naturbild und die Hierarchie der in den lyrischen Texten auftretenden szientifischen Themenkomplexe, sondern strebt zudem die Analyse einzelner sprachlicher Vermittlungsstrategien an, die sich im Fall naturwissenschaftlicher Sujets in auffälliger Weise aufzudrängen schienen. Richter betont erstmals die ideengeschichtliche Bedeutung erhabener Motive für die Aufklärungslyrik und deren Funktion im Kontext der Rezeption der kopernikanischen Lehren (III Richter, 135f.); er sucht die zentralen Elemente der bei Haller und Klopstock begegnenden Bildsprache zu systematisieren und stößt dabei auf bibelpoetische Traditionsbestände, zugleich aber auf die Neigung zu stilistischen Neuerungen, die dem intellektuellen Antrieb der *curiositas* zu entsprechen scheint, dem zeittypischen Interesse am Überraschenden, bisher Unbekannten (III Richter, 183ff.).

Uwe-K. Ketelsen hat in seiner wegweisenden Arbeit über die *Naturpoesie der norddeutschen Frühaufklärung* (1974) Richters zuweilen noch recht summarische formgeschichtliche Befunde am Detail nachgeprüft. Bezogen auf einen relativ überschaubaren Zeitraum und ein homogenes Textkorpus – die Naturlyrik des Hamburger Kreises um Barthold Heinrich Brockes –, gelang Ketelsen eine überzeugende Analyse der lyrischen Darstellungsstrategien frühaufklärerischer Naturpoesie – ihres beschreibenden Verfahrens (als Analogon zu den demonstrativischen Vernunftschlüssen der Wolffschen Schulphilosophie), ihrer im Preislied auf die Natur stets anklingenden Emphase des Gotteslobs, nicht zuletzt der Relikte allegorischen Stils, welcher dem physikotheologischen Vorsatz entgegenkommt, die konkrete Naturerscheinung als Sinnbild für Gottes Macht auszulegen (wobei jedoch im Gegensatz zur Barocklyrik detaillierte allegorische Bedeutungen der äußeren Phänomene nicht mehr realisiert werden, weil diese nur auf eine allgemeine spirituelle Dimension verweisen) (III Ketelsen, 168ff.; vgl. II Alt, 475f.).

Im Gegensatz zu Ketelsen, der Brockes als Vertreter einer letzthin orthodox geprägten physikotheologischen Weltsicht betrachtet, versucht Hans-Georg Kemper (1981), den Einfluß hermetischer Traditionen auf das Naturbild des Aufklärers deutlicher zu akzentuieren. Im Schatten der Verarbeitung älterer Lehren über einen festen Naturrhythmus, die Emanation spiritueller Kräfte in den Erscheinungen und den Gedanken der Möglichkeit einer Wiedergeburt der Schöpfung aus ihren ursprünglichen vier Elementen, wie er sich bereits bei Jacob Böhme entwickelt findet, gelinge es Brockes, so Kemper, die Natur in ihrem immanenten organischen Zusammenhang darzustellen, ohne dabei auf den Glauben an die Wirksamkeit geistiger Energien verzichten zu müssen (III Kemper, Bd.I, 355f.). Neuere Quellenfunde vermögen die Hypothese zu erhärten, daß Brockes hermetische Schriften in größerer Zahl studiert und in seiner Privatbibliothek gesammelt hat. Jedoch wird man die heterodoxen Unterströmungen in seinem literarischen Werk wiederum nicht überschätzen dürfen. Brockes' intellektueller Habitus bleibt, so scheint es, beherrscht durch das Vertrauen in orthodoxe Lehrmeinungen, die der Autor im Rahmen physikotheologischer Deutungsmuster so abwandelt, daß sie sich für die Verarbeitung neuer naturwissenschaftlicher Erkenntnisse zu öffnen vermögen.

Es gehört weiterhin zu den wesentlichen Aufgaben der Erforschung aufgeklärter Lyrik, die **Entwicklung des Naturbegriffs** im Übergang von der frühen Neuzeit zum Beginn des 18. Jahrhunderts möglichst umfassend zu untersuchen – die Ablösung von der nach scholastischem Denkmuster noch im 17. Jahrhundert fortlebenden Idee der *natura spiritualis*, deren Kräfte und Energien einzig geistiger Provenienz sind, und die allmähliche Hinwendung zur Vorstellung einer in den materiellen Erscheinungen sich abzeichnenden Vernunftnatur, die zwar als Werk Gottes gilt, zugleich aber die intellektuelle Souveränität des Menschen als Verstandeswesen spiegeln kann. Besonders eindrücklich tritt dieser Prozeß in der Entwicklungsgeschichte des Motivs des Erhabenen zutage, wie sie, innerhalb einer breit ausgespannten Untersuchung, von Carsten Zelle (1987) für die Zeit zwischen 1680 und 1770 rekonstruiert wurde. Der Erforschung der Aufklärungslyrik ist Zelles Arbeit vor allem deshalb förderlich, weil sie die Topoi des ›angenehmen Grauens‹, des ›delightfull Horrour‹, der erhabenen Furcht, des ›beau desordre‹ – also die lyrische Verarbeitung von beunruhigenden, disharmonischen, das Gemüt aufregenden Seherfahrungen – nicht nur im Horizont der poetologischen Begriffsgeschichte des Erhabenen untersucht, sondern jeweils auch die ideengeschichtlichen Quellen für das Hervortreten spezifischer Motive des angstbesetzten Naturerlebens erschließt. Entscheidend, so betont Zelle, sei für die Aufklärung zumindest in ihrer frühen Phase, daß die Wahrnehmung schreckerregender Erscheinungen eingebunden werde in die spirituelle Perspektive des Gottvertrauens, die noch das Entsetzliche als Produkt fürsorglicher Schöpfergüte zu deuten trachte. So gerät die Erfahrung des Erhabenen, wie sie die Lyrik der Aufklärung darstellt, zumeist zur Erfahrung der Erhebung durch die Begegnung mit der göttlich geschaffenen Natur (II Zelle, 134f., 236f.).

## Gattungsgeschichte

Weniger einem einzelnen Motiv als der Gesamtentwicklung der Gattung vom 16. bis zum 18. Jahrhundert gilt die grundlegende Lyrikgeschichte Kempers, von der seit 1987 bisher fünf Bände erschienen sind (I Kemper; der Komplex ›Aufklärung‹ in den beiden Teilbänden von Bd. V). Wesentlich für die Lyrik der Aufklärung bleibt die Einsicht in die außergewöhnliche Vielfalt **konfessioneller Interessen**, deren Einfluß auf die jeweilige Naturauffassung der Autoren Kempers Arbeit überzeugend analysiert. Sichtbar wird dabei, daß die deutsche Lyrik auch im 18. Jahrhundert noch unter der Dominanz theologisch-religiöser Perspektiven steht, die ihrerseits auf die poetische Formenwelt, die Bildwahl und das rhetorische Repertoire einwirken. Deismus und hermetische Strömungen (Brockes), skeptische Vernunftkritik bei unveränderter Ausrichtung an orthodoxen Positionen (Haller), Neologie und Pietismus (Klopstock) messen das breite Spektrum der konfessionellen Grundhaltungen aus, die entscheidenden Einfluß auch auf die poetische Landschaft der Zeit nehmen (I Kemper, Bd. V/2, 47ff., 128ff.).

Weiterhin fehlt eine vergleichbare Studie zur Geschichte der Theorie der Lyrik, die das poetologische Gattungsverständnis der Aufklärungsepoche stärker als bisher berücksichtigt. Erste Ansätze bot vor einigen Jahren ein von Walter Hinderer initiierter Sammelband (1983) zur Lyrikgeschichte zwischen Mittelalter und Moderne, dessen Einzeluntersuchungen auch die Gattungstheorie berühren, ohne aber detailliertere Analysen der aufklärerischen Lyrikdoktrin zu bieten (Große, in: III Hinderer Hg., 139f.). Klaus R. Scherpes Abhandlung zur Gattungspoetik im 18. Jahrhundert (1968) wiederum erörtert weniger die Theorie einzelner literarischer Genres als vielmehr deren funktionalen Status innerhalb des sich zwischen Aufklärung und Weimarer Klassik unter dem Einfluß neuer ästhetischer Begründungszusammenhänge tiefgreifend verändernden poetologischen Argumentationssystems (II Scherpe, 105f.).

Neben die intensivere Beschäftigung mit ideen-, wissenschafts- und konfessionsgeschichtlichen Aspekten der Aufklärungslyrik rückt in den 70er Jahren eine kleinere Zahl von grundlegenden Studien zur **Entwicklung einzelner Gattungen.**

Herbert Zemans informative Arbeit (1972) über die Geschichte der Anakreontik zwischen 17. und spätem 18. Jahrhundert erschloß der Forschung neue Gesichtspunkte jener produktiven Rezeption, unter deren Gesetz das Aufklärungszeitalter sich die Schätze traditioneller poetischer Formen aneignet (III Zeman, 140ff.); Christoph Perels (1974) ergänzte Zemans Befunde durch Hinweise auf die zeitgenössische Bewertung anakreontischer Lyrik um die Mitte des 18. Jahrhunderts (III Perels, 123f.). Heinz Schlaffers Studie (1971) über die Wirkung erotischer Dichtung in Deutschland und den gattungspoetischen Standort des Genres um 1750 vertiefte den Befund, daß die Verarbeitung älterer lyrischer Formtendenzen in der Aufklärung zumeist unter dem Aspekt der Mäßigung, Abdämpfung und disziplinierenden Rationalisierung steht: Die Umsetzung von Themen und Formen erotischer Lyrik innerhalb der aufgeklärten Anakreontik gehorcht vollständig dem Prinzip der moderaten Darstellung behaglichen Weltgenusses; nicht Ekstase, sondern vernünftige Kontemplation soll hier gepriesen werden (III Schlaffer, 173ff.).

Christoph Siegrists Arbeit über das Lehrgedicht der Aufklärung (1974), die mit ihrer souveränen analytischen Prägnanz die ältere Forschung zum Thema aufhebt, bildet vorläufig den Abschluß der hier genannten Einzelstudien. Siegrists neuer Ansatz besteht darin, daß er die didaktische Poesie der Aufklärung als ein literarisch geschlossenes, gleichwohl einer Vielzahl von sozial- und ideengeschichtlichen Einflußfaktoren unterworfenes System betrachtet, das nicht durch fremde, an der Lyrik der Genieperiode geschulte Maßstäbe bewertet, sondern einzig im Hinblick auf die es konstituierenden poetologischen Normen zeitgenössischer Dichtungstheorien angemessen erfaßt werden kann. Siegrist begnügt sich nicht mit der systematischen Ordnung des breit angelegten Themenkatalogs, den die aufgeklärte Lehrdichtung bearbeitet, unternimmt vielmehr den zusätzlichen Versuch, die diskursiven poetischen Darstellungstechniken des Genres genauer als zuvor zu untersuchen. So entsteht das eindrucksvolle Gesamtbild einer Gattung, die, lange Zeit unterschätzt, mit variantenreichen Formtypen (Ode, Epigramm, versifizierte Fabel), abwechslungsreichen Stilmustern (Allegorie, bibelpoetische Sinnbilder, mythologische Leitmotivik) und höchst unterschiedlichen Themen (Medizin, Botanik, Anthropologie, Physik, Astronomie, Naturrecht, Geschichte) aufwartet. Durch exemplarische Studien wie diese konnte sich derart auch das gewandelte Forschungsinteresse an der Aufklärungsepoche dokumentieren; nicht mehr die von Wertungskriterien beherrschte Perspektive des Vergleichs mit späteren Perioden der deutschen Literaturgeschichte prägt dieses Interesse, sondern die Bereitschaft zur vorurteilsfreien, nüchtern-systematischen Analyse einer lyrischen Formwelt, die ihren eigenen Gesetzen unterliegt (vgl. auch Leibfried, in: III Hinck Hg., 75ff.).

### Perspektiven und Desiderate

Die neuere Forschung behandelt die Lyrik der Aufklärung entweder im Rahmen von übergreifenden poetologischen oder allgemeinen ideen- bzw. mentalitätsgeschichtlichen Fragestellungen. Studien zu Geschichte der Hymne (III Gabriel, 39ff.), Poetik scherzhafter Dichtung (insbesondere lyrischer Prägung) im Gattungssystem der Aufklärung (III Schüsseler) oder über die Selbstreflexion des Dichters im Rahmen des lyrischen Gedichts (III Hinck, 36f.) berühren dabei Probleme der aufgeklärten Lyrik innerhalb größerer poetologischer Zusammenhänge. Ausschließlich dem lyrischen Genre gewidmete Arbeiten sind selten geworden; zumeist erörtert man dessen Probleme im Zusammenhang mit grundlegend-systematischen Fragestellungen, etwa der Geschichte des Erhabenen und des Häßlichen (als Element einer neuen Naturästhetik), der Wissenschaftsentwicklung, Anthropologie und Mentalitätsgeschichte. Die Integration des gattungsspezifischen Interesses in übergreifende Untersuchungsansätze zeugt, so scheint es, erneut davon, daß die neuere Forschung zur Aufklärungsliteratur entschieden interdisziplinäre Perspektiven anstrebt, um die ideengeschichtliche Dimension ihrer Gegenstände unter Beweis zu stellen.

# IV. DRAMA UND THEATER

## 1. Drama zwischen Barock und Aufklärung
### Vom Schultheater zum Kunstdrama

Stärker noch als andere Gattungen ist das Schauspiel der Aufklärung geprägt durch die literarische Entwicklung des 17. Jahrhunderts. Zum wesentlichen Faktor der theoretischen Selbstverständigung avanciert dabei das Prinzip der Kritik: das deutsche Drama, das im Gefolge Gottscheds nach annähernd 50jährigem Interregnum der Epigonen als originelle Gattungsform eigenständig hervortritt, möchte sich zumal von den problematisch gewordenen Mustern des Barockzeitalters abgrenzen. In besonderem Maße gilt das für das Trauerspiel, dessen ältere Vertreter Gryphius und Lohenstein in den aufgeklärten Poetiken vornehmlich als abschreckende Repräsentanten des überwundenen Schwulststils verhandelt werden. Die Tatsache, daß das Werk beider Autoren einen bemerkenswerten Höhepunkt in der Geschichte des deutschen Dramas markiert, findet dabei im Zuge der programmatischen Polemik keine Beachtung.

Das sogenannte **schlesische Kunstdrama**, das ab der Mitte des 17. Jahrhunderts die literarische Landschaft beherrscht, entwickelte sich aus dem jesuitischen Ordenstheater (mit seinen wesentlichen Exponenten Jacob Bidermann, Jacob Balde, Jacob Masen und Nicolaus Avancini) und dem protestantischen Schuldrama des Späthumanismus (Nicodemus Frischlin, Johann Valentin Andreae, Johann Ludwig Prasch) (vgl. IV Kindermann, Bd. III, 440ff., IV Alexander, 21ff.). Vorgebildet schienen hier vor allem Grundformen der dramatischen Struktur, die allegorische Disposition und mit ihr die Tendenz zur Präsentation sinnbildlicher Figuren, die scharfsinnige Rhetorik, die Vorliebe für Sentenzen und Stichomythien (lakonische Rededuelle), die den Dialog charakterisiert, nicht zuletzt die Ausrichtung an einer christlichen Motivwelt, die ihre Stoffe aus der Spätantike bezieht und im Drama vorwiegend konfessionelle Botschaften versteckt. Für den Jesuitenorden war das Theater wesentlich ein praktisches Instrument der Bekehrung im Prozeß der Gegenreformation (eine besonders erfolgreiche Umsetzung dieses Programms gelang 1609 mit der Münchner Aufführung von Bidermanns *Cenodoxus* (1602), die nach übereinstimmenden Quellenzeugnissen eine eindrucksvolle Zahl von Konversionen im Kreis der Zuschauer nach sich zog) (IV Kindermann, Bd. III, 443f.). Die durchweg dem protestantischen Glauben zugehörenden schlesischen Dramatiker folgten keinem unmittelbar konfessionellen Kalkül, teilten jedoch mit ihren süddeutschen Vorgängern das Interesse an geistlich-erbauenden Wirkungsintentionen, die Trauer- und Lustspielkonzeption gleichermaßen regierten.

Das humanistische Schultheater protestantischer Ausrichtung blieb wiederum bestimmt durch einen gelehrten Anspruch, der seinerseits auch die Bühnenwerke der Schlesier beherrschte. Die ausführlichen Anmerkungsapparate (Periochen) der Trauerspiele Lohensteins vor allem dokumentierten, daß Dramenkunst hier keineswegs nur Unterhaltung, sondern ebenso Belehrung durch die Rezeption von naturkundlichen Schriften der Antike, Texten der Kirchenväter, allegorischen Lexika, emblematischen Standardwerken, nicht zuletzt der Bibel anstrebte. Auf diese Weise wurden die Schauspiele des Späthumanismus zum normierenden Maßstab gelehrten Wirkungsanspruchs und eines intellektuellen Geltungsinteresses, das sich bald nicht mehr auf die Darbietung antiker Stoffe konzentrierte, sondern auch theologische und naturwissenschaftliche Quellenschriften, wie vor allem das Œuvre Lohensteins und Hallmanns zeigte, in seinen Themenkreis einbezog. Prägend wirkte zudem die (etwa bei Frischlin hervortretende) satirische Tendenz des neulateinischen Dramas, die der Komödie des Barockzeitalters mancherlei inhaltliche Anregungen verschaffte; thematisiert wurden hier wie dort verblendete Eitelkeit, Hybris fehlgeleiteten Ehrgeizes und Engstirnigkeit der Vertreter niedriger Stände (IV Hinck, 90ff., IV Hess, 320ff.).

Originalität erreichte im 17. Jahrhundert vor allem das durch Gryphius, Lohenstein und ihre (meist als epigonal eingestuften) Nachfolger Hallmann und Haugwitz repräsentierte Trauerspiel. Nur begrenzten Einfluß übte hier das Muster der attischen Tragödie aus, die zumal für die Form des aus dem Chor hervorgehenden Zwischenspiels, des Reyens, strukturprägendes Gewicht besaß (1636 legte Opitz die deutsche Übersetzung eines ihrer wichtigsten Exempel, der sophokleischen *Antigone* vor; vgl. IV Alewyn). Größere Bedeutung gewannen die Dramen Senecas, die den Schlesiern die Botschaft der stoischen Weltverachtung, die Neigung zur scharfsinnigen Dialogdiktion, nicht zuletzt die (bei Aristoteles noch kritisierten) bühnenwirksamen Greuelmotive zuspielen durften (auch hier erschien Opitz, der 1625 die *Troades* Senecas übertrug, als entscheidender programmatischer Wegbereiter).

Einflußreich wirkte zudem das Werk des niederländischen Dramatikers Jost van den Vondel, dessen Trauerspiel *De Gebroeders* Gryphius 1641, ein Jahr nach seinem Erscheinen, ins Deutsche übersetzte (vgl. IV Flemming AG, 199ff.). Mit dem Schlesier teilte Vondel die loyale Gesinnung gegenüber dem absolutistischen Staat, die Ausrichtung am Neostoizismus, wie er vornehmlich vom Leidener Universitätslehrer Justus Lipsius und seiner dem spätantiken Stoizismus eines Boethius und Seneca folgenden Abhandlung *De constantia* (1584) repräsentiert wurde, ferner die moderate protestantische Konfession, die hier wie dort irenische (zwischen den Glaubensrichtungen vermittelnde) Tendenzen nicht ausschloß (gerade in Gryphius' Dramenwerk und seinen 1666 gesammelt publizierten Trauerreden sind sie mit Händen zu greifen). Nicht zuletzt vererbte Vondel den schlesischen Autoren den Begriff ›Reyen‹, der sich seit Gryphius' *Leo Armenius* zur Charakterisierung des schon im Jesuitendrama begegnenden allegorischen Zwischenspiels – einer Mutationsstufe des antiken Chors – einbürgerte (vgl. IV Schöne, 162f.).

Für eine breitenwirksame Vermittlung dramatischer Stoffe sorgten im 17. Jahrhundert auch die englischen Komödianten, die zwischen 1590 und 1660 durch Mitteleuropa zogen, eine Vielzahl älterer Spielvorlagen (etwa Shakespeares oder Marlowes) nutzten und auf diese Weise, zumeist ohne näheren Hinweis auf die verwendeten Quellen (ein direkter Einfluß Shakespeares ist erst für das ausgehende 17. Jahrhundert nachzuweisen), ihr Publikum mit einschlägigen Dramenmustern vertraut machten. Die zumeist in Prosa gebotenen, häufig durch komische Improvisationen aufgelockerten Textvorlagen wurden zwar in der Regel nur fragmentarisch zur Aufführung gebracht, jedoch verbreiteten sich derart Kenntnisse über bühnenwirksame Theaterstoffe, die ihrerseits die Entwicklung des deutschsprachigen Dramas im Barockzeitalter förderten (IV Kindermann, Bd. III, 365ff., IV Alexander, 26ff., Mannack, in: III Glaser, 296f., IV Catholy MB, 117f., IV Asper, 6ff., IV Fischer-Lichte, 61f.).

Bedeutsam war dieser Einfluß vor allem für die **Entwicklung des deutschen Lustspiels,** das von den Vorlagen der englischen Komödianten die Narrenfigur des Pickelhering übernahm, dessen Aufgabe darin bestand, als »Verteidiger der animalisch-vegetativen Sphäre« (IV Catholy MB, 118) menschlichen Lebens und von den Disziplinierungsakten der Vernunfterziehung unberührter Vertreter naiv-schlauen Pragmatismus aufzutreten, um die Intrigen und Verstrickungen der Komödienhandlung witzig zu kommentieren. Das Arsenal der lustigen Figuren, das man im 17. Jahrhundert bereits aus den römischen Lustspielen von Terenz und Plautus kannte (*miles gloriosus* (der selbstgefällige Soldat), die Kupplerin, der wollüstige Alte, die schwatzhafte Dirne), wurde derart um eine wichtige Mittelpunktgestalt des Komödiengeschehens ergänzt (IV Fischer-Lichte, 75f.). Vergleichbare Anregungen gingen auch von der durch Wandertruppen in Deutschland seit dem Ende des 16. Jahrhunderts eingeführten commedia dell'arte aus, deren Zentralfigur, der Harlekin, freilich erst um 1700 den englischen Pickelhering zu verdrängen vermochte (IV Hinck, 65ff.). Die strukturellen Muster der italienischen Spielvorlagen wurden selten komplett übernommen, jedoch tauchten einzelne Motive und Gestalten bereits in den Schuldramen der Neulateiner (etwa bei Andreae), später auch bei Gryphius und in der Komödie Weises auf (IV Alexander, 37ff.). Nicht unproblematisch blieb das für die commedia dell'arte charakteristische Merkmal der ständeübergreifenden Handlung, das gegen die seit Opitz verbindlichen Gattungsnormen der Regelpoetik verstieß, welche das Lustspielgeschehen im Gegensatz zur von »Königlichem willen« und den Schicksalen der Großen handelnden Tragödie in der Sphäre der »gemeinen Leute« angesiedelt wissen wollte (II Opitz, 27; vgl. II Dyck, 91ff., II Fischer, 116ff.).

Die literarische Praxis freilich löste sich gern von solchen Bestimmungen, wie Gryphius' *Horribilicribrifax* (1663) und sein *Peter Squentz* (1658), aber auch die deutlich gegen die Borniertheit des Adels gerichteten satirischen Schauspiele Johann Rists (vor allem *Das Friedewünschende Teutschland*, 1647) demonstrierten. Parallel dazu zeichnete sich in den Poetiken eine gewisse Lockerung der Ständeklausel ab, die nicht zuletzt als Reaktion auf den Einfluß der italienischen Komödie zu verstehen war (IV Alexander, 113, Mannack, in: III Glaser, 300). Harsdoerffer etwa empfahl für das Lustspiel grundsätzlich den Einsatz der bekannten bürgerlichen Typenfiguren, betrachtete aber Vertreter der gehobenen Gesellschaft als komödientauglich, sofern sie nicht zum Gegenstand des satirischen Spotts gerieten, sondern in ein stimmungsvolles Liebesgeschehen mit glücklichem Ausgang verwickelt wurden: »Die andern Personen in den Freudenspielen / werden her genommen aus den Geschichten; in dem man einführet einen alten Geitzhals / einen jungen Buhler / eine freche Dirne / einen listigen Knecht / einen betrüglichen Kupler / (...) und dergleichen Leute / die in gemeinen Burgerlichen Leben zu finden. Selten betretten Könige den Schauplatz / doch werden sie von den Freudenspielen nicht ausgeschlossen / wann die Geschichte frölige Händel betreffen.« (II Harsdoerffer, II, 96f.)

## Trauerspiel des 17. Jahrhunderts

Das barocke Trauerspiel bildete seine spezifische Formgestalt zunächst in Gryphius' Œuvre aus, das wiederum durch das Vorbild Senecas, der Jesuiten (Bidermann und Caussin) sowie das Werk Vondels geprägt schien. Gryphius' Wertwelt fand im Trauerspiel ihre angemessenste künstlerische Darstellungsform: Nicht durch den tragischen Grundkonflikt widerstreitender Interessen und dessen kathartische Auflösung, sondern im Hinweis auf den stets neue Katastrophen auslösenden zerstörerischen Verlauf geschichtlichen Geschehens bekundete sich hier die zentrale Botschaft der Gattung (IV Benjamin, 242ff., IV Steinhagen, 70ff.). Das barocke Trauerspiel erhob den Anspruch, Welttheater zu sein, insofern es in konzentrierter Form die Logik des diesseitigen Verfalls, die Vergänglichkeit irdischen Glücks, die Vorläufigkeit mundaner Existenz darzustellen und derart über die Singularität des (meist aus historischen Quellen stammenden) dramatischen Stoffs hinaus exemplarische Diagnosen über den Weltzustand zu formulieren suchte. Daneben aber bot Gryphius auch Einblicke in Möglichkeiten der Erlösung aus den diesseitigen Verstrickungen des Menschen. Unter Berufung auf den stoizistischen Gedanken der durch christliche Glaubenssicherheit begründeten innerweltlichen Beständigkeit, wie sie in der Spätantike vor allem von Boethius, in der frühen Neuzeit von Lipsius entwickelt worden war, trug Gryphius seine Lehre des Weltverzichts und der Notwendigkeit unbeirrbarer innerer Festigkeit gegenüber den Verlockungen der mundanen Verhältnisse vor, deren Kraftquelle das auch durch irdisches Leid nicht zu brechende Vertrauen in die göttliche Vorsehung und die Aussicht auf eine Erlösung im Jenseits bildete. Das dramatisch dargestellte Märtyrerschicksal avancierte damit zum exemplarischen Lebenslauf des in der Beständigkeit bewährten, durch seinen Glauben unerschütterlichen Christen, dessen Leidensgeschichte die Passion Christi wiederholte (Schings, in: IV Kaiser, 35ff.).

Neben dem Typus des **Märtyrerdramas** (einen frühen Vorläufer repräsentierte Nicolaus Caussins von Gryphius selbst übersetzte *Felicitas*, 1621), das sich durch die Heiligenviten der frühchristlichen Hagiographie inspirieren ließ (mustergültig hier die *Catharina von Georgien*, 1657) entfaltete sich das **Staats-Trauerspiel**, das Inhalte aus der Welt der Politik, der Intrigen, und Kabalen darbot, die ihrerseits in besonderem Maße dazu disponiert schien, die Hinfälligkeit irdischen Glücks und die Vorläufigkeit weltlichen Ruhms unter Beweis zu stellen. Daß die Lehrstücke des Fortunawandels wiederum aufs engste mit der wirkungsorientierten Geschehensstruktur der Trauerspielgattung verknüpft waren, die der aristotelischen Poetik zufolge (1452b) durch eine von Glückswechseln (Peripetien) geprägte Handlung die Leidenschaften des Zuschauers zu erregen hat, demonstrierte exemplarisch Gryphius' *Leo Armenius* (1650). Die hier präsentierte dramatische Darstellung eines jähen Sturzes aus den Höhen der Macht und die mit ihr verbundene Illustration der Launenhaftigkeit irdischen Glücks, die den Zuschauer zu christlicher Demut und Immunisierung gegen die Verlockungen der Welt führen sollte, entsprach aufs genaueste den Bestimmungen, mit denen Opitz in der Vorrede zu seiner 1625 publizierten Übertragung von Senecas *Troades* das Trauerspiel unter Berufung auf den Stoiker Epictet als Schule der *constantia*, der innerweltlichen Festigkeit charakterisiert hatte: »Solche Beständigkeit aber wird vns durch Beschawung der Mißligkeit deß Menschlichen Lebens in den Tragödien zu förderst eingepflantzet: dañ in dem grosser Leute / gantzer Stätte vnd Länder eussersten Vntergang zum offteren schawen vnd betrachten / tragen wir zwar / wie es sich gebüret / erbarmen mit jhnen / können auch nochmals auß Wehmut die Thränen kaum zurück halten; wir lernen aber darneben auch durch stetige Besichtigung so vielen Creutzes vnd Vbels das andern begegnet ist / das vnsrige / welches vns begegnen möchte / weniger fürchten vnnd besser erdulden.« (IV Opitz, 314f.)

Nicht zuletzt war es die für das 17. Jahrhundert charakteristische, höchst eigenwillige Deutung des aristotelischen Katharsisbegriffs, die Opitz' Definition ihr besonderes Profil verlieh. Nahezu sämtliche der ihm folgenden Poetiker des Barock, namentlich Birken, Harsdoerffer, Rotth und Omeis, interpretierten, ausgehend von den Aristoteles-Kommentaren der italienischen Renaissance (Robortello, Minturno, Viperano) und des Daniel Heinsius (»De constitutione tragoediae«, 1611), die entsprechenden Bestimmungen zur Reinigung der Leidenschaften durch die Tragödie, wie sie die *Poetik* geboten hatte (1450a), als Hinweise auf einen Prozeß der Tröstung, der Affektdämpfung durch Präsentation einleuchtender Exempel schwerer Unglücksfälle (IV Schings CT, 29ff.). Die beiden aristotelischen Grundaffekte *eleos* und *phobos* (Jammer und Schauder) dienten nach diesem Konzept einzig dazu, die Botschaft der Weltverachtung einzuüben, die an den Lehrstücken des Fortunawechsels zu illustrieren war. Erschrecken sollte der Zuschauer angesichts der Übel, denen sich die dramatis personae ausgesetzt sahen, um derart die fragile, stets gefährdete Grundlage seiner eigenen Existenz besser durchschauen und sich innerlich auf die auch ihm bevorstehenden Schicksalsschläge vorbereiten zu können. ›Consolatio tragoediae‹, Tröstung durch das Trauerspiel, das den Menschen einstimmt auf die stets erwartbare Möglichkeit von Sturz und Fall, ihn abhärtet, indem es ihn mit den Leidensgeschichten der Bühnenhelden konfrontiert – das entsprach der bei Gryphius exemplarisch zutage tretenden Programmatik der Gattung, die sich hier nicht auf die Darstellung tragischer Wertkonflikte verlegte, sondern die traurige Prozeßlogik innerweltlicher Ereignisse zum Zweck der Einübung christlicher Demut vor Augen zu führen suchte (IV Schings CT, 33f.).

Daß Gryphius christliches Märtyrerdrama und politisches Trauerspiel nach dem Muster der Haupt- und Staatsaktion zusammenzuführen vermochte, deutete bereits der (vornehmlich dem zweiten Typus zuneigende) *Leo Armenius* an, der den Titelhelden als blutigen Usurpatoren und Opfer im Märtyrergestus gleichermaßen zeigte (vgl. IV Benjamin, 250f.). Noch deutlicher trat die Konvergenz in der zweiten Fassung des *Carolus Stuardus* (1663, zuerst 1657) zutage, deren Konzeption an der Märtyrerrolle des Protagonisten keinen Zweifel ließ (was wiederum Rückschlüsse auf Gryphius' Verständnis des Feudalabsolutismus als Reflex gottgewollter Ordnung gestattete), die zugleich aber auch, sich manifestierend in der Fairfax-Intrige, Handlungsfermente der Haupt- und Staatsaktion enthielt, mithin eine strukturelle Synthese zwischen beiden Dramenformen markierte (zur neueren Forschung IV Mannack, 60f., 70f.).

Das Trauerspiel Lohensteins verzichtete auf die Darstellung von Märtyrerschicksalen und bot statt dessen am Muster heidnisch-antiker Stoffe Einblicke in eine politische Intrigenwelt, die verallgemeinerbare Modellfunktionen in mehrfacher Hinsicht besaß. Zum einen sollte sie verdeutlichen, daß allein vernünftiges Handeln (in den afrikanischen Trauerspielen *Cleopatra* (1661/1680) und *Sophonisbe* (1680) exemplarisch durch die Vertreter der römischen Herrschersphäre, Augustus und Scipio, repräsentiert) dem Menschen irdisches Glück verschaffen konnte (Lohenstein stützte sich hier auf die als programmatische Handlungsanweisungen für Höflinge konzipierten *Prudentia*-Lehren seiner spanischen Gewährsleute Diego Saavedra Fajardo und Balthasar Gracián). Zugleich aber entfaltete sich in dieser undurchsichtigen Welt der Politik (besonders eindrucksvoll dargestellt in den römischen Trauerspielen *Agrippina* und *Epicharis* (1665)) auf charakteristische Weise die der Staatsklugheit entgegenstrebende Kraft der Leidenschaften, deren zerstörerische Konsequenzen Lohensteins problematische, als Negativgestalten ihrerseits in den Mittelpunkt des Geschehens rückende Frauenfiguren verdeutlichen durften (wobei der Gegensatz zu Gryphius nicht zuletzt darin bestand, daß das Innenleben auch der abschreckenden dramatis personae einer präzisen Analyse unterzogen wurde). Von den ›Machtweibern‹ – vor allem Cleopatra und Sophonisbe – geht die Verführungskraft der Affekte aus, denen die Männergestalten – Antonius und Syphax – erliegen. Der zerstörerischen Energie der Leidenschaften bleiben aber auch sie selbst unterworfen, wenn sie, nach gescheiterten (durchaus vernunftgestützen) Intrigen ihrem Leben abrupt ein Ende bereiten (grundlegend IV Asmuth L, 42ff.).

Das Weltmodell Lohensteins ist dabei keineswegs als Produkt eines gegenüber Gryphius bereits beschleunigt in Gang gekommenen Säkularisierungsprozesses aufzufassen (vgl. auch IV Schings, CP, 188f.). Hinter dem verwirrenden irdischen Geschehen steht vielmehr, so verdeutlichten die Reyen, insbesondere der *Epicharis* und der *Sophonisbe*, ein von Gott gesteuertes Verhängnis, dessen Logik dem Menschen zwar undurchsichtig, an dessen zu Harmonie und Frieden führender innerer Folgerichtigkeit freilich kein Zweifel bleiben kann (auch wenn diese Verhängnisdynamik kurzfristig, wie im Fall der *Epicharis*, die zerstörerischen Mächte zu fördern scheint) (vgl. IV Spellerberg, 43ff.). Sein besonderes Profil gewinnt Lohensteins Verhängnisgedanke, der auf Justus Lipsius' christliche Deutung des antiken Fatumbegriffs (*De constantia*) zurückweist (vgl. I Kühlmann, 133f.), durch die ihm eigentümliche Verschmelzung mit der Dimension der geschichtlichen Prophetie, wie sie der imposante Schlußreyen der *Sophonisbe* beleuchtet: das Verhängnis, so Lohensteins politische Botschaft, werde langfristig die Kräfte des sittlich Guten allein fördern und derart das Reich der Habsburger, in dessen staatlicher Ordnung der Autor die Lehre des Prudentismus mustergültig umgesetzt findet, zur Weltmacht in der Fluchtlinie der antiken Imperien (Gedanke der *translatio imperii*) emporsteigen lassen.

Im Kontrast zu Gryphius und Lohenstein wurden Hallmann und Haugwitz zumeist als epigonale Nachfolger ohne dramatische Originalität eingestuft (Spellerberg, Nachwort zu: IV Hallmann, 178ff., vgl. IV Alexander, 103f.). Solchen Akzentuierungen arbeitete bereits die Aufklärungspoetik zu, wenn sie sich ganz auf das Œuvre der beiden älteren Autoren konzentrierte, Hallmann nur am Rande beachtete und Haugwitz vollkommen ignorierte. Gegen die Angemessenheit solcher selektiven Wertungen spricht, daß die von Gryphius und Lohenstein mit je unterschiedlichen Akzentuierungen hervorgebrachte Trauerspielform auch nach 1680 fortentwickelt und verändert wurde; gerade die hier zutage tretenden Stilmischungen, die Synthesen aus diversen Quellenströmen bieten, vermitteln interessante Aufschlüsse über literarische Normen und die Perspektiven der dramatischen Gattung im ausgehenden 17. Jahrhundert.

Das **Trauerspiel Hallmanns** blieb wesentlich gekennzeichnet durch die Tendenz zur formalen Ausweitung des allegorischen Bühnenaufwands, durch die Neigung zum Gesamtkunstwerk und den Rückgriff auf Techniken des Jesuitendramas, den wiederum praktisches Wirkungskalkül und das Interesse an möglichst direkten (das hieß auch: didaktischen) Bühneneffekten gefördert haben dürfte. Hallmanns Reyen entfalteten durch musikalische Untermalung und präzise choreographische Gestaltung einen opernhaften Grundzug, der vermutlich den Vorlieben des zeitgenössischen Publikums entsprach; auch Harsdoerffer, Haugwitz und der Herzog Anton Ulrich von Braunschweig-Wolfenbüttel verfaßten allegorische Ballette, die im Rahmen von Festspielen oder Opern aufgeführt wurden. Zum einen bedeutete die unter Einsatz musikalischer Stilformen vollzogene Umwandlung des Reyens den Rückgriff auf ältere Traditionen des antiken Chors, zum anderen zeichneten sich hier manieristische Vorlieben ab, die in der artifiziellen Kombination heterogener Stilmittel zur Entfaltung gelangten. Den Gesamtkunstwerkcharakter, der bei Hallmann zumal durch das Zusammenspiel von Wort und Musik entstand, unterstützten auch die bildhaften Einlagen, wie sie etwa die *Mariamne* (1670) bestimmten; auf die Bühne gelangten allegorische Darstellungen der dramatischen Konflikte, die, im Rahmen stummer Szenen, das Geschehen zu illustrieren hatten. Abweichend von Gryphius und Lohenstein, im Rekurs auf ältere Muster des Jesuitendramas, vollzog Hallmann keine strenge Trennung zwischen Reyen und Akt, ließ vielmehr allegorische Personen unmittelbar in die dramatische Aktion eingreifen und umgekehrt natürliche Figuren das bunte Treiben der Zwischenspiele bereichern. Daß Hallmann an möglichst handfester theatralischer Wirkung interessiert war, zeigten seine ausführlichen Regieanweisungen, die detailliert Schauplatz, Licht und Requisiten zu beschreiben suchten (vgl. IV Emrich, 200f.).

Epigonalität demonstrierte Hallmanns Trauerspiel weniger im Bereich seiner Formensprache, die gleichsam die Summe des allegorischen Zeitalters bildete, als vielmehr im dramatischen Grundgehalt, wo eigentümliche Synthesen verschiedenster Wirkungskonzepte begegneten (vgl. Spellerberg, in: IV Strelka Hg., 496ff.). Einerseits traten Bezüge zum Märtyrerdrama der Jesuiten und Gryphius' hervor (in besonders reiner Adaption dokumentierte sie die *Sophia*, 1671), andererseits orientierte sich Hallmann an den durch Lohenstein vertrauten Lehren der Staatsklugheit, wenn er, etwa im Finale der *Mariamne*, die Botschaft der *constantia*, die das tapfere Sterben der Titelheldin exemplifizierte, um den Hinweis auf die imperiale Macht Habsburgs und deren befriedende Wirkung ergänzte. Der Einzelfall der vorbildlichen Märtyrerin und die aus ihm ableitbare Lehre der Weltverachtung verknüpfte sich derart mit der politischen Doktrin des Prudentismus, die im Reich Kaiser Leopolds den Gedanken staatskluger Interessenharmonie mustergültig verwirklicht fand.

Noch charakteristischer schienen die synthetischen Tendenzen im Werk von *Haugwitz*, wo sie zugleich den Zerfall einer einheitlichen Gesamtkonzeption mit sich brachten (kritisch IV Benjamin, 243, IV Schöne, 119f). Sein 1683 vollendetes Trauerspiel *Soliman* folgte über vier Akte dem Grundmuster der Türkendramen Lohensteins (*Ibrahim Bassa*, 1653; *Ibrahim Sultan*, 1673) und führte einen launischen, zu Gewalttätigkeit neigenden Tyrannen vor, der, jeglicher Staatsvernunft abhold, einzig seinen Leidenschaften gehorchte, ehe dann der Schlußakt einen überraschenden Lernprozeß in Szene setzte, der den Protagonisten in die Rolle des verzeihenden, einsichtsvollen Herrschers wachsen ließ. An den Platz der tragischen Katastrophe, wie sie bei den älteren Autoren zumeist durch den Untergang der tugendhaften Heldenfiguren und die damit verbundene Lehre der Besinnung auf den christlichen Erlösungsgedanken oder die übergreifende Logik göttlich gelenkten Verhängnisses umgesetzt wurde, rückten damit der Gedanke der Interessenvermittlung und die Idee der Fürstenerziehung. Hatten Hallmanns Tyrannengestalten (zumal der Titelheld im *Theodoricus* (1666), Henricus in der *Catharina* (1684) und Alphonsus in der *Liberata* (1700)) erst angesichts der geisterhaften Erscheinungen ihrer toten Opfer Reue an den Tag gelegt, so vollzog sich dieser Läuterungsprozeß bei Haugwitz zu einem Zeitpunkt, da er noch praktische Folgen nach sich ziehen und die Katastrophe verhindern helfen konnte. Die pädagogische Perspektive, die hinter dieser dramaturgischen Modifikation stand, schloß freilich eine Entschärfung des Trauerspielgeschehens ein, wie sie sich zur selben Zeit ebenso im Werk Christian Weises abzeichnete. Mit der erzieherischen Programmatik, die Haugwitz' *Soliman* bestimmte, verband sich auch die Abkehr von der metaphysischen Orientierung des schlesischen Kunstdramas. Weder das Prinzip der christlichen Erlösung noch der Gedanke eines finalistisch das Weltgeschehen steuernden göttlichen Verhängnisses, vielmehr das Ideal der durch Erfahrung gestützten Lernfähigkeit des Herrschers bildete am Ende das Zentrum der von Haugwitz vermittelten tragischen Lektion.

### Entwicklung des Lustspiels

Die deutsche Barockkomödie, formal weniger originell als das Trauerspiel, auf höherem Niveau nur durch Werke von Gryphius, Weise und Christian Reuter repräsentiert (Mannack, in: III Glaser, 296), bildete zwei verschiedene Gattungstypen aus. Vorherrschend blieb das derb-satirische Muster in der Tradition des älteren Rüpelspiels, die *Bauern- und Handwerkerkomödie*, die mit grobem Scherz selten sparte und vornehmlich darauf abzielte, menschliche Torheit, Eitelkeit und bornierte Anmaßung der Subalternen zu decouvrieren. Exemplarisch entsprachen dieser Form Gryphius' *Peter Squentz*, der, nach einer Vorlage der englischen Komödianten gearbeitet, ursprünglich auf Shakespeares *A Midsummer Night's Dream* zurückging, und die beiden *Schlampampe*-Dramen Christian Reuters (1695, 1696), in denen deftige Züge, mit ihnen die satirischen Attacken gegen menschliche Dummheit und Verblendung dominierten (IV Alexander, 113f.).

Der zweite Formtypus folgte hingegen dem **Muster der commedia dell'arte** und ihrer Tendenz zur Gesellschaftsgrenzen überschreitenden Darstellung des gesamten sozialen Spektrums. Hier traten die derb-komischen Elemente in den Hintergrund, statt dessen dominierten Liebes- und Intrigenhandlungen, deren Verwicklungen zumeist in einem harmonischen Schlußtableau mit einer vollzogenen oder in Aussicht genommenen Heirat aufgelöst wurden. Diesen Formtypus repräsentierte in künstlerisch gelungener Weise Gryphius' Lustspiel *Verlibtes Gespenste / Die gelibte Dornrose* (1660), das nach dem Muster der italienischen Komödie eine ständeübergreifende Perspektive wahrte, indem es die Liebeshandlung im Zusammenhang eines kompliziert ineinandergefügten Mischdramas auf zwei sich wechselseitig spiegelnden sozialen Ebenen ansiedelte (Kaiser, in: IV Kaiser, 275ff., IV Catholy MB, 149ff.). Durch den Verzicht auf die gängige satirische Denunziation der subalternen Figuren und die Tendenz, den zumeist eindimensional als Typen charakterisierten Komödiengestalten psychische Erlebnisnuancen und individuellere Empfindungen zuzugestehen, vollzog Gryphius' Drama jedoch auf subtile Weise eine Distanzierung von den Mustern des älteren Barocklustspiels (IV Catholy MB, 154). Bereits der *Horribilicribrifax. Teutsch* zeichnete sich durch eine recht eigenwillige Handlungsführung aus, die mit dem vornehm geborenen Cleander eine sozial höherrangige Figur ins Spiel brachte, welche nicht nur, wie der König im *Peter Squentz*, das Geschehen aus übergreifender Perspektive souverän kommentieren durfte, sondern unmittelbar in die Ereignisse verwickelt wurde. Wenn Cleander am Ende, dem Vorbild der polternden Offiziere und des eitlen Schulmeisters Sempronius folgend, in den Stand der Ehe tritt, so zeugt das davon, daß die versöhnende Kraft des Gefühls jenseits aller Statusdifferenzen zur Wirkung kommen darf. Das harmonische Schlußtableau, das Figuren verschiedener Gesellschaftsschichten zusammenführte, beschwor jedoch keineswegs die Idee der Aufhebung sozialer Grenzen, sondern ließ sich als Vision einer friedlichen Weltordnung verstehen, die, vor dem Hintergrund des nicht weit zurückliegenden Kriegsendes, als Ausdruck göttlichen Willens gewertet werden sollte (vgl. Kaiser, in: IV Kaiser Hg., 226f., IV Mannack, 84f.).

Ähnlich wie das Trauerspiel blieb auch die Komödie des 17. Jahrhunderts auf ein metaphysisches Wertsystem bezogen, dessen Wirkungsmächte zwar nicht allegorisch figuriert, aber doch im Horizont des Geschehens gegenwärtig gehalten wurden. Hinter der satirischen Perspektive, durch welche die (vermeintliche) Torheit der niedrigen Stände und die Eitelkeit fehlgeleiteten Ehrgeizes vor Augen treten konnten, verbarg sich das Vertrauen in die gottgewollte soziale Ordnung, deren hierarchische Struktur vom Komödiengeschehen nicht in Frage gestellt, vielmehr bestätigt werden sollte (exemplarisch neben dem *Peter Squentz* hier Weises *Bäurischer Machiavellus*, 1681). Blieb es Sache der Bauern- und Handwerker-Lustspiele, die Notwendigkeit fester gesellschaftlicher Abgrenzungen einzuschärfen, so fiel es der (seltener vertretenen) Komödie italienischen Typs zu, vermittelt über die Darbietung einer verwickelten Liebeshandlung und deren Lösung im Heiratsschluß, eine Harmonisierung der unterschiedlichen Figureninteressen herbeizuführen, die am Ende auf das Walten göttlicher Vorsehung und die kluge Regie des himmlischen Souveräns verweisen sollte (neben Gryphius' *Verlibtem Gespenst* sind als Zeugnisse des in Deutschland nur zurückhaltend auftretenden Einflusses der italienischen Komödie zumal die zwischen 1665 und 1667 anonym publizierten, bisweilen Kaspar Stieler zugeschriebenen *Rudolstätter Festspiele – Der vermeinte Printz, Die erfreute Unschuldt, Der betrogene Betrug –* zu nennen) (IV Hinck, 130ff., IV Alexander, 121).

Zu den beliebtesten **Topoi der Barockkomödie** gehört das Motiv des Rollenspiels, wie es, besonders charakteristisch, Christian Weise in der *Verkehrten Welt* (1683) und im *Wunderlichen Schau-Spiel vom Niederländischen Bauer* (1685) vorführt. Unter zwei Gesichtspunkten scheint das Thema geeignet, Rückschlüsse auf das hier sich artikulierende Wirklichkeitsverständnis zu gewinnen. Zum einen treten im Rollenspiel Scheincharakter und Vorläufigkeit der irdischen Welt in besonderem Maße zutage. Das Leben ist stets, dem im gesamten 17. Jahrhundert prominenten

Topos gemäß, *Theatrum mundi*, ein Ort, an dem jeder nur als Akteur figuriert, der durch einen Kleidertausch und geringfügige Veränderungen des äußeren Habitus seine Position im großen Welttreiben verändern kann (I Barner, 102ff., ferner IV Schöne, 221f., IV Schings CT, 51f.). Andererseits bezeichnet der stets provisorische Charakter des Rollenwechsels, der in der irdischen Ordnung des Scheins erfolgreich, vor der allein gültigen göttlichen Urteilsinstanz aber als vergeblicher Versuch der Negation der jedem verliehenen festen Bestimmung durchschaubar ist, daß die gesellschaftliche Hierarchie dort, wo es um die letzten Wahrheiten geht, zweitrangig bleibt. Die metaphysische Botschaft des Komödienmotivs lautete damit ähnlich wie die Lehre, die das Trauerspiel aus dem beliebten Thema des Fortunawechsels zu ziehen wußte: irdische Güter sind nichtig, weltliche Konstellationen Schein, weil einzig zählt, was jenseits der äußeren Ordnung der Dinge Gewicht hat – die (nur dem Tugendhaften versprochene) Erlösung von den Widrigkeiten der mundanen Verhältnisse (vgl. Kaiser, in: IV Kaiser Hg., 261, IV Schlienger, 291f., IV Asmuth G, 86, 91). Es ist diese transzendente Komponente, die die Barockkomödie (zumindest in ihrer durch Gryphius repräsentierten Formvariante) maßgeblich von den heiteren Lehrstücken des Vernunftnutzens unterscheidet, welche die Aufklärung zum idealen Muster der Gattung erklären wird.

### Barocke Schulbühne

Das Barockdrama blieb in seiner Wirkung nicht auf die Lektüre beschränkt, sondern erfuhr zumal in der zweiten Hälfte des 17. Jahrhunderts eine Bühnenrezeption, deren Aspekte erst relativ spät erforscht wurden (IV Flemming GB, IV Eggers, 24ff., I Barner, 291f., IV Alexander, 173f.). Im Mittelpunkt stand dabei das Schultheater der Stadt Breslau, das ab 1640 nahezu sämtliche der bedeutenden zeitgenössischen Dramen, vor allem Trauerspiele, zur Aufführung brachte. Herausragenden Rang besaß das Elisabethgymnasium, dessen zwischen 1631 und 1669 amtierender Rektor Elias Major den Theaterbetrieb entschieden förderte; später öffnete sich auch die erst 1643 in den Gymnasialstatus erhobene Magdalenenschule der Bühnenpraxis und ergänzte die fast jährlichen Inszenierungen Majors um eigene Aufführungen (IV Eggers, 24).

Die Aufgabe des Schultheaters, dessen Tradition bis ins späte Mittelalter zurückreicht, bestand bei den Humanisten des 16. Jahrhunderts wesentlich darin, Kenntnisse über die Antike auf spielerische Weise zu vermitteln, die Biographien einzelner Autoren in Szene zu setzen und mit der griechisch-römischen Welt vertraut zu machen, indem es Stoffe aus Mythologie und Geschichte im Rahmen von Spielhandlungen anschaulich darbot. Auch biblische Themen, Heiligenviten des frühen Christentums und Überlieferungen der Kirchenväter waren als Grundlage eines Schulactus willkommen (I Barner, 302ff.). Die süddeutschen Jesuitengymnasien führten die humanistische Tradition, die bereits Luther zu schätzen wußte, seit dem ausgehenden 16. Jahrhundert in eigener Weise fort, konzentrierten sich zumal auf christliche Stoffe und verknüpften mit ihnen die Intention der erbaulichen Wirkung zum Zweck der Glaubenssicherung (grundlegend IV Szarota, 6ff., IV Wimmer 12ff.). Antike Quellen traten bei den Jesuiten zugunsten der betonten Ausrichtung auf die fromme Belehrung in den Hintergrund. Nicht nur die Stabilisierung der

Ordensfrömmigkeit bildete dabei eine Aufgabe des schulischen Theaterbetriebs, sondern auch die gegenreformatorische *propaganda fidei*, die Verbreitung und Illustration der katholischen Lehre mit dem Ziel der möglichst dauerhaften Bekehrung. Es war nur folgerichtig, daß das Jesuitendrama bevorzugt auf die Darstellung der Viten von Ketzern, Abtrünnigen, von Lutheranern und Calvinisten (IV Alexander, 78) zurückgriff, um an abschreckenden Exempeln die Notwendigkeit der Rückwendung zum rechten Glauben zu demonstrieren (Valentin, in: III Glaser Hg., 202f.).

Bereits das humanistische Schultheater hatte, um ermüdende Wiederholungseffekte zu vermeiden, regelmäßig neue Spielvorlagen hervorgebracht, die bisweilen auch in schriftlicher Form überliefert wurden. Im Vordergrund stand hier die Intention der möglichst anschaulichen Vermittlung des Unterrichtsstoffs und die den Lernprozeß fördernde Illustration abstrakter Themen der philologisch-antiquarischen Disziplinen. Das Jesuitendrama, reicher an szenisch komplexen Darbietungsformen, opulenter in der Wahl der (oft allegorischen) Stilmittel, zeigte sich demgegenüber künstlerisch ambitionierter und stärker um theatralische Effekte bemüht. In beiden Fällen galt die Aufmerksamkeit neben dem Interesse an einer möglichst prägnanten Bühnenwirkung auch den Lernfortschritten der aus dem Schülerkreis stammenden Darsteller selbst, die durch die auf verschiedenen Ebenen stattfindende Auseinandersetzung mit dem Rollentext ihre rhetorischen Fertigkeiten üben sollten. Verbesserung der Sprachsicherheit durch Konfrontation mit einer Vielzahl von Stilmitteln, Schulung des Gedächtnisses (*memoria*) und der Vorführungstechnik (*actio*, *pronuntiatio*) zählten zu den Aufgaben, die das Schultheater im humanistischen wie jesuitischen Unterrichtsbetrieb zu erfüllen hatte (I Barner, 306, IV Zeller, 28f.).

Geht man von den Standards vor allem der jesuitischen Schulbühnen aus, so war es keineswegs ungewöhnlich, daß die Breslauer Gymnasien ab 1640, nicht zuletzt aus Mangel an eigenen Vorlagen, verstärkt die Kunstdramen der schlesischen Autoren zur Aufführung brachten. In Ergänzung der im engeren Sinne der Unterweisung dienenden Schulactus, die weiterhin zum regelmäßigen Repertoire gehörten, inszenierte das Elisabethgymnasium unter der Verantwortung von Elias Major zahlreiche der bedeutenden Werke zeitgenössischer Dramatiker: 1648 Rists satirisches Schauspiel *Irenaromachia*, 1651 Opitz' *Judith*, 1652 Vondels *De Gebroeders* in Gryphius' Übersetzung, 1658 Caussins *Felicitas* (ebenfalls nach der Gryphschen Fassung), 1660 Gryphius' *Papinian*, 1661 Lohensteins *Cleopatra* und 1666 dessen (keineswegs ganz jugendfreie) römische Trauerspiele; 1669 versuchte sich das Magdalenengymnasium an Lohensteins *Sophonisbe* (IV Eggers, 27).

Komödien fanden seltener Aufnahme ins Breslauer Repertoire, weil ihr didaktischer Nutzen begrenzter, der bisweilen drastische Sprachduktus bedenklich, die Liebeshandlungen für Schüler aus moralischen Gründen ungeeignet schienen. Ab der Mitte der 60er Jahre führte man jedoch des öfteren komische Festspiele vor, die zumeist aus der Feder Hallmanns stammten: *Die triumphierende Keuschheit* und *Pastorella Fida* wurden 1666 gezeigt, drei Jahre später folgte *Antiochus und Stratonica*. Auch Hallmanns Trauerspiele kamen zur Aufführung, 1671 seine *Sophia*, mehr als zwei Jahrzehnte später die *Catharina*. Die weit ausladende, an Schauplatzwechseln reiche Handlungsführung dieser Dramen, nicht zuletzt der gewaltige Bühnenaufwand, den ihre opulenten Reyen und Balletteinlagen erforderten, überschritten jedoch die technischen Möglichkeiten des Breslauer Schultheaters (IV Eggers,

28). Mit den Hallmann-Aufführungen der 70er Jahre neigte sich die zeitgenössische Wirkungsgeschichte des schlesischen Kunstdramas bereits ihrem Ende zu. Der gymnasiale Theaterbetrieb wendete sich ab 1680 verstärkt der bewährten Gattung des Schulactus zu, der fortan die Werke von Gryphius und Lohenstein aus dem Repertoire verdrängte. Dieser Entwicklungsprozeß entsprach dem Bedeutungsverlust, der dem Drama in den beiden letzten Dekaden des 17. Jahrhunderts generell widerfuhr. Die Publikation deutschsprachiger Trauer- und Lustspiele ging seit 1690 merklich zurück. Hallmann und Haugwitz, die Nachlaßverwalter der durch ihre berühmteren Vorgänger entwickelten Dramentradition, vermochten dieser Tendenz keine Werke von originellem Format entgegenzusetzen. Die Krise der dramatischen Gattung schien unaufhaltsam; sie dauerte, recht betrachtet, bis zum Beginn der 30er Jahre des 18. Jahrhunderts an.

Seit 1686 wirkte **Christian Gryphius,** der Sohn des ›schlesischen Sophokles‹ als Rektor des Breslauer Magdalenengymnasiums. In seiner Amtszeit gelangte der Schulactus zu neuer Blüte, während der Einfluß des Kunstdramas auf den Theaterbetrieb deutlich abnahm. Die Distanz gegenüber den Werken der schlesischen Barockautoren begründete er 1696 im Rahmen eines Schauspiels, das die Geschichte der Tragödie darstellte; dort erklärte Martin Opitz als fiktiver Kronzeuge der neueren literarischen Entwicklung: »Liebes Breslau, ich bin versichert, wenn deine Einwohner itzt eine Cleopatra, eine Sophonisbe, einen Papinian oder Leo Armenius hören sollten, wie wohl vor diesem ehemals geschehen, die Zeit würde ihnen allzu lang und die Weile gar zu verdrießlich werden, weil niemand mehr etwas Rechtschaffenes sehen oder hören will, sondern nur kurz eingerichtete Possen verlangt (...)« (zit. nach IV Eggers, 30). Einerseits schwang in diesen Sätzen Skepsis gegenüber gewandeltem Publikumsgeschmack und gesteigertem Unterhaltungsbedürfnis der Zuschauer mit, andererseits unterstützte der Breslauer Rektor den hier beklagten Wertwandel selbst, indem er sich auf die Darbietung von Unterrichtsstoffen beschränkte, an der Entwicklung eigenständiger dramatischer Formen jedoch kein Interesse zeigte. Den für den Gymnasialalltag schreibenden Autoren – Gryphius' Werk trug dabei exemplarische Züge – fehlte offenkundig die Bereitschaft (oder die künstlerische Fähigkeit), die Muster, die ihnen die ältere Generation überliefert hatte, auf originelle Weise umzugestalten; statt dessen griff man auf Modelle des Schultheaters zurück, deren ästhetischer Anspruch hinter die Ausrichtung am pragmatischen Nutzen zurücktrat.

Zwischen 1690 und 1706 legte Gryphius acht deutsche sowie elf lateinische Schulactus vor, deren szenischer Aufbau denkbar einfach blieb. Die Texte verstanden sich als Spielvorlagen, die eine möglichst anschauliche Darbietung von Schulwissen zu gewähren suchten; dramatische Verwicklungen, kathartische Wirkungsprozesse, Wertkonflikte, allegorische Formmuster mit prinzipiellem Deutungsanspruch oder scharfsinnige Rededuelle suchte man hier vergebens. Bisweilen, so in seinem ersten Schulactus über die Entwicklungsgeschichte der deutschen Sprache (1690), setzte Gryphius Personifikationen abstrakter Begriffe ein, um seinen Zuschauern derart neue Perspektiven zu eröffnen und einen gleichsam spielerischen Einblick in komplexe philologische Sachverhalte zu verschaffen. Im genannten Drama traten Zeit, Gelehrsamkeit und Geschichte auf, ließen anhand prägnanter Stationen die Historie der deutschen Sprache Revue passieren und transportierten derart Wissen über Prozesse, deren Bedeutung im Rahmen des üblichen Unterrichtsbetriebs nur abstrakt hätte vermittelt werden können. Nach ähnlichem Muster entstanden in rascher Folge Schuldramen über Rätsel und Fabeln (1692), die Form und Geschichte der Tragödie (1696), die Komödie (1698) und die Gattung der Oper (IV Eggers, 35f.).

Daß die zumeist spannungsarme Gattung des Schuldramas den Verzicht auf kunstvollere szenische Techniken nicht ausschließen mußte, illustrierte das Werk **Christian Weises**, das im Übergang zwischen Barock und Aufklärung anzusiedeln ist (vgl. I Barner, 215ff.). Seit dem Jahr 1678 stand Weise dem Gymnasium in Zittau als Rektor voran. Er versah diese Funktion bis zu seinem Tod im Jahr 1708 und entfaltete in den drei Dekaden seiner Amtstätigkeit vielseitige Aktivitäten, die der Organisation des Schulbetriebs, dem rhetorischen Lehrsystem und nicht zuletzt der Bühnenarbeit galten. Da Weise das überlieferte Stückrepertoire weder für Zwecke der religiösen Erbauung noch zur Vermittlung einzelner Stoffgebiete tauglich schien, übernahm er es selbst, neue Vorlagen auf der Grundlage freier Erfindungen zu erarbeiten. In der Ankündigung seiner Komödie *Curieuser Körbelmacher* (1705) erläuterte er seine Wirkungsabsichten durch den sehr allgemeinen Hinweis auf den pädagogischen Nutzen des Bühnenspiels: »Wo die Jugend in einer guten Stadt wohl aufwachsen kan / daß man durchgehends an der EDUCATION / sonderlich an der nöthigen INFORMATION keinen Fleiß zu sparen pfleget / da mögen sich die getreuen Eltern aus vielfältigen Ursachen hertzlich GRATULIREN / wenn zu gewissen Zeiten etwas von THEATRALISCHEN Ubungen (...) mit unterlauffen mag (...)« (IV Weise SW, Bd. XV, 99) Mit großer Sorgfalt achtete der Rektor, wie er in der Vorrede zu einer 1690 publizierten Dramensammlung anmerkte, auf eine schlüssige Reihenfolge der über das Jahr verteilten Inszenierungen, die zu garantieren hatte, daß dem Publikum »erstlich etwas Geistliches aus der Bibel / darnach was Politisches aus einer curiösen Historie / letztlich ein freyes Gedichte« präsentiert wurde (nach I Barner, 213). Daß sich hinter diesen Bestimmungen die Gattungstypen des biblischen Dramas, des (im 17. Jahrhundert meist durch geschichtliche Stoffe gespeisten) Trauerspiels und der (lockeren Inventionsregeln folgenden) Komödie verbergen, steht außer Zweifel.

Trotz der entschiedenen Objektivität, mit der Weise den von ihm angeführten Gattungsformen je gleiches Gewicht innerhalb seines Repertoires verlieh, traten beim Schulautor im Laufe der Jahre deutliche Geschmacksvorlieben an den Tag, die die Komödie in den Mittelpunkt der Produktion rückten, den Einfluß des Trauerspiels aber weitgehend zurückdrängten. Unter den dreißig gedruckt vorliegenden Bühnenwerken Weises besaßen die Lustspiele den größten Anteil, während – neben sechs biblischen Dramen und fünf gattungstechnisch nicht näher festgelegten Schauspielen bzw. Tragikomödien – allein zwei Trauerspiele auftauchten. Zu bedenken ist zwar, daß die publizierten Werke nach Weises eigener Aussage nur annähernd ein Viertel seiner gesamten Bühnenproduktion ausmachten (IV Weise SW, Bd. XV, 101), jedoch dürfte die Auswahl einzelner Vorlagen für die Veröffentlichung von persönlichen Geschmacksneigungen geprägt worden sein, die in diesem Fall deutliche Akzentsetzungen zugunsten des Lustspiels verrieten.

In der Vorrede zum *Zittauischen Theater* (1683), einer ersten kleineren Sammlung seiner Schuldramen, bemerkt Weise, daß das »Menschliche Leben an sich selbst einer immerwährenden Comödie vergliechen« (IV Weise M, 6) werde, so daß es statthaft sei, das bunte Treiben des Lebens im Bühnenlustspiel modellhaft wiederzugeben. Die Vorstellung vom *Theatrum mundi*, die man im 17. Jahrhundert gern auch, anders akzentuierend, als Sinnbild trauriger Weltverhältnisse auslegte, avanciert hier zur Allegorie einer in ihren Grundzügen komödiantischen *conditio humana*, deren Regeln der Dramatiker nur dann angemessen erfaßt, wenn er auf das Themen- und Stilrepertoire des Lustspiels zurückgreift. In Weises Bühnenpraxis zeitigt diese Auffassung unmittelbare Folgen, sorgt sie doch dafür, daß auch tragische Stoffe immer wieder durch witzige Einlagen – Harlekinszenen, Kommentare des Pickelhering, Rüpelspiele nach dem Muster der englischen Komödianten – aufgelockert, damit aber zugleich dramaturgisch entschärft werden. In der Vorrede zum *Fall des Frantzösischen Marschalls von Biron* (1693), der eine charakteristische Haupt- und Staatsaktion mit tragischer Grundtendenz vorführt (ohne dabei als ›Trauerspiel‹ ausgewiesen zu sein), entschuldigt sich Weise für sein düsteres Sujet mit dem Hinweis auf die witzigen Intermezzi, die das Geschehen durchziehen: »Weil die MATERIE an sich selbst etwas ersthafftig ist; so hat allerhand kurtzweil (...) müssen eingemischet werden / welches man doch gar leicht auslassen könte.« (IV Weise SW, Bd. III, 183).

Betrachtet man die Struktur von Weises Dramen, so fallen präzise Abgrenzungen zwischen den einzelnen Gattungstypen oftmals schwer. In der Vorrede zur 1684 vollendeten Bühnenfassung von John Barclays *Argenis*-Roman, den Opitz 1626 ins Deutsche übersetzt hatte, verwendet Weise die Begriffe ›Drama‹ und ›Komödie‹ im ständigen Wechsel (IV Weise SW, Bd. I, 377); der *König Wentzel* (1686) heißt im Untertitel »Misculance, von der alsogenannten Tragoediae und Comoediae«, repräsentiert mithin nach der Ansicht seines Autors ein ›Mischspiel‹, wie es auch die Jesuiten, zumeist unter der Gattungsbezeichnung der ›Tragicomoedia‹, kennen (grundlegend IV Guthke TG, 14f.). Formale Synthesen, gemäß der Ankündigung der *Biron*-Vorrede primär ein Produkt des auf Unterhaltung abzielenden Wirkungsinteresses, durchziehen zahlreiche Dramen Weises und sorgen für einen häufig heterogenen Gesamteindruck, der sich aus der Vermischung unterschiedlicher Stilebenen herschreibt.

Charakteristisch tritt diese Tendenz im *Masaniello* zutage, der, auf dem Titelblatt der Erstausgabe von 1683 als »Trauer=Spiel« bezeichnet, gleichwohl mit komischen Einlagen durchsetzt ist. Die Haupthandlung des breit angelegten Dramas zeigt, bezogen auf eine historische Begebenheit des Jahres 1647, den vom Fischer Masaniello angeführten Aufstand des neapolitanischen Volkes gegen die Repräsentanten der spanischen Fremdherrschaft und deren rücksichtslose, ausbeuterische Politik, den glückenden Umsturz mit dem ihm folgenden, in Anarchie mündenden Zusammenbruch des Staates, die Hybris der nunmehr selbst diktatorischen Rebellen, die Ermordung ihres Anführers durch neapolitanische Edelleute und die anschließende Konsolidierung des alten Machtgefüges. Die Darstellung der Haupt- und Staatsaktion wird immer wieder unterbrochen durch komische Szenen, in denen der respektlos-spöttische Allegro, der Diener des spanischen Herzogs Rhoderigo, die schwankenden politischen Verhältnisse auf witzige Weise illustriert, indem er in verschiedene Rollen und Kostümierungen schlüpft, um derart den rasanten Wechsel der sozialen Machtkonstellationen sinnfällig werden zu lassen (dazu IV Burger, 91f., Martini, Nachwort zu: IV Weise M, 206f., IV Zeller, 193f.).

Weises Tendenz zur Synthese verschiedener Gattungselemente, die stilistische Extreme meiden möchte, entspricht auf inhaltlicher Ebene eine moderate Programmatik der praktischen Weltklugheit. Weder Gryphius' Ideal der stoischen Beständigkeit noch Lohensteins hochfliegende Visionen des Prudentismus, sondern pragmatische Vernunftorientierung und realistisches Zweckdenken stehen hier im Vordergrund. Weises Sympathie gilt im *Masaniello* den verständigen Vertretern des Adels, die aus den Ereignissen ihre Schlüsse gezogen haben und die (als erstrebenswert betrachtete) Stabilisierung der feudalen Gesellschaftsordnung fortan auf eine Politik des vernünftigen Maßes gründen werden, wie es der Herzog Matelone in Aussicht stellt: »Ich freue mich über einen so gewünschten Ausgang. Noch viel mehr aber danck ich dem Gelücke / daß der Adel noch nicht gantz vertilget ist / und daß wir ins künfftige bessere Consilia fassen können solches Unheil zu verhütten.« (IV Weise M, 174 (V, 24)). Mit ähnlichen Hinweisen auf die »Klugheit« als »MAGNET-Nadel« und die »Tugend« als »POLAR-Stern« menschlichen Handelns empfiehlt sich der Epilogus in Weises erstem veröffentlichten Trauerspiel *Der gestürtzte Marggraff von Ancre* (1681) seinem »Durchl. Landes-Vater«, dem er Ratgeber wünscht, deren politisches Handeln durch die Prinzipien der moralischen Vernunft geleitet wird (IV Weise GW, Bd. I, 151).

Pragmatische Lehren dieser Art lassen metaphysische Aspekte in Weises Weltbild zurücktreten. Weder die Lustspiele, die sich auf die Darstellung der gängigen Typen des europäischen Theaters, auf die Charakterisierung menschlicher Torheit und Eitelkeit (vor allem der niederen Stände) verlegen, noch die Tragikomödien berühren Fragen der christlichen Transzendenz. Die konservativen politischen Ordnungsvorstellungen, denen Weises Gesellschaftsverständnis folgt, bedürfen keiner Absicherung durch Hinweise auf die göttliche Vorsehung, sondern bleiben in einem Weltbild fundiert, dessen christliche Grundzüge sich vor allem im Ideal des moralisch orientierten Vernunfthandelns abzeichnen. Daß dieses Konzept nicht selbstverständlich zu erfüllen war, demonstrierte bereits Weises fraglos gelungenste Komödie, sein *Bäurischer Machiavellu*s (1681), indem sie, am Beispiel der Verhältnisse in einem fiktiven Dorf namens ›Querlequitsch‹, Anmaßung, Dummheit und Rücksichtslosigkeit als entscheidende Elemente menschlicher Charakterdisposition vor Augen führte und derart eine illusionslose Bestätigung der machiavellistischen Diagnosen über den egoistischen Machttrieb des Einzelnen lieferte (vgl. IV Alexander, 124).

Weises Distanz zu Problemen der christlichen Metaphysik, die sein gesamtes Werk bestimmt, äußert sich, vermittelt freilich, auch in der Struktur der Dramen. Dem immanenten Charakter seiner Weltsicht entspricht der Verzicht auf jene allegorischen Gestalten, die bei Gryphius und Lohenstein im Reyen das Bühnengeschehen spirituell überhöhend zu deuten pflegten. Zwar operiert Weise weiterhin mit der Technik des Prologs, die zumal Lohenstein und Hallmann schätzen, doch erfüllt sie zumeist nur die rhetorische Funktion der Einstimmung ins Geschehen jenseits interpretatorischer Ambitionen (die einzig in den Vorspielen des *Gestürtzten Marggraff von Ancre* und des *Bäurischen Machiavellus* noch zutage treten) (vgl. IV Zeller, 211f., II Alt, 319f.). Fremd bleibt Weise, der ein glänzender Theoretiker der scharfsinnigen Redekunst ist (I Barner, 185f., I Grimm, 242), die Neigung zur sentenziösen Dialogdiktion, wie sie bei den Schlesiern dominiert (IV Emrich, 214). Auch hier mag man die Tendenz zur Vermeidung antithetischer Zuspitzungen und inhaltlicher Extreme reflektiert finden, die sich deutlich genug in Weises abgetöntem Weltbild und seinen moderaten Klugheitslehren abzeichnet.

Im Spiegel von Weises Pragmatismus scheint der Rückgriff auf ältere Gattungsformen, denen man bereits im späthumanistischen und jesuitischen Schultheater begegnet, durchaus verständlich. Die ausgleichenden Botschaften der politischen Klugheit, die, geschult noch an Saavedra Fajardos und Graciáns Prudentismus, nunmehr auch als allgemeingültiges Konzept für menschliches Handeln jenseits der höfischen Sphäre gelten sollen, ließen sich zweckmäßig vor allem durch solche Gattungen vermitteln, deren Form ihrerseits Gegensätze zu verknüpfen vermochte, indem sie Tragisches und Komisches amalgamierte. Deutlich tritt die Neigung zur Synthese zumal dort zutage, wo sich Weises Drama als Spiegel der ganzen Gesellschaft, nicht nur einzelner Gruppen versteht. Die ausladenden Personenverzeichnisse, die gewiß auch dem Umstand geschuldet waren, daß die Schüler möglichst zahlreich am Bühnenspiel beteiligt werden sollten, legten vornehmlich Zeugnis von der Intention ab, das gesamte gesellschaftliche Spektrum jenseits der restriktiven Normen der älteren Gattungspoetik in denkbar großer Breite auf der Bühne zu erfassen (IV Zeller, 110f.).

Das Œuvre Weises blieb der symptomatische Höhepunkt einer Übergangsperiode, in der keine originellen Dramenkonzeptionen entstanden: ein Höhepunkt, weil Weises technische Vielfalt und die Versatilität seiner Synthesen von keinem anderen Autor der Zeit um 1700 erreicht wurde; symptomatisch, weil sein Werk in einer für die Epoche typischen Weise allein das Produkt eines Rückgriffs auf ältere Traditionen bildete und von vornherein nur bescheidenen künstlerischen Ansprüchen folgte. Weder die in Zittau sich vollziehende Erneuerung des protestantischen Schultheaters noch die durchaus regen Bühnenaktivitäten einzelner Höfe und Residenzstädte konnten die Tatsache verdecken, daß es an aktuellen Spielvorlagen fehlte, die dem formalen Niveau des älteren schlesischen Kunstdramas hätten entsprechen können.

## Verfall des Dramas um 1700

Auf sehr einprägsame Weise spiegelte sich die **Krise der voraufklärerischen Dramatik** in der zeitgenössischen Theaterszenerie. Bis weit ins 18. Jahrhundert hinein blieben im deutschen Sprachbereich die Wandertruppen dominierend, die sich nach dem Vorbild der englischen Komödianten formiert hatten. Ihren Vorgängern entsprechend, die seit dem Beginn des 17. Jahrhunderts mit dramatischen Vorlagen von Shakespeare, Marlowe, Thomas Kydd und Thomas Dekker durch Deutschland zogen, bedienten sie sich oftmals tragischer Stoffe, die sie mit lustigen Szenen auflockerten (IV Kindermann, Bd. III, 351ff., 400ff.). Die verwendeten dramatischen Muster, die nicht nur auf Vorlagen der Engländer zurückgingen, sondern ebenso von Gryphius und Lohenstein stammten, waren in den Spielfassungen der Wandertruppen bisweilen kaum noch kenntlich. Verfremdet durch verschlungene Überlieferungsprozesse, zerstückt durch ausgedehnte Pickelheringsszenen, bildeten sie oft bizarre Fragmente, die ihre ursprüngliche dramaturgische Form vollständig eingebüßt hatten. Auf ähnliche Weise verfuhren die in Österreich beheimateten, vom Geschmack der italienischen Komödie beeinflußten Truppen; das Typenrepertoire der commedia dell'arte wurde auch hier zumeist genutzt, um ernsthafte Vorlagen mit komischen Figuren und derb-witzigen Szenen anzureichern. Zu besonderer Beliebtheit brachte es dabei Joseph Anton Stranitzky, der, Darsteller und Autor zugleich, seit 1706 für das Wiener Theater eine Vielzahl von Spieltexten erarbeitete, die, gestützt auf locker verknüpfte Handlungselemente nach dem Muster der barocken Haupt- und Staatsaktion, tragische Stoffe mit komischen Intermezzi und für Improvisation offenen Einlagen versetzten. Stranitzky selbst übernahm den Part des Hanswurst, der, oftmals mit drastischem Witz, das dramatische Geschehen zu kommentieren, bisweilen sogar unmittelbar in die Ereignisse einzugreifen pflegte (IV Kindermann, Bd. III, 559ff., IV Heitner, 3ff., IV Asper, 34ff.).

Es versteht sich, daß die **Wandertruppen** die Auswahl ihrer Repertoirestücke ganz an handfesten theatralischen Wirkungsabsichten orientierten. Die synthetische Struktur, die die bunt gemischten Bühnenbearbeitungen kennzeichnete, entsprach dabei durchaus der auch im niveauvolleren Schultheater zu beobachtenden Tendenz zur Verknüpfung der dramatischen Gattungen. War es hier das didaktische Kalkül, das die Konvergenz zwischen Trauer- und Lustspiel förderte, so blieb dort die Ausrichtung am Publikumsgeschmack leitend. Die Wandertruppen mochten, so scheint es, ihren Zuschauern einen unverwässerten tragischen Stoff nicht zumuten und griffen daher auf zuweilen ausufernde, witzig-burleske Intermezzi zurück, die mit den Typenfiguren der englischen Komödianten und des italienischen Theaters bestritten wurden. Unübersehbar blieb in beiden Fällen, daß das deutschsprachige Drama um 1700 annähernd zur Bedeutungslosigkeit herabgesunken war; originelle Vorlagen zeitgenössischer Autoren standen weder den Theatertruppen noch den Schulleuten zur Verfügung. Das galt für die Komödie, die sich wesentlich auf die Nachahmung von Mustern der commedia dell'arte beschränkte, und in besonderem Maße für die Tragödie, die zwischen 1700 und 1730 innerhalb des literarischen Gattungsspektrums kaum eine Rolle spielte. Auf der anderen Seite war zu verzeichnen, daß die Theaterpraktiker am Beginn des 18. Jahrhunderts den schlesischen Dramatikern und ihren Nachfolgern ein bemerkenswertes Desinteresse entgegenbrachten. Selbst die unterhaltsamsten Bühnenvorlagen der älteren Barockautoren wurden von den Schauspielgesellschaften nicht ins Repertoire übernommen; weder Gryphius' *Peter Squentz* noch die *Schlampampe*-Lustspiele Reuters erlebten nach 1700 eine intensive Wirkungsgeschichte (IV Alexander, 180).

**Stehende Bühnen** beschränkten sich bis weit ins 18. Jahrhundert hinein zumeist auf Opernaufführungen und Ballettinszenierungen, deren opulente Prachtentfaltung nicht nur das höfische Publikum der Residenzstädte, sondern auch bürgerliche Zuschauer anzog. Zentren bildeten dabei Wolfenbüttel, Hannover, Leipzig, Dresden und Hamburg, wo seit dem letzten Drittel des 17. Jahrhunderts prunkvolle Opernhäuser entstanden, die häufig mehr als 2.000 Zuschauern Platz boten, gewaltige Bühnenräume für die aufwendig gestalteten Aufführungen bereitstellten und mit ihrer imposanten Ausstattung ein Symbol höfischer Repräsentationskunst im Zeitalter des Absolutismus waren. In Wolfenbüttel förderte der Herzog Anton Ulrich den Opernbetrieb, indem er eigene Spielvorlagen beisteuerte und die Inszenierungen selbst überwachte; das 1688 erbaute Opernhaus, das an die Westseite des Schlosses grenzte, war für 2.500 Zuschauer eingerichtet und bildete ein wesentliches Zentrum der höfischen Festkultur (IV Kindermann, Bd. III, 532). Bescheidener blieben Architektur und Raummaße der 1678 eröffneten Hamburger Oper, deren Publikum sich aus Stadtadel und Bürgertum gleichermaßen zusammensetzte. Die Inszenierungen, weniger opulent gestaltet, doch konzeptionell anspruchsvoller, brachten die gesamte Vielfalt der zeitgenössischen Singspielkunst zur Geltung. Bis zum Jahr 1738 fanden hier fast 300 Opernuraufführungen (unter anderem nach der Musik von Händel und Telemann) statt, zu denen angesehene Autoren der Zeit wie Christian Heinrich Postel, Barthold Feind, Christian Hunold und Johann Ulrich König die Libretti beisteuerten (vgl. IV Steinmetz D, 21).

Dem reich entfalteten, freilich auf schwankendem Niveau angesiedelten Theaterbetrieb des frühen 18. Jahrhunderts stand eine nur schwach ausgebildete zeitgenössische Dramenkultur entgegen, die, jenseits von Opernlibretti und Tanzspielen, kaum inspirierende Vorlagen hervorzubringen wußte. Die Krise des Dramas mag auch ein Reflex jener **ideengeschichtlichen Umbruchprozesse** gewesen sein, die sich im Übergang vom Späthumanismus zur Vernunftkultur des Rationalismus vollzogen. Das Drama, angewiesen auf Wertorientierungen, deren Verbindlichkeit es im komödiantischen oder tragischen Spiel auf je unterschiedliche Weise zu illustrieren pflegte, war um 1700 keinem stabilen Ideen- und Glaubenshorizont mehr zuzuordnen, wie er im Barockzeitalter durch die Kontinuität des humanistischen Bildungsgedankens und das jenseits der konfessionalistischen Konflikte ungebrochene Fortwirken der christlichen Erlösungsmetaphysik gewährt wurde. Mit der Krise des theozentrischen Weltbildes, die sich bei Descartes bereits abzeichnete, spätestens aber im Leibnizianismus evident war, vollzog sich auch die Einbuße jener spirituellen Orientierungspunkte, die dem barocken Drama, vor allem dem Trauerspiel, innere Folgerichtigkeit und formale Geschlossenheit verschafft hatten. Der beschleunigt ablaufende Prozeß der Säkularisierung, der durch die Entwicklung der Naturwissenschaften noch vor den großen Systemversuchen des Rationalismus in Gang gekommen war, führte zur Destabilisierung des theozentrischen Weltmodells, ohne daß zunächst neue Perspektiven einen Ausweg aus der damit verbundenen Erfahrung des Verlusts verbindlicher Werte anzubieten vermochten. Vor diesem Hintergrund scheint es verständlich, daß auch die Krise des Dramas erst in dem Moment überwunden werden konnte, da sich am Beginn der Aufklärungsepoche ein neues Wertsystem etablierte, dessen praktische und ideelle Programmatik das Schauspiel, sei es in den glücklich endenden Verstrickungen der Komödie, sei es in den lehrreichen Katastrophen der Tragödie, reflektieren durfte.

## 2. Theaterreform seit Gottsched
### Bühnenpraxis zur Zeit der Frühaufklärung

In der Vorrede zu seiner 1732 publizierten Tragödie *Sterbender Cato* erinnert sich Gottsched an die Theaterlandschaft, die er 1724 nach der Flucht vor den Werbern des preußischen Königs in Leipzig vorgefunden hatte. Erste Besuche von Aufführungen der »Sächsischen Hofkomödianten« fielen für den jungen Magister der Philosophie recht unbefriedigend aus. Gottsched, der, wie er einräumt, als Schüler weder die Trauerspiele Lohensteins noch Opitz' deutsche *Antigone*-Fassung sonderlich geschätzt und trotz intensiver Auseinandersetzung mit Daciers Aristoteles-Übertragung sowie einschlägiger Theatergeschichten von Brumoy und Riccoboni keinen eigenen dramatischen Geschmack entwickelt hatte, mißfiel vor allem die Tendenz zur Stilmischung, unter deren Einfluß auch die hohe Tragödie mit improvisierten komischen Szenen verwässert wurde: »Lauter schwülstige und mit Harlekins Lustbarkeiten untermengte Haupt- und Staatsaktionen, lauter unnatürliche Romanstreiche und Liebesverwirrungen, lauter pöbelhafte Fratzen und Zoten waren dasjenige, so man daselbst zu sehen bekam.« (IV Gottsched C, 7).

Gottscheds Gefallen fand allein eine recht freie Bearbeitung von Corneilles Tragikomödie *Le Cid* (1636), die unter dem allegorisch anmutenden Titel *Der Streit zwischen Liebe und Ehre* aufgeführt worden war. Hier, so betonte er im Rückblick, sei die Wirkungskraft eines »ordentlichen«, auf festen Regeln gegründeten Schauspiels jenseits der üblichen Improvisationstechniken und »Verwirrungen« überzeugend ansichtig geworden (IV Gottsched C, 7). Die Verwendung komischer Einlagen schien jedoch, so erfuhr Gottsched von Karl Ludwig Hofmann, dem Prinzipal der Truppe, als Konzession an den Publikumsgeschmack gerade im Fall der Inszenierung klassischer Tragödien mit strenger dramatischer Bauform unumgänglich. Selbst die Komödien des Andreas Gryphius, die Gottsched dem Theaterleiter aufzuführen empfahl, galten in ihrer Originalgestalt als wenig bühnenwirksam, weil ihr intellektueller Wortwitz und die Bildfülle der Sprache offenkundig höhere Anforderungen an die Konzentration der Zuschauer stellten; die Trauerspiele des Schlesiers wiederum seien seit geraumer Zeit gänzlich aus der Mode gekommen: »Man würde solche Stücke in Versen nicht mehr sehen wollen: Zumal sie gar zu ernsthaft wären und keine lustige Person in sich hätten.« (IV Gottsched C, 7).

Erst wenige Jahre später, nachdem Karoline und Johann Neuber den als Prinzipal glücklosen Hofmann abgelöst hatten, änderte sich das künstlerische Erscheinungsbild der sächsischen Schauspieltruppe. Sukzessive setzten die neuen Leiter der Compagnie einen tiefgreifenden Wandel der theaterästhetischen Geschmacksbildung durch; er betraf die Programmgestaltung ebenso wie Sprechweise und Kostümierung der Akteure, Bühnenbild und -technik, nicht zuletzt die Wirkungsambitionen der Aufführungen. Die literarisch solide gebildete Neuberin orientierte das Repertoire stärker als zuvor an den noch kaum bekannten Dramen französischer Autoren; Corneille, Racine, Molière, Destouches, Deschampes, Voltaire, Crébillon und Pradon rückten mit ihren Werken allmählich in den Mittelpunkt der Aufmerksamkeit. Einige der schwer zugänglichen Textabschriften lieferte der Braunschweigische Hof, der seit Herzog Anton Ulrichs Regentschaft als kunstsinnig und liberal galt (IV Gottsched C, 9); damit war eine erste Voraussetzung für deutsche Übertragungen geschaffen, die von Mitgliedern der Truppe selbst, in späteren Jahren vornehmlich von Heinrich Gottfried Koch erarbeitet wurden. Die Gesellschaft debütierte mit dem *Régulus* des Nicolas Pradon, der beim Publikum, dem die steifen Alexandrinerverse und der erhabene Grundton des klassizistischen Dramas fremd sein mußten, eine überraschend wohlwollende Aufnahme fand. Es folgten Aufführungen von Corneilles *Cid* und seiner Tragödie *Cinna*, die, im Gegensatz zu früheren Darbietungen deutscher Bühnen, in unveränderter Gestalt und frei von komischen Intermezzi präsentiert wurden.

Die Inszenierungen fielen schmucklos aus, verzichteten auf witzige Improvisationen jeglicher Art und rückten den unverfälschten Text ins Zentrum des Interesses. Mit dieser **theaterästhetischen Purifizierung**, die sich dezidiert gegen die wirkungsbezogene Improvisationskunst der konventionellen Wanderbühnen richtete, ging die Einführung eines möglichst einheitlichen, pathetisch-getragenen Vortragsstils einher, der sich wesentlich auf das Skandieren der Verse konzentrierte, die Verwendung gestisch-mimischer Ausdrucksmittel jedoch, abweichend von der Praxis der an englischen Komödianten und italienischem Theater geschulten älteren Truppen, auf ein Minimum beschränkte. Das Spiel der Akteure blieb entschieden wortbezogen, hielt sich fern von artistischem Körpereinsatz (wie ihn die Harlekindarsteller liebten), beschränkte sich auf den Text untermalende Gesten und war damit weitgehend von einer Statik beherrscht, deren distanzgebietender Charakter durchaus programmatische Bedeutung besaß. Gegen die wirkungskalkulierten Attraktionen des bisherigen Theaterbetriebs sollte sich hier eine asketischere Inszenierungskunst profilieren, die, gestützt allein auf die Deklamationsfähigkeit der Schauspieler, die Bedeutungsnuancen des Textes möglichst präzis zu erschließen hatte (IV Maurer-Schmoock, 194f., Fischer-Lichte, in: IV Bender Hg., 52f.).

Im Jahr 1727 nahm Gottsched Kontakt mit Karoline Neuber auf und bot ihr eine eigene Übersetzung von Racines *Iphigenie* an. Nachdem Gottscheds Übertragung erfolgreich zur Aufführung gelangt war, steuerten, auf seine Initiative hin, Johann Friedrich von Heynitz und Adolf Bernhard Pantke, Mitglieder der Leipziger »Deutschen Gesellschaft«, eigene Übersetzungen von Schauspielen Corneilles und Racines bei. Damit war, noch ehe Gottscheds *Cato* die Entstehung weiterer deutschsprachiger Originaldramen anregte, der Neuberschen Compagnie ein ansehnliches Repertoire klassizistischer Werke verschafft worden, das die Fortführung der begonnenen Bühnenreform sicherstellte. Befriedigt konstatierte Gottsched in seiner *Cato*-Vorrede, daß die Neuberin am Beginn der 30er Jahre bereits auf »acht regelmäßige Tragödien« (IV Gottsched C, 10) habe zurückgreifen können, die zum festen Bestandteil des Spielplans geworden seien (vgl. IV Maurer-Schmoock, 127, IV Fischer-Lichte, 91).

Ihre größten Erfolge feierte die **Neubersche Truppe** in der Dekade zwischen 1730 und 1740. Obgleich ihr die Zuerkennung eines landesfürstlichen Privilegs, das ihr einen festen Spielort garantiert hätte, verweigert wurde, setzte sich die Compagnie mit ihrem neuen Programm durch. Beifall fand man nicht nur vor deutschem Publikum, sondern auch auf Gastspielreisen in Osteuropa; am russischen Zarenhof wurde Gottscheds *Sterbender Cato* mehrfach mit großem Effekt aufgeführt (vgl. Köllners zeitgenössischen Bericht in: I Gottsched AW, Bd. II, 154ff.). Ökonomisch bedingte Konzessionen an den breiteren Geschmack blieben freilich nicht aus. Zwar inszenierte die Neuberin im Jahr 1737 in Leipzig eine allegorische Vertreibung der Hanswurst-Figur, die, durchaus bühnenwirksam im Rahmen eines sinnbildlichen Streitspiels zwischen altem und neuem Geschmack vorgeführt, die Abkehr vom Repertoire des italienischen Theaters illustrieren sollte, doch konnte das Programm einer stilistischen Reinigung auf der Grundlage strenger Gattungstrennung nicht immer konsequent vollzogen werden (IV Steinmetz K, 21f., IV Promies, 14ff.). In den Komödien, die die Neuberin zur Aufführung brachte, lebten die alten Typenfiguren bisweilen nur auf versteckte Weise fort; das galt für die Vorlagen Molières ebenso wie für die deutschen Lustspiele der Gottschedin, nicht zuletzt für die freiere Adaption komischer Stoffe aus dem Umfeld des italienischen Theaters, die, von allzu derben Wortspielen gereinigt, gleichwohl die Tradition der Harlekinaden auch im puristischen Repertoire der Neuberin lebendig hielten.

Zu den theaterfördernden Aktivitäten, mit denen Gottsched die Truppe der Neuberin unterstützte, gehörte nicht zuletzt, daß er sich bemühte, das dürftige Renommee des Bühnenbetriebs zu verbessern und seinen moralischen Nutzen öffentlich unter Beweis zu stellen. 1729 verteidigte er vor der Leipziger »Vertrauten Rednergesellschaft« die Schauspielkunst gegen ihre (zumeist aus dem kirchlichen Lager stammenden) Verächter, betonte die Bedeutung der Tragödie für die Vernunft- und Moralerziehung, akzentuierte die **Notwendigkeit einer regelgeleiteten Dramatik**, deren Werke sich »von denjenigen Mißgeburten der Schaubühne« maßgeblich unterschieden, welche »unter dem prächtigen Titel der Haupt- und Staatsaktionen mit untermischten Lustbarkeiten des Harlekins« (IV Gottsched SL, 5) figurierten. In der Vorrede zum 1740 publizierten zweiten Band der »Deutschen Schaubühne«, die die wichtigsten Übersetzungen und Originaldramen der Zeit versammelte (bis zum Jahr 1745 erschienen fünf weitere Bände), erklärte Gottsched, daß der Niedergang des deutschen Theaterlebens wesentlich das Resultat der unreflektierten Verarbeitung fremder, primär italienischer Einflüsse gewesen sei (IV Gottsched SL, 257). An die Stelle der stilistischen Synthesen, wie sie der Bühnengeschmack zurückliegender Dekaden favorisiert hatte, sollte die konsequente Ausrichtung am französischen Klassizismus treten, die ihrerseits nicht undurchdacht, sondern in genauer Kenntnis der Gesetzmäßigkeiten dramatischer Technik zu erfolgen hätte. Auch Gottsched empfahl somit die Orientierung an fremden Formmustern, hielt es dabei jedoch für bedeutsam, daß deren Verarbeitung auf möglichst hohem intellektuellem Niveau und im Bewußtsein der normierenden Funktion poetischer Regeln stattfinden sollte.

Im Jahr 1740, da Gottsched seine Vorrede verfaßte, waren die fortwirkenden Impulse der Schauspielreform bereits deutlich spürbar. Gegen Louis Riccoboni, der in seinen *Réflexions historiques et critiques sur les différens Theatres d'Europe* (1740) die Rückständigkeit der deutschen Bühnenkunst hervorgehoben hatte, erinnerte Gottsched nicht ohne Selbstbewußtsein an die kontinuierlich wachsende Zahl seriöser Theatertruppen (sie belief sich nach seinen Schätzungen auf annähernd zehn Compagnien) und die Entwicklung einer eigenständigen deutschsprachigen Dramatik; neben seinem *Cato* nannte Gottsched dabei den *Titus Manlius* (ca. 1730) Heinrich Gottfried Kochs, den *Timoleon* (1735) Georg Behrmanns, den *Darius* (1738) Theodor Lebrecht Pitschels sowie die *Dido* (1739) Johann Elias Schlegels (IV Gottsched SL, 260). Bei den hier angeführten Exempeln handelte es sich durchweg um Tragödien, Exemplare jener Gattung, der Gottscheds *Critische Dichtkunst* im Rahmen ihrer poetologischen Werthierarchie neben der Fabel den höchsten Rang zugestanden hatte (vgl. IV Graf, 124f.).

Im Jahr 1741 kam es zum Bruch zwischen Gottsched und der Neuberin, der durch einen lange schwelenden Streit um die **Frage der angemessenen Kostümierung** der Akteure ausgelöst wurde. Gottsched hatte frühzeitig versucht, das Bewußtsein für die historische Dimension antiker Dramenstoffe zu schärfen; zur Einsicht in die

Geschichtlichkeit der Vorlagen gehörte nach seiner Auffassung auch ein je zeitge-
bundenes Kostüm, das die angestrebte naturalistische Bühnenwirkung unterstützen
sollte. Demgegenüber trat die Neuberin für die Beibehaltung des vorherrschenden
Stils ein, der die Kostümierung der Akteure nach der aktuellen Mode forderte, mithin Allongeperücken, Zwickelstrümpfe, Reifröcke und Korsagen auch für die Darsteller der klassizistischen Römertragödien vorsah (IV Maurer-Schmoock, 51f.,
Münz, in: Bender Hg., 167f.). Die Prinzipalin wußte sich derart in Übereinstimmung
mit den Erwartungen des Publikums: als sie 1741 in Leipzig Gottscheds Wünschen
folgte und seinen *Cato* im römischen Kostüm aufführen ließ, provozierte sie das
Gelächter der Zuschauer. Gottsched wiederum sah in der mißglückten Inszenierung
den absichtsvollen Versuch, seine Theaterkonzeption zu sabotieren und ihn selbst als
Dilettanten ohne bühnenpraktischen Instinkt zu decouvrieren. Seine öffentlich formulierte Kritik beantwortete die Neuberin auf eigene Weise, indem sie den Leipziger Professor in einem öffentlich gezeigten satirischen Vorspiel als »Tadler« präsentierte, der, ausgestattet mit einer Laterne, umkränzt von einer strahlenden Sonne,
dem Publikum zu wahrer Vernunft leuchten möchte (IV Kindermann, Bd. IV, 492).

## Schlegels Gottsched-Kritik

Gottscheds Engagement für das regelorientierte klassizistische Drama, das der deutschen Schaubühne wieder Rang und Einfluß im Ensemble der europäischen Thea-
terformen verschaffen sollte, sah sich seit dem Beginn der 40er Jahre wachsender
Kritik ausgesetzt. Zwar folgte man Gottscheds Programm der pädagogischen Funktionalisierung des Schauspiels mit einiger Konsequenz (abgewandelt findet es sich
noch 50 Jahre später beim jungen Schiller formuliert), doch mißfiel den Gegnern des
Leipzigers die starre Ausrichtung am französischen Klassizismus ebenso wie die von
ihm geforderte gravitätische Spieltechnik. In seiner Abhandlung über die »Aufnahme des dänischen Theaters« (1747) forderte Johann Elias Schlegel, in jüngeren
Jahren Gottscheds Schüler, später den »Bremer Beiträgern« nahestehend, eine stärkere Gewichtung der individuellen **nationalkulturellen Ausprägungen des europäischen Theatergeschmacks**. Eine übergreifende stilistische Vorbildfunktion kann
nach Schlegel keinem einzelnen dramatischen Formtypus zugeschrieben werden;
vielmehr müsse man die Differenz der künstlerischen Mentalität bedenken, die
Autoren unterschiedlicher Herkunft folgerichtig voneinander trenne. Aus dieser Einsicht ergibt sich für Schlegel die Relativität poetologischer Regeln und deren eingeschränkte Funktion für eine an kultureller Individualität orientierte Theaterpraxis:
»Denn jede Nation schreibt einem Theater, das ihr gefallen soll, durch ihre verschiedenen Sitten auch verschiedene Regeln vor, und ein Stück, das für die eine
Nation gemacht ist, wird selten der andern ganz gefallen.« (IV Schlegel C, 76f.).
    Schlegels Hinweis auf die nationalen Differenzen des Theatergeschmacks
schließt die Erkenntnis ein, daß ein unflexibel gehandhabtes poetologisches Regelwerk die Möglichkeiten der Bühne in entscheidender Weise eingrenze, statt sie hinreichend zur Entfaltung zu bringen. Die Darstellung von prägnanten Charakteren
und Leidenschaften, die Schlegel für die wichtigste Aufgabe des Dramatikers hält,
hängt notwendig ab von den individuellen Kennzeichen der einzelnen Kulturnationen; was ein Franzose als häßlich und schamlos betrachte, könne einem

Engländer originell und witzig vorkommen. Aus diesem Umstand leitet Schlegel die Forderung ab, daß sich das deutsche Theater stärker als in den beiden letzten, von Gottsched und der Neuberin beherrschten Dekaden um ein eigenständiges Profil bemühen müsse, das Unabhängigkeit gegenüber dem Dramenstil der Franzosen zu wahren habe. Dieses Postulat gilt den Autoren, die ihre Stoffe zumal aus der Geschichte zu ziehen hätten, ebenso wie den Praktikern, die ihre vornehmste Aufgabe darin sehen müßten, einen Spielplan zu erarbeiten, der neben anderem auch nationalen Geschmackseigentümlichkeiten Rechnung zu tragen hätte: »Das Theater ist allemal das vornehmste Feld und die bequemste Gelegenheit, wo die witzigen Köpfe einer Nation sich üben können; man muß es also nicht so dicht mit ausländischen Arbeiten besetzen, daß den einheimischen der Platz benommen wird.« (IV Schlegel C, 110).

Schlegels Überlegungen besitzen nicht nur für die Dramenpoetik und deren neue historische Fundierung Gewicht, sondern erschließen auch dem zeitgenössischen Theaterbetrieb veränderte Perspektiven. Mögen seine Ausführungen zur Differenz der Kulturnationen bisweilen sachlich problematisch und typologisch vereinfachend ausfallen, so schaffen sie doch eine erste Grundlage für die Abkehr vom Gottschedschen Nachahmungskonzept, das sich zumeist auf die Imitation französischer Muster beschränkt hatte. Von Schlegels Theorie der historisch bzw. ethnographisch zu begründenden Vielfalt dramaturgischer Modelle führt ein direkter Weg zum Nationaltheatergedanken, der seit der Mitte des 18. Jahrhunderts zunehmendes Gewicht gewinnt.

## Nationaltheaterbewegung

Beeinflußt durch die Gottsched-Neuberschen Bühnenreform, zeigten sich in Deutschland einzelne Theaterleute für die Möglichkeiten des regelgebundenen Schauspiels aufgeschlossen. Unter der Leitung von Johann Friedrich Schönemann bildete sich seit 1740 eine künstlerisch niveauvolle Truppe, zu deren bedeutendsten Mitgliedern Sophie Charlotte Schröder, Konrad Ackermann und Conrad Ekhof zählten. Zwar stand Schönemann dem gattungspoetischen Purismus Gottscheds fern und pflegte Tragödienaufführungen bevorzugt mit einem scherzhaften Nachspiel zu beschließen, das ihnen den düsteren Effekt nehmen sollte, doch zeigte er sich dem klassizistischen Geschmack des Leipzigers prinzipiell zugänglich und öffnete sein Repertoire für Übersetzungen französischer Dramen. Schönemanns Gesellschaft faßte, nach einer Dekade der Wanderschaft, 1750 in Schwerin Fuß, wo ihr Wirken – ein für Deutschland bis dahin singulärer Fall – vom Herzog subventioniert wurde. Die Compagnie erhielt das Recht selbständiger Spielplangestaltung – galt also nicht als Hoftheater –, konnte sich aber auf finanzielle Zuwendungen des Landesherrn stützen, blieb mithin von den Unbillen des (aus materiellen Erwägungen sonst notwendigen) Ortswechsels verschont (IV Kindermann, Bd. IV, 511).

Im Frühjahr 1753 gründete Conrad Ekhof, neben August Wilhelm Iffland fraglos der bedeutendste deutschsprachige Charakterdarsteller des 18. Jahrhunderts, in Schwerin eine Schauspielerakademie, die der Schönemannschen Truppe assoziiert war. Im Kreis der Akteure diskutierte man hier Fragen der Stückauswahl und Regie, Probleme der Deklamationstechnik, Aspekte der Theatergeschichte, nicht zuletzt organisatorische Gesichtspunkte der praktischen Bühnenarbeit. Mit seiner Initiative wollte Ekhof das Niveau der Schönemannschen Truppe heben, die Ausbildung der Schauspieler verbessern, sie zu einer stärker intellektuell fundierten Auseinandersetzung mit Rollen und Repertoire führen, um auf diese Weise ihr künstlerisches Interesse an der gemeinsamen Arbeit zu steigern (vgl. die Dokumentation des Akademie-Journals in IV Kindermann Hg., 8ff. sowie Bender, in: IV Bender Hg., 20f., IV Graf, 133f.). Ekhofs Vorstoß markiert den ersten Versuch einer gleichsam institutionell abgesicherten **Schauspielerausbildung** in Deutschland; er zeugt zugleich vom gewachsenen Selbstbewußtsein eines Berufsstandes, der sich, immer noch verfemt und als moralisch zweifelhaft denunziert, in der Mitte des Jahrhunderts allmählich auf ein neues Niveau zu begeben anschickt. Der Weg zu einer soliden Professionalität, die Spieltechnik und intellektuelles Textverstehen gleichermaßen umfaßte, war jedoch noch weit; nach 14 Monaten mußte Ekhof sein ehrgeiziges Projekt aufgeben, weil die Akteure wachsendes Desinteresse an den Programmpunkten der Akademie zeigten und deren Sitzungen immer häufiger fernblieben (IV Kindermann, 512f.).

Nach der Auflösung der Ackermannschen Truppe im Jahr 1757 schloß sich Ekhof dem Hamburger Ensemble Heinrich Gottfried Kochs an (der früher in den Diensten der Neuberin gestanden hatte). Auch hier vermochte er jedoch seine ehrgeizigen Ambitionen nur in eingeschränktem Maße zu verwirklichen, weil Unterhaltungsaspekte das Repertoire bestimmten und eine seriöse Spielplangestaltung nicht durchsetzbar schien (IV Maurer-Schmoock, 120f., 132f.). Angesichts zunehmender künstlerischer Differenzen folgte Ekhof einige Jahre später der Gesellschaft Konrad Ackermanns, der 1764 den glücklosen Koch in Hamburg mit seiner eigenen Compagnie verdrängte (IV Kindermann, 519). Unter dem Eindruck erster Erfolge ließ Ackermann am Gänsemarkt ein neues Schauspielhaus errichten, dessen hohe Unterhaltskosten seine finanziellen Möglichkeiten freilich rasch erschöpften und das Theater in eine ökonomische Notlage führten, die schließlich den Rücktritt des Prinzipals provozierte. Die Stelle Ackermanns, der sich nach seinem gescheiterten Projekt mit der Rolle des einfachen Ensemblemitglieds begnügen mußte, übernahm nunmehr Johann Friedrich Löwen, seinerseits erfahren in der Organisation alltäglicher Bühnenarbeit, ein ehrgeiziger Praktiker, jedoch nicht ohne Sinn für programmatische Zielsetzungen. Löwen sicherte dem Theater die finanzielle Unterstützung von zwölf Hamburger Kaufleuten, die, in einem Konsortium zusammengeschlossen, auf der Basis ihres privaten Kapitals die materielle Existenz des Bühnenbetriebs garantieren sollten. Erstmals in der Geschichte des deutschen Theaters konnte derart ein Schauspielhaus künstlerisch anspruchsvollere Programmambitionen realisieren, ohne unmittelbar auf den Publikumsgeschmack oder das Wohlwollen eines Hofes angewiesen zu sein (vgl. Meyer, in: I Grimminger Hg., 194f.).

In einer Ende des Jahres 1766 publizierten Flugschrift verdeutlichte Löwen, daß er mit seinem Hamburger Projekt ehrgeizige Ziele verfolgte (IV Löwen, 86f.). Auf der Grundlage solider privater Finanzierung sollte eine Programmgestaltung gedeihen, die wesentlich der Förderung deutschsprachiger Autoren zu dienen hatte. Nicht das Kalkül möglichst großer Publikumswirkung, sondern das Konzept einer am künstlerischen Niveau der Schauspielhäuser Frankreichs und Englands orientierten Nationalbühne stand hier im Vordergrund. Bereits in seiner kurz zuvor veröffentlichten *Geschichte des deutschen Theaters* hatte Löwen beklagt, daß von den Deutschen noch kein eigener Dramenstil entwickelt worden sei, der die zeitgenössische Spielpraxis hätte inspirieren können. Sechs Ursachen für die verzögerte Entwicklung der deutschen Bühnen führte Löwens Schrift an: die mangelnde intellektuelle Ausbildung der Schauspieler, denen der für eine überzeugende Rollengestaltung notwendige Geisteshorizont fehle; die ausschweifende Lebensart der Akteure, die den Geboten künstlerischer Disziplin widerstreite; die zwischen Geiz und Verschwendung schwankende Theaterleitung unzulänglicher Prinzipale; die immer noch vorherrschende Neigung zur Vermischung der dramatischen Gattungen und Stile, welche die Entwicklung einer gehobenen Bühnenkunst verhindere; die mangelnde Unterstützungsbereitschaft der Höfe, die bevorzugt ausländische Truppen förderten; schließlich die öffentlich formulierten Vorurteile kirchlicher Kreise, die die Gläubigen vom Theaterbesuch abschrecken müßten (IV Löwen, 52ff.; vgl. IV Koebner, 27f., IV Maurer-Schmoock, 102ff.).

In seiner Ende des Jahres 1766 veröffentlichten Ankündigung des neuen **Hamburger Bühnenprojekts** griff Löwen implizit auf diese Diagnosen zurück und leitete aus ihnen jene praktischen Postulate ab, mit deren Hilfe das neue Hamburger Theater das Profil einer Nationalbühne erhalten sollte. Im Mittelpunkt standen dabei organisatorische Zielsetzungen, die dem strafferen Aufbau des Theaters, einer besseren Verteilung der Kompetenzen und der Förderung eines überzeugenden Spielplans mit dem Schwerpunkt auf deutschsprachigen Dramen galten. Zu den neuen strukturellen Reformen seines Theaterbetriebs zählten laut Löwen neben der finanziellen Unterstützung durch private Investoren die Einrichtung einer Schauspielerakademie nach dem Muster Ekhofs, die das Bildungsniveau der Darsteller vermittels Vorlesungen und Diskussionen zu verbessern hatte, die Gründung einer Pensionskasse für ältere Akteure, die Förderung zeitgenössischer Dramatiker durch ein jährliches Preisausschreiben, die Schaffung einer Dramaturgenstelle, die die reibungsfreie Koordination von Stückauswahl, Aufführungspraxis und Öffentlichkeitsarbeit gewähren sollte (IV Löwen, 86f.; vgl. IV Graf, 309f.).

Das Zentrum von Löwens Reformprojekt bildete die programmatische Spielplangestaltung der neuen Bühne, die eine möglichst ausgewogene Repertoiremischung aus Komödien- und Tragödieninszenierungen anstrebte, deutsche Autoren fördern, französische und englische Dramatiker aber keinesfalls vernachlässigen wollte. Verantwortlich für die detaillierte Entwicklung des dramaturgischen Konzepts wurde Lessing, um dessen Mitarbeit sich Löwen seit Beginn des Jahres 1767 bemüht hatte. Erstmals schien damit die Gelegenheit gegeben, dem deutschen Theater auf der Basis einer soliden finanziellen wie organisatorischen Planung jene künstlerischen Energien konzentriert zuzuführen, die bisher nur disparat entfaltet worden waren.

Es blieb folgerichtig, daß das Publikum die Eröffnung des nicht eben bescheiden angekündigten neuen Theaterbetriebs mit größter Aufmerksamkeit verfolgte. Lessings *Hamburgische Dramaturgie*, Programmheft, poetologische Abhandlung, theatergeschichtlicher Abriß und philologische Studie zugleich, widmete den ersten Inszenierungen der Hamburger Bühne Beschreibungen von extensiver Ausführlichkeit (grundlegend II Barner u.a., 179ff.). Im Vorwort seiner Schrift beleuchtete Lessing die organisatorischen Reformen, die das neue Theater von den Wanderbühnen vergangener Tage unterscheiden sollten. Insbesondere betonte er, daß man sich, auf der Grundlage gesicherter Finanzierung, von den Zwängen der »Principal-schaft«, die »eine freie Kunst zu einem Handwerke herabgesetzt« (I Lessing G, Bd. IV, 232) habe, emanzipieren und im Gedanken der Gleichberechtigung organi-sieren wolle, weil nur auf diese Weise künstlerische Unabhängigkeit und seriöse Spielplangestaltung gewährt werden könnten: »Wenn hier also bis itzt auch weiter noch nichts geschehen wäre, als daß eine Gesellschaft von Freunden der Bühne Hand an das Werk gelegt, und nach einem gemeinnützigen Plane arbeiten zu lassen, sich verbunden hätte: so wäre dennoch, bloß dadurch, schon viel gewonnen. Denn aus dieser ersten Veränderung können, auch bei einer nur mäßigen Begünstigung des Publikums, leicht und geschwind alle andere Verbesserungen erwachsen, deren unser Theater bedarf.« (I Lessing G, Bd. IV, 232).

Betrachtet man den *Spielplan der Hamburger Bühne*, so läßt sich erkennen, daß der Einfluß der *tragédie classique* deutlich zurückgegangen ist: Werke von Racine, Crébillon und Pradon fehlen ebenso wie Gottscheds *Cato*, Corneille ist ein-zig mit der *Rodogune* vertreten; zwar dominieren die französischen Autoren weiter-hin im Feld der Komödie (neben Destouches vor allem Marivaux und Molière), doch ist insgesamt das Bemühen spürbar, deutschsprachigen Dramen größere Gel-tung zu verschaffen. Im Zeitraum von eineinhalb Jahren kamen Trauerspiele von Cronegk, J.E. Schlegel, Lessing, Weiße und Ayrenhoff sowie Lustspiele von Krüger, Lessing, Löwen, Brandes, Heufeld und Schlosser zur Aufführung. Den größten Erfolg erntete Lessings *Minna von Barnhelm*, die nach der Premiere im September 1767 sechzehn Ansetzungen erlebte und damit zum am häufigsten gespielten Drama unter Löwens Direktorat avancierte (vgl. IV Robertson, 44f.).

Nur ein geringer Teil der von Löwen aufgestellten künstlerisch-organisatori-schen Forderungen konnte jedoch in die Praxis umgesetzt werden. Das Repertoire blieb keineswegs ausgewogen, sondern zeigte bald ein Schwergewicht im Bereich der Komödie, die zwei Drittel des Spielplans ausmachte; gegenüber den (zumeist älteren) Übersetzungen aus dem Französischen konnten sich die deutschsprachigen Original-dramen, von Lessings Werken abgesehen, nur schwer durchsetzen; das Zuschauer-interesse sank nach den ersten Monaten rapide und trieb das Theater in eine bedrückende Abhängigkeit von seinen privaten Geldgebern, deren Zahlungen wie-derum unregelmäßig erfolgten, bisweilen sogar ganz ausblieben; das ehrgeizige Vorhaben, eine Schauspielerakademie mit kursorischen Diskussionsrunden und Vor-tragsveranstaltungen zu gründen, scheiterte (wie schon im Fall Ekhofs) am man-gelnden Interesse der Darsteller; das Konsortium der Finanziers nahm wachsenden Einfluß auf die Spielplangestaltung, was Konzessionsentscheidungen erforderte und dazu führte, daß das Ballett – oft als Abschluß einer Drameninszenierung – einen exponierten Status im Repertoire gewann; hinzu kamen künstlerische Meinungsdif-ferenzen zwischen Löwen und dem hochkarätig besetzten Ensemble, dessen führen-der Darsteller, Conrad Ekhof, mit dem Direktorium nicht reibungsfrei zusammen-arbeiten konnte.

Angesichts solcher Konstellationen schien es folgerichtig, daß das hochflie-gende Projekt des ersten deutschen Nationaltheaters nach nur eineinhalb Jahren und *522* Vorstellungen offiziell für gescheitert erklärt werden mußte. Löwen ver-ließ Hamburg im November 1767 und überantwortete seinem Vorgänger Ackermann neuerlich die Leitung der Truppe. Im 104. Stück der *Dramaturgie* schrieb Lessing erbittert: »Der süße Traum, ein Nationaltheater hier in Hamburg zu gründen, ist schon wieder verschwunden: und so viel ich diesen Ort nun habe kennen lernen, dürfte er auch wohl gerade der sein, wo ein solcher am spätesten in Erfüllung gehen wird.« (I Lessing G, Bd. IV, 704) Daß es nicht allein, wie Lessing in erstem Zorn vermutete, lokale Besonderheiten, sondern die Gesetze des Zeitgeschmacks waren, die Löwens Bühnenpläne unerfüllt ließen, erfuhren in späteren Jahren Ekhof und manche seiner jüngeren Kollegen beim Versuch, die Impulse des Nationaltheatergedankens aufzugreifen und im Rahmen eines anspruchsvolleren Spielplans umzusetzen. Fast durchweg stieß man bei diesem Vorhaben auf die skeptische Distanz des Publikums, das sich, nach anfänglichem Interesse, mit einem seriösen, Ballett und Singspiel aussparenden Repertoire nicht anfreunden mochte (vgl. IV Steinmetz D, 117).

Löwens Nationaltheaterprogramm fand jedoch trotz derart gemischter Erfahrungen Nachahmer. Braunschweig, Weimar, Gotha und Mannheim folgten seit dem Ende der 70er Jahre dem Modell des Hamburger Projekts und begründeten eine stehende Bühne, in deren Repertoire ernsthafte deutschsprachige Dramen besonderes Gewicht erhalten sollten (IV Fischer-Lichte, 107ff.). Im Gegensatz zu Löwens Konzeption finanzierten sich diese Schauspielhäuser jedoch nicht durch private Förderer, sondern aus regelmäßigen Zuwendungen der Höfe; so entstand die eigentliche Nationaltheaterbewegung am Ende der 70er Jahre auf der Grundlage des (durchaus traditionsreichen, schon für die Renaissancebühne bestimmenden) fürstlichen Mäzenatentums (vgl. Meyer, in: I Grimminger Hg., 208ff.). Entscheidender als der Programmanspruch, die Aufführung deutscher Dramen zu fördern, schien dabei zunächst die Bindung der ehemaligen Wandertruppen an einen festen Spielort, der die Entwicklung eines variantenreicheren Repertoires erforderte, zugleich aber auch einen Zuwachs an bühnentechnischen Möglichkeiten bedeutete. In seiner *Geschichte der Abderiten* (1781, erste Fass. 1774) verspottet Wieland dieses nicht unwesentliche Motiv der Nationaltheaterbewegung, deren vermeintlich programmatischen Anspruch er als Modetorheit denunzieren möchte: »Als die Abderiten beschlossen hatten, ein stehendes Theater zu haben, wurde zugleich aus patriotischen Rücksichten festgesetzt, daß es ein Nazionaltheater seyn sollte.« (II Wieland, Bd. XIX, 248; vgl. Meyer, in: IV Bauer/Wertheimer Hgg., 130f.)

Daß die Bindung an ein Fürstenhaus künstlerische Selbständigkeit und programmatischen Anspruch nicht ausschließen mußte, bewies in späteren Jahren die praktische Arbeit der einzelnen Hoftheater, deren künstlerisches Niveau stetig zunahm (Meyer, in: IV Bauer/Wertheimer Hgg., 141f.). Das Privileg, über einen festen Spielort und gesicherte Finanzierung verfügen zu können, schuf günstige Voraussetzungen für eine wegweisende Bühnenarbeit, die sukzessive auch der Förderung zeitgenössischer Autoren zugute kam. Nahezu sämtliche der bedeutenden deutschen Dramen des ausgehenden 18. Jahrhunderts erlebten ihre Uraufführung an einem der führenden Hoftheater: Lessings *Emilia Galotti* in Braunschweig, Schillers *Räuber*, *Kabale und Liebe* sowie der *Fiesko* in Mannheim, Goethes klassische Schauspiele in Weimar (vgl. Jäger, in: I Glaser Hg., 272). Was Gottsched und die Neuberin anzubahnen gesucht hatten, war damit am Ende des aufgeklärten Jahrhunderts zumindest in einzelnen Fällen künstlerische Wirklichkeit geworden: eine

Theaterkultur mit seriösem Anspruch und dem Ehrgeiz, die deutschsprachige Dramatik der Zeit hinreichend zur Geltung zu bringen.

## 3. Tragödie der frühen Aufklärung

### Gottscheds Trauerspielkonzept

Die Tragödienkonzeption der Frühaufklärung empfängt ihre wesentlichen Impulse von Gottsched. Bereits 1729 erklärt der angehende Poetikprofessor vor der Leipziger »Vertrauten Rednergesellschaft«, daß das Trauerspiel als herausragendes literarisches Genre, schon von der Antike hochgeschätzt, in einem aufgeklärten Gemeinwesen, das die fördernden Kräfte des Theaters anerkenne, einen festen Platz einnehmen müsse. Die theoretische Bestimmung der Gattung erfolgt unter implizitem **Bezug auf Aristoteles** und dessen vielfach interpretierte Definition, derzufolge die ideale (zumal von Sophokles' Werk repräsentierte) Tragödie durch die innerhalb einer geschlossenen Handlung erfolgende Darstellung von Glückswechseln (Peripetien) und schwerem Leid (Pathos) im Schicksal eines dem Betrachter nahestehenden Helden ›Jammer‹ und Schauder' (*eleos* und *phobos*), am Ende aber eine kathartische Reinigung solcher Affekte beim Zuschauer hervorrufen müsse (Aristoteles, Poetik, 1450a, 1452b). Gottsched verknüpft die berühmte aristotelische Wirkungsformel mit Elementen der klassizistischen Tragödientheorie Corneilles und Bestandteilen der barocken Gattungsdoktrin:

> Ein Trauerspiel, meine Herren, ist ein lehrreiches moralisches Gedichte, darin eine wichtige Handlung vornehmer Personen auf der Schaubühne nachgeahmt und vorgestellet wird. Es ist eine allegorische Fabel, die eine Hauptlehre zur Absicht hat und die stärksten Leidenschaften ihrer Zuhörer, als Verwunderung, Mitleiden und Schrecken, zu ihrem Ende erreget, damit sie dieselben in ihre gehörige Schranken bringen möge. Die Tragödie ist also ein Bild der Unglücksfälle, die den Großen dieser Welt begegnen und von ihnen entweder heldenmütig und standhaft ertragen oder großmütig überwunden werden. Sie ist eine Schule der Geduld und Weisheit, eine Vorbereitung zu Trübsalen, eine Aufmunterung zur Tugend, eine Züchtigung der Laster. (IV Gottsched SL, 5).

Ebenso wie Corneilles »Discours de la tragédie« (1660) ergänzt Gottsched die beiden aristotelischen Wirkungsbegriffe *eleos* und *phobos*, die hier im Anschluß an Albrecht Christian Rotths grundlegende *Deutsche Poesie* (1688) mit ›Schrecken‹ und ›Mitleiden‹ übersetzt werden, durch die Kategorie der ›Bewunderung‹ (vgl. IV Meier, 38ff.). Diese Ausweitung begründet zugleich den synthetischen Charakter der einführenden Gattungsdefinition, die einerseits davon ausgeht, daß die Tragödie durch die traurigen Schicksale mitleidswürdiger Helden moralische Lehren illustriere, andererseits Bewunderung (synonym mit Gottscheds ›Verwunderung‹) durch die Veranschaulichung vorbildhafter Tugenden errege. Der hier vollzogenen Ergänzung der aristotelischen Wirkungskategorien entspricht die innere Widersprüchlichkeit der gesamten Gattungskonzeption, wie sie auch Gottscheds spätere Bestimmungen kennzeichnet. Erinnert die Charakterisierung des Trauerspiels als ›Schule der Geduld‹ an die entsprechenden dichtungstheoretischen Definitionen des 17. Jahrhunderts, die im traurigen Fall königlicher Helden die exemplarische Logik des Fortunawechsels gespiegelt und in der vorbildlichen Haltung unschuldig leidender Märtyrerhelden eine Anleitung zu tugendhafter Beständigkeit formuliert fanden, so zeichnet der Hinweis auf die in der dramatischen Handlung versteckte moralische Lehre den Weg zu einer neuen Tragödienkonzeption vor, die die Gattung zum Musterstück einer didaktisch-aufgeklärten Poesiekonzeption avancieren läßt.

Unklar bleibt bei Gottsched, wie die Vermittlung zwischen den beiden hier hervortretenden Bestimmungen des Trauerspiels zu vollziehen wäre. Insbesondere scheint offen, welche Charakterdisposition ein Heldentypus aufweisen müßte, der einerseits vermöge seiner Standfestigkeit Bewunderung auf sich zu ziehen, andererseits im Sinne eines abschreckenden Exempels durch sein trauriges Schicksal moralische Lehren zu vermitteln vermag. Die *Critische Dichtkunst* behält die doppelte Orientierung an zwei verschiedenen Wirkungskonzepten bei, wenn sie erklärt, die Tragödie solle »durch Fabeln Wahrheiten lehren« und zugleich die Zuschauer »zu ihren eigenen Trübsalen vorbereiten« (I Gottsched CD, 606). Sehr deutlich sind in dieser Definition die beiden divergierenden Komponenten des Gottschedschen Tragödiensatzes zu erkennen: die idealen Exempel der Gattung vermitteln eine praktisch ausgerichtete Tugendbotschaft und zugleich eine stoizistisch gefärbte Lebenslehre; besteht der Kerngedanke des moralistischen Konzepts, der Fabeldoktrin vergleichbar, in der Annahme, daß literarische Werke auf das aktive Handeln des Menschen erzieherisch einwirken können, so bleibt dem zweiten Definitionsteil eine passive Bedeutungsnuance eigentümlich, insofern das Drama hier einzig die Aufgabe erfüllt, den Menschen gegen Notlagen mit Beständigkeit und Gleichmut zu wappnen. An der spannungsvollen Bestimmung der Tragödie zeigt sich in signifikanter Weise der Übergangscharakter von Gottscheds gesamter Dichtungslehre im Umbruchprozeß vom Barock zur Aufklärung. Die neostoizistische Konzeption einer vermöge des Trauerspiels zu leistenden präventiven Abhärtung und Tröstung verbindet sich hier mit dem bis zu Schiller folgenreichen moraldidaktischen Gedanken der Erziehung des Menschen durch die Tragödie (vgl. IV Wölfel, 94f.).

Im Gegensatz zur Leipziger Rede über die Trauerspiele bietet die *Critische Dichtkunst* eine ausführliche Auseinandersetzung mit der Charakterdisposition des idealen Tragödienhelden. Unter Berufung auf Aristoteles betont Gottsched, daß nur derjenige Protagonist durch sein Schicksal Mitleid provoziere, der, obgleich grundsätzlich prinzipientreu, nicht frei von moralischen Fehlern bleibe und daher Ansatzpunkte zur Identifikation biete. Verbindlichkeit besitzt dabei die Ständeklausel, die besagt, daß Tragödienhelden durchgängig hohen Standes zu sein hätten; die mit dieser traditionellen Regel begründete soziale Festlegung bietet jedoch noch keine Rückschlüsse auf die innere Disposition des Trauerspielprotagonisten. Gottsched betont hier ausdrücklich (unter Rekurs auf Sophokles' *Ödipus*, den er als moraldidaktisches Musterdrama deutet), daß ein Held königlichen Geblüts nur dann zur tragischen Exempelfigur aufsteigen könne, wenn er »weder recht schlimm, noch recht gut« (I Gottsched CD, 606), vielmehr von mittlerer Persönlichkeitsanlage sei, die auch die Neigung zu Versehen und Irrtümern einschließt (ein Reflex der aristotelischen *hamartia*, jener charakterlichen oder habituellen Fehldisposition, die dem Zuschauer die Möglichkeit der inneren Anteilnahme verschafft (Aristoteles, Poetik, 1452b–1453a)). Nicht zu erkennen ist jedoch, auf welche Weise die Tragödie die Wirkungskonzeption der Bewunderung (durch die Darstellung der noch in höchster Not bewahrten vorbildlichen Standfestigkeit des Helden) mit dem Gedanken der Mitleidserregung (im Fall des Unglücks eines mittleren Charakters) und der ihr zugehörenden moralischen Belehrung (vermöge der Abschreckungsfunktion prägnanter Fehlhandlungen) zu verknüpfen vermag (vgl. IV Schulz, 72). Die Inkonsistenz von Gottscheds Theorie zeitigt, wie zu erweisen ist, auch praktische Folgen. Die Tragödie der frühen Aufklärung gehorcht, wo sie auf die Bestimmungen der *Critischen Dichtkunst* gestützt wird, zumeist zwei unterschiedlichen Wirkungsimpulsen, die sich kaum harmonisieren lassen: das Trauerspiel mit Modellfunktion präsentiert bewundernswürdige Heldenfiguren als säkularisierte Nachfolger der barocken Märtyrer, die Tragödie der moralischen Belehrung führt mittlere Charaktere vor, deren Irrtümer nützliche Einsichten in die Notwendigkeit vernunftmoralischer Verhaltensgebote freisetzen (vgl. IV Hollmer, 79ff.).

Als Regelpoetiker akzentuiert Gottsched in besonderem Maße die formalen Gesetze, denen der Bau der Tragödie gehorcht. Auch hier bleibt seine Gattungslehre abhängig von einem Aristoteles-Verständnis, das durch die Schule des französischen Klassizismus gegangen ist und die Prinzipien der *Poetik* nochmals normativ verfestigt. Unverzichtbar scheint Gottsched der nachdrückliche Hinweis auf das Gebot der **Einheit von Handlung, Ort und Zeiterstreckung** des Trauerspiels. Aristoteles hatte lediglich die geschlossene Handlung und die Beschränkung des Geschehens auf die Dauer eines Sonnenumlaufs für bedeutungsvoll gehalten; die Regel von der Einheit des Ortes übernimmt Gottsched aus Corneilles »Discours des trois unités« (1660) und Boileaus *L'Art poétique* (1678) (IV Corneille, 65–82, IV Boileau, III, v. 38ff.). Begründet wird die strenge Festlegung des Tragödiengeschehens auf das Prinzip der Geschlossenheit mit dem Gesetz des Wahrscheinlichen; dem Zuschauer dürften weder Ortswechsel noch Zeitsprünge zugemutet werden, weil er selbst während der Darbietung des Bühnengeschehens an seinen Platz gebunden sei, mithin eine Handlung, die sich im Rahmen einer veränderlichen Topographie über mehrere Wochen und Jahre erstrecke, in hohem Maße unwahrscheinlich finden müsse. Gottscheds nüchterner Rationalismus, den schon Zeitgenossen wie Jakob Immanuel Pyra und Johann Elias Schlegel verspotteten, verlangt hier die unbedingte Einhaltung von Vernunftprinzipien, ohne die das Drama regellos, damit auch künstlerisch mißraten ausfalle: »Oder wie«, so heißt es im Blick auf die Regel von der Einheit der Zeit, »ist es wahrscheinlich, daß man es auf der Schaubühne etlichemal Abend werden sieht; und doch selbst, ohne zu essen, oder zu trinken, oder zu schlafen, immer auf einer Stelle sitzen bleibt?« (I Gottsched CD, 614). Es versteht sich, daß weder Calderón noch Shakespeare, weder das italienische Theater noch die Dramen des deutschen Humanismus den strikten Forderungen Gottscheds Genüge tun konnten; nicht zuletzt aus der hier manifesten Tendenz zum Dogmatischen leitet sich die scharfe Kritik ab, die die *Critische Dichtkunst* in den Jahren nach 1740 auf sich zog.

Das **Gebot der Wahrscheinlichkeit** fundiert Gottscheds gesamte Tragödientheorie (vgl. IV Graf, 156f.). Es bestimmt seine scharfen Attacken gegen die im schlesischen Kunstdrama so überaus beliebte Technik der allegorischen Zwischenspiele, die als vernunftwidriges Produkt phantastischer Einbildungskraft abqualifiziert werden (I Gottsched CD, 625f.), und beherrscht ebenso seine näheren Ausführungen zum idealen tragischen Helden. Dessen Charakterzüge, so heißt es, müßten einheitlich und logisch stimmig geraten: »Ein widersprechender Charakter ist ein Ungeheuer, das in der Natur nicht vorkömmt: daher muß ein Geiziger geizig, ein Stolzer stolz, ein Hitziger hitzig, ein Verzagter verzagt seyn und bleiben; es würde denn in der Fabel durch besondere Umstände wahrscheinlich gemacht, daß er sich ein wenig geändert hätte. Denn eine gänzliche Aenderung des Naturells oder Charakters ist ohnedieß in so kurzer Zeit unmöglich.« (I Gottsched CD, 619) Es versteht sich, daß eine derart eindimensionale Psychologie des tragischen Helden für subtile Nuancen, wie sie Lessing und Schiller in ihren theoretischen Schriften diskutieren werden, keinen Platz findet. Im Vordergrund steht einzig die moralische Exempelwirkung des Trauerspiels, deren didaktischen Effekt eine allzu stark ausgeprägte Individualität der dramatis personae notwendig einschränken würde.

## Gottscheds *Sterbender Cato* als Musterstück

Normative Verengung der Gattungsform auf logisch ableitbare Regeln im Zusammenhang verbindlicher Typologien und moraldidaktische Fixierung der Wirkungszwecke bei gleichzeitigem Festhalten an Aspekten der konsolatorischen Affektdramaturgie des 17. Jahrhunderts kennzeichnen Gottscheds Tragödienlehre. Die ihr innewohnenden Widersprüche beherrschen auch das erste der von ihm publizierten Trauerspielexempel, den 1732 veröffentlichten *Sterbenden Cato*, der, weniger Originaldrama als Kompilation aus Vorlagen von Addisons *Cato* (1713) und Deschampes' *Caton d'Utique* (1713), nach Ansicht des Autors primär instruktive Funktion besitzen und eine möglichst große Zahl neuerer deutschsprachiger Tragödien anregen sollte. Von den 1648 Versen stammen lediglich 174 aus Gottscheds eigener Feder, die übrigen Anteile bilden das Resultat kombinierter Übersetzungen des englischen und französischen Musters (wobei der Einfluß Deschampes', wie Gottsched in der Vorrede zur Erstausgabe vermerkt, weitaus größer ausfällt als jener Addisons (IV Gottsched C, 12; vgl. IV v. Heydebrand, 555f., II Koopmann, 73f., IV Meier, 102ff.).

Der Stoff des Trauerspiels war durch historische Quellen vorgegeben; vom heroischen Widerstand des als Statthalter in Utica wirkenden jüngeren Cato gegen Cäsars ehrgeizige politische Pläne berichten ausführlich Plutarchs *Vitae parallelae* (Vol. II, Fac. 1, bes. 65ff.) und Lucans *De bello civile* (die *Pharsalia*) (I, 128ff.). Gottscheds Trauerspiel zeigt Cato als stoischen Helden, der dem politischen Ideal des Republikanismus die Treue hält und Cäsars diktatorischem Alleinherrschaftsanspruch konsequent entgegentritt. Bereits in der Expositionsszene des Dramas lobt seine Tochter Portia Catos Standfestigkeit, seinen Mut und seine »Weisheit« (I, 1, v. 67f.) – Charakterisierungen, die im Verlauf des Trauerspiels mehrfach wiederholt werden (III, 3, v. 1010f., IV, 5, v. 1358f., V, 5, v. 1554f.) und dem geschichtlichen Bild entsprechen, welches Seneca in seiner Schrift *De tranquillitate animi* (16, 1) vom jüngeren Cato entwirft. Als Stoiker verteidigt der Titelheld nicht nur die Idee der römischen Republik, die er durch Cäsar gefährdet sieht, sondern auch seine eigene Gemütsfreiheit, deren Autonomie durch das ihn umgebende Spiel der Rankünen und Machtinteressen bedroht scheint. Die politische Problematik, die Catos

Schicksal beherrscht, ist a priori von sittlichen Gesichtspunkten gesteuert. Wenn der Protagonist im Disput mit Cäsar die Beteiligung von »Rat und Volk« an künftigen Entscheidungsprozessen einklagt (III, 3, v. 988), so berührt er damit auch das Motiv seiner persönlichen ethischen Freiheit: stimmte er Cäsars Machtplänen zu, so wäre seine Gemütsruhe gestört, die eigene sittliche Integrität verletzt. Als politisch denkender Republikaner ist der Titelheld zugleich stoischer Weiser, für den öffentliches und privates Handeln, Gesellschaftsordnung und moralisches Wertsystem eine unauflösbare Einheit bilden.

Unübersehbar bleibt jedoch, daß Catos Optionen für die Republik von vornherein im Zeichen der Resignation stehen. Andere Strategien als den passiven Widerstand gegen den künftigen Diktator zieht der Held nicht ins Kalkül; frühzeitig spricht er vom Tod für die eigene Sache (I, 2, v. 141f.), davon, daß Utica sein »Scheiterhaufen« (I, 4, v. 244) werden könne (ein Hinweis auf die Märtyrerperspektive des Trauerspiels). Von den stolzen Heroen des französischen Klassizismus – Corneilles Cinna und Rodrigo (aus dem *Cid*), Racines Titus – unterscheidet Cato, daß er nicht als ehrgeiziger Homo politicus handelt, sondern weitgehend passiv bleibt; die beharrliche Weigerung, pragmatische Kompromisse einzugehen, kennzeichnet Cato als Stoiker, dessen Wertwelt mit den Vorstellungen der barocken Trauerspielhelden, vor allem jenen des Gryphius, deutliche Berührungspunkte aufweist. Gleichwohl scheint Gottscheds Protagonist auch am Schluß, da er sein Leben für die Bewahrung seiner sittlichen Integrität hingibt, kein ungebrochener Nachfolger der barocken Märtyrergestalten und der von ihnen vertretenen unbedingten Erlösungsgewißheit (IV Arntzen T, 572f.). Christliche Motive, wie sie das Handeln von Gryphius' Römer Papinian, die Beständigkeit Catharinas oder die Gemütsruhe Carl Stuarts bestimmen, bleiben in Gottscheds Trauerspiel durchweg ausgespart. Fragen der Metaphysik, Jenseitsperspektive und Transzendenzbewußtsein treten einzig im großen Monolog Catos am Beginn des fünften Akts in den Vordergrund, als der Held, getröstet durch die Lektüre von Platons *Phaidon*, über die Aussicht auf ein ewiges Leben nach dem Tode reflektiert (V, 1, v. 1419ff.). Es ist jedoch bezeichnend, daß Catos Entschluß zum Selbstmord, der spätestens am Ende des vierten Aufzugs feststeht, nicht von vornherein durch den Gedanken der Unsterblichkeit der Seele und der Überwindung irdischer Leiden gestützt wird, sondern diese Motivierung erst a posteriori erfährt. Cato stirbt zwar im Vertrauen auf die Evidenz eines vorchristlichen Jenseitsglaubens, aber er bedarf dieses Glaubens nicht, um seine Entscheidung, den Freitod zu wählen, hinreichend zu begründen. Es ist einzig der innerweltliche Wertkonflikt – als unvermeidliche Kollision zwischen Kompromißzwang und Freiheitsideal –, der den Helden zum Selbstmord treibt.

Weder christlicher Märtyrer noch heroischer Homo politicus, passiv beharrend, jedoch ohne dezidiert christliches Jenseitsvertrauen, selbstbewußt seine Ideale behauptend, aber nicht aktiv für sie streitend – so stellt sich Cato als Übergangsfigur dar, in der Elemente des barocken Trauerspielhelden und Züge des Protagonisten der *tragédie classique* zusammentreten. Gottsched selbst hat in der Titelgestalt nicht allein das bewunderungswürdige Exempel für stoische Beständigkeit gesehen, sondern, wie sein Vorwort lehrt, ebenso ein Beispiel übertriebenen Starrsinns – einen mittleren Charakter nach Maßgabe der Bestimmungen aus der aristotelischen *Poetik*. Gottscheds Selbstkommentar ist als Versuch zu lesen, die im Werk nur unvollkommen eingelöste Vermittlung zweier Tragödientypen – der aristotelischen Dramaturgie der *hamartia* und des klassizistischen Modells der Bewunderung – für den Leser transparent werden zu lassen: »Durch seine Tugend erwirbt sich Cato unter den Zuschauern Freunde. Man bewundert, man liebet und ehret ihn: Man wünscht ihm daher auch einen glücklichen Ausgang seiner Sachen. Allein, er treibet seine Liebe zur Freiheit zu hoch, so daß sich sein Eigensinn verwandelt. Dazu kommt seine stoische Meinung von dem erlaubten Selbstmorde. Und also begeht er einen Fehler, wird unglücklich und stirbt: Wodurch er also das Mitleiden seiner Zuhörer erwecket, ja Schrecken und Erstaunen zuwege bringet.« (IV Gottsched C, 17).

Die Problematik des von Gottsched avisierten Wirkungsprogramms besteht darin, daß es mit Hilfe der ambivalenten Charakterisierung seines Protagonisten die Umsetzung zweier unterschiedlicher Tragödienkonzepte sicherstellen möchte, die ihrerseits kaum aufeinander abgestimmt werden können. Ist Cato als prinzipienfester Stoiker zum Gegenstand der Bewunderung disponiert, so überzeugt es wenig, wenn er in dem Moment, da er die Konsequenz aus seinem *Constantia*-Ideal zieht und angesichts höchster Gewissensnot den Freitod wählt, zum fehlerhaften Helden werden soll, dessen *hamartia* die tragische Katastrophe, schließlich aber das Mitleid der Zuschauer evoziert. Wenig einsichtig wirkt die Argumentation des Selbstkommentars aber auch im Hinblick auf die dramatische Inszenierung des Trauerspielendes. Cato stirbt, von Gefährten und Verwandten beklagt, in erhabener Größe, ohne daß Ansätze zur kritischen Demontage des stoischen Helden zu erkennen wären. Der vermeintliche Fehler des Protagonisten wird an keiner Stelle des Werkes durch dramaturgische Mittel verdeutlicht, so daß sich die Vermutung aufdrängt, Gottsched habe sein am klassizistischen Modell der Bewunderung orientiertes Trauerspiel durch die Vorrede nachträglich mit aristotelischen Wirkprinzipien zu harmonisieren gesucht. Der Hinweis auf den angeblichen Fehler des Helden läßt sich derart als Versuch werten, die im Text selbst nur höchst unvollkommen umgesetzte Konzeption des mittleren Charakters und das Ideal des klassizistischen Heroen ohne nähere Reflexion möglicher Widersprüche zusammenzuzwingen. Sachlich überzeugend bleibt die einleitende Explikation gleichwohl nicht, weil sie weder durch den dramaturgischen Ablauf der Tragödie noch durch deren psychologische Figurengestaltung gedeckt ist (IV Conrady, 76f., IV v. Heydebrand, 560f., II Koopmann, 77, IV Schulz, 95f.).

Bereits Jakob Immanuel Pyra, erbitterter Gegner Gottscheds und seiner Regelpoetik, faßt in einer Streitschrift aus dem Jahr 1744 die Einwände gegen die inkonsistente Charakterdisposition des Protagonisten zusammen: »Hieraus folgt dann zugleich, da Cato wegen seines stoischen Wesens sich nicht zu einer Hauptperson schicket, daß auch nicht ein rechtes Schrecken und Mitleiden in dieser Tragödie herrsche. Diese beiden Gemütsbewegungen müssen deswegen in dem Zuhörer erregt werden, daß er solche Taten, als in der Tragödie vorgestellet werden, fürchten und scheuen lerne.« (II Pyra FE, 89f.; vgl. dazu IV Meier, 127f.) Die Harmonisierung von im Zeichen des Bewunderungskonzepts stehender klassizistischer Tragödienform und aristotelischer Dramaturgie der affektiven Anteilnahme vermag kaum zu gelingen; möglich scheint sie nur um den Preis eines »widersprechenden Charakters«, den Gottscheds *Critische Dichtkunst* als »Ungeheuer« apostrophiert hatte, »das in der Natur nicht vorkömmt« (I Gottsched CD, 619). Weniger der vermeintlich realitätswidrige Status eines in sich gebrochenen Heldentypus ist es freilich, der die Konzeption des *Cato* scheitern läßt, als vielmehr die hinter ihm stehende programmatische Inkonsistenz und die eingeschränkte künstlerische Potenz des Autors, die die Gestaltung subtiler Charakternuancen kaum zuließ.

Interessanter als der Titelheld, so registrierte bereits die zeitgenössische Kritik, fällt das Portrait Cäsars aus. Catos Gegenspieler, dem der Part des taktisch denkenden, moralisch skrupellosen Homo politicus zugedacht war, entwickelt sich, vom Autor womöglich nicht intendiert, als keineswegs unsympathischer Charakter, dessen Motive nachvollziehbar, punktuell sogar ehrenwert sind. Gottlieb Stolle, Gottscheds Leipziger Mentor, bemerkt diesbezüglich: »So kommt es sowohl mir als noch dreien Freunden, denen ich diese Tragödie vorgelesen, für, als wenn Cäsar, wo nicht größer, doch ebenso groß als Cato charakterisiert sei. Cäsar scheint billiger als Cato. Man tadelt gleichsam bei sich selbst den Cato, daß er so eigensinnig alles verwirft und dem so schön vorgestellten Cäsar mit solcher Grobheit begegnet.« (IV Gottsched C, 92).

Zu Cäsars auffälligsten Charaktermerkmalen gehören unbedingter politischer Ehrgeiz und empfindsame Züge gleichermaßen (dazu IV Schulz, 91f.). Er tritt nicht als rücksichtsloser Eroberer auf, sondern, zunächst, als Liebender, der um die Gunst Portias wirbt (III, 2, v. 765f); sein politischer Ehrgeiz scheint zwar von egoistischen Antrieben geprägt, schließt aber punktuelle Kompromisse keineswegs aus. Entschieden betont er die Möglichkeit der Harmonisierung zwischen Eigennutz und Gemeinwohl, wenn er Cato gegenüber erklärt: »(...) Wo Cäsar herrscht, wird alles glücklich sein. / Denn wahrlich, überall wohin mein Schwert gekommen, / Hat auch der Tränen Zahl ganz merklich abgenommen. / Auch Rom sieht täglich schon ein prächtig Schauspiel an. / Und meine Hand tut mehr, als jemand wünschen kann.« (III, 3, v. 855ff.).

Empfindsam und werbend als Liebender, energisch und takräftig bei der Durchsetzung politischer Ziele, vertrauend auf die Gelegenheit zur Verknüpfung von privatem und öffentlichem Interesse – es ist offenkundig, daß Cäsar die Merkmale eines bürgerlich denkenden Charakters trägt, der dem Ethos der individuellen Leistung ebenso folgt wie der Sprache seiner Gefühle. Daß er in beiden Bereichen – als Handelnder und Liebender – auch tyrannische Züge an den Tag legt, kennzeichnet die Ambivalenz der hier eher skizzierten als detailliert entfalteten Wertwelt. Erst bei Lessing und dem jungen Schiller kommt die Dialektik von privatem Selbstbestimmungsanspruch und familiärer Despotie, von moralischem Rigorismus und Repression in ganzer Prägnanz zu Gesicht: *Emilia Galotti* und *Kabale und Liebe* führen jene innere Widersprüchlichkeit der bürgerlichen Wertsphäre, die sich bei Cäsar abzeichnet, in ihrer gesamten tragischen Konsequenz vor Augen. Gottscheds Figurenportrait läßt sie immerhin schon ahnen und im Vorschein eines echten dramatischen Interessenkonflikts die Problematik des neuen Autonomiepostulats ansatzweise hervortreten.

In der Dekade zwischen 1730 und 1740 avancierte Gottscheds *Sterbender Cato* zum meistgespielten deutschen Drama. Nicht nur die zeitgenössischen Truppen, voran die Compagnie der Neuberin, sondern auch die Hoftheater nahmen die Tragödie in ihr Repertoire auf. Zugleich regte Gottsched, wie er es selbst als Zweck seiner Dramenarbeit betont hatte, andere Autoren zur Publikation deutschsprachiger Trauerspiele an. Manche von ihnen, darunter Pitschels *Darius*, J.E. Schlegels *Herrmann*, die *Panthea* der Gottschedin und Krügers *Mahomed der IV.*, wurden in den sechs Bänden der *Deutschen Schaubühne* veröffentlicht, die der Leipziger zwischen 1740 und 1745 herausgab. Wesentliche Aufgabe des Sammelwerks war es, das deutsche Lesepublikum mit dem in- und ausländischen Dramenschaffen der Zeit vertraut zu machen und es sukzessive einer neuen Theaterkultur anzunähern (IV Hollmer, 12ff.). Vertreten war auch Gottsched selbst mit der *Parisischen Bluthochzeit* (die die Ereignisse der Bartholomäus-Nacht des Jahres 1572 thematisierte) und *Agis, König zu Sparta*; den ersten Band eröffnete der *Cato*, den der spätere Gottsched im Gegensatz zu seinen zahlreicher werdenden Kritikern keineswegs für ein unambitioniertes Exempel mit Anregungscharakter, sondern offenbar für eine wohlgelungene künstlerische Schöpfung hielt.

Bis zur Jahrhundertmitte blieb der Typus der klassizistischen Tragödie dominierend, die, im Rahmen einer zumeist aus der römischen Antike stammenden Handlung, einen heroischen Protagonisten vorzuführen pflegte, dessen auch in höchster Not bewahrte Prinzipientreue dem Zuschauer Bewunderung und distanzgebietenden Respekt abnötigte. Nach dem prägenden Muster von Corneilles *Cid*, der zu den am häufigsten übersetzten Dramen der Epoche zählte, entzündete sich der tragische Wertkonflikt oftmals an der Opposition zwischen öffentlichen Pflichten und privaten Neigungen. Ehre und Liebe, politische Notwendigkeit und persönliche Bindung, Machtinteresse und menschliche Rücksichtnahme, soziale Reputation und Sprache des Gefühls bildeten die zentralen Gegensätze im präzis festgelegten Koordinatensystem der heroischen Tragödie, die die Dramenlandschaft der 40er und 50er Jahre beherrschte.

## Modifikation des klassizistischen Heldentyps bei Schlegel

Auf einer akademischen Festveranstaltung des Jahres 1751 erklärt Gottsched befriedigt, daß im Zeitraum zwischen 1730 und 1750 annähernd 50 Trauerspiele veröffentlicht worden seien, davon die Hälfte Originalwerke (IV Gottsched AV, 269). Der hier konstatierte Produktivitätsschub förderte freilich auch die Entfaltung neuer ästhetischer Bewertungsmaßstäbe, unter deren Einfluß man das dramatische Œuvre Gottscheds zusehends kritischer zu beurteilen lernte. Von Pyra stammt die erste erbitterte Polemik, die sich gegen die Spannungsarmut des *Cato* und dessen spröde Diktion richtete; Bodmer veröffentlicht 1741 eine Reihe satirischer Anmerkungen, die der simplen Tektonik der Tragödie gelten, und läßt 1751 einen (freilich erst 1765 publizierten) *Parodirten Cato* folgen; Lessing erklärt 1756 in der Vorrede zu einer Ausgabe der Trauerspiele James Thomsons, er wolle »unendlich lieber der Urheber des *Kaufmanns von London* (Verfasser: George Lillo (P.-A.A.)), als des *Sterbenden Cato* sein, gesetzt auch, daß dieser alle die mechanischen Richtigkeiten hat, derentwegen man ihn zum Muster für die Deutschen hat machen wollen.« (I Lessing G, Bd. IV, 144) Ein Jahr später heißt es im Blick auf die vermeintliche Makellosigkeit des Gottschedschen Protagonisten: »(...) Cato als ein Stoiker ist mir ein schlechter tragischer Held.« (I Lessing G, Bd. IV, 165).

Bereits gegen Ende der 40er Jahre entwickelt Johann Elias Schlegel in seinen »Gedanken zur Aufnahme des dänischen Theaters« Ansätze zu einer Tragödientheorie, die deutlich Distanz gegenüber den Konzepten seines Lehrers Gottsched verraten. Schlegel hält zwar an den zentralen Elementen der regelpoetischen Herleitung des Trauerspiels fest, setzt jedoch andere Akzente als sein Leipziger Mentor. In den Mittelpunkt rückt jetzt die Beschäftigung mit den dramatischen Charakteren und ihren Leidenschaften, deren Darstellung vorzügliches Ziel der Tragödie sei (IV Schlegel C, 99). Entschieden wendet sich Schlegel gegen die von Gottsched stets betonte moraldidaktische Funktion der Gattung. Ohne den Namen seines Lehrers zu nennen, tadelt er diejenigen, die »einen großen Teil schöner Schauspiele, in welchen die Sitten und Leidenschaften vortrefflich abgemalt sind, bloß darum verworfen oder umgegossen haben, weil sich nach ihrem Kopfe nicht eine gewisse Hauptlehre aus denselben ziehen läßt; gleich als ob man große Theaterstücke mit vieler Kunst deswegen verfertigte, um eine einzige, bekannte, seichte und oft sehr unbestimmte Sittenlehre zu sagen, die man aus der Komödie eines Seiltänzers ebenfalls herleiten kann.« (IV Schlegel C, 86). Muster lebendiger Dramatik ist die Charakterisierungskunst Shakespeares, den Schlegel bereits 1741 in einem Vergleich mit dem Werk von Gryphius ausdrücklich gegen seine (zumeist regelpoetisch argumentierenden Kritiker) verteidigt hatte. Nicht die moralische Nutzanwendung, sondern die lebendige Personenschilderung und die Vergegenwärtigung individueller Schicksale zeichnen eine gelungene Tragödie aus, die, wie Schlegel vermerkt, ihre Stoffe aus den historischen Quellenschriften der jeweiligen nationalen Geschichtsschreibung ziehen sollte, um auf diese Weise Authentizität und kulturstiftende Traditionsbindung miteinander zu verknüpfen.

Auffällig ist, daß Schlegel zwar an der Lehre von den drei Einheiten festhält, deren dramaturgische Notwendigkeit jedoch mit Argumenten begründet, die zugleich ihre Evidenz in Frage stellen. Der Rezipient müsse, so heißt es, vermöge seiner Imaginationskraft imstande sein, sich in die fremden Raum- und Zeitbezüge der vorgeführten Bühnenwelt zu versetzen; es sei jedoch im Interesse der Theaterwirkung »am dienlichsten, nur einmal dem Zuschauer diese Mühe zu machen.« (IV Schlegel C, 106). Die Bewahrung der Einheit von Zeit und Raum empfiehlt sich Schlegel zufolge deshalb, weil sie die Konzentration des Publikums fördert und damit auch dessen affektive Anteilnahme verstärkt. Das Wahrscheinlichkeitsgebot, auf das sich Gottsched berufen hatte, spielt für Schlegel hingegen keine Rolle mehr; argumentiert wird allein im Blick auf die Theaterwirkung, die zentraler Maßstab der Dramenpoetik bleibt. Daß man mit Schlegels Hinweis auf die imaginativen Kräfte des Menschen auch eine Kritik der Einheitsregel hätte formulieren können, liegt offen zutage. Die Ablösung von den Normen der Gottschedschen Tragödienlehre vollzieht sich jedoch nur langsam und schließt zunächst die punktuelle Verteidigung ihrer Prinzipien ein. Bezeichnend bleibt dabei, daß Schlegel die Bewertung der künstlerischen Qualitäten einer Tragödie nicht an das Kriterium der formalen Geschlossenheit allein binden, sondern deren »innerliche Schönheit« (IV Schlegel C, 108) – als Produkt ihres in der Personenkonstellation begründeten tragischen Gehalts – zum entscheidenden Maßstab des Geschmacksurteils erheben möchte. Hier erweist sich deutlich, daß die Auseinandersetzung mit Fragen der dramatischen Charakterisierungskunst die regelpoetische Gattungsbestimmung substituiert und zu einem neuen Verständnis des Trauerspiels führt, das die fundierte Reflexion über das Erscheinungsbild des tragischen Helden notwendig einschließt (vgl. IV Alt, 95f.).

Schlegels eigene Trauerspiele, vor allem sein *Herrmann* (1741) und der *Canut* (1746), zeugen von starkem Interesse an der **Darstellung herausragender Individuen**, deren möglichst subtile Charakterisierung dem Autor bedeutsamer scheint als die Konstruktion einer tragischen Handlung (es wirkt bezeichnend, daß auch die theoretischen Schriften dem Bau der dramatischen Fabel und dem Katharsisgedanken kaum Aufmerksamkeit schenken). Ein besonders markantes Exempel für das Interesse an exzentrisch-originellen Dramenfiguren bietet der *Canut*, fraglos das anspruchsvollste von Schlegels Trauerspielen. Im Zentrum steht auch hier ein Wertkonflikt, der Gegensatz von Ehre und Pflicht, Machtstreben und Loyalität. Ulfo, der Widerpart des Titelhelden, vertritt die alte Welt der Heroen, die aufgrund ihrer Kriegertugenden an der politischen Landesherrschaft partizipieren dürfen; Usurpation und Diktatur der Interessen sind in diesem traditionellen Herrschaftsmodell durchaus legitimiert, weil Macht allein dem Stärksten zufällt. Typisch für eine solche Wertorientierung ist der egoistisch gefärbte Ehrbegriff, dem Ulfo folgt: »O Ehre! wer nur dich einmal geschmecket hat, / Wird stets von dir gereizt und niemals von dir satt. / Ein Sieg ist nicht genug, um Helden zu vergnügen.« (III, 5, v. 911ff.) Zielt Ulfos Handeln auf den Umsturz der aktuellen Machtverhältnisse, so steht Godewin treu zu seinem König, dessen Rang er als ergebener Untertan nicht anzutasten wagt; bezeichnend ist, daß für ihn der Begriff der Ehre mit dem Gebot der Loyalität zusammenstimmt: »Eh roste dieses Schwert in unberühmter Ruh, / Eh es, bekannt zu sein, der Pflicht zuwidertu.« (II, 4, v. 521f.).

Canut selbst profiliert sich als integrer Herrscher, der sein Amt im Geiste einer modernen Souveränitätsauffassung ausfüllt. In seinem Rollenselbstverständnis begegnet ein Widerschein jener aufgeklärten Staatskonzeption, die davon ausgeht, daß Monarch und Untertanen auf der Grundlage einer gleichsam vertraglichen Vereinbarung die Harmonisierung ihrer Interessen anzubahnen vermögen; garantiert der Souverän die Stabilität des gesellschaftlichen Gefüges, so verpflichtet sich der Bürger zu unbedingter Loyalität gegenüber seinem Herrscher. Canuts Rollenbild ist der genaue Reflex dieser Ordnungsvision, wie sie vor allem in Thomas Hobbes' *Leviathan* (1651) mit beträchtlicher Folgewirkung für die moderne Staatsphilosophie entwickelt wird: »Ich will nicht, daß mit mir Gewalt und Zwist regieren / Und Bürger meines Reichs mit Bürgern Kriege führen / Und daß man den erhebt und noch mit Ruhm bekrönt, / Der der Geselligkeit geweihte Rechte höhnt.« (III, 1, v. 669ff.; vgl. IV Hobbes, 131ff. (Teil II, Kap. 17–19); dazu IV Borchmeyer, 161, IV Schulz, 155, IV Alt, 129f.).

Zum Selbstverständnis des auf der Grundlage eines Staatsvertrags regierenden Souveräns tritt die naturrechtliche Begründung seines Status, auf die Godewin verweist, wenn er Ulfo in die Schranken fordert: »Verehr die Macht, zu der ihn Gott und Recht erheben. / Der Himmel konnte sie nie einem Größern geben. / Zum Herrschen braucht man mehr als Ruhmbegier und Mut. / Die Wut entstellet dich, die Huld schmückt den Canut.« (V, 2, v. 1317ff.) Legitimiert ist der König durch das Gottesgnadentum, das seine Herrscherrolle schützt, moralisch abgesichert aber zugleich durch die sittliche Würde, mit der er sein Amt versieht. Empathie und Altruismus gehören zu den wesentlichen Tugenden des Titelhelden, der noch in dem Moment, da die Usurpationspläne Ulfos offensichtlich, seine Mordabsichten durchschaubar geworden sind, Mitleid und Milde walten, am Ende das unvermeidliche

Todesurteil über den Rebellen nur ungern vollstrecken lassen möchte: »Von allem, was das Glück den Fürsten übergeben, / Ist das betrübteste das Recht auf Tod und Leben. / Es dringt uns Strafen ab und weist zu unsrer Pein / Dem Mitleid, das uns rührt, auch Unrecht im Verzeihn.« (V, 4, v. 1497ff.).

Dem modern-aufgeklärten Herrscher Canut steht mit Ulfo eine Figur entgegen, die sich der allgemeinen Verbindlichkeit des Herrschaftsvertrags zu entziehen sucht und statt dessen auf die alten Heroentugenden setzt, die ihrerseits einer sozialen Gewaltordnung zugehören, in welcher Brutalität, Rücksichtslosigkeit und das Recht des Stärkeren herrschen. Ulfo beklagt den friedlichen Harmoniezustand der aktuellen Gesellschaftsverhältnisse, der sein Heldenideal nicht zur Entfaltung gelangen läßt: »Die Ehre des Canut sucht jeder zu erheben; / Doch keiner hat das Herz, nach gleichem Ruhm zu streben. / Sind diese Zeiten denn so ganz von Helden leer?« (II, 4, v. 491ff.) Es gehört zu den reizvollen Aspekten der Schlegelschen Tragödie, daß Ulfo aufgrund seiner Ausrichtung am Heroenideal einer vergangenen, historisch überholten Wertsphäre angehört, durch den ihn beherrschenden emotionalen Habitus aber zugleich Repräsentant einer neuen Gefühlskultur ist, die erst im Ausgang der Aufklärung, namentlich im Drama der Genieperiode zur vollen literarischen Entfaltung kommt. Als problematischer Charakter und gegen die bestehende Ordnung rebellierender Außenseiter nimmt er, hier noch in negativer Schattierung, Gestalten wie Klingers Guelfo, Leisewitz' Guido und Schillers Karl Moor vorweg, die das Drama der 70er und frühen 80er Jahre bestimmen werden (IV May, 37f., IV Steinmetz D, 55f., IV Graf, 254).

Am *Canut* hat Friedrich Nicolai die fehlende tragische Grunddisposition und das daraus resultierende Wirkungsdefizit bemängelt. In einem Brief an Lessing vom 31. August 1756 unterscheidet er vier verschiedene Tragödientypen, die sich nach Art, Grad und Kombination der jeweils durch die Bühnenhandlung hervorgerufenen Leidenschaften differenzieren lassen. Nicolai nennt zunächst die rührenden Trauerspiele, die Schrecken und Mitleid mobilisieren, sodann diejenigen, die mit Hilfe dieser Affekte Bewunderung für einen Helden erwecken wollen, ferner jene, die die genannten drei Wirkungskategorien zusammenführen; in die vierte Gruppe gehören jene Tragödien, die durch ihre Handlung allein Bewunderung beim Zuschauer evozieren wollen, ohne Schrecken und Mitleid zu erregen. Als Exempel dieses Gattungstyps, den Nicolai für »nicht praktikabel« (I Lessing G, Bd. IV, 157) und künstlerisch mißglückt hält, wird der *Canut* angeführt; zwar ziehe das Schicksal Ulfos mancherlei Interesse auf sich, insofern dieser ein »falsches System von Sittenlehre« (I Lessing G, Bd. IV, 157f.) vertrete und derart die für ein Trauerspiel notwendige Charakterdisposition aufweise, jedoch fehle es dem Titelhelden gänzlich an tragischem Profil. Canut verdiene Bewunderung, leide aber nicht und könne daher auch beim Publikum keine affektive Anteilnahme hervorrufen. Zum Trauerspielhelden hätte er, so Nicolai, nur avancieren können, wenn er aufgrund eines eigenen Fehlers ins Unglück gestürzt worden wäre.

Nicolais Kritik wird von Lessing uneingeschränkt geteilt. Grundsätzlich heißt es bei ihm in einem Brief vom November 1756 über den idealen tragischen Protagonisten: »Der Held oder die beste Person muß nicht, gleich einem Gotte, seine Tugenden ruhig und ungekränkt übersehen.« (I Lessing G, Bd. IV, 164). Diese Bemerkung richtet sich zumal gegen die allein auf Bewunderungswirkung setzende

Figurenpsychologie der *tragédie classique* und ihre deutschen Adepten; daß Schlegels *Canut* keineswegs einen Beitrag zur heroischen Trauerspieltradition der Gottsched-Ära liefert, sondern ein Charakterdrama vorstellt, dessen Mittelpunkt ein höchst aufschlußreicher Wertkonflikt zwischen alter und neuer Ordnung bildet, interessiert Lessing an diesem Punkt wenig. Ihm ist es vor allem um die Kritik der klassizistischen Tragödie zu tun, deren Helden er untragisch, das heißt hier: nicht mitleidswürdig findet.

Der **Kritik an der heroischen Tragödie**, wie sie Lessing am 28. November 1756 in einem Brief an Mendelssohn formuliert, geht zunächst die nähere Bestimmung der idealen dramatischen Wirkung voraus, derzufolge »das Trauerspiel durch Erzeugung der Leidenschaften bessern« (I Lessing G, Bd. IV, 171) müsse. Lessing übernimmt damit die sensualistisch geschulte Gattungsdefinition Nicolais, die den Mechanismus der tragischen Affekterregung besonders akzentuiert und den Aspekt des sittlichen Nutzens in den Hintergrund gerückt hatte (I Lessing G, Bd. IV, 156f., IV Nicolai, 19f.), verknüpft ihn jedoch mit einer moraldidaktischen Komponente, wie sie im Hinweis auf das ›Bessern‹ bezeichnet scheint. Besondere Bedeutung gewinnt dabei die Frage, welche Leidenschaften die Tragödie bevorzugt erregen und inwiefern sie das Konzept der affektiv begründeten sittlichen Erziehung des Publikums umzusetzen vermöge (IV Wölfel, 110f.). Lessing gelangt zur Überzeugung, daß die Kategorie der Bewunderung innerhalb des Ensembles der Wirkungsbegriffe nur eine untergeordnete Funktion wahrnehmen dürfe, das Mitleid hingegen ins Zentrum der tragischen Affekthierarchie rücken müsse. Bewunderung, wie sie die Helden der französischen *tragédie classique* durch ihr Handeln provozierten, rege zwar zur Nachahmung großer Taten an, berge aber auch die Gefahr der Indifferenz gegenüber ihrem jeweiligen Gegenstand. Anders als die Bewunderung, die nur dort fruchtbar werde, wo sie aus genauer Kenntnis des moralisch Guten entspringe, besitze das Mitleid die Qualität eines a priori sittlich bedeutsamen Affekts, insofern es Menschenfreundlichkeit und Empfindungsvermögen verrate: »Die Bewunderung in dem allgemeinen Verstande, in welchem es nichts ist, als das sonderliche Wohlgefallen an einer seltnen Vollkommenheit, bessert vermittelst der Nacheiferung, und die Nacheiferung setzt eine deutliche Erkenntnis der Vollkommenheit, welcher ich nacheifern will, voraus. Wie viele haben diese Erkenntnis? Und wo diese nicht ist, bleibt die Bewunderung nicht unfruchtbar? Das Mitleiden hingegen bessert unmittelbar; bessert, ohne daß wir selbst etwas dazu beitragen dürfen; bessert den Mann von Verstande sowohl als den Dummkopf.« (I Lessing G, Bd. IV, 175).

Setzt das Mitleid die innere Anteilnahme des Zuschauers voraus, so gehört Distanz gerade zu den wesentlichen Prämissen der Bewunderung. Die Handlungen der heroischen Helden erlebt das Publikum aus einer Perspektive des Abstands, die von vornherein die Möglichkeit der Identifikation ausschließt. Das Wirkungskonzept der klassizistischen Tragödie zielt nicht auf die Verfeinerung menschlicher Empfindungen, sondern avisiert eine Erziehung zur Charakterstärke, deren Notwendigkeit am Exempel großer Heldenfiguren eingeschärft werden soll. Gerade die für den Bewunderungseffekt unabdingbare Distanz widerspricht jedoch Lessing zufolge dem Ideal einer durch die Tragödie zu leistenden Steigerung individueller Sensibilität und Empathie: »Ich will nur diejenigen großen Eigenschaften ausgeschlossen haben, die wir unter dem allgemeinen Namen des Heroismus begreifen können, weil jede derselben mit Unempfindlichkeit verbunden ist, und Unempfindlichkeit in dem Gegenstande des Mitleids, mein Mitleiden schwächt.« (I Lessing G, Bd. IV, 173).

### Lessings *Philotas*

Auf recht subtile Weise hat Lessing seine Skepsis gegenüber dem Gattungstyp der heroischen Tragödie im *Philotas* zum Ausdruck gebracht, dessen Figurengestaltung die Gesetzmäßigkeiten des klassizistischen Trauerspiels ironisch konterkariert (IV Wiedemann, 381ff., IV Barner, 54ff.). Der erst achtzehnjährige Titelheld, der, nach militärischen Mißerfolgen dem Feind in die Hände gefallen, enttäuscht über sein eigenes Versagen, anstelle der ihm verheißenen Freilassung den Selbstmord wählt, scheint auf den ersten Blick eines jener »schöne(n) Ungeheuer« aus der Familie Polyeucts, Rodrigos und Catos zu sein, als die Lessing im Brief vom November 1756 die großen Heroen der klassizistischen Tragödie bezeichnet (I Lessing G, Bd. IV, 173): heldenmütig, ehrversessen, rücksichtslos gegen sich selbst, rigoros in der moralischen Wertung, stets das Unbedingte suchend und den Kompromiß als Ausdruck verwerflicher Schwäche verabscheuend. Lessing hat die Charakterisierung des Protagonisten jedoch aus ironischem Abstand vorgenommen und derart auch seine theoretisch formulierten Einwände gegen den Gattungstyp der heroischen Tragödie zur Geltung gebracht. Solche Distanz bekundet sich in der szenischen Gestaltung ebenso wie in der Personenkonstellation: Philotas wird als Gefangener in einem Frauenzelt verwahrt, was auf empfindliche Weise sein soldatisches Rollenverständnis verletzt (I Lessing G, Bd. II, 103 (1. Auftritt)); seine Naivität bekundet sich nicht nur in formelhaftem Heldenpathos, sondern auch in der schülerhaften Attitüde, mit der er die Gesetzmäßigkeiten logischen Denkens erprobt und rhetorische Mittel zum Zweck der Überredung einsetzt. An der »wunderbaren Vermischung von Kind und Held« (I Lessing G, Bd. II, 123 (8. Auftritt)), die Aridäus ihm attestiert, läßt sich bereits die gesamte Problematik der Titelfigur ablesen: Philotas ist das Produkt einer auf militärische Stärke und heroische Ideale setzenden Erziehung, die ihn zum Sterben, nicht zum Leben vorbereitet hat, sein Drama die Konsequenz gescheiterter Pädagogik im Prozeß der Entfaltung einer destruktiven Energie, die aus Heldenidealen sukzessive die Praxis der Selbstzerstörung hervortreten läßt (vgl. IV Seeba, 62f., IV Pütz, 116f.).

Die bedenklichen Aspekte der von Philotas repräsentierten Wertvorstellungen beleuchtet Lessing durch die Technik der Charakterkontrastierung. Dem jugendlichen Titelhelden begegnen in König Aridäus und dem erprobten Soldaten Parmenio Vertreter eines pragmatisch abgetönten, gemäßigten Weltbildes, die die Exaltationen des Titelhelden als Ausdruck fehlender Erfahrung und naiver Begeisterung entlarven. An die Stelle des Heroismus setzen sie Verständnis und Einfühlung, wie sie sich zumal durch das fürsorgliche Verhalten des Königs bekunden; beide betonen im Gespräch, daß sie selbst Väter halbwüchsiger Söhne seien, und beleuchten damit eine dem Heldenideal konträre Wertwelt: jene der familiären Bindung, der Toleranz und Sensibilität. Daß Philotas wiederum nicht nur das unselbständige Geschöpf fehlgeleiteter Erziehung ist, sondern die Fähigkeit zur analytischen Reflexion besitzt, belegt sein großer Monolog in der vierten Szene, der ihn zum Selbstmordvorhaben führt. Der Protagonist zeigt sich hier als aufgeklärter Kopf, der über die Technik des logischen Schlußverfahrens (und die Terminologie der Wolffschen Schulphilosophie) verfügt: »Jedes Ding, sagte der Weltweise, der mich erzog, ist vollkommen, wenn es seinen Zweck erfüllen kann. Ich kann meinen Zweck erfüllen, ich kann zum Besten des Staats sterben: ich bin vollkommen also, ich bin ein Mann.« (I Lessing G, Bd. II, 111, 4. Auftritt). Im Schatten der Kritik am Heroismus entfaltet sich, so erweist der Monolog, zugleich ein Drama der Selbstbestimmung, das den Protagonisten als Suchenden zeigt, der um Autonomie ringt und sie, darin tragisch, nur durch den Freitod zu erlangen vermeint.

Der *Philotas* ist mithin, anders als ältere Deutungen behaupten, kein Beitrag zur Heldenverherrlichung der friderizianischen Epoche, weder eine antikisierende Glorifizierung Preußens noch das Dokument literarischer Propaganda zur Zeit des Siebenjährigen Krieges (vgl. die Zeugnisse bei IV Steinmetz Hg., 442f.). Im Gegensatz zu seinen Freunden Kleist und Gleim steht Lessing den modischen Bezeugungen des Patriotismus denkbar fern: »Ich habe überhaupt von der Liebe des Vaterlandes (...) keinen Begriff, und es scheinet mir aufs höchste eine heroische Schwachheit, die ich recht gern entbehre.« (II Lessing LM, Bd. XXII, 158). Das Bekenntnis des Kosmopoliten, der der patriotischen Zeitstimmung wenig abgewinnen kann, schließt die Distanz gegenüber den Heldengestalten der klassizistischen Tragödie ein. Ohne primär Gattungsparodie zu sein, bringt der *Philotas* diesen inneren Abstand, der Lessing vom heroischen Trauerspiel trennt, auf subtile Weise zum Ausdruck.

Am Ende der 50er Jahre kommt es noch einmal zu einer kurzzeitigen Hochkonjunktur der klassizistischen Tragödie: Cronegks *Olint und Sophronia* (1757), Wielands *Lady Johanna Gray*, Brawes *Brutus* und Kleists *Seneka* (alle 1758) greifen die Impulse der älteren Tradition auf und präsentieren dem Zuschauer Heldenfiguren, deren Gemüt unerschütterlich, deren Prinzipientreue durch keine äußeren Einflüsse anfechtbar ist. Wegweisend für die künftige Entwicklung des deutschen Trauerspiels werden jedoch die programmatischen Argumente, mit denen Lessing seine Kritik an der heroischen Tragödie begründet hatte; der neue Dramentypus, der ab der Mitte der 50er Jahre auf deutschen Bühnen reüssiert, setzt sie in die Praxis um.

# 4. Das bürgerliche Trauerspiel

### Begriffsgeschichte

Im ersten Stück seiner »Theatralischen Bibliothek«, die Auszüge aus Schauspielen und dramentheoretischen Texten versammelt, publiziert Lessing die Übersetzung zweier Beiträge, die dem Status und Rang des in der Mitte des Jahrhunderts sich etablierenden rührenden Lustspiels – der *comédie larmoyante* – gelten. Die Verfasser der beiden knappen Stellungnahmen sind der Franzose Pierre Mathieu Martin de Chassiron, der als Kritiker der neuen Gattungsform auftritt, und Christian Fürchtegott Gellert, der die apologetische Gegenstimme führt. Lessings Vorwort konstatiert, daß die neuen dramenpoetischen Innovationen nicht nur die Komödie beträfen, sondern auch die Tragödie; zu beobachten sei ein Konvergenzprozeß, der sukzessive zur Annäherung beider Genres zu führen scheine:

> Weder das Lustspiel, noch das Trauerspiel, ist davon verschont geblieben. Das erstere hat man um einige Staffeln erhöhet, und das andere um einige herabgesetzt. Dort glaubte man, daß die Welt lange genug in dem Lustspiele gelacht und abgeschmackte Laster ausgezischt habe; man kam also auf den Einfall, die Welt endlich auch einmal darinne weinen und an stillen Tugenden ein edles Vergnügen finden zu lassen. Hier hielt man es für unbillig, daß nur Regenten und hohe Standespersonen in uns Schrecken und Mitleiden erwecken sollten; man suchte sich also aus dem Mittelstande Helden und schnallte ihnen den tragischen Stiefel an, in dem man sie sonst, nur ihn lächerlich zu machen, gesehen hatte. – Die erste Veränderung brachte dasjenige hervor, was seine Anhänger das *rührende Lustspiel*, und seine Widersacher das *weinerliche* nennen. – Aus der zweiten Veränderung entstand das *bürgerliche Trauerspiel*. (I Lessing G, Bd. IV, 13).

Der Annäherungsvorgang, der hier beschrieben wird, besitzt nicht allein literarische Breitenwirkung, sondern darf, wie die Forschung ausführlich dargelegt hat, auch als Reflex eines historischen Entwicklungsprozesses gelten, in dessen Verlauf das aufstrebende Bürgertum seine eigene Gefühlskultur und mit ihr eine neue dramatische Formenwelt hervorbringt, die die künstlerische Darstellung standesspezifischer Problemfelder und Konflikte erlaubt. Im Gegensatz zum rührenden Lustspiel, dessen Wirkung nur temporär bleibt, entfaltet das bürgerliche Trauerspiel ein ästhetisches Profil, das dem Genre auch noch im Ausgang des 18. Jahrhunderts das Interesse von Autoren und Publikum zusichert. Erstmals taucht die Gattungsbezeichnung 1733 in einem Brief des französischen Autors Michel Linant auf, der vom Plan einer »tragédie bourgoise« spricht. 1741 charakterisiert eine Theaterkritik Paul Landois' Einakter *Silvie* mit eben diesem Terminus, ohne freilich nähere Grundsatzbestimmungen an ihn zu knüpfen (vgl. IV Daunicht, 192f., IV Wierlacher, 29ff., IV Guthke T, 5f., IV Martino, 329ff.). Als wichtigster Prototyp des bürgerlichen Trauerspiels gilt allgemein George Lillos *The London Merchant* (1731), der rasch ins Französische, 1752 durch Henning Adam von Bassewitz (auf der Grundlage der französischen Fassung) auch ins Deutsche übersetzt wird.

Lillos Drama, das keine spezifische Gattungszuordnung aufweist, versammelt bereits die wichtigsten **Elemente des bürgerlichen Trauerspiels**: die Handlung ist im Kaufmannsstand und damit in einer bisher kaum für tragödienwürdig gehaltenen Mittelschicht angesiedelt, der Stoff bleibt ein Produkt der dichterischen Erfindung und stützt sich nicht auf mythologische oder historische Quellen, der dargestellte Konflikt trägt sich in einer privaten Sphäre jenseits der politisch-öffentlichen Dimension zu, auf die Gestaltung heroischer Charaktere wird ebenso verzichtet wie auf die Erregung von Bewunderungseffekten, die Sprache wirkt unprätentiös und ist durchgängig in Prosa gehalten. Hinter den hier zu beobachtenden formalen Veränderungsvorgängen verbirgt sich, so hat man immer wieder betont, das wachsende Bedürfnis des Bürgertums, die Vorbilder für seine moralischen Selbstbestimmungsansprüche nicht mehr aus der klassizistischen Tragödie mit ihrem hohen Personal, sondern aus dramatischen Handlungen zu beziehen, in denen sich seine eigene soziale Situation oder doch zumindest seine Wertwelt und Gefühlskultur dargestellt finden (vgl. IV Szondi, 48ff.).

Ehe sich in der Mitte des 18. Jahrhunderts eine relativ konsistente Theorie des bürgerlichen Trauerspiels herausbildet, die die neue Gattung in verbindlicher Weise zu beschreiben und auf ihre praktische Umsetzung unmittelbar Einfluß zu nehmen vermag, herrscht zunächst beträchtliche terminologische Verwirrung; zumal im deutschen Sprachraum zirkuliert eine größere Zahl unterschiedlicher Bestimmungsversuche, die mit der späteren Bedeutung des Begriffs wenig gemein haben. Im ersten Stück ihrer »Beiträge zur Historie und Aufnahme des Theaters« (1750) veröffentlichen Lessing und sein Vetter Mylius eine unfreundliche Kritik an Voltaires Tragikomödie *Nanine*, die sich vor allem mit dem Problem der Gattungsbezeichnung befaßt. »Es ist«, heißt es über das Drama, »ein bloßes Gespräch ohne Stärke, ohne Salz, ohne Natur, ohne Annehmlichkeit; und überhaupt ist die Materie mehr zu einem bürgerlichen Trauerspiele als zu einer guten Tragikomödie geschickt.« (IV Lessing/Mylius, 73) Während Lessing und Mylius das bürgerliche Trauerspiel als ausschließlich ernstes Genre in erklärten Gegensatz zur Tragikomödie rücken, betont Johann Adolf Schlegel in seinem Aufsatz »Von der Eintheilung der Poesie«, den er 1751 im Anhang der deutschen Übersetzung von Charles Batteux' *Les Beaux-Arts reduits à un même principe* (1746) veröffentlicht, die Verwandtschaft mit der rührenden Komödie französischer Prägung. Den Terminus ›bürgerliches Trauerspiel‹ möchte er primär zur Bezeichnung für eine bestimmte Form des rührenden Lustspiels nach dem Vorbild La Chaussées und Gellerts reserviert wissen, die er, weil sie vorwiegend ernsten Inhalts sei, ungern unter dem Begriff der Komödie führen will: »Man hätte die eine das bürgerliche Trauerspiel, eine andere das rührende oder zärtliche Schauspiel nennen können.« (Schlegel, in: IV Batteux, Anhang, 269).

Auch Gottsched fällt es schwer, das neue dramatische Genre im Spannungsfeld zwischen rührender Komödie und traditioneller Tragödie poetologisch hinreichend zu erfassen. Am überlieferten Parameter der Ständeklausel gemessen, entspricht das bürgerliche Trauerspiel mit seinem nicht-adligen Personal den Gesetzen des Lustspiels, im Blick auf seine tragische Handlungsführung läßt sich diese Zuordnung jedoch nicht aufrechterhalten. In der vierten Auflage der *Critischen Dichtkunst* (1751) heißt es unter Berücksichtigung der aktuellen Entwicklung dramatischer Literatur: »Noch andere wollen aus der beweglichen und traurigen Komödie, die von den Franzosen Comedie larmoyante genennet wird, eine eigene neue Art machen. Allein wenn es ja eine solche Art von Schauspielen geben kann und soll: so muß man sie nur nicht Komödien nennen. Sie können viel eher bürgerliche oder adeliche Trauerspiele heißen; oder gar Tragikomödien, als ein Mittelding zwischen beyden, genennet werden.« (I Gottsched CD, 634f.)

Gottsched betrachtet das bürgerliche Trauerspiel als ernsten **Ableger der comédie larmoyante**, als Mischform, die weder reine Tragödie noch echte Komödie ist. Sehr deutlich zeigt sich hier die problematische Wirkung der Ständeklausel, die Gottsched die unbefangene Auseinandersetzung mit der neuen Gattung versagt; auch wenn ihre Exempel eine Handlung mit tragischem Gehalt aufweisen, ist deren eindeutige Zuordnung aus der Sicht der Regelpoetik unmöglich, sofern das dramatische Personal nicht den Vorgaben der normativen Dichtungstheorie entspricht. Einen Mittelweg beschreitet wenige Jahre später Denis Diderot mit dem neuen bürgerlichen Schauspieltypus des *genre sérieux*, den er durch seine Dramen *Le Fils naturel* und *Le père de famille* (1757–58) praktisch zu begründen sucht. Im Anhang der beiden Werke, die Lessing 1760 komplett in deutscher Übersetzung veröffentlicht, druckt Diderot jeweils einen theoretischen Essay ab, in dem er das individuelle Profil der neuen Gattung beleuchtet (IV (Diderot), zumal 292ff.; vgl. IV Wierlacher, 39f., IV Szondi, 110ff.). Das *genre sérieux* möchte sich von tragischen und komischen Wirkungskonzepten gleichermaßen fernhalten und das gesamte Interesse des Publikums auf die dramatischen Charaktere lenken, deren psychologisch subtile Darstellung die Aufmerksamkeit des Zuschauers steuern und seine Menschenkenntnis verfeinern soll. Diderot betont dabei ausdrücklich, daß der neue Dramentypus keine Nähe zu den alten Gattungsmustern anstrebe und auch nicht als Tragikomödie konventioneller Prägung (etwa nach dem Modell des Schultheaters) zu bezeichnen sei. Lessing zollt diesem Ansatz entschiedenen Beifall und bescheinigt Diderots Konzept anerkennend, es lasse »weder Genie noch Geschmack vermissen« (I Lessing G, Bd. IV, 148). Für seine eigene Dramentheorie wird das psychologische Interesse, das die Abhandlungen des Franzosen bezeugen, eine wesentliche Rolle spielen, auch wenn er Diderots Vorschlägen, die auf eine Reform des gattungspoetischen Systems zielen, in der Sache nicht folgt, statt dessen an den traditonellen Begriffskategorien konsequent festhält.

Spätestens seit Lessings kurzer Stellungnahme aus der »Theatralischen Bibliothek« gilt das ›bürgerliche Trauerspiel‹ als Sonderform der Tragödie, an deren eigentlichem Gattungsstatus kein Zweifel besteht. Die Voraussetzung für diese Zuordnung bildet der Umstand, daß ab der Mitte der 50er Jahre die Ständeklausel auch in den theoretischen Abhandlungen zum Thema ihre Verbindlichkeit verliert und durch ein neues psychologisches Interesse an Fragen des tragischen Gehalts sowie der Individualität der dramatischen Charaktere jenseits sozialer Fixierungen verdrängt wird. In einer anonym publizierten Studie, die 1755 unter dem Titel »Vom bürgerlichen Trauerspiele« erscheint, hat Gottlob Benjamin Pfeil die knappen Anmerkungen der Lessingschen Vorrede nachdrücklich bestätigt (zur Verfasserfrage IV Martino, 418f.). Der Autor nennt drei entscheidende Kriterien, die den neuen Dramentyp von der heroischen Tragödie abgrenzen: der Stoff entstammt nicht mehr der Historie oder dem Reich der Mythologie, sondern bildet ein Produkt der poetischen Erfindung; das Personal ist mittleren Standes, bürgerlich oder von niedrigem Adel; die Verssprache der *tragédie classique* wird durch eine nüchternere, für psychologische Nuancen offene Prosadiktion ersetzt (IV (Pfeil), 178f.).

Wesentliches Element von Pfeils Argumentation bleibt, daß er die Qualitäten einer Dramenhandlung vorbehaltlos nach ihrer *tragischen Wirkung*, nicht nach den Maßgaben der Normpoetik – Geschlossenheit, sozialer Status der Figuren – beurteilt, und derart die Bestimmungen der aristotelischen Dichtungstheorie sehr viel angemessener zur Geltung bringt, als dies bei Gottsched und Schlegel der Fall gewesen war. Bereits Michael Conrad Curtius, vermutlich der beste zeitgenössische Kenner der Materie, hatte in den Anmerkungen zu seiner 1753 veröffentlichten Übersetzung der *Poetik* – der ersten kompletten deutschen Fassung – auf die Priorität der tragischen Handlung verwiesen und daraus entsprechende Konsequenzen für die soziale Festlegung der Dramenfiguren gezogen. Es sei »ein falsches Vorurtheil, daß das Trauerspiel nothwendig vornehme, und das Lustspiel geringe Personen vorstellen müsse. Die Handlungen machen das Wesen der Geschichte aus, nicht die Personen.« (Curtius, in: IV Aristoteles, Anmerkungen, 86).

Pfeil zufolge scheinen **bürgerliche Helden** – der »Kaufmann, der Gelehrte, der Adel, kurz Jedweder, der Gelegenheit gehabt hat, sein Herz zu verbessern, oder seinen Verstand aufzuklären« (IV (Pfeil), 187) – für das Trauerspiel in besonderem Maße disponiert, weil sie dem zumeist der Mittelschicht angehörenden Publikum breitere Identifikationsmöglichkeiten bieten als die unerreichbaren Heroen der älteren Tragödie. An die Stelle der distanzierten Bewunderung, die seit Corneille zum Primäraffekt der klassizistischen Trauerspieltheorie avanciert, tritt nun die Wirkung emotionaler Anteilnahme aufgrund subjektiver Identifikation: »Wir bedauern in den unglücklichen Personen oft uns selbst. Wir sind desto verschwenderischer mit unserem Mitleiden gegen sie, weil wir es für billig halten, daß man es auch gegen uns nicht spare, wenn wir wirklich dergleichen Unglücksfälle erfahren sollten.« (IV (Pfeil), 183).

Den hier beschriebenen Mechanismus der auf unmittelbare Betroffenheit gegründeten tragischen Wirkung heben auch spätere Autoren als besonderen Effekt des neuen Dramengenres hervor (vgl. IV Wierlacher, 45ff., IV Guthke T, 11ff.). Christian Heinrich Schmid formuliert 1768 grundsätzlich: »Im bürgerlichen Trauerspiel sind wir gleich zu Hause, die Verhältnisse, die die Natur stiftet, erregen unsere Natur, Tugenden, Laster, Begebenheiten, alles ist uns wahrscheinlicher, weil sie aus der Sphäre unserer eignen Erfahrungen genommen sind.« (IV Mathes Hg., 69). Mit ähnlicher Tendenz erklären auch Joseph von Sonnenfels in den *Briefen über die wienerische Schaubühne* (1768) und Christian Garve in seinen »Gedanken über das Interessierende« (1771) den Reiz des bürgerlichen Trauerspiels aus den vielfältigen **Möglichkeiten der Identifikation**, die eine Handlung bereithält, welche dem Zuschauer ähnliche, ihm in Status und Gemütsverfassung gleichende Hauptfiguren unter dem Gesetz tragischer Verstrickung vorführt. Sonnenfels betont, daß der neue Heldentypus wirkliche Anteilnahme provoziere und derart die Distanz überwinde, die in der heroischen Tragödie Publikum und Protagonisten getrennt habe. »Hier, wo ich nicht selten eine Ähnlichkeit der Handlung finde, wo mir die Folgen meiner Nachsicht vor Augen stehen, hier kann *Schrecken* mich befallen, wenn ich mich, wenn ich die Meinigen dem Sturze so nahe erblicke; wenn ich ebendieselben Folgen zu befürchten habe; vielleicht ein heilsames Schrecken, wo es noch Zeit ist, zurückzubeben.« (IV Mathes Hg., 72).

Gemeinsames Element der von den zeitgenössischen Theoretikern der Gattung vorgetragenen Argumentation bleibt es, daß das soziale Ethos des bürgerlichen Trauerspiels keineswegs in der Demonstration einer spezifischen gesellschaftlichen Problemlage, sondern im ständeübergreifenden allgemeinmenschlichen Gehalt erblickt wird. Nicht Amt, Rolle und Status seien entscheidend für die tragische Wirkung, vielmehr sittliche Würde und innere Größe; die dramatische Fallhöhe wird damit, abweichend von den Bestimmungen der Regelpoetik, zum Reflex einer moralischen Disposition jenseits ständischer Zuordnung. Zu den Kennzeichen der Tragödie gehöre es, so betont Garve, daß sie Menschen unabhängig von gesellschaftlichen Rollenfixierungen im Stadium des unverdienten Unglücks vorführe und derart Mitleid beim Publikum hervorrufe: »Was soll also hier der Name des Fürsten tun, wenn er nur als Mensch handelt oder leidet?« (IV Mathes Hg., 76). Die poetische Dignität des Trauerspiels leiten die meisten zeitgenössischen Theoretiker aus seiner ständeübergreifenden Wirkungsethik ab. Die von Garve vorgebrachte Begründung wird dabei auch auf den neuen Tragödientypus angewendet: Dessen Held, so erklären Pfeil, Schmid und Sonnenfels, handle weniger als Bürger denn als Individuum, nicht als Rollenträger, sondern im Sinne einer für jeden Menschen typischen Neigung zu Irrtum und Fehlbarkeit, die ihn ins Geflecht tragischer Schuld verstricke. Es wäre jedoch falsch, aus solchen Argumenten die Annahme abzuleiten, die Theorie des neuen Trauerspiels bleibe frei von sozialem Wirkungskalkül und gesellschaftlichen Perspektiven. Es gehört gerade zu den besonderen Merkmalen des aufgeklärten Bewußtseins der Zeit, daß es in den Ostentationen allgemeinmenschlichen Interesses die Wertvorstellungen des Bürgertums zur Geltung bringt. Der Prozeß der literarischen Aufwertung spezifisch bürgerlicher Themen setzt in der Mitte des 18. Jahrhunderts daher zunächst im Namen einer schichtenübergreifenden Humanität ein und artikuliert sich in einem sozialen Ethos, das seine ständische Fixierung vorerst zu leugnen trachtet (IV Wierlacher, 46ff., IV Guthke T, 36ff.; vgl. auch IV Pikulik, 101ff. und die Kritik bei IV Eibl L, 170f., IV Szondi, 68f., I Sauder, 50f.).

### Lessings Poetik des Mitleids

Ihre ingeniöse Begründung erfährt die Theorie des bürgerlichen Trauerspiels durch Lessing, dessen wesentlicher Beitrag darin besteht, daß er die formalen Bestimmungen der Gattung um Elemente einer neuen Gefühlskultur ergänzt, die teils aus der britischen *Moral-sense*-Philosophie, teils aus sensualistischen Quellen stammen. Lessings Ausgangspunkt bildet Nicolais »Abhandlung vom Trauerspiele«, die der Autor seinem Freund in einem Brief vom 31. August 1756 näher erläutert. Nicolai hatte sein Augenmerk, geschult durch Dubos' entsprechende Bestimmungen aus den *Réflexions critiques* (1719), primär auf die affektive Dimension der Tragödienwirkung konzentriert (vgl. IV Martino, 110f., IV Michelsen, 115f.). Daß das Trauerspiel seinen Zweck vor allem darin finde, die Leidenschaften der Zuschauer zu erregen, betont Nicolai mit größtem Nachdruck (IV Nicolai, 12f.); der Mechanismus der Katharsis und die an ihn womöglich gebundene moralische Erziehungsleistung der Gattung interessieren ihn ebensowenig wie Fragen der dramatischen Figurengestaltung und der Formsprache. Belehrt durch die Theorien des ästhetischen Sensualismus, konzentriert Nicolai seine gesamte Abhandlung auf die Analyse der tragischen Affektpsychologie, der gegenüber die kathartischen Effekte einer Dramaturgie der Leidenschaften kaum näher berücksichtigt werden.

Lessing, der im November 1756 auf Nicolais brieflichen Selbstkommentar antwortet, erstrebt hingegen eine Verknüpfung zwischen sensualistischer und moraldidaktischer Bestimmung des Trauerspiels. Für den zentralen Wirkungsbegriff, der das künstlerische Profil der Tragödie entscheidend bestimmt, hält Lessing das Mitleid, dem Schrecken und Bewunderung als Sekundäraffekte untergeordnet werden. Während die mitleidige Empfindung den Grundakkord bildet, der die Gemütsverfassung des Zuschauers im Verlauf der Bühnenhandlung, graduell je verschieden, beherrscht, stellen sich, so Lessing, Schrecken und Bewunderung stets nur kurzzeitig als Folgen plötzlicher Handlungsumschwünge (Peripetien) oder der Darstellung ungewöhnlicher Charaktergröße im Kontext tragischer Heldenschicksale ein. An der Hauptaufgabe der Tragödie läßt Lessing keinen Zweifel:

> (...) sie soll unsere Fähigkeit, *Mitleid zu fühlen*, erweitern. Sie soll uns nicht bloß lehren, gegen diesen oder jenen Unglücklichen Mitleid zu fühlen, sondern sie soll uns weit fühl-

bar machen, daß uns der Unglückliche zu allen Zeiten, und unter allen Gestalten, rühren und für sich einnehmen muß (...) *Der mitleidigste Mensch ist der beste Mensch*, zu allen gesellschaftlichen Tugenden, zu allen Arten der Großmut der aufgelegteste. Wer uns also mitleidig macht, macht uns besser und tugendhafter, und das Trauerspiel, das jenes tut, tut auch dieses, oder – es tut jenes, um dieses tun zu können. (I Lessing G, Bd.IV, 163; vgl. dazu IV Kommerell, 86f., IV Schings M, 38f.).

Lessings Neudeutung besteht darin, daß sie den funktionalen Status des Mitleidsbegriffs verändert, indem sie ihn nicht nur als affektive, sondern auch schon als moralische Kategorie auffaßt. Empathie, wie sie das Trauerspiel hervorrufen soll, schließt Uneigennützigkeit und Menschenfreundlichkeit ein – sittliche Tugenden, die an der Spitze der aufklärerischen Werthierarchie stehen. Die hier vollzogene Aufwertung des Mitleidsbegriffs erlaubt es Lessing, auf die sensualistisch geprägte Gattungslehre Nicolais (bzw. Dubos') zurückzugreifen, ohne dabei die seit Gottsched vertraute moralische Begründung der Tragödienwirkung preiszugeben. Die Katharsis, über deren Mechanismus sich erst die *Hamburgische Dramaturgie* genauer äußern wird, tritt hingegen in den Hintergrund. Da die mitleidige Empfindung als vom Trauerspiel ausgelöster Primäraffekt a priori eine sittliche Wertigkeit besitzt, scheint es kaum notwendig, ihn im Prozeß der Läuterung entsprechend zu regulieren und übergeordneten moralischen Zwecken zuzuführen.

Lessings Mitleidsbegriff, der der Wirkungspoetik des bürgerlichen Trauerspiels den programmatischen Horizont verschafft, speist sich aus unterschiedlichen Quellen, deren Bedeutung die neuere Forschung kontrovers diskutiert hat (vgl. IV Daunicht, 289f., IV Wierlacher, 122f., IV Schings M, 22ff., IV Michelsen, 111f.). Insgesamt lassen sich drei Einflußfelder erkennen, die jeweils einzelne Aspekte des Lessingschen Konzepts geprägt zu haben scheinen. Die methodische Synthese zwischen sensualistischer und moraldidaktischer Begründung der Tragödie, wie sie in der doppelten Nuancierung des Mitleids als Affekt und ethischer Wert zutage tritt, wird möglich durch den Rekurs auf die britische *Moral-sense*-Philosophie, zu deren wichtigsten Vertretern Shaftesbury, Francis Hutcheson und, prägend vor allem für das letzte Drittel des aufgeklärten Jahrhunderts, Adam Ferguson zählen. Als sittliches Wesen ist der Mensch, so betont Hutcheson, keineswegs nur von der Vernunft gesteuert; vielmehr besitzt er eine natürliche Disposition zum moralischen Handeln, die wesentlich mit seinem Empfindungsvermögen verknüpft scheint. Die Fähigkeiten der sensuellen Wahrnehmung begründen ihrerseits die Bereitschaft zur einfühlenden Anteilnahme am Schicksal anderer Menschen und damit eine moralische Fertigkeit, die, anders als im Kontext der Leibniz-Wolffschen Schulphilosophie, nicht als Produkt der Vernunft, sondern als synthetisches, sinnliche und intellektuelle Kräfte zusammenführendes Vermögen angesehen wird. Lessing kannte diese Auffassung zumal aus Hutchesons Abhandlung *A System of Moral Philosophy* (1755), deren deutsche Übersetzung er 1756 vorlegte; es ist offenkundig, daß die Theorie des Mitleids als affektiv gegründete Form tugendhafter Menschenliebe methodische Anregungen durch die angelsächsische *Moral-sense*-Philosophie empfangen hat (vgl. IV Hutcheson, Vol. V, 125ff.).

Eine zweite Quelle bilden Moses Mendelssohns »Briefe über die Empfindungen«, die Lessing im Jahr 1755 unautorisiert und ohne Nennung des mit ihm befreundeten Verfassers publiziert. Für Mendelssohn stellt das Mitleid das paradigmatische Beispiel einer gemischten Empfindung vor, in der Lust- und Unlustgefühle zusammenfließen. Es »ist nichts, als die Liebe zu einem Gegenstande, mit dem Begriffe eines Unglücks, eines physikalischen Uebels, verbunden, das ihm unverschuldet zugestoßen. Die Liebe stützt sich auf Vollkommenheiten, und muß uns Lust gewähren, und der Begriff eines unverdienten Unglücks, macht uns den unschuldigen Geliebten schätzbarer, und erhöhet den Werth seiner Vortreflichkeiten.« (I Mendelssohn, 89f.) Über den besonderen Charakter derartiger gemischter Empfindungen hatte bereits Gellert in seiner Ende der vierziger Jahre entstandenen Abhandlung »Von den Annehmlichkeiten des Mißvergnügens« nachgedacht, ohne dabei aber näher auf den Mitleidsbegriff einzugehen (IV Gellert A, 114–122).

Als »Vermischung von angenehmen und unangenehmen Empfindungen« (I Mendelssohn, 89) bildet das Mitleid für Mendelssohn eine Synthese zwischen moralischer und sinnlicher Disposition, insofern es nicht nur der Ausdruck entwickelter Sensibilität, sondern auch das Produkt moralischer Wertvorstellungen und ein Reflex der Liebe zu ›Vollkommenheiten‹ ist, wie Mendelssohn in der konventionellen Terminologie der Leibniz-Wolffschen Schulphilosophie erklärt. Entsteht das Lustgefühl des Mitleidenden aus der allgemeinen Liebe zur Tugend, so die Unlust aus der emotionalen Anteilnahme am unglücklichen Schicksal eines mustergültigen Menschen. Verfeinerte Sensibilität und moralisches Urteilsvermögen bilden damit die Voraussetzungen der Mitleidsfähigkeit, die nur dann gegen Fehlhaltungen immun bleibt, wenn ihre beiden Komponenten gleichermaßen zur Geltung kommen. Im Gegensatz zu den Vertretern der *Moral-sense*-Philosophie findet Mendelssohn im Mitleid nicht a priori die sittliche Kraft vernünftiger Menschenliebe wirksam; vielmehr bedarf es der äußeren Vermittlung mit moralischen Wertmaßstäben, um der Empathie das notwendige ethische Fundament zu verschaffen.

Beeinflußt wird die Mitleidslehre des Briefs vom November 1756 nicht zuletzt durch Rousseaus *Discours sur l'inégalité* (1755), den Lessing im Jahr seines Erscheinens für die »Berlinische privilegierte Zeitung« rezensiert (die wenig später publizierte deutsche Übersetzung stammt von Mendelssohn) (I Lessing G, Bd. III, 251f.). Rousseau integriert seinen Mitleidsbegriff in die dezidierte Kritik der Zivilisation, wie sie der *Discours* durchgängig formuliert. Das Mitleid ist für ihn »un sentiment naturel« (III Rousseau, 174), eine natürliche Empfindung, die dem Menschen im Prozeß der modernen kulturellen Entwicklung sukzessive verlorengegangen ist. Besitzt der Wilde (›homme sauvage‹) laut Rousseau noch eine unverbildete Fähigkeit zur emotionalen Anteilnahme am Unglück anderer, so fördert die zivilisierte Gesellschaft ausschließlich Eigennutz und Rücksichtslosigkeit im Zeichen eines ungehemmten Interessenkampfes. Ein friedliches Zusammenleben der Menschen wird allein durch den Naturzustand (›l'état de nature‹) garantiert, weil in ihm das Mitleidsvermögen noch nicht vom Egoismus der entwickelten Kulturgesellschaft verdrängt worden ist.

Zumindest die bei Rousseau anklingende Vorstellung einer moralischen Eigenwertigkeit des Mitleids, die von Mendelssohn bezweifelt wird, hat Lessing aufgegriffen (vgl. IV Schings M, 22ff.). »Das Trauerspiel«, so heißt es am 18. Dezember 1756 unzweideutig, »soll das Mitleiden nur überhaupt *üben*, und nicht uns in diesem oder jenem Falle zum Mitleiden bestimmen. Gesetzt auch, daß mich der

Dichter gegen einen unwürdigen Gegenstand mitleidig macht, nämlich vermittelst falscher Vollkommenheiten, durch die er meine *Einsicht* verführt, um mein Herz zu gewinnen. Daran ist nichts gelegen, wenn nur mein Mitleiden rege wird, und sich gleichsam gewöhnt, immer leichter und leichter rege zu werden.« (I Lessing G, Bd. IV, 189f.). Nach Mendelssohns Theorie wäre eine Mitleidsempfindung, die aus der Orientierung an ›falscher Vollkommenheit‹ entspringt, kaum möglich, da gerade die Ausrichtung auf das moralisch Gute konstitutives Merkmal des Begriffs selbst ist. Lessings Mitleid bleibt jedoch, darin Rousseaus Auffassung vom ›sentiment naturel‹ vergleichbar, eine selbständige Kategorie, deren moralische Dignität unabhängig scheint von der Frage, ob die sie kennzeichnende emotionale Teilnahme einem würdigen oder einem unwürdigen Gegenstand gilt. Mit dieser Ansicht steht Lessing der seit den 50er Jahren zum literarischen Modephänomen avancierten Empfindsamkeit nahe, die im ›Joy of grief‹, im Vergnügen an den gemischten Emotionen eine neue, zumal poetisch sich manifestierende Affektkultur zu etablieren sucht, an der nicht zuletzt die Wirkungstheorie des bürgerlichen Trauerspiels und seine Lehre der Empathie partizipiert. Das menschliche Mitleidsvermögen, das der Neostoizismus des 17. Jahrhunderts ebenso wie der Rationalismus der Frühaufklärung als Spielart selbstverliebter Larmoyanz verworfen oder doch zumindest in seinen Extremformen problematisiert hatte (vgl. etwa II Zedler, Bd. XXI, Sp. 552f.; IV Martino, 190ff.), avanciert nunmehr zu einer sittlichen Tugend, deren Bedeutsamkeit Lessing im Rückgriff auf Hutchesons Moralphilosophie, die Affektpsychologie Mendelssohns und Rousseaus zivilisationskritische Lehre von den natürlichen Empfindungen exakt zu begründen sucht.

## *Miss Sara Sampson* als Gattungsparadigma

Zum Zeitpunkt des Disputs über die Wirkungslehre des Trauerspiels lag mit Lessings *Miss Sara Sampson* (1755) bereits ein Werk vor, das die tragischen Valenzen der neuen bürgerlichen Affektkultur exemplarisch vor Augen geführt hatte. Im Mittelpunkt des Dramas steht, sämtliche übrigen Konflikte bereits ansatzweise enthaltend, die, wie Peter Michelsen formuliert hat, »Problematik der Empfindungen« (IV Michelsen, 163ff.). An entscheidenden Punkten der Handlung zeigen sich die dramatis personae von einer Vielzahl unterschiedlicher Leidenschaften beherrscht, die sie kaum zu kontrollieren oder durch Sublimierung zu disziplinieren verstehen. Der im Zeitalter der Aufklärung stets neu formulierte Anspruch, der Mensch vermöge das eigene Schicksal selbst zu bestimmen, zerbricht hier an der Macht der nicht beherrschbaren, stets neu durchbrechenden Affekte. Von ihnen ist im Drama selbst immer wieder die Rede; gesprochen wird über ›Schrecken‹, ›Schmerz‹, ›Verzweiflung‹, ›Angst‹, ›Erbarmen‹, ›Reue‹, ›Zärtlichkeit‹, ›Mitleid‹, ›Rührung‹, ›Bewunderung‹, ›Wut‹, ›Zorn‹, ›Wollust des Vergebens‹. Es gehört dabei zu den kunstvollen Techniken von Lessings Dramaturgie, daß er Figurenpsychologie und Wirkungsprogramm harmonisiert, indem er die Protagonisten selbst – vor allem gilt das für Sara, Waitwell und ihren Vater – zu empfindungsfähigen Gestalten werden läßt, die über Altruismus und Empathie verfügen (vgl. III, 3, V, 9, V, 10). Als Spiel *vor* (idealiter) Mitleidigen ist Lessings bürgerliches Drama zugleich eine Tragödie *der* Mitleidigen: die angestrebte affektive Reaktion des Zuschauers wird nicht nur durch die tragische Handlung, sondern ebenso durch entsprechende Emotionen der Bühnengestalten gesteuert (vgl. IV Pikulik, 64ff., Mattenklott, in: I Glaser Hg., 189, IV Schenkel, 74f., 113ff., IV Schulz, 178f.).

Leidenschaften unterschiedlichster Prägung sind freilich auch für den traurigen Ausgang des Dramas verantwortlich. Keiner der Figuren gelingt es, im entscheidenden Moment eine Harmonisierung von Tugend, Vernunft und Emotion herzustellen, wie sie die zeitgenössische *Moral-sense*-Philosophie im Gedanken der natürlichen Moralität zu beschreiben suchte; die Verfehlung derartiger Vermittlung bedeutet zugleich das Scheitern eines aufklärerischen Anspruchs – des Postulats der Selbstbestimmung durch Affektregulierung (vgl. IV Michelsen, 203f.). Die Titelheldin bietet das deutlichste Exempel für das Versagen dieses Vorsatzes: ihr nach zeitgenössischem Verständnis schwerwiegender moralischer Fehltritt, den sie durch Gewissensqualen büßt (I, 7), bezeugt eine Macht der Leidenschaften, die durch Vernunfterziehung offenkundig nicht zu disziplinieren war. In Mellefonts Wankelmut verknüpft sich die Verantwortungslosigkeit des Verführers mit dem Egoismus eines vornehmlich emotionsgesteuerten Charakters, der sich nur deshalb selbst ein »Rätsel« (IV, 2) ist, weil er vor der Auflösung der ihn beherrschenden Widersprüche zurückschreckt. Marwoods leidenschaftliche Rachgier (IV, 5), durch die Vorgeschichte motiviert, aber nicht moralisch sanktioniert (IV, 8), erweist sich als Ausdruck eines ungezügelten Temperaments, das hier freilich die Fähigkeit zu vernünftiger Reflexion, zumal im Kontext von Intrige und Verstellung, keineswegs ausschließt. Der verzeihende, um Versöhnung bemühte Vater schließlich profiliert sich zwar als ausgeglichener Charakter, jedoch weist er selbst darauf hin, daß die am Ende tragische Verwicklung erst durch seine eigene stolze Verbohrtheit entstanden sei (III, 1); auch hier erscheint mithin die fehlende Beherrschung irrationaler Tendenzen als auslösender Faktor der späteren Katastrophe.

Das Drama der Leidenschaften vollzieht sich bei Lessing noch vollständig im Bereich der Sprache. Mit einer gewissen Neigung zur Sophistik und Kasuistik analysieren die dramatis personae – das gilt auch für die »neue Medea« (II, 7) Marwood – die sie beherrschenden Emotionen und affektiven Verstrickungen. Selbst in Situationen größter Bedrückung und äußerster Not verlieren Lessings Figuren nie die Kontrolle über ihre Sprache, die ihnen erst die sie bestimmende psychische Wirklichkeit zu verbürgen scheint (vgl. IV Eibl L, 148f.). Nur dort, wo die Gestalten die Gelegenheit zur Verständigung (und sei es im Rahmen des Monologs) besitzen, scheinen ihre Gefühle auch zu existieren; jenseits der Sprache, im Bereich des stummen Spiels, das die Autoren des Sturm und Drang, vor allem Lenz und der junge Schiller, kultivieren werden, gewinnen sie hier noch keine Ausdrucksmöglichkeiten.

Zwar beteuert man immer wieder, daß die Zeichen der Leidenschaften beredter seien als jene der Worte, doch schickt man sich stets von neuem an, sie in sprachliche Artikulationsformen zu überführen. Der deutlichste nonverbale Reflex der empfindsamen Disposition, wie sie, von Marwood abgesehen, sämtliche der Protagonisten beherrscht, ist der – überaus reichliche – Tränenfluß: »O nein«, so erklärt Sara Mellefont, »diese Träne, die sich aus ihrem Auge schleicht, sagt weit mehr, als Ihr Mund ausdrücken könnte« (III, 5) – eine Diagnose, die den Angesprochenen nicht daran hindert, seinen Gemütszustand im folgenden präzis zu beschreiben, um den stummen Eindruck durch die offenbar doch zuverlässigere verbale Analyse zu ergänzen. Geradezu tragische Dimensionen gewinnt das blinde Vertrauen in die Priorität der sprachlichen Argumentation dort, wo die Figuren die Möglichkeit der unmittelbaren Verständigung meiden und sich einer distanzgebietenden Kasuistik anvertrauen, die direkte Lösungen a priori ausschließt. In der Mitte des dritten Akts, da der Weg zum harmonischen Komödienschluß dank des Versöhnungsangebots Sir Williams offensteht, verhindert Sara die glückliche Fügung durch eine befremdliche Vorsicht, die es ihr geraten sein läßt, ihrem Vater einen Brief zu schreiben, statt ihn in seinem benachbarten Gasthofzimmer selbst aufzusuchen (III, 4). Aufgrund des derart entstehenden Zeitverzugs erst erhält die Gegenspielerin Marwood hinreichend Gelegenheit zur Vorbereitung ihrer tückischen Intrige, deren tödlicher Ausgang durch das Zögern und die innere Unsicherheit der Opfer mitverschuldet scheint.

Die eigentliche Tragödie des Menschen vollzieht sich, so die Quintessenz der *Sara Sampson*, auf der inneren Bühne seines seelischen Erlebens im Spannungsfeld von Leidenschaft und Verstand, Emotion und Sittlichkeit (IV Durzak, 48f.). Gemäß den Bestimmungen der Seneca-Studien (1754), die dazu raten, die mythologischen Erscheinungen der spätantiken Tragödie in Traumszenen umzuformen, legt Lessing sein Drama der Affekte zugleich als Darstellung eines subtilen psychischen Prozesses an, der vor allem in den Imaginationen und Angstvisionen der Titelheldin Profil gewinnt. Der Traum, den Sara Mellefont in Szene I, 7 ausführlich erzählt, empfängt seine Bedeutung für das Trauerspiel aus der Doppelfunktion von Orakel- und Spiegelcharakter (IV Durzak, 51, IV Reh, 174, IV Schenkel, 84, IV Ter-Nedden, 48f.). Zum einen antizipiert er im Mordmotiv den tödlichen Schluß des Dramas, zum anderen belegt er durch die eigentümliche Identität zwischen Täterin und Opfer, auf die Sara ausdrücklich verweist, die Schuldgefühle und Gewissensnöte der Protagonistin, die sich in einem schwer entwirrbaren Geflecht von Angst und Selbstvorwürfen verstrickt hat. Daß am Ende die Mordabsichten der Marwood erst durch Saras Furcht, ihr Traum könne sich in Wirklichkeit verwandeln (IV, 8), stimuliert und derart manifest werden, zeugt wiederum von der unheimlichen Dynamik unkontrollierbarer Affekte und ihrer schwer abwendbaren tragischen Konsequenz (IV Durzak, 53f.). Spätestens an diesem Punkt tritt deutlich zutage, daß Lessings Helden für ihr Schicksal je individuell die Verantwortung tragen; weder eine mythisch ferne Götterwelt noch die christliche Heilsgeschichte entlasten sie vom unerhörten Druck des Selbstbestimmungspostulats, dessen hochfliegender Anspruch an der Unversöhnlichkeit von Leidenschaft und Vernunft zuschanden wird.

Der Bühnenerfolg der *Miss Sara Sampson* provozierte mancherlei Nachahmungen – die gelungensten stellten Pfeils *Lucie Woodvil* (1756) und Helferich Peter Sturz' *Julie* (1767) dar –, ohne daß es jedoch zu einer sofort einsetzenden Breitenwirkung kam, die der neuen Gattung allgemeine Anerkennung verschafft hätte. In den Jahren zwischen 1755 und 1772, die die *Sara Sampson* von der *Emilia Galotti* trennen, erschienen 13 explizit als ›bürgerlich‹ ausgewiesene Trauerspiele, zu denen sich nochmals 12 weitere Dramen gesellten, die, ohne entsprechende Spezifizierung im Untertitel, den charakteristischen Gesetzen der Gattung folgten, insofern sie Helden aus dem Mittelstand (einschließlich des niedrigen Adels) präsentierten und nach dem Vorbild von Lillos *London Merchant* Themen des häuslichen Privatlebens behandelten (IV Meyer, 83ff., IV Guthke T, 60f.). Seine eigentliche Blüte als Breitenphänomen erlebte das Genre erst in den 70er Jahren, zu einem Zeitpunkt, da die Shakespeare-Rezeption der Geniebewegung bereits die Entwicklung anderer dramatischer Formstrukturen jenseits regelhafter Bauprinzipien gefördert hatte. Allein zwischen 1775 und 1776 erschienen mehr als 20 bürgerliche Trauerspiele, darunter zahlreiche, die sich explizit dieser Gattung zurechneten; noch fünf waren es 1784, im Publikationsjahr von Schillers *Kabale und Liebe*, das man gern als verspätetes Muster der Gattung apostrophiert, obgleich es doch ganz auf der Höhe des Zeitgeschmacks lag.

## Trauerspieltheorie der *Hamburgischen Dramaturgie*

Der allmählich sich vollziehende Wertwandel, der zur Abkehr von der heroischen Tragödie führte, trat zuerst im Bereich der Übersetzungen zutage, wo seit der Mitte der 50er Jahre die französischen Autoren – mit Ausnahme Voltaires – ihre Spitzenstellung den Engländern überlassen mußten. Nicht mehr Corneille, Racine, Crébillon und Pradon, sondern Lillo, Thomson, Congreve, Dryden und Moore gehörten jetzt zu den Favoriten, deren Werke, teils in unterschiedlichen Fassungen, dem breiteren Lesepublikum zugänglich gemacht wurden. Die prominentesten Muster bildeten Lillos *London Merchant* (1731) und Moores *Gamester* (1753), die mit ihrer klaren Handlungsführung und prägnanten Figurenpsychologie bald erste Nachahmungen provozierten. Das wachsende Interesse an bürgerlichen Themen, das sich in der Rezeption der bevorzugt familiäre Konfliktkonstellationen darstellenden englischen Dramen bekundete, führte jedoch erst nach 1770 zu breitenwirksamen Konsequenzen im Bereich der deutschsprachigen Dramenproduktion und der Bühnenpraxis. Der Spielpan des Hamburger Nationaltheaters enthielt im Zeitraum zwischen April 1767 und November 1768 neben den genannten Dramen von Lillo und Moore sowie Lessings *Sara Sampson* kein weiteres Exempel der Gattung. Es ist auffällig, daß Lessing selbst in den einzelnen Stücken der *Hamburgischen Dramaturgie* an keiner Stelle ausführlicher über die Poetik einer genuin bürgerlichen Tragödie reflektiert, sie lediglich im 14. Stück eher beiläufig mit dem (inzwischen gängigen) Hinweis auf ihr beträchtliches Identifikationspotential berührt. Die *Emilia Galotti*, deren Formsprache, Figurenpsychologie und Wirkungskalkül gleichermaßen den Gesetzen der Gattung entspricht, trägt lediglich den Untertitel »Trauerspiel«; in einer späteren Ausgabe der *Miss Sara Sampson* aus dem Jahr 1772 hat Lessing, dieser Praxis folgend, das Attribut ›bürgerlich‹ konsequent fortfallen lassen. Sein eigentliches Interesse galt weniger der Durchsetzung poetologisch verbindlicher Terminologien als dem spezifischen Wirkungsanspruch einer Gattung, die den Bürger zum tragischen Helden hatte aufsteigen lassen.

Zu diesem Aufstieg, so zeigte Lessing in der *Hamburgischen Dramaturgie*, gehörte eine Affektenlehre, die, wie schon der Briefwechsel mit Nicolai und Mendelssohn angedeutet hatte, den Geltungsinteressen bürgerlicher Subjektivität Rechnung zu tragen suchte, ohne sich in den Niederungen modischer Rührseligkeit zu bewegen. Ausgangspunkt für Lessings Darlegungen ist zunächst die Annahme, daß eine Theorie des Trauerspiels weder auf die traditionelle Gottschedsche Regelpoetik gegründet noch durch generelle Verachtung normativer Bestimmungen gekennzeichnet sein dürfe. Lessing avisiert einen methodischen Mittelweg, den bereits seine

Diskussion des Geniebegriffs im 34. Stück der *Dramaturgie* vorstrukturiert: So wie sich das geniale Werk allgemein durch die geschmeidige Umsetzung theoretischer Prinzipien auszeichnet, soll auch die ideale Tragödie von einer gleichsam natürlichen, schulmeisterliche Pedanterie meidenden Formsprache geprägt sein, die poetische Gesetzmäßigkeit und schöpferische Originalität miteinander verknüpft (vgl. II Schmidt, 91ff.).

Die **Psychologie der dramatischen Affekte** stützt sich in Lessings *Dramaturgie* wesentlich auf die Theorie der Katharsis (74.–80. Stück), von der im zehn Jahre zurückliegenden Briefwechsel über das Trauerspiel kaum die Rede war. Unter ständigem Rekurs auf die Bestimmungen des Aristoteles bemüht sich Lessing zunächst um eine Revision der seit dem späten 17. Jahrhundert gängigen Übersetzungspraxis, in deren Folge man die Kategorien *eleos* und *phobos* als ›Mitleid‹ und ›Schrecken‹ wiedergab. Lessings Korrektur gilt dem Begriff des Schreckens, den er selbst nicht nur in der Korrespondenz mit Mendelssohn und Nicolai, sondern auch in den ersten 70 Stücken der *Dramaturgie* bedenkenlos verwendet (das 32. Stück hatte ihn als jenen affektiven Mechanismus beschrieben, in dessen Verlauf der Zuschauer durch Konfrontation mit einer tragischen Handlung der hypothetischen Möglichkeit gewahr werde, daß auch ihn das Schicksal des Helden ereilen könne (I Lessing G, Bd. IV, 377)). Nun heißt es, unter Bezug auf Mendelssohns »Zusätze zu den Briefen über die Empfindungen« (1761), die ›Schrecken und Mitleiden‹ als identische, einen vergleichbaren Vorgang der emotionalen Betroffenheit aktivierende Wirkungsbegriffe fassen wollten (I Mendelssohn, 138f.), über die Praxis der bisherigen Aristoteles-Übertragungen:

> Man hat ihn falsch verstanden, falsch übersetzt. Er spricht von Mitleid und Furcht, nicht von Mitleid und Schrecken; und seine Furcht ist durchaus nicht die Furcht, welche uns das bevorstehende Übel eines andern, für diesen andern, erweckt, sondern es ist die Furcht, welche aus unserer Ähnlichkeit mit der leidenden Person für uns selbst entspringt; es ist die Furcht, daß die Unglücksfälle, die wir über diese verhänget sehen, uns selbst treffen können; es ist die Furcht, daß wir der bemitleidete Gegenstand selbst werden können. Mit einem Worte: diese Furcht ist das auf uns selbst bezogene Mitleid. (I Lessing G, Bd. IV, 578).

So stimmig sich dieser Vorschlag im Rahmen von Lessings nachfolgender Katharsistheorie ausnehmen mag, so zweifelhaft bleibt doch die logische Konsistenz der Argumentation. Zum einen hatte Lessing bereits im 32. Stück eben diesen Mechanismus der Identifikation auf den Begriff des Schreckens zurückgeführt, so daß die Vermutung naheliegt, beide Kategorien besäßen wirkungsästhetische Gleichwertigkeit (was die Kritik der älteren Übersetzungspraxis hinfällig gemacht hätte) (IV Schulz, 277f.). Zum anderen ist Lessings Behauptung, der Begriff der Furcht garantiere eine bessere Abgrenzung gegenüber dem Mitleid, wenig tragfähig, insofern sie in eine Argumentation eingebettet bleibt, die zu erweisen sucht, daß Furcht ›das auf uns selbst bezogene Mitleid‹, folglich nur ein Derivat der gerührten Empfindung vorstellt (vgl. IV Kommerell, 212f.).

Im Briefwechsel über das Trauerspiel hatte Lessing seine intellektuelle Konzentration ganz auf die Analyse des Mitleidseffekts gerichtet, den zweiten Wirkbegriff jedoch weitgehend ignoriert. Die *Hamburgische Dramaturgie* bemüht sich zwar explizit um den Nachweis der Gleichberechtigung beider Kategorien, bekräftigt aber in ihrem Argumentationsgang Lessings ältere Auffassung, daß das Mitleid das Zentrum der tragischen Affektpsychologie bilde. Der Furcht bleibt in diesem Konzept nur eine untergeordnete Funktion, insofern sie im Rahmen des Rezeptionsprozesses die besondere Spielart jenes identifikatorischen Selbstbezugs darstellt, der zumal durch das Mitleid provoziert wird. Lessings Beitrag zur Theorie des bürgerlichen Trauerspiels, von dem explizit hier nicht mehr die Rede ist, besteht darin, daß er die tragische Wirkungsdoktrin ganz auf die Mechanismen einer Psychologie der empfindsamen Leidenschaften gründet, Schrecken und Bewunderung als Affektkategorien der heroischen Tragödie jedoch in den Hintergrund treten läßt. Die philologisch konzise Analyse der Übersetzungsproblematik ist kein Produkt der Gelehrteneitelkeit, sondern der Versuch, ein dem bürgerlichen Werthorizont zugeordnetes Trauerspiel aus seiner Übereinstimmung mit den aristotelischen Kategorien zu legitimieren.

Bedingung der dramatischen Wirkung, wie Lessing sie beschreibt, ist die Ähnlichkeit zwischen Protagonisten und Zuschauer, die beide »von gleichem Schrot und Korne« (I Lessing G, Bd. IV, 580f.) sein müßten. Wesentlich scheint dabei weniger die Identität des sozialen Status als vielmehr der analoge Gefühlshaushalt, das korrespondierende Spiel der Leidenschaften, die Korrelation der Interessen und Neigungen: »Aus dieser Gleichheit«, heißt es unter Bezug auf Aristoteles' Bestimmungen über den mittleren Charakter des Helden (*Poetik*, 1453a), »entstehe die Furcht, daß unser Schicksal gar leicht dem seinigen eben so ähnlich werden könne, als wir ihm zu sein uns selbst fühlen; und diese Furcht sei es, welche das Mitleid gleichsam zur Reife bringe.« (I Lessing G, Bd. IV, 581). An die Stelle der Distanz, die den Heroen der klassizistischen Tragödie vom Publikum getrennt hatte, tritt bei Lessing die ideelle Affektgemeinschaft des Protagonisten mit dem Zuschauer; deren Bedingung bilden die Theorie des Mitleids und die ihr einbeschriebene empfindsame Gefühlspsychologie.

Der Katharsis fällt in Lessings Konzept, ähnlich wie bei Gottsched, eine disziplinierende Funktion zu. Die wesentliche Modifikation des älteren moralistischen Konzepts besteht jedoch darin, daß Lessing nicht mehr auf eine externe, den tragischen Leidenschaften selbst äußerliche rationale Instanz zurückgreift, der die Regulierung der Affekte (etwa durch die didaktische Auslegung der dramatischen Handlung im Kontext des Lehrsatzkonzepts) zugedacht ist, sondern ihnen selbst die autonome Bereinigung ihrer eigenen Extremformen zutraut. Prämisse dieses Gedankens bleibt zunächst die systematische Differenzierung zwischen jenen Leidenschaften, die durch die Tragödie erregt werden, und solchen, zu denen der Zuschauer aufgrund seiner anthropologischen Primäranlagen disponiert ist. Daran anschließend entwickelt Lessing eine Katharsisdeutung, die im Detail zeigen möchte, »1. wie das tragische Mitleid unser Mitleid, 2. wie die tragische Furcht unsere Furcht, 3. wie das tragische Mitleid unsere Furcht, und 4. wie die tragische Furcht unser Mitleid reinigen könne und wirklich reinige.« (I Lessing G, Bd. IV, 595; vgl. IV George, 301f., IV Wagner, 64f.).

Das hier beschriebene Verfahren geht vom Ideal eines geregelten menschlichen Affekthaushalts aus, der durch ein Gleichgewicht der Emotionen geprägt bleibt. Die Leistung der Katharsis besteht darin, daß die durch die Tragödie evozierten Leidenschaften auf jene des Zuschauers verstärkend oder abschwächend, mithin regulierend einwirken und derart zur angestrebten inneren Harmonisierung der ihn bestimmenden emotionalen Strebungen beitragen. Mit großem Nachdruck beschreibt Lessing diesen Vorgang als immanenten Prozeß, der ohne äußeren Anstoß und jenseits eines rationalen Korrektivs vonstatten geht. Das Vertrauen in die Selbstreinigungskraft der Affekte, die sich hier bekundet, bleibt im Zeitalter der Vernunft durchaus ungewöhnlich – selbst Schiller, der doch durch die Schule der Geniebewegung gegangen ist, wird seine Theorie des pathetisch-erhabenen Trauerspieleffekts später auf die Annahme gründen, daß die Tragödie einzig denjenigen bessere, der a priori sittliche Wertvorstellungen besitze, welche ihn dazu befähigten, die ihn überkommenden Leidenschaften zu steuern, gegebenenfalls auch zu disziplinieren (III Schiller, Bd. XVII, 145f., Bd. XVIII, 90ff.; vgl. IV Alt, 246f.).

### Das Modell der *Emilia Galotti*

Lessings anthropologisches Ideal repräsentiert der wohltemperierte Charakter, dessen Affekte sich selbst regulieren, ohne daß sie einer entsprechenden externen Steuerung bedürfen. Im Hinblick auf dieses Modell erweist sich sein eigenes Tragödienwerk freilich als Beitrag zur skeptischen Bewertung optimistischer Hypothesen über die Selbstheilungskräfte des Menschen. In solchem Sinn läßt sich fraglos die *Emilia Galotti* lesen: auch sie ist, wenngleich ihr der Autor die spezifizierende Gattungsbezeichnung versagt, ein ›bürgerliches Trauerspiel‹, insofern sie eine Familientragödie im Einflußfeld höfischer Intrigen darstellt, die nicht allein ständische Konflikte, sondern zugleich die Sprengkraft der Leidenschaften und die Disharmonie zwischen Emotion und Vernunft vor Augen führt.

Mit dem Stoff der *Emilia Galotti*, der, abweichend von der Praxis der meisten Verfasser bürgerlicher Trauerspiele, auf eine Begebenheit aus der Historie, die vom römischen Autor Livius geschilderte Geschichte der Virginia (*Ab urbe condita* III, 44ff.) zurückgeht, beschäftigte sich Lessing seit dem Beginn der 50er Jahre. 1754 übersetzte er eine französische Inhaltsangabe von Luyandos *Virginia* für die »Theatralische Bibliothek«, 1755 rezensierte er in der »Berlinischen Privilegirten Zeitung« Samuel Patzkes Alexandrinertragödie *Virginia*. Ende des Jahres 1757 trug er sich, angeregt durch ein Preisausschreiben von Nicolais »Bibliothek der schönen Wissenschaften und der freyen Künste«, mit dem Projekt einer »bürgerlich(n)« Virginia«, das er jedoch nicht zum Abschluß brachte. Erst annähernd 15 Jahre später wurde die Arbeit am dramatischen Fragment wiederaufgenommen, nun mit dem erklärten Ziel, »eine modernisirte, von allem Staatsinteresse befreyte Virginia« (II Lessing LM, Bd. XVIII, 22) zu schreiben, die, wie es in einem Brief an den Braunschweigischen Herzog hieß, »nichts als die alte Römische Geschichte« in einer neuen »Einkleidung« (II Lessing LM, Bd. XVIII, 23) bieten sollte. Die Uraufführung der *Emilia Galotti* fand am 13. März 1772 in Braunschweig statt; zumindest den aufmerksamen Zuschauern dürfte dabei deutlich geworden sein, daß die prätendierte ›Modernisierung‹ des Stoffs zwangsläufig auch ein neues Staatsinteresse berührte – auf subtile Weise freilich und in jener ›Einkleidung‹, die die Brisanz des politischen Sujets hinter einem bürgerlichen Privatkonflikt zu verstecken vermochte (zur Forschung IV Guthke T, 75f., IV Bauer, 101f.; vgl. IV Steinmetz EG, 128).

Lessings Trauerspiel befolgt höchst konsequent das Gesetz der geschlossenen Form und erweist sich damit, am Vorabend der Sturm und Drang-Periode, noch einmal als mustergültiges Exempel der aufgeklärten Tragödienpoetik (vgl. IV Klotz, 67f., 125f.). Zu betrachten steht hier jedoch nicht nur das Produkt einer nüchternen »dramatischen Algebra«, als das Friedrich Schlegel die *Emilia Galotti* bezeichnet hat (I Schlegel, Bd. II, 116); ebensowenig erschöpfend ist der Hinweis des jungen Goethe, in Lessings Trauerspiel sei »alles nur gedacht« und nichts dem gestalterischen »Zufall« regellos-genialer Produktivität überlassen (IV Goethe, Bd. IV/2, 19). Gerade durch die Umsetzung der Formprinzipien, die für die Tragödiendoktrin der Aufklärung verbindlich sind, zeigt sich Lessing als Meister der subtilen Nuancen, der es versteht, die dem schöpferischen Künstler von der *Hamburgischen Dramaturgie* zugewiesene Aufgabe der Harmonisierung zwischen Regelwerk und ästhetischer Individualität praktisch zu erfüllen. Konsequent beachtet Lessing die aristotelischen Angaben über die Geschlossenheit von Handlung und Zeit; die Einheit des Ortes – kein Prinzip der *Poetik*, sondern eine Norm des französischen Klassizismus – interessiert ihn hingegen nicht. Sie wird ersetzt durch eine Dramaturgie des mehrfachen Szenenwechsels, die es gestattet, soziale Milieus in sich wandelnden Räumen zu charakterisieren: die höfische Intrigenwelt im Stadtpalais des Prinzen (I), die bürgerliche Privatsphäre im bescheidenen Wohnhaus der Galottis (II), das Air der erotischen Verführung und die Verwirrung der Gefühle durch das Lustschloß in Dosalo und seine labyrinthisch-unübersichtlichen Zimmerfluchten (III–V) (vgl. auch IV Pütz, 152f.).

Daß es Lessing keineswegs um die sklavische Erfüllung poetologischer Normen zu tun ist, demonstriert seine dramaturgisch geschickte Zeitgestaltung. Einerseits manifestiert sich in der gedrängt ablaufenden Spielhandlung das Gesetz der Einheit des temporalen Geschehens, zum anderen begegnet hier ein Reflex jener unerhörten inneren Unruhe, von der sich fast sämtliche dramatis personae beherrscht zeigen: der Prinz, der entsetzt erfährt, daß Emilia am selben Tag noch in den Stand der Ehe treten soll (I, 6), Odoardo, der seinen Besuch bei der Familie in geschäftiger Ungeduld absolviert, Appiani, der sich am Hochzeitsmorgen zum Sklaven der Uhr machen läßt (II, 8), die Gräfin Orsina, die, von hektischer Betriebsamkeit regiert, Marinelli in Dosalo zur Eile antreibt (IV, 3). Der gedrängten Zeit des tragischen Spielverlaufs korrespondiert offenkundig auf inhaltlicher Ebene das Drama der Zeitnot und inneren Ungeduld, das die Protagonisten zu Opfern ihrer eigenen Ruhelosigkeit werden läßt (IV Ter-Nedden, 178f., IV Alt, 255f.). Nicht Souveränität und Autonomie, sondern Abhängigkeit von wechselnden Antrieben, Absichten und Leidenschaften bestimmt die dramatis personae in den entscheidenden Momenten ihres Handelns (IV Steinmetz EG, 102f.).

Das Zeitmotiv, das unter der homogenen Oberflächenstruktur der Lessingschen Dramaturgie zum Vorschein kommt, führt damit zu einem zentralen Problemfeld des Trauerspiels. Durchgängig erweisen sich die Protagonisten der *Emilia Galotti* als von ihren Emotionen Getriebene, die den Weg zur angemessenen Kontrolle ihrer Leidenschaften nicht zu finden verstehen. Jenseits der bürgerlichen Tragödie, die am Exempel der Titelheldin das Scheitern moralischer Selbstbestimmung, in der Gestalt Odoardos die Problematik einer fehlgehenden dirigistischen Moralerziehung beleuchtet, entfaltet sich wie im Fall der *Sara Sampson*, wenngleich subtiler motiviert, ein Drama der Affekte, dessen unerbittliche Logik den Autonomieanspruch der Trauerspielhelden sukzessive durchkreuzt und am Ende einzig im Tod paradoxe Wirklichkeit werden läßt.

Zum Spiegel der Emotionen wird nunmehr auch die Sprache der Tragödie, die, anders als in der *Sara*, den analytischen Impetus der rationalen Verständigung verlieren und bisweilen in Satzbrüchen, Wiederholungen, Inversionen und Versprechern (als Produkt psychischer Fehlleistungen) die fragile innerseelische Disposition der Figuren beredt zur Anschauung bringen darf (IV Schröder, 191f., IV Pütz, 163f.). Ein besonders eindringliches Beispiel für die subtile sprachliche Nuancierungskunst Lessings, die im Interesse des unmittelbaren Ausdrucks den Mut zur syntaktischen Inkorrektheit einschließt und damit die Diktion Klingers, Lenzens und des jungen Schiller vorwegnimmt, bietet Emilias Bericht von den Annäherungsversuchen des Prinzen während ihres Kirchbesuchs, der die Manifestationen erotischen Begehrens in der grammatischen Form des ›Es‹ versachlicht und derart als bedrohlichen Reflex eines sich später in Gewaltakten äußernden Triebes vergegenwärtigt: »Es sprach von Schönheit, von Liebe – Es klagte, daß dieser Tag, welcher mein Glück mache, – wenn er es anders mache – sein Unglück auf immer entscheide. – Es beschwor mich – hören mußt' ich dies alles. Aber ich blickte nicht um; ich wollte tun, als ob ich es nicht hörte. – Was konnt' ich sonst?« (II, 6).

Von unkontrollierbaren Affekten beherrscht zeigen sich nahezu sämtliche der dramatis personae. Der in unerfüllter Liebe entflammte Prinz ist ein »Raub« (I, 7) der sinnlichen Erregung, die ihn beim Anblick Emilias erfaßt hat; Odoardo scheint am Hochzeitsmorgen von Mißtrauen und Angst erfüllt, die ihn zur gestrengen Überwachung der häuslichen Festvorbereitungen anhalten (II, 2, II, 4); Appiani zeigt sich unfähig zur Heiterkeit des erwartungsfrohen Bräutigams und legt statt dessen grüblerische Melancholie an den Tag, die schließlich in düstere Todesvisionen mündet (II, 8); die Gräfin Orsina, wenngleich mit überlegenem Intellekt begabt, bleibt von unkontrollierten Gefühlen des Hasses und der Rachsucht beherrscht, die ihre Handlungen wesentlich steuern (IV, 7); selbst Marinelli, der zunächst souveräne Intrigant und chargé d'affairs seines fürstlichen Herren, verliert im Verlauf des Gesprächs mit der Gräfin Orsina die geübte Contenance des Höflings und gerät unter die Regie der Emotionen, deren Macht sich in seinen hilflosen, unbewußt komischen Versuchen einer Erklärung der durch den Tod Appianis entstandenen prekären Situation erweist (IV, 5).

Zur Versöhnung zwischen Gefühl und Vernunft vermögen Lessings Figuren nicht zu finden. Tragische Konsequenzen zeitigt dieses Versagen bei Emilia, deren Tod, häufig als verwirrender Reflex des Märtyrerdramas fehlgedeutet, aus der Einsicht resultiert, daß die eigene sinnliche Affizierbarkeit mit der Geltung des bürgerlichen Moralkodex nicht in Übereinstimmung gebracht werden kann: »Ich habe Blut, mein Vater; so jugendliches, so warmes Blut, als eine. Auch meine Sinne, sind Sinne. Ich stehe für nichts. Ich bin für nichts gut.« (V, 7). Von einem Märtyrertod, wie ihn Corneille im *Polyeuct* (1642), Gryphius in der *Catharina von Georgien* (1657) und im *Papinian* (1659), Hallmann in der *Sophia* (1671) oder Cronegk in *Olint und Sophronia* (1757) dargestellt haben, kann hier kaum gesprochen werden: Emilia stirbt nicht, um ihre sittliche Unfehlbarkeit bis zum Schluß beständig zu bewahren, sondern weil sie moralisch unverletzbar allein im Tod ist. Der Selbstmord erweist sich als das einzige Mittel, das die tugendhafte Integrität der Titelheldin bewahren kann; der Dolch des Vaters richtet sich daher nicht, wie es die Orsina gewünscht hatte, gegen den adligen Verführer (der hier eher ein Despot des Herzens als ein finsterer Machtmensch ist), sondern gegen die eigene Tochter, weil für ihn die Sicherung der moralischen Überlegenheit bürgerlichen Wertdenkens bedeutsamer ist als die Beseitigung desjenigen, der sie durch sein verantwortungsloses Handeln in Gefahr bringt. In Odoardos Tat bekundet sich auf solche Weise weniger die oft betonte politische Ohnmacht des Bürgers als vielmehr sein ureigenes soziales Selbstverständnis, das auf moralische Sekurität, nicht auf Umsturz zielt (vgl. IV Seeba, 97, II Koopmann, 128). Entscheidend bleibt für ihn, daß die Tugend überlebt – und sei es nur »im Leichnam« als Sinnbild fragiler moralischer Selbstbewahrung (Mattenklott, in: I Glaser Hg., 295).

Damit verdeutlicht der Tod der Protagonistin auch das Scheitern einer bürgerlichen Erziehung, die das Individuum nicht zur freien Auseinandersetzung mit den eigenen Konflikten anhält, sondern, wie das Verhalten Odoardos zeigt, im Beharren auf eine repressiv wirkende Tugendmoral, in Erfahrungsentzug und Gemütsspionage die Programmatik aufgeklärter Vernunftpädagogik pervertiert (IV Ter-Nedden, 198f.). Indem Lessing diese Formen verfehlter Erziehungspraxis und mit ihnen die Problematik einer in Unfreiheit und Unmündigkeit umschlagenden Ausrichtung am Gedanken bürgerlicher Moralität durch sein dramatisches Exempel beleuchtet, demonstriert er auf eindrucksvolle Weise, daß die Literatur der Aufklärung durchaus imstande war, die Dialektik ihrer eigenen Ideale kritisch zu reflektieren. Erst Schiller hat die Möglichkeiten des Trauerspiels auf vergleichbar hohem Niveau vor Augen geführt; seine Dramaturgie des Pathetisch-Erhabenen und das Programm der Erziehung durch die Tragödie sind ohne Lessing kaum denkbar – Reflexe eines produktiven Fortwirkens aufklärerischer Poetik im Ausgang des 18. Jahrhunderts.

# 5. Entwicklung der Komödie

## Aspekte der Typenkomödie

Die für das Lustspiel der frühen Aufklärung bis zur Mitte des Jahrhunderts gültige und auch praktisch verbindliche Gattungstheorie stammt von Gottsched. Die *Critische Dichtkunst* wertet die Komödie entschieden auf, indem sie ihr einen zentralen Platz im didaktischen Konzept der literarischen Moralerziehung einräumt. Schon die grundlegende Bestimmung des Lustspiels, die einem gattungsgeschichtlichen Abriß von der Antike bis zu den (nur mäßig geschätzten) Komödien Christian Weises folgt, verrät durch ihre formale Nähe zur Tragödiendefinition die Auffassung, daß beide Dramenformen mit je verschiedenen Mitteln ähnliche Ziele umzusetzen vermögen: »Die Komödie ist nichts anders, als eine Nachahmung einer lasterhaften Handlung, die durch ihr lächerliches Wesen den Zuschauer belustigen, aber auch zugleich erbauen kann.« (I Gottsched CD, 643). Nachdrücklich wird darauf verwiesen, daß lächerliche Handlung und instruktive Wirkung des Lustspiels einander bedingen und wechselseitig bestimmen müßten. Der durch das Lachen beförderte kontemplative Effekt, der wiederum die moralische Belehrung einschließt, bildet den Richtpunkt der komischen Fabel, die Typenfiguren wie Geizige, Hypochonder, Eitle und Schwärmer nicht aus Gründen des Selbstzwecks darstellen, sondern mit deren Hilfe – auf der Basis abschreckender Beispieleffekte – tiefere Einsichten in die Problematik habitueller Fehlhaltungen vermitteln möchte. Der als Sonderling charakterisierte Komödienheld wird gemäß Gottscheds Bestimmungen im Rahmen einer witzigen Handlung durch die Kooperation seiner zumeist als Repräsentanten des gesunden Menschenverstandes ausgewiesenen Widersacher der Lächerlichkeit preisgegeben, idealiter aber am Schluß zu Lernbereitschaft und Selbsterkenntnis geführt. Das Lustspiel empfängt derart, wie vielfach hervorgehoben, die Funktion eines gesellschaftlichen Korrektivs, insofern es im Prozeß seiner Handlung die Reintegration des Außenseiters ins soziale Gefüge darstellt und auf diese Weise dessen normative Kraft bestätigt (IV Steinmetz K, 21, II Koopmann, 81, IV Catholy AR, 15f., IV Greiner, 146ff.).

Für die **Figurenwahl** des Lustspiels gilt die Ständeklausel, die sich, abgesehen von ihrer vertrauten rhetorischen Begründung im Kontext der spätantiken Dreistillehre, aus sozialen Rücksichten herschreibt: »Die Personen, die zur Komödie gehören, sind ordentliche Bürger, oder doch Leute von mäßigem Stande, dergleichen auch wohl zur Noth Baronen, Marquis und Grafen sind: nicht, als wenn die Großen dieser Welt keine Thorheiten zu begehen pflegten, die lächerlich wären; nein, sondern weil es wider die Ehrerbietung läuft, die man ihnen schuldig ist, sie als auslachenswürdig vorzustellen.« (I Gottsched CD, 647; vgl. IV Steinmetz K, 21f., IV Catholy AR, 15f.) Zum formalen Regelmaß der Gattung, dessen Gewicht Gottsched gegen die an italienischem Theater und englischen Komödianten geschulten Lustspielimprovisationen der Wanderbühnen nachdrücklich zur Geltung bringt, gehören nicht zuletzt die Einheit von Zeit und Ort, die Einsinnigkeit der Handlung und die Geschlossenheit der Charaktere (I Gottsched IV, 644ff.). Die Ausrichtung am Wirkprinzip des moralischen Nutzens erfordert es, daß die komischen Helden nicht sympathisch – wie die Narrenfiguren der älteren europäischen Theatertradition –, aber auch nicht in sämtlichen Zügen verwerflich erscheinen dürfen. Starke Identifikation des Zuschauers mit ihrem Habitus verhindert notwendig den entlarvenden Effekt, den die Darstellung des verbohrten Sonderlings im Rahmen der Komödie intendiert, allzu abstoßende Gestalten mit verbrecherischen Fehlern wiederum schließen die Möglichkeit ihrer sozialen Reintegration nach vorangehender Selbsterkenntnis aus, weil »die Bestrafung der Spitzbuben (...) kein Werk der Poeten, sondern der Obrigkeit« ist (I Gottsched CD, 645). Wie der Protagonist der Tragödie profiliert sich auch jener der Komödie als ›mittlerer Charakter‹, dessen Schicksal freilich nicht im Kontext eines Wertkonflikts, sondern vor dem Hintergrund pragmatischer Interessenkollisionen entschieden wird.

Verderblich findet Gottsched das Festhalten an den Traditionen des italienischen Theaters und seinen standardisierten Harlekinsfiguren, die, geringfügig modifiziert, auch auf den deutschen Bühnen des frühen 18. Jahrhunderts reüssieren. Die Narrengestalt widerstreitet Gottscheds Komödienbegriff in fast sämtlichen Punkten: sie verkörpert das Prinzip des Komischen als Selbstzweck jenseits belehrender Absichten; durch sie wird eine drastische Form des auch vor Obszönitäten nicht zurückschreckenden Witzes repräsentiert, der sich zum Medium der Moraldidaxe schwerlich eignet; ihre Stilmittel schließen außersprachliche Formen des körperlichen Ausdrucks ein, die im auf die Möglichkeiten des vernünftigen Wortes gestützten Literaturkonzept Gottscheds keinen Platz mehr finden. Nicht zuletzt treten die phantastischen Narrengestalten in Gegensatz zum auch die Figurencharakterisierung regelnden Gebot der Wahrscheinlichkeit: sie wirken problematisch, weil sie »kein Muster in der Natur haben« (I Gottsched CD, 654), mithin Ausgeburten irrationaler Imagination vorstellen (IV Greiner, 150f.).

Es ist unübersehbar, daß die im **Harlekin** gebündelt zutage tretenden Varianten subversiver, ordnungsfeindlich-anarchischer Komik mit dem neuen Bildungsanspruch Gottschedscher Prägung wenig gemein haben. Die 1737 auf einer Leipziger Bühne in Szene gesetzte Vertreibung des Narren aus dem Theater sollte diesem Umstand Rechnung tragen und im Rahmen eines allegorischen Akts dem aufklärerischen Programm der Purifizierung bühnenästhetischer Stilmittel sinnbildlichen Ausdruck verleihen. Dauerhaft konnte dieser Ausschluß der komischen Figur freilich nicht gelingen: die Neuberin setzte sie, orientiert am zeitgenössischen Geschmack, in Zwischen- und Nachspielen von Dramen unterschiedlicher Gattungszugehörigkeit immer wieder ein. Auch in den Typenkomödien der Gottschedin begegneten sie schließlich in verdeckter Form, wobei zumal die Nebenfiguren Züge der präzis festgelegten Rollencharaktere des italienischen Theaters aufwiesen; Gestalten wie die vorwitzige Zofe, der bramarbasierende Alte oder der intrigante Opportunist ließen sich von der aufgeklärten Bühne kaum fernhalten. Zwar hatte dem derb-burlesken Narren mit seinem bunten Flickenkostüm die Stunde geschlagen, doch überlebten zahlreiche Restbestände der von ihm verkörperten Tradition auch in der sächsischen Typenkomödie des Gottschedkreises (um spätestens im Theater der Romantik eine glückliche Renaissance zu erfahren).

Als praktische Vorbilder einer neuen Komödienform gelten Gottsched die Dramen von Philippe Néricault Destouches (1680–1754) und (in der *Dichtkunst* unerwähnt) Charles Rivière Dufresny (1648–1724) (I Gottsched CD, 642). Während Dufresny moraldidaktische Intentionen mit Tendenzen des italienischen Theaters verknüpft (was ihn in den Augen des Leipzigers als Muster nur eingeschränkt empfiehlt), beschreitet Destouches den Weg zu einer ernsthaften Komödie, bei der die satirischen Elemente sukzessive in den Hintergrund treten (was schließlich zur Herausbildung der von Gottsched freilich wenig geschätzten *comédie larmoyante* führt). An den Franzosen rühmt die *Critische Dichtkunst* zumal den literarischen Anspruch, mit dem hier der Lustspielgattung Geltungsrecht im gehobenen poetischen Kanon verschafft wird. Aus ähnlichen Gründen hält Gottsched Andreas Gryphius für einen ernstzunehmenden Komödienautor, dessen *Horribilicribrifax* und *Peter Squentz* »ziemlich wohl geraten« scheinen (I Gottsched CD, 642), während Christian Weises Schuldramen wenig Lob ernteten, weil sie die Narrengestalt des Pickelhering noch nicht aus dem Repertoire verabschiedet haben.

Zu einem besonders brisanten Fall wird das Œuvre Molières, dem Gottsched zwar Theatergeschick und lebendige komödiantische Wirkung bescheinigt, dessen Figurenpsychologie er jedoch bedenklich findet. Allzu sichtbar tritt hinter Molières Gestalten die Tradition der auch im Frankreich des 17. Jahrhundert überaus populären commedia dell'arte hervor (aus deren stofflichem Umkreis Evaristo Gherardi im Jahr 1700 unter dem Titel *Le Théatre Italien* eine Sammlung von 45 Dramen veröffentlicht hatte (IV Steinmetz K, 8f.)). Problematisch erscheint Gottsched die spielerische Note, die Molières Entlarvungspsychologie bestimmt, die überpointierte Gestaltung der Charaktere, die Neigung zur Frivolität und die Bereitschaft zu Konzessionen an den zeitgenössischen Publikumsgeschmack, die sich nicht zuletzt im Einsatz verkappter Rollengestalten aus dem Repertoire der commedia dell'arte äußert (I Gottsched CD, 641; vgl. IV Promies, 16).

Unmittelbare Reflexe des Gottschedschen Komödienverständnisses zeigen sich in der Textauswahl, die die sechs Bände der *Deutschen Schaubühne* (1740–45) präsentieren. Ähnlich wie im Fall der Tragödie fehlen dem Herausgeber zunächst die deutschen Originaldramen, so daß er sich mit Übersetzungen behelfen muß; die ersten drei Bände bieten ausschließlich Übertragungen vorwiegend französischer Komödien, die von Destouches, Dufresny, Saint-Evremond und Holberg (einem dänischen Autor) stammen. Erst ab dem vierten Band publiziert die *Schaubühne* eigenständige deutschsprachige Lustspiele, die wesentlich dem theoretisch geforderten Muster der satirischen Typenkomödie entsprechen. Den größten Anteil bilden die (anonym publizierten) Arbeiten der Gottschedin (*Die ungleiche Heirath, Das Testament, Der Witzling, Die Hausfranzösin*); hinzu treten Werke von Theodor Johann Quistorp (*Der Hypochondrist, Der Bock im Processe*) und Adolf Gottfried Uhlich (*Der Unempfindliche*). Berücksichtigt man noch die Komödien Johann Christian Krügers (*Die Geistlichen auf dem Lande*, 1743, *Die Candidaten*, 1748), die außerhalb der *Schaubühne* selbständig publiziert wurden, so ist damit bereits annähernd das in der Jahrhundertmitte gegebene Spektrum anspruchsvoller Gattungsexempel erfaßt (vgl. IV Hinck, 202f.).

### Lustspiele des Gottschedkreises

Herausragende Bedeutung fällt den Komödien der Gottschedin zu, die sich durch satirische Schärfe, pointierte Dialoge und ein feines Gespür für Fragen des Zeitgeists auszeichnen. Besondere Aufmerksamkeit darf dabei das 1736 erstmals veröffentlichte Debütwerk *Die Pietisterey im Fischbeinrocke* beanspruchen, das durch seine intelligente Karikatur frömmelnder Borniertheit in pietistischen Kreisen rasch für Verärgerung gesorgt, die Zensurbehörden in Königsberg und Berlin sogar zur Indizierung des Textes veranlaßt hatte (um Kollisionen mit der Obrigkeit zu meiden, verzichtete Gottsched später darauf, die Komödie in der *Deutschen Schaubühne* zu veröffentlichen). Ähnlich wie der *Sterbende Cato* stellt die *Pietisterey* kein Originaldrama dar, sondern die, freilich kunstvolle, Überarbeitung des im Jahr 1730 erstmals publizierten Lustspiels *La Femme Docteur ou la Théologie Janseniste tombée en Quenouille*, das aus der Feder Guillaume-Hyacinthe Bougeants stammte. Hatte sich die Satire des Franzosen gegen die Jansenisten, eine katholische Frömmigkeitsbewegung gerichtet, die, aus der Opposition gegen scholastisches Ordnungsdenken und jesuitische Lehre von der Willensfreiheit des Menschen geboren, primär die Verinnerlichung des Glaubens und eine mit ihr verbundene mystische Grundlegung der Erlösungsidee anstrebte, so übertrug die Gottschedin ihre komödiantische Kritik auf die deutschen Pietisten und deren sektiererisches Streben nach einer neuen, gefühlhaft fundierten Religion (die wiederum jansenistischem Gedankengut nicht fernstand).

Die besondere Leistung der Komödie besteht darin, daß sie traditionelle Lustspielelemente – die verhinderte Heirat, die Intrige eines Betrügers, die von gescheiten Dienerfiguren angebahnte Lösung des Konflikts – mit einer dezidiert kritischen Attacke gegen die als Repräsentanten unaufgeklärter Schwärmerei betrachteten Pietisten verbindet. Geprägt durch den Rationalismus der Wolffschen Schulphilosophie und deren neologische Vernunftreligion, stand die Gottschedin pietistischen Vorstellungsinhalten denkbar fern; noch erinnerte man sich in Leipzig sehr genau an die aktive Rolle, die Joachim Lange und August Hermann Francke als führende Vertreter der neuen Frömmigkeitsbewegung bei der Vertreibung Wolffs aus Halle gespielt hatten (vgl. Kap. I). Fraglos trägt die *Pietisterey* daher auch die Züge einer satirischen Abrechnung mit den früheren Gegnern der Wolffschen Neuscholastik und den rationalistischen Ideen der Leipziger Frühaufklärung (vgl. Martens, in: IV L.A.V. Gottsched, Nachwort, 159ff.). Daß die Autorin in ihrem polemischen Eifer bisweilen das rechte Maß vermissen läßt, gehört dabei zur Signatur der Gattung: Pietismus, Mystizismus, Quäkertum und Calvinismus besitzen hier den Status von identischen Formen eines frommen Sektierertums, das am Ende als scheinhafte Verschleierung rein materieller Interessen, mithin als Spielart des Betrugs ausgewiesen werden soll. Wesentliches Stilmittel der Komödie ist die Sprachsatire, welche die symptomatische Verbindung von Gemütsverwirrung, intellektueller Konfusion und schwärmerisch-dunkler Rede der Lächerlichkeit preisgeben darf; die Darstellung eines Disputs über den Gedanken der Wiedergeburt (IV L.A.V. Gottsched, 84ff. (IV, 1–IV, 4)) gerät so zur Möglichkeit, die im religiösen Fanatismus begründete Verblendung durch den stilistischen Habitus der Sprecherinnen auf desavouierende Weise zu charakterisieren (vgl. I Martens LF, 111f., ferner II Koopmann, 79f., Czucka, in: IV Arntzen Hg., 45f.).

Formal folgt die Komödie dem im Gottschedkreis beliebten Schema der Figurentypisierung, wobei die Fehlerhaftigkeit der negativen Exempelgestalten graduell verschieden ausfällt. Erscheint der Magister Scheinfromm als heimtückischer Scharlatan, dem es einzig um materiellen Gewinn zu tun ist, so dominiert im Charakter der Frau Glaubeleichtin, die das weltliche Glück ihrer Tochter dem pietistischen Glaubensbekenntnis zu opfern bereit ist, das Moment der naiv-dümmlichen Borniertheit, welches wiederum die psychologische Prämisse für ihre religiöse Verführbarkeit und die blinde Begeisterung angesichts der leeren Phrasen Scheinfromms bildet. Während sich die Komödie im Fall des Magisters auf die Entlarvung der ihn leitenden betrügerischen Absichten beschränkt, demonstriert sie am Exempel der Frau Glaubeleichtin die Möglichkeiten einer Vernunfterziehung, die zum Schluß auch die Schwärmerin in die Gefilde rationalen Denkens zurückführt. Die Hauptfigur vollzieht damit gedrängt jenen (langsameren) Prozeß der Einsicht nach, den auch der Zuschauer absolviert, der die Ränkespiele des ›Pietisten‹ im Lauf der Ereignisse sukzessive durchschauen lernt. Nicht unproblematisch bleibt freilich, daß die Schwärmerkritik, die die Gottschedin vorführt, am Ende der Logik der Intrigenhandlung und dem satirischen Schema der Typenkomödie geopfert wird; die Gleichsetzung von Pietismus und Betrügerei, ohne die das von der korrigierenden Belehrung der Hauptfigur abhängige glückliche Finale nicht denkbar gewesen wäre, nimmt der in der Sprachsatire manifesten Polemik gegen die konfessionellen Sektierer letzthin die Spitze.

Vergleichsweise konventionell wirken die Gegenstände der Komödienkritik in den übrigen Lustspielen der Gottschedin: Hypochondrie (im Anschluß an Molière) und mit falscher Demut verbundene Geldgier beherrschen die Negativfiguren des *Testaments* (1745), an dessen Ende die Obristin von Tiefenborn die Intrige ihrer Ziehkinder aufdecken, die Ehrlichkeit der offenherzigen Karoline belohnen kann. Abweichend von Gottscheds Warnungen überschreitet die moralische Fehlhaltung der zum Schluß entlarvten Gestalten hier bereits die Grenze zum Strafbaren: Amalie und ihr Bruder schrecken sogar vor einem Mordkomplott, das ihnen das Erbe der Obristin sichern soll, nicht zurück; komplementär schreibt die Autorin den Geschwistern freilich eine Reihe positiver Charakterzüge – Witz, Selbstironie und Heiterkeit – zu, die es ihr am Ende gestatten, das Komödienfinale auf die bereinigende Kraft der poetischen Gerechtigkeit zu konzentrieren, die Intriganten aber im juristischen Sinne straffrei ausgehen zu lassen (IV Brüggemann Hg., 163f. (V,9); vgl. IV Catholy AR, 32f.).

In vergleichbar didaktischer Tendenz führt der *Witzling* Arroganz und Selbstüberschätzung der Halbgebildeten vor, die, mit Hilfe der Vertreter lebenszugewandter Vernunft, zum Schluß der Lächerlichkeit preisgegeben werden. An die Stelle der von Gottsched geforderten Erziehung zur Selbsterkenntnis tritt hier die Evokation des Gelächters über eine falschverstandene Form von Gelehrsamkeit, die nicht das Urteilsvermögen des aufgeklärten Verstandes besitzt, sondern sich in eitler Hybris und gespreizter Prätention gefällt (Lessing wird das Thema in seiner ersten Komödie, dem *Jungen Gelehrten* (1747), ebenfalls berühren). Verknüpft ist die Satire mit einem bereits für die *Pietisterey* zentralen Feld der intellektuellen Auseinandersetzung, das auch Gottscheds Wirken immer wieder tangiert hat; ins Zentrum rückt die Erörterung von Gewicht und Funktion der deutschen Sprache im Zusammenhang des öffentlichen (nicht nur gelehrten) Diskurses. Es scheint kein Zufall, daß die Vertreter einer anachronistischen, allein der Entfaltung eitler Selbstgenügsamkeit dienenden Wissenskultur – die Gestalten Vielwitz, Sinnreich und Jambus – entschieden für das Festhalten am lateinischen Idiom plädieren, demgegenüber die angeblich regellose deutsche Sprache (IV Schulz Hg., 27f.) dezidiert abgewertet wird. Dem Kaufmann Reinhart, einem Repräsentanten aufgeklärter Vernunft, fällt es zu, die Positionen des Sprachreformers zu profilieren und die Borniertheit der drei unverständigen Toren als Produkt selbstherrlicher Verblendung zu entlarven. Kaum nebensächlich ist dabei, daß Reinhart sich zugleich als regelmäßiger Leser der *Deutschen Schaubühne* zu erkennen gibt, deren Herausgeber seine editorische Sammeltätigkeit auch als Beitrag zur Festigung des Vertrauens in die Ausdrucksqualitäten der deutschen Sprache aufgefaßt hatte.

Im Idealfall gelingt es der Komödie des Gottschedkreises, die wirkungsorientierten Techniken des Lustspiels mit der Reflexion über zeittypische Problemfelder zu verknüpfen. Hinter dem satirischen Spott über die charakterliche Fehldisposition einzelner Figuren steht dabei zuweilen ein kritisches Interesse, das sich nicht allein auf die Verwirklichung der komödienspezifischen Erziehungsintention beschränkt. Besonders signifikant tritt diese erweiterte Perspektive in Quistorps *Hypochondristen* (1745) zutage, dessen Held Ernst Gotthart als charakteristischer Repräsentant einer melancholischen Gemütshaltung erscheint, wie sie im Zeitalter der Aufklärung meist für eine Folge von übertriebener Selbstbeobachtung und religiösem Fanatismus gehalten wird. Quistorps schwärmerkritische Diagnose unterstellt dabei, daß das *malum hypochondriacum* durch einen Überschuß an schwerflüssigen Säften ent-

steht, die ihrerseits die Einschwärzung der Galle und damit das Entstehen trüber
Gedanken fördern (eine humoralpathologische Deutung, die seit der Antike geläufig
ist und im 18. Jahrhundert, begleitet von einer Renaissance der klassischen Tempe-
ramentenlehre, nochmals aufleben darf). Es gehört zum bei Quistorp ungebrochen
fortlebenden Gottschedschen Gattungsverständnis, daß die Komödienhandlung den
Prozeß der mühsamen Heilung des Helden von seinem Übel darstellt. Die Jahrhun-
dertkrankheit der Hypochondrie, an der bedeutende Geister wie Haller, Gellert,
Moritz und Hamann litten, ist hier – das grenzt die Komödie gegen spätere Darstellungen des *mal de siècle* ab – weniger die Ausgeburt komplizierter Prozesse der
Selbstbeobachtung im Zusammenspiel von Enthusiasmus und Schwermut (von
denen immerhin die Rede ist) als ein Symptom, das sich durch die ansteckende Hei-
terkeit einer jungen Dame mit dem sprechenden Namen ›Jungfer Fröhlichin‹ auf
recht einfache Weise therapieren und durch die am Schluß avisierte Heirat offen-
kundig sogar dauerhaft überwinden läßt. Jenseits der so triumphierenden Logik der
Gattung bietet Quistorp jedoch ein überraschend subtiles Psychogramm jenes
Krankheitsbildes, das, als »Melancholie aus dem Geist der Empfindsamkeit«
(I Schings, 48), vor allem nach der Jahrhundertmitte zum öffentlich diskutierten
Thema der Anthropologen, Mediziner, Psychologen und Schriftsteller wurde. Die
von Quistorps Helden vorgelebte Hypochondrie, zu der Angstzustände, Visionen,
Schwermut, Depression ebenso wie physische Symptome – Appetitmangel und
Schlaflosigkeit – gehören, tritt, abgelöst vom rein komödiantischen Wirkungszweck,
derart plastisch in Erscheinung, daß man die Überzeugungskraft des glücklichen
Finales und dessen Prognose einer dauerhaften Heilung des Protaganisten durchaus
bezweifeln kann (IV Brüggemann Hg., 174f. (I,2), 198f. (III,3)). Die Kunst der sen-
siblen Figurenzeichnung durchkreuzt hier die handfeste Ökonomie des aufklärerischen Komödienkalküls und läßt die Psychologie der Darstellung über den Schema-
tismus der didaktischen Poesiekonzeption triumphieren.

### Lustspiele in Versen

Entschieden hatte Gottscheds *Dichtkunst* für eine möglichst unprätentiöse formale
Einrichtung der Komödie plädiert. Hoher artistischer Aufwand – insbesondere im
Bereich der Sprachgestaltung – galt ihm als ebenso problematisch wie, umgekehrt,
das Abgleiten in die Niederungen derber Anspielungen und Zoten. Ideal scheint
Gottsched eine nüchterne, Extreme meidende Prosadiktion, die dem Dialog größere
Spannkraft verleiht als der Vers, den die *Dichtkunst* theoretisch zwar zuläßt, jedoch
nicht für das angemesse Stilmittel des Lustspiels hält (I Gottsched CD, 652). Gottscheds Schüler Gottlob Benjamin Straube tritt 1740 entschieden für die Prosaform
ein (»Versuch eines Beweises, daß eine gereimte Comödie nicht gut seyn könne«)
und begründet diese Ausrichtung mit den Erfordernissen des Nachahmungsgebots,
die die Verpflichtung zu möglichst natürlichen Darstellungsformen einschließen
müßten (vgl. IV Catholy AR, 34). Gottsched, an diesem Punkt offenbar liberal,
gestattet es noch im selben Jahr **Johann Elias Schlegel**, in den von ihm herausgegebenen *Beyträgen zur critischen Historie der Deutschen Sprache, Poesie und Beredsamkeit* eine Gegenposition zu formulieren. Schlegels Beitrag zielt darauf, den
Kunstcharakter der Komödiengattung stärker als bisher zu betonen und daraus die

theoretische Rechtfertigung des Verslustspiels abzuleiten. Der Akt der poetischen Nachahmung, so heißt es, ziele nicht auf die Wiederholung der Vorlage im ästhetischen Abbild, sondern schließe auch die Möglichkeit der Abweichung und Differenz ein. Ein in Versen gesprochener Komödiendialog widerstreite zwar der natürlichen Redesituation, doch zeichne ihn ein artifizieller Eigencharakter aus, der die unterhaltsame Wirkung des Lustspiels fördere und dessen künstlerisches Profil zu schärfen vermöge (IV Schlegel W, Bd. III, 74f.; vgl. IV Martini, 43).

Nicht ohne methodisches Geschick, dabei offenkundig im Bestreben, seinen Leipziger Mentor für die eigene Argumentation zu gewinnen, verbindet Schlegel die Verteidigung der Verskomödie mit einer dezidierten Abwertung des italienischen Theaters. Dessen niedriges ästhetisches Niveau, so erklärt er, äußere sich gerade in der Vorliebe für eine spannungsarme Prosasprache, die der unter den Akteuren verbreiteten Neigung zum improvisierten Spiel entgegengekommen sei. Als besondere Vorzüge der Versform nennt Schlegel die rhythmische Struktur der Sprachgebung, die den Zuschauer in den Bann ziehe, die größere Ausdrucksqualität, nicht zuletzt die sinnliche Prägnanz, die es den Darstellern ermögliche, den Text leichter zu memorieren (IV Schlegel W, Bd. III, 84; vgl. II Koopmann, 87f.).

Schlegel hat seine theoretisch formulierten Vorlieben in einer Reihe von Verskomödien praktisch unter Beweis gestellt. Als stilistische Grundform wählt er zumeist den Alexandriner, den schon die Vertreter des schlesischen Kunstdramas außerordentlich zu schätzen wußten. Durch die ihm eigentümliche Mittelzäsur empfiehlt er sich vor allem für knappe Dialogsequenzen, bei denen ein rascher Sprecherwechsel erfolgt; die beiden Alexandrinerhälften verteilen sich dann alternierend auf die Dialogpartner, was eine der dramaturgischen Spannung förderliche Beschleunigung des Rederhythmus herbeiführen kann. Besonders wirksam entfaltet sich dieser Kunstgriff in Schlegels Lustspiel *Die stumme Schönheit* (1747), das Lessing im 13. Stück der *Hamburgischen Dramaturgie* mit den Worten lobt, es sei »unser bestes komisches Original, das in Versen geschrieben ist« (I Lessing G, Bd. IV, 291). Schlegel entfernt sich hier deutlich von der Gattungsdoktrin Gottscheds, indem er seine Handlung funktional nicht mehr an die Illustration einer moralischen Lehre bindet, sondern primär auf die Entfaltung unterhaltsamer Effekte im Kontext komischer Charakterzeichnung setzt (IV Paulsen, 28f., IV Greiner, 153). Zwar hält er am traditionellen Intrigenschema und dem Motiv des sittlichen Fehlers fest, doch läßt er den Prozeß der Entlarvung am Ende nicht in die pädagogisch nützliche Selbsterkenntnis der lasterhaften Figur münden. Die betrügerische Frau Praatgern kommt ungestraft davon, ihre stupide Tochter darf sogar vom Glück der positiven Heldin Leonore profitieren und ihrerseits in den Stand der Ehe treten (I Schulz Hg., 76f.). An den Platz der rein funktional begründeten Handlungslogik der Typenkomödie tritt hier die Entfaltung einer eigenständigen Lustspielwelt, die ihren ästhetischen Reiz daraus bezieht, daß sie, jenseits wirkungspoetischer Erwägungen, nur bedingt realistischen Charakter trägt (IV Martini, 46f.).

Stärker an den Konventionen der Gattung orientiert sich die Handlung von Schlegels *Der Triumph der guten Frauen* (1748). Gestützt auf ein Verwandlungsspiel, in dessen Verlauf die als Mann verkleidete Hilaria ihre eigene und die Ehe ihrer Freundin rettet, demonstriert Schlegel hier die positive Wirkung kluger Weitsicht und versatilen Witzes. Ausdrücklich werden den Frauen der Komödie größere intellektuelle Fähigkeiten zugeschrieben als den Männern; die moralische Quintessenz, die der Schluß nach den Vorgaben der *Critischen Dichtkunst* formuliert, verweist ausdrücklich auf diesen geschlechtsspezifischen Vorzug hin und kehrt damit die Botschaft der *Pietisterey im Fischbeinrocke* um, die gerade die Frauen als willensschwache, für irrationale Schwärmereien anfällige Wesen zu denunzieren gesucht hatte.

Neben Schlegel versuchte sich zumal **Johann Christian Krüger** am versifizierten Lustspiel, ohne aber das ästhetische Niveau seines Vorbildes zu erreichen. Der im Jahr 1749 entstandene, erst 1763 posthum publizierte *Herzog Michel*, den noch Goethe zu schätzen wußte (I Goethe, Bd. X, 312), gefällt zwar durch die jede satirische Schärfe meidende naive Handlung um den seinen Phantasien unterworfenen Titelhelden, entfaltet jedoch in Vers und Reim nur selten prägnante Ausdrucksqualitäten (IV Schulz Hg., 117ff.; vgl. IV Hinck, 244f.). Vielmehr stimmt die (durchaus bühnenwirksame) Komödie häufig einen derb-schwankhaften Ton an, mit dessen Hilfe die angestrebte individuelle Nuancierung der Figuren kaum gelingen kann. Krügers und Schlegels Versuch, die versifizierte Gattungsvariante durchzusetzen, blieb insgesamt folgenlos und vermochte die Prosa als für das Lustspiel der Aufklärung weitgehend verbindliche Stilform nicht zu verdrängen.

### Die rührende Komödie

Ende der 40er Jahre tritt in Deutschland ein neuer Gattungstypus hervor, der, nach seinem geringfügig älteren französischen Vorbild, der *comédie larmoyante*, wie sie vor allem das Werk La Chaussées (1692–1754) repräsentiert, als ›rührendes‹ oder, bereits negativ wertend, ›weinerliches‹ Lustspiel bezeichnet wird. Wesentlicher Exponent des Genres ist **Christian Fürchtegott Gellert**, der mit seiner *Betschwester* (1745), dem *Loos in der Lotterie* (1746) und den *Zärtlichen Schwestern* (1747) innerhalb weniger Jahre Maßstäbe für ein neues Komödienverständnis setzt, das die zentrale Funktion der Gattung nicht in der Belehrung durch Gelächter erzeugende Abschreckung, sondern im Lob der Tugend aufgrund der Illustration sittlich hochstehender Charaktere anzutreffen meint. Von der älteren Tragödie unterscheiden sich Gellerts Dramen einzig durch den glücklichen Verlauf und das bürgerliche Personal, dessen besondere Disposition zur Empfindsamkeit wenige Jahre später auch die Affektkultur des bürgerlichen Trauerspiels bestimmen wird (vgl. I Sauder, 4f., 32). In der Vorrede zu einer 1747 veröffentlichten Sammlung seiner Komödien erklärt Gellert lakonisch: »Sollten einige an der Betschwester, dem Loose in der Lotterie und den zärtlichen Schwestern überhaupt tadeln, daß sie eher mitleidige Thränen als freudiges Gelächter erregten: so danke ich ihnen zum voraus für einen so schönen Vorwurf.« (IV Gellert L, Vorrede, Bl (5))

Bereits 1741 hatte Gottsched erste Vorbehalte gegen das ernsthafte Lustspiel mit rührendem Effekt angemeldet und es aufgrund seiner gattungspoetisch zweideutigen Programmatik getadelt. In der vierten Auflage der *Critischen Dichtkunst* schlägt er vor, das modische Genre dem Typus der Tragikomödie zuzuordnen, weil es durch die ihm eigentümliche affektive Wirkung, die die Erregung von Mitleid einschließe, unzweifelhaft ein tragisches Element aufweise, das den zumal in der Auswahl bürgerlichen Personals manifesten Komödiencharakter durchbreche (I Gottsched CD, 644). In Frankreich entflammte am Beginn der 40er Jahre ein heftiger Disput über die poetischen Qualitäten der *comédie larmoyante*, der wesentlich durch die scharfe Kritik Pierre Mathieu Martin de Chassirons (1704–67) gespeist wurde. Chassiron, hoher Staatsbeamter und Mitglied der Akademie für Literatur und Wissenschaft in La Rochelle, brachte gegen La Chaussées Rührkomödie die konventionelle Position des vom Regelwerk Boileaus geprägten klassizistischen Geschmacks zur Geltung, der auf einer exakten Trennung der Gattungen bestand und stilistische Mischungen als Produkte einer unorthodoxen neuen Modetendenz verwarf (vgl. IV Steinmetz K, 49f.). Chassirons Maßstab bildeten das Œuvre Molières und die Texte des *Théâtre Italien*, die den Gesetzen der traditionellen Dramaturgie folgten, insofern sie sich von ernsthaften, mitleiderregenden Stoffen fernhielten (IV Guthke TG, 28f.).

In seiner lateinisch verfaßten Leipziger Antrittsvorlesung, die den Titel »Pro comoedia commovente« trug, verteidigt Gellert 1751 die Poetik des rührenden Lustspiels mit dem Hinweis darauf, daß das neue Genre hinreichend gegenüber der Tragödie abgegrenzt sei und eine klare gattungspoetische Zuordnung gestatte. Gellert betrachtet die Abweichungen von älteren Formmustern lediglich als graduelle Modifikationen, die der vielschichtigen Psychologie menschlicher Gefühlsäußerungen entsprächen. Neben die durch die satirische Typenkomödie evozierte Reaktion des heftigen Gelächters tritt in Gellerts System des Komischen das milde Lächeln, das Empfindungen eines gemäßigten Mitleids und der Rührung einschließt, ohne daß diese wiederum mit den vom Trauerspiel erregten großen Leidenschaften verwechselt werden dürfen. Die Vorzüge des neuen Gattungstyps gegenüber der satirischen Komödie liegen in der intensiveren moralischen Wirkung begründet, deren Priorität auch für Gellert außer Frage steht: »Die Abschilderungen tadelhafter Personen zeigen uns bloß das Ungereimte, das Verkehrte und Schändliche; die Abschilderungen guter Personen aber zeigen uns das Gerechte, das Schöne und Löbliche. Jene schrecken von den Lastern ab; diese feuern zu der Tugend an und ermuntern die Zuschauer, ihr zu folgen.« (IV Gellert S, 135; vgl. IV Steinmetz K, 48f., II Koopmann, 100f., IV Catholy AR, 40f.).

Gellerts rührende Komödie greift Formtendenzen auf, die bereits in den Lustspielen Richard Steeles (1692–1729) und ersten Ansätzen zur subtileren Personencharakterisierung im Œuvre Pierre de Marivaux' (1688–1763) auftraten (IV Steinmetz K, 48f.). Zeigen die *Betschwester* und das *Loos in der Lotterie* mit der Darstellung lasterhafter Figuren, denen die Repräsentanten der Tugend entgegentreten, durchaus noch die konventionellen Züge der Typenkomödie (vgl. IV Arntzen K, 21), die hier von rührenden Szenen begleitet wird, so entfaltet sich das Ideal einer Erziehung des Herzens durch die Komödie vollends erst in den *Zärtlichen Schwestern*. Zwar bleibt Gellert auch hier älteren Gattungsnormen verpflichtet, insofern er am Schluß die Bestrafung der fehlerhaften Figur (Siegmund) und den Triumph der reinen Gefühle über die Verstellungskunst vor Augen führt, doch dominiert jetzt die detaillierte Darstellung einer affektiv gefärbten, empfindsam rührenden Tugendmoral, deren Prinzipien durch das Handeln der Protagonisten (Lottchen und Damis) plastisch beglaubigt werden dürfen (vgl. IV Gellert S, 33f. (II, 3)). Die Differenzen gegenüber der Gellerts Dramen vorangehenden Typenkomödie bleiben freilich auch hier vorwiegend gradueller Art; verschoben haben sich primär die Gewichtungen, die nunmehr für die stärkere Profilierung der positiven Charaktere sorgen und das dramaturgische Element der satirischen Denunziation des Lasters in den Hintergrund treten lassen. Vorrangiges Wirkungsziel ist dabei durchgängig die Erregung rührender Empfindungen, die, in ihrer affektiven Ausprägung weniger extrem als die tragischen Leidenschaften, den Zuschauer zu einer Form der ruhigen Sympathie mit dem Schicksal der dramatis personae führen soll. An den Platz des Verlachens als Programm der älteren Komödie rückt damit, wie es Richard Steele 1723 in der Vorrede zu seinem Lustspiel *Conscious Lovers* formuliert, »a joy too exquisite for laughter« (nach IV Guthke TG, 29).

In der Nachfolge Gellerts kommt es häufig zu **Stilmischungen**, unter deren Einfluß Elemente der *comédie larmoyante* mit jenen der satirischen Typenkomödie verknüpft werden. Krügers *Der blinde Ehemann* (1747) und *Die Candidaten* (1748) (vgl. IV Steinmetz K, 57f.), nicht zuletzt Christian Felix Weißes Einakter *Großmuth für Großmuth* (1768) liefern anschauliche Exempel für die Möglichkeit der formalen Synthese zwischen beiden Formen. Der satirische Charakter der Intrigenhandlung, der auch bei Gellert nie gänzlich fehlt, schließt offenkundig die Darstellung vorbildlicher Lustspielfiguren und mit ihr die Orientierung an einer empfindsamen Affektkultur nicht aus.

### Lessings Lustspiele

In nur geringem Maße beeinflußt die Programmatik der rührenden Komödie die Lustspielformen, mit denen der junge Lessing seit dem Ende der 40er Jahre hervortritt. Zwar nimmt der aufstrebende Autor die Entwicklung der Gattung interessiert zur Kenntnis, wie man seinen theoretischen Abhandlungen entnehmen kann (I Lessing G, Bd. III, 356f., 503f.), doch bestimmt sie sein eigenes Œuvre in kaum nennenswerter Weise. Lessing beginnt noch als Schüler in St. Afra, offenkundig geprägt durch die (von Gottsched wenig geschätzte) römische Komödientradion (Terenz, Plautus), mit satirisch gefärbten Lustspielen, deren Titel Typenfiguren ins Zentrum rücken: *Der junge Gelehrte* (1747), *Der Misogyn* (1748), *Der Freigeist* (1750). Es wäre jedoch falsch, hierin eine bruchlose Anküpfung an die Muster der sächsischen Komödie zu erkennen, treten doch die innovativen Modifikationen, mit denen Lessing von deren Wirkungsanspruch abweicht, deutlich zutage. Bereits der fast durchgängige Verzicht auf die redenden Namen, die das Typenlustspiel einzusetzen pflegt, signalisiert Lessings moderatere Wirkungsambition (eine Ausnahme bildet der Frauenhasser Wumshäter aus dem *Misogyn*, der sein Vorbild im Protagonisten von Francis Beaumonts *The Woman-Hater* (1609) findet). Zwar weisen seine Figuren – der junge Pedant Damis, der Freigeist Adrast – durch ihren einzelgängerischen Spleen und die Neigung zu bornierter Menschenfeindlichkeit Berührungspunkte mit den satirisch karikierten Gestalten der Gottschedianer auf, doch gesteht ihnen Lessing individuellere Züge zu, die sie widersprüchlich, bisweilen sogar sympathisch erscheinen lassen (IV Durzak, 19f., IV Catholy AR, 56f.).

Die Auflösung der Typenfigur in den vielschichtigen Charakter bezeugt, daß Lessing keine entlarvende Wirkung mit entsprechend eindeutiger moralischer Lehre anstrebt, vielmehr durch die Evokation des Gelächters selbst einen Effekt freigesetzt findet, der die Gattung hinreichend legitimiert. Nicht der höhnisch spöttelnde, sondern der befreit lachende Mensch ist für den Komödienautor Lessing das Ideal, an dem sich die Anthropologie der Lustspieldoktrin auszurichten hat. Im 29. Stück der *Hamburgischen Dramaturgie* heißt es, gültig auch für die Konzeption der Jugendwerke:

> Die Komödie will durch Lachen bessern; aber nicht eben durch Verlachen; nicht gerade diejenigen Unarten, über die sie zu lachen macht, noch weniger bloß und allein die, an welchen sich diese lächerliche Unarten finden. Ihr wahrer allgemeiner Nutzen liegt in dem Lachen selbst; in der Übung unserer Fähigkeit das Lächerliche zu bemerken; es unter allen Bemäntelungen der Leidenschaft und der Mode, es in allen Vermischungen mit noch schlimmern oder mit guten Eigenschaften, sogar in den Runzeln des feierlichen Ernstes, leicht und geschwind zu bemerken. (I Lessing G, Bd. IV, 363).

Dem moralischen Eigenwert des tragischen Mitleids, den Lessings Trauerspieltheorie betont, entspricht im Fall der Komödie die bereinigende Funktion des Lachens. Die durch die dramatische Handlung provozierten Leidenschaften bedürfen jeweils keiner tiefgreifenden Katharsis, sondern weisen von vornherein das angestrebte Profil eines Affekts auf, der Menschenliebe und Altruismus einzuschließen scheint.

Die individuellere Figurengestaltung gestattet es dem jungen Lessing, sich von der schematisch verfahrenden Typenkomödie zu entfernen und eine dramaturgische Wirkung anzustreben, die den Menschen durch die Evokation des Lachens zur Aufklärung auch über die eigenen Schwächen führt. Zugleich avisiert das Frühwerk bereits die Auseinandersetzung mit allgemeineren Problemgehalten, deren Reflexion im Lustspiel nicht mehr an die satirische Portraitierung einer Einzelfigur gebunden werden kann. Besonders markant tritt diese Neigung in den *Juden* (1749) zutage, wo an die Stelle der personenorientierten Psychologie der Entlarvung die Kritik ständeübergreifender gesellschaftlicher Vorurteile tritt. Das Postulat der Toleranz, das dreißig Jahre später vom *Nathan* neuerlich beleuchtet wird, empfängt seine moralische Autorität gerade durch den bedrückenden Befund, daß nahezu sämtliche dramatis personae, mit Ausnahme des Juden selbst, unabhängig von Geschlecht, Alter und Schichtenzugehörigkeit antisemitische Vorurteile an den Tag legen. Angesichts dieser Diagnose kann die Komödie nur dort etwas ausrichten, wo sie, jenseits satirischer Intentionen, die soziale Dimension von Fehlhaltungen verdeutlicht und deren über die individuelle Charakterdisposition der Einzelfiguren hinausweisende gesellschaftliche Symptomatik beglaubigt (vgl. I Lessing G, Bd. I, 415ff.).

Punktuell ist eine derart problembezogene Perspektive auch im *Freigeist* anzutreffen, ohne daß es Lessing jedoch gelingt, die Banalitäten gängiger Lustspielschemata generell zu meiden. Die stoffliche Vorlage liefert Louis François Delisle de la Drevetière mit seiner Komödie *Caprices du cœur et de l'esprit* (1739), die Lessing, ergänzt durch eine ausführliche Inhaltsangabe und unter Hinweis auf ihre Zugehörigkeit zur Tradition der commedia dell'arte, 1758 im vierten Stück der »Theatralischen Bibliothek« publizieren wird. Im Typus des Freigeists Adrast attackiert das Lustspiel weniger den religiösen Libertinismus einer radikalen Aufklärung, der sich auf Anthony Collins' *Discourse of Free-Thinking* (1713) und den englischen Deismus beruft, als vielmehr die Misanthropie des verbohrten Sonderlings, der nicht allein durch heterodoxe Überzeugungen, sondern vornehmlich durch seine psychische Disposition in die Rolle des sozialen Außenseiters gerät. Der konservativ gefärbten Satire auf abweichende konfessionelle Strömungen der Zeit, deren näheres Profil kaum beleuchtet wird, nimmt freilich die konventionell gebaute Intrigenhandlung mit dem harmonischen Heiratsschluß am Ende die Spitze (I Lessing G, Bd. I, 552f. (V, 7–8)). Aufschlußreich ist jedoch auch hier, daß Lessing die Denunziation des von ihm vorgeführten negativen Helden vermeidet und statt dessen ein recht nuanciertes Charakterportrait bietet, das beim Zuschauer Verständnis für die Verirrungen des Außenseiters wecken kann.

Erst in der *Minna von Barnhelm* gelingt es Lessing, die Analyse gesellschaftlich bedingter Konflikte mit lebendigen Charakterzeichnungen zu verbinden und derart die im Frühwerk noch getrennt ausgeprägten komödiantischen Formstrukturen zur Einheit zu fügen (vgl. zum folgenden Alt, in: IV Lessing, Einführung, 42f.). Der Reiz des Dramas besteht darin, daß es zunächst noch ganz dem Muster des Typenlustspiels gehorcht, dessen schematische Handlungslogik jedoch Zug um Zug auflöst und in eine facettenreiche, durchaus ambivalente Problemkonstellation überführt. Mit Tellheim tritt ein Charakter ins Zentrum, der an manchen Punkten dem traditionellen Komödientypus entspricht, ohne vollends dessen karikaturistisches Profil aufzuweisen. Die ihn beherrschende Ehrversessenheit bildet nur vermeintlich das (durch die Komödienhandlung zu überwindende) Laster, das ihn zum uneinsichtigen Sonderling bestimmt, der sich Minnas entschlossenen Werbungsversuchen und den Hilfsangeboten seiner Bediensteten konsequent widersetzt. Von der Wirkungsökonomie der traditionellen Typenkomödie, wie sie hier zu begegnen scheint, unterscheidet sich die *Minna* in zwei wesentlichen Aspekten, die am Schluß des Dramas mit ganzer Klarheit zutage treten: Tellheims fast pathologisch übersteigerte Ehrauffassung ist keineswegs der Ausdruck borniert Verblendung, sondern, zumindest in ihrer psychologischen Motivierung, das Produkt einer tiefgreifenden Kränkung, über deren Hintergründe der Zuschauer (ebenso wie Minna selbst) erst im vierten Akt ins Bild gesetzt wird (I Lessing G, Bd. I, 673f. (IV, 5); grundlegend IV Michelsen, 226f., 256f.). Das glückliche Ende des Dramas, das die Typenkomödie als logische Konsequenz einer kalkuliert inszenierten Intrige vorzuführen pflegt, folgt hier aus dem Gnadenakt des Königs, der Tellheims soziale Rehabilitierung bewirkt, und gehorcht damit den Gesetzmäßigkeiten der antiken Komödienhandlung, die den *Deus ex machina*, nicht aber den Menschen zum Herrn des Geschehens erhebt.

Tellheim, so wird im vierten Akt deutlich, hat sachlich vernünftige Gründe, die Klärung einer Situation zu fordern, die ihn in den entwürdigenden Verdacht der Unterschlagung bringt. Der Major ist nicht das Opfer verhärteter Ehrauffassungen, vielmehr objektiv Geschädigter. Die äußere Lage, über deren Hintergründe das Publikum sukzessive Klarheit gewinnt, läßt Tellheims Beharrlichkeit verständlich erscheinen und begründet seine Prinzipientreue, die hier nicht allein Ausdruck des preußischen Tugendrigorismus, sondern zugleich Zeichen sensibler Verletzlichkeit und verfeinerter Gerechtigkeitsliebe ist (IV Hinck, 301). In dem Maße, in dem die Komödie den scheinbaren Fehler ihres Protagonisten durch den Hinweis auf Ereignisse der Vergangenheit psychologisch motiviert, entfernt sie sich vom Typenlustspiel und seiner primär funktionalen Figurengestaltung (IV Arntzen K, 38f., IV Schröder, 244). Diese Distanzierung bezeichnet zugleich die vorsichtige Annäherung an die Form der Tragödie, bietet doch der vierte Akt der *Minna*, was Schiller, auf den *König Oedipus* des Sophokles bezogen, eine »tragische Analyse« (IV (Schiller-Goethe), Bd. I, 422) genannt hat: die Aufhellung der Vorgeschichte, die die aktuelle dramatische Verwicklung und die individuellen Verstrickungen der Protagonisten näher begründet.

Ähnlich bedeutsam wie die Adaption tragischer Formmuster ist die dramaturgische Vorbereitung des glücklichen Komödienendes. In der *Minna* bleibt es nicht dem Verstand der Figuren, sondern einer höherrangigen Instanz – dem König – überlassen, die nötigen Voraussetzungen für die praktische Bereinigung der Verhältnisse und die Versöhnung der streitenden Parteien zu schaffen (I Lessing G, Bd. I, 693 (V, 9)). Die von Minna im Zeichen strategischer Vernunft angesponnene Intrige – das vertraute Mittel komödienspezifischer Konfliktbereinigung – muß dort scheitern, wo das Schicksal der Figuren in den Händen einer übergeordneten Macht liegt. Solange das private Glück der Protagonisten von Tellheims sozialer Rehabilitierung abhängt, bleibt es ihnen versagt, die entscheidenden Schritte zur Entspannung der gegebenen Situation selbst herbeizuführen. Die Autonomie des Menschen findet seine Grenze in der sozialen Hierarchie, deren funktionales Gefüge ihn durchgängig beherrscht und seine Handlungsfreiräume entscheidend einschränkt. Im Rückgriff auf den *Deus ex machina* als Relikt des antiken Dramas dementiert Lessing zugleich den Optimismus des aufgeklärten Lustspiels, welches das vernünftige Individuum zum Meister seines Schicksals werden ließ (IV Steinmetz K, 72, II Barner u.a., 266f., IV Greiner, 173f.).

Wie der *Philotas* bietet auch die *Minna von Barnhelm* eine dialektisch gebrochene dramatische Form, die ihrerseits die ambivalenten innerweltlichen Verhältnisse des Individuums abzubilden vermag; dem Umschlag der Komödie in die Tragödie entspricht die Ermächtigung der vom Menschen nicht steuerbaren äußeren Wirklichkeit und die Geltungsbeschränkung der Intrigenhandlung. Die Struktur der *Minna* bleibt zunächst der vernünftigen Logik der aufgeklärten Komödie unterworfen, wird aber im Laufe des vierten Akts, der Tellheims Misere offenlegt, der Tragödienform angenähert; das Finale gehorcht erneut dem Muster der Komödie, ohne deshalb den dramatis personae die souveräne Herrschaft über das Geschehen einzuräumen (vgl. IV Seeba, 84f., IV Pütz, 232f.). Der im Motiv des *Deus ex machina* manifeste Rückgriff auf Gesetze der antiken Komödienlogik bezeichnet dabei die Grenzen des aufgeklärten Selbstbestimmungsanspruchs: die *Minna* ist nicht das Lustspiel des sein Glück eigenständig erkämpfenden und von Irrtümern befreiten Menschen, sondern nur »vermiedene Tragödie« (IV Schlaffer, 95) – dramatischer Reflex des Zweifels am Gedanken der Autonomie des Individuums.

In der Überhöhung des Lustspiels zum Drama der Werte, wie sie sich hier bekundet, deutet Lessing zugleich Kritik an den traditionellen Wirkungsabsichten der Gattung an. Blieb es der Komödie seit Gottsched vorbehalten, die Einsichtsfähigkeit des aufgeklärten Menschen und die Steuerbarkeit seines diesseitigen Geschicks unter Beweis zu stellen, so tritt nunmehr die Skepsis gegenüber der optimistischen Anthropologie einer rationalistischen Moraldidaxe in den Vordergrund. Bahnen sich die Protagonisten des Lustspiels nicht als autonome Wesen, sondern einzig mit Hilfe des Zufalls den Weg zum Glück, dann verdeutlicht das auch den Verlust des Vertrauens in die unbedingte Problemlösungskompetenz der Vernunft, das im Zentrum der aufklärerischen Komödienpoetik gestanden hatte.

## *Nathan der Weise* als gattungspoetischer Sonderfall

Das ›schwierige Lustspiel‹ *Minna von Barnhelm* zeichnet bereits den Übergang zu jenem Werk vor, mit dem Lessing sein Bühnenschaffen abschließt. *Nathan der Weise*, im Gefolge der unersprießlichen Goeze-Kontroverse zwischen November 1778 und Frühjahr 1779 vollendet, zu Lebzeiten des Autors aus Zensurgründen nie aufgeführt, steht als »dramatisches Gedicht« – so die (von Schiller im *Don Karlos* aufgegriffene) explizite Gattungsbezeichnung – zwischen Lust- und Trauerspiel. Die Handlung meidet dabei die tragische Katastrophe (die am Beginn des vierten Akts möglich gewesen wäre) ebenso wie das traditionelle Hochzeitsfinale des Lustspiels, steuert statt dessen auf einen Schluß zu, der allegorischer Elemente nicht enträt. Die am Modellfall der Ringparabel, deren Stoff Lessing aus Boccaccios *Decamerone* zog, von Nathan selbst exemplifizierte Gleichursprünglichkeit der Konfessionen und die damit verbundene Verpflichtung zur religiösen Toleranz (III, 7) werden am Ende durch ein harmonisches Tableau beglaubigt, das die Repräsentanten unterschiedlichster Glaubensrichtungen als Mitglieder einer großen Familie zusammenführt (V, 8). Indem die Bühnenfiguren die ideelle Substanz des in der Parabel illustrierten Harmoniepostulats veranschaulichen, empfangen sie ihrerseits typologischen Charakter jenseits dramatischer Individualität. Die hier manifeste Tendenz zum allegorisch dargestellten Allgemeinen spiegelt sich auch in der kunstvollen Sprachform des Schauspiels, deren flüssige Diktion das Produkt artistischer Stilbeherrschung ist. Der von Lessing verwendete Blankvers, der noch die klassischen Dramen Schillers und Goethes regieren wird, verschafft dem Dialog abgeklärte Kühle und kasuistische Prägnanz, verhindert damit jene naturalistischen Stileffekte und psychologischen Nuancen, die die Sprache der *Emilia Galotti* zuweilen kennzeichneten (vgl. IV Pütz, 242ff., IV Schröder, 247ff.).

Charakteristisch für Lessing scheint die Einarbeitung komischer Dialogelemente in die ernste Handlung; an zahlreichen Stellen begegnen Ironie, Wortwitz, geschliffene Aperçus und Paradoxien, sarkastische Pointierungen und Zynismen – Techniken, derer sich der Autor bereits dreißig Jahre zuvor im *Jungen Gelehrten* bediente. Die dramatische Fabel des *Nathan* ist mit epischen Stilformen durchwirkt, wie sie sich primär in der Ring Parabel, aber ebenso in Dajas Bericht von der Rettung Rechas (I, 1) oder in der Erzählung des Klosterbruders (IV, 7) abzeichnen. Im Gegensatz zur *Emilia Galotti*, deren Handlung von einer unerhörten Dynamik im Zuge permanenten Fortschreitens des Geschehens geprägt bleibt, beherrscht den *Nathan* eine gewisse Statik; angesiedelt im Zwischenfeld von dialogisierter Erzählung und didaktischem Drama, bleibt er ein in der deutschen Literaturgeschichte seltenes Experiment, das kaum unmittelbare Nachfolger gefunden hat. Inspirierend wirkte er gleichwohl – das klassische Schauspiel Goethes und Schillers empfängt von ihm nicht nur das humanistische Ethos, sondern auch die kühle Diktion und die artistische Souveränität gelassener Formbeherrschung. Am Ende der Aufklärung steht damit ein Drama, das jenseits der herkömmlichen Gattungsdifferenzen als Zeugnis geradezu sprichwörtlich gewordenen Toleranzdenkens neue Maßstäbe setzt.

# 6. Forschungsübersicht

## Geistesgeschichtliche Strömungen der älteren Tragödienforschung

Literaturwissenschaftliche Aufklärungsforschung konzentriert sich seit geraumer Zeit bevorzugt auf die dramenhistorische Entwicklung zwischen Gottsched und Lessing. Zumal die Tragödie avanciert dabei zum bevorzugten Gegenstand, an dem immer wieder die verschiedensten Untersuchungsmethoden erprobt werden. Betrachtet man die Stationen der Forschung seit 1945, so treten vier zentrale Strömungen hervor: der für die 50er Jahre bestimmende geistesgeschichtliche Ansatz (1), die quellenorientierte positivistische Verfahrensweise, die die folgende Dekade dominierte (2), die literatursoziologische bzw. sozialhistorische Perspektive der 70er und frühen 80er Jahre (3), schließlich die gegenwärtig vorherrschende Konzentration auf rhetorische, wirkungspsychologische und anthropologische Aspekte der Aufklärungstragödie, wie sie neuere Studien seit 1985 durchgängig zu kennzeichnen scheint (4).

Benno v. Wieses rasch zum Standardwerk aufgestiegene Arbeit zur Tragödiengeschichte von Lessing bis Hebbel (1948) führt die geistesgeschichtliche Untersuchungsmethode in ihren Möglichkeiten und Grenzen exemplarisch vor Augen. Zum leitenden Interpretationsaspekt wird die Frage des tragischen Gehalts, der sich bei Lessing, wie v. Wiese ausführt, im Konflikt zwischen konkreter Leidenserfahrung und Theodizeemodell abzeichne. Die für die Aufklärung seit Leibniz verbindliche Vorstellung von der besten aller möglichen Welten kollidiere mit dem Scheitern des dramatischen Helden, dessen unverschuldeter Untergang das Vertrauen in die rationale Ordnung der diesseitigen Verhältnisse fundamental erschüttere und die Evidenz eines teleologischen Geschichtsprinzips tiefgreifend in Zweifel ziehe (IV v. Wiese, 4f.). So erscheine die Tragödie als künstlerische Erprobung des Theodizeegedankens unter den Bedingungen des Ernstfalls – als literarisches Experiment mit den vernunftwidrigen Abgründen des Nihilismus. Die Rettung der optimistischen Weltsicht erfolge letzthin, so auch die Auffassung von Otto Manns dramengeschichtlicher Studie (1960), im Akt des Glaubens, unter Rekurs auf eine göttliche Gnadeninstanz, die den Menschen für innerweltliche Tugendhaftigkeit im Jenseits belohne und derart das irdische Leiden vergelte (IV v. Wiese, 31ff., IV Mann, 170f.). Bedenklich bleibt an diesem Ansatz, daß er die Tragödie der Aufklärung von ihrem wirkungspoetischen Konzept löst und primär im Hinblick auf den ihr zugrundeliegenden Gehalt erörtert, Fragen des literarischen Kalküls, der Aristoteles-Rezeption und des praktischen Theaterbezugs jedoch vollkommen außer acht läßt. Maßgeblich wird damit eine Perspektive, die für Schillers spätere Synthese zwischen wirkungs- und gehaltsästhetischer Programmatik, nicht aber für Lessings Affektdramaturgie evident scheint. Problematisch bleibt schließlich der Verzicht auf jegliche Untersuchung des spezifisch sozialen Hintergrunds der von Lessing dargestellten bürgerlichen Konfliktstrukturen, mit dem sich weder v. Wiese noch Mann näher befassen.

## Quellenstudien

Charakteristisch für die geistesgeschichtlich orientierten Arbeiten der 50er Jahre ist die Tendenz zur Ausrichtung am bedeutsamen Einzelwerk und das Desinteresse gegenüber breitenwirksamen literarischen Formprozessen, deren Analyse die Kenntnis nicht nur der kanonisch gewordenen Texte erforderlich machte. Bezeichnenderweise setzte v. Wieses Tragödienbuch erst bei Lessings *Miss Sara Sampson* mit ausführlichen Interpretationen ein, ohne die Gottsched-Ära und die Vorgeschichte des bürgerlichen Trauerspiels in England und Frankreich genauer zu erörtern. Dieses Defizit suchten mehrere quellenhistorisch gestützte Studien seit Beginn der 60er Jahre durch eine intensivere Auseinandersetzung mit der Entwicklung der frühaufklärerischen Tragödie zu beheben. Vor allem die Arbeiten von Daunicht (1965), Pikulik (1966) und Wierlacher (1968) lieferten instruktive Einblicke in die Begriffs-, Gattungs- und Wirkungsgeschichte des bürgerlichen Trauerspiels seit 1730, die bisher aus der Perspektive der Lessing-Forschung recht selektiv betrachtet worden war. Man erschloß neues Quellenmaterial, das die europäische Dimension des Genres erahnen ließ, den innovativen Charakter des englischen Dramas (Lillo, Moore) demonstrierte und die Bedeutung von Diderots *tragédie domestique* für die deutsche Entwicklung eindrucksvoll verdeutlichte (IV Daunicht, 209ff., IV Wierlacher, 29ff.). Anhand der Wirkungsgeschichte von Lillos *London Merchant* ließen sich, wie Daunicht nachwies, entscheidende Einsichten in die Programmatik der neuen Gattungsform und ihre bühnenpraktischen Bezüge im Zusammenhang einer gegenüber der *tragédie classique* modifizierten Phänomenologie der Leidenschaften gewinnen. Hilfreich blieb zudem die Erkenntnis, daß das bürgerliche Trauerspiel nicht allein von Lessing, sondern auch durch vermeintlich nachrangige Autoren wie Martini, Pfeil und Brawe wesentliche Impulse empfangen hatte. Methodisch folgten die quellengestützten Arbeiten der 60er Jahre den Verfahrensweisen einer philologisch soliden Einflußforschung, die Fragen nach dem sozialhistorischen Gehalt der Gattung in den Hintergrund treten ließ. Bezeichnend war hier die (bald umstrittene) Hypothese Pikuliks, daß sich im bürgerlichen Trauerspiel nicht das Wertdenken einer spezifischen Gesellschaftsschicht, sondern, ständeübergreifend, ein allgemeinmenschliches Interesse manifestiere, dessen empfindsame Affektwelt keineswegs als bürgerlich zu bezeichnen sei (IV Pikulik, 6f., 170ff.).

### Sozialhistorische Arbeiten

Gestützt auf den Ertrag der hier genannten Studien, jedoch mit kritischem Vorbehalt gegenüber ihrer soziologischen Abstinenz sucht Peter Szondi in seiner posthum veröffentlichten *Theorie des bürgerlichen Trauerspiels* (1973) das Fundament für eine stärker sozialhistorisch ausgerichtete Gattungsgeschichte zu legen. Szondi erarbeitet nicht nur die poetologischen Aspekte, die die Entfaltung des Genres zwischen Lillo und Lessing bestimmen, sondern untersucht auch dessen Anspruch, einen Beitrag zur kulturellen Identitätsstiftung des Bürgertums im Prozeß seines gesellschaftlichen Aufstiegs zu leisten (IV Szondi, 17f.). Für einen wesentlichen Aspekt dieser Intention hält Szondi die Dialektik bürgerlichen Selbstverständnisses, die in der Form des Trauerspiels ihren adäquaten ästhetischen Ausdruck finde; in der Priorität moralischer Werte gegenüber politischen Handlungsoptionen bekunde sich einerseits deren neue programmatische Qualität, zugleich aber auch schon ein problematischer Reflex der Introversion angesichts der unverrückbar scheinenden Herrschaftsverhältnisse der feudalabsolutistischen Gesellschaftsordnung. Melancholie und Empfindsamkeit, die zentralen Affekthaltungen der dramatis personae bei Lillo, Diderot und Lessing, betrachtet Szondi dabei als jeweiliges Produkt dieser Dialektik, insofern sie von der spannungsvollen Verinnerlichung des gesetzhaften Tugendanspruchs zeugen, die das Bürgertum im Prozeß seiner sozialen Stabilisierung vollzieht (IV Szondi, 145f.). Damit war die Gegenthese zu Pikuliks Position formuliert: Gerade die allgemeinmenschliche Perspektive des neuen Trauerspiels und die ihr zugehörende Leidenschaftskultur bildeten, so Szondi, den Ausdruck eines spezifisch bürgerlichen Standesethos (IV Szondi, 19).

Szondis Arbeit bahnte den Weg zu einer größeren Zahl von sozialgeschichtlich ausgerichteten Studien, die seit Beginn der 70er Jahre die Erörterung der gesellschaftliche Bedingungen des aufgeklärten Trauerspiels mit einer soziologischen Analyse bürgerlicher Selbstentwürfe zu verbinden suchten. Dabei faßte man den sozialgeschichtlichen Forschungsansatz, wie dies dezidiert Heinz Schlaffer im Vorwort seines vieldiskutierten Buchs *Der Bürger als Held* (1973) formulierte, zumeist als Instrument der Ideologiekritik; die historische Perspektive sollte zugleich einen Beitrag zur »Theorie der Widersprüche in der bürgerlichen Gesellschaft« (I Schlaffer, 9) leisten. Bedeutsamer als die Aufbereitung des konkreten sozialgeschichtlichen Materials (Aspekte von Bildungssystem, Lesekultur, Publikationsformen, Zensurmaßnahmen, Geschlechterrollen, Erziehungspraxis), die punktuell bis zur Gegenwart ein Desiderat geblieben ist, schien die Analyse der Antinomien, die Bewußtsein und Wertwelt des Bürgers im Prozeß seiner gesellschaftlichen Emanzipation prägten.

Besondere Aufmerksamkeit zog dabei die **Darstellung der Familie** im bürgerlichen Trauerspiel bzw. in Gellerts rührender Komödie auf sich. Verstanden als idealer Ort der privaten Selbstbestimmung, schien sie sich bei näherer Betrachtung nicht selten als Medium repressiver Erziehungspraxis und unbedingter väterlicher Autorität auszuweisen. Unter diesem Aspekt konnte man die vom Trauerspiel vorgeführten Katastrophen, in denen die ältere Forschung den künstlerischen Reflex eines tiefgreifenden Antagonismus zwischen Bürgertum und Adel zu erkennen pflegte, für den Ausdruck innerbürgerlicher Konflikte im Spannungsfeld von Individualität und Rollenerwartung halten. Verband sich am Beginn der 70er Jahre mit dieser Diagnose zumeist ein kritischer Ansatz, der dem Selbstverständnis der neuen Gesellschaftsschicht, wie es das Drama umriß, politische Naivität, Tendenz zur Introversion und Verzicht auf den Entwurf revolutionärer Perspektiven vorhielt (IV Weber, 224, IV Mattenklott/Scherpe Hgg., 163f., Schulte-Sasse, in: I Grimminger Hg., 463f.), so bemühten sich spätere Arbeiten primär um die Beschreibung jener Dialektik bürgerlicher Wertethik, die im tragischen Zusammenbruch der Familieneinheit bei Lessing (aber auch in Schillers *Kabale und Liebe*) nicht allein den destruktiven Charakter des feudalabsolutistischen Ordnungsstaates und der leidenschaftlichen Exzesse seiner Repräsentanten, sondern ebenso die Problematik eines sich primär als Verhaltensregulativ verstehenden, praktisch oft neue Unterdrückungsformen hervorbringenden Tugendrigorismus aufscheinen ließ (vgl. schon IV Seeba, 45f., ferner IV Guthke T, 67, IV Eibl ID, 138ff., IV Neumann, 50ff., II Koopmann, 122f., IV Saße, 115ff., 146ff., 174ff.).

Vorrangige Intention des sozialgeschichtlichen Ansatzes blieb es, in den literarischen Zeugnissen der Aufklärung Reflexe des beschleunigten Emanzipationsprozesses aufzufinden, den das Bürgertum des 18. Jahrhunderts vor allem im ökonomischen Bereich durchlief. Wollte man die Risiken eines allzu simplen Widerspiegelungskonzepts vermeiden, das Literatur nur als konkrete Illustration gesellschaftlicher Konstellationen auffaßte, so bedurfte es einer dialektisch verfahrenden Untersuchungsmethode, die das komplexe Verhältnis von literarischer Form und menschlicher Bewußtseinsgeschichte zu reflektieren vermochte. Einen instruktiven, wenngleich nicht durchgängig überzeugenden Ansatz zur Vermittlung von literarhistorischem und soziologischem Interesse bot Jochen Schulte-Sasses Dramenartikel im Aufklärungsband von Grimmingers Sozialgeschichte (1980). Der Autor geht davon aus, daß die Entwicklung der Gattung zwischen Gottsched und Lessing in drei Phasen ablaufe: deren erste sei gekennzeichnet durch das Prinzip einer zweckhaft gefaßten, auch im bürgerlichen Geschäftsverkehr unabdingbaren Rationalität, das heroische Tragödie und Typenlustspiel, gestützt auf je verschiedene Stilmittel, gleichermaßen beleuchteten, wobei die fortdauernde Geltung der Ständeklausel als Ausdruck bürgerlicher Anpassung an die für unantastbar erachtete soziale Hierarchie gelten müsse. Eine zweite Phase diene der Entwicklung bürgerlicher Identitätsmuster, die zunächst in Gegensatz zur Welt der ökonomischen Realität träten, wie dies Gellerts Rührkomödie durch die von ihr dargestellten Konflikte zwischen materiellen Interessen und zweckfreien Empfindungen zur Anschauung bringe. In einer dritten Phase führe das bürgerliche Trauerspiel private und öffentliche Sphäre zusammen, indem es die innerfamiliär erprobte empfindsame Tugendmoral zum (freilich meist unerreichten) Maßstab auch des politischen Handelns erhebe (Schulte-Sasse, in: I Grimminger Hg., 449ff.). Trotz einer bedenklichen Tendenz zur Typisierung (bei gleichzeitigem Verzicht auf die Untersuchung nicht-kanonischer Texte) erschließt Schulte-Sasses Ansatz die heuristischen Möglichkeiten einer sozialhistorischen Analyse des Aufklärungsdramas jenseits der Simplifizierungen der Widerspiegelungstheorie. Problematisch bleibt jedoch auch hier, daß der Anspruch einer faktengestützten Begründung der literatursoziologischen Methode nicht angemessen erfüllt wird; die allzu summarischen Hinweise auf ökonomische Praxis, Bildungsgeschichte und Alltagskultur des aufgeklärten Bürgertums vermögen den sozialgeschichtlichen Ansatz kaum sachlich solide zu fundieren (vgl. zumal Schulte-Sasse, in: I Grimminger Hg., 426f.).

Die hier zutage tretenden Defizite suchen einige seit dem Ende der 70er Jahre publizierte Studien zum Drama Lessings, zur Rolle der Frau im Prozeß der Aufklärung und zur Lesekultur des 18. Jahrhunderts zu beheben, ohne daß sie dabei jedoch einer dezidiert literatursoziologischen Methodik folgen (IV Saße 2ff., IV Greis, 27ff., 50ff., IV Bovenschen, 92ff., I Schön, 45ff.). Vorsichtige Distanz gegenüber den ideologiekritischen Tendenzen früherer Arbeiten verraten auch aktuelle Einführungswerke zum Thema (IV Steinmetz D, 2f., IV Alt, 10f.), deren Darstellung sozialhistorische Aspekte berücksichtigt, ohne im literarischen Text ausschließlich Reflexe gesellschaftlicher Problemkonstellationen aufzusuchen. Der hier sich bekundende methodische Eklektizismus scheint charakteristisch für die gegenwärtige Aufklärungsforschung zu sein, die der neu entdeckten Pluralität ihres Gegenstands durch unterschiedliche Verfahrensweisen im Zusammenspiel von sozial-, mentalitäts- und kulturgeschichtlichen Methoden gerecht zu werden trachtet.

## Aktuelle Tendenzen

Nach dem Abflauen der sozialhistorischen Hausse traten in den letzten Jahren bisher vernachlässigte Themen in den Vordergrund. Im Fall des bürgerlichen Trauerspiels suchte man jenseits der kanonischen Texte die schon von Daunicht und Wierlacher aufgezeigte Vielfalt der Gattung anhand detaillierter Einzelinterpretation zu erweisen (IV Kahl-Pantis, bes. 73ff., IV Mönch, 344f.), wobei sich die Tendenz zeigte, sozialgeschichtliche Untersuchungsmethoden mit hermeneutischen und gattungstheoretischen Ansätzen zu verbinden. Neues Interesse zog zudem die klassizistische Tragödie der Gottsched-Ära auf sich, die seit der Mitte der 80er Jahre ins Zentrum der Forschung rückte. Auch hier spielten die gesellschaftskritischen Methoden der vorangehenden Dekade nur noch eine marginale Rolle; statt dessen dominierten Fragen, die dem Einfluß rhetorisch-poetologischer Kategorien auf die Programmatik des heroischen Trauerspiels galten (IV Schulz, bes. 63ff.), Formmuster und Wirkungskonzeptionen betrafen (IV Meier, 38ff., IV Hollmer, 67ff.) oder übergreifende bildungs- und theatergeschichtliche Aspekte erschlossen (IV Graf, 199ff.). Zu den wesentlichen Konsequenzen dieser neuen Akzentuierung gehörte es, daß die klassizistische Tragödie mit ihrer ›Dramaturgie der Bewunderung‹ (Meier) gegenüber dem zumeist höher geschätzten bürgerlichen Trauerspiel und seiner Poetik des Mitleids rehabilitiert und von negativ wertenden Geschmacksurteilen befreit wurde.

Sämtliche der genannten Studien (vor allem IV Schulz, IV Graf) berührten mit ihrem jeweiligen Ansatz auch Gesichtspunkte der anthropologisch interessierten Aufklärungsforschung (Affektpsychologie, Leib-Seele-Dualismus, Geschlechterbeziehung, Verhaltenslehren), ohne daß deren Probleme dabei ins Zentrum der dramengeschichtlichen Untersuchung gerückt wären (vgl. I Riedel, 141f.). Erst Alexander Košenina (1995) und Matthias Luserke (1995) haben neuerdings anthropologische Fragestellungen für eine systematische Analyse der aufgeklärten Tragödie fruchtbar gemacht. Košeninas aus reichem Quellenmaterial gespeiste Studie erörtert Aspekte zeitgenössischer Schauspieltheorien und deren Einfluß auf die dramaturgische Praxis zwischen Lessing und Schiller. Besonders instruktiv ist dabei der Versuch, die Wirkungsprogrammatik von Regieanweisungen und die darin manifeste Kultur der Körpersprache bei der Textinterpretation gründlicher als zuvor zu berücksichtigen (I Košenina, 185ff.). Charakteristisch scheint der Umstand, daß erst im Ausgang der Aufklärung die für die Gottschedära typische Konzentration auf das Wort durch komplementäre Konzepte einer nonverbalen Darstellungskunst ergänzt wird, unter deren Einfluß auch außersprachliche Ausdrucksformen zum Mittel dramatischer Gestaltung avancieren (I Košenina, 152ff.).

Die Arbeit Luserkes sieht die raison d'être der aufklärerischen Dramentheorie (zumal Lessings) darin, daß sie Literatur als wirkungsästhetisch gefaßtes Mittel der Disziplinierung menschlicher Leidenschaften faßt. Diese Konzeption integriert sie in einen weit gespannten, seit dem Spätmittelalter in Gang gekommenen Prozeß der Zivilisation, den Luserke mit Elias (unter Bezug auf Studien Reiner Wilds) als Vorgang fortschreitender Triebsublimierung, mit Foucault aber zugleich als Beitrag zur Etablierung bestimmter diskursiver Strategien im Ringen um intellektuelle Machtpositionen versteht (IV Luserke, 33ff., vgl. IV Wild, 57ff.). Fern vom Zentrum politischer Entscheidungen, suche sich der Bürger im 18. Jahrhundert ein eigenes Feld, auf dem er als Subjekt mit individueller kultureller Identität hervortreten könne. Die Literatur ist jedoch für Luserke gerade dort, wo sie, wie im Drama, Verhaltensmuster mit Vorbildcharakter umreißt, mehr als nur ein Instrument der Entlastung angesichts realer politischer Ohnmacht. Gerade durch die in der Tragödie signifikante Darstellung von Leidenschaften und deren kathartische Bereinigung wirke sie auch als Mittel der Disziplinierung von Affekten, die dem Bürger erst das eigenständige soziale Profil verschaffe (IV Luserke, 151ff.). Trotz problematischer Tendenz zu Neologismen (zumal unter Bezug auf psychoanalytische Deutungsmuster) und der Überanstrengung ihres eigenen Ansatzes (demzufolge die gesamte neuere Geschichte der Literatur als zivilisatorischer Prozeß der kathartischen Affektdisziplinierung zu begreifen wäre) liefert Luserkes Studie anregende Einsichten, die das bisherige Bild von der aufklärerischen Tragödie durch anthropologische bzw. zivilisationsgeschichtliche Aspekte nützlich ergänzen.

## Aspekte der Lustspielforschung

Die Komödie der Aufklärung steht zumeist im Schatten des dominierenden Interesses an der Tragödie, die die Literaturwissenschaft gern als exemplarisches Feld für die Erprobung neuer Methoden zu betrachten scheint. Problembezogene historische Perspektiven bleiben für die neuere Komödienforschung nur selten bestimmend; statt dessen ist sie geneigt, sich auf Einzelinterpretationen zu beschränken, die isolierte Werkanalysen bieten, übergreifende Tendenzen jedoch vernachlässigen und geschichtliche Entwicklungsprozesse nur am Rande verhandeln. Als Nachteil erweist es sich hier, daß man häufig erst bei Lessing einsetzt und die ältere Aufklärungskomödie der Gottschedzeit für eine zu vernachlässigende Größe ohne künstlerisches Eigengewicht hält. Diese selektive Verfahrensweise beherrscht die grundlegenden Interpretationssammlungen (IV v. Wiese Hg., IV Hinck Hg., IV Freund Hg.) ebenso wie zahlreiche monographische Darstellungen, die ihre Auseinandersetzung mit der Aufklärungskomödie bevorzugt auf eine Analyse der *Minna von Barnhelm* stützen, die Entwicklung zwischen Gottsched und Gellert jedoch kaum oder nur als Vorgeschichte würdigen (vgl. IV Kafitz, 41f., IV Martini, 43f.; anders IV Greiner, 143ff.).

Als weithin unverzichtbares Standardwerk, das die Risiken der isolierenden Betrachtung vermeidet, darf Walter Hincks (1965) große Abhandlung über die Tradition der commedia dell'arte im deutschen Lustspiel des 17. und 18. Jahrhunderts gelten, die, gleichermaßen eindrucksvoll in der souveränen Stoffbeherrschung wie im analytischen Zugriff, die vielfältigen Formströmungen, Einflußfelder und programmatischen Aspekte, denen die Komödie der Aufklärung unterliegt, unter Bezug auf die älteren (teils auch theaterhistorisch bedeutsamen) Gattungtraditionen erforscht. Zu den aufschlußreichsten Einsichten des Buches gehört die Erkenntnis, daß die deutsche Literaturkomödie selbst dort, wo sie, wie im Fall der Gottschedin, aus Gründen des ästhetischen Purismus ihre Ursprünge leugnet, mit europäischen Lustspielformen verwandt ist, die durch das italienische Theater und dessen französische Nachfolger entfaltet wurden (IV Hinck, 168ff., 213ff.). Angesichts dieses Befunds gelingt es Hincks Arbeit, die Kontinuität zwischen commedia dell'arte und dem Œuvre Lessings, zwischen Goldoni und Gellert jenseits der vielfältigen Modifikationen der Gattung überzeugend unter Beweis zu stellen. Neu erschließt sich damit auch der theaterpraktische Horizont der deutschen Literaturkomödie im Spannungsfeld von Bildungsanspruch und Unterhaltungsinteresse (IV Hinck, 65ff., 266ff.); das Bühnenkalkül, das bereits das Lustspiel der Gottschedära beherrscht, hatte die ältere Forschung als Movens der Komödienproduktion offenkundig unterschätzt.

Hincks Niveau erreichten nachfolgende Studien nur selten, weil sie zumeist auf die Ausrichtung an übergreifenden Aspekten des Themas verzichteten und keine systematische Ordnung des Quellenmaterials anzubieten vermochten. Eckehard Catholys breit angelegte Komödiengeschichte vom Mittelalter bis zur Gegenwart (1969, 1982) beschränkt sich bevorzugt auf nach Autoren geordnete Interpretationsstudien, ohne dabei wesentlich neue Akzente zu setzen (vgl. zumal IV Catholy AR, 20ff.). Auch Fritz Martini (1974) löst, darin Catholy folgend, die neuere Komödiengeschichte in Einzelwerke auf, die zwar – vor allem gilt das für die Deutung der Sprachästhetik von Lessings *Minna* – erhellend analysiert, aber zu selten als Elemente eines in sich spannungsvollen Gattungsensembles betrachtet werden (IV Martini, 43ff.). Bedauerlich ist, daß auf diese Weise Fragen der Theaterpraxis und Probleme der komischen Wirkungspsychologie im Spannungsfeld von literarischem Anspruch und außersprachlichen Ausdrucksformen, wie sie gerade für die Aufklärung bedeutsam scheinen, gänzlich in den Hintergrund treten. Helmut Arntzens einflußreiches Buch zur ›ernsten Komödie‹ (1968) bietet wiederum eine homogene Untersuchungsperspektive (der eine fundierte Interpretation der *Minna von Barnhelm* und ihres tragikomischen Gehalts zu verdanken ist (IV Arntzen K, 25ff.), verzichtet jedoch auf eine genauere Auseinandersetzung mit der (hier nur als Vorgeschichte bedeutsamen) Gottschedära, weil es sein Interesse auf die Entwicklung seit dem Ausgang der Aufklärung konzentriert.

Die Sammelwerke der 70er und 80er Jahre, die zumeist der Komödiengeschichte seit dem Beginn der Neuzeit gelten, behandeln notwendig nur Teilaspekte der für die Komödie zwischen Gottsched und Lessing bedeutsamen Fragestellungen; auch hier dominiert, konzeptionsbedingt, die Ausrichtung an Einzeltexten und Autoren, die eine systematisch übergreifende Problemdarstellung ausschließt (IV Hinck Hg., IV Freund Hg.). Angesichts solcher Tendenzen verwundert es nicht, wenn weiterhin Horst Steinmetz' knappe, keineswegs als originärer Forschungsbeitrag konzipierte Einführung in die Geschichte des Aufklärungslustspiels (zuerst 1966) als unverzichtbar gelten muß, weil sie sich nicht auf eine werkbezogene Betrachtung verlegt, sondern primär gattungs- und wirkungspoetische Konzeptionen im Horizont der allgemeinen Dramenentwicklung des 18. Jahrhunderts vorstellt (IV Steinmetz K, bes. 19ff.).

Es gehört zu den Konsequenzen der als Akt kultureller Disziplinierung deutbaren Gottschedschen Bühnenreform, daß mit ihr die stilistischen Möglichkeiten sprachlicher Komik ins Zentrum, körperliche Ausdrucksmuster jedoch in den Hintergrund treten. Die Literaturkomödie der Aufklärung bedient sich der Sprache, wie Eckehard Czucka (1988) gezeigt hat, auf zwei unterschiedlichen Ebenen: sie charakterisiert ihre Figuren als Vertreter bestimmter Redetypen, reflektiert aber zugleich, indem sie deren Bedeutung für das soziale bzw. moralische Rollenprofil der dramatis personae erweist, Probleme der kommunikativen Verständigung schlechthin (Czucka, in: IV Artntzen Hg., 39ff.). Das Lustspiel der Aufklärung erhebt Sprache jenseits ihrer Ausdrucksfunktion zum Gegenstand der diskursiven Auseinandersetzung und berührt damit ein Thema, das noch die Komödien eines Kleist, Büchner und Hofmannsthal wesentlich beherrschen wird. In der metasprachlichen Reflexion bekundet sich auch die Tendenz zu einer neuen Form der Auseinandersetzung mit Fragen der poetischen Darstellung; nicht die Dichtungstheorie, sondern das literarische Werk selbst leistet nun einen Beitrag zur Poetik der Sprache und Phänomenologie ihrer Ausdrucksformen.

Hatten die sozialhistorisch interessierten Studien der 70er Jahre die Komödie als diejenige Gattung betrachtet, in der sich der Gegensatz von sozialer Realität und Wertethos des Bürgertums besonders deutlich abzeichnete, so richtet die neuere Forschung, ähnlich wie im Fall der Tragödie, ihr Augenmerk verstärkt auf affektpsychologische bzw. anthropologische Aspekte der Lustspielpoetik, wie sie zumal im für die Aufklärung typischen Spannungsverhältnis von literarischem Wirkungsinteresse und körpersprachlicher Komik zutage treten. Versteht man Gottscheds Kritik des italienischen Theaters und seiner oftmals drastischen Improvisationskunst sowie die damit verbundene Bühnenreform im Zeichen der Literarisierung des Lustspiels als Versuch, komödiantische Darstellungstechniken zu disziplinieren und einer didaktischen Vermittlungsfunktion zu unterwerfen, so liegt es nahe, nach den Modifikationen zu fragen, in denen die ausgegrenzten Techniken des außersprachlich Komischen innerhalb des neuen Dramas fortleben. Diese Untersuchungsperspektive, die zumal dem Gegensatz von literarischen und körperlichen Ausdrucksmustern, damit auch der Opposition zwischen ›hoher‹ und ›niedriger‹ Kunst gilt, wird gestützt durch die Forschungen Michail Bachtins zur Anthropologie des Komischen (zuerst 1945, dt. 1969). Von Bachtin stammt der Gedanke, daß die Grundstrukturen der Komödie in den ritualisierten Darbietungsformen menschlicher Festkultur – etwa des Karnevals – gleichsam typologisch entfaltet worden und im Prozeß der Zivilisation seit dem Ende des Mittelalters unter das Diktat einer didaktisch funktionalisierten, die Auswüchse des subversiv Komischen disziplinierenden Literatursprache geraten seien (IV Bachtin, 41ff.). Die Abkunft der Literaturkomödie aus dem Geist des Karnevals wäre, wie neuere Studien von Günther Lohr (1987) und Bernhard Greiner (1992) zeigen, in den Lustspielen der Aufklärung zumal dort zu erkennen, wo die theoretisch bekämpfte Typenfigur leicht verändert wieder auftaucht und nunmehr – zumeist als Gegenstand der Satire – durch die Illustration verwerflicher Verhaltensweisen die Interessen der bürgerlichen Moralpädagogik umsetzen hilft (IV Lohr, 147ff., IV Greiner, 150ff.). An der Psychologie des Komischen lassen sich nicht zuletzt die Spannungen zwischen Triebwelt und Vernunftordnung studieren, die im aufgeklärten Lustspiel signifikant hervortreten. Von hier führt ein Weg zu jenen anthropologischen Konstanten, deren Bedeutung bereits das komische Theater von Antike, Mittelalter und Barock beleuchtete, indem es den Menschen, geprägt durch vielfältige Identitäts- und Rollenkonflikte, im Widerstreit von sinnlichen und moralischen Strebensrichtungen vorführte. Als Spiel um Irrtümer, Fehlhaltungen und Täuschungen ist die Komödie der Aufklärung, wie die neuere Forschung erweist, trotz ihrer Neigung zum unbedingten Vertrauen in die Sprache das beste Indiz dafür, daß auch das Zeitalter der Vernunft eine Ahnung von der Macht des Unbewußten jenseits des Logos besaß.

# V. FABEL, ERZÄHLUNG, ROMAN

## 1. Formen der aufgeklärten Prosa

### Gattungsgeschichtliche Hintergründe

Im Gegensatz zur literarischen Landschaft des 17. Jahrhunderts zeigt sich die Epoche der Aufklärung geprägt durch eine Vielzahl von Prosagattungen, die im Einzelfall schwer gegeneinander abgrenzbar sind. Die poetischen Innovationen, die seit 1730 die Erzählkunst bestimmen, wirken tief bis ins 19. Jahrhundert hinein. In der Aufklärung beschleunigt sich die ästhetische Entwicklung von Prosasatire, autobiographischen Formen, Idylle, kurzer Erzählung und Roman, die sich partiell schon nach 1700 abgezeichnet hatte. Zu beobachten ist damit der geschmacksbildende Aufstieg jener narrativen Gattungen, die auch im literarischen Spektrum der Moderne seit dem Beginn des 19. Jahrhunderts einen exponierten Rang erobern können. Einzig der von der Aufklärung hochgeschätzten Fabel, die sich vor Lessing zumeist in versifizierter Form präsentiert, wird nach 1800 keine wesentliche Beachtung beschieden sein. Im Gegensatz zu Erzählung und Roman haftet an ihr der Makel einer strikt wirkungspoetischen Orientierung, die spätere Epochen als Produkt obsoleten rationalistischen Kalküls betrachten.

Umgekehrt trägt sich seit Beginn der frühen Aufklärung ein Prozeß der Ausgliederung, des Verfalls und Niedergangs älterer, für das 17. Jahrhundert noch bestimmender Formtypen zu, in dessen Verlauf einstmals beliebte Gattungen wie heroisches und komisches Epos, Lob- und Gedächtnisrede, moralische Beispielgeschichte und literarisch ambitionierte Predigt deutlich an Gewicht verlieren. Betrachtet man das Panorama der durchaus fein entwickelten narrativen Genres des 17. Jahrhunderts genauer, so stellt man rasch fest, daß mit Ausnahme des Romans kaum eines von ihnen im Zeitalter der Aufklärung noch eine nennenswerte Rolle spielt. Das gilt vor allem für die durch geistliche Themen und Wirkungszwecke dominierte Erbauungsprosa, wie sie die zumal von Gryphius und Hallmann mustergültig beherrschte Leichabdankung (*Dissertatio funebris*) und die teils volkstümlich angelegte literarische Predigt (etwa nach dem Muster der Reden Abrahams a Sancta Clara) repräsentieren.

Auch die in der Mitte des 17. Jahrhunderts prosperierende Gattung der Schäferdichtung, die vornehmlich bei den Nürnbergern um Harsdoerffer, Klaj und Birken, dort wiederum im erklärten Anschluß an die bukolische Dichtung Iacopo Sannazaros, Jorge de Montemayors und Philipp Sidneys, gepflegt wurde, verliert seit der Frühaufklärung entschieden an Bedeutung; trotz vorsichtiger Wiederbelebungsversuche – so in Bodmers und Breitingers »Discoursen der Mahlern« – vermag sie sich als selbständiges literarisches Genre kaum mehr zu behaupten. Einzig in der Funktion eines toposgeschichtlichen Zitats taucht die Motivwelt der europäischen Bukolik im 18. Jahrhundert erneut auf – etwa in der Lehrdichtung Hallers oder in den Idyllen Salomon Gessners –, ohne daß sie dabei jedoch einen autonomen ästhetischen Status zu erobern vermag.

An die Stelle der traditionellen Muster treten zunächst keine neuen narrativen Gattungen, vielmehr gewinnen die überlieferten Formen modifizierte Aufgaben in abgewandelten Darstellungskontexten. Zumal die bereits im 17. Jahrhundert beliebte, auf italienische und französische Vorbilder zurückweisende **moralisch-didaktische Erzählung** empfängt innerhalb der Wochenschriften spezifisch aufklärerische Wirkungsfunktionen (vgl. V Jacobs, 45f.). Zumeist fällt es ihr zu, sittliche Lehrsätze illustrierend zu beglaubigen und abstrakte Wahrheiten exemplarisch zu veranschaulichen; denselben Zweck versieht die in der ersten Hälfte des 18. Jahrhunderts überaus beliebte **Fabel**, die Gottscheds Poetik sogar an die Spitze der literarischen Gattungshierarchie zu setzen sucht. Durch die Integration in den größeren diskursiven Zusammenhang, den die übergreifenden Argumentationsmuster der Wochenschriften herstellen, gewinnt die Erzählung den Charakter einer Beispielgeschichte, welche die deduktiv vorgetragenen Lehrsätze auf exemplarische Weise zu bekräftigen hat. Weit ist die Gattung hier von jener psychologischen Raffinesse entfernt, die sie am Ende des Jahrhunderts bei Schiller und den Romantikern entfalten wird; die präzis festgelegte Funktion, die die Wochenschriften den narrativen Formen zuschreiben, zeugt statt dessen von der Zweckbindung literarischer Strukturen, wie sie kennzeichnend für das poetologische Selbstverständnis der Frühaufklärung bleibt.

Neu entwickelt sich bereits in der ersten Hälfte des 18. Jahrhunderts das erzählerisch geprägte Genre der **Autobiographik**, von dem der nach 1760 hervortretende empfindsame Roman bedeutende Impulse empfangen wird (V K.-D. Müller, 54ff.). Wesentlich scheint es vor allem die pietistische Bekenntnisliteratur zu sein, die die Entwicklung des biographischen Berichts fördert; das berühmteste Beispiel repräsentiert hier die von Johann Henrich Reitz bzw. Johann Conrad Kanz edierte siebenbändige *Historie der wiedergebohrnen* (1698–1745), die eine Vielzahl einschlägiger Darstellungen von Erweckungs-, Buß- und Bekehrungserlebnissen versammelt. Auch hier bleibt zunächst der allgemeine Kontext bestimmend, der den biographischen Text zum funktionalen Element eines übergreifenden Argumentationssystems werden läßt, innerhalb dessen er die Aufgabe versieht, Prozesse der Glaubenspropaganda zu unterstützen und die Überzeugungskraft der vorgetragenen religiösen Bekenntnisse zu steigern (vgl. V Niggl, 6ff.). Das konfessionelle Pathos, das die hier publizierten Berichte trägt, übersetzt sich im Prozeß der Säkularisierung in die Muster des autobiographischen Romans, wie ihn vor allem Jung-Stilling und Karl Philipp Moritz (selbst wieder unter Bezug auf pietistische bzw. quietistische Erfahrungselemente) vorgelegt haben (V Kimpel, 60f.). Daß hier auch Zwischenformen möglich waren, die weder rein literarische noch ausschließlich dokumentarische Funktionen versahen, demonstriert Adam Bernd mit seiner *Eigenen Lebens-Beschreibung* (1738–42), der Darstellung eines quälenden Passionsweges im Zeichen von Selbstbeobachtung, Melancholie, religiösem Fanatismus und Depression, deren düsterer Grundton nur von Moritz' bedrückendem *Anton Reiser* (1785–90) übertroffen wurde (vgl. V Jacobs, 77f., I Schings, 97ff., I Pfotenhauer, 58ff., 93ff.).

Erst in der zweiten Hälfte des 18. Jahrhunderts gewinnen die hier genannten narrativen Formen größere Selbständigkeit, indem sie sich von den ihnen zuvor zugeordneten funktionalen Kontexten lösen. Parallel dazu ist der **Zusammenbruch der normativen gattungspoetischen Systeme** zu beobachten, an deren Stelle neue Techniken der literaturtheoretischen Selbstreflexion im Rahmen von Essay und

Rezension treten; mit ihnen verbinden sich das verstärkte Interesse an der spezifischen Leistungskraft der ästhetischen Fiktion jenseits wirkungspoetischen Kalküls sowie die Konzentration auf Fragen der Psychologie und Anthropologie im Zusammenhang poetischer Charakterisierungskunst. Insbesondere die verschiedenen Formstrategien des Erzählens bieten der gewandelten theoretischen Perspektive wesentliches Anschauungsmaterial; mit ihrer Hilfe lassen sich nun auch Probleme des literarischen Fiktionsbegriffs und der ästhetischen Illusionsbildung erörtern, die im argumentativen System der Normpoetik keine Berücksichtigung fanden, seit Lessings *Laokoon* jedoch verstärkt ins kritische Bewußtsein der Autoren getreten waren.

## Konjunktur des Romans

Beispielhaft für die Entwicklungsdynamik der aufgeklärten Erzählkunst, die auch die Literaturtheorie zur Revision älterer Ordnungsschemata führt, ist die Karriere des Romans. Sein ab 1740 beschleunigt sich vollziehender Aufstieg scheint geradezu das »Paradigma für die Aufsprengung der klassizistischen Poetik« (V Jacobs, 34), deren Prinzipien, in Frankreich durch Boileau, in Deutschland durch Gottsched exemplarisch vertreten, die Ausrichtung an den antiken Gattungen vorsahen, aktuellen Formströmungen jedoch kaum oder nur zögerlich Raum gaben. Sehr deutlich läßt sich der Gegensatz zwischen der modernen Gattungsentwicklung und dem klassizistischen Ordnungssystem in der vierten Auflage von Gottscheds *Critischer Dichtkunst* erkennen, die, obgleich sie sich um die nachträgliche Integration neuer Formen bemüht, weder das Genre der Erzählung noch den Roman angemessen in die Gattungsschemata der normativen Poetik einzuordnen vermag.

Die praktische Durchsetzung des Romans erforderte eine veränderte theoretische Perspektive, die sich offen für grundsätzliche Probleme des Illusionsbegriffs zeigte und die gängige Doktrin der Naturnachahmung sowie das mit ihr verbundene Konzept poetischer Fiktion jenseits der für den Klassizismus selbstverständlichen Zweckorientierung zu verhandeln erlaubte. Die zunehmende psychologische Subtilität, mit der der Roman seit Wieland seine Charaktere zu zeichnen pflegte, ließ sich nicht mehr durch eine deduktive Poetik erfassen, die literarische Figuren primär als Funktionsträger im Kontext einer präzis festgelegten Wirkungsdoktrin betrachtete. Zu reagieren hatte die Literaturtheorie aber auch auf andere, durch die Evolution des Romans beförderte Entwicklungsprozesse. Spätestens in Wielands *Geschichte des Agathon* (1767) trat die Auffassung hervor, daß nicht mehr die spirituell verbürgte Wahrheit eines providentiell geregelten historischen Ablaufs die Geschicke des Menschen präge, sondern eine bisweilen kompliziert verflochtene Kette unterschiedlichster Erfahrungen, die ihrerseits die ›innere‹ Biographie des Helden beherrschten. Friedrich von **Blanckenburgs** *Versuch über den Roman* (1774) bemühte sich erstmals, die neuen Herausforderungen, die der Aufstieg der Gattung für die Poetik bedeutete, theoretisch zu bewältigen. Bei ihm erwies sich, daß mit der fortschreitenden Verselbständigung der neuen Erzählformen und ihrer Emanzipation von der wirkungsästhetischen Nutzenorientierung ein Punkt erreicht war, an dem die Literatur der Aufklärung in das Stadium ihrer kritischen Selbstreflexion übertrat. Im Postulat der anthropologischen Authentizität fiktiv dargestellter Erfahrung, wie es Wielands *Agathon* formulierte, bekundet sich zwar noch die genuin aufklärerische Tendenz, die Biographie des Helden als exemplarisches Modell zum Zweck der Leserbelehrung zu konzipieren, jedoch verweist die Forderung nach empirischer Evidenz der je beschriebenen inneren Geschichte bereits auf eine poetische Konzeption, die der epischen Subjektivität ein spezifisches Eigenrecht jenseits wirkungstheoretischer Intentionen zu verleihen sucht. Damit verbunden stellte sich im Ausgang der Aufklärung dringender als zuvor die Frage nach dem Verhältnis von Universalitätsanspruch und individueller Gestaltungsfreiheit im Kontext epischer Fiktion. Angesichts der Krise des Theodizee-Gedankens und des daran sich knüpfenden Skeptizismus schien der objektive Sinngehalt der Wirklichkeit kaum noch durch den Hinweis auf deren göttliche Abkunft garantierbar; notwendig erwuchsen damit dem Erzähler neue Freiräume, insofern er sich vom Gebot der Naturnachahmung lösen und die fiktive an die Stelle der tatsächlich gegebenen, nicht mehr providentiell regierten, sondern letzthin kontingenten Welt treten lassen durfte (V Blumenberg, 21f., V Frick, 222f. u.ö.).

Die Auseinandersetzung mit den Problemen aufgeklärter Erzählmuster führt damit bereits an die Grenzen der Epoche und zu jener Strömung, die den normativen Charakter literarischer Formen im Zuge einer Apotheose des regellos produzierenden, frei ausschweifenden Schöpfergenies fundamental in Frage stellt. Die leitende Metapher, die das neue Künstlerselbstverständnis am Ende der Aufklärung anschaulich zum Ausdruck bringt, begegnet schon im *Agathon* Wielands, wo es, freilich noch ironisch, im Blick auf die ästhetischen Spielräume des Romanciers heißt, dieser besitze die Freiheit, »als ein andrer Prometheus, den geschmeidigen Thon, aus welchem er seine Halbgötter und Halbgöttinnen bildet, zu gestalten wie es ihm beliebt, oder wie es die Absicht, die er auf uns haben mag, erheischet (...)« (II Wieland, Bd. I, 251f.).

Die Karriere des aufklärerischen Romans wird damit zum Spiegel des poetologisch-ästhetischen Konzeptionswandels, der sich im 18. Jahrhundert zwischen Gottsched und Wieland vollzieht. Exemplarisch treten hier die Entwicklungsprozesse hervor, die die literarische Programmatik der Epoche bestimmen; bedeutsam bleiben dabei zumal die Abkehr von der Wirkungspoetik und die Tendenz zur Verselbständigung poetischer Fiktionsbildung, die ihrerseits die neue Funktion gewinnt, Gegenentwürfe zu profilieren, die sich modellhaft von der historischen Wirklichkeit abheben (vgl. V Brenner, 63f.). Maßstab der literarischen Darstellung ist hier nicht allein ihre Nachahmungskompetenz, sondern zugleich ihr Vermögen, eigene künstlerische Welten zu schaffen, deren imaginärer Charakter die Leserphantasie stimuliert, ohne deshalb den authentischen Wirklichkeitsbezug zu verlieren. Noch ist dieses Konzept literarischer Fiktion mit dem aufklärerischen Anspruch vereinbar, daß Poesie lehrreichen Zwecken zu gehorchen habe; in dem Maß freilich, in dem die poetische Erfindung Eigenständigkeit entfaltet, verliert die rationalistische Fixierung auf den Nutzwert ästhetischer Werke ihre Legitimität. Am Ende der Aufklärung wächst das Bewußtsein, daß Literatur nicht unter das Diktat moraldidaktischer Funktionen zu zwingen ist, daß sie vielmehr, wo immer sie Originalität entwickeln soll, notwendig zweckfrei bleiben muß.

## 2. Wirkungskonzepte der Fabel

### Historischer Horizont

Unter den Formen der kurzen Prosa erfreut sich die Fabel im Zeitalter der Aufklärung besonderer Beliebtheit. Nahezu sämtliche Autoren der Epoche treten mit eigenen oder aus überlieferten Vorlagen erarbeiteten Mustern der Gattung hervor. Bodmer, Breitinger, Triller, Gleim, Gellert, Lessing und Hagedorn publizieren umfangreiche Sammlungen, die das zeitgenössische Interesse an der Fabel anschaulich demonstrieren; »daß so viele andere ihr Talent dahin wendeten«, urteilt Goethe in *Dichtung und Wahrheit*, »spricht für das Zutrauen, welches sich diese Gattung erworben hatte.« (I Goethe, Bd. X, 291) Das formprägende Modell des Genres bilden die kurzgefaßten, teils in Prosa, teils versifiziert überlieferten Fabeln von Äsop (6. Jh. v. Chr.) und Phädrus (1. Jh. n. Chr.). Im Jahr 1718 hatte der Engländer John Hudson eine Neuedition der aus dem Ende des 13. Jahrhundert stammenden, von Maximos Planudes besorgten Sammlung der äsopischen Fabeln vorgelegt, deren Bestand jedoch, wie die kritische Philologie später feststellen konnte, als ungesichert gelten mußte, weil es sich um Abschriften und Exzerpte, nicht aber in originalem Wortlaut tradierte Texte handelte. 1741 legte der Geraer Gymnasialdirektor Johann Gottfried Hauptmann eine wiederum bearbeitete Fassung der Fabeln Äsops vor und machte sie auf diese Weise auch einem breiteren deutschen Publikum zugänglich.

### Fabeltheorie

Neben den älteren Vorbildern der griechisch-römischen Antike avancierten zumal Jean de La Fontaine (1621–95) und Antoine Houdar de La Motte (1672–1731) zu Musterautoren, an denen man sich in Deutschland orientierte (vgl. V Dithmar, 57f.). Daß die französische Fabel Maßstäbe setzte, zeigt nicht zuletzt ein Blick auf die fortgeschrittenen theoretischen Diskussionen, die man der Gattung seit dem Ende des 17. Jahrhunderts widmete (vgl. Mitchell, in: V Hasubek Hg. DF, 125). Prägend auch für die deutsche Poetik ist dabei die Definition René Le Bossus, der die Fabel in seinem *Traité du poème épique* (1675) als Form der allegorischen Verkleidung einer moralischen Lehre bestimmt: »(...) la fable est un discours inventé pour former les moeurs, par des instructions deguisées sous les allégories d'une action.« (II Le Bossu, 23). Kennzeichnend für die Fabeltheorie Le Bossus und seiner Nachfolger bleibt die Zusammenführung von Fabel- und Allegoriebegriff, die der künftigen poetologischen Erörterung des Themas noch manchen Anlaß zur Kontroverse bieten wird.

Daß die Fabel eine spezifische, auf belehrende Wirkung abzielende Variante der Allegorie darstelle, betont ähnlich, gestützt auf Le Bossu, auch La Motte in seinem 1719 publizierten *Discours sur la fable*: »La fable est une instruction déguisée sous l' allégorie d'une action. C'est un petit poëme épique qui ne le cède au grande que par l'etendue et qui, moins contraint par le choix de ses personnages, peut choisir à son gré dans la nature ce qu'il lui plaît de faire agir et parler pour sons dessein; qui peut même créer des acteurs s'il en faut, c'est-à-dire personnifier tout ce qu'elle imagine.« (V La Motte, 11). Als besonderes Charakteristikum der Fabel gilt nicht nur La Motte, daß sie zum Zweck der Veranschaulichung ihrer Lehre neben natürlichen Personen auch mit Sprache begabte Tiere, Pflanzen und allegorische Gestalten vorzuführen pflegt. Rechtfertigungsbedürftig scheint der aufgeklärten Poetik vor allem das genuin irrationale Element, das diesem Verfahren innewohnt. Wie, so lautet die stets wiederkehrende Frage, läßt sich eine literarische Gattung legitimieren, deren Erfindungen ständig gegen die Ordnung der Vernunft verstoßen und jenseits des empirisch Möglichen angesiedelt bleiben?

Eine exemplarische Verteidigung der Fabel, die auch dem Problem der Wahrscheinlichkeit gilt, liefert Gellert in seiner 1744 vorgelegten akademischen Disputationsschrift über Theorie und Geschichte der Gattung. Der Autor beginnt mit einer Definition, die sich von den Bestimmungen Le Bossus und La Mottes kaum unterscheidet: »Fictionem breuiorem et allegoriam ita instructam, vt delectando prosit, apologum dicimus.« (V Gellert F, 10). Wieder begegnen hier die vertrauten Kriterien: das Gebot der Kürze, die auf unterhaltsame Weise vorgetragene Lehre, der allegorische Darstellungsmechanismus, der die Aussage bildlich verkleiden hilft. Die drei Jahre nach Gellerts Tod im Jahr 1772 anonym veröffentlichte deutsche Übersetzung der Abhandlung meidet bei der Wiedergabe der oben zitierten Definition den Allegoriebegriff und bleibt terminologisch vorsichtiger: »Eine kurze und auf einen gewissen Gegenstand anspielende Erdichtung, die so eingerichtet ist, daß sie zugleich ergötzt und zugleich nutzet, nennet man eine Fabel.« (V Gellert F, 11). Derartige Zurückhaltung trägt der fortgeschrittenen poetologischen Diskussion Rechnung, in deren Verlauf wachsende Kritik an der Zusammenführung von Fabel- und Allegoriebegriff vernehmbar geworden war. Für Gellert freilich ist die Verbindung der beiden Formkategorien noch unproblematisch; seine Abhandlung verzichtet, ähnlich wie die Schriften Le Bossus und La Mottes, auf eine nähere Differenzierung zwischen fabulöser und allegorischer Handlung.

Grundsätzlich zu unterscheiden sind laut Gellert Fabeln, in denen Tiere agieren, von solchen, die unbelebte Dinge mit Sprache und menschlichen Attributen versehen (V Gellert F, 24). Poetologisch unbedenklich bleibt die Tierfabel, die, wie Gellert betont, dem Gebot der Wahrscheinlichkeit Genüge tut, insofern das Sprachvermögen ihrer Figuren als Produkt einer Übersetzung tierischer Verständigungsformen in die Muster menschlicher Kommunikation deutbar, also rational nachvollziehbar scheint. Mit dem seit Aristoteles eingebürgerten Prinzip der *verisimilitudo* kollidiere dagegen die Personifikation von Pflanzen, Bäumen und unbelebten Dingen, weil diese weder über Empfindungsvermögen noch über die Fähigkeit zu absichtsvollem Handeln verfügten, folglich ihre Darstellung als redende Figuren gänzlich vernunftwidrig sei. Zum Einsatz allegorischer Gestalten möchte Gellert nur raten, wenn der Zweck der Gattung auf keine andere Weise umgesetzt werden kann: »Ich glaube auch selbst, man dürfe zu dergleichen Fabeln nicht eher seine Zuflucht nehmen, als bis man bey den Thieren und im gemeinen Leben kein zu seinem Vorhaben schickliches Bild finden kann.« (V Gellert F, 23). Die Pedanterie, mit der Gellert das Wahrscheinlichkeitskriterium anwendet, ist durchaus symptomatisch für einen aufgeklärten Rationalismus, der die Phantasietätigkeit des Menschen dem Diktat des vernünftig Nachvollziehbaren unterwirft. Die Grenzen der Zumutbarkeit liegen dort, wo die sichtbare Welt der Erfahrung überschritten und das Spiel mit der

Einbildung nicht mehr auf einen verstandesgestützten Ausgangspunkt zurückgeführt werden kann.

Gottsched erörtert die Fabel erst in der vierten Auflage der *Critischen Dichtkunst* von 1751 ausführlicher (vgl. Mitchell, in: V Hasubek Hg. DF, 127f.). Charakteristisch für seine Argumentation ist die (noch heute gültige) doppelte Funktion des Begriffs, der zum einen die spezifische Gattung, zum anderen jegliche auf lehrreiche Wirkung abzielende poetische Handlung innerhalb unterschiedlichster literarischer Genres bezeichnet. Im allgemeinen Teil der *Dichtkunst* diskutiert Gottsched zunächst die prinzipiellen Aspekte der Fabelerfindung, wobei die engeren gattungstheoretischen Nuancen nur am Rande eine Rolle spielen. Unterschieden werden Fabeln, die Tiere (1), Menschen (2) oder leblose Dinge bzw. allegorische und natürliche Personen alternierend (3) agieren lassen (I Gottsched CD, 151f.). Nachdrücklich betont Gottsched, daß nicht jede Fabel als Allegorie zu bezeichnen sei, wie dies die französischen Theoretiker behauptet hatten. Gegen Le Bossu akzentuiert er die prinzipielle Selbständigkeit beider Formen, die man daran erkennen könne, daß lehrreiche allegorische Erfindungen keineswegs immer den Charakter einer Fabel besäßen (I Gottsched CD, 150). Diese terminologische Differenzierung scheint Gottsched generell notwendig, um die unter Schwulstverdacht stehende, als Relikt des Barockstils betrachtete Allegorie gegen die prinzipiell nützliche Fabel abzuheben – eine geschmacksgeschichtlich begründete Perspektive, die für die Franzosen nicht gelten mußte, weil die klassizistische Formsprache ihrer älteren Autoren manieristische Exzesse a priori ausschloß, so daß vergleichbare Abgrenzungen am Beginn des 18. Jahrhunderts nicht zwingend waren (II Alt, 395f.).

Gottscheds eigene Definition betont den illustrativen Charakter der Fabel und deren demonstrativen Bezug auf Wahrheiten aus dem Reich der Metaphysik, der den phantastischen Charakter ihrer Erfindungen rechtfertige: »Ich glaube derowegen, eine Fabel am besten zu beschreiben, wenn ich sage: sie sey die Erzählung einer unter gewissen Umständen möglichen, aber nicht wirklich vorgefallenen Begebenheit, darunter eine nützliche moralische Wahrheit verborgen liegt. Philosophisch könnte man sagen, sie sey eine Geschichte aus einer andern Welt.« (I Gottsched CD, 150). Weil die Fabel die Sphäre des metaphysisch Denkmöglichen, nicht notwendig das Reich der sichtbaren Erscheinungen darstellt, darf sie mit irrationalen Motiven – sprechenden Tieren und Pflanzen, allegorischen Gestalten – aufwarten, deren eigentümlicher Charakter durch die moraldidaktische Funktion der Gattung gemildert, durch die ihr zugewiesene Aufgabe des philosophischen Unterrichts sogar legitimiert wird. Gellerts berühmte Wirkungsformel, derzufolge die Poesie »Dem, der nicht viel Verstand besitzt, / Die Wahrheit durch ein Bild zu sagen« (I Gellert FE, 65) bestrebt sein müsse, findet in der Poetik der Fabel ihren unmittelbaren Niederschlag (kein Zufall, vielmehr Bestätigung dieses Sachverhalts ist es, daß sie selbst wieder im Rahmen einer Tierfabel als Quintessenz vorgetragen wird).

Entscheidend bleibt die verbindlich festgelegte Charakterisierung der Fabelwesen als Rollenfiguren, wie sie Gottsched im zweiten Teil der *Dichtkunst*, nun vor dem Hintergrund einer konkreten Analyse der Gattung, vorschlägt: »Ein Thier also, das räuberisch ist, muß als gottlos und ungerecht, ein faules faul, ein frommes fromm, ein geduldiges und schläfriges ebenfalls nach seiner gewohnten Art reden und handeln. So kann man auch von den Pflanzen z.E. eine hohe Tanne, oder Eiche, als stolz über ihren Vorzug vor geringern Bäumen; eine bunte Tulpe, als eitel über ihre Farben; ein Veilchen, als demüthig; eine Lilge, als reinlich und unschuldig; eine Rose, als verliebt u.s.w. vorbilden.« (I Gottsched CD, 447). Eindeutigkeit der Charaktere, wie sie Gottscheds Poetik generell für ein unverzichtbares Element der dichterischen Wahrscheinlichkeit hält, verlangen auch spätere Theoretiker von der Fabel. Als Spielraum für psychologische Nuancierungen ist die Gattung denkbar ungeeignet; ihre pädagogische Wirkungsintention verpflichtet zu einer typisierenden Figurengestaltung, die markante Merkmale prägnant hervortreten läßt, ohne dabei allzu starke Differenzierungen zuzulassen. Auffällig bleibt, daß Gottsched anders als Gellert auch die allegorische Darstellung von Pflanzen für ein adäquates Stilmittel der Fabel hält und den von ihm selbst sonst eng gefaßten Wahrscheinlichkeitsbegriff an diesem Punkt erweitert. Begründet wird solche Liberalisierung nicht allein durch den Hinweis auf den nützlichen Endzweck der Gattung, sondern ebenso durch die Auffassung, daß Fabeln neben moralischen Handlungsanweisungen auch metaphysische Wahrheiten vermitteln, deren Illustration ein breit entwickeltes Darstellungsinstrumentarium verlangt.

Breitingers *Critische Dichtkunst* zeigt, im Gegensatz zu Gottscheds Poetik, keine Berührungsangst gegenüber dem Allegoriebegriff (was seinen Grund nicht zuletzt in größerer Offenheit gegenüber den Möglichkeiten poetischer Bildlichkeit findet): »Die Fabel ist demnach nichts anders, als eine Erinnerung, die unter die Allegorie einer Handlung versteckt wird, sie ist eine historisch=symbolische Morale, die durch fremde Beyspiele Klugheit lehret, und eine gantze Reihe von allegorischen Exempeln, so in dieser Absicht entworfen und verfasset wären, dörfte vielleicht, wie der Herr la Motte geschickt angemercket hat, eine Sittenlehre von dem Thun und Lassen der Menschen ausmachen (...)« (II Breitinger CD, Bd. I, 168f.). Grundsätzlich geht Breitinger davon aus, daß die Fabel eine zweistufige Struktur besitzt, die sie in einen exemplarisch-anschaulichen Darstellungteil und einen die Quintessenz explizit formulierenden Schlußpassus gliedert. Höchst unscharf bleibt dabei die Terminologie, mit der diese dualistische Form bezeichnet wird; so nennt Breitinger die Fabel alternierend »moralisches Beyspiel«, »andere Allegorie«, »historisch ausgeführte Metapher« und »symbolische Erzählung« (II Breitinger CD, Bd. I, 172, 213, 220), ohne seine schwankende Begrifflichkeit näher zu erläutern. Deutlich wird immerhin, daß die Fabel eine bildhaft-anschauliche Handlung, wie sie die synonym verwendeten Termini ›Metapher‹, ›Allegorie‹, ›Symbol‹, ›Beyspiel‹ und ›Erzählung‹ charakterisieren, mit einem abstrakteren (meist moralischen) Textsinn verknüpft. Entschieden betont Breitinger die innige Zusammengehörigkeit beider Gesichtspunkte: »Folglich muß man die Erzehlung in der Fabel nicht als einen unbeseelten und abgesonderten Cörper, oder als eine blosse Erzehlung ansehen, sondern als eine Allegorie, oder als ein moralisches Beyspiel, welches neben andern ähnlichen Handlungen in einem allgemeinen Lehrsatze gegründet ist, und uns nothwendig auf die Betrachtung desselben führet, ohne welche die Erzehlung ein leeres Kinderspiel seyn würde.« (II Breitinger CD, Bd. I, 172).

Ausdrücklich läßt Breitinger allegorische Stilmittel im Rahmen der Fabel zu. Differenziert werden zwei Formen der Gattung, die sich, entsprechend dem typologischen Schema bei Gellert und Gottsched, durch ihre Figurengestaltung voneinander unterscheiden. Signum der allegorischen Fabel ist es, daß sie »solche Dinge, die keine Wesen sind, als würckliche Personen aufführet, denselben Leib und Seele mittheilet, und sie geschickt machet, allerley vernünftige Handlungen und Neigungen anzunehmen«, während die äsopische Fabel »diejenigen Personen, die schon würcklich sind, zu der Würde einer höhern Natur erhebet (...)« (II Breitinger CD, Bd. I, 143). In beiden Fällen wird die Fabel laut Breitinger von einem allegorischen Mechanismus geprägt, der die eigentliche Textbedeutung hinter einer anschaulichen Handlung hervortreten läßt. Die beiden Hauptformen der Gattung unterscheiden sich nur im Grad ihrer Fiktionsbildung; entfernt sich die allegorische Fabel durch den Einsatz der realiter nicht existierenden *persona ficta* von der empirischen Welt, so folgt die äsopische Variante der Intention, die Wirklichkeit zu überformen, indem sie ihre Tiergestalten vermenschlicht und derart zum Zweck der moralischen Belehrung aufwertet. Interesse zieht Breitingers Argumentation deshalb auf sich, weil sie sich stärker, als dies bei Le Bossu und La Motte der Fall war, mit der spezifisch poetischen Darstellungstechnik der Fabel befaßt und die sonst im Vordergrund stehende Wirkungsproblematik nur am Rande berücksichtigt.

Die Differenz zwischen allegorischen und nicht-allegorischen Fabelformen erörtert auch Charles Batteux in seiner Schrift *Les Beaux-Arts réduits à un même principe* (1746). Teile der aufgrund ihrer einseitigen Anwendung des aristotelischen Nachahmungsprinzips heftig umstrittenen Abhandlung werden bereits 1751 von Johann Adolf Schlegel ins Deutsche übertragen, wobei der Übersetzer, entsprechend einer gängigen zeitgenössischen Praxis, ausführliche, oftmals kritisch gehaltene Anmerkungen zum Text, im Anhang sogar eine Reihe eigener Aufsätze zu dichtungstheoretischen Fragen beisteuert. Unter Bezug auf den allegorischen Charakter der Fabel hatte Batteux erklärt: »Il y a deux sortes d'Allégorie: l'une qu'on peut appeller Morale, & l'autre Oratoire. La premiere, cache une vérité, une maxime tels sont les Apologues: c'est un corps qui revêt une ame: l'autre est un masque qui couvre un corps; elle n'est point destinée à envelopper une maxime, mais seulement une chose qu'on ne veut montrer qu' à demi, ou au travers d'une gaze.« (V Batteux, 210) Die Fabelerzählung will die hinter ihr stehende Lehre durch einen allegorischen Mechanismus nur illustrieren, nicht eigentlich verbergen, während der Zweck der reinen (laut Batteux meist in der Redekunst begegnenden) Allegorie darin besteht, bestimmte Wahrheiten aus strategischen Gründen möglichst versteckt mitzuteilen. Die Differenz zwischen beiden Formen ist folglich gradueller, kaum aber qualitativer Art; die Fabel erweist sich als eindeutigere, weniger dunkle Variante der reinen Allegorie.

**Johann Adolf Schlegels** Kommentar dieser Passage setzt dagegen geringfügig andere Akzente: »Die Fabel ist eine Allegorie in ihrer Anlage, denn die Moral ist ihre Seele; aber nicht in ihrer Ausführung, denn die Wesen, die sie uns zu zeigen verspricht, Thiere, Bäume, Pflanzen, sollen uns von ihr, wie ich schon erinnert habe, wirklich vorgestellet werden; obwohl bis zum höchsten Grade veredelt, dessen sie fähig sind. Sie ist eine Allegorie, welche gleichsam die Natur der Allegorie ablegt oder doch verbirgt, um die Natur der Geschichte an sich zu nehmen.« (Schlegel, in: IV Batteux, 352). Das wesentliche Merkmal der Fabel sieht Schlegel darin, daß sie eine phantastische Handlung in unprätentiöser Weise darbietet, um dem Leser hinter dem Schein ihrer wunderbaren Fiktion eine möglichst klare, eindeutige Botschaft zu übermitteln. Diese Intention aber markiert nicht nur eine graduelle, sondern auch eine qualitative Differenz gegenüber der allegorischen Erfindung: »In der äsopischen Fabel sind wesentlich die Hauptumstände bedeutend; in der andern Art der Allegorie sind es auch die Nebenumstände.« (Schlegel, in: V Batteux, 352). Während das Fabelgeschehen wie eine historische Begebenheit dargeboten wird, ohne daß jedes einzelne Element einen geheimen zweiten Sinn bezeichnet, besteht die allegorische Erzählung aus einer Vielzahl von uneigentlichen Motiven, die isoliert zu dechiffrieren sind. Die Quintessenz der Fabel sei, so Schlegel, zumeist auf eine verbindliche moralische Lehre reduzierbar, die Bedeutung der Allegorie dagegen ungleich komplexer und nuancierter. Mit dieser Differenz verbindet sich der Umstand, daß die Fabel ihre Qualitäten auch dann entfaltet, wenn man ihre Lehre ignoriert und allein die Präsentation der Handlung beachtet, die Allegorie aber ohne Kenntnis der verschlüsselten Botschaft auf den Leser wenig erbaulich wirkt.

Schlegels Unterscheidung eröffnet im terminologischen Streit um das Verhältnis der beiden Formen eine neue Perspektive, die charakteristisch für die Aufklärungspoetik scheint. Die Fabel gilt hier als bessere Variante der (dem bildhaften Stil des 17. Jahrhunderts vorbehaltenen) Allegorie. Sie meidet deren exklusive, oft hermetische Dunkelheit, lenkt die Aufmerksamkeit auf eine anschaulich vorgeführte Handlung, erschöpft sich aber nicht in deren oberflächlicher Darbietung, sondern belehrt, ohne den Verstand zu ermüden, und verknüpft derart – gut horazisch – die Unterhaltung mit dem Nutzen.

Im Juni 1751 rezensiert **Lessing** die Batteux-Übersetzung Schlegels unter der Rubrik »Das Neueste aus dem Reiche des Witzes« für die »Berlinische Staats- und Gelehrten Zeitungen«, ohne dabei näher auf Fragen der Fabeltheorie einzugehen (vgl. II Lessing LM, Bd. IV, 413f.). Daß er sie gleichwohl genau zur Kenntnis nahm, erkennt man an seinen acht Jahre später publizierten Abhandlungen, mit denen er eine Edition eigener Fabeln begleitet. 1757 hatte er Samuel Richardsons Sammlung *Aesop's fables with reflections instructive morals* unter dem Titel *Herrn Richardsons Sittenlehre für die Jugend* übersetzt und war derart auf die Spur der äsopischen Fabel geraten. In den ein Jahr später publizierten »Anmerkungen über den Phäder« untersuchte er neunzehn phädrische Fabeln im kritischen Vergleich mit La Fontaine und signalisierte dabei, daß er sich sukzessive von dem früher als vorbildlich erachteten Franzosen gelöst hatte. In den Abhandlungen des Jahres 1759 zieht Lessing schließlich die Summe seiner Gattungslehre und markiert gegenüber älteren Theoretikern wie de La Motte, Batteux und Breitinger die Eigenständigkeit der durch ihn vertretenen Position (I Lessing G, Bd.V, 352ff.; grundlegend Markschies, in: V Hasubek Hg. F, 134ff., ferner V Dithmar, 103f.).

Lessings Ansatzpunkt ist der Versuch, eine möglichst präzise Typologie der Fabelformen aus dem Geist ihres Wirkungsanspruchs zu erarbeiten. Unterschieden werden zunächst einfache Fabeln, die ihre Lehre in eine knappe Handlung schließen, und zusammengesetzte, die ein erfundenes, etwa im Bereich der Tiersphäre angesiedeltes Geschehen explizit vergleichend auf eine Begebenheit der Menschenwelt beziehen. Allegorisch, so betont Lessing, sei nur die zweite Variante, weil allein sie ein Verhältnis der Ähnlichkeit zwischen uneigentlicher und eigentlich gemeinter Ebene herstelle; die erste, für die Gattung charakteristischere Spielart jedoch biete eine konzentrierte Handlung, deren Elemente keine übertragene, sondern eine unmittelbare Bedeutung aufwiesen. Die Tiere der äsopischen Fabel verkörperten weder abstrakte Begriffe noch bestimmte Wertprinzipien, vielmehr repräsentierten sie Wesen mit konkreten Eigenschaften, die im Rahmen der Handlung auf typische Weise zur Geltung kämen. Die so beförderte Lehre trete, anders als bei der Allegorie, anschaulich hervor, bedürfe mithin keiner komplizierten Auslegung (I Lessing G, Bd. V, 358f.; vgl. Koopmann, in: V Elm/Hasubek Hgg., 55f., II Alt, 405ff.).

Lessing bedient sich an diesem Punkt des Begriffs der *cognitio intuitiva,* den schon Christian Wolff in seiner Spätschrift *Philosophia practica universalis* (1739) herangezogen hatte, um den Wirkungscharakter der Fabel genauer zu beschreiben (V Wolff, § 307). Die Botschaft des Fabelgeschehens vermittle sich, so erklärt Lessing unter Rekurs auf seinen philosophischen Gewährsmann, durch einen Mechanismus, bei dem sensuelle und intellektuelle Kräfte ineinanderspielen; einerseits stimuliere die dargebotene Handlung die sinnlichen Neigungen des Menschen, die zum Konkreten drängen, andererseits aktiviere die durch sie transportierte moralische Lehre geistige Prozesse der Reflexion und Erkenntnis. Lessings grundlegende Definition der Fabel bringt diese Wirkungsformel an zentraler Stelle ins Spiel: »In der Fabel wird nicht eine jede Wahrheit, sondern ein allgemeiner moralischer Satz, nicht unter die Allegorie einer Handlung, sondern auf einen einzeln Fall, nicht versteckt oder verkleidet, sondern so zurückgeführt, daß ich, nicht bloß einige Ähnlichkeiten mit dem moralischen Satze in ihm entdecke, sondern diesen ganz anschauend darin erkenne.« (I Lessing G, Bd. V, 379).

Die ›anschauende Erkenntnis‹ des Lesers wird Lessing zufolge nur dann angeregt, wenn die Fabel bestimmte Formkriterien aufweist, die die intendierte Verknüpfung von sinnlichen und intellektuellen Elementen fördern. Notwendig scheint die möglichst prägnante, auf das Konkrete zielende Darstellung; die Charaktere der Tiere etwa dürften nicht wie bloße Chiffren für moralische Attribute wirken, sondern müßten lebendig und facettenreich ausfallen. Die naturnahe Beschreibung gilt Lessing als unverzichtbares Merkmal einer Fabelhandlung, die ihre Botschaft idealiter auf fast spielerische Weise zu vermitteln versteht. Bedeutsam bleibt auch die Kürze der erzählerischen Darbietung, wie sie zu den Kennzeichen der äsopischen und phädrischen Fabeln gehört. Verwerflich findet Lessing den arabeskenreichen, ausschmückenden Stil La Fontaines, dessen Texte sich seiner Ansicht nach in der Vergegenwärtigung von nebensächlichen Details verlieren und nur selten prägnante Wirkung erzielen. Verstand die Antike die Fabel als rhetorisches Mittel, das die Argumentation stützte, so habe sie diese Funktion in neueren Zeiten eingebüßt und einen Kunstcharakter angenommen, der ihr die Stringenz raube. Über La Fontaine heißt es: »Ihm gelang es die Fabel zu einem anmutigen poetischen Spielwerke zu machen; er bezauberte; er bekam eine Menge Nachahmer, die den Namen eines Dichters nicht wohlfeiler erhalten zu können glaubten, als durch solche in lustigen Versen ausgedehnte und gewässerte Fabeln (...)« (I Lessing G, Bd. V, 409f.; vgl. Markschies, in: V Hasubek Hg. F, 151f.). Die Verwendung gattungsfremder Stilmittel geht einher mit der Einbuße des ursprünglichen Wirkungszwecks; die anspielungsfreudige, bisweilen frivole Fabelkunst der Franzosen treibe das Genre in die Zone der Zweideutigkeit und konterkariere auf diese Weise dessen traditionellen moralischen Anspruch.

Gegen La Fontaines Gattungsverständnis setzt Lessing nicht nur das ältere Gebot der stilistischen Kürze, sondern auch die durchaus ungewöhnliche Empfehlung, die Fabel in Prosa zu bieten. Seit Phädrus schien traditionell die versifizierte Variante eingebürgert (im Fall Äsops ließ der ungesicherte Textbestand keine eindeutige Bestimmung der ursprünglichen Formstruktur zu). Lessing stützt sein Plädoyer für den Prosastil gerade durch den Rekurs auf die ältere Versfabel griechisch-römischer Provenienz, deren kunstvolle Simplizität schwer zu erreichen, mit der in Konkurrenz zu treten folglich kaum ratsam sei. Weil Prägnanz durch die Technik der Versifizierung eher verhindert als gefördert werde, sieht Lessing in der Ausrichtung am Prosaidiom eine für die Gattung zwar ungewöhnliche, ihrer Wirkung jedoch zuträgliche Darstellungsform, die er in seinen eigenen Fabeln durchgängig selbst erprobt.

Wie auch im Fall der Tragödienpoetik liefert Lessing mit seiner Fabellehre einen herausragenden Beitrag zur aufgeklärten Literaturtheorie. Souverän werden ältere Positionen widerlegt, scharfsinnig Widersprüche der Argumentation aufgedeckt, mit großer Konsequenz Schlußfolgerungen aus der kritischen Bestandsaufnahme des poetologischen Kanons gezogen. Instruktiv ist Lessings Fabeldoktrin vor allem deshalb, weil sie vom Versuch zeugt, den Zweck der Gattung auf der Grundlage einer sensualistischen Methode genauer zu bestimmen. Die Wirkungsformel von der ›anschauenden Erkenntnis‹ bildet das Produkt dieser programmatischen Intention, bezeichnet sie doch die Konvergenz sinnlicher und intellektueller Strömungen, die nach den Idealvorstellungen der Zeit harmonisch im Menschen vereint sein sollten. Der Fabel fällt es laut Lessing zu, diese Synthese durch die ihr eigentümliche Wirkung stets neu herbeizuführen.

## Formen der Gattung

Als Gottsched seine *Critische Dichtkunst* verfaßte, hatte er noch keine nennenswerten Beispiele von neueren deutschen Fabeln vor Augen und verzichtete daher auf eine gründliche Auseinandersetzung mit dem Thema (die dann die vierte Auflage von 1751 nachholte). Die bedeutenden Sammlungen erscheinen erst seit dem Ende der 30er Jahre, also eine Dekade nach der Publikation der Gottschedschen Normpoetik; die eigentliche Blütezeit der Gattung liegt zwischen 1740 und 1770 (vgl. V Leibfried, 72f.). In diesem Zeitraum treten die wichtigsten deutschen Fabelautoren der Aufklärung hervor: Daniel Stoppe mit *Neuen Fabeln oder Moralischen Gedichten* (1738/40), Daniel Wilhelm Triller mit seinen *Poetischen Betrachtungen* (1737) und *Äsopischen Fabeln* (1740), Friedrich von Hagedorn mit dem *Versuch in poetischen Fabeln und Erzehlungen* (1738), Magnus Gottfried Lichtwer mit den *Vier Büchern Äsopischer Fabeln in gebundner Schreib-Art* (1748), Gellert mit den *Fabeln und Erzählungen* (1748), Johann Wilhelm Ludwig Gleim mit seinen *Fabeln* (1758), Lessing mit seiner ein Jahr später publizierten Sammlung, Gottlieb Konrad Pfeffel mit seinen *Poetischen Versuchen* (1761), Johann Adolf Schlegel mit *Fabeln und Erzählungen* (1769).

Das **stilistische Erscheinungsbild**, das die aufgeklärte Fabel abgibt, ist durchaus heterogen. Zwar dominiert die (erst von Lessing kritisierte) Versform, wie sie auch bei den Franzosen vorherrscht, doch treten hinter der einfach wirkenden Struktur der meist gereimt dargebotenen Erzählung signifikante Unterschiede zutage. Sie betreffen den Umfang und die Disposition ebenso wie die narrative Technik und die

Charakterisierung der beliebten Tierfiguren. Während Stoppe, Triller und Hagedorn zu ausschmückenden Darstellungstechniken nach dem Muster La Fontaines neigen, erstreben Pfeffel und vor allem Lessing die kurze Erzählung mit pointierender Reduktion der Handlung. Vertreten sind Bearbeitungen älterer, zumeist von Äsop und Phädrus stammender Vorlagen, an denen sich insbesondere Triller ausrichtet, aber ebenso Neuschöpfungen, die nur noch wenig mit der antiken Gattungstradition verbindet; solche Ablösung von überlieferten Schemata bestimmt primär die zur allegorischen Erzählform neigenden Fabeln Hagedorns, die Elemente der ernsthafteren Lehrdichtung aufnehmen (Siegrist in: V Hasubek Hg. DF, 106ff.).

Die zumal von Gellert geschätzte zweigliedrige Gattungsvariante, bei der das eigentliche Fabelgeschehen kommentierend auf einen Fall aus dem menschlichen Leben bezogen wird, tritt neben das einfache Strukturmuster, das sich durch größere Geschlossenheit auszeichnet. Bisweilen formulieren die Autoren am Ende eine Lehre, die das Geschehen aus moralischer Perspektive explizit (dazu neigen neben Gellert primär Triller und Stoppe), in anderen Fällen verzichtet man auf die erläuternde Quintessenz und begnügt sich mit der knappen Darstellung einer instruktiven Handlung, wobei insbesondere die vom Dialog beherrschte Fabelform, wie sie Gleim und Lessing favorisieren, die Möglichkeit zu einem von den Tierfiguren selbst formulierten Resümee bietet (ein anschauliches Beispiel liefert hier Hagedorn *Der Wolf und das Pferd*) (vgl. V Leibfried, 82f.). Gelegentlich darf sich die Botschaft der Fabel bereits im Titel spiegeln, der, gemäß der Funktion der für die Emblematik des 16. und 17. Jahrhunderts verbindlichen *inscriptio*, als einstimmende, zugleich aber auch schon interpretierende Ankündigung des nachfolgenden Geschehens fungieren kann, indem er auf die im Rahmen der Handlung berührten Sachverhalte, Werte und Begriffe verweist – ein Kunstgriff, der seltener bei der Tierfabel, häufig aber im Rahmen der allegorisch-erzählenden Gattungsvariante anzutreffen ist, wie sie Hagedorn und Gellert lieben.

Die typisierende, dem Vorbild Äsops verpflichtete Charakterisierung der Tierfiguren wird ergänzt durch die insbesondere bei Lessing beobachtbare Tendenz zur Individualisierung, die Überraschungseffekte durch das Abweichen von vertrauten Mustern erzielt (prägnant in *Der Rabe und der Fuchs*). Bieder-moralische Verhaltensregeln und Maßhalteappelle (gehäuft in den überaus erfolgreichen Fabeln Gellerts, etwa in *Die Spinne* oder *Die beiden Hunde*) werden ebenso formuliert wie satirische Kritik (Lichtwers *Die Flinte und der Hase*, Lessings *Der Affe und der Fuchs*) und dezidiert politische, gegen Herrscherwillkür und Anmaßung gerichtete Botschaften (sehr anschaulich in Pfeffels *Der Adler und der Weih*) (vgl. Hasubek, in: V Elm/Hasubek Hgg., 165f., V Leibfried, 35ff., 84ff., V Dithmar, 100f.). Zur pädagogischen Wirkungsausrichtung gesellt sich die vorwiegend unterhaltsame Fabel, die, wie die Exempel Hagedorns zeigen, weniger belehren als durch pointiertes Erzählen vergnügen möchte (*Das geraubte Schäfgen*, *Der Hirsch, der Hund und der Wolf*). Detailfreudig ausschmückender Plauderton kann die Fabel ebenso kennzeichnen wie lakonische Knappheit; kunstvolle Versifizierung steht neben simplen Reimschemata; scharfsinnige Dialoge (zumal bei Gleim und Lessing) und Dominanz erzählender Beschreibung (bei Stoppe und Gellert) bestimmen die Gattungsform gleichermaßen.

Hinter sämtlichen Gegensätzen tritt jedoch der Anspruch zutage, mit Hilfe der Fabel die horazische Doppelformel vom ›prodesse et delectare‹ praktisch umzusetzen. Dies gilt auch für jene Muster der Gattung, die, wie im Fall der fabulösen Erzählungen Hagedorns, nicht primär wirkungsorientiert zu operieren scheinen. Noch sie bleiben beherrscht von der zumindest unterschwelligen Ambition, Literatur als Instrument zur Veranschaulichung abstrakter Vernunftwahrheiten zu nutzen (vgl. Koopmann, in: V Elm/Hasubek Hgg., 55f). In der Fabel, so läßt sich erkennen, triumphiert jenes nüchterne Zweckdenken, das für die Aufklärung oftmals kennzeichnend ist, ohne daß dabei die sinnlichen Neigungen des Lesers vernachlässigt würden. Die phantastischen Handlungselemente freilich, mit denen die Gattung aufzuwarten pflegt, stehen unter dem Patronat der pädagogischen Wirkungskonzeption und scheinen auf diese Weise durch die Autorität der Vernunft salviert. Sie entsprechen der Programmatik des poetisch Wunderbaren, die Bodmer und Breitinger vertreten hatten. Die Liaison mit dem Irrationalen, die die Fabel wagt, erweist sich so nicht als Gegenentwurf zum Erziehungskalkül der aufgeklärten Literaturkonzeption, sondern als deren funktionaler Bestandteil.

## 3. Satire und Erzählung von Gottsched bis Wieland

### Grundmuster der Aufklärungssatire

Satirische Elemente weisen zahlreiche Gattungen der Epoche auf: die Komödie ebenso wie Roman, Lehrdichtung und komisches Epos. Johann George Sulzer betont in seiner *Allgemeinen Theorie der Schönen Künste* (1771–74) die formale Vielfalt der Satire: »Sie zeigt sich in Gestalt eines Gesprächs, eines Briefes, einer Erzählung, einer Geschichte, einer Epopöe, eines Drama, und sogar eines Liedes.« (V Sulzer, Bd. IV, 131) Besonderes Interesse verdient hier die Prosasatire, die sich seit 1730 verstärkt herausbildet und die versifizierte Spielart des Genres in der Publikumsgunst rasch übertrifft. In dem Maße, in dem die Satire nicht mehr an metrische Strukturen gebunden ist, vollzieht sich die von Sulzer beobachtete Ausweitung satirischer Wirkungskonzepte auf andere (zumeist narrative) Gattungen, die es in früheren Epochen derart ausgeprägt nicht gegeben hatte (V Jacobs, 60f., V Brummack, 309f.).

In der Antike bildet die prosaische Stilvariante nur ein untergeordnetes Element satirischer Gattungsmuster; dominierend bleibt hier die von Horaz, Lucilius, Juvenal und Persius repräsentierte Verssatire, der gegenüber die epigrammatische (wesentlich durch Martial genutzte) Form und die menippeische (nach dem Zyniker Menippos (3. Jh. v. Chr.) benannte) Prosasatire in den Hintergrund rücken. Praktisch durchgesetzt hat sich das Muster der ungebundenen satirischen Erzählung erst spät; in Deutschland vertreten Johann Michael Moscheroschs *Philander von Sittewalt* (1644) und Christian Weises *Politischer Näscher* (1693) Vorläuferformen (V Lazarowicz, 10f., V Jacobs, 60), in Großbritannien ist es Jonathan Swift, der der Gattung am Ende des 17. Jahrhunderts wesentliche Impulse verleiht. Noch Gottscheds *Dichtkunst* schenkt allein der versifizierten Spielart ihre Aufmerksamkeit, obgleich die führenden Vertreter der aufgeklärten Satire schon seit den 30er Jahren vorwiegend in Prosa publizieren. Das gilt für die Arbeiten Liscows ebenso wie für die Schriften Rabeners, Kästners und Lichtenbergs; bedeutendere Verssatiren hat lediglich Friedrich Wilhelm Zachariae vorgelegt, dessen *Renommist* (1744) zu den beliebtesten Texten der Zeit gehört.

Bei der näheren Differenzierung aufgeklärter Satireformen greift man für gewöhnlich auf die ebenfalls seit der Antike gängige Distinktion zwischen dem spöttisch-witzelnden (horazischen) und dem moralisierend-strafenden (juvenalischen) Genre zurück (V Grimm Hg., 327f., Jacobs, in: III Pütz Hg., 271). Eine weitere gängige Unterscheidung betrifft die Intensität des satirischen Angriffs und seiner Stoßrichtung: Die Personalsatire, die auf einen individuellen Gegner und dessen Schwächen zielt, tritt neben die allgemeiner gehaltene Spielart, die gravierenden Fehlentwicklungen der Gelehrtenkultur, bedenklichen literarischen Wirkungsansprüchen, einzelnen Ständen (bevorzugt Ärzten und Juristen) bzw. menschlichen Marotten (wie Geiz, Neid oder Bigotterie) gelten kann.

Christian Ludwig Liscow und Gottlieb Wilhelm Rabener, die Exponenten der frühaufklärerischen Satire, repräsentieren mit ihren Schriften zwei unterschiedliche Konzepte der Gattung. Steht Liscow für die scharfe, auch subjektive Invektiven einschließende, stets den individuellen Gegner avisierende **Personalsatire** (die bisweilen zum Pasquill, zur gehässigen Schmähschrift geraten kann), so vertritt Rabener die gemäßigte Variante milder satirischer Kritik, die auf polemische Verunglimpfung verzichtet und auch im Tadel moderat bleibt. Charakteristisch für Liscows Strategie ist seine vielfach beschriebene publizistische Auseinandersetzung mit dem Hallenser Rhetorikprofessor Johann Ernst Philippi, einem Gegner Gottscheds und der Wolffschen Schulphilosophie (vgl. V Lazarowicz, 28ff., V Tronskaja, 25ff., V Grimm Hg., 207ff.), V Jacobs, 115f.). Im Jahr 1732 veröffentlichte Liscow unter dem Titel *Briontes der Jüngere, oder Lobrede auf den Hochedelgebohrnen und Hochgelahrten Herrn D. Johann Ernst Philippi* die Parodie einer Laudatio, die die oberflächliche Gelehrteneitelkeit des zum Pathos neigenden Rhetorikers attackierte; es handelte sich um eine Reaktion auf Philippis *Sechs deutsche Reden*, die Liscow von Freunden mit der Bitte erhalten hatte, er solle dem oberflächlichen Machwerk, das sich als Einführung in eine neue Form der ›heroischen Beredsamkeit‹ verstand, satirisch den Garaus machen. Philippi wehrte sich zunächst mit einem Konfiszierungsantrag in Dresden, der auf die vermeintlich religionsfeindlichen Tendenzen von Liscows Satire zielte, und verfaßte, nachdem diese Intervention erfolglos geblieben war, zwei nicht zum Druck angenommene Gegenschriften (*Sieben neue Versuche in der deutschen Beredsamkeit, Gleiche Brüder, gleiche Kappen*). Liscow replizierte 1733, indem er ironisch zu beweisen suchte, daß Philippi nicht der Verfasser der *Kappen* (deren Abschrift ihm erneut Freunde zugespielt hatten) sein könne, weil die Abhandlung ein ihm unwürdiges intellektuelles Niveau besitze.

Von nun an beschleunigte sich das Publikationstempo auf beiden Seiten: Philippi bekannte sich in vollem Ernst, die Ironie des Gegners übersehend, zu seiner Schrift; Liscow ließ eine Parodie der ersten seiner sieben Musterreden publizieren, veröffentlichte zudem ein ihm zugetragenes Schäfergedicht seines Widersachers, das dieser einer umschwärmten adligen Schönheit hatte widmen wollen. Nach einer Reihe weiterer Invektiven, die durch eine förmliche Beschwerde Philippis beim Rat der Stadt Hamburg wegen der »Anzüglichkeiten« (vgl. V Grimm Hg., 209) Liscows provoziert worden waren, holte der Satiriker zu einem letzten Schlag aus und publizierte 1734 einen fingierten Bericht vom Tod seines Gegners, den dieser zwar unverzüglich dementieren ließ, ohne sich damit aber Gehör verschaffen zu können. Dem öffentlichen Widerspruch des nach Göttingen Geflüchteten ließ Liscow ohne Pardon eine neuerliche Todesmeldung und die Behauptung folgen, wo immer Philippi gesichtet worden sei, könne es sich nur um dessen »Gespenst« gehandelt haben (V Grimm Hg., 26).

Liscows Intention zielt auf die völlige Vernichtung seines Gegners, auf die komplette Zerstörung seines gesellschaftlichen und wissenschaftlichen Renommees (vgl. Saine, in: III v. Wiese Hg., 70ff.). Die satirische Strategie zeitigte in diesem Fall Erfolg; Philippi verlor sein Lehramt, scheiterte beim Versuch, sich in Göttingen eine neue akademische Existenz aufzubauen, wurde unter dem Verdacht der Geisteskrankheit in eine geschlossene Anstalt eingeliefert und fristete in seinen letzten Jahren ein kümmerliches Dasein als Schreiber und Korrektor, ohne jemals wieder eine universitäre Position zu erlangen. Sein einstiger Gegner soll ihn durch gelegentliche Zuwendungen finanziell unterstützt haben – womöglich das späte Indiz der Reue angesichts einer publizistischen Vorgehensweise, die die Grenzen des moralisch Legitimen in Form und Inhalt gleichermaßen überschritten hatte, dabei auch für das an derben Disputen, erbitterten Publikationsfehden und heftigen öffentlichen Auseinandersetzungen reiche Zeitalter der Aufklärung eine Ausnahme bildete (man denke nur an die stilistisch maßvollere, sachlich konzisere, argumentativ gezügelte Polemik, die Lessing gegen Samuel Gotthold Lange und Christian Adolf Klotz richtete).

### Abriß der Gattungstheorie

Satirische Wirkungskonzeptionen, wie sie **Liscow** vertrat, waren keineswegs unumstritten. Die Mehrzahl der aufgeklärten Satiretheorien sah die Gattung einzig durch einen moralischen Zweck gerechtfertigt, der in der Polemik gegen Philippi nicht vorherrschend schien (vgl. dazu grundlegend V Arntzen, 62ff.). Der einschlägige Artikel des Zedlerschen Universallexikons (1731–54) stellt die Frage, ob »es erlaubt sey, Satyrische Schrifften zu verfertigen, und die Laster der Menschen auf eine zwar sinnreiche, dabei doch beissende Art durchzuhecheln?« (II (Zedler), Bd. XXXIV, 236). Die Antwort fällt negativ aus, auch wenn zuvor auf die Autorität Luthers und dessen Exkurse ins satirische Genre, auf die (theologisch salvierte) Kanzelsatire und deren keineswegs unbeträchtlichen Nutzen für die Verbreitung moralischer Prinzipien verwiesen wurde. Der didaktische Zweck legitimiere die Gattung jedoch nicht hinreichend, weil die Gefahr der Gottes- und Religionslästerung, das Risiko der Frivolität, nicht zuletzt der beleidigende Charakter satirischer Schriften zumeist dominierten: »Und gewiß, wenn man die Sache genau erweget, so wird man befinden, daß die Gründe, womit man Satyren rechtfertigen will, zu schwach sind. Denn man lasse es seyn, daß jemand eine vernünfftige Absicht dabei hätte, und durch solche spöttische und lächerliche Bestraffung die Thorheiten und Irrthümer der Menschen auszurotten suchte, welches schwer halten solte, daß keine Affecten wider gewisse Personen mit unterlauffen, so hält man doch dafür, daß man damit mehr schadet, als nutzet.« (II (Zedler), Bd. XXXIV, 238f.).

Zwar bildet ein solches Votum die Ausnahme, doch kennen auch die Poetiken der Zeit die Probleme, die Schärfe und Spott satirischer Darstellung mit sich bringen. Moralisch abgesichert sieht man die Gattung nur dort, wo persönliche

Angriffe vermieden und erzieherische Zwecke in den Vordergrund gestellt werden. In seinem »Sendschreiben von der Zuläßigkeit der Satyre« (1742) erklärt **Rabener**: »Eine der gemeinsten Regeln ist diese: Die Satyre soll die Laster tadeln, nicht aber die Personen.« (Rabener, in: V Grimm Hg., 187; vgl. Jacobs, in: III Pütz Hg., 281). Bereits die Poetiken des 17. Jahrhunderts hatten die bedenklichen Aspekte der Personalsatire hervorgehoben und die kritische Wirkungsintention an den sachlich-allgemeinen Gehalt der Gattung zurückgebunden. Daß »die lehre von gueten sitten vnd ehrbaren wandel / vnd höffliche reden vnd schertzworte« das Genre gleichermaßen bestimmten, betont Opitz; schonungslos und unbestechlich solle die Satire »die harte verweisung der laster vnd anmahnung zue der tugend« ins Wort setzen, ohne jedoch, wie es bei der epigrammatischen Form besonders häufig geschehe, zu »spöttlicher hönerey« zu greifen (II Opitz, 28). Morhof warnt in seinem *Unterricht von der Teutschen Sprache und Poesie* (1682) entschieden vor den persönlich gehaltenen Pasquillen, deren beleidigende Absicht mit einer pädagogischen Erziehungsintention nicht vereinbar sei: »Eine Satyre ist ein Gedichte / darin die heimlichen Laster die bey etlichen Personen im Schwange gehen gestraffet und hönisch auffgezogen worden / und hat zur Enduhrsach die Verbesserung der Sitten.« (II Morhof, 354).

Im ersten Band der »Discourse der Mahlern« rühmt **Breitinger** 1721 die »gerechte Satyre«, die für den Menschen den Charakter eines Spiegels besitze, der ihm »die Häßlichkeit seiner Lastern, die ihm seine Selbstliebe verborgen läßt«, entdecken helfe (II Bodmer/Breitinger D, Bd. II, 9f.). Auch Gottscheds *Dichtkunst* akzentuiert den möglichen Nutzen der Satire, der jedoch an das intellektuelle Niveau des jeweiligen Autors gebunden bleibe: »Wie man leicht siehet, so setze ich hier zum voraus: daß ein Satirenschreiber ein Weltweiser sey, und die Lehren der Sitten gründlich eingesehen habe.« (I Gottsched CD, 559). Gegenüber dem Typus der moralischen Streitschrift, wie er von Seneca über Luther bis zu Thomasius tradiert wird, grenzt sich die so aufgefaßte Satire laut Gottsched nur durch die (der zeitgenössischen Praxis nicht mehr selbstverständliche) Form der Versifizierung ab (vgl. V Lazarowicz, 18f.). Kennzeichnend für die *Dichtkunst* bleibt, daß sie ihre Vorbilder primär in der römischen Antike sucht (Horaz, Juvenal und Persius), bedeutende neuere Satiriker wie Rabelais und Swift jedoch gänzlich ignoriert oder, wie Moscherosch und Pope, nur beiläufig erwähnt. Dieses mutet umso überraschender an, als gerade Swift mit seinem schwarzgalligen Witz, der sich vor allem im *Tale of a Tub* (1704) zeigt, von den deutschen Satirikern der Aufklärung durchaus gewürdigt und, trotz gewisser Vorbehalte gegenüber seiner verletzenden Schärfe (V Jacobs, 62), in Formfragen als Autorität gehandelt wird (V Grimm Hg., 329, V Tronskaja, 49f., 61). Seine satirischen Texte prägt nicht nur die pointensichere Ironie der kühl kalkulierten Diktion, sondern auch die vorurteilsfreie Kritik an Dogmatismus und kirchlicher oder staatlicher Willkür – das Bekenntnis zu einem festen bürgerlichen Standpunkt mit republikanischen Gesinnungen, das derart offen zu formulieren die zeitgenössische deutsche Literatur noch nicht wagte.

Zur theoretischen Skepsis angesichts der (von manchen Autoren geschätzten) Personalsatire gesellt sich – bezeichnend für die unter deutschen Schriftstellern vorherrschende Zurückhaltung – die Warnung vor inhaltlichen Extremen. Der diesbezüglich besonders vorsichtige Rabener betont explizit, der Satiriker müsse Staatsloyalität und Ehrfurcht vor der Religion an den Tag legen, wolle er nicht in den Verdacht unlauterer (das heißt hier: ordnungswidriger) Gesinnungen geraten. Geschäftsgrundlage der frühaufklärerischen Satire ist die Affirmation der bestehenden Verhältnisse und die Selbstbeschränkung des literarischen Wirkungsinteresses, das sich in der Kritik an habitualisierten menschlichen Fehlhaltungen erschöpfen soll, keinesfalls aber auf politische Fragen übergreifen darf. Als Gegenstände des Tadels empfehlen sich Laster wie »Ehrgeiz, Geldgeiz, und die Wollust« (Rabener, in: V Grimm Hg., 187f.), nicht aber die Launen des Herrschers, die Willkür des territorialen Ordnungsstaates oder das Machtstreben der Kirche. »Das Ehrwürdige der Religion«, heißt es über den Satiriker, »muß seine ganze Seele erfüllen. Nach der Religion muß ihm der Thron der Fürsten, und das Ansehen der Obern das Heiligste seyn. Die Religion und den Fürsten zu beleidigen, ist ihm der schrecklichste Gedanke.« (V Rabener, Bd. I, 93).

### Satirische Praxis von Liscow bis Lichtenberg

Wesentliches Argument für die Verteidigung der Satire gegen ihre Verächter ist auch bei Rabener stets der moraldidaktische Nutzen. Die pädagogische Ausrichtung schließt das Wirkungsziel der »Erbauung« und den Verzicht auf eine »anstößige Schreibart«, die »beißend« verletze, ausdrücklich ein (Rabener, in: V Grimm Hg., 185, 189). Daß Rabener und Gottsched mit ihrer moderaten Gattungstheorie kaum die satirische Praxis der Zeit erfassen, lehrt der Blick auf zahlreiche Beispiele. Besonders weit entfernen sich die Arbeiten Liscows von den Vorgaben der meisten Poetiker. Ihr oftmals persönlich gehaltener Ton, die Schärfe der Angriffe, die notorische Indiskretion der Enthüllungen, ihre drastisch überzeichnenden Charakterportraits und Stilparodien verstoßen absichtsvoll gegen die Regeln der moralisch korrekten Satire, gewinnen derart jedoch ihr unverwechselbares intellektuelles und künstlerisches Profil. Jean Paul, der sich in jungen Jahren selbst im satirischen Genre versuchte, bescheinigt Liscow denn auch, er sei der einzige, den Swift, der »ironische Alte vom Berge (...), zum Ritter der deutschen Zunge schlug (...)« – ein Nachahmer mit originärer Begabung (II Jean Paul, Bd. I, 5, 150).

Liscows längere Abhandlung über *Vortrefflichkeit und Nothwendigkeit der elenden Scribenten* (1734) markiert fraglos einen Höhepunkt der aufklärerischen Satirepraxis. In gelungener ironischer Rollenprosa plädiert der Autor dafür, der Verstandeserziehung des Menschen Grenzen zu setzen, weil es zum Vorteil von Gesellschaft und Staat sei, wenn ein möglichst hohes Maß an Unvernunft regiere. So wie es der ›elenden Scribenten‹ bedarf, um das Heer der Kritiker (und nicht zuletzt die Satire selbst) zu ernähren, so fördern die beschränkten Geister die Wohlfahrt zahlreicher Stände: Ärzte und Geistliche, Lehrer und Juristen, vor allem aber die Vertreter der Obrigkeit leben, so heißt es, von der Dummheit der Menschen; deren Erziehung zur Vernunft bedeutete die Auflösung der sozialen Ordnung und die Verarmung der gehobenen bürgerlichen Schichten. Nur folgerichtig ist es dann, wenn Liscow aus seiner ironischen Darlegung die Konsequenz zieht, man müsse »die Vernunft fein kurz anschließen«, um hierarchische Struktur und ökonomische Stabilität der »bürgerliche(n) Gesellschaft« auch künftig zu gewährleisten: »Ja, wenn ich aufrichtig sagen soll, wie mirs ums Herze ist: so halte ich dafür, das sicherste sey, ihr das Genicke zu brechen; denn so könnte sie gar nichts Böses mehr anrichten, und man wäre aller Mühe und Sorge auf einmal los.« (V Liscow, 91, 96).

Liscows kasuistische Schärfe, die sich zumal gegen Obrigkeitswillkür, kirchlichen Dogmatismus und bürgerliche Saturiertheit richtet, erreicht allein noch Ludwig von Hess, der in seiner Schrift *Der Republickaner* (1754) unter der Oberfläche antikisierender Einkleidung eine schneidende Kritik an den Herrschaftspraktiken des absolutistischen Staates formuliert und damit ein ungewöhnliches Maß publizistischer Courage verrät, das ihm auch in späteren Jahren immer wieder Konflikte mit den Zensurbehörden einbringen wird (Hess, in: V Grimm Hg., 67ff.). Von derartigen Ausnahmen abgesehen, bewegt sich die Satire der deutschen Aufklärung im Fahrwasser unpolitischer Themen. In zumeist moderatem Ton attackiert man die Pedanterie der Gelehrten, die eitle Modetorheit der Künstler, die Arroganz der Ärzte, die Trockenheit der Juristen, die Koketterie verbuhlter Weiber und die Wollust alternder Lebemänner (vgl. V Lazarowicz, 95ff., Jacobs, in: III Pütz Hg., 274). Vor allem die satirischen Schriften Rabeners, der zu den erfolgreichsten deutschen Autoren des 18. Jahrhunderts gehört, konzentrieren sich auf die konventionellen Schemata der Kritik; ohne sozial brisante Konflikte zu berühren, liefern sie gemäßigt witzige Portraits von Typen und Fehlhaltungen, attackieren Modeerscheinungen (wie die Begeisterung für das französische Idiom oder das aktuell vorherrschende Interesse an der Fabel), tadeln den literarischen Zeitgeist, stilistische Inkorrektheiten und die Bequemlichkeit unaufgeklärter Geister (V Tronskaja, 52ff., Jacobs, in: II Grimm/Max Hgg., 90).

Rabeners *Versuch eines deutschen Wörterbuchs* und sein ergänzender *Beytrag zum deutschen Wörterbuche* (1746) listen in alphabetischer Ordnung Sprachwendungen auf, deren konventionalisierte Bedeutung mit bisweilen recht subtiler Ironie dechiffriert und als symptomatischer Reflex verwerflicher gesellschaftlicher Verkehrsformen ausgelegt wird (ein »Eid« ist ein Akt, der eine Lüge wahrscheinlich macht, ein »Menschenfeind« eine Person, die anderen die Wahrheit sagt, »Verstand« eine Eigenschaft, die gemeinhin nur dem Reichen zugebilligt wird) (Rabener, in: V Grimm Hg., 31, 44f., 48f.). Aufschlußreich bleiben Rabeners Wörterbücher als Beiträge zu einer bürgerlichen Verhaltenslehre ex negativo, die sich über die Verwerfung sozialer Fehlentwicklungen bestimmt. Durch ihre regulative Funktion erfüllt die Satire hier ähnliche Zwecke wie die Typenkomödie; indem sie ihre Diagnosen auf den Bereich des unverbindlich Allgemeinmenschlichen bezieht, Obrigkeit und Kirche jedoch weitgehend schont, leistet sie letzthin auch dort, wo sie deutlich Kritik formuliert, einen Beitrag zur Stabilisierung der bestehenden Ordnung (vgl. V Schönert, 21ff.).

Unter den zahlreichen, nach üblicher zeitgenössischer Praxis meist anonym publizierten Satirensammlungen der Dekaden zwischen 1740 und 1770 ragen die Arbeiten Abraham Gotthelf Kästners, Johann Heinrich Gottlob von Justis *Scherzhafte und satyrische Schriften* (3 Bde., 1760–65) und Friedrich Just Riedels *Sieben Satyren, nebst drei Anhängen* (1765) heraus. Justi attackiert in seinem *Leben Junker Hansens* (1760) die bornierte Dummheit des Landadels, versäumt jedoch nicht, am Schluß darauf hinzuweisen, daß der Angriff keineswegs der gesamten Schicht, vielmehr ihren unaufgeklärten Repräsentanten gelte. Derartige Vorsichtsmaßnahmen bestimmen auch Riedels Religionssatire (*Umständlicher Beweiß, daß im heili-*

*gen Römischen Reiche viele Narren sind* , 1765), die nicht nur die Schwärmer – als Vertreter einer »Donquichottischen« Konfessionsrichtung (Riedel, in: V Grimm Hg., 115) –, sondern auch den Typus des Freigeists verhöhnt, der an Leibniz' Monadenlehre, kaum aber an das glauben mag, »was ein einfältiger, unphilosophischer Prediger erzählet (...)« (Riedel, in: V Grimm Hg., 115). Der Spott über den Hochmut der Orthodoxen und die Verblendung der Frömmigkeitsbewegungen scheint weniger bedenklich, wenn er durch Ausfälle gegen Deisten und Neologen ergänzt wird. Ein solcher Pluralismus, der der kritischen Tendenz die pointierte Schärfe raubt, bleibt charakteristisch für die meisten Satiren der Zeit. Taktische Vorsicht angesichts der Macht der Zensurbehörden, aber auch der programmatische Anspruch, den ›Mittelweg‹ moderater, die Extreme meidender Aufklärung zu beschreiten, scheint verantwortlich für diese Strategie.

**Kästners** Prosasatiren kennzeichnet vor allem formale Eigenständigkeit; durch ihren knappen Umriß und die pointierte Diktion nähern sie sich der Anekdote, bisweilen auch dem Epigramm, an dem zumal Lichtenbergs Stil Maß nimmt. Beide Autoren gehören als ordentlich bestallte Professoren der Mathematik und Physik zum Gelehrtenstand, dessen eitle Geltungsansprüche sie mit sichtbarem Vergnügen attackieren. Gerade bei Lichtenberg speist sich die Satire nicht selten aus wissenschaftlichen Kenntnissen, die gleichsam das Quellenmaterial abgeben, das im Text durchgespielt und kritisch reflektiert wird. Zum Gegenstand gerät damit auch die Wissenschaft selbst, deren Fragestellungen und argumentative Praktiken, Methoden und Terminologien Lichtenberg bevorzugt decouvriert. Neben die formal abgeschlossene satirische Abhandlung (*Timorus*, 1773), die vor allem das frühe Werk bestimmt, treten bei ihm Aphorismus und Fragment; sie fördern die Neigung zu Prägnanz und lakonischer Knappheit, zeugen aber zugleich vom intellektuellen Ethos des Satirikers Lichtenberg, der die geschlossene Form durch offene diskursive Strukturen ersetzt. Die satirische Praxis wird zum Gedankenexperiment, das Varianten und Hypothesen erprobt, prüft und wieder verwirft. An den Platz des demonstrativen Thesenstils, wie ihn, oft bereits ironisch gebrochen, Rabener und Liscow bieten, rückt damit eine für Lichtenberg charakteristische Technik des Fragens, Wägens und Diskutierens, die der Auffassung entspringt, daß die Prozesse der Reflexion, sofern sie der Wahrheitsfindung dienlich sein sollen, stets unabschließbar und prinzipiell unendlich bleiben müssen. Dieses Denken in Möglichkeiten, das am Ende des Jahrhunderts im frühromantischen Fragmentstil triumphieren wird, zeigt sich vor allem in den satirischen Texten der nicht für die Publikation vorgesehenen *Sudelbücher* , die Lichtenberg zwischen 1765 und 1799 als Notizensammlung führte (V Lazarowicz, 196ff., V Tronskaja, 258ff., V Jacobs, 120ff.).

Zu den wenigen geschlossenen Satiren **Lichtenbergs** gehört der *Timorus*. Den äußeren Anlaß der Schrift bildete der fehlgeschlagene Versuch Johann Caspar Lavaters, dessen physiognomische Lehren Lichtenberg als Ausdruck vorurteilsbehafteter, unaufgeklärter Spekulationen entschieden bekämpfte, Moses Mendelssohn zum christlichen Glauben« zu bekehren. Die eifernde Proselytenmacherei, die sich hier bekundete, war Lichtenberg derart zuwider, daß er den Vorgang in einer kunstvoll konstruierten satirischen Abhandlung persiflierte. Fingierter Verfasser der Schrift ist der christlich orthodoxe Fanatiker und Kandidat der Theologie Conrad Photorin, der seine eigenen Bekehrungsversuche gegen eine größere Schar öffentlicher Kritiker

zu verteidigen sucht. Deutlich erweist der Text die satirischen Potenzen der Rollen-
ironie, unter deren Diktat Argumente dialektisch umschlagen können, Beweise das
Gegenteil von dem bekräftigen, was sie demonstrieren sollen, Rechtfertigungs-
gründe gerade die Evidenz von zu widerlegenden Einwänden beleuchten (vgl.
V Grimm Hg., bes. 154f., 158f., 170; vgl. V Lazarowicz, 191ff., V Schönert, 149f.,
V Jacobs, 125f.). Die gelenkige Präsentation dieses ironischen Verfahrens profiliert
Lichtenberg als souveränen Meister der subtilen Satire, der mit nuanciert eingesetz-
ten Darstellungstechniken Täuschungseffekte und Paradoxien provoziert, um dog-
matische Selbstgefälligkeit und bornierte Arroganz der herrschenden theologischen
Kreise zu enttarnen.

Es ist folgerichtig, daß sich Lichtenbergs Satireverständnis nicht mehr auf die
moralische Zweckbindung festlegen läßt. In einem Sudelbucheintrag aus der Zeit
zwischen 1773 und 1775 heißt es: »Die erste Satire wurde gewiß aus Rache gemacht. Sie zu Besserung seines Nebenmenschen gegen die Laster und nicht gegen
den Lasterhaften zu gebrauchen, ist schon ein geleckter abgekühlter zahm gemach-
ter Gedanke.« (III Lichtenberg, Bd. I, 198 (D 139, nach Leitzmann)). Die Satire
gewinnt bei Lichtenberg ihren autonomen künstlerischen Status jenseits wirkungspoetischer Funktionen. Als Gattung, die die Ambivalenz der Sprache, die Unzuver-
lässigkeit der Erkenntnis und die Problematik normativer Wertungen beleuchtet,
empfängt sie nunmehr eine neue ästhetische Dignität. Das Selbstdenken als Ideal der
aufgeklärten Reflexionskultur wird in Lichtenbergs Satire zur Bedingung für ein
intellektuelles Ethos, dem die Agilität des vorurteilsfreien Geistes bedeutsamer
scheint als das Erreichen präzis fixierter Ziele und die Bestätigung vorab gesetzter
Hypothesen. Jean Paul hat in seinen satirischen Texten der 80er Jahre (*Grönländi-
sche Prozesse*, 1783–84, *Auswahl aus des Teufels Papieren*, 1789) die von Lichtenberg ausgehenden Impulse aufgegriffen und mit stärker akzentuierten erzählerischen
Elementen verknüpft. Die eklatante Erfolglosigkeit seiner Satiren wird dabei einerseits durch deren bisweilen hermetische Bildsprache und die erdrückende Fülle der
schwer verständlichen gelehrten Anspielungen bedingt, deutet aber andererseits
auch darauf hin, daß die Gattung im Ausgang des 18. Jahrhunderts, unter dem Einfluß von Empfindsamkeit, Genieästhetik und neuem Klassizismus, kaum mehr jenes
Renommee besitzt wie zur Zeit der Aufklärung (vgl. V Jacobs, 128f.).

So moderat die Mehrzahl der satirischen Schriften der vier Dekaden zwischen 1730 und 1770 heute auch wirken mag, so problematisch blieb doch für die
meisten Autoren der Umgang mit dogmatischer Kirchenobrigkeit und allgegenwärtigen Zensurbehörden. Publikationsverbot, Amtsenthebung, Ausweisung,
Gefängnisstrafe und soziale Ächtung gehörten zu den üblichen Restriktionsmitteln,
mit denen der absolutistische Staat im Zeitalter der Aufklärung öffentliche Unbot-
mäßigkeit zu ahnden pflegte. Blickt man auf die Biographien deutscher Satiriker
des 18. Jahrhunderts, so lassen sich die Risiken erahnen, welche die Verbreitung
selbst gemäßigter Spottschriften barg. Abgesehen von Kästner und Lichtenberg,
deren Gelehrtenkarriere durch die Publikation satirischer Abhandlungen im liberalen Göttingen nicht gefährdet wurde, dominieren hier zerrissene Lebensläufe und
gescheiterte Existenzen: Justi stirbt 1771 51jährig im Gefängnis, wohin ihn ein irrtümlich erhobener Betrugsverdacht gebracht hatte; Riedel endet 1785 43jährig in
einer Irrenanstalt, nachdem er in Erfurt und Wien aufgrund von Verleumdungen

aus seinen universitären Ämtern gedrängt worden war; Liscow stellt 1736 die vier Jahren zuvor begonnene Publikation satirischer Texte ein, gerät später wegen seiner Spottsucht in Konflikt mit der Obrigkeit, wird inhaftiert, aus dem Staatsdienst enthoben und stirbt 1760 59jährig in völliger Zurückgezogenheit; Heinrich Ludwig von Hess zwingt die ständige Auseinandersetzung mit den Zensurbehörden zu einer rastlosen, von ständigen Ortswechseln und Amtsentlassungen geprägten Existenz; selbst der moderate Rabener, der unter den Satirikern der Aufklärung die größte zeitgenössische Anerkennung fand, sah sich 40jährig zum Rückzug aus der literarischen Öffentlichkeit genötigt, um seine Karriere als Finanzbeamter nicht aufs Spiel zu setzen. »Mit den Kathederthoren und den Narren aus den drey Facultäten konnte ich fertig werden«, schreibt er in einem unpublizierten Brief an Christian Felix Weiße, »(...) aber die Thoren aus den Palästen und den Antichambern sind mir zu gefährlich, und (im Vertrauen) es sind nicht die kleinsten.« (V (Rabener), XLIII; vgl. ferner die Artikel in: II Grimm/Max Hgg., 51ff., 88ff.). Das Verstummen des Satirikers – durchaus ein exemplarischer Fall – ist hier beredter als mancher der publizierten Texte: Zeugnis der Unfreiheit in kaum aufgeklärter Zeit.

## Poetik der Erzählung

Im Gegensatz zu Satire und Fabel scheint die Erzählung als spezifische Gattung theoretisch kein Thema – die Poetiken der Zeit widmen ihr nur wenig Worte. Literarisch ist sie in der Aufklärung in verschiedenen Mischformen präsent, dabei jedoch nur eingeschränkt selbständig. In den Moralischen Wochenschriften begegnet sie als Genre, das Exempelfälle sittlichen Lebens anschaulich zu beleuchten vermag; im Roman fungiert sie als episodische Geschichte, auch hier mit rein illustrativer Aufgabe und ohne jenes prägnante ästhetische Profil, das sie bei Schiller, den Romantikern und Kleist gewinnen wird. Die Erzählung bleibt damit meist an einen übergreifenden Zusammenhang gebunden, auf den sie sinnhaft verweist, von dem sie als Gattung determiniert, durch den sie oftmals erst veranlaßt wird; sowohl der beispielgebende Illustrationszweck, dem sie in den Wochenschriften unterliegt, als auch die erläuternde Funktion der Episodenerzählung verraten solche Formen der Kontextabhängigkeit (vgl. grundlegend Jacobs, in: V Polheim Hg., 56ff.).

Daß die Erzählung den Poetiken der Zeit keine größere Aufmerksamkeit wert ist, hat dabei verschiedene Gründe. Zum einen gehört sie nicht dem klassizistischen Gattungskanon an; im Gegensatz zu Fabel, Satire oder Lehrgedicht fehlt ihr die Legitimation durch antike Muster, die sie auch für die Normpoetik der Gottschedzeit hätte attraktiv werden lassen. Zum anderen weist sie bis weit in die zweite Hälfte des 18. Jahrhunderts hinein ein diffuses Erscheinungsbild auf, das keine präzise Charakterisierung zuläßt (vgl. V Hillebrand, 64). Bedenkt man ferner, daß selbst die Prosaform für die aufgeklärte Erzählung nicht verbindlich ist, so ergeben sich diverse Abgrenzungsprobleme; offen gegenüber komischem Epos, Satire, Anekdote und Lehrgedicht, zeigt die Gattung unterschiedlichste Merkmale, die eine einheitliche Definition erschweren. Zu fassen wäre die Erzählung der Aufklärung annäherungsweise als von narrativen Strukturen beherrschte kürzere Textform, die ihren Stoff zumeist auf der Grundlage einer einfachen Haupthandlung darbietet und sich dabei bevorzugt in der Ebene einer wirkungspoetisch ausgerichteten epischen Moralistik bewegt.

Die theoretischen Bestimmungen der Gattung verfahren zunächst unsystematisch, weil ihnen homogene Beispiele fehlen, aus denen sich allgemeine Regeln hätten ableiten lassen. Zumindest gilt diese Beobachtung für die Poetiken der frühen Aufklärung, deren klassizistische Orientierung die Auseinandersetzung mit jenseits des antiken Kanons liegenden Formen ohnehin erschwerte. So ist offenkundig, daß **Gottsched** die Erzählung als literarisches Genre nicht hinreichend in sein poetologisches Ordnungssystem zu integrieren weiß. Weder findet sie im Zusammenhang mit den größeren epischen Gattungen noch innerhalb der Einzelkapitel zu Satire, Fabel, Rittergeschichte und Roman genauere Beachtung. Die Bestimmungen zur Tierfabel werden zwar ergänzt durch knappe Anmerkungen zu einer spezifischen Gattungsvariante, die mit menschlichen Figuren aufwartet, jedoch beschränkt sich Gottsched hier auf den Hinweis, daß sie funktional der gängigeren äsopischen Variante gleiche, insofern sie moralischen Zwecken zu dienen habe (I Gottsched CD, 447).

Auch **Breitinger** fällt es schwer, die Erzählung gattungspoetisch präzis zu verorten. Seine Bestimmungen, im Kontext einer Theorie literarischer Bildsprache formuliert, verraten das Bemühen, einen vorsichtigen Ordnungsversuch beizusteuern und das Genre systematischer zu erfassen, zeugen jedoch zugleich von Unsicherheit angesichts fehlender theoretischer Vorgaben. Durchaus im Sinn zeitgenössischer Praxis ist es, wenn Breitinger der Erzählung auch epische Großformen unterordnet und die Verwandtschaft mit dem Roman akzentuiert, die dort evident wird, wo die Gattung als funktionales Element umfassender narrativer Strukturen mit episodischem Charakter begegnet. Die Unterscheidung dreier Erzähltypen trägt vor allem dem Unterhaltungszweck des Genres Rechnung: »Wer die Mühe nehmen will der Sache nachzusinnen, der wird finden, daß eine Erzehlung uns aus folgenden Ursachen gefallen wird, entweder hat sie einen anmuthigen und reitzenden Inhalt, oder die Glücks= und Unglücks=Fälle wechseln darinnen auf eine verwundersame Weise ab; oder endlich geschieht sie mit einer geschickten und ans Hertz dringenden Art der Vorstellung.« (II Breitinger G, 85). Breitinger differenziert hier nach formalen und thematischen Gesichtspunkten; während die beiden ersten Gattungsexempel durch die Darbietung idyllischer oder abenteuerlicher Stoffe unterhalten, garantiert im dritten Fall die stilistische Präsentation die einnehmende Wirkung. Auffällig bleibt, daß Breitinger an diesem Punkt eine exakte poetologische Terminologie umgeht und die Erzählung allein deskriptiv, nicht aber auf der Grundlage präziser Begrifflichkeit zu erfassen sucht.

In einer Studie über die »Eintheilung der schönen Künste«, die im Anhang seiner deutschen Batteux-Übersetzung erscheint (1751/70), kommt auch **Johann Adolf Schlegel** auf die Erzählung zu sprechen. Grundlegend ist für ihn zunächst, daß die Prosaform durchaus poetische Qualitäten aufweist und keineswegs als undichterisch gelten darf, wie dies Batteux' Ordnungssystem noch nahegelegt hatte (IV Batteux, 310f., Schlegel, in: IV Batteux, Anhang, 180f.; vgl. V Jacobs, 40). Abweichend von älteren Erklärungsversuchen zeigt sich Schlegel zudem bestrebt, das eigenständige Profil der Gattung und deren Autonomie gegenüber Fabel und Allegorie zu betonen. Zwar weist sie gewisse Berührungspunkte mit diesen Mustern auf, jedoch gilt, daß sie sich weder in der moralischen Wirkungsabsicht der fabulösen noch in der Andeutungstechnik der allegorischen Form erschöpft. Mit beiden Genres verbindet sie zumal die Tendenz zur knappen narrativen Darbietung geradliniger Handlungsfolgen, der eine moralische Bedeutung mit lehrhafter Wirkung beigelegt sein kann; die lakonische Beschränkung auf das Wesentliche und der Verzicht auf arabeskenhafte Ausschmückung des Stoffs bilden unverzichtbare Merkmale der Erzählung. Nachdrücklich betont Schlegel aber, daß die Gattung ihren Zweck primär in der Darstellung interessanter, die Aufmerksamkeit fesselnder Stoffe finde, ohne damit eine rein moralisierende Funktion zu erfüllen: »Dennoch ist sie nicht etwan ein in eine sinnbildliche Geschichte verkleideter Lehrsatz; und das Allegorische ist ihr auf keine Weise nothwendig.« (Schlegel, in: IV Batteux, Anhang, 283). Derartige Abgrenzungen scheinen erforderlich, um die Erzählung als selbständige narrative Kleinform unabhängig von unmittelbar moralischem Wirkungskalkül zu charakterisieren. Auch Schlegel scheitert jedoch beim Versuch, das Genre eindeutig zu bestimmen; zumeist begnügt er sich mit Ableitungen und Hinweisen auf strukturelle Bezüge zu anderen Formtypen. Die Erzählung »ist die heroische oder komische Epopöe im kleinen«, mithin weder auf scherzhafte noch ernste Stilmuster eindeutig festgelegt, ein poetischer Proteus, dem Schlegel zugestehen muß, er sei »nicht von einerley Gattung.« (Schlegel, in: IV Batteux, Anhang, 283).

Einen anderen, freilich kaum weniger verschlungenen Weg zur Bestimmung der Erzählung beschreitet **Christian Garve** in seinen »Gedanken über das Interessirende« (1771). Ausgangspunkt ist bei ihm nicht mehr das (seit der Jahrhundertmitte ohnehin zerfallende) System der normativen Poetik, sondern die Frage nach dem spezifisch künstlerischen Gehalt einzelner Gattungen und deren Einfluß auf Leidenschaft, Stimmung und Intellekt des Lesers. Maßstab literarischer Gestaltung sollte Garve zufolge allein die Intention sein, Interesse zu erwecken und die Aufmerksamkeit zu fesseln; umzusetzen wäre dieses Ziel vorrangig durch die Präsentation präzis umrissener Charakterportraits und Individualschicksale. Es ist stets die Geschichte des Menschen, die die Affekte des Lesers erregt; nicht Landschaft und Kosmos, philosophische Lehren oder konfessionelle Probleme, sondern der Einzelne mit seinen vielfältigen Empfindungen und Gemütsverfassungen sollte im Mittelpunkt literarischer Darstellung stehen. Dieses anthropologische Programm, das Garve der Poesie zur Aufgabe macht, erfüllt am besten die Erzählkunst; in ihr können sich Schicksale, Leidenschaften und Gedankenwelten des Menschen exemplarisch spiegeln.

Auf eine genauere Erörterung poetologischer Detailfragen, die Charakterzeichnung, Formaspekten und Wirkungsproblemen hätte gelten können, verzichtet Garve; ihm geht es primär um die präzise Analyse der Kategorie des ›Interessierenden‹, die Gesichtspunkte der Affektpsychologie und Verhaltenslehre einschließt, ohne deren Vermittlung mit literarischen Darstellungstechniken genauer zu erläutern. Daß die »Prose« (II Garve, Bd. I, 307) in vorzüglicher Weise dazu prädestiniert bleibt, anrührende Menschenschicksale zur Anschauung zu bringen, ist jedoch Garves feste Überzeugung. Ähnlich wird sich die spätaufklärerische Theorie des Romans äußern; auch sie betrachtet erzählerische Gattungsformen als ideales Medium zur plastischen Vergegenwärtigung individueller Begebenheiten, die psychologisches Interesse auf sich zu ziehen vermögen.

Im Gegensatz zu Garve betont **Johann Jakob Engel** in seiner Studie *Über Handlung, Gespräch und Erzählung* (1774) die geringere Anschaulichkeit narrativer

Gattungen gegenüber dialogischen Darstellungsformen, wie sie zumal im Drama genutzt werden. Gerade menschliche Gefühlsregungen vermöge die Prosa nur in beschränktem Maße anschaulich zu vergegenwärtigen, während das Schauspiel hier breitere Wirkungsmöglichkeiten besitze. Engel leitet aus dieser Diagnose die Forderung ab, daß auch die Erzählkunst verstärkt mit der Technik der direkten Rede operieren müsse, um zu größerer psychologischer Nuanciertheit zu finden (in der Praxis führt das zur Ausbildung des für Spätaufklärung charakteristischen Dialogromans, wie ihn neben Engel selbst (*Herr Lorenz Stark*, 1801) auch der ältere Wieland geschätzt hat (*Geheime Geschichte des Philosophen Peregrinus Proteus*, 1791, *Agathodämon*, 1799). Zum anderen empfiehlt er der erzählerischen Gattung Knappheit, Verzicht auf ausfernde Detailbeschreibung, Erörterung allgemeiner Umstände und konzentrierende Darstellung: »Der Erzehler kann mehr, als der Dialogist, auf einen bestimmten Gesichtspunkt, auf eine gewisse festgelegte Absicht arbeiten.« (V J.J. Engel, 73).

Daß Engel den Aspekt der Kürze und Prägnanz narrativer Formen betont, hat durchaus programmatischen Charakter; gegen die Stofffülle der für das 17. Jahrhundert repräsentativen Romankunst setzt er die Forderung nach Verknappung und Beschränkung, die der psychologischen Kompetenz der Erzählung förderlich sei. Erneut begegnet hier die Ansicht, daß Literatur nur dort Leser finde, wo sie die Sache des Menschen in möglichst fesselnder Weise verhandle; das für die gesamte Poetik der Spätaufklärung bestimmende anthropologische Interesse tritt damit auch bei Engel deutlich zutage. Nicht zu übersehen ist an diesem Punkt die Verlagerung der theoretischen Perspektive von der Wirkungskonzeption auf Gesichtspunkte des literarischen Gehalts. Das psychologische Programm, dem sich Garve und Engel zufolge die Erzählkunst zu verschreiben hat, dient nicht allein dem Zweck der Belehrung, sondern sichert der Gattung zunächst sachliches Interesse jenseits didaktischen Kalküls. Literatur ist hier kein Instrument zur Vermittlung moralischer Botschaften, sondern ein Medium, das menschliche Erfahrungen in möglichst vielfältiger Weise darzustellen vermag.

Präziser als Garve und Engel bezeichnet Sulzers Artikel aus der *Allgemeinen Theorie der schönen Künste* die im engeren Sinn poetischen Umrisse des narrativen Genres, wobei er offenkundig auf Schlegels Bestimmungen zurückgreift. Zunächst werden die Bezüge zu anderen Gattungen betont: »Die Erzählung kommt darinn mit der äsopischen Fabel überein, daß sie eine kurze Handlung in einem gemäßigten Ton, der weit unter dem eigentlich epischen zurückbleibt, erzählt; sie geht aber von ihr darinn ab, daß sie nicht bedeutend ist, wie die Fabel.« (V Sulzer, Bd. II, 121). Als knappe Prosaform unterscheidet sich die Erzählung von umfassenderen epischen Gattungen durch den gefälligen, unpathetischen Ton, der dem Stil des *genus medium* entspricht, von der Fabel weicht sie dadurch ab, daß sie weniger funktionsgebunden, offenbar stärker unterhaltungsbezogen ist. Der Hinweis auf den »nicht bedeutenden« Charakter der Erzählhandlung impliziert zugleich die Abgrenzung gegenüber der Allegorie, deren narrative Strukturen einen verborgenen zweiten Sinn einschließen; ebenso wie Schlegel betont Sulzer, daß der Erzählung »das Allegorische (...) auf keine Weise nothwendig« (V Sulzer, Bd. II, 121) sei.

Wie die meisten Artikel von Sulzers Lexikon weist auch jener zur Erzählung seit der zweiten Auflage (1786–87) einen literaturgeschichtlichen Anhang auf, der von Friedrich von Blanckenburg stammt. Im europäischen Querschnitt werden hier, geordnet nach einzelnen Ländern, auf der Grundlage chronologischer Abfolge, die wichtigsten Werke des erzählerischen Genres angeführt, bisweilen kurz kommentiert und derart in eine historische Ordnung integriert. Besonders aufschlußreich ist der Systematisierungsversuch, mit dem Blanckenburg die französische Gattungsgeschichte zu erfassen trachtet. Nähere Erwähnung finden fünf narrative Hauptformen, die sich nicht immer präzis gegeneinander abgrenzen lassen: die Schwankerzählung nach dem Muster von Boccaccios *Decamerone* (1), die Novelle (die auch in Spanien, in Deutschland jedoch erst seit dem Ende des 18. Jahrhunderts gepflegt wird) (2), das Feenmärchen (das bereits vor Antoine Gallands zwischen 1704 und 1717 publizierter Fassung der *Märchen aus Tausendundeiner Nacht* vornehmlich durch die Werke Charles Perraults in Frankreich zur Modegattung avanciert) (3), die moralische Erzählung (als deren moderner Begründer Jean François Marmontel mit seinen *Contes moraux* (1761) gelten darf) (4) und die freie Erzählform neuerer Gattungsmuster (wie sie zumal die Werke d'Arnauds und Voltaires repräsentieren) (5) (V Sulzer, Bd. II, 141ff.; vgl. dazu auch Proß, in: V Hollmer u.a. Hgg., Nachwort, 326f.).

### Differenz der erzählerischen Formtypen

Repräsentativ für die deutsche Entwicklung bleiben vor dem Hintergrund des hier vorgestellten Stilspektrums nur die moralische Erzählung und, als spezifische, in Frankreich kaum vertretene Variante des modernen Gattungsverständnisses, die **Verserzählung**. Bedeutsamstes Exempel des ersten Typs ist Johann Gottlob Benjamin Pfeils 1757 erschienener *Versuch in moralischen Erzählungen*, eine Textsammlung, die formal auf das Vorbild der 1761 geschlossen publizierten, vereinzelt jedoch schon früher im »Mercure de France« veröffentlichten *Contes moraux* Jean François Marmontels zurückgeht. Die *Contes*, die erstmals 1766, in weiteren Auflagen 1769 und 1791 ins Deutsche übersetzt werden, finden bis zum Ende des 18. Jahrhunderts ein breites Lesepublikum und prägen noch den stilistischen Gestus der Erzählkunst späterer Epochen; vor allem Schiller zeigt sich von ihnen deutlich beeinflußt (V Jacobs, 43f., Proß, in: V Hollmer u.a. Hgg., Nachwort, 316f.). Ordnet man der Moralistik, wie sie die Sammlung Pfeils repräsentiert, die narrative Darstellung philosophischer Themen zu, so gehören in diese Gruppe auch einzelne Texte Wielands, etwa sein heiter-nachdenkliches *Koxkox und Kikequetzel* (1770).

Im weitesten Sinne rechnen zum moralistischen Gattungstypus zudem jene Erzählungen der frühen Aufklärung, die von den **Moralischen Wochenschriften** als Mittel der Exemplifizierung (häufig in allegorischer oder fabulöser, zumindest aber stark typisierender Tendenz) eingesetzt werden. Besonders beliebte Beispiele liefern zunächst die englischen Periodika (»Tatler«, »Spectator« und »Guardian«, 1709–13), später auch der Hamburger »Patriot« (1724–26), Gottscheds »Vernünftige Tadlerinnen« (1725–26) und sein »Biedermann« (1727–29). Das Grundmuster der narrativen Darbietung besteht hier in der illustrativen, notwendig kontextabhängigen Funktion der Erzählung, die vom fiktiven Verfasser der Wochenschrift gewöhnlich als Beispiel für eine allgemein formulierte moralische Lehre eingeführt und in diesem Sinne abschließend kommentiert wird (I Martens BT, 22f., 86f.,

I Habermas St, 105f.). Betrachtet man solche erzählerischen Einlagen näher, so ist zu erkennen, daß sie sich oftmals aus fremden, zumeist französischen, spanischen oder italienischen Quellen speisen (Boccaccio, Cervantes, de Bergerac, Boileau, de Fontenelle). Im Fall Gottscheds kommen auch deutsche Einflüsse hinzu; die Vorlagen für die Erzählungen des »Biedermann« stammen neben anderen von Johann von Besser und Benjamin Neukirch – Autoren des ausgehenden 17. Jahrhunderts, deren Werk den Übergang zum Klassizismus markiert.

Die formale Bandbreite der Erzählungen, mit denen die Wochenschriften aufwarten, ist durchaus vielfältig; sie erstreckt sich von der Allegorie über die Anekdote bis zur Novelle. Manche der episodisch eingestreuten Beispielgeschichten erlangen sogar eine gewisse zeitgenössische Berühmtheit: Der aus dem »Patrioten« stammenden allegorischen Erzählung über die Heirat von Vernunft und Willen, die im Rahmen der Darstellung genealogischer Bezüge zwischen verschiedenen Abstrakta die Notwendigkeit der Leidenschaftsdisziplinierung einzuprägen sucht, hat Bodmer eine detaillierte Analyse gewidmet (V Der Patriot, Bd. II, 330ff. (Nr. 93); vgl. II (Bodmer), A, 123f.); ähnlich prominent wurde die Geschichte von der sittsamen Ehefrau Euphrosyne, die sich episodisch durch Gottscheds »Biedermann« zog und recht simple Verhaltenslehren zu illustrieren suchte (V Der Biedermann, 9ff. (15.5.1727) u.ö.).

Moralischen Zwecken können auch die **Episodenerzählungen** dienen, mit denen der zeitgenössische Roman arbeitet. Ein höchst instruktives Exempel liefern Johann Gottfried Schnabels *Wunderliche Fata einiger See-Fahrer* (1731–43), die seit Tiecks Edition unter dem Titel *Insel Felsenburg* firmieren. Geradezu klassisch ist die hier gegebene Grundsituation des zyklischen Erzählvorgangs, der, eingebettet in eine Rahmenhandlung, das Element einer fiktiven geselligen Konstellation bildet. Schnabels Erzählungen verarbeiten abenteuerliche Stoffe – Verbrechen, amouröse Verwicklungen, exotische Reisen –, die primär das Unterhaltungsbedürfnis der Leser befriedigen, verknüpfen diese aber mit dem Anspruch auf sittliche Belehrung durch die Darstellung exemplarischer Fälle, an denen menschliche Verhaltensregeln demonstriert und moralische Lehren prägnant eingeschärft werden können. Begründet wird das Modell der Episodenerzählung durch den übergreifenden epischen Kontext; die Bewohner der Insel Felsenburg berichten den Neuankömmlingen nacheinander über die eigene Biographie und verdeutlichen ihnen vor dem grellen Hintergrund ihrer jeweils unglücklichen früheren Lebensverhältnisse den besonderen Charakter der paradiesischen Idylle inmitten der insularen Einöde.

Schnabels Kunstgriff besitzt Tradition; auf vergleichbare Weise hat bekanntlich schon Boccaccio im *Decamerone* den Erzählvorgang durch eine Rahmenhandlung motiviert. Ähnliches begegnet auch im deutschen Roman des 17. Jahrhunderts, etwa in Johann Beers *Teutsche Winter-Nächte* (1682) bzw. in dessen Nachfolger *Kurtzweilige Sommer-Täge* (1683) (vgl. Proß, in: V Hollmer u.a. Hgg., Nachwort, 317), ebenso in Georg Philipp Harsdoerffers *Frauenzimmer Gesprächspielen* (1643–57), die nach dem Muster von Castigliones *El libro del Cortegiano* (1508/16) und Balthasar Graciáns *El Discreto* (1646) im Rahmen einer fiktiven geselligen Runde neben anderem auch erzählerische Exempel präsentieren. Die reinste Form der moralistischen Kurzprosa bietet im deutschen 17. Jahrhundert Harsdoerffers *Der grosse Schau-Platz jämmerlicher Mord-Geschichte* (1656), ein Kompendium mit kürzeren, teils auf ältere Quellen zurückgehenden narrativen Texten, die unterhaltsam, bisweilen skurril, sittliche Verhaltensgebote einzuschärfen suchen, folglich primär pädagogischen Zwecken gehorchen. Eine verwandte Spielart bildet die anekdotisch zugespitzte Exempelerzählung, das scharfsinnig pointierende Apophthegma, das man im 17. Jahrhundert außerordentlich zu schätzen weiß; die bedeutendsten deutschen Sammlungen stammen von Julius Zincgreff (*Der Teutschen Scharpfsinnigen Kluge Sprüche*, 1626) und, wiederum, vom vielseitigen Harsdoerffer (*Ars Apophthegmatica*, 1655).

Eine **Sonderform** der Erzählung repräsentiert die längere Satire mit starkem Handlungsbezug, wie sie das Werk Johann Carl Wezels bietet. Sie ist gekennzeichnet durch die Dominanz fiktionaler Elemente und unterscheidet sich damit von der oftmals diskursiv ausgerichteten Prosasatire der Frühaufklärung, bei der narrative Strukturen nur in untergeordneter Funktion erscheinen. Sehr klar tritt diese Differenz in Wezels Sammlung der *Satirischen Erzählungen* (1777–78) zutage. Unübersehbares Vorbild bleibt Swift, dessen Einfluß bisweilen bis ins Detail hinein nachwirkt. Als exemplarisch darf hier die Erzählung *Silvans Bibliothek oder die gelehrten Abenteuer* gelten, die durch Swifts *Battle of Books* (1704) inspiriert ist. Im Zentrum steht jeweils eine für die Aufklärung charakteristische Bildungssatire; allegorisch dargestellt wird ein Streit der Bücher, der, den Charakter der *Querelle des Anciens et des Modernes* illustrierend, Antike und Gegenwart, repräsentiert durch ihre Schriften, in offener Feldschlacht gegeneinander führt (V Wezel E, 9ff.). Von den meisten Prosasatiren der deutschen Aufklärung unterscheidet sich nicht nur dieser Text Wezels durch die Neigung zum erzählerischen Detail, die der Gattung eine gewisse epische Breite verschafft, ohne daß sie dabei bereits romanhafte Strukturen entfaltete.

Für die deutsche Entwicklung charakteristisch bleibt neben Moralistik und Satire auch das Genre der **Verserzählung**, das sich in der Mitte des Jahrhunderts großer Publikumsgunst erfreut, nach 1800 jedoch fast völlig aus dem Gattungsspektrum verdrängt wird. Auf mustergültige Weise repräsentiert es das Werk Wielands, der frühzeitig eine Vielzahl von fein differenzierten narrativen Versformen entwickelt, die auf die Darbietung sehr unterschiedlicher Inhalte teils scherzhafter, teils ernster Prägung abgestimmt werden. Zu nennen wären hier die *Comischen Erzählungen* (1765), *Musarion, Idris und Zenide* (jeweils 1768), *Der neue Amadis* (1771), *Geron, der Adeliche* (1777), *Oberon* (1780) und *Pervonte* (1777–96) sowie die Märchenerzählungen (*Wintermährchen*, 1776, *Sommermährchen*, 1777), die 1795 im Rahmen der Wielandschen Werkausgabe bei Göschen gemeinsam mit einer Reihe von Prosatexten unter dem Titel *Erzählungen und Märchen* erschienen sind (vgl. Hinderer, in: II Grimm/Max Hgg., 274f.).

Durchgängiges Element dieser formal recht unterschiedlich ausfallenden Texte ist der ironische Ton, der dem Erzähler die notwendige Distanz zum jeweiligen Sujet verschafft, auch philosophische Materien in heiteres Licht rückt, nicht zuletzt für jene urbane Agilität des Geistes sorgt, die das besondere Kennzeichen von Wielands Werk zu sein scheint. Zur Ironie der narrativen Darbietung tritt die Botschaft einer vernünftig moderierten Lebensfreude, die die Verserzählungen von den frühen bis zu den späten Arbeiten formulieren; Vermeidung des Extrems und rationale Begründung des Genußlobs im Zeichen maßvoller Sinnlichkeit prägen die Lehren der erzählerischen Texte Wielands. Die vorsichtig ausgleichende, allzu rasche Identifikation

verhindernde Ironie findet damit ihr Pendant im Ideal eines harmonischen Weltbezugs, das bereits deutlich Distanz zum schwerfälligen Rationalismus der frühaufklärerischen Lehrdichtung verrät (vgl. III Maler, 79f.). Die Geschmeidigkeit von Wielands gefällig wirkender Formkunst unterstützt dieses moderate Programm; an die
Stelle des ungelenken Alexandriners rückt eine mit Blankversen und Kurzzeilen ver-
setzte, rhythmisch dahinfließende Diktion, die den Reim als Mittel der witzigen
Pointierung einschließt, ohne bedingungslos auf ihn angewiesen zu sein. Idealiter
entsteht so, was Wieland selbst über seine erfolgreichste Verserzählung, die noch
vom älteren Goethe hochgeschätzte *Musarion* (1768), gesagt hat: eine »neue Art«
literarischer Gattung, die »zwischen dem Lehrgedichte, der Komödie und der Erzählung das Mittel hält oder von allen dreyen etwas hat.« (V (Wieland), Bd. III, 408;
vgl. I Goethe, Bd. X, 297).

Die Grundsätze seiner stark am Gesichtspunkt der Formbeherrschung orientierten literarischen Arbeitsweise hat Wieland in den »Briefen an einen jungen Dichter« umrissen, die 1782–84 im »Teutschen Merkur« publiziert wurden. Sie lassen
auch interessante Rückschlüsse auf den hinter den Verserzählungen stehenden
Gestaltungswillen zu, insofern sie das Gebot der sprachlichen Geschmeidigkeit her-
vorheben, von dem diese durchgängig getragen werden. Wielands Ideal ist der leicht
wirkende Stil, dessen Anmut nur durch souveräne Verfügung über die artistische
Form entstehen kann:

> Wenn ein poetisches Werk, neben allen anderen wesentlichen Eigenschaften eines guten
> Gedichtes (...) bei der feinsten Politur die Grazie der höchsten *Leichtigkeit* hat; wenn
> die Sprache immer rein, der Ausdruck immer angemessen, der Rhythmus immer Musik
> ist, und der Reim sich immer von selbst, und ohne daß man ihn kommen sah, an sei-
> nen Ort gestellt hat; kurz wenn alles wie mit einem Guß gegossen, oder mit Einem
> Hauch geblasen dasteht, und nirgends einige Spur von Mühe und Arbeit zu sehen ist:
> so kann man sich sicher darauf verlassen, daß es dem (!) Dichter, wie groß auch sein
> Talent sein mag, unendliche Mühe gekostet hat. (I Wieland, 83; vgl. V Sommer, 344f.).

Gerade die Verserzählungen setzen das hier formulierte Programm der gefällig-
anmutigen, grazilen Formsprache vermöge ihrer geschmeidigen Rhythmisierung und
der witzigen Pointierung durch Reim und ironische Wortwahl praktisch um. Gern
hat man sie zum Musterbeispiel literarischen Rokoko-Stils ernannt (III Anger, 95);
wesentlicher als derartige Attribute, deren typisierender Charakter problematisch
bleibt, ist jedoch der poetische Anspruch, der Wielands erzählerische Formkunst
regiert: das Wirkungskonzept einer gefälligen Aufklärung, die durch artistische
Qualitäten für sich einnehmen und Herz wie Verstand des Lesers gleichermaßen
unterhalten möchte.

# 4. Roman der Frühaufklärung

## Theoretische Entwicklung seit Opitz

Am Beginn des 18. Jahrhunderts steht der Roman theoretisch nicht hoch im Kurs. In zahlreichen Poetiken ist er eine quantité négligeable, bestenfalls Gegenstand moralisch begründeter Kritik – die zumeist seinen Liebessujets, den Galanterien und erotischen Anzüglichkeiten, nicht zuletzt den vorsätzlichen Umwertungen historischer Stoffe gilt, mit denen etwa Zesens *Adriatische Rosemund* (1645), Anton Ulrichs *Durchleuchtige Syrerinn Aramena* (1669–73), Ziglers *Asiatische Banise* (1689) und Lohensteins *Groszmüthiger Feldherr Arminius* (1689–90) operieren. Das abschätzige Urteil, das die Literaturtheorie über den Roman formuliert, scheint jedoch wenig Einfluß auf die Geschmacksbildung der Leserschaft zu nehmen, die der Gattung seit dem ausgehenden 17. Jahrhundert stetig wachsendes Interesse entgegenbringt. Statistische Zahlen belegen diese Tendenz: Während zwischen 1615 und 1669 in Deutschland 90 Romane, darunter 60 Übersetzungen publiziert wurden, sind es im Zeitraum von 1670 bis 1724 bereits 300 Originalromane, zu denen sich nochmals annähernd 150 Übersetzungen gesellen (nach V Kimpel, 41, vgl. V Watt, 38ff.).

Die Attraktivität, die der Roman in der Epoche der Aufklärung beim lesenden Publikum besitzt, leitet sich aus verschiedenen Ursachen ab. Zum einen empfiehlt er sich seinen vornehmlich bürgerlichen Rezipienten durch den konkreten stofflichen Weltbezug und eine programmatische Realitätsnähe, die ihn im Zeitalter der Säkularisierung als moderne Gattung ausweist, welche die drängenden Fragen nach der diesseitigen Bestimmung des Menschen im Zusammenhang konkreter Beispiele verhandelt. Dieser Darstellungszweck vermittelt sich primär auf dem Wege der Beschreibung von Erfahrungen, die, durch individuelle Fallgeschichten illustriert, exemplarischen Charakter besitzen; der Roman spiegelt hier das empirische Interesse wider, das die deutsche Aufklärung seit der Mitte des 18. Jahrhunderts grundlegend prägt (in England ist diese Strömung unter dem Einfluß der Philosophie Bacons, Hobbes' und Lockes, bereits früher ausgebildet, was auch zu einer entsprechend rascher einsetzenden Förderung der Erzählproduktion führt). Indem der Roman von den fiktiven Erfahrungen seiner Helden berichtet, befriedigt er die anthropologisch-psychologische Neugier der Zeit, folgt damit aber zugleich jenem zweckgebundenen poetologischen Programm der Aufklärung, das Literatur auf eine didaktische Funktion festzulegen liebt. Die Partizipation des Lesers an den Erfahrungen der Helden bedeutet zugleich Gewinn an substantiellem Wissen, das idealiter in eigenes Handeln umgesetzt, folglich mittelbar wirksam werden kann.

Nicht zuletzt gestattet die Entfaltung fiktiver Welten durch die Romanerzählung die Entwicklung von Gedankenbildern, die als Elemente imaginärer Wirklichkeit utopische Signatur, damit auch den Charakter spezifischer Gegenentwürfe aufweisen, die sich im Kontrast zur bestehenden politisch-sozialen Realität des 18. Jahrhunderts profilieren. Die Möglichkeitsform der epischen Erzählung erschließt breite Freiräume der Phantasie, die dem aufgeklärten Bürgertum Gelegenheit bieten, Wunschvorstellungen zu kultivieren und sich unter dem Gesetz der romanspezifischen Fiktion aus der begrenzten Wirklichkeit in utopische Regionen und phantastische Länder zu versetzen, wo der Mensch so vernünftig wie empfindsam, der Herrscher milde und tolerant, das Zusammenleben der Individuen idyllisch, die Liebe stets tugendhaft, die religiöse Ethik von ursprünglichem Gottvertrauen geprägt ist. Gerade diese die Imaginationskraft stimulierende Wirkung epischer Fiktion, die neben dem traditionell dominierenden männlichen nunmehr, ab dem ersten Drittel des 18. Jahrhunderts verstärkt auch das (zumal von den Moralischen Wochenschriften angesprochene) weibliche Lesepublikum erreicht, bildet den Gegenstand einer massiven theologischen Kritik, der sich der Roman seit dem Spätbarock ausgesetzt findet (vgl. dazu V Blumenberg, 19f., V Herzog, 21f.).

Wer die Geschichte des Romans im Zeitalter der Aufklärung als Prozeß des literarischen Aufstiegs und der intellektuellen Nobilitierung einer Gattung deutet, darf jedoch nicht vergessen, daß es auch im 17. Jahrhundert schon Stimmen gab, die ihn poetologisch zu rechtfertigen suchten. In Harsdörffers *Frauenzimmer Gesprächspielen* (1643–57) sind sie ebenso vernehmbar wie in Birkens *Rede- bind- und Dicht-Kunst* (1679), die den Roman als »GeschichtGedichte« würdigt und ihm die Lizenz erteilt, historische Begebenheiten erzählerisch konzentriert, damit in exemplarischer, die göttlich-providentielle Fügung des Weltgeschehens verdeutlichender Dimension darzustellen (II Birken, 305f.). Der französische Bischof **Pierre-Daniel Huet** legt bereits 1670 seinen *Traité de l'Origine des Romans* vor, in dem er Roman und Epos als literarisch gleichwertige, primär durch die äußere Form geschiedene Gattungen verhandelt. Huet konzediert durchaus gewisse Differenzen im Detail, die die Genres voneinander trennen – die romantypische Handlung neigt zu größerer Wahrscheinlichkeit als die traditionell epische, erreicht idealiter ein höheres Maß an Geschlossenheit, bietet umfassendere Stoffmassen, charakterisiert vorzüglich Figuren mittleren Standes im Kontext von Liebeshandlungen und meidet das heroische Sujet mit seinen Kriegs- und Schlachtbeschreibungen (V Huet, 105f; vgl. dazu grundlegend V Vosskamp, 72ff., ferner V Hillebrand, 78f., V Wahrenburg, 144ff.). Unabhängig vom Hinweis auf derartige Gegensätze betont der Autor jedoch die Gemeinsamkeiten beider Gattungen, die vergleichbaren Aufbaugesetzen folgen, mit ähnlichen narrativen Mitteln operieren, nicht zuletzt fesselnde Figurenschicksale zum Zwecke exemplarischer Belehrung über Höhen und Tiefen menschlichen Lebens vor Augen führen möchten. Die Analogiebeziehung zwischen den Erzählgenres läßt nunmehr auch den Liebesroman in neues Licht rücken; die von ihm gebotenen galanten Sujets dienen ebenso der Vermittlung beispielgestützter Weltkenntnis wie die Darstellung jener heroischen Taten, die das Epos liefert.

Huets Hinweis, daß Roman und älteres Epos primär durch die äußere Form geschieden seien, übernimmt 1682 Daniel Georg Morhof in seinem *Unterricht von deutscher Poesie* (II Morhof, 330). Im selben Jahr hatte Eberhard Guerner (d.i. Werner) Happel die erste deutsche Übertragung von Huets *Traité* publiziert; sie fand sich, fast versteckt, im dritten Kapitel seines Romans *Insulanischer Mandorell* und wurde dort als intellektuelles Produkt (›discurs‹) der Titelfigur ausgewiesen. Trotz dieser strategischen Camouflage des Übersetzers stieß Huets Plädoyer für die Rehabilitierung der unterschätzten Gattung rasch auf breite Resonanz. Einen Reflex seiner Verteidigungsschrift findet man in Albrecht Christian Rotths *Deutscher Poesie* (1688), die sogar dem galanten Roman, dem ›Liebes=Gedicht‹, Kredit geben möchte und dessen erotische Sujets durch einen gewissen Nutzeneffekt moralisch salviert sieht: »Der Endzweck solcher Romane ist / daß man dem Leser mit der Lust zugleich allerhand nützliche Sachen beybringe.« (V Rotth, Bd. III, 350). Gelobt werden vor allem Philipp Sidneys *Arcadia* (1590, dt. 1629 durch Hirschberg) und John Barclays *Argenis* (1621, dt. 1626 durch Opitz) als Exemplifizierungen schäferlicher Idylle und höfischen Lebens.

Ähnlich wie Rotth, gleichfalls unter dem Einfluß Huets, läßt **Christian Thomasius** in der ersten Folge seiner »Monatsgespräche« (1688) den Kaufmann Christoph den Roman gegen seine Verächter mit dem Hinweis verteidigen, die Gattung biete nicht nur eine auf das Wesentliche konzentrierte Darstellung historischer Ereignisse, die bereits für sich genommen lehrreich sein könne, sondern füge ihren Stoffen bevorzugt »Politische, Moralische, ja auch sonsten Philosophische und Theologische Discurse« hinzu (V Thomasius, Bd. I, 45), die den allgemeinen Nutzen des Genres auf unterhaltsam-spielerische Weise erhöhten. Daß Thomasius gleichwohl zu keinem uneingeschränkten Lob des Romans bereit scheint, läßt sich an der Ausführlichkeit erkennen, mit der er auch die Kritiker (hier vertreten durch den Schulmann David und den Gelehrten Benedikt) zu Wort kommen läßt. Nur konsequent ist es, wenn das wertende Resümee am Schluß gebrochen ausfällt; erklärt wird, »daß die Romans unter denen Schrifften, die zugleich nützen und belustigen, nicht die Oberstelle haben können, massen solche Bücher, die gar offte zu Aergerniß dienen können, wenn auch gleich dieselben nicht für sich selbst dahin zielen, sondern nur zufälliger weise darzu gemißbrauchet werden, zweiffels ohne denen weichen müssen, bey welchen solcher Misbrauch nicht zu befahren ist.« (V Thomasius, Bd. I, 62; vgl. V Vosskamp, 107f., V Wahrenburg, 198f.).

## Heideggers Romankritik und ihre Rezeption

Zu den erbitterten Gegnern des Romans gehören die zeitgenössischen Theologen. Ihr entschiedenster Anwalt ist der calvinistische Zürcher Pfarrer **Gotthard Heidegger**, dessen *Mythoscopia romantica* (1698) eine ebenso intelligente wie polemisch zugespitzte Generalkritik der Gattung bietet. Heidegger mobilisiert sämtliche Argumente, mit denen geistliche Kreise den Roman zu attackieren pflegten. An der Spitze steht der Vorwurf, das Genre beschränke sich fast ausschließlich auf die Darstellung galanter Sujets und buhlerischer Liebeshandlungen, die moralisch inakzeptabel seien, insofern sie vor allem das Gemüt der (in diesem Punkt vermeintlich rascher beeinflußbaren) Leserinnen affizierten. Die Dominanz erotischer Themen sieht Heidegger auch im Fall des historischen Romans gegeben, weil, wie es heißt, amouröse Motive noch die epische Darstellung der Haupt- und Staatsaktionen beherrschten (V Heidegger, 148f.). Verderblich findet der Pastor zudem die exzessive Ausdehnung der meisten Romanerzählungen, die Lektüre zum zeitraubenden Akt werden lasse und die Leser von nützlichen Tätigkeiten fernhalte (V Heidegger, 86). Nicht minder problematisch ist für Heidegger die gattungstypische Verknüpfung von Fiktion und Historie, von poetischer Invention und Ausrichtung am überlieferten geschichtlichen Quellenmaterial. Gerade diese Synthese erscheine bedenklich, weil sie zur Manipulation objektiv gültiger Fakten, zur Kontamination von Wahrem und Falschem führe; die Romanfabel gerate derart zur Lügengeschichte, deren Täuschungscharakter umso verwerflicher sei, als er in einem freien, willkürlich wirkenden Umgang mit der Geschichte gründe und die von Gott unwiderruflich festgelegten Gesetze des

Welttreibens eigenmächtig verändere (V Heidegger, 71; vgl. V Vosskamp, 123f., V Jacobs, 35, V Hillebrand, 62f.).

Demgegenüber hatte schon Birken dem Romancier in seiner Vorrede zu Anton Ulrichs *Aramena*-Roman (1669–73) zugestanden, daß er im Gegensatz zum Geschichtsschreiber, der seinen Stoff von Anfang bis Ende kontinuierlich, der natürlichen Ordnung folgend darzubieten habe, die ihm verfügbaren Quellen individuell interpretieren und das vorliegende Material nach eigenen Maßgaben entfalten dürfe. Der damit verbundene Eingriff in den *ordo naturalis* bleibt für Birken moralisch gerechtfertigt, sofern er der erzählerischen Verdeutlichung des die gesamte Schöpfung durchwaltenden providentiellen Prinzips, damit auch einem theologisch legitimen Zweck dient (Birken, in: V Kimpel/Wiedemann Hgg., 12; vgl. V Vosskamp, 124, V Wahrenburg, 112f.). Ähnlich urteilte Leibniz in einem Brief an den Braunschweigischen Herzog, wenn er die künstlerische Gestaltungsfreiheit des Erzählers mit jener des Schöpfers verglich, der das von ihm hervorgebrachte Werk beständig vervollkommne: »Ich hätte zwar wünschen mögen, daß der Roman dieser Zeiten (gemeint ist die für das braunschweigische Haus unbefriedigende Friedensregelung nach dem Spanischen Erbfolgekrieg – P.-A.A.) eine beßre entknötung gehabt; aber vielleicht ist er noch nicht zum ende. Und gleichwie E.D. mit ihrer Octavia noch nicht fertig, so kan Unser Herr Gott auch noch ein paar tomos zu seinem Roman machen, welche zuletzt beßer lauten möchten. Es ist ohne dem eine von der Roman-Macher besten künsten, alles in verwirrung fallen zu laßen, und dann unverhofft herauß zu wickeln. Und niemand ahmet unsern Herrn beßer nach als ein Erfinder von einem schöhnen Roman.« (Brief vom 26.7.1713, zit. nach Spellerberg, in: III Glaser Hg., 327; vgl. V Kimpel, 16f.).

Wesentlich bleibt für den Calvinisten Heidegger, daß der Mensch zu geregelter Tätigkeit findet, um seine Tage nützlich, nicht aber in hedonistischer Lektüre hinzubringen. Der Hinweis auf die Zeitvergeudung, die das Romanlesen mit sich führe, ist letzthin eines der zentralen theologischen Argumente gegen die Gattung, das nicht allein bei Heidegger begegnet. Geradezu magisch werde man von der Romanhandlung in den Bann gezogen, derart aber an zweckgerichteter Arbeit und Gottesdienst gehindert: »Wie nun die grosse Wespen / wo ihnen die Flügel abgerissen werden / auch andern dieselbe abressen / also verspulen die Romanen-Schreiber auch dem Leser seine gute Zeit schändlich.« (V Heidegger, 63; vgl. V Vosskamp, 126f.) Phantastischer Lügencharakter und erotisch stimulierende Wirkung der epischen Handlung begründen das ernste Syndrom der – als Teufelswerk diagnostizierbaren – Lektürekrankheit:

> Denn die Romans setzen das Gemüth mit ihren gemachen Revolutionen / freyen Vorstellungen / feurigen Ausdruckungen / und andren bunden Händeln in Sehnen / Unruh / Lüsternheit und Brunst / nehmen den Kopff gantz als in Arrest / setzen den Menschen in ein Schwitzbad der Passionen / verderben folgens auch die Gesundheit / machen Melancholicos und Duckmäuser / der Appetit vergeth / der Schlaf wird verhinderet und walzt man sich im Beth herum / als wie die Thür im Angel (...) (V Heidegger, 70f.).

Als inakzeptabel gelten die Verteidigungsversuche, mit denen Huet den Roman zu legitimieren suchte. Heidegger trachtet den Franzosen vor allem dort zu widerlegen, wo dieser den moralischen Nutzen der Gattung betont hatte. Huets Argumente für das moderne Prosaepos seien letzthin zweideutig und geeignet, gerade die sittliche Insuffizienz des Genres unter Beweis zu stellen (V Heidegger, 131f., 176f.). Der vermeintliche Zuwachs an Wissen, den die Romanlektüre fördere, bleibe zweifelhaft, weil er aus unzuverlässigen Fakten und einem abenteuerlichen Gemisch von Erfindung und Wahrheit gespeist werde; die angeblichen formalen Qualitäten der Gattung erschienen fragwürdig, solange hyperbolische Aufschwellungen, französisierender Alamode-Jargon und obskure Allegorien im Vordergrund stünden – stilistische Formen, die den normativen Vorgaben der antiken Rhetorik keinesfalls genügten (V Heidegger, 88f.).

Gegen das grassierende Unwesen der Romanrezeption setzt Heidegger bewährte Therapeutika: Bibellektüre, Auseinandersetzung mit historischen Quellenschriften (die Einblicke in die Regie »der heiligen Providenz deß Höchsten« vermittelten (V Heidegger, 70)), regelmäßige Gesangsübungen anhand des Kirchenliedkanons (zur Abdämpfung von Melancholie und Weltschmerz), nicht zuletzt freundschaftliche Gespräche (als realen Ersatz für die fiktiven Formen höfischer Geselligkeit, die die Romanwelt zu bieten hat). Der hier erneut sich offenbarende theologische Horizont von Heideggers Gattungskritik schränkt deren poetologische Dimension nicht ein, verdeutlicht vielmehr, daß die Debatte über den künstlerischen Rang des Romans um 1700 wesentlich durch moralische Argumente geprägt wurde (vgl. V Vosskamp, 129f.). Noch in der frühen Aufklärung bleiben solche teils aus orthodox christlicher, teils aus pietistischer Sicht formulierten Einwände gültig, wie man etwa an der Romankritik der Moralischen Wochenschriften erkennen kann (vgl. I Martens BT, 494ff.). Charakteristisch für die im ersten Drittel des 18. Jahrhundert verbreitete skeptische Einschätzung der Gattung sind Lichtwers Verse über das Übel des Romanlesens, die die seit Heidegger gängigen Vorwürfe prägnant formulieren: »So facht in Adelheid ein kützelnder Roman / von süßen Träumen voll, der Lüste Feuer an. / Die Geilheit, die er ihr in feinen Zügen schildert / erhitzt das junge Herz, und Adelheid verwildert.« (V Lichtwer, 2. Theil, 63).

Für die Zeit der Frühaufklärung gilt, daß der Roman als literarische Gattung weder vollkommen verworfen noch durchgängig verteidigt wird. Heideggers Polemik, von der Forschung in ihrem Einfluß gern überschätzt, wirkt zwar für geraume Zeit fort, kann jedoch nicht verhindern, daß in der Nachfolge Huets auch in Deutschland Argumente für das romanhafte Erzählen mobilisiert werden. Bereits zwei Jahre nach der Publikation der *Mythoscopia romantica* gibt Leibniz in einer kurzen Rezension des Buchs zu bedenken, daß Heideggers scharfes Verdikt die durchaus vorhandenen Qualitäten des Romangenres vernachlässige. Leibniz betont, daß die Gattung »nicht allein nicht zu tadeln / sondern hoch zurühmen« sei, wenn »unter erdichteten Beschreibungen und erzehlungen / schöne ideen / so sonst in der Welt mehr zuwünschen als anzutreffen seyn / vorgestellet werden (…)« (V Lämmert u.a. Hgg., 57). Nicolaus Hieronymus Gundling erklärt in seiner Kritik an Heideggers Schrift, daß es durchaus »vernünfftige Romans« gebe, die eine pauschale Verwerfung der Gattung nicht ratsam erscheinen ließen. Bemängelt wird zudem Heideggers unreflektierter Fiktionsbegriff, der die Erfindung von nicht-historischen, aber in sich wahrscheinlichen Begebenheiten zum Zweck der Illusionsbildung als Akt vorsätzlicher Täuschung fasse, mithin aber zur Charakteristik literarischer Werke ungeeignet bleibe (V Lämmert u.a. Hgg., 58f.).

Die eigentümlichen Urteilsschwankungen, die trotz sporadischer Versuche einer theoretischen Rechtfertigung der Gattung die zeitgenössische Bewertung des

Romans bestimmten, waren durch fehlendes Zutrauen in seine sittliche wie intellektuelle Dignität begründet. Punktuelle Einwände gegen die verbreitete Kritik, wie sie zumal unter Bezug auf das (als moralisch unbedenklich geltende) Romanwerk der Madeleine de Scudéry (1607–1701) formuliert wurden, vermochten noch keine souveräne Theorie der Gattung anzubahnen, die systematischen Charakter hätte entfalten dürfen (vgl. V Vosskamp, 115f.). Die allenthalben dominierende Skepsis konnte erst in dem Moment zerstreut werden, da der Roman sich anschickte, die ihm eigenen Unterhaltungsqualitäten programmatisch mit moralischen Wirkungsprinzipien zu verknüpfen.

## Schnabels *Insel Felsenburg* und der frühaufklärerische Roman

Bestimmend für das Romanschaffen der frühen Aufklärung wird das Bestreben, abenteuerliche Stoffe in lehrhaft-nützlicher Weise episch einprägsam zu präsentieren. Dieser Versuch, der sich vor allem im Werk Johann Gottfried Schnabels und Christian Fürchtegott Gellerts abzeichnet, markiert die Synthese zwischen **Pikaro- oder Schelmenroman** und höfisch-heroischem (bzw. galantem) Roman, die als Formmuster im ausgehenden 17. Jahrhundert zumeist strikt geschieden waren. Während der pikarische Erzähltypus, prominent vertreten durch Grimmelshausens *Simplicissimus Teutsch* (1668) und Reuters *Schelmuffsky* (1696–97), die fiktive Biographie eines naiven Helden im Kontext handlungsreichen Geschehens und abenteuerlicher Episoden wiedergibt, strebt der höfisch-heroische Roman ein höheres Reflexionsniveau an, das die Verknüpfung von (vorwiegend aus historischen Quellen gespeisten) Helden- und Liebesgeschichten mit weltläufigen staatsphilosophischen Räsonnements erlaubt (exemplarisch neben Lohensteins *Arminius* Anton Ulrichs *Aramena* und Zieglers *Asiatische Banise*).

Der Typus der **Robinsonade**, der sich in Deutschland, Daniel Defoes *Robinson Crusoe* (1719) imitierend, rasch herausbildet, bedeutet die Fortführung des pikarischen Romans des 17. Jahrhunderts, dessen Tradition durch Reuters *Schelmuffsky*-Satire schon kritisch persifliert und zu einem (vorläufigen) Abschluß gebracht worden war. Nur ein Jahr nach der englischen Originalausgabe zirkulierten in Deutschland bereits mehrere Übersetzungen von Crusoes Roman (V Watt, 70ff.), denen wiederum diverse Bearbeitungen folgten, darunter Philipp Balthasar von Sinolds *Die glückseligste Insul auf der gantzen Welt* (1723) und Johann Friedrich Bachströms *Das Land der Inquiraner* (1736/37). Zwischen 1721 und 1730 erschienen 26 deutsche Robinsonaden, bis 1750 folgten 19 weitere Romane dieses Typs nach; noch 1779/80 legte der Pädagoge Joachim Heinrich Campe unter dem Titel *Robinson der Jüngere* eine Bearbeitung des Stoffs vor, die durch ihren didaktischen Anspruch deutlich demonstrierte, daß sich das Genre inzwischen eines vorwiegend jugendlichen Lesepublikums bemächtigt hatte (vgl. V Fohrmann, 21f.).

Vom primär unterhaltsamen Anspruch der beliebten Robinsonaden hebt sich Schnabels *Wunderliche Fata einiger See-Fahrer* (bekannter unter dem erst von Tiecks Neuedition (1828) verbindlich geprägten Titel *Die Insel Felsenburg*) durch seine Verarbeitung utopischer Motive und den sichtbar hervortretenden Anspruch auf moralische Belehrung ab. Schnabels Roman, erstes bedeutendes Muster aufgeklärter Erzählkunst, ist immer wieder zutreffend als formale Synthese zwischen

Robinsonade und narrativ vermittelter Utopie charakterisiert worden; gerade diese Bündelung zweier Formtypen kennzeichnet den besonderen Reiz des Werkes (grundlegend V Brüggemann, ferner V Kimpel, 41f., V Jacobs, 129f., V G. Müller, 73, V Spiess, 27f.).

In der Vorrede seines Romans operiert Schnabel mit einer bereits ironisch gebrochenen Herausgeberfiktion, die um den Hinweis ergänzt wird, daß niemand für die Authentizität der hier publizierten Erzählungen bürgen könne. Diente die Editorenrolle im Barockroman zumeist dem Zweck, der gebotenen Romanhandlung Züge des realistisch Wahrscheinlichen zu verleihen und den Autor gegen den Vorwurf allzu phantastischer Übertreibung in Schutz zu nehmen, so betont Schnabels Herausgeber nachdrücklich, daß er außerstande sei, den wirklichkeitskonformen Charakter des von ihm publizierten Erzählstoffs hinreichend abzuschätzen. Das Manuskript, erklärt er, habe ihm ein Unbekannter kurz vor seinem Tode ohne nähere Hinweise überlassen, so daß Entstehung und Herkunft des Textes nicht aufzuhellen seien. Im übrigen gehe es nicht um Authentizität und Wahrscheinlichkeit, sondern um Unterhaltung durch spannende Erzählung: »Aber mit Gunst und Permission zu fragen: Warum soll man denn dieser oder jener, eigensinniger Köpffe wegen, die sonst nichts als lauter Wahrheiten lesen mögen, nur eben lauter solche Geschichte schreiben, die auf das kleinste Jota mit einem cörperlichen Eyde zu bestärcken wären? Warum soll denn eine geschickte Fiction, als ein Lusus Ingenii, so gar verächtlich und verwerfflich seyn? Wo mir recht ist, halten ja die Herren Theologi selbst davor, daß auch in der Heil. Bibel dergleichen Exempel, ja gantze Bücher, anzutreffen sind.« (V Schnabel, 7).

Die ironische Abfertigung des Wahrheitspostulats, die sich im Hinweis auf das spielende Ingenium des Menschen und den fiktiven Charakter biblischer Beispielgeschichten vollzieht, zeugt von souveränem Vertrauen in die Legitimität literarischer Erfindungen. Auf die Ebene der theologischen Romankritik, wie sie Heidegger vorgetragen hatte, mag sich Schnabel nicht mehr begeben. Die nach orthodoxer Vorstellung notwendige Dichotomisierung der Wahrheitskategorie – hier die durch Verbalinspiration ins Wort gebannte göttliche Evidenz, dort die poetische Naturnähe, die *verisimilitudo* des Aristoteles – gilt dem Verfasser offenbar wenig. Für ihn existiert einzig ein unteilbarer Fiktionsbegriff, der auf biblische Erzählung und literarische Erfindung gleichermaßen anwendbar scheint, unabhängig von theologischen Rücksichten, gebunden allein an das Kriterium der Unterhaltungsqualität, dem sich die Inventionen der spielenden Einbildungskraft des Menschen zu unterwerfen haben (vgl. V K.-D. Müller, 87f., V Stockinger, 402f., V Frick, 219f., V Braungart, 220).

Das kompositorische Prinzip, das Schnabels Roman entfaltet, ist ebenso einfach wie wirkungsvoll. Im Mittelpunkt zumindest der ersten drei Bände steht die Beschreibung des paradiesischen Daseins auf der (offenbar in der Neuen Welt, fern von Europa liegenden) Insel Felsenburg, deren Bewohner Schiffbrüchige sind, die, gruppiert um ihren Ältesten, Albert Julius, den hochbetagten Großonkel des Erzählers Eberhard Julius, ein Leben in friedlicher, auf christlichem Glauben und allgemeiner Toleranz gegründeten Gemeinschaft führen. Die Darstellung der hier begegnenden idyllischen Existenzform, deren Fortbestand durch Werbungsreisen einzelner Mitglieder und die vorsichtige Integration junger Männer und Frauen aus

Europa garantiert wird, findet sich ergänzt um spannende Episodenerzählungen, in denen Vertreter der Inselsozietät über ihr früheres, zumeist durch Unglücksfälle, Enttäuschungen und Schicksalsschläge verschiedenster Art geprägtes Leben berichten. Diese biographischen Schilderungen verdeutlichen den gewaltigen Gegensatz, der das Gesellschaftsklima des alten Europa von den Verhältnissen auf Felsenburg scheidet. Regieren dort egoistische Interessen, erotische Libertinage, Intrigen, Machtkalkül, Haß und Mordlust, so organisieren sich die Inselbewohner im Rahmen friedlicher, von Besitzdenken unabhängiger Gemeinschaft auf der Grundlage gegenseitiger Toleranz, moralischen Lebenswandels und einer undogmatischen, gleichwohl verbindlichen christlichen Tugendlehre.

Den Rahmen für die Episodenberichte bildet die Reise des Erzählers Eberhard Julius nach Felsenburg, wo er seinem Uronkel Albert Julius, dem Begründer der Inselsozietät, begegnet, dessen Familie gleichsam die Keimzelle der kontrolliert anwachsenden idyllischen Lebensgemeinschaft bildet. Das aktuelle Romangeschehen – Reiseabenteuer, Ankunft, Besichtigung der Insel, festliche Feiern zu Ehren der Neuankömmlinge – wird immer wieder durchbrochen von autobiographischen Berichten, wobei die Lebensgeschichte des Albert Julius im Zentrum des ersten Bandes steht. Die nachfolgenden Teile adaptieren dessen Strukturschema; sie lassen in lockerer Folge die Mitglieder der Insel-Sozietät aus ihren Viten erzählen und verknüpfen damit die Schilderung aktueller Episoden – den Bericht von der Rückkehr Eberhards nach Europa, der Suche nach seinem verschollenen Vater und der gemeinsamen Reise zur Insel, die Beschreibung von der Besichtigung einzelner Dörfer und Einrichtungen, von gemeinsamen Mahlzeiten und Gottesdiensten. Erst im abschließenden vierten Band, der 1743 erscheint, verändert Schnabel sein bisher praktiziertes Kompositionsprinzip und bietet nur mehr eine lockere Folge erzählerischer Texte, die kaum mit der Rahmenhandlung verbunden sind. Im Zentrum steht hier der Unterhaltungszweck, an dem sich auch die Wahl der Sujets und Motive bemißt: Gespenster- und Abenteuergeschichten, vermischt mit pseudoreligiösen Traktaten und Predigten, stehen im Zentrum des letzten Bandes, der nicht mehr zur inneren Geschlossenheit findet, sondern disparat und ungegliedert bleibt.

Wesentlich für die Einschätzung von Schnabels Roman ist seine von der Forschung vielfach betonte synthetische Grundstruktur, die eine Allianz zwischen Robinsonade und utopischen Erzählelementen herbeiführt. Anders als in Defoes *Crusoe* bedeutet das insulare Dasein bei Schnabel ein freiwilliges Asyl, das die endgültige Lösung aus den unfreundlichen Lebensverhältnissen im alten Europa gestattet. Die immer wieder ›paradiesisch‹ genannte Inselsozietät unterliegt zwar keinen streng fixierten formalen Ordnungsprinzipien, so daß schwerlich von einer Staatsform die Rede sein kann, jedoch ist ihrer Darstellung ein utopischer Gehalt einbeschrieben, der zumal dort zutage tritt, wo die Autarkie der fiktiven Gemeinde, deren friedlich-idyllisches Zusammenleben und ihr undogmatisches sittliches Selbstverständnis hervorgehoben werden. Deutlich partizipiert Schnabels Roman hier an den seit Beginn der frühen Neuzeit zirkulierenden Utopieentwürfen, wie sie Thomas Morus' *De optimo reip. statu, deque nova insula Utopia* (1516), Johann Valentin Andreaes *Christianopolis* (1619), Tommaso Campanellas *Civitas Solis* (1623) und Francis Bacons *New Atlantis* (1627) ihren Lesern, häufig im Kontext einer fiktiven Rahmenerzählung, vor Augen führen (vgl. V Biesterfeld, 41f., V Braungart, 16ff., 82f.).

Eine größere Zahl von **Motiven** verweist auf den traditionellen utopischen Gehalt, den Schnabel seinem Roman verliehen hat. Klassisch ist seit Morus das Inselsujet, das programmatische Abgeschiedenheit und Distanz gegenüber allen Formen des Vertrauten, Normierten impliziert. Auch in Schnabels Roman gestattet die durch die Insellage gegebene Lebensweise den Aufbau von Organisationsstrukturen, die ein Gegenmodell zur gesellschaftlichen Verfassung europäischer Staaten entwickeln helfen. Die Felsenburg-Bewohner verzichten auf persönlichen Reichtum und Geldverkehr, praktizieren freien Warentausch, ohne jedoch ihre primär im agrarischen Bereich erwirtschafteten Güter zu exportieren; Autarkie bleibt das erklärte Ziel der hier skizzierten ökonomischen Ordnungsmuster. Das Vorwiegen landwirtschaftlicher Produktion – auch bei Morus Element des utopischen Modells – verbindet sich mit dem Ideal der Harmonisierung von Muße und Tätigkeit jenseits jeglicher Form entfremdender Arbeitsteilung (vgl. V Biesterfeld, 16f.). Gleichwohl, so hat man festgestellt, bleibt Schnabels Entwurf frei von jenen Spielarten empfindsamer Naturschwärmerei, wie sie wenig später, unter dem Einfluß der Rousseau-Rezeption, auch im deutschen Roman begegnen. Die Kritik an der Inhumanität europäischer Gesellschaftswirklichkeit schließt hier keine prinzipielle Distanz zum Prozeß der Zivilisation ein; dessen Gesetzmäßigkeiten werden vielmehr im Modell der Inselsozietät partiell nachgebildet und wiederholt. Die systematische Eroberung der Natur, die Ausnutzung ihrer Ressourcen durch instrumentell verstärkte Menschenkraft, die Konstruktion maschineller Hilfsmittel und die planerische Rationalität, mit der Arbeitsabläufe organisiert werden, zeugen hinreichend davon, daß die utopische Gemeinschaft auf Felsenburg keineswegs das Sinnbild einer zivilisationskritischen Idylle abzugeben hat. Zwar zeigt man sich bemüht, Besitzdenken und materielles Gewinnstreben aus der eigenen Sozietät zu verbannen, doch impliziert der sittliche Selbstentwurf noch keine prinzipielle Abkehr von den Lebensformen rational entwickelter Gesellschaften (vgl. V Stockinger, 421f., Wuthenow, in: V Vosskamp Hg., 320f., V Braungart, 241f.).

Das ideale Menschenbild, dem die Inselbewohner nacheifern, schließt neben der Neigung zu Bescheidenheit und Tugendhaftigkeit die Vermeidung von Exzessen, eitlem Selbstgenuß und erotischer Libertinage ein. Ehen werden fraglos mit planerischem Kalkül, jedoch auch nach Herzensneigung geschlossen (eine Interessenharmonisierung, die in Schnabels Roman von Fall zu Fall stets neu glückt, dabei aber notwendig unter dem Gesetz des Zufalls steht). Die Familie bildet nicht nur das Zentrum privater, sondern auch den Mittelpunkt öffentlicher Wirksamkeit, wie ein Blick auf die bestehenden Herrschaftsverhältnisse verrät. Die Regierungsgeschäfte liegen in der Hand des Altvorderen Albert Julius, dessen kurz vor seinem Tod formuliertes politisches Testament (vgl. Band III) den Übergang der Macht nach der Logik der Erbfolge zu regeln, zugleich aber die hier begründete monokratische Hierarchie durch die Einsetzung eines beratenden Gremiums mit erweiterten Befugnissen einzuschränken sucht. Die ohnehin nur locker gefügte Staatsordnung Felsenburgs ist damit kein »Garten Eden der Demokratie« (V Hillebrand, 75), sondern eine »benevolente Monarchie« (V Jacobs, 140), das Produkt patriarchalisch organisierter Machtausübung, deren potentielle Willkür durch das allgemein herrschende Klima der Toleranz und (undogmatischen) Religiosität freilich entschieden relativiert wird. Ähnlich faßt auch Johann Valentin Andreaes *Christianopolis* die ideale Herrschaftsform des von ihm entworfenen imaginären Staatsgebildes als Produkt »väterlicher« Fürsorge und Weitsicht (V Andreae, 40).

Bestimmend für die soziale Ordnung auf Felsenburg bleibt die (utopische Konstruktionen seit Morus gemeinhin prägende) verbindliche Beseitigung von Standesunterschieden. Die Inselbewohner agieren als einander gleichgestellte, in ihrem gesellschaftlichen Ansehen egalitäre Individuen jenseits festgelegter Rollenmuster (einzig die konventionelle Differenz vermeintlich geschlechtsspezifischer Tätigkeiten, die der Frau die häusliche Arbeit, dem Mann expansiv-weltbezogenes Handeln zuweist, bleibt bei Schnabel gewahrt). Im Gedanken der sozialen Gleichstellung aller Menschen offenbart sich ein charakteristisches Merkmal bürgerlichen Bewußtseins, wie es die frühe Aufklärung kennzeichnet. Seine besondere Identität sieht der Bürger nicht durch die Vertiefung von Standesgegensätzen garantiert, sondern einzig dort, wo deren Nivellierung die Interessen des gesellschaftlich unteilbaren ganzen Menschen, des Individuums zur Geltung bringt.

Gebunden bleibt die innerweltliche Selbstbestimmung des Einzelnen freilich an die Macht der göttlichen Vorsehung, die bei Schnabel als uneinholbare, durchgreifend wirksame Instanz ausgewiesen ist, welche das Geschick des Menschen regiert (V Schnabel, 21, 163, 300, 407, 530). Gleichwohl bedeutet diese Perspektive hier keine unbedingte Bestätigung des *Providentia*-Gedankens, wie ihn Roman und Trauerspiel des 17. Jahrhunderts zu illustrieren pflegen. Für die christliche Metaphysik, die deren Weltbild beherrscht, ist Geschichte einzig als Heilsgeschichte, die Immanenz der Welt allein als Zwischenstation auf dem Weg zur Ewigkeit vorstellbar. Gerade im diesseitigen Scheitern des moralisch vorbildlichen Menschen kann sich mithin dessen Belohnung durch die Vorsehung bekunden, insofern wahre Erfüllung nur das Jenseits bereithält (vgl. V Kimpel, 15f.). Abweichend vom Barockroman scheint die providentielle Determination des menschlichen Schicksals bei Schnabel jedoch mit dem Anspruch auf moralische Autonomie des Individuums harmonisierbar. Erweist sich im Roman des 17. Jahrhunderts die Macht der göttlichen Fügung gerade dort am prägnantesten, wo sie menschlichem Vernunftverständnis entzogen bleibt, so herrscht in der epischen Welt Schnabels idealiter Übereinkunft zwischen innerweltlicher Sittlichkeit und Providenz. Gottes Wille belohnt hier das nach ethischen Prinzipien handelnde Individuum und gestattet ihm, sich im Diesseits als moralisches Wesen zu entfalten. Diese Perspektive impliziert fraglos das Zurücktreten jener eschatologisch-heilsgeschichtlichen Dimension, die das Wirklichkeitsverständnis des Barockromans bestimmte, insofern sie das christliche Motiv der göttlichen Gnade bereits auf die Weltimmanenz bezieht. Von Schnabels Deutung des *Providentia*-Gedankens zu dessen Überwindung im Zeichen der Aufwertung menschlicher Autonomie ist es dann, wie die künftige Entwicklung des Romans lehrt, kein weiter Schritt.

Die Synthese zwischen Abenteuerstoff und gemäßigter Moralistik, die staatsutopische Aspekte einschloß, ohne sie dominant hervortreten zu lassen, begründete die große Resonanz, die Schnabels Roman beim zeitgenössischen Publikum fand. Der erste Band erlebte zwischen 1731 und 1768 acht Auflagen, die übrigen Teile erfuhren kaum geringere Verbreitung. Dem buchhändlerischen Erfolg stand auch die bisweilen schwerfällige Diktion des Romans nicht im Wege, dessen trocken-kanzlistisch wirkender barocker Komplimentierstil mit französisierenden und lateinischen

Wendungen nach dem Muster der Alamode-Bewegung untermischt war und kaum Raum für differenzierte psychologische Nuancen ließ. Ein begeistertes Publikum fand die *Insel Felsenburg* zumal bei der lesenden Jugend, wie die Exempel von Karl Philipp Moritz' autobiographischem Helden Anton Reiser (V Moritz, 32) und Goethes Reminiszenz in *Dichtung und Wahrheit* (I Goethe, Bd. X, 42) belegen.

Nicht eben viel galt Schnabels Roman trotz seines großen Erfolgs bei den Theoretikern, die ihn selten, dann zumeist in kritischem Ton erwähnten (vgl. V Singer, 89, V Jacobs, 138). Die poetologischen Vorbehalte betrafen den Unterhaltungscharakter des Werkes, die ungelenke Sprachdiktion und den Einsatz phantastischer Motivelemente, die vornehmlich den letzten Band prägten. Dennoch ebnete die *Insel Felsenburg* dem Romangenre den Weg in die aufgeklärte Epoche, weil sie moralische Programmatik mit einer unterhaltenden Handlungskonstruktion im Kontext des utopischen Entwurfs verknüpfte. Unter dem Einfluß Schnabels entfaltete die Gattung jene größere Formvielfalt, die es ihr nunmehr auch gestattete, komplexe Problemgehalte historischer, staatsphilosophischer und anthropologischer Prägung aufzugreifen und literarisch zu verarbeiten.

## 5. Entwicklung des Romans zwischen 1740 und 1775

### Typologie des Aufklärungsromans

Seit 1735 treten auf dem deutschen Buchmarkt vier verschiedene Typen des Romans in Erscheinung, die, zumeist durch europäische Vorbilder geprägt, divergierenden Formtendenzen folgen, dabei aber als gemeinsames Merkmal die Bindung an eine spezifisch bürgerliche Reflexions- und Gefühlskultur aufweisen, die sie zu besonderen literarischen Zeugnissen sozial bestimmter Bewußtseinsgeschichte werden lassen.

1.

Zu nennen wäre zunächst das Modell der (oft utopische Motive mitführenden) **Robinsonade**, wie sie, Defoes Muster variierend, Sinold und Schnabel repräsentieren. In diesem zumal die frühe Aufklärung kennzeichnenden Genre entfalten sich exemplarisch allegorische Topoi und Entwürfe, die Gegenwelten zur bestehenden Wirklichkeit skizzieren, dabei in doppelter Weise bürgerliche Denkinhalte und Bewußtseinsformen spiegeln. Einerseits ist die Romanutopie Medium der Flucht vor einer durch soziale und politische Immobilität geprägten Realität, andererseits Produkt der Neigung zum intellektuellen Experiment, zur Reflexion unter dem Gesetz des Möglichen (in diesem Sinne hatte bereits die Poetik Bodmers und Breitingers die Wirkungsprinzipien der Literatur aus ihrem die Imaginationskraft des Menschen aktivierenden Fiktionsgehalt abgeleitet).

Im utopischen Zuschnitt des frühaufklärerischen Abenteuerromans enthüllt sich damit keineswegs nur eine eskapistische Tendenz, sondern ebenso die spezifische Eigenart literarischer Erfindung selbst: deren Vermögen, Gegenbilder zu entwerfen, die an die Korrekturbedürftigkeit der herrschenden Wirklichkeit gemahnen und dem menschlichen Streben nach Veränderung anschaulich Ausdruck verleihen.

Hatte Leibniz noch davon gesprochen, daß Gott unter allen möglichen Welten die denkbar beste geschaffen habe, so modifizieren die Romane Sinolds und Schnabels diesen Gedanken an einem entscheidenden Punkt, ohne ihm deshalb prinzipiell die Zustimmung zu verweigern. Nunmehr gehört es auch zu den Kennzeichen der von Gott hervorgebrachten Schöpfung, daß sie dem Menschen die Freiheit läßt, über Ansätze zu ihrer Verbesserung zu reflektieren und imaginäre Modelle jener vorerst nur denkbaren Lebensformen zu umreißen, die der utopische Roman darzustellen vermag.

## 2.

Das scheinbare Gegenstück dieses Typus repräsentiert der **empfindsame Familienroman**, den, unter dem Einfluß Richardsons, vor allem Gellerts *Leben der schwedischen Gräfin von G\*\*\** (1747–48), Johann Gottlob Benjamin Pfeils *Die Geschichte des Grafen von P.* und Sophie von La Roches *Geschichte des Fräuleins von Sternheim* (1771–72) vertreten. Sein thematisches Zentrum bildet die Darstellung rührend-moralischer Sujets im Kontext der Beschreibung von Familienbegebenheiten und Privatschicksalen (wobei, ähnlich wie im Fall des Dramas, häufig adlige Figuren als Repräsentanten bürgerlicher Wertvorstellungen erscheinen). Nicht die Breite utopisch-abenteuerlicher Stoffe, sondern die Konzentration auf die Innenwelt des Menschen kennzeichnet das ästhetische Profil der Gattung. Dazu gehört die spezifische Neigung zur Briefform als (durchaus realitätsgetreues, modischen Strömungen entsprechendes) Medium gefühlsbetonter Selbstaussprache im Zusammenhang des (gleichfalls zeittypischen) Freundschaftsideals ebenso wie die Reflexion empfindsamer Moralvorstellungen (Menschenliebe, Altruismus, Mitleidsvermögen), die sich parallel dazu auch in der Rührkomödie und im bürgerlichen Trauerspiel illustriert finden (der Begriff ›empfindsam‹ hat sich, als Pendant zum englischen ›sentimental‹, anstelle des älteren Wortes ›rührend‹, im Anschluß an Johann Joachim Bodes Übersetzung von Sternes *Sentimental Journey through France and Italy* (1768) erst relativ spät durchgesetzt; vgl. V Jäger, 11f., V Kimpel, 61f., V Hohendahl, 4f.).

Prägend für die deutsche Entwicklung des Familienromans war zunächst Richardsons *Pamela or Virtue Rewarded* (1740), der *Clarissa or The History of a Young Lady* (1747) und *The History of Sir Charles Grandison* (1753–54) folgten (vgl. V Watt, 202ff., V Hohendahl, 32ff.). Die Briefform, die Richardson virtuos als Medium bürgerlicher Selbstdarstellung nutzte, wurde, um nur wenige Beispiele zu nennen, später von Rousseaus *Julie, ou la nouvelle Héloise* (1761), Johann Karl August Musäus' *Grandison der Zweyte* (1760–62), Johann Timotheus Hermes' *Sophiens Reise von Memel nach Sachsen* (1769–73), Sophie von La Roches *Geschichte des Fräuleins von Sternheim* (1771–72), Goethes *Die Leiden des jungen Werthers* (1774) und Choderlos de Laclos' *Liaisons dangereuses* (1782) adaptiert (vgl. V Jacobs, 43, Mattenklott, in: I Glaser Hg., 192f.). Am stärksten wirkt die empfindsame Moralistik, wie sie zumal die *Pamela* prägt, in Gellerts *Leben der schwedischen Gräfin von G\*\*\** nach (V Kimpel, 95f., V Meyer-Krentler, 94f., 129f., V Jacobs, 158f., V Hohendahl, 79f.). Exemplarisch kommt hier eine bürgerliche Wertsphäre zu Gesicht, die durch eine Vielzahl von Motiven beleuchtet wird, welche auch aus dem bürgerlichen Trauerspiel Lillos und Lessings vertraut scheinen:

Da ist der geradezu ostentativ beschworene Quietismus der Figuren, die, statt »Betrachtungen über die Vorsehung« (V Gellert G, 75; vgl. V Frick, 263f.) anzustellen, Schicksalsschläge gelassen hinzunehmen und durch ein Höchstmaß an moralischer Selbstverpflichtung jedem Zweifel am Sinn providentieller Fügungen die Spitze zu nehmen suchen, da ist die (zuweilen pietistisch gefärbte) Herzensfrömmigkeit, die, im Verein mit empfindsamer Menschenliebe und Altruismus, dem Prinzip des moderaten Weltgenusses im Zeichen des Maßes Geltung verschafft, da ist das Streben nach materieller Sicherheit, das sich in der wiederholten Reflexion über geschäftlichen Warenverkehr, Zinsen, Wechselbriefe und finanzielle Transaktionen verschiedenster Art manifestiert, und, nicht zuletzt, die Distanz zur Sphäre höfischer Politik, die als Sinnbild des Scheins und Betrugs jenseits bürgerlicher Wohlanständigkeit gilt. Zur thematischen Ausrichtung an bürgerlichem Ethos und moderatem Weltbezug gesellt sich eine kunstlose, manieristische Übertreibungen meidende Diktion, die, weit entfernt vom Kanzleistil Schnabels, am Vorbild Richardsons geschult scheint und nicht nur dessen unprätentiöse Wortwahl, sondern auch die Neigung zu knappem Satzbau mit der Vorliebe für parataktische Konstruktionen übernimmt – eine formale Neuerung, die bis zu den Romanen Nicolais und Wezels nachwirken wird (V Kimpel, 97f., V Hohendahl, 73).

Bleibt die metaphysische Ausrichtung bei Gellert christlich-orthodox, insofern sie den Menschen zum stoischen Erdulden über ihn verhängter Schicksalsschläge verpflichtet, so weist die vom Roman formulierte Verhaltenslehre dort moderne, dem Providenzgedanken gerade entgegengesetzte Züge auf, wo sie nach dem Muster der britischen *Moral-sense*-Philosophie gemäßigte Emotionalität und sittlichen Imperativ zusammenzuführen sucht (vgl. V Brenner, 151, V Frick, 172f., V Spiess, 42). Die Ablösung von der in Gellerts Roman noch intakten christlichen Metaphysik, die hier durch quietistisch-pietistische Elemente ergänzt wird, vollzieht sich über den Umweg der Neuformulierung des moralischen Gesetzes, das den Menschen bestimmt. In dem Moment, da das Individuum genötigt ist, seine Affekte, statt sie vernunftgestützt zu disziplinieren, mit ethischen Verhaltensgeboten zu harmonisieren, gewinnt es als psychisches Wesen jene Nuanciertheit, die im Roman nach Gellert als Auslöser seiner innerweltlichen Konflikte erscheint. Wenn dem Menschen die Leidenschaften zum Schicksal werden, tritt, wie es exemplarisch Goethes *Werther* demonstriert, die Macht des christlich gedeuteten Fatums gegenüber der ›Geschichte des Herzens‹ in den Hintergrund.

Vornehmlich ist es die stetig anwachsende Zahl der Leserinnen, die durch das Genre des Familienromans angesprochen werden sollen (was die erzieherischen Intentionen der häufig auf ein weibliches Publikum zugeschnittenen Moralischen Wochenschriften fortführt). Charakteristisch scheint dabei, daß die zur Privatsphäre gehörenden Wertvorstellungen bürgerlicher Innerlichkeit, wie sie die Romane Richardsons und Gellerts berühren, primär mit weiblichen Tugenden assoziiert werden, während sich die utopischen Gedankenspiele von Sinolds und Schnabels Robinsonaden vorwiegend (wenngleich nicht ausschließlich) durch männliche Heldenfiguren illustriert finden. Erst in der Spätaufklärung wächst auch der Anteil schreibender Frauen, der, sieht man von der Gottschedin und Sophie von La Roche ab, bis zum letzten Drittel des 18. Jahrhunderts relativ bedeutungslos geblieben war; bevorzugt wenden sich die Autorinnen dabei gerade dem Brief- und Familienroman zu, der nach 1780 förmlich ein literarisches Breitenphänomen wird (Eleonore Thon, *Julie von Hirtenthal* (1780/83), Dorothea Margarete Liebeskind, *Maria* (1784), Christiane Benedicte Naubert, *Der Amtmann von Hohenweiler* (1787), Sophie Tresenreuter, *Lotte Wahlstein oder glückliche Anwendung der Zufälle und Fähigkeiten* (1790/91), Christiane Sophie Ludwig, *Die Familie Hohenstein oder Geschichte edler Menschen* (1793), Therese Huber, *Die Familie Seldorf* (1795); vgl. die Angaben bei V Kimpel, 112f.).

## 3.

Nicht frei von idealisierenden Zügen ist auch der **Staatsroman** der Aufklärung, der in manchen Punkten die Intentionen des heroisch-höfischen Romans des 17. Jahrhunderts modifizierend aufgreift (John Barclays *Argenis* (1621), François de Fénelons *Télémaque* (1658), in Deutschland Anton Ulrichs *Aramena* und *Octavia*, Ziglers *Asiatische Banise* und Lohensteins *Arminius*; grundlegend Schings, in: V Koopmann Hg., 151ff.). Abweichend von den barocken Vorläufern des Gattungstyps steht hier nicht mehr das Bild des durch Gottesgnadentum legitimierten absolutistischen Machthabers im Zentrum, der mit seinem irdischen Tun die regulative Kraft providentiellen Willens vertritt, sondern ein Souverän, dessen politisches Handeln zwar uneingeschränkt, idealiter jedoch, nach den Vorstellungen von Hobbes' *Leviathan* (1651), durch den Gedanken des Herrschaftsvertrages gebunden bleibt. Sein Ziel ist die Absicherung eigener Interessen ebenso wie die Stabilisierung gesellschaftlicher Verhältnisse im Sinne der Vermeidung sozialer Konflikte zum Schutz des bürgerlichen Untertans. Geschult am Geist der Vertragsidee, stellt der aufgeklärte Staatsroman Prozesse der Fürstenerziehung dar, die die praktische Umsetzung der Hobbesschen Lehre zu veranschaulichen haben. Ihr Zentrum bildet der Vorgang der Verwandlung des höfisch-absolutistischen Machthabers in den aufgeklärten Souverän, der, gemäß den Maximen des *Leviathan*, die Sicherheitsbedürfnisse der Bürger mit seinem eigenen Herrschaftsinteresse zu harmonisieren versteht.

Paradigmatisches Muster des aufgeklärten Staatsromans ist Johann Michael von Loens *Der redliche Mann am Hofe* (1740), der ausdrücklich den Anspruch erhebt, nicht allein ideale Verhaltensmuster für Fürsten und Höflinge, sondern zugleich Handlungsanweisungen für Menschen jeglichen sozialen Standes zu vermitteln. Deutlich ist dabei die hofkritische Tendenz, die Loens Roman, geknüpft an eine Reihe empfindsamer Topoi (Altruismus, Mitleidsethik, Idealisierung ländlichen Lebens), geradezu programmatisch zum Ausdruck bringt. Vor allem in dieser skeptischen Reserve gegenüber der kaltsinnigen Sphäre der Politik, wie sie der Held Graf von Rivera an den Tag legt, bekundet sich deutlich die Distanz zum barocken Staatsroman, von dem Loen das thematische Interesse, nicht aber mehr das absolutistische Ordnungsdenken erbt. Blieb es dessen Credo, daß der Hof eine Schule menschlichen Lebens unter dem jede Freiheit einschränkenden Diktat der Providenz vorstelle, so geht Loen vom Gedanken der (wünschenswerten) Veränderbarkeit der politischen Verhältnisse durch Prozesse der Fürstenerziehung aus. Als »Fegfeuer der Redlichkeit« (zit. nach V Kimpel, 123) ist der Hof für Loen ein gesellschaftlicher Bereich, wo die wahre Tugend des Menschen durch Anfechtungen aller Art auf die Probe gestellt wird. Indem der Autor seinen Helden mit verschiedenen Bewährungs- und Testsituationen konfrontiert, in denen er seine sittliche Integrität unter Beweis zu stellen hat, beschreibt er ein anthropologisches Experiment, dessen erzählerische Inszenierung Menschenkenntnis und psychologische Urteilskraft der Leser fördern soll. In diesem Sinne faßt der Autor seinen Roman als realitätsnahen Beitrag zur Illustration aufgeklärter politischer und moralischer Grundsätze: »Was die Erfahrung anlangt, so nennet man mit Recht dieselbe den besten Lehrmeister. Nichts rühret, nichts überzeuget mehr als Exempeln. (...) Mein Buch enthält noch was mehr als einen Roman; nemlich eine Schilderey der heutigen Welt nach dem Leben gezeichnet.« (V Loen, 579).

Charakteristisch für die Gattung bleibt die Verarbeitung utopischer Elemente, die in Loens (offenkundig durch Johann Valentin Andreae inspirierter) Vision vom Idealstaat Christianopolis besonders deutlich zutage tritt (V Loen, 291ff.; vgl. Schings, in: V Koopmann Hg., 152). Anders als im Fall der späthumanistischen Utopien herrscht hier jedoch die Tendenz zur realistischen Darstellung eines glücklichen, harmonisch gefügten Gemeinwesens vor, an dessen mustergültiger Ordnung der regierende Fürst des Loenschen Romans sich zu orientieren hat. Dem Anspruch auf eine modellhafte Exemplifizierung vernunftmoralischer Herrschererziehung folgen in späteren Jahren Wielands *Der Goldne Spiegel* (1772) und die Staatsromane des alten Haller (*Usong*, 1771, *Alfred*, 1773, *Fabius und Cato*, 1774) (vgl. V Kimpel, 114ff., V Jacobs, 145ff.). Geschäftsgrundlage ihrer politischen Programmatik bleibt jeweils das Festhalten an monarchistischen Regierungsformen und das Prinzip des sozial stabilisierend wirkenden Interessengleichgewichts, demzufolge eine Harmonisierung zwischen Souveränitätsidee und Bürgerrecht für praktikabel erachtet wird. Daß eine solche Auffassung zumindest am Ende des 18. Jahrhunderts theoretisch rückschrittlich ist, insofern sie das zunehmende moralische Defizit absolutistischer Herrschaftspraxis und deren wachsenden Legitimationsdruck ignoriert, weiß die Forschung spätestens seit der Studie Reinhart Kosellecks. Der Staatsroman der Spätaufklärung scheint hier konservativer (womöglich aber auch nur realistischer) als die unter dem Einfluß Montesquieus (*De l'esprit des lois*, 1748) und Rousseaus (*Du contrat social*, 1762) stehende politische Theorie der zweiten Hälfte des 18. Jahrhunderts, die sich mit ihren Konzeptionen der Gewaltenteilung und des Gesellschaftsvertrags bereits deutlich vom aufgeklärten Absolutismus löst (I Koselleck, 81ff.).

4.

Als letzter Typus der prosaepischen Gattungsformen wäre der **satirische Roman** zu nennen, der seine eigentliche Wirksamkeit an Ende der Aufklärung entfaltet (grundlegend V Schönert). Geprägt wird er in manchen Zügen vom Schelmenroman des 17. Jahrhunderts, der ihm die realistische Tendenz, die Spottlust angesichts festgelegter sozialer Rollenmuster und die Fähigkeit zur witzigen Kritik an Formen der dogmatischen Verhärtung politischer, gelehrter oder religiöser Ordnungsstrukturen vererbt. Zwar verzichtet er zumeist auf die Gestalt des naiven pikarischen Helden, wie sie bei Grimmelshausen und Reuter reüssiert, jedoch übernimmt er die perspektivische Technik ironischer Entlarvungskunst, die, vermeintlich unprätentiös, Täuschung und Betrug, Schein und Lüge hinter den Selbstinszenierungen des Menschen bloßzulegen weiß. Mustergültig ist hier Wielands *Die Abentheuer des Don Sylvio von Rosalva* (1764, 1772), die, wie der Titel der Erstfassung signalisiert, den »Sieg der Natur über die Schwärmerei« darstellen – den Prozeß der Therapie des lebensfremden Enthusiasten durch die beharrliche Konfrontation mit einer Wirklichkeit, deren Vertreter den Sonderling auf mild-humoristische Weise vom Syndrom der (auf die übermäßige Lektüre von Feenmärchen zurückgehenden) Tagträumerei sowie damit verbundenen Tendenzen zur introvertierten Weltflucht befreien dürfen.

Ausgangspunkt der durch den Roman inszenierten Satire ist die zumal seit der Jahrhundertmitte bedeutsame Debatte über die Risiken der Schwärmerei, der Shaftesbury in seinem 1708 publizierten *Letter Concerning Enthusiasm* mit seiner Differenzierung zwischen (zumeist religiösem) ›Fanatismus‹ und positiv besetzter ›Inspiration‹ den Weg gewiesen hatte. Wielands Roman versteht sich, ganz im Sinne Shaftesburys, als epischer Versuch, dem Leser das Schwärmersyndrom mit komischen Mitteln vor Augen zu führen, als ›test by ridicule‹, der den Sonderling verlacht und, wie es im einleitenden Erzählerkommentar zum fünften Buch heißt, »der Dummheit, Schwärmerey und Schelmerey ihre betrüglichen Masken abziehen« hilft (II Wieland, Bd. XII, 10f.; vgl. I Schings, 197ff., V Jacobs, 163).

Daß in Don Sylvios pathologischer Tendenz zur Weltflucht ein durchaus zeittypisches Psychogramm umrissen scheint, demonstrieren, wenngleich ohne derart konsequenten satirischen Aplomb, die schwärmerkritischen Romane der Spätaufklärung: Friedrich Nicolais *Das Leben und die Meinungen des Herrn Magisters Sebaldus Nothanker* (1773–76), Johann Carl Wezels *Wilhelmine Arend, oder die Gefahren der Empfindsamkeit* (1784), Johann Heinrich Jung-Stillings *Theobald oder die Schwärmer* (1784–85) und Theodor Gottlieb von Hippels *Kreuz- und Querzüge des Ritters A bis Z* (1793), nicht zuletzt, im Rahmen einer subtilen seelenkundlichen Analyse und auf der Basis autobiographischer Authentizität, Karl Philipp Moritz' *Anton Reiser* (1785–90). Wieland selbst hat seine satirischen Neigungen in späteren Jahren immer wieder kultiviert, am effektivsten fraglos in der *Geschichte der Abderiten* (1781), einem antikisierenden Schildbürgerroman, der, scharfsinnig-ironisch, anhand fünf verschiedener Beispielerzählungen, gleichsam im Rahmen einer narrativ dargebotenen Phänomenologie der Torheit, menschliche Anmaßung und Selbstgefälligkeit zu entlarven versteht.

Ist Wielands *Don Sylvio* ein Experiment der skeptischen Vernunft, das den Schwärmer in eine Versuchsanordnung lockt, welche ihn zur Auseinandersetzung mit der Wirklichkeit nötigt und schließlich dazu führt, daß er durch Erfahrung lernfähig wird, so beschränkt sich Johann Carl Wezels *Belphegor* (1776) darauf, in der bewußten Nachfolge von Voltaires *Candide* (1759) den ungebrochenen Optimismus seines Titelhelden als Produkt hoffnungslos realitätswidriger Verblendung zu decouvrieren. Bei ihm wird das genuin aufklärerische Verfahren satirischer Kritik zum Mittel einer desillusionierten Selbstkorrektur der Epoche in ihrem Spätstadium (vgl. V Knautz, 72ff., V M. Engel, 132f.). Ähnlich wie Voltaire sucht Wezel zu zeigen, daß der Mensch nicht gut, sondern schlecht von Natur aus ist, daß er unbelehrbar, in seiner unerfreulichen Prädisposition zu Egoismus, Gewalttätigkeit und Verbrechen unveränderlich bleibt. Angesichts dieses düsteren Befunds muß die aufklärerische Idee des auf der Basis allgemeinen Vernunftgebrauchs praktizierbaren harmonischen Zusammenlebens interessegeleiteter Individuen notwendig illusionär, vielmehr das (von Wezel zum Leitmotiv erkorene) Gesetz des *bellum omnium contra omnes* – jener Krieg aller gegen alle, den Hobbes durch den Gedanken des Herrschaftsvertrags zu überwinden suchte – dominierende gesellschaftliche Wirklichkeit bleiben. Erscheint der Mensch als Tier, das rücksichtslos seinen grausamen Instinkten folgt, so ist die Welt, die er beherrscht, notwendig ein »Schlachthaus« (V Wezel B, 111), angesichts dessen der Einzelne nicht »Freuden«, »Glückseligkeit« oder gar »Freiheit«, sondern im günstigsten Fall »Abwesenheit wirklicher Leiden« (V Wezel B, 322) erwarten darf.

Gestützt auf eine Vielzahl ebenso bedrückender wie drastischer Exempel, die menschliche Niedrigkeit in verschiedensten Ausprägungen und Gradstufen beleuchten, formuliert der Roman eine ebenso bittere wie unnachsichtige Absage an alle Formen jenes rational gestützten Optimismus, der, in der Nachfolge von Leibniz' Theodizee-Modell, zur besonderen Signatur der Epoche zählt. Unter Wezels entlarvendem Blick gerät die Aufklärung ihrerseits zum Gegenstand prinzipieller Kritik; hier wird sie auf den Richterstuhl gesetzt und einer unbestechlichen Überprüfung unterzogen, die jedoch, gerade durch die analytische Konsequenz des praktizierten satirischen Verfahrens, selbst wieder aufklärerische Züge trägt (vgl. V Brenner, 221f.). Nicht die Aufhebung der Vernunft und die Negation hochfliegender Erziehungsansprüche, sondern die Korrektur ihres angesichts der herrschenden Verhältnisse wirklichkeitsfremden Optimismus gehört zu den wesentlichen Anliegen von Wezels Romansatire. Der Prozeß der Aufklärung über die Grenzen der Aufklärung hat, so scheint es, begonnen; Hamann und Herder werden ihn mit anderen Mitteln, primär auf dem Feld der Sprachtheorie und Geschichtsphilosophie, fortzusetzen suchen.

### Rehabilitierung der Gattung

Vor allem unter dem Einfluß der Romane Richardsons und Gellerts kommt es um die Mitte des Jahrhunderts zu einer gattungspoetischen Neubestimmung, die die Verabschiedung der traditionellen Vorurteile gegen die sittliche Zweifelhaftigkeit des Genres mit sich führt. Als »einen moralischen Catechismus vor die Damen« möchte der anonyme Rezensent der »Franckfurtischen Gelehrten Zeitungen« 1742 die *Pamela* rühmen (V Lämmert Hg., 80). Johann Adolf Schlegel betont 1751 in seiner Studie »Von der Eintheilung der Künste« im Anhang der Batteux-Übersetzung die Gleichberechtigung von erzählerischer Prosa- und Versform, die er zumal mit dem Hinweis auf die zunehmende künstlerische Würde des Romans begründet: »Soll eine *schwedische Gräfinn* darum weniger ein Werk der schönen Kunst seyn, als die Comödie, weil ihre Schreibart weder homerisch, noch racinisch ist?« (Schlegel, in: IV Batteux, Anhang, 181) Aufgrund der unbestreitbaren ästhetischen Dignität, die der neuere französische und englische Roman an den Tag legt, sieht Schlegel die Gattung hinreichend legitimiert, auch wenn sie nicht durch antike Autoritäten geheiligt wird: »Ein *Richardson*, ein *Filding*, ein *Prevot*, haben also eben sowohl das Recht, sich unter den Künstlern eine Stelle zuzueignen, als ein *Corneille*, ein *Moliere*, ein *la Fontaine*.« (Schlegel, in: IV Batteux, Anhang, 182).

Angesichts des unaufhörlichen Aufstiegs, den der Roman ab der Jahrhundertmitte nicht nur beim Publikum, sondern auch in der Gunst der Theoretiker vollzieht, sieht sich sogar Gottsched genötigt, die vierte Auflage seiner Poetik um einige Ausführungen zum besseren Verständnis der modernen Erzählkunst zu ergänzen. Bereits 1733 hatte er im Rahmen einer Rezension der *Asiatischen Banise* Ziglers auf Huets *Traité* verwiesen, dem Roman jedoch, abweichend von den Intentionen des Franzosen, nur eine der »untersten Stellen« innerhalb der gattungspoetischen Hierarchie zugestanden (II Gottsched Hg., 274; vgl. V Vosskamp, 145f.). Annähernd zwanzig Jahre später behandelt die vierte Auflage der *Dichtkunst* das Thema wertfrei und ohne nähere Hinweise auf den Status des Romans im Kontext des literaturtheoretischen Systems. Nach einem kurzen historischen Abriß, der von der Romania bis zur Mitte des 18. Jahrhunderts, von Guillaume de Lorris' *Roman de la Rose* (1250) bis zu Richardsons *Pamela* führt, formuliert Gottsched einige knappe Empfehlungen zum möglichst seriösen Umgang mit der expandierenden Gattung. Romane, so heißt es, dürften ihren Stoff aus der Geschichte schöpfen, besäßen aber im Unterschied zum diesbezüglich eng gebundenen Epos auch die Freiheit, erfundene Personen in die Handlung zu integrieren – Figuren »aus dem Mittelstande« (I Gottsched CD, 526), die bürgerlichen Wertvorstellungen folgten und durch ihre Schicksale ebenso das Interesse der Leserschaft zu fesseln wüßten wie die Heroen der Antike (vgl. V Hillebrand, 83ff.).

Entschieden rät Gottsched zur möglichst konzentrierten Raffung der Handlung und zur Bändigung ausufernder historischer Stoffmassen, wie sie den Barockroman kennzeichneten. Zu meiden sei zudem das Element des Wunderbaren, das dem Epos gut anstünde, die psychologische Subtilität der Romanhandlung jedoch in Zweifel ziehe und daher einer ganz dem Prinzip der Wahrscheinlichkeit verpflichteten Fabelführung zu weichen habe. Nachgerade von selbst versteht sich der Hinweis auf das Gebot der prägnanten Diktion, das Distanz zu Übertreibungen und arabeskenhaft wuchernder Bildsprache nahelegt – *differentia specifica* der aufgeklärten Prosaepik gegenüber dem Romanschaffen des 17. Jahrhunderts mit seiner Tendenz zur exzessiven Entfaltung allegorischer Stilformen.

Am Schluß des Kapitels betont Gottsched, daß die Darstellung menschlicher Herzensschicksale, wie sie der Gattung aufgetragen sei, auch das Liebessujet einschließe, vom Romancier jedoch in besonderem Maße Dezenz und Geschmack verlange. Als Muster wird erneut Richardsons *Pamela* gepriesen, freilich mit dem Zusatz, daß der Roman trotz seiner vernunftmoralischen Grundtendenz sittenstrenge Kritiker gefunden habe: »(...) ja selbst diese ist vielen Kunstrichtern noch nicht von allen Buhlerkünsten frey genug. Wie unzählig vielen Romanen wird durch dieß Urtheil nicht der Stab gebrochen!« (I Gottsched CD, 528).

Ähnlich wie Gottsched führt auch Georg Friedrich Meier Richardsons Romane als Beispiel für die These an, daß die Gattung inzwischen konsolidiert, ihr moralischer Nutzen zumindest durch einzelne Beispiele beglaubigt sei. »Der Leser siehet nun«, so formuliert Meier bedächtig, »daß wir nicht alle Liebesgeschichte und Romainen der Jugend aus den Händen reissen wollen; wir würden aber, wenn es bey uns stehen solte, ihr auch wenig in die Hände geben.« (Meier, in: V Lämmert u.a. Hgg., 87) Maßvoller Umgang mit einem Genre, das noch immer nicht frei vom Geruch der sittlichen Zügellosigkeit scheint, gehört für Meier zu den Regeln, die jugendliche Leser bei der Romanlektüre zu befolgen haben. »Eben diese Vorsichtigkeit«, so fügt er hinzu, »soll einen jeden Vater antreiben, die wenigen guten Sittengedichte aufzusuchen, die nach dem Muster der *Pamela* die Tugend so reizend lehren, daß man ihr nicht die Bewunderung, Hochachtung, Beyfall, Liebe und endlich die Nachahmung entziehen kan. Und wir müssen den Engelländern zum Ruhm melden, daß sie in diesem Stück alle andere Völkerschaften weit übertreffen.« (Meier, in: V Lämmert u.a. Hgg., 87).

Das Lob der britischen Erzähler schließt um 1750 oftmals die Klage ein, es fehle in Deutschland an einer eigenständigen, allgemein anerkannten Romanform. In einer Rezension aus dem Jahr 1753 bemängelt Lessing: »Das Feld der Romanen ist von unsern witzigsten Köpfen noch am wenigsten bebauet worden. Der Hercules, der Arminius, die Oktavia, die Banise, und einige andere von Gliedern der fruchtbringenden Gesellschaft sind lange Zeit unsere besten Originale in dieser Art witziger Schriften gewesen. Die Schwedische Gräfin schien einen neuen und bessern Zeitpunkt derselben anzufangen, allein zum Unglücke hat sich die deutsche Nacheiferung hierinnen am allersaumseligsten finden lassen.« (I Lessing, Bd. III, 173). Noch 1765 beklagt Friedrich Gabriel Resewitz das dürftige Niveau der einheimischen Epik: »Wer es wagt, einen deutschen Roman zu schreiben, hat entweder nicht Erfindung genug, und seine Erzählung wird langweilig; oder es fehlt ihm an feinem Geschmack, und seine Gedanken und Situationen sind gemein; oder er versteht die Kunst zu zeichnen nicht, kennt die Welt und das menschliche Herz nicht, und seine Geschichte ist ohne Charakter und ohne Sitten.« (Resewitz, in: V Lämmert u.a. Hgg., 121f.)

### Wielands *Geschichte des Agathon*

Aus dem hier skizzierten Dilemma kann erst Wieland die deutsche Romankunst befreien (V Vosskamp, 143f.). Sämtliche Gattungstypen souverän übergreifend, steht im Zentrum seines epischen Œuvres fraglos die *Geschichte des Agathon*, an deren Modellqualität die erste systematische Theorie der Gattung in Deutschland, Friedrich von Blanckenburgs *Versuch über den Roman* (1774), Maß nehmen wird. Das 1767 publizierte Werk hat Wieland immer wieder intensiv beschäftigt und im Zeitraum von 25 Jahren zu diversen konzeptionellen Überarbeitungen veranlaßt. Bereits die erste Fassung enwickelt sich nur unter Mühen und weist eine für den sonst rasch produzierenden Autor relativ lange Entstehungszeit auf. 1773 erscheint die zweite Ausgabe, die zumal die »geheime« Biographie der Danae, der Geliebten des Titelhelden, nachträgt und damit die moralische Perspektive von Agathons Bildungsgeschichte unterstützt. 1794 folgt als erster Band der Göschen-Werkausgabe eine dritte Fassung, die der Darstellung der Philosophie des Archytas breiteren Raum gibt und der (von der Kritik gerügten) Tendenz zu einem ironisch gebrochenen Skeptizismus entgegenwirkt, indem sie den Idealcharakter des tarentinischen Staates, dem der Protagonist am Ende dient, deutlicher hervortreten läßt.

Schon die Formulierung des Titels signalisiert den Anspruch des Romans, in breiter Ausfaltung eine ›Lebensgeschichte‹ des Helden zu bieten. Das Vorbild bleibt hier, bereits von den Rezensenten erkannt, Henry Fieldings *The History of Tom Jones, a Foundling* (1749), das neben Richardsons Briefromanen und Laurence Sternes *The Life and Opinions of Tristram Shandy Gentleman* (1759–67) herausragende Exempel der zeitgenössischen englischen Erzählkunst, das Wieland nicht nur den Anspruch auf die epische Beschreibung individuell erfahrbarer Lebenstotalität, sondern zudem einen neuen auktorialen Ton der narrativen Darstellung vererbt.

Ähnlich wie bei Fielding und Sterne, einer im *Don Sylvio* bereits anklingenden Tendenz folgend, schaltet sich im *Agathon* immer wieder ein allwissender, weltläufig-skeptischer, zuweilen ironischer, die Sympathie mit dem Helden jedoch nicht verhehlender Erzähler in den epischen Bericht ein. Zu dieser Technik gehört das ironisch gebrochene Eingeständnis des fiktiven Charakters der dargebotenen Handlung (so die 1773 eingefügte Vorrede »Über das Historische im Agathon« (II Wieland, Bd. I, 11; vgl. V Kimpel, 135)), das es gestattet, Bezüge zu geschichtlich-authentischen Ereignissen nur mehr spielerisch-unernst herzustellen, ebenso aber die Neigung zu breiten Kommentaren, ausführlichen philosophischen Exkursen und erläuternden Anmerkungen, nicht zuletzt die Integration von Passagen, die der (wiederum spöttisch nuancierten) Selbstvergewisserung des Romanciers im Horizont einer eigenen Gattungstheorie dienen (II Wieland, Bd. I, 251f.; vgl. V Jacobs, 168, V Brenner, 206f., V Frick, 463f.). Von Sterne übernimmt Wieland vor allem die Gewohnheit, den prätendierten Tatsachencharakter der dargebotenen Episoden ironisch zu durchleuchten und auf diese Weise den Rezeptionsprozeß des Lesers durch bewußte Verfremdungseffekte zu steuern (im Gegensatz zum *Tristram Shandy* hält der *Agathon* jedoch, abgesehen von episodisch eingeschalteten Biographien einzelner Figuren, am Prinzip der linearen, chronologisch fortschreitenden Erzählweise fest) (grundlegend V Michelsen, 177ff.).

Mit dem Vorsatz, die Lebensgeschichte des Helden zu beschreiben, verknüpft sich das dezidiert anthropologische Interesse des Romans. Im vielstimmigen Konzert der Themen, die die epische Erzählung anschlägt, klingt dominant immer wieder die Grundfrage nach der Bestimmung des Menschen durch; die intellektuellen Dispute, die der Held mit seinen verschiedenen Mentoren über philosophische Systeme, die Lehren der Sophisten und Pytagorärer, über Hedonismus und Materialismus, Staatsformen und politische Ethik, Affektpsychologie, Liebesauffassungen, Sinnlichkeit und Moralität führt, kreisen letzthin stets um ein anthropologisches Zentrum (vgl. II Wieland, Bd. I, 119, 219, 232, Bd. II, 203, Bd. III, 240f.); verhandelt wird hier, im Medium des pointierten Streitgesprächs, unter der Oberfläche rasch wechselnder Sujets, die Sache des Individuums, die Frage seiner innerweltlichen Bestimmung, Ausbildung und pragmatischen Orientierung (vgl. Schings, in: V Fabian Hg., 247ff.). Mit dem Zuwachs an psychologischer Erzählkompetenz, der sich in der gegenüber Schnabel und Gellert deutlich subtileren Darstellung von Leidenschaften, Gemütszuständen und Stimmungen aller Abstufungen ausweist, verbindet sich das entschiedene Bekenntnis zu einem narrativen Verfahren, das nicht »durch den Ton einer strengen Sittenlehre, durch blendende Sentenzen« (II Wieland, Bd. I, 252f.), sondern durch die wirklichkeitsnahe Charakterisierung lebensvoller Menschen mit Fehlern und Schwächen gekennzeichnet bleibt. Die stets ironisch gefärbte Herausgeberfiktion, derzufolge die Geschichte des Helden authentische Züge trägt, empfängt aus diesem Vorsatz ihre wesentliche Funktion, insofern sie den unmittelbaren Erfahrungsbezug der epischen Handlung und damit deren psychologische Evidenz zu beglaubigen hat (vgl. V K.-D. Müller, 101). Noch in den glänzenden philosophischen Disputen, die den *Agathon* an entscheidenden Punkten regieren, bleibt die geradezu programmatische Dominanz des anthropologischen Interesses gewahrt. Im Mittelpunkt des Romans steht der Mensch, dessen ›innere‹ Biographie (vgl. II Wieland, Bd. III, 127) als Geschichte »seiner Seele« (II Wieland, Bd. III, 361) besondere

Aufmerksamkeit auf sich zu ziehen hat. Ziel dieser Gewichtung ist es, dem Leser anhand fiktiver Erfahrung zu vermitteln, was nach Ansicht des weisen Archytas, wie dieser gegen Ende des dritten Teils Agathon erklärt, die bedeutsamste Prämisse eines erfüllten Lebens bildet: die Fähigkeit zur Selbsterkenntnis (II Wieland, Bd. III, 397; vgl. I Schings, 201f.).

Von diesem Grundsatz aus läßt sich die Anordnung des Romangeschehens verstehen. Dargestellt wird ein Prozeß der Akkumulation von Erfahrung mit dem Ziel wachsender Selbsterkenntnis zum Zweck der Harmonisierung jener divergierenden Strebensrichtungen, die das Gemüt des Helden regieren. Die wechselnden Situationen, in denen sich Agathon zu bewähren hat, besitzen dabei experimentellen Charakter; sie gleichen Versuchsanordnungen, die unterschiedlichste Verhaltensweisen, Reaktionen, Stimmungen und Gefühlsdispositionen des Protagonisten beleuchten, nicht zuletzt die Vielfalt der empirischen Welt in zahlreichen Nuancen ausmessen sollen. Unter dem Gesetz der Erfahrungssuche stehen die politischen Aktivitäten Agathons, sein Engagement für die athenische Demokratie (das, wie sein eigener Lebensbericht zeigt, in eine erste große Enttäuschung mündet), aber ebenso die spätere Beratertätigkeit am Hof zu Syrakus, wo ihm sukzessive die bedenklichen Aspekte der (anfangs noch hochgeschätzten) Monarchie diktatorischen Zuschnitts zu Bewußtsein kommen. Experimentellen Zwecken gehorchen nicht zuletzt die amourösen Erlebnisse des Helden, die durch die Vielfalt des Eros von seiner platonischen Färbung bis zur sinnlichen Liebe geprägt bleiben, ehe sie in der seelischen und körperlichen Neigungen gleichermaßen folgenden Bindung an Danae eine (freilich nur vorübergehende) Erfüllung finden.

Die politischen und erotischen Bewährungsversuche, denen sich der Protagonist im Rahmen von Modellsituationen zu unterziehen hat, bleiben durchgängig zum Scheitern verurteilt. Auch wenn Agathon am Ende, wie die letzte Fassung näher ausführt, seinen Platz gefunden, seine Enttäuschungen in der Idylle Tarents überwunden hat, bleibt die Bilanz der Erfahrungen, die der enthusiastisch veranlagte Held sammelt, entschieden negativ; die Desillusion, nicht die Bestätigung eines schwärmerischen Optimismus steht hier im Vordergrund. Deutlich wird aber auch, daß die individuelle Biographie keineswegs nur singulären, vielmehr allgemeingültigen Charakter aufweisen soll; die geradezu archetypische Dimension der vom Roman vorgeführten Lebensexperimente, die beispielhafte Tendenz ihres dramaturgischen Verlaufs und deren paradigmatische Funktion im Kontext einer exemplarischen Bildungsgeschichte bestätigen diesen Umstand auf hinreichende Weise.

Schon die Biographie des jungen Agathon verrät durch ihre markanten Züge, daß der Roman die Darstellung repräsentativer Erfahrungen anstrebt. Zu ihnen gehören die Erziehung im delphischen Tempeldienst, die Einweihung in die orphische Moralphilosophie und deren Mysterienlehre, die ersten Liebeserlebnisse im Konflikt zwischen Pythia und Psyche, der Wechsel von aktivem Streben nach Erfahrungsbesitz und passiv-kontemplativer Existenz, von Expansion und Konzentration im Zusammenhang der Entfaltung individueller Gefühlsdispositionen. Später treten weitere Aspekte und Rollenmuster des bunten Welttheaters hinzu: Hippias' Hedonismus und die materialistische Lehre egoistischer Realitätsaneignung, Danaes Sinnlichkeit und die üppige Festkultur ihres Hauses, die ersten, durch das Engagement für die athenische Demokratie vermittelten Erlebnisse im »Ocean des politischen

Lebens« (II Wieland, Bd. II, 98), die diktatorischen Grundzüge der autokratischen Staatsform zu Syrakus, schließlich die Idealkonstruktion der durch patriarchalische Weltklugheit stabilisierten Gesellschaftsordnung von Tarent, deren Oberhaupt, der moralisch integere Archytas, die Verknüpfung pluralistischer und autoritärer Regierungselemente unter dem Dach der Republik zu gewährleisten versteht (vgl. Schings, in: V Koopmann Hg., 159). Erst am Ende des Romans, das die Begegnung mit dem tarentinischen Musterstaat beschreibt, findet die experimentelle Erprobung verschiedener Lebensformen für Agathon ihren sinnerfüllten Abschluß, damit auch ein inneres Prinzip, das zwar den Desillusionscharakter zahlreicher Erfahrungen nicht aufheben kann, sie jedoch nachträglich, anders als im Fall von Voltaires *Candide* und Wezels *Belphegor*, in eine vernünftige Prozeßlogik zu integrieren gestattet (vgl. V Frick, 441ff.). Als »idealischer« Charakter (II Wieland, Bd. III, 187), der durch eine maßvolle Lebensweise das Programm der Harmonisierung zwischen »tierischer« und »geistiger« Natur des Menschen selbst praktisch umsetzt (II Wieland, Bd. III, 392f.), zeichnet Archytas mit seiner mustergültigen Staatsphilosophie des Interessenausgleichs den weiteren Weg des Helden vor. Dieser wird sich, so kündigt der Romanschluß an, künftig dem Wohl der vorbildlichen Republik Tarent widmen und derart versuchen, die ihm eigene Neigung zur Schwärmerei in nützliche Tätigkeit umzusetzen – eine Perspektive, die nicht frei von ironischer Brechung bleibt, insofern sie angesichts der Enttäuschungen des Protagonisten den Charakter einer Scheinlösung im Zeichen der Flucht vor der (nicht nur politisch) unfreundlichen Wirklichkeit trägt (vgl. V K.-D. Müller, 105f., V Jacobs, 172f., V Frick, 486f., V M. Engel, 145f.).

Maßstäbe schafft der *Agathon* nicht zuletzt deshalb, weil er sich souverän über typologische Grenzen innerhalb des Romangenres hinwegsetzt und verschiedenste Formströmungen miteinander verknüpft. Als Staatsroman verhandelt er Probleme der idealen Regierungsform (ein Sujet, das Wieland in den 70er Jahren im *Goldnen Spiegel* und in der *Geschichte des weisen Danischmend* wieder aufgreifen wird); als anthropologisch-psychologischer Roman beschreibt er die innere und äußere Lebensgeschichte seines Helden bis zu jenem Punkt, da dieser seine wahre Bestimmung gefunden zu haben scheint (ein Grundmuster, das im Bildungsroman, bei Moritz, Goethe und Novalis, seit den 80er Jahren zunehmende Attraktivität gewinnt); als satirischer Roman setzt er seinen Protagonisten bisweilen einem (freilich zumeist milden) Spott aus, der geeignet ist, verschiedene Symptome der Schwärmerei aufzudecken, ohne daß dabei das Identifikationspotential verspielt wird, welches das Schicksal des Agathon beim Leser entfalten soll.

Grundlage der Entwicklungsgeschichte, die Wieland erzählt, ist die Fähigkeit des Helden, sich wechselnden Situationen geschmeidig anzupassen, dabei als naives Individuum stets wandel- und formbar zu bleiben. Die den Protagonisten auszeichnende Offenheit für Einflüsse, Stimmungen und Konstellationen verschiedenster Art bildet die formale Prämisse dafür, daß der Roman mit epischen Mitteln ein breites Spektrum der Erfahrungen auszuleuchten und den Prozeß fortschreitender Selbst- wie Welterkenntnis anhand repräsentativer Einzelfälle zu beschreiben vermag. Der Erzähler betont diese besondere Disposition Agathons ausdrücklich:

> Wir haben unsern Helden bereits in verschiedenen Lagen gesehen; und in jeder, durch
> den Einfluß der Umstände, ein wenig anders als er wirklich ist. (...) Agathon schien in
> verschiedenen Zeitpunkten seines Lebens, nach der Reihe ein Platonischer und ein
> patriotischer Schwärmer, ein Held, ein Stoiker, ein Wollüstling; und er war keines von
> allen, wiewohl er nach und nach durch alle diese Klassen ging, und in jeder etwas von
> der eignen Farbe derselben bekam. (II Wieland, Bd. III, 46f., vgl. Jacobs, in: V Koop-
> mann Hg., 173).

Solche Formbarkeit des Protagonisten bildet die Bedingung des Entwicklungsro-
mans; sie gehört zur seelischen Grundausstattung des gattungstypischen Helden, wie
sie auch Anton Reiser, Wilhelm Meister, Heinrich von Ofterdingen, Kellers Heinrich
Lee und noch Thomas Manns Hans Castorp trotz unterschiedlicher fiktiver Rea-
litätshorizonte durchgängig vorzuweisen haben. Die innere Logik der Romankon-
zeption verlangt diese Charakterprämisse unbedingt; ist der Held am Ziel, liegt sein
Weltbild fest, scheint er der Erfahrungssuche überdrüssig, dann hat auch die epische
Erzählung ihr Ende gefunden.

## Theorie des Romans bei Blanckenburg

Die Bedeutung des *Agathon* wurde früh hervorgehoben, besonders eindringlich
durch Friedrich von Blanckenburgs *Versuch über den Roman* (1774), der theoretisch nachvollzieht, was Wieland praktisch befördert hatte: die Nobilitierung einer
Gattung, die im letzten Drittel des 18. Jahrhunderts sukzessive aus dem Schatten
einer sie ästhetisch abqualifizierenden Kritik herauszutreten vermochte. Der *Versuch*
ist die Schrift eines interessierten, urteilssicheren Dilettanten mit sensiblem Gespür
für literarische Formen, keineswegs jedoch das Werk eines im Detail belesenen, terminologisch geschulten Fachmanns (grundlegend V Wölfel, 29ff.). Gerade die
Distanz zum akademisch-philologischen Geschäft verschafft Blanckenburg spekulative Freiräume, die seine Abhandlung entschieden zu nutzen versteht. Sie bietet keinen Beitrag zu einer normativen Poetik des Romans, sondern liefert eine induktiv
operierende, vorwiegend deskriptiv verfahrende Gattungslehre, die sich auf die spezifisch psychologisch-anthropologischen Prämissen des Romans verlegt, dabei aber
konkrete historische und systematische Fragen ebenso wie Probleme der Formstruktur weitgehend ausblendet (vgl. V Michelsen, 144f.). Zu dieser Gewichtung
paßt es, daß Blanckenburg ältere romantheoretische Versuche zumeist ignoriert oder
nur beiläufig erwähnt; die Ansätze von Johann Adolf Schlegel und Gottsched bleiben unerörtert, Heideggers polemische Gattungskritik kommt nirgends zur Sprache,
ebensowenig Huets *Traité*, den der Autor, wie er eingesteht, nicht gelesen hat
(V Blanckenburg, Vorbericht, XI).

Die Schrift verfolgt zwei eng miteinander verknüpfte Wirkungsabsichten.
Zum einen gilt es, der üppig prosperierenden zeitgenössischen Romanpraxis eine
grundlegende Theorie der Gattung zur Seite zu stellen, die deren ästhetische Strukturen umfassend analysieren kann, zum anderen soll der *Versuch* gerade durch die
Intensität und Konzentration, mit der er sich seinem Thema widmet, einen Beitrag
zur poetologischen Rehabilitierung der neuen Erzählformen leisten. Deren Bedingung ist für Blanckenburg eine wertfrei verfahrende Unterscheidung zwischen Epos

und Roman, die primär funktionsgeschichtlichen Charakter besitzt. Während das Epos vor dem Hintergrund der intakten griechischen Polis bürgerliche Interessen spiegele, sei der im Zeichen der Ablösung von der athenischen Gesellschaftsform in Spätantike bzw. Frühmittelalter hervorgetretene Roman seinem Programm nach Medium allgemeinmenschlicher Themen jenseits ständischer Fixierung (V Blanckenburg, 4f.). Es bildet keinen Widerspruch zu dieser Bestimmung, wenn Johann Carl Wezel den Roman sechs Jahre später im Vorwort zu *Herrmann und Ulrike* als »bürgerliche Epopöe« (V Lämmert u.a. Hgg., 161) apostrophiert. Ähnlich wie im Fall der zeitgenössischen Trauerspieltheorie artikuliert die Poetik des Romans ihr spezifisches soziales Ethos durch die Negation ständischer Differenzen und die damit verbundene Forderung, daß Literatur grundlegende Fragen der menschlichen Erfahrungs- und Reflexionswelt jenseits konkreter Rollenordnungen verhandeln müsse. Die Ausrichtung auf das bürgerliche Bewußtseinselement bekundet sich in der von Blanckenburg und Wezel vorgetragenen Gattungstheorie mithin gerade dort, wo sie die Aufhebung gesellschaftlicher Spezifikationsmerkmale als zentrales Kennzeichen idealer Romancharaktere hervorhebt. Die soziale Indifferenz des neuen epischen Helden bleibt damit das besondere Merkmal einer allgemeinmenschlichen Perspektive, hinter der sich, wie auch im Fall der Rührkomödie und des empfindsamen Trauerspiels, die besonderen Interessen des aufstrebenden Bürgertums verbergen.

Blanckenburgs theoretische Vorliebe gilt der Auseinandersetzung mit der epischen Gestaltung der Charaktere, der gegenüber die Analyse von Stoffwelt und Erzählformen in den Hintergrund treten. Entsprechend selektiv fällt das organisierende Prinzip der Geschmacksbildung aus, das die Argumentation näher strukturiert; während das Genre des Staats- und Abenteuerromans für Blanckenburg bestenfalls periphere Bedeutung besitzt – die barocken Vertreter der Gattung bleiben ebenso unerwähnt wie Defoes *Robinson Crusoe*, Schnabels *Insel Felsenburg* und Gellerts *Leben der schwedischen Gräfin von G\*\*\** – rücken Fieldings *Tom Jones*, Sternes *Tristram Shandy* und Wielands *Agathon* ins Zentrum der Erörterung. Von Fall zu Fall führt Blanckenburg zudem dramatische Exempel, bevorzugt aus dem Œuvre Shakespeares und Lessings, an, um dem angehenden Romancier die Verpflichtung zu plastischer Charakterisierungstechnik einzuschärfen. Durchgreifende Bedeutung besitzt das Postulat der möglichst facettenreichen Darstellung von Affekten sämtlicher Abstufungen, mit deren Hilfe die moderne Erzählkunst allein das Interesse der Leser zu fesseln vermöge. Blanckenburg hält hier an einem funktionsgebundenen moralischen Wirkungsideal fest, das jedoch um die Forderung nach Authentizität und Erfahrungsbezug der literarisch vorgeführten Exempel ergänzt wird. Belehren könne der Roman nur, wenn er auch für Zerstreuung sorge; den unterhaltsamen Zweck erfülle er aber einzig dort, wo er einen vielschichtigen Charakter auf dem Wege seiner sittlichen Vervollkommnung zeige (V Blanckenburg, 371f.; vgl. V Wölfel, 54, V Hillebrand 115f., V Vosskamp, 203f.).

Ins Zentrum rückt dabei das Innenleben der epischen Figuren, jener Bereich, wo Eindrücke seelisch verarbeitet und durch Reflexion bewältigt werden können. Umständlich verweist Blanckenburg auf die Bedeutung der psychischen Erfahrung, die der Romancier bei seinen Charakterportraits zu berücksichtigen habe:

Und ist etwan dies Innre nicht das Wichtigste bey unserm ganzen Seyn? Kann der Leser aufgeklärter werden, kann er richtiger über das denken lehren, was ihm zu wissen gerade am nöthigsten ist (...), wenn seine Lehrer, seine so genannten Vormünder, ihm das, als das Wesentlichste zeigen, was es nun gerade zu gar nicht, oder nur in Beziehung auf sein Inneres nur ist? – Wenn der Dichter nicht das Verdienst hat, daß er das Innre des Menschen aufklärt, und ihn sich selber kennen lehret: so hat er gerade – gar keins.« (V Blanckenburg, 355f.).

Nicht ungebrochene Tugend und sittliche Unanfechtbarkeit, wie sie die Figuren des von Blanckenburg durchweg getadelten Richardson aufweisen, sondern Natürlichkeit und Lebensbezug sollen den Charakter des modernen epischen Helden auszeichnen. Literarische Aufklärung empfängt durch diese Bestimmung den Anspruch, anhand von einprägsamen Exempeln Wissen über die innerseelische Disposition des Menschen zu vermitteln und daraus abgeleitete Verhaltensempfehlungen zu formulieren, deren Evidenz im Zusammenhang fiktiver Biographien beglaubigt werden soll.

Laut Blanckenburg erzählt der Roman individuelle Lebensgeschichten modellhaften Zuschnitts in der Absicht, dem Leser Einblicke in das vielfältige Panorama der ihn bestimmenden Weltwirklichkeit zu verschaffen (diesen Aspekt wird noch die spätere Theorie der Gattung von Hegel bis zu Georg Lukács akzentuieren). Will er die empirische Totalität episch erfassen, so muß der Roman zum einen die Tendenz zur »Ganzheit«, zur Darstellung des »ganzen Seyn(s)« (V Blanckenburg, 207, 355) entfalten, das heißt: das gesamte Spektrum diesseitiger Erfahrungsrealität in sich aufnehmen; zum anderen hat er, damit verbunden, die je spezifische Entwicklungsgeschichte der Charaktere vor Augen zu führen, um am Modell unterschiedlicher Biographien die Pluralität menschlicher Anlagen, Prägungen und Verhaltensweisen demonstrieren zu können:

Der Dichter muß bey jeder Person seines Werks gewisse Verbindungen voraussetzen, unter welchen sie in der wirklichen Welt das geworden ist, was sie ist. (...) Durch diese Verbindungen nun, das heißt, mit andern Worten, durch die Erziehung, die sie erhalten, durch den Stand, den sie bekleidet, durch die Personen, mit denen sie gelebt, durch die Geschäfte, welchen sie vorgestanden, wird sie gewisse Eigenthümlichkeiten erhalten; und diese Eigenthümlichkeiten in ihren Sitten, in ihrem ganzen Betragen, werden einen Einfluß auf ihre Art zu denken, und ihre Art zu handeln, auf die Aeußerung ihrer Leidenschaften, u.s.w. haben (...) (V Blanckenburg, 207f.; vgl. dazu V Wölfel, 46f., V Hillebrand, 116, V Frick, 356f.).

In der äußeren, milieuabhängigen Entwicklungsgeschichte spiegelt sich die Totalität des Weltbezugs, den der Roman anzustreben hat; in der aus ihr hervorgehenden inneren Biographie aber manifestiert sich die Vielfalt der psychischen Prägungen, denen das Individuum unterliegt. Da der Roman Blanckenburg zufolge nicht nur Wissen über die seine Figuren bestimmende soziale Wirklichkeit verbreiten, sondern vornehmlich Einblicke in deren Seelenleben vermitteln sollte, um Menschenkenntnis und Sensibilität der Leser zu fördern, ergibt sich notwendig die Priorität der »innren Geschichte« (V Blanckenburg, 385 u.ö) des Helden gegenüber seinem äußeren Lebensgang. Ins Zentrum der epischen Darstellung rückt das Psychogramm des Protagonisten, dessen Genealogie präzis rekonstruiert und mit subtilen Mitteln durchleuchtet werden muß (vgl. V Michelsen, 155f., V Kimpel, 141, V Vosskamp, 202, V K.-D. Müller, 109f.). Der Roman hat, will er diesem Postulat gerecht werden, ein hohes Maß an psychologischer Kompetenz zu entfalten, die es ihm erlaubt, am Leitfaden ›innerer Geschichten‹ fiktive Biographien zu erzählen, deren Modellcharakter dem Leser Einblicke in die komplizierte seelische Wirklichkeit des Menschen zu verschaffen vermag. Der moralische Nutzen, den Blanckenburg stets avisiert, folgt hier nicht mehr, wie bei Gottsched, aus der Vorbildfunktion der literarischen Figuren, sondern aus der empirischen Evidenz der Fiktion, dem Lebensbezug des Helden und der Authentizität der inneren Biographie. Aufklärung leistet der Roman, wie Blanckenburg ihn versteht, indem er die Erfahrungsgeschichte seiner Protagonisten erzählt und derart die Menschenkenntnis der Leser mehrt. Im Hintergrund dieses Wirkungskonzepts steht die Annahme, daß das Wissen über die vielfältigen Facetten der individuellen Psyche den Einzelnen dazu befähige, Fehler, Irrtümer und Enttäuschungen zu meiden, folglich unmittelbar lebenspraktische Konsequenzen zeitigen könne.

In Blanckenburgs Romantheorie bündeln sich intellektuelle Grundströmungen, die die Spätaufklärung generell kennzeichnen (vgl. V Thomé, 249f., V M. Engel, 95f.). Wesentlich bleibt das anthropologisch-psychologische Interesse, das zur selben Zeit auch die Erzählkunst von Wieland bis zu Wezel regiert, die Konzentration auf die Möglichkeiten menschlicher Erfahrung, die präzis analysiert, genealogisch rekonstruiert, in ihrer psychischen Wirkung abgeschätzt und bewertet werden, nicht zuletzt das Zurücktreten des für die Frühaufklärung bestimmenden metaphysischen Optimismus, der von der prästabilierten Harmonie zwischen teleologischem Geschichtsverlauf und Vernunftkultur des Menschen im Zeichen der Theodizee ausgegangen war. An die Stelle solcher Gleichgewichtsmodelle, die die Biographie des Individuums als Produkt providentieller (und das hieß seit Leibniz zugleich: vernünftiger) Fügung erklärbar machten, tritt nunmehr, im letzten Drittel des aufgeklärten Jahrhunderts, die Einsicht in die spezifische Eigendynamik innerweltlicher Erfahrungsbezüge, deren Vielfalt sich der rationalen Systematik eines teleologischen Geschichtsdenkens zu verschließen scheint. Möglich wird die bei Leibniz noch ontologisch gegebene Harmonisierung zwischen individueller Biographie und metaphysisch gewährter Vernunftordnung nur mehr im Kontext der Utopie oder, eingeschränkter, innerhalb der Idylle (wie sie Wielands *Agathon* am Modell des tarentinischen Staates entwirft). Die systembildende Kraft des rationalen Optimismus, welcher die Frühaufklärung beherrscht, löst sich damit in Einzelkonzeptionen auf, deren programmatischer Anspruch hinter das individuelle Profil der je dargestellten Beispielgeschichten zurücktritt.

Es ist kein Zufall, daß gerade der Roman im Zeichen der seit 1770 verstärkt zu Bewußtsein kommenden Theodizee-Krise zur prominenten literarischen Gattung avanciert. Der **Spätaufklärung** empfiehlt er sich deshalb, weil er die hier skizzierte Entwicklung durch die Darstellung von Einzelfällen reflektiert, an denen sich der Vorrang der Erfahrung gegenüber dem rationalen Systemzwang, die Priorität des Individuellen vor dem Allgemeinen hinreichend beglaubigen läßt. Nicht mehr der ungebrochene Optimismus eines metaphysisch gestützten Vernunftdenkens kommt hier zur Anschauung, sondern die Komplexität menschlicher Lebenswelt, die mit teleologischen Deutungsmustern kaum noch angemessen erfaßt werden kann. Das

Interesse an der inneren Geschichte des Individuums, wie es der Roman spiegelt, demonstriert, daß die Aufklärung ein Stadium der Selbstreflexion erreicht hat, in dem sie an der Lösungskompetenz ihrer Systementwürfe zu zweifeln beginnt. Die Krise der Theodizee und des ihr einbeschriebenen rationalen Prozeßdenkens bedeutet zugleich, daß der Literatur neue Aufgaben und Themen jenseits einer moralistisch funktionalisierten Wirkungspoetik erwachsen; gefragt sind jetzt ihre psychologische Sensibilität und anthropologische Kompetenz, die Erfahrungsbezug und Authentizität der gewählten Stoffe zu garantieren haben. Die Konzentration auf die empirische Vielfalt individueller Schicksale impliziert Distanz gegenüber den Zwängen rationalistischer Systeme, setzt aber zugleich ein grundlegendes Interesse an den allgemeinen Prinzipien frei, denen individuelle Erfahrungen unterliegen. Aus ihm leiten sich zwei Themenfelder ab, die für die Literatur der Spätaufklärung bedeutsam werden: die Entfaltung eines neuen Geschichtsdenkens, das sich auch philosophischen Fragen öffnet, und die Entwicklung einer systematischen Psychologie menschlicher Wirklichkeitserkenntnis, die sensualistische bzw. empiristische Ansätze fortzuführen sucht.

## 6. Forschungsübersicht

### Allgemeine Tendenzen der Prosaforschung

Die Forschung zur Prosa der Aufklärung bevorzugt deutlich die Gattung des Romans und behandelt andere Formen zumeist nur im Kontext epochenübergreifender Untersuchungsansätze. Der auffälligen Vielfalt von monographischen Studien zum Roman der Aufklärung steht damit ein unübersehbares Defizit an grundlegenden Arbeiten zur kürzeren Prosa gegenüber. Eine breit ansetzende Einführung in die heterogenen Muster aufgeklärter Erzählkunst, wie sie Jürgen Jacobs 1976 vorlegte, bildet die Ausnahme innerhalb einer unausgewogen bestellten Forschungslandschaft.

Während der Roman der Aufklärung sowohl unter theoretischen als auch formhistorischen und epochenspezifisch-thematischen Gesichtspunkten seit Beginn der 60er Jahre einläßliche Betrachtung fand, fehlt es im Fall von Fabel, Satire und Erzählung zumeist an wegweisenden Einzeluntersuchungen, die systematische und geschichtliche Aspekte miteinander verbinden könnten. Die verheißungsvollsten Ansätze bietet hier noch die Fabelforschung, die der Periode der Aufklärung – als Blütezeit der Gattung – stets besondere Aufmerksamkeit widmet, dabei aber in der Regel aus der Perspektive übergreifender Gesamtdarstellungen operiert. Das gilt für die Einführungsstudien von Leibfried (1967, 1976) und Dithmar (1971, 1988) ebenso wie für die Sammelbände Hasubeks (1982, 1983), deren Hauptaugenmerk jeweils der Gattungsentwicklung seit der Antike, der aufgeklärten Fabel mithin nur als spezifischem Element eines umfassenden Formprozesses gewidmet bleibt. Angesichts der ausgeprägten Vielfalt divergierender Fabelstrukturen, die das 18. Jahrhundert hervorbrachte, liegt es jedoch auch für die Spezialforschung nahe, dem Zeitraum zwischen Gottsched und Wieland besondere Aufmerksamkeit zuzuwenden. Die Anknüpfung an Äsop und Phädrus, die durch Lessings Vorstoß angeregte Entfaltung der Prosafabel, die theoretisch instruktive Debatte über das poetologische Profil der Gattung, nicht zuletzt die Pluralität der konzeptionell-thematischen Tendenzen zwischen Moralistik und Satire, Sozialkritik und Quietismus ziehen notwendig ein gesteigertes Forschungsinteresse auf sich.

Neben die historischen Aspekte, wie sie vor allem die Erörterung der Fabelfunktion innerhalb der Aufklärungspoetik berührte, trat frühzeitig ein typologischer Ansatz, der die epochenübergreifende Formsprache der Gattung zu erfassen trachtete. Bei Leibfried äußerte er sich primär im Versuch, neben verschiedenen äußerlich sichtbaren Strukturmerkmalen – Dialogizität, Versifizierung, Figurenarsenal – auch auseinanderstrebende Wirkungsintentionen phänomenologisch verallgemeinernd zu beschreiben; so differenzierte Leibfried zwischen kritischer, satirischer, belehrender und fabuloser (d.h.: vornehmlich auf die erzählerische Darbietung gestützter) Fabelform (V Leibfried, 34ff.). Daß solche Typologien nur selten von der literarischen Praxis rein repräsentiert werden, erwies Leibfrieds eigener Kursus durch die Gattungsgeschichte des 18. Jahrhunderts, der die Vielfalt der Überschneidungen und Interferenzen zwischen den einzelnen Mustern hinreichend verdeutlichte (V Leibfried, 73ff.). Ähnliche Befunde erbrachte auch das Aufklärungskapitel von Dithmars Fabelstudie, das sich nicht mehr auf die Differenzierung einzelner Gattungsstrukturen konzentrierte, sondern an Autoren und deren individuellen stilistischen Vorlieben orientiert blieb (V Dithmar, 79ff.).

Daß gerade die **Theorie der Fabel** reiche Hinweise auf die zeitgenössischen Ansichten über die Leistungskraft wirkungspoetischer Konzepte bot, hatte schon in den 50er Jahren Lothar Markschies mit einem instruktiven Aufsatz zur Gattungslehre Lessings erwiesen (V Hasubek Hg. F, 129ff.). Vergleichbare Ergebnisse zeitigte die Übersichtsdarstellung Mitchells, die sich mit der Theorieentwicklung zwischen Gottsched und der Spätaufklärung befaßte, ohne dabei jedoch sämtliche Details des programmatischen Fabelstreits ausleuchten zu können (V Hasubek Hg. DF, 119ff.). Erst ein neuer Sammelband (V Elm/Hasubek Hgg.) erfaßt die vielfältigen poetologischen Nuancen und theoretischen Implikationen, die die zeitgenössische Debatte über die Wirkungsfunktionen der Gattung an den Tag legte. Sichtbar wird hier, daß der Streit über die Fabel das Zentrum des aufgeklärten Literaturverständnisses berührt; die stilgeschichtlich bedeutsame Abgrenzung von der Allegorie (Koopmann, in: V Elm/Hasubek Hgg., 51ff.; vgl. II Alt, 392ff.), die Diskussion des Bezugs zwischen Fabelhandlung und moralischer Lehre, nicht zuletzt das durch die Tierfabel aufgeworfene Wahrscheinlichkeitsproblem bilden gewichtige Themen eines theoretischen Diskurses, der wesentliche Aufschlüsse über die allgemeinen Tendenzen der aufgeklärten Dichtungsdoktrin bietet. Zu erkennen ist aber auch, daß die zeitgenössische Fabel mehr als nur moralische Verhaltenslehren vermitteln kann; die Beiträge von Omasreiter, Elm und Gebhard beleuchten ökonomische, naturrechtliche sowie normtheoretische Aspekte der Fabelpoetik und demonstrieren damit die Vielfalt einer Gattung, die sich in ihrer didaktischen Funktion nicht vollends erschöpft (V Elm/Hasubek Hgg., 131f., 145f., 195f.).

Es scheint, als ob die besondere methodische Problematik bei der Analyse aufgeklärter Erzählkunst darin bestehe, historische und systematische Aspekte harmonisch miteinander in Einklang zu bringen. Gerade die Kurzformen provozieren bei der Forschung die Tendenz zur Entwicklung typologischer Schemata, die nur selten die geschichtliche Vielfalt der jeweiligen Gattung angemessen wiederzugeben vermögen. Daß umgekehrt die detaillierte Auseinandersetzung mit einzelnen Formmustern unvollständig bleibt, wenn sie nicht durch die notwendige begriffliche Präzision und ein solides Definitionsgerüst fundiert wird, erweist die **Forschung zur Satire** der Aufklärung. Nur selten gelingt hier die fruchtbare Synthese zwischen der (im Interesse allgemeiner terminologischer Verbindlichkeit unverzichtbaren) normativ-typologischen Begriffsbestimmung und einem dezidiert historischen Untersuchungsinteresse. Die Arbeit von Klaus Lazarowicz (1963) konzentriert sich auf den Versuch, anhand ausgewählter Beispiele aus den Schriften Liscows, Rabeners und Lichtenbergs nach einem knappen begriffsgeschichtlichen Abriß auf induktivem Wege einen zureichenden Satirebegriff zu erarbeiten, der von benachbarten Genres (etwa der Polemik) abgegrenzt werden kann. Problematisch bleibt dabei jedoch die unverbundene Parallelität von Theoriegeschichte und Werkanalyse sowie die damit verknüpfte Tendenz zu isoliert bleibenden Werturteilen, die die notwendige methodische Synthese zwischen Begriffshistorie und Textinterpretation kaum ersetzen können. Daß die einseitige Ausrichtung an wirkungsästhetischen Gesichtspunkten keine erschöpfende Beurteilung der Gattung ermöglicht, erwies die ideologiekritisch ausgerichtete Studie Maria Tronskajas (1969), die die politischen Potenzen der Aufklärungssatire überschätzte und in ihrer Entwicklung wesentlich die Spuren der Emanzipationsgeschichte des Bürgertums identifizieren zu können vermeinte.

Welchen Einfluß die antike Formtradition auf die Satire des 18. Jahrhunderts nimmt, deutete bereits der großräumig angelegte Forschungsbericht Jürgen Brummacks (1971) an (V Brummack, bes. 276ff.). Gunter E. Grimms instruktives Nachwort zu seiner Fabeledition (1975) arbeitete wenige Jahre später an prägnanten Beispielen die traditionellen Einflußfelder der Gattung heraus, ohne dabei die Würdigung einzelner Autoren zu vernachlässigen. Grimm gelang zudem ein vernünftiger Ausgleich zwischen normativen Formbestimmungen und individueller Textbetrachtung, wobei Jörg Schönerts (1969) Versuch einer grundlegenden Analyse der Einstellungsvarianten der Aufklärungssatire produktiv umgesetzt wurde. Schönert und Grimm erschlossen zugleich einen neuen Zugang zur Wirkungsabsicht der Satire, indem sie deren Intentionalität im Spannungsfeld von Realitätsbezug und Typisierung näher zu charakterisieren suchten (V Schönert, 32f., V Grimm Hg., 377f.).

Für das Feld der Gattungstheorie vergleichbar anregend blieb Helmut Arntzens Skizze aus dem Jahr 1974, die vor allem den Einfluß Boileaus auf die Satire der deutschen Frühaufklärung sowie deren Bezüge zur satirischen Praxis der englischen Wochenschriften betonte (V Arntzen, 57ff.). Weiterhin fehlt freilich eine aktuelle monographische Darstellung, die Poetik, Wirkungskonzept und Formenspektrum der Satire des 18. Jahrhunderts hinreichend zu erfassen vermag. In diesem Sinne wäre es wünschenswert, wenn Arntzens 1989 teilpublizierte Satiregeschichte mit dem noch ausstehenden Band zur Entwicklung seit der Frühaufklärung ihren Abschluß finden würde.

Wenig befriedigend bleibt die Lage im Fall der **Erzählforschung**. Die Gattung selbst, heterogen und von uneinheitlicher formaler Gestalt, hat bisher keine angemessene Darstellung durch neuere Arbeiten erfahren. Jacobs' Einführung in die Prosa der Aufklärung (1976) und sein Artikel zum Handbuch Polheims (1981) beschränken sich notwendig auf einen ersten Überblick; Wolfgang Proß' instruktives

Nachwort zur einer 1988 veröffentlichten Textedition skizziert die europäischen Einflußzonen der deutschsprachigen Aufklärungsprosa, ohne ins Detail gehen zu können. Ältere Studien wie jene Hugo Beyers (1941) vermögen aktuelle Forschungsinteressen kaum zu befriedigen, auch wenn sie noch immer nützliche Detailinformationen gerade über die Erzählung der Spätaufklärung und deren popularisierende Tendenzen liefern (V Beyer, 25f., 58f.). Dringend erforderlich scheint hier eine eingehendere Darstellung, die Funktion und Stilvielfalt der Erzählung im Zeitalter der Aufklärung zu beleuchten vermag. Zu bedenken wären dabei die Kontextbindung der Gattung, wie sie vor allem ihre frühe Entwicklungsphase bestimmt (Moralische Wochenschriften, Gesprächsfiktionen), ferner das Spektrum der thematischen Orientierungen (Moralistik, psychologische Fallstudie, Abenteuererzählung) sowie die formale Bandbreite des Genres im Spannungsfeld zwischen Novelle, Allegorie, Idylle und versifizierter Kurzepik. Problematisch bliebe hier die einseitige Konzentration auf die Prosa, welche die zumal von Wieland kultivierte, für die mittlere und späte Aufklärung höchst charakteristische Verserzählung nicht hinreichend erfaßte.

## Studien zum Roman

Die Auseinandersetzung mit dem Roman bildet hingegen seit dem Beginn der 60er Jahre ein Zentrum literaturwissenschaftlicher Aufklärungsforschung. Zu unterscheiden wären fünf thematische Schwerpunkte, die ihrerseits zugleich entwicklungsgeschichtliche Zäsuren bedeuten, mithin die (gewiß nicht immer lineare) Logik des Forschungsprozesses selbst erschließen helfen:
1. die Bemühung um die systematische Abgrenzung aufklärerischer Erzählstrukturen von jenen des Barockromans sowie die Darstellung europäischer Einflüsse auf die deutsche Epik seit der Mitte des 18. Jahrhunderts;
2. die Erkundung der Gattungstheorie zwischen Heidegger und Blanckenburg;
3. die Analyse bürgerlicher Elemente und allgemeiner sozialhistorischer Strömungen in der Erzählkunst der Aufklärung;
4. die Untersuchung der anthropologisch-psychologischen Themen und Implikationen des Romans im Kontext des von ihm selbst beanspruchten Programms, dem Leser individuelle Menschenschicksale exemplarischen Zuschnitts vor Augen zu führen;
5. schließlich die Auseinandersetzung mit dem Geschichtsbegriff des Aufklärungsromans und dessen komplexem, teils skeptische, teils utopische Aspekte einschliessenden Bezug zum Theodizeegedanken.
In der ersten Hälfte der 60er Jahre bemühte sich die Forschung zunächst um eine historisch präzise Verortung des aufgeklärten Romans. Nach der nicht vollends geglückten Arbeit Singers (1963), die den gattungsgeschichtlichen Übergang vom späten 17. zum 18. Jahrhundert nachzuzeichnen suchte, dabei jedoch von problematischen Formtypologien ausging, gelang Dieter Kimpel 1966 eine prägnante Beschreibung des Wandlungsprozesses, der den pikarischen und höfischen Roman des Barock in den utopischen, den Staats- und Familienroman der Aufklärung überführte. Methodisch gewinnbringend war vor allem, daß Kimpel den epochalen Umbruch zwischen Barock und Rationalismus nicht nur immanent anhand

der Form- und Motivgeschichte, sondern im ideenhistorischen Rahmen vor dem Hintergrund des um 1700 beschleunigt ablaufenden Wandels des naturwissenschaftlichen und theologischen Weltbildes erörterte (V Kimpel, 52ff.). Stärker auf die spezifisch literarische Entwicklung konzentrierte sich die rasch zum Standardwerk gewordene Studie Peter Michelsens (1962), die in eindrucksvoller Breite den prägenden Einfluß der englischen Erzählkunst auf den deutschen Roman des 18. Jahrhunderts nachwies und damit vor allem für die Erforschung des Wielandschen Werkes entscheidende Impulse gab. Michelsens Verdienst war es nicht zuletzt, daß er die Entwicklung der Romantheorie verstärkt in den Mittelpunkt der Aufmerksamkeit rückte; die von ihm vorgelegte Analyse des Blanckenburgschen *Versuchs* setzte Maßstäbe, die auch für spätere Arbeiten Gültigkeit behielten (V Michelsen, 144ff.).

Seit Beginn der 70er Jahre richtete sich das Interesse der Forschung verstärkt auf die romantheoretischen Positionen der **Aufklärungspoetik**. Zum zentralen Untersuchungsgegenstand avancierte zunächst das Werk Blanckenburgs, dessen *Versuch* durch die Faksimileedition Eberhard Lämmerts (1965) wieder allgemein zugänglich wurde; besondere Beachtung fanden dabei die reizvollen psychologisch-sozialhistorischen Aspekte der hier entfalteten Erzähltheorie, deren spezifisch modern anmutende Ausrichtung am Modell der ›inneren Gesichichte‹ des Menschen, nicht zuletzt die dezidierte Ablehnung des moralistischen Romans und seiner vollkommenen Charaktere (V Wölfel, 46f.). Rasch aber weitete sich das thematische Blickfeld durch die Studien Vosskamps (1973) und Wahrenburgs (1976) weiter aus. Ins Zentrum trat jetzt die Frage nach der wertungsgeschichtlichen Dimension der Romantheorie, die sich nur erschließen konnte, wenn man, wie es zumal Vosskamp unternahm, die gattungspoetische Entwicklung des 17. Jahrhunderts in die Analyse einbezog. Sichtbar wurde nun, daß die Diskussion vor Blanckenburg keineswegs allein durch Verwerfungen und Polemiken geprägt blieb, sondern sich frühzeitig Versuche regten, das Genre als modernes Pendant zum antiken Epos zu profilieren und damit auch literaturtheoretisch zu legitimieren (V Vosskamp, 77f.; V Wahrenburg, 143f.). Bedeutsam schien diese Erkenntnis gerade dort, wo sie die nähere Analyse der apologetischen Argumentationsmuster einschloß, die den Roman gegen den (zumeist aus theologischen Kreisen stammenden) Vorwurf der Lügenhaftigkeit zu verteidigen hatten. Exemplarisch spiegelt sich in der romantheoretischen Debatte der Aufklärung das Ringen um ein erweitertes, säkularisiertes Fiktionskonzept, nicht zuletzt aber auch ein modifizierter Geschichtsbegriff, der die Möglichkeit der innerweltlichen Bewährung des Menschen aus der für das 17. Jahrhundert gültigen Abhängigkeit von der übermächtigen Providenz löst und unter das Gesetz der Vernunftherrschaft stellt.

Gefördert wurde die theoriegeschichtliche Forschung durch eine u.a. von Eberhard Lämmert besorgte Sammlung poetologischer **Quellentexte** (1971, 1988), die die gattungsästhetische Debatte zwischen Barock und Romantik anschaulich zu dokumentieren vermochte. Damit war die breitere Grundlage auch für eine über den engeren Epochenrahmen hinausführende Analyse der Geschichte der Romantheorie gegeben, wie sie Bruno Hillebrand bereits 1972 vorlegen konnte. Daß deren wechselvolle Stationen im 18. Jahrhundert nur dann angemessen zu analysieren sind, wenn man den gesamteuropäischen Kontext berücksichtigt, erwies die Studie Fritz

Wahrenburgs, die in besonderem Maße auf die Bedeutung Huets und der moralistischen Romankunst der Madame de Scudéry für die deutsche Gattungstheorie und deren apologetische Tendenz einging (V Wahrenburg, 121f., 153f.).

Im Zusammenhang mit der sozialhistorischen Hausse der germanistischen Forschung artikulierte sich seit dem Ende der 60er Jahre das Interesse an den gesellschaftsgeschichtlichen Aspekten des Aufklärungsromans. Gefragt wurde dabei vorrangig nach der Manifestation bürgerlichen Selbstbewußtseins und bürgerlicher Rollenentwürfe im Rahmen erzähltechnisch unterschiedlichster Formmuster. Besondere Beachtung gewann hier die empfindsame Strömung des seit 1750 breit entwickelten Familienromans im Gefolge Richardsons und Gellerts, der vornehmlich die Studien Jägers (1969) und Hohendahls (1977) nachgingen. Ergänzend dazu entfaltete sich das Interesse am autobiographischen Romantypus, der nicht erst in Moritz' *Anton Reiser* zutage tritt, sondern seine spezifische Vorgeschichte in der pietistischen Bekenntnisliteratur und in religiös geprägten Lebensbeschreibungen (nach dem Muster Adam Bernds) besitzt. Daß die besondere Subjektivität, die sich hier abzeichnet, wiederum mit dem eigentümlichen sozialständischen Ethos des aufstrebenden Bürgertums verknüpft ist, wußten vor allem die Studien Müllers (1976) und Niggls (1977) zu zeigen (V Müller, 54ff., V Niggl, 6ff.). Gesellschafts- und ideengeschichtliche Relevanz empfängt aber auch, wie die neuere Forschung erwies, die primär auf Unterhaltungszwecke setzende, oft mit utopischen Motiven verschmolzene Form der Robinsonade, deren Attraktivität beim bürgerlichen Lesepublikum vorrangig auf dessen Bedürfnis zurückzuführen ist, sich eigene Denkwelten zu erschaffen, die Gegenbilder zur bestehenden sozialen Wirklichkeit anzubieten vermögen (V Fohrmann, 19f., V Spiess, 27f.).

Die Frage, ob sich hinter den durch die Romanfiktion offerierten Fluchtoptionen auch die Tendenz zur Selbstbeschränkung bürgerlichen Aufstiegsehrgeizes und die Transposition des sozialen Autonomiepostulats in die ästhetische Ebene verbirgt, hat die Forschung unterschiedlich beantwortet. Während noch Hans Mayer davon ausging, daß dem Weltfluchtcharakter der Romanutopie immer auch die Tendenz zum Widerruf aufgeklärter Geschichtsprogrammatik eigentümlich sei (V Mayer, 13), betonte Bernhard Spiess gerade die Realitätsnähe zeitgenössischer Utopien und deren Anspruch auf praktische Umsetzung im Zeichen historischer Verbindlichkeit (V Spiess, 31). Für Peter Brenner (1981) stand wiederum der Wirklichkeitsbezug des Aufklärungsromans generell zur Debatte; nicht die utopische Signatur seines Weltbildes sei bestimmend, sondern die Distanz gegenüber der konkreten Erfahrungssphäre, deren Beschreibung nur allgemein, kaum unter Berücksichtigung spezifischer Züge erfolge (V Brenner, 4ff.). Wesentliches Ergebnis der sozialgeschichtlich orientierten Studien, wie sie zumal Niggl und Fohrmann vorlegten, blieb nicht zuletzt, daß sie die Einsicht in die Entwicklung der Lesekultur, Gesetzmäßigkeiten des Buchmarkts und die Logik historischer Rezeptionsprozesse vertieften, mithin Faktoren erschlossen, die gerade für das Verständnis des Romans höchst bedeutsam zu sein scheinen (vgl. V Fohrmann, 21f.).

Größte Aufmerksamkeit fand seit Beginn der 80er Jahre zumal die **anthropologisch-psychologische Fundierung** des Aufklärungsromans. Angeregt durch Schings' Melancholie-Studie (1977), die erstmals den Sinn für die therapeutisch-kritische Funktion des Romans im Kontext der aufgeklärten Schwärmerdebatte schärfte, erschloß die neuere Forschung, zumal unter Bezug auf das Werk Wielands und Wezels, die vielschichtigen Facetten der epischen Figurenpsychologie, deren optimistisch-idealisierende Seite ebenso wie ihre vornehmlich im Kontext der Satire zutage tretenden skeptischen Züge und Desillusionsaspekte (V Thomé, 120ff., V Knautz, 72ff., V Spiess, 39ff., V M. Engel, 99f., 132ff.). Schings selbst (1980) wies nach, daß die Erzählkunst der Spätaufklärung zahlreiche anthropologische Interpretamente und Topoi produktiv aufgriff und derart ihre Figurenzeichnung mit seelenkundlicher Kompetenz gleichsam diagnostisch begründete; literarisch verarbeitet wurden dabei Erkenntnisse der ab der Jahrhundertmitte aufkommenden psychosomatischen und nervenphysiologischen Forschung, die Hypothese vom *Influxus physicus* (der Gedanke eines natürlichen Wechselverhältnisses von Leib und Seele), schließlich die seit der Antike geläufige Lehre der Körpersäfte und die damit verbundene humoralpathologische Melancholie- bzw. Schwärmertheorie (Schings, in: V Fabian Hg., 247ff.). Solche Reflexe anthropologischen Erkenntnisinteresses verdeutlichen, daß der Roman der Aufklärung unmittelbar an den medizinisch-psychologischen Debatten der Zeit partizipiert; häufiger als andere Gattungen verarbeitet er Deutungsmuster und Denkmodelle der Naturwissenschaft, sofern diese seine eigenen Wirkungsabsichten zu fördern, seine analytische Prägnanz zu steigern vermögen. Noch im Roman des 20. Jahrhunderts lebt die spezifische Allianz zwischen Erzählfiktion und Theoriereflexion fort; die epischen Konstruktionen Döblins, Musils und Brochs setzen damit die Intentionen von Gellert, Wieland und Moritz fort.

Manfred Engel (1993) hat jüngst im Rahmen einer breit angelegten Darstellung demonstriert, daß die anthropologischen Implikationen des Romans nicht allein für die Aufklärung, sondern auch für die Goethezeit gültig bleiben; auch die romantische Erzählkunst präsentiert dem Leser Geschichten über die spezifische Disposition des Menschen im Spannungsfeld von Leib und Seele, Körper und Geist, noch sie, ihrem spekulativen Furor zum Trotz, orientiert sich an der psychologischen Diagnostik älterer Romanmuster (die sie freilich mit geschichts- und transzendentalphilosophischen Perspektiven zu verknüpfen sucht) (V M. Engel, 366ff.).

Jenseits der im engeren Sinne anthropologischen Gesichtspunkte erörterte die Forschung seit Beginn der 80er Jahre verstärkt auch Fragen der den Aufklärungsroman bestimmenden **Geschichtskonzeption.** Wie Werner Frick (1988) in seiner souveränen Studie zeigen konnte, bleibt der Widerspruch zwischen Teloskonzept und kontingentem Individualschicksal für die Erzählkunst der Epoche unaufhebbar oder doch nur punktuell lösbar. Der im Schatten der Theodizeekrise sich etablierende Roman zeigt durch seine Fallgeschichten, daß die optimistische Vorstellung der vollkommen eingerichteten Schöpfung Illusion bleiben muß. An den Platz der Theodizee tritt jedoch die Vision vom sich selbst perfektibilisierenden Individuum, das im Zuge seiner wachsenden Welterfahrung zu jener Autonomie findet, die ihrerseits die neue Prämisse für die Hervorbringung einer ideal geordneten Wirklichkeit bildet. ›Vollkommenheit‹ repräsentiert keine vorab garantierte Qualität der von Gott unübertrefflich entworfenen Schöpfung mehr, sondern bleibt das Idealresultat eines dem einzelnen Menschen erteilten Gestaltungsauftrags, dessen Umsetzung der Roman, je nach Wirkungsabsicht und Weltbild, als scheiternden oder glückenden Prozeß beschreibt (V Frick, 356f., 441f.).

Erzählt der Roman der Aufklärung Perfektibilisierungsgeschichten, so tut er das nicht mehr mit systembildendem Anspruch, sondern einzig im Hinblick auf die Evidenz des individuellen, nur bedingt verallgemeinerbaren Falles. Die neuere Forschung hat gezeigt, daß die Konjunktur des für die Frühaufklärung bestimmenden utopischen Romans nach 1750 endet (V Stockinger 182f., V Braungart, 262f.). An seine Stelle tritt die Relevanz der Bildungsgeschichte des exemplarischen Helden als Residuum aufgeklärten Weltoptimismus; die Krise der Theodizee äußert sich nicht zuletzt in der Modifikation programmatischer Ansprüche – in der Konzentration auf das einzelne Subjekt und dessen Aufgabe, sein Geschick selbstverantwortlich zu bestimmen.

# VI. ABSCHLUSS UND AUSBLICK

## Popularphilosophie, Pädagogik und Anthropologie der Spätaufklärung

In seinem 1791 publizierten Roman *Das Zauberschloß oder Geschichte des Grafen Tunger* läßt Adolph Freiherr von Knigge den versatilen Ich-Erzähler nicht ohne ironische Distanz über die Früchte der neuen Zeit berichten:

> In dem Städtchen, wo ich wohnte, hatte die goldne Aufklärung schon herrliche Fortschritte gemacht. Es gab da schöne Geister und Deisten und Weltbürger, gelehrte Frauenzimmer, Clubs, Lese-Gesellschaften, ein Caffeehaus, ein Liebhaber-Concert, Mitglieder geheimer Gesellschaften, zuweilen auch sogar Schauspiele, die von herumziehenden Künstlern in einem alten Brauhause aufgeführt wurden. Die Prediger sprachen von Denkfreyheit, die Ärzte von Charlatanerie, die Advocaten von Uneigennützigkeit, der Bürgermeister declamierte über die Rechte der Menschheit, und es trieb ein Buchhändler hier sein Wesen, der Calender für das Landvolk verlegte und Romane, Journale und Theaterstücke verkaufte. (I Knigge, Bd. III, 11f.).

Sämtliche programmatischen Elemente einer auf Breitenwirkung ausgerichteten populären Aufklärung scheinen in diesem Portrait versammelt: Da ist die differenzierte Ausbildung publizistischer Praxis mit einem expandierenden Buchmarkt, dessen Produkte zumal zum Bereich der schönen Literatur zählen, da ist das Theater als exemplarischer Ort öffentlicher Aktivität, der Debattierzirkel, der der vernünftigen Verständigung über drängende Fragen der Zeit dient, da sind im Zeichen deistischer Religionsbegriffe stehende Freigeisterei und geheime Gesellschaften – Freimaurersozietäten und Illuminatenorden –, die das Geschäft der Aufklärung mit dem Habitus der Exklusivität betreiben, da sind schließlich die – gerade von den genannten Gruppen vertretenen – Ideale der Toleranz, der Menschenrechte und politischen Freiheit, die vor dem Hintergrund der Französischen Revolution sukzessive auch in Deutschland wirksam werden.

Am Ende des aufgeklärten Zeitalters steht die Tendenz zur populären Verbreitung jener programmatischen Ziele, die zu Beginn der Epoche durch die Schulphilosophie umrissen worden waren. Das schließt zunächst die fortschreitende Entwicklung einer im weitesten Sinne literarischen Öffentlichkeit ein, deren publizistische Organe die Vielfalt der intellektuellen und künstlerischen Beiträge zu den drängenden Fragen der Zeit zu dokumentieren suchen. Das eindrucksvollste Zeugnis solcher Wirkungsambitionen ist Friedrich Nicolais »Allgemeine Deutsche Bibliothek«, von der zwischen 1765 und 1805 über 250 Bände erscheinen; ihr Ehrgeiz besteht darin, das gesamte schriftstellerische Schaffen der Zeit durch kritische Rezensionen zu würdigen und so die vorherrschenden geistigen Strömungen der Epoche möglichst umfassend zu dokumentieren. Ähnlichen Intentionen verschreibt sich, wenngleich mit Konzentration auf die Werke der schönen Literatur, der Dichtungstheorie und allgemeinen Ästhetik, Wielands »Teutscher Merkur« (1773–1810), der die zahlreichen Zeitschriftenprojekte der klassischen wie romantischen Periode von Goethes »Propyläen« über Schillers »Thalia« und die »Horen« bis zum »Athenäum« der Brüder Schlegel unangefochten überdauert. Geprägt wird er durch einen moderaten Kurs, der die Annäherung an einzelne Schulen und spezifische programmatische Ansprüche ausschließt, grundsätzlich aber dem genuin aufklärerischen Konzept der kritischen Dokumentation pluralistischer Literaturtendenzen verpflichtet bleibt.

In seinem Aufsatz »Ueber die öffentliche Meinung« erklärt Christian Garve 1792, daß das Ensemble der allgemeinen Normen, Werturteile und Ansichten entscheidenden Einfluß auf Politik und Kultur eines jeden Staates nehme. Jenseits der kaum entscheidbaren Frage, ob, was von der Mehrheit vertreten wird, auch notwendig Wahrheitscharakter beanspruchen dürfe, betont Garve, daß »die öffentliche Meinung als ein unsichtbares Wesen von großer Wirksamkeit zu betrachten« sei (II Garve, Bd. II, 1266; vgl. Ueding, in: I Grimminger Hg., 611f.). Ähnlich äußert sich der Freiherr von Knigge ein Jahr später in einem grundsätzlichen Beitrag über Auftrag und Verantwortung des Schriftstellers; auch er akzentuiert die besondere Erziehungsfunktion publizistischer Wirksamkeit, die den aufgeklärten Autor dazu verpflichte, seine Ansichten nicht im Rahmen exklusiver Zirkel oder gelehrter Sozietäten vorzutragen, sondern ein breites Publikum möglichst allgemeinverständlich anzusprechen. »Schriftstellerey ist also öffentliche Mittheilung der Gedanken, gedruckte Unterhaltung: laute Rede, an Jeden im Publico gerichtet, der sie hören will; Gespräch mit der Lesewelt (...)« (I Knigge, Bd. IV, 141). Gerade die besondere Betonung des kommunikativen Elements, das publizistischer Tätigkeit eigentümlich sein kann, bleibt kennzeichnend für das Wirkungsprogramm der späten Aufklärung. Im Vordergrund steht hier nicht das Ethos der *sola scriptura*, dem der zurückgezogen lebende Gelehrte folgt, sondern eine schriftstellerische Praxis, die durch öffentliche Verbreitung von Werturteilen Diskussionsprozesse fördert, ihrerseits auf Rezeptionsvorgänge zu reagieren vermag und derart selbst eingespannt scheint in das beschleunigt sich vollziehende Fortschreiten der intellektuellen Meinungsbildung.

Auf mehreren thematischen Feldern vollzieht sich im letzten Drittel des 18. Jahrhunderts die **Popularisierung aufgeklärter Programmansprüche**. Breitenwirksam dargestellt werden Fragen der praktischen Philosophie und empirischen Psychologie, Probleme der Moral- und Sittenlehre ebenso wie anthropologische Theorien der sinnlichen Wahrnehmung und seelischen Empfindung – so in Ernst Platners *Philosophischen Aphorismen nebst einigen Anleitungen zur philosophischen Geschichte* (1776), Johann August Eberhards *Allgemeiner Theorie des Denkens* (1776), Jacob Friedrich Abels *Einleitung in die Seelenlehre* (1786), Christian Garves *Ueber die Verbindung der Moral mit der Politik* (1788) und Ludwig Heinrich Jakobs *Grundriß der Erfahrungs-Seelenlehre* (1791). Zur populärwissenschaftlichen Darstellung gelangen ebenso Themen der Poetik und Ästhetik, der antiquarisch-philologischen Systematik und der vergleichenden Literatur- und Sprachgeschichte – zu denken wäre an Johann George Sulzers *Allgemeine Theorie der Schönen Künste* (1771–74), Johann Jakob Engels *Anfangsgründe einer Theorie der Dichtungsarten* (1783), Johann August Eberhards *Theorie der schönen Wissenschaften* (1783), Johann Christoph Adelungs *Ueber den deutschen Styl* (1787) sowie dessen *Grammatisch=kritisches Wörterbuch der Hochdeutschen Mundart* (1793ff.).

Die Hochkonjunktur der Lexika, Kompendien und Einführungswerke bildet das besondere Charakteristikum des eklektizistisch geprägten Epochenspätstadiums. An die Stelle der systematischen Ordnungsversuche, wie sie die rationalistische Schulphilosophie, aber auch sensualistische Ästhetik und Normpoetik gewagt hatten, tritt jetzt der Versuch, wissenschaftliche Erkenntnisse unterschiedlichster Disziplinen überschaubar darzustellen und ohne theoretischen Originalitätsanspruch allgemeinverständlich zu kompilieren. Die Logik der deduktiven Argumentation wird dabei ersetzt durch die alphabetische Abfolge lexikalischer Stichwörter oder die möglichst übersichtliche Ordnung kompendiöser Zusammenfassungen. Die spezifische Signatur der spätaufklärerischen Popularisierungstendenzen besteht im Verzicht auf systematisch begründete Darstellungsformen zugunsten des Anspruchs, Wissen prägnant und praxisbezogen zu vermitteln.

Parallel zur Entfaltung der breitenwirksamen Popularphilosophie (deren Ursprünge bereits bei Thomasius liegen) entwickelt sich in der zweiten Hälfte des 18. Jahrhunderts das Genre **pädagogischer Literatur**. Es umfaßt im weiteren Sinne poetische Werke für ein jugendliches Lesepublikum ebenso wie didaktisch orientierte Schriften zur Erziehungslehre und Schulpraxis. Autoren wie Johann Bernhard Basedow (1724–90) und Joachim Heinrich Campe (1746–1818) verbinden dabei die publizistische Tätigkeit mit dem unmittelbaren Engagement für neue Unterrichtssysteme, deren Wirkungsanspruch aufklärerischem Gedankengut folgt – dem Ideal der Philanthropie, dem Imperativ moralischen Handelns, dem Gesetz der sittlichen Selbstverantwortung, dem Prinzip der Vernunftfreiheit. In raschem Tempo bildet sich nach 1760 die neue Gattung der **Kinder- und Jugendliteratur** heraus, zu der Liederbücher, Fabelsammlungen, Erzählungen, Märchen und Abenteuerromane gleichermaßen zählen. Ihr Ziel bleibt vorrangig die Vermittlung von Verhaltens- und Sittenlehren auf möglichst unterhaltsame Weise – die Umsetzung der epochentypischen Synthese zwischen Vergnügen und Belehrung. Rasch entsteht derart ein neuer publizistischer Markt, den spezialisierte Kinder- und Jugendbuchautoren – unter ihnen Christian Gotthilf Salzmann (1744–1811), Johann Gottlieb Schummel (1748–1813), Karl Traugott Thieme (1763–1802) und Christian Karl André (1763–1821) – mit ihren Texten beliefern. Selbst Schriftsteller wie Christian Felix Weiße und Karl Philipp Moritz, die primär für ein erwachsenes Publikum schreiben, versuchen sich im Genre des Kinderbuchs und bereichern die neue Gattungsform durch Werke, die die Gegenstände der Elementarunterrichts, aber ebenso die Verhaltensideale aufgeklärter Moralistik und rationalistischer Sittengesetze möglichst anschaulich zu illustrieren suchen. Die schöne Literatur mit didaktischem Anspruch ergänzt zudem eine Vielzahl von pädagogischen Sachbüchern, Lehr- und Unterrichtswerken für Jugendliche, die Einführungen in die Sprachgeschichte, Grammatik, Logik, Naturkunde und Moralphilosophie, nicht zuletzt Erläuterungen zu einzelnen Bibelpassagen und neutestamentarischer Ethik bieten. Auch hier läßt sich die besondere Signatur der Spätaufklärung erkennen: deren praktisches Wirkungskalkül und der unmittelbare Realitätsbezug ihrer literarischen Ambitionen.

Neben die Popularphilosophie, oftmals eng mit ihr verbunden, tritt am Ende der Aufklärung ein weit gespanntes Interesse an den facettenreichen **Problemen der Anthropologie**. Die Lehre vom Menschen als psychophysisch determiniertem Wesen, die Theorie seiner geistig-körperlichen Dispositionen, die damit verbundenen Fragen der ihn bedrohenden pathogenen Einflüsse (die meist im Kontext der ›Erfahrungs-seelenkunde‹ anhand von Fallbeispielen exemplarisches Profil gewinnen), die Beschaffenheit individueller Mentalitäten, Gemütsverfassungen und Begabungen faszinieren die Zeit wie kaum ein anderes Thema. Als erster behandelt 1772 Ernst Platner, der Leipziger Ordinarius für Physiologie, in seiner *Anthropologie für Aerzte und Weltweise* das neue Modesujet mit systematischem Anspruch. Zentrale Untersuchungsgegenstände bilden neben dem Verhältnis von Seele und Körper das Wesen menschlicher Phantasie, die Funktionsweise von Gedächtnis und Erinnerungsvermögen, die psychischen Aspekte der Wahrnehmungs- und Empfindungsfähigkeit, nicht zuletzt die Phänomenologie menschlicher Genialität und die Ätiologie der Gemüts-krankheiten. Platners Vorstoß folgen, um nur wenige Beispiele zu nennen, Melchior Adam Weikards anonym publizierter »Philosophischer Arzt« (1782–84), Jakob Friedrich Abels *Sammlung und Erklärung merkwürdiger Erscheinungen aus dem menschlichen Leben* (1784), Moritz' »Magazin zur Erfahrungsseelenkunde« (1783–93), Johann Georg Zimmermanns *Ueber die Einsamkeit* (1784–85), Johann Christoph Adelungs *Geschichte der menschlichen Narrheit* (1785–89), Carl Friedrich Pockels' *Denkwürdigkeiten zur Bereicherung der Erfahrungsseelenkunde und Characterkunde* (1794) und seine *Neuen Beyträge zur Bereicherung der Menschenkunde* (1798) (vgl. I Schings, 31f., I Pfotenhauer, 2f., I Riedel, 107f.).

Die spätaufklärerische Anthropologie unternimmt den methodisch nicht unumstrittenen Versuch, philosophische Probleme unter Rückgriff auf medizinisch-physiologische Auslegungsmuster zu erörtern. Die alte Frage nach dem Zusammenhang zwischen Leib und Seele wird hier innerhalb des naturwissenschaftlichen Argumentationskontexts neu entfaltet, wie es schon Platner im Vorwort zu seiner *Anthropologie* andeutet:

> Es kommt alles darauf an, was man unter der Philosophie versteht. Ich denke mir nichts anders dabey, als die Wissenschaft des Menschen (...) Nach diesem Begriffe wäre die Arzneykunst offenbar (...) ein Theil der Philosophie. Der Mensch ist weder Körper, noch Seele allein; er ist die Harmonie von beyden, und der Arzt darf sich, wie mir dünkt, eben so wenig auf jene einschränken, als der Moralist auf diese. (I Platner, IIIf.).

Gegen die angemaßte philosophische Kompetenz der Anthropologen hat Kant später entschiedene Einwände formuliert. Aus seiner Sicht darf die Lehre vom Menschen einzig »in pragmatischer Hinsicht« entwickelt werden; sie ziele nicht, wie die »physiologische Menschenkenntnis (...) auf die Erforschung dessen, was die Natur aus dem Menschen macht«, sondern »auf das, was er, als freihandelndes Wesen, aus sich selber macht, oder machen kann und soll.« (I Kant, Bd. XII, 399). Im Gegensatz zur deskriptiven Anthropologie, die die Grunddisposition des Menschen als geistig-körperliches Geschöpf analysiert, fällt es der von Kant vertretenen pragmatischen Methode zu, regulative Prinzipien zu formulieren, die Verhaltensoptionen des selbstbestimmten Individuums zu umreißen vermögen. Nicht die diagnostische Kompetenz, sondern die normative ethische Tendenz regiert hier die anthropologische Verfahrensweise, die sich dezidiert von der empirischen Perspektive Platners und Abels abgrenzt. Für die literarische Entwicklung der Spätaufklärung bleibt jedoch gerade die Beschreibung des Menschen als Gattungswesen jenseits prinzipieller sittlicher Festlegungen bedeutsam; dort, wo die Anthropologie Fallbeispiele liefert, wo sie individuelle Exemplifizierung und allgemeine Erfahrungsseelenkunde verknüpft, wo sie, nicht zuletzt, die komplizierten Interferenzen zwischen körperlichen und psychischen Prozessen zu erfassen trachtet, gewinnt sie das Interesse der Literatur.

Gerade der Roman, so wurde deutlich, empfängt seine psychologische Autorität aus der präzisen Beschreibung von Individualschicksalen, die den Menschen im Spannungsfeld von Trieb und Sittlichkeit, von Eros und Intellekt zeigen; die ausgeklügelte Affektdramaturgie der aufgeklärten Tragödie wiederum wäre kaum denkbar ohne die Auseinandersetzung mit der Phänomenologie der Leidenschaften und deren spezifischen Wirkungsmechanismen. Ehe sich im letzten Jahrhundertdrittel eine breite anthropologische Forschungsrichtung entfaltet, hat die Literatur bereits den Grund für die Diagnosen der neuen Menschenkunde gelegt. Umgekehrt sind es die Fallstudien der Anthropologen, die die Gestaltung fiktiver Charaktere inspirieren und damit ein poetisches Quellenarsenal von unschätzbarem Wert bereitzustellen vermögen; die Romane Wielands, Wezels und Nicolais, die Prosa Schillers, die Autobiographik eines Karl Philipp Moritz wären ohne solche Anregungen kaum denkbar.

### Geschichtsdenken

Im letzten Drittel des 18. Jahrhunderts entfaltet sich zudem ein verstärktes **Interesse an Fragen der Geschichte**, ihren Prinzipien und Gesetzmäßigkeiten, nicht zuletzt, vor dem Hintergrund eines teleologischen Entwicklungsgedankens, an der möglichen Zielrichtung historischer Prozesse selbst. Die Aufmerksamkeit gilt dabei höchst unterschiedlichen Themen und Gegenständen; Probleme der Poetik und Ästhetik werden ebenso unter geschichtlicher Perspektive betrachtet wie Fragen der Alltagskultur, des Rechtswesens, der Verwaltung und der Ökonomie. Charakteristisch für diese Interessenvielfalt bleibt das Werk des Juristen Justus Möser (1720–94), dessen publizistische Tätigkeit das historische Denken der Spätaufklärung maßgeblich prägt. Möser tritt zunächst als Herausgeber Moralischer Wochenschriften öffentlich hervor; 1746 erscheint der »Versuch einiger Gemählde von den Sitten unserer Zeit«, 1766 folgen die »Wöchentlichen Osnabrückischen Anzeigen«, die 1768 durch die »Wöchentlichen Anzeigen zum Osnabrückischen Intelligenzblatt« ergänzt werden. Aus den journalistischen Arbeiten, die eine eindrucksvolle Vielfalt der Kompetenzen und Neigungen dokumentieren, entstehen die *Patriotischen Phantasien*, die zwischen 1774 und 1786 in vier Bänden erscheinen. Hier entfaltet Möser seine historische Untersuchungsmethode auf mustergültige Weise; weniger systematisch als skizzenhaft, oftmals nur abbreviatorisch, im Rahmen stilistisch brillanter Miniaturen und kaleidoskopartiger Portraits, erörtert der Autor Fragen der Kultur- und Alltags-, der Rechts- und Verwaltungsgeschichte jenseits rationalistischer Systemzwänge und normativer Denkmuster. Mösers Schriften möchten das Bewußtsein für die Historizität unterschiedlichster Problemgehalte ausbilden helfen, indem sie zu demonstrieren suchen, daß auch Gegenstände, die gemeinhin jenseits des gelehrten Themenkanons liegen, ihre eigene Geschichtlichkeit besitzen. Wesentlich bleibt hier Mösers dezidiertes Interesse an Problemen der sozialen Erfahrungswelt, wie sie sich in juristischen, verwaltungstechnischen und ökonomischen Sachfragen manifestieren; der Autor setzt auf diese Weise jene zumal vom Werk des Christian Thomasius repräsentierten empiristischen Tendenzen fort, die bereits in der Frühaufklärung angelegt schienen, jedoch vorübergehend durch die Dominanz der Schulphilosophie zurückgedrängt worden waren.

Charakteristisch für das historische Denken der Spätaufklärung bleibt deren intensive Auseinandersetzung mit **Fragen der Kultur- und Sprachentwicklung,** die nicht allein unter ästhetisch-poetologischen Aspekten, sondern zugleich vor dem Hintergrund ihrer ideengeschichtlichen Bedeutung diskutiert werden. Während die Arbeiten des schulphilosophischen Rationalismus (im Gegensatz zu den Schriften seines Anregers Leibniz) zumeist durch ahistorische Denkmuster gekennzeichnet scheinen, erwacht am Ende des 18. Jahrhunderts das gesteigerte Interesse zumal an kulturgeschichtlichen Entwicklungsvorgängen und den Evolutionsprozessen, denen Sprache und Literatur zu unterliegen pflegen. Vor allem Herder ist es, der der Aufklärung die historische Perspektive öffnet und sie selbst für ihre eigene Geschichtlichkeit sensibilisiert, indem er eine Vielzahl künstlerischer Formen und Sujets im Horizont ihres Wandels von der Antike zur Moderne verfolgt. Exemplarisch und vorbildlich zugleich verfahren hier bereits die Fragmente *Ueber die neuere Deutsche Litteratur* (1766–67), die sich, anders als ältere dichtungstheoretische Arbeiten zwischen Gottsched und Lessing, nicht auf die Beschreibung der gängigen typologischen Differenzen zwischen antiker und moderner Poesie konzentrieren, sondern innerhalb der *Querelle*-Debatte einen neuen Standort beziehen, indem sie zwischen normativem Anspruch und historischem Relativismus zu vermitteln suchen. Einerseits gilt hier das Kunstschaffen der Antike – vornehmlich die Epik Homers – als mustergültig und vorbildhaft, andererseits richtet sich an die Moderne die nachdrückliche Forderung, sich jenseits der epigonalen Gesetzmäßigkeit bloßer Imitation ein eigenes ästhetisches Profil zu erarbeiten, das autonome Züge trägt.

Paradigmatisch ist dabei für Herder, wie auch die *Kritischen Wälder* (1769) und das spätere »Iduna«-Gespräch (1796) aus Schillers »Horen« zeigen, das **Feld der Mythologie.** Mythische Quellen speisen die antike Dichtung und verschaffen ihr jenen reichen Bilderschatz, der der modernen Literatur einstweilen noch fehlt; das bildproduktive Vermögen der Poesie wiederum befriedigt das genuin menschliche Streben nach einer Synthese zwischen sinnlicher Neigung und intellektuellem Anspruch, die durch das geglückte Kunstwerk auf mustergültige Weise umgesetzt werden kann (II Herder, Bd. I, 443f., Bd. II, 115ff., Bd. XVIII, 483f.; vgl. II Alt, 582ff.). Die anthropologische Vision, die Herders Theorie von der Bildschöpfungskraft und Poetizität des Mythos berührt, liegt in dieser Konvergenz begründet; das Artefakt verschafft dem Rezipienten einen Genuß, der ihn, für einen Moment zumindest, zum ›ganzen Menschen‹ (Schiller) im Zeichen der Vereinigung von Sinnlichkeit und Verstand werden läßt.

Von diesem Gedankenmotiv aus läßt sich die besondere bildungsgeschichtliche Idee der Herderschen Ästhetik ebenso wie deren historischer Horizont deutlich erkennen. Kunst vermag den Menschen zur Vervollkommnung zu führen, indem sie ihn zu harmonischer Gestaltung seiner Möglichkeiten anleitet; unterstützt wird dieser Prozeß durch die Kenntnis vergangener Kulturen, ihrer spezifischen Kunstmittel und ikonographischen Traditionen. Am Muster der antiken Mythologie hat der Bildungswille der Modernen Maß zu nehmen, wollen sie zu einer Formensprache jenseits der bloßen Imitation finden, die ihnen wiederum die Gelegenheit bietet, die vom Rationalismus beförderte einseitige Konzentration auf die Verstandeswelt zu überwinden und jene Ganzheitlichkeit zu erlangen, die einzig in der durch die Kunst herbeigeführten Synthese von sinnlichen und intellektuellen Strebensrichtungen begründet liegt.

Das Studium der Antike und die damit verbundene Bereitschaft zur Auseinandersetzung mit der älteren Kunstgeschichte (in die Herder ausdrücklich die ägyptisch-orientalische Tradition einbezieht) dient nicht der Befestigung eines normativen Anspruchs, sondern der ästhetischen Inspiration; die Rezeption der alten Mythen empfängt ihre Legitimität ausdrücklich durch die Anregungskraft, die die Kenntnis historisch zurückliegender Stadien der menschlichen Kulturentwicklung mit sich bringt: »Kurz! als Poetische Heuristik wollen wir die Mythologie der Alten studiren, um selbst Erfinder zu werden.« (II Herder, Bd. I, 444). Die ›heuristische‹ Qualität der Mythenrezeption liegt darin begründet, daß sie die Modernen in die Lage versetzt, sich einen eigenen Bilderschatz zu »verdienen« (II Herder, Bd. I, 443) und derart zu jener ästhetischen Autonomie zu finden, die zugleich das anthropologische Ideal des harmonisch gebildeten Menschen erfüllen hilft.

## Vollendung der Aufklärung: Geschichtsphilosophie bei Lessing und Herder

Herders historisches Denken mündet seit der Mitte der 70er Jahre in eine Geschichtsphilosophie, die die Entwicklung des Menschengeschlechts unter das Gesetz einer durchgreifenden Idee gestellt sieht. Das spekulative Potential dieser Idee manifestiert sich in der Erwartung, daß das Individuum innerhalb eines organisch-zwanglos ablaufenden Prozesses vom Stadium der unschuldigen Identität mit der Natur, wie es die Antike prägt, über die Phase der solche Identität aufhebenden Vernunftkultur zu neuer Einheit seiner sinnlichen und geistigen Kräfte finden werde. Das geschichtsphilosophische Denken der Spätaufklärung, das Herders *Ideen* (1784–91) ebenso repräsentieren wie Lessings *Erziehung des Menschengeschlechts* (1780), markiert den Versuch, die Entwicklung des Individuums nicht mehr teleologisch als linear fortschreitenden Vervollkommnungsvorgang, sondern als Element eines unter ideellen Prämissen stehenden Prozesses zu begreifen, der aus dem Zusammenspiel komplementärer Faktoren hervorgeht, das seinerseits verschiedene historische Stadien der menschlichen Kulturevolution begründet. Geschichte bildet derart das Produkt eines Geflechts von Kräften, deren Sinn sich als Resultat von teils spannungsvoll-gegensätzlichen, teils komplementären Strömungen und Energien enthüllt. Zur Geschichtsphilosophie gehört dabei stets auch eine utopische Signatur, die wiederum beherrscht wird durch den Gedanken der Vollendbarkeit des historischen Prozesses selbst und der damit verbundenen Perfektibilisierung des Menschen im Horizont seiner wiedergefundenen Identität als Natur- und Geistwesen.

Exemplarisch zeigt sich diese Tendenz in Lessings *Erziehung des Menschengeschlechts*, seinem großen theoretischen Spätwerk, das im Zusammenhang der Debatte mit dem Hamburger Hauptpastor Goeze entstand (I Lessing, Bd. VIII, 489ff.; vgl. grundlegend I Bollacher, 203ff.). Die 1780 vollständig publizierte Abhandlung bildet die für Lessing gültige Quintessenz des Streits um das Verhältnis von Religion und Vernunft. Die Schrift geht davon aus, daß die Offenbarungswahrheiten der Bibel Hinweise auf einen durch Gott gesteuerten Erziehungsprozeß bieten, der den Menschen vom Stadium der rohen Unvernunft zum Vermögen der Reflexion, schließlich zum Gipfel der Selbstvervollkommnung im Zeichen wahrer Gotteserkenntnis führt. »Erziehung«, so heißt es lapidar im zweiten Paragraphen, »ist Offenbarung, die dem einzeln (!) Menschen geschieht: und Offenbarung ist Erziehung, die dem Menschengeschlechte geschehen ist, und noch geschieht.« (I Lessing, Bd. VIII, 490).

Die Entwicklungsgeschichte des Individuums wird verstehbar als Analogon zur Evolution allgemeiner menschlicher Fähigkeiten und Neigungen, die sich Lessing zufolge in der Spannung zwischen Altem und Neuem Testament abzeichnet. Spricht das Alte Testament durch seine anschaulichen Exempel und Erzählungen eine kindliche Phase menschlicher Geistestätigkeit an, so spiegelt sich in den Botschaften des Neuen Testaments bereits die differenzierte Rationalität des aufgeklärten Individuums, die wiederum in einem harmonischen Zustand der gereiften Identität (als Produkt der Synthese von Vernunftpraxis und naiver Affektnatur) aufgehoben werden muß. Gegen die orthodoxe Vorstellung von der allgemein verbindlichen, im Bibelwort verankerten Wahrheit der Offenbarung, in der sich Gottes Macht und Gnade manifestieren, setzt Lessing die Idee, daß der Schöpfer als Erzieher eines zur Vervollkommnung seiner selbst berufenen Menschengeschlechts auftritt. Der dogmatischen Statik der orthodoxen Offenbarungsreligion konfrontiert er die innere Dynamik eines dialektischen Entwicklungsgedankens, der Menschheits- und Individualgeschichte als parallel ablaufende Prozesse betrachtet. »Eben die Bahn«, heißt es im 93. Paragraphen, »auf welcher das Geschlecht zu seiner Vollkommenheit gelangt, muß jeder einzelne Mensch (der früher, der später) erst durchlaufen haben.« (I Lessing, Bd. VIII, 509).

Zu den besonderen Merkmalen des hier von Lessing entfalteten geschichtsphilosophischen Denkens gehört die Tendenz zur Verknüpfung von ideenhistorischer und anthropologischer Betrachtungsweise. Die Entwicklung des Menschen unter dem Gesichtspunkt seiner ideellen Bestimmung zu reflektieren, bedeutet auch, über die ihm gegebenen psychischen und intellektuellen Möglichkeiten, nicht zuletzt über das Verhältnis der ihn beherrschenden geistig-sinnlichen Strebensrichtungen systematisch nachzudenken. Gerade durch die Synthese von anthropologischem und spekulativ gefärbtem historischem Interesse wirkt Lessings Abhandlung prägend auf das Geschichtsdenken des deutschen Idealismus. Die hier zutage tretende optimistische Entwicklungshypothese, das triadische Denkmuster, die methodische Verknüpfung von Theologie und Pädagogik, die Vorstellung der nie abschließbaren Perfektibilisierung des Menschen werden später durch Schiller, Novalis, Hölderlin, Schelling und Hegel aufgegriffen und grundlegend fortgeführt. Schillers kulturhistorische Differenzierung von naiver Antike und sentimentalischer Moderne, Novalis' gewagte Vision des goldenen Zeitalters, Hölderlins kühne Theorie der ›exzentrischen Bahn‹ zwischen Einfalt und höchster Bildung, Schellings Philosophie der Offenbarung und Hegels dialektische Geistmetaphysik in geschichtsphilosophischer Absicht wären ohne Lessings Erziehungsschrift schwerlich denkbar.

Auch Herders Geschichtsdenken sucht stets neu den Kontakt zu anthropologischen Fragestellungen. Medium der systematischen Vereinigung beider Bereiche ist, wie schon das Frühwerk der 60er Jahre anzeigt, die Ästhetik. Die psychophysische Disposition des Individuums untersucht Herder vor dem Hintergrund seiner kulturhistorischen Entwicklung, die wiederum nur unter Rekurs auf die harmonisierenden Kräfte des Schönen und deren inspirierende Wirkung verstehbar scheint. Die Psyche des Menschen, so führt die Preisschrift *Vom Erkennen und Empfinden der menschlichen Seele* (1778) aus, bildet das Organ der Vereinigung jener widerstreitenden Kräfte, die auch im Prozeß der Kunstrezeption zusammengeführt werden. Das Individuum verfüge, erklärt Herder, über ein inneres Vermögen, das es ihm gestatte, Intellekt und Sinnlichkeit, Aktivität und Passivität, produktive und rezeptive Fertigkeiten miteinander zu verknüpfen (vgl. II Herder, Bd. VIII, 174f.). »Siehe die ganze Natur«, heißt es am Ende der Schrift, »betrachte die große Analogie der Schöpfung. Alles fühlt sich und Seinesgleichen. Leben wallet zu Leben. Jede Saite hebt ihren Ton, jede Fiber verwebt sich mit ihrer Gespielin, Thier fühlt mit Thier; warum sollte nicht Mensch mit Menschen fühlen. Nur er ist Bild Gottes, ein Auszug und Verwalter der Schöpfung: also schlafen in ihm tausend Kräfte, Reize und Gefühle; es muß also in ihnen Ordnung herrschen, daß Alle aufwachen und angewandt werden können, daß er Sensorium seines Gottes in allem Lebenden der Schöpfung, nach dem Maasse es ihm verwandt ist, werde.« (II Herder, Bd. VIII, 200). So wie die historische Perspektive der Frühschriften geschichtlichen Relativismus und normative Idee durch die Reflexion von Entwicklungsprozessen zu harmonisieren suchte, so avisiert Herders Anthropologie jenen idealen Vereinigungspunkt, der den Menschen als ganzheitliches Wesen sichtbar hervortreten läßt. Er markiert zugleich das Stadium höchster geschichtlicher Entfaltung im Zustand der synthetischen Verschmelzung unterschiedlichster Vermögen, der letzthin die Gottähnlichkeit des Menschen begründet, welche auch Lessings Erziehungsschrift zu umreißen gesucht hatte.

Medium solcher Ganzheit, die die wahre Identität des Individuums begründet, bleibt die Natur mit ihrer zyklischen Gesetzmäßigkeit; nach naturhaft-organischen Prinzipien verläuft Herder zufolge der historische Prozeß, ihnen entspricht aber auch das Ideal des harmonisch gebildeten, seine Anlagen frei entfaltenden Menschen. Im Gegensatz zum rationalistischen Modell einer logisch deduzierbaren Vernunftnatur bleibt Herders Naturbegriff von einem organologischen Leitgedanken geprägt, der besagt, daß die Elemente der Schöpfung einander widerstreitenden Strebensrichtungen unterliegen, die gerade deren unübertreffliche Vielfalt und Schönheit begründen, ihrerseits jedoch nicht unter das Dikat formaler Ordnungsentwürfe gezwungen werden können. Die Ganzheit der Natur bleibt wie jene des Menschen aufgehoben in der Pluralität ihrer Formen, Kräfte und energetischen Vermögen jenseits einer eindeutig rational gesteuerten Entwicklungsrichtung. Sinnhafte Totalität vermittelt sich bei Herder nicht mehr durch die vernunftgestützte Systematik innerlich folgerichtiger teleologischer Modelle, sondern im Zeichen jener Vielfalt und Heterogenität, die die Natur als Medium unterschiedlichster Strömungen und Strebungen aufzuweisen vermag.

Zum Spiegel der Annäherung von Sinnlichkeit und Intellekt, wie sie die anthropologische Vision Herders faßt, wird die **schöne Literatur**. Sie erzählt jene Geschichten des Menschen, die als Lehrstücke seiner doppelten Anlage, Körper- und Geistwesen zu sein, gelten dürfen. »Lebensbeschreibungen: Bemerkungen der Aerzte und Freunde: Weissagungen der Dichter – sie allein können uns Stoff zur wahren

Seelenlehre schaffen.« (II Herder, Bd. VIII, 180). Jenseits ihrer sachlich gegründeten psychologischen Kompetenz bietet die Poesie dem Einzelnen durch Bilderreichtum, Fülle der Imagination und Anschaulichkeit ihrer Darstellung die Gelegenheit, sich selbst als ganzheitliches Wesen zu erfahren und jene Harmonie wiederzufinden, die dem modernen Individuum im Verlauf seiner Vernunftentwicklung verlorengegangen war: »Körper ohne Geist lieben, sagt ein Weltweiser voll großer Anschauung, ist Abgötterei: Seele ohne Körper, Schwärmerei; jedes im Andern wahre, ganze Menschheit.« (II Herder, Bd. VIII, 332f.).

In Herders geschichtsphilosophisch fundierter Anthropologie, die vom Gedanken ausgeht, daß der Mensch innerhalb eines organisch strukturierten Entwicklungsprozesses aus der zerrütteten Welt der Rationalität zur die Antike auszeichnenden Ganzheit seiner Kräfte neu zu gelangen vermag, zeichnet sich eine Bildungskonzeption ab, die einerseits aufklärerische Züge, andererseits den Charakter der für die Weimarer Klassik verbindlichen Humanitätsidee trägt. Der Aufklärung bleibt Herders Denken dort verpflichtet, wo es die Geschichte des Menschen für vollendbar, seine Anlagen für prinzipiell vervollkommnungsfähig hält; deren Grenzen überschreitet es an dem Punkt, da es das Projekt der Perfektibilisierung mit dem Bildungsprogramm der schönen Humanität verknüpft. »Die Natur«, so schreibt Herder 1775, »übt uns mit wechselseitigen Anstößen und Abflüßen durchs ganze Leben: der Strom schlängelt sich in entgegenstehenden Ufern, setzt hier an, was er dort abriß. – Das große Weltmeer ist solch ein schlängelnder Strom, und so ists das Menschengeschlecht an seinen zwei Ufern des Erkennens und der Empfindung. – Nun stünde mir noch das grosse Werk vor, die Weltcharte beider Ufer im Menschengeschlecht zu zeichnen: aber welch ein Werk!« (II Herder, Bd. VIII, 330). Mit dem Anspruch, das gesamte Spektrum individueller Möglichkeiten und Kräfte auszumessen, führt Herder die Aufklärung an jenen Punkt, an dem sie die Gegensätze, die sie durch ihr Vernunftethos selbst beförderte, idealiter wieder zu überwinden versteht. Das gewaltige Projekt der Erziehung des Menschen zur innerweltlichen Selbstbestimmung, das sich die aufgeklärte Epoche zum Ziel erklärte, ist damit nicht zurückgenommen, sondern nur durch Erweiterung seiner Grenzen modifiziert worden.

# BIBLIOGRAPHIE

Zu Kapitel I

Werke und Quellen

Ehrhard Bahr (Hg.): Was ist Aufklärung? Thesen und Definitionen, Stuttgart 1974

Joachim Wilhelm v. Brawe: Der Freigeist. Ein Trauerspiel in fünf Aufzügen (1757), in: Die Anfänge des bürgerlichen Trauerspiels in den fünfziger Jahren, hg. v. Fritz Brüggemann (Deutsche Literatur. Sammlung literarischer Kulturdenkmäler in Entwicklungsreihen. Reihe Aufklärung, Bd. VIII), Leipzig 1934, S. 272–232

Bertolt Brecht: Gesammelte Werke. 20 Bde., hg. v. Suhrkamp-Verlag in Zusammenarbeit mit Elisabeth Hauptmann, Frankfurt/M. 1967

Giordano Bruno: Zwiegespräche vom unendlichen All und den Welten (Dialoghi de l'infinito universo et mondi, 1584), übersetzt von Ludwig Kuhlenbeck, Gesammelte Werke, Jena 1904ff. Bd. III

(Nicolaus Copernicus:) Erster Entwurf seines Weltsystems. Nach den Handschriften hg., übers. u. erl. v. F. Rossmann, Darmstadt 1974 (= W)

Nicolaus Copernicus: De revolutionibus orbium coelestium libri VI (1543). Accedit Georgi Ioachimi Rhetici De libris revolutionum: Narratio prima, Thoruni 1873 (= Dr)

William Derham: Physico-Theology: Or, a Demonstration of the Being and Attributes of God, from his Works of Creation, London 1713 (= PT)

William Derham: Astro-Theology: Or, a Demonstration of the Being and Attributes of God, from a Survey of the Heavens, London 1731 (6. Aufl., zuerst 1715) (= AT)

René Descartes: Von der Methode (= Discours de la méthode pour bien conduire sa raison, et chercher la vérité dans les sciences, 1637), hg. u. übers. v. Lüder Gäbe, Hamburg 1964 (= D)

René Descartes: Meditationen über die Grundlagen der Philosophie (= Meditationes de prima philosophia, 1641), hg. u. übers. v. Lüder Gäbe, Hamburg 1977 (2. Aufl., zuerst 1959) (= M)

John Donne: An Anatomie of the world. The First Anniversarie (1611), London 1955

Johann Wolfgang v. Goethe: Sämtliche Werke, hg. v. Ernst Beutler u.a., Zürich 1977 (= Artemis-Gedenkausgabe, zuerst 1949)

Johann Christoph Gottsched: Ausgewählte Werke. 12 Bde., hg. v. Joachim Birke u.a., Berlin, New York 1968ff. (= AW)

Johann Christoph Gottsched: Versuch einer Critischen Dichtkunst, Leipzig 1751 (4. Aufl., zuerst 1730). Faksimile-Nachdruck, Darmstadt 1982 (= CD)

Georg Wilhelm Friedrich Hegel: Werke, hg. v. Eva Moldenhauer und Karl Markus Michel, Frankfurt/M. 1986

Norbert Hinske (Hg.): Was ist Aufklärung? Beiträge aus der Berlinischen Monatsschrift, Darmstadt 1981 (3. Aufl., zuerst 1973)

Immanuel Kant: Werkausgabe. 12 Bde., hg. v. Wilhelm Weischedel, Frankfurt/M. 1974

Adolph Freiherr von Knigge: Ausgewählte Werke, im Auftrag der Adolph-Freiherr-von-Knigge-Gesellschaft zu Hannover hg. v. Wolfgang Fenner, Hannover 1991ff.

Gottfried Wilhelm Leibniz: Philosophische Schriften. 5 Bde., hg. v. Wolf von Engelhardt, Hans Heinz Holz u.a. Darmstadt 1985 (= PhS)

Gottfried Wilhelm Leibniz: Monadologie (1720), in: G.W.L., Die philosophischen Schriften. 7 Bde., hg. v. Carl J. Gerhardt, Leipzig 1875ff., Bd. VI (= M)

Gotthold Ephraim Lessing: Werke, hg. v. Herbert G. Göpfert u.a. 8 Bde., München 1970ff. (= G)

Moses Mendelssohn: Ästhetische Schriften in Auswahl, hg. v. Otto F. Best, Darmstadt 1986

(2. Aufl., zuerst 1974)

(Johann Milton:) Episches Gedichte von dem Verlohrnen Paradiese, übersetzet und durchgehends mit Anmerckungen über die Kunst des Poeten begleitet von Johann Jacob Bodmer, Zürich 1742. Faksimile-Neudruck, Stuttgart 1965

Ernst Platner: Anthropologie für Aerzte und Weltweise. Erster Theil, Leipzig 1772

Alexander Pope: Poems, ed. by John Butt, London 1963

Johann Henrich Reitz: Historie der Wiedergebohrnen / oder Exempel gottseliger / so bekandt= und benant= als unbekandt= und unbenanter Christen (...), 7 Theile, Offenbach am Mäyn 1698–1745, mit einem werkgeschichtlichen Anhang der Varianten und Ergänzungen aus den späteren Auflagen hg. v. Hans-Jürgen Schrader. 4 Bde., Tübingen 1982

August Friedrich Wilhelm Sack: Vertheidigter Glaube der Christen, 7 Stücke, Berlin 1748–50

Friedrich Schlegel: Werke. Kritische Ausgabe, hg. v. Ernst Behler unter Mitwirkung von Jean-Jacques Anstett und Hans Eichner, München, Paderborn, Wien 1958ff.

Kaspar Stieler: Der Teutschen Stammbaum und Fortwachs oder Teutscher Sprachschatz, Nürnberg 1679

Christian Thomasius: Deutsche Schriften, hg. v. Peter von Düffel, Stuttgart 1970 (= DS)

Christian Thomasius: Einleitung zu der Vernunfft=Lehre, Halle 1691 (= VL)

Johann Georg Walch: Historische und Theologische Einleitung in die Religions-Streitigkeiten außer der Evangelisch-Lutherischen Kirche. Faksimile-Neudruck der Ausgabe Jena 1733–39, Stuttgart, Bad Cannstatt 1972ff.

Christoph Martin Wieland: Aufsätze zu Literatur und Politik, hg. v. Dieter Lohmeier, Reinbek b. Hamburg 1970

Christian Wolff: Vernünfftige Gedancken von den Kräften des menschlichen Verstandes und ihrem richtigen Gebrauche in Erkenntnis der Wahrheit, Halle 1754 (12. Aufl., zuerst 1712) (= Deutsche Logik, DL)

(Christian Wolff:) Christian Wolffs eigene Lebensbeschreibung, hg. v. Heinrich Wuttke, Leipzig 1841 (= WL)

## Forschung

Wolfgang Adam (Hg.): Das achtzehnte Jahrhundert. Facetten einer Epoche. Festschrift für Rainer Gruenter, Heidelberg 1988

Ehrhard Bahr (Hg.): Geschichte der deutschen Literatur 2. Von der Aufklärung zum Vormärz, Tübingen, Basel 1988

Leo Balet u. Eberhard Gerhard: Die Verbürgerlichung der deutschen Kunst, Literatur und Musik im 18. Jahrhundert, hg. v. Gert Mattenklott, Frankfurt/M., Berlin, Wien 1973

Wilfried Barner: Barockrhetorik. Untersuchungen zu ihren geschichtlichen Grundlagen, Tübingen 1970

Barbara Becker-Cantarino: Der lange Weg zur Mündigkeit. Frau und Literatur (1500–1800), Stuttgart 1987

Christian Begemann: Furcht und Angst im Prozeß der Aufklärung. Zu Literatur- und Bewußtseinsgeschichte des 18. Jahrhunderts, Frankfurt/M. 1987

Rudolf Behrens u. Roland Galle (Hgg.): Leib-Zeichen. Körperbilder, Rhetorik und Anthropologie im 18. Jahrhundert, Würzburg 1993

Hans Blumenberg: Paradigmen einer Metaphorologie, in: Archiv für Begriffsgeschichte 6 (1960), S. 7–143 (= PM)

Hans Blumenberg: Die Legitimität der Neuzeit. Erneuerte Ausgabe, Frankfurt/M. 1988 (2.Aufl.) (= LN)

Hans Blumenberg: Die Genesis der kopernikanischen Welt. 3 Bde., Frankfurt/M. 1989 (zuerst 1975) (= G)

Hans Blumenberg: Die Lesbarkeit der Welt. Frankfurt/M. 1983 (zuerst 1981) (= LW)

Hans Blumenberg: Höhlenausgänge, Frankfurt/M. 1989 (= H)

Reinhard Breymeyer: Die Erbauungsstunde als Form pietistischer Rhetorik, in: Rhetorik. Beiträge zu ihrer Geschichte in Deutschland vom 16.–20. Jahrhundert, hg. v. Helmut Schanze, Frankfurt/M. 1974, S. 87–105

Hartmut Böhme: Natur und Subjekt. Frankfurt/M. 1988

Hartmut u. Gernot Böhme: Das Andere der Vernunft. Zur Entwicklung von Rationalitätsstrukturen am Beispiel Kants, Frankfurt/M. 1985 (zuerst 1983)

Martin Bollacher: Lessing: Vernunft und Geschichte. Untersuchungen zum Problem religiöser Aufklärung in den Spätschriften, Tübingen 1978

Christa Bürger u.a (Hgg.): Aufklärung und literarische Öffentlichkeit, Frankfurt/M. 1980

Ernst Cassirer: Philosophie der Aufklärung, Tübingen 1973 (3. Aufl., zuerst 1932)

Lutz Danneberg u. Friedrich Vollhardt (Hgg.): Vom Umgang mit Literatur und Literaturgeschichte. Positionen und Perspektiven nach der »Theoriedebatte«, Stuttgart 1992

Richard van Dülmen: Der Geheimbund der Illuminaten. Darstellung, Analyse, Dokumentation, Stuttgart, Bad Cannstatt 1975 (= GI)

Richard van Dülmen: Die Gesellschaft der Aufklärer. Zur bürgerlichen Emanzipation und aufklärerischen Kultur in Deutschland, Frankfurt/M. 1986 (= GA)

Richard van Dülmen: Kultur und Alltag in der Frühen Neuzeit. 3 Bde., München 1990ff. (= KA)

Rolf Engelsing: Der Bürger als Leser. Lesergeschichte in Deutschland 1500–1800, Stuttgart 1974

Norbert Elias: Über den Prozeß der Zivilisation. 2 Bde. Soziogenetische und psychogenetische Untersuchungen, Frankfurt/M. 1976 (zuerst 1936)

Bernhard Fabian: Newtonische Anthropologie: Alexander Popes »Essay on Man«, in: Studien zum achtzehnten Jahrhundert. Bd. 2/3, hg. v. Bernhard Fabian, Wilhelm Schmidt-Biggemann und Rudolf Vierhaus, München 1980, S. 117–135

Michel Foucault: Die Ordnung der Dinge, Frankfurt/M. 1974 (Dt. Ausgabe von »Les mots et les choses«, 1966)

Wolfgang Frühwald: Die Ehre der Geringen. Ein Versuch zur Sozialgeschichte literarischer Texte im 19. Jahrhundert, in: Geschichte und Gesellschaft 9 (1983), S. 69–83

Horst Albert Glaser (Hg.): Deutsche Literatur. Eine Sozialgeschichte. Bd. IV (Zwischen Absolutismus und Aufklärung: Rationalismus, Empfindsamkeit, Sturm und Drang 1740–1786), Reinbek b. Hamburg 1980

Gerhart von Graevenitz: Innerlichkeit und Öffentlichkeit. Aspekte deutscher »bürgerlicher« Literatur im frühen 18. Jahrhundert, in: Deutsche Vierteljahrsschrift für Literaturwissenschaft und Geistesgeschichte. Sonderheft 1975 (»18. Jahrhundert«), S. 1–83

Gunter E. Grimm: Literatur und Gelehrtentum in Deutschland. Untersuchungen zum Wandel ihres Verhältnisses vom Humanismus bis zur Frühaufklärung, Tübingen 1983

Rolf Grimminger (Hg.): Hansers Sozialgeschichte der deutschen Literatur vom 16. Jahrhundert bis zur Gegenwart. Bd. III, München 1980

Rolf Grimminger: Die Ordnung, das Chaos und die Kunst. Für eine neue Dialektik der Aufklärung, Frankfurt/M. 1986

Jürgen Habermas: Strukturwandel der Öffentlichkeit. Untersuchungen zu einer Kategorie der bürgerlichen Gesellschaft, Frankfurt/M. 1990 (zuerst 1962) (= St)

Jürgen Habermas: Theorie des kommunikativen Handelns. 2 Bde., Frankfurt/M. 1981 (= ThkH)

Hans J. Haferkorn: Zur Entstehung der bürgerlich-literarischen Intelligenz und des Schriftstellers in Deutschland zwischen 1750 und 1800, in: Deutsches Bürgertum und literarische Intelligenz 1750–1800 (Literaturwissenschaft und Sozialwissenschaften 3), hg. v. Bernd Lutz, Stuttgart 1974, S. 113–275

Arnold Hauser: Sozialgeschichte der Kunst und Literatur, München 1972 (zuerst 1953)

Karin Hausen: Die Polarisierung der »Geschlechtscharaktere« – eine Spiegelung der Dissoziation von Erwerbs- und Familienleben, in: Sozialgeschichte der Familie in der Neuzeit Europas, hg. v. Werner Conze, Stuttgart 1976, S. 363ff.

Renate von Heydebrand, Dieter Pfau u. Jörg Schönert (Hgg.): Zur theoretischen Grundlegung einer Sozialgeschichte der Literatur. Ein struktural-funktionaler Entwurf, Tübingen 1988

Walter Hinck (Hg.): Sturm und Drang, Frankfurt/M. 1989 (2. Aufl., zuerst 1978)

Max Horkheimer u. Theodor W. Adorno: Dialektik der Aufklärung, Amsterdam 1968 (zuerst 1944)

Andreas Huyssen: Drama des Sturm und Drang. Kommentar zu einer Epoche, München 1980

Sven Aage Jørgensen, Klaus Bohnen, Per Øhrgaard: Aufklärung, Sturm und Drang, frühe Klassik (1740–1789), München 1990

Gerhard Kaiser: Pietismus und Patriotismus im literarischen Deutschland. Ein Beitrag zum Problem der Säkularisation, Frankfurt/M. 1973 (zuerst 1961) (= PP)

Gerhard Kaiser: Klopstock. Religion und Dichtung, Kronberg/Ts. 1975 (zuerst 1962) (= K)

Gerhard Kaiser: Von der Aufklärung bis zum Sturm und Drang 1730–1785, Gütersloh 1966 (3. überarb. Aufl. Tübingen 1979) (= AStD)

Hans-Georg Kemper: Deutsche Lyrik der frühen Neuzeit. 5 Bde., Tübingen 1987ff.

Helmuth Kiesel, Paul Münch: Gesellschaft und Literatur im 18. Jahrhundert. Voraussetzungen und Entstehung des literarischen Marktes in Deutschland, München 1977

Werner Kohlschmidt: Vom Barock bis zur Klassik. Geschichte der deutschen Literatur, Stuttgart 1965

Panajotis Kondylis: Die Aufklärung im Rahmen des neuzeitlichen Rationalismus, Stuttgart 1986 (zuerst 1981)

Franklin Kopitzsch (Hg.): Aufklärung, Absolutismus und Bürgertum in Deutschland, München 1976

Hermann August Korff: Geist der Goethezeit. 4 Bde., Leipzig 1923–53

Reinhart Koselleck: Kritik und Krise. Eine Studie zur Pathogenese der bürgerlichen Welt, Frankfurt/M. 1989 (6. Aufl., zuerst 1959)

Alexander Košenina: Anthropologie und Schauspielkunst. Studien zur »eloquentia corporis« im 18. Jahrhundert, Tübingen 1995

Alexandre Koyré: Von der geschlossenen Welt zum unendlichen Universum, Frankfurt/M. 1980 (From the Closed World to the Infinite Universe, 1957)

Wilhelm Kühlmann: Gelehrtenrepublik und Fürstenstaat. Entwicklung und Kritik des deutschen Späthumanismus in der Literatur des Barockzeitalters, Tübingen 1982

August Langen: Der Wortschatz des deutschen Pietismus, Tübingen 1968 (2. Aufl., zuerst 1954)

Rudolf zur Lippe: Sinnenbewußtsein. Grundlegung einer anthropologischen Ästhetik, Reinbek b. Hamburg 1987

Matthias Luserke: Die Bändigung der wilden Seele. Literatur und Leidenschaft in der Aufklärung, Stuttgart 1995

Theodor Mahlmann: Artikel ›Aufklärung‹, in: Historisches Wörterbuch der Philosophie, hg. v. Joachim Ritter, Karlfried Gründer, Bd. I, Basel, Darmstadt 1971, S. 621–635

Odo Marquard: Schwierigkeiten mit der Geschichtsphilosophie. Aufsätze, Frankfurt/M. 1973

Wolfgang Martens: Die Botschaft der Tugend. Die Aufklärung im Spiegel der deutschen Moralischen Wochenschriften, Stuttgart 1968 (= BT)

Wolfgang Martens: Literatur und Frömmigkeit in der Zeit der fruhen Aufklärung, München 1989 (= LF)

Wolfram Mauser (Hg.): Frauenfreundschaft – Männerfreundschaft. Literarische Diskurse im 18. Jahrhundert, Tübingen 1991

Nicolao Merker: Die Aufklärung in Deutschland, München 1982 (Dt. Übers. v. »L'illuminismo tedesco. Età di Lessing«, 1968)

Jürgen Mittelstrass: Neuzeit und Aufklärung. Studien zur Entstehung der neuzeitlichen Wissenschaft und Philosophie, Berlin 1970

Paul Mog: Ratio und Gefühlskult. Studien zur Psychogenese und Literatur im 18. Jahrhundert, Tübingen 1976

Horst Möller: Vernunft und Kritik. Deutsche Aufklärung im 17. und 18. Jahrhundert, Frankfurt/M. 1986

Lothar Müller: Die kranke Seele und das Licht der Erkenntnis. Karl Philipp Moritz' »Anton Reiser«, Frankfurt/M. 1987

Richard Newald: Die deutsche Literatur vom Späthumanismus zur Empfindsamkeit (1570–1750), München 1967 (6. Aufl., zuerst 1951)

Willi Oelmüller: Die unbefriedigte Aufklärung. Beiträge zu einer Theorie der Moderne von Lessing,

Kant und Hegel, Frankfurt/M. 1969

Gerhard Oestreich: Strukturprobleme der frühen Neuzeit. Ausgewählte Aufsätze, hg. v. B. Oestreich, Berlin 1980

Helmut Pfotenhauer: Literarische Anthropologie. Selbstbiographien und ihre Geschichte – am Leitfaden des Leibes, Stuttgart 1987

Werner Philipp: Das Werden der Aufklärung in theologiegeschichtlicher Sicht, Göttingen 1957

Lothar Pikulik: Leistungsethik contra Gefühlskult. Über das Verhältnis von Bürgerlichkeit und Empfindsamkeit, Göttingen 1984

Peter Pütz: Die deutsche Aufklärung (Erträge der Forschung, Bd. 81), Darmstadt 1991 (4. Aufl., zuerst 1978)

Wolfgang Riedel: Anthropologie und Literatur in der deutschen Spätaufklärung. Skizze einer Forschungslandschaft, in: Internationales Archiv für Sozialgeschichte der deutschen Literatur. 6. Sonderheft (Forschungsreferate, 3. Folge) (1994), S. 93–159

Heidi Rosenbaum: Formen der Familie. Untersuchungen zum Zusammenhang von Familienverhältnissen, Sozialstruktur und sozialem Wandel in der deutschen Gesellschaft des 19. Jahrhunderts, Frankfurt/M. 1982

Gerhard Sauder: Empfindsamkeit. Bd. I (Voraussetzungen und Elemente), Stuttgart 1974

Walter Schatzberg: Scientific Themes in the Popular Literature and the Poetry of the German Enlightenment 1720–1760, Berne 1973

Hans-Jürgen Schings: Melancholie und Aufklärung. Melancholiker und ihre Kritiker in Erfahrungsseelenkunde und Literatur des 18. Jahrhunderts, Stuttgart 1977

Hans-Jürgen Schings (Hg.): Der ganze Mensch. Anthropologie und Literatur im 18. Jahrhundert, Stuttgart 1994

Heinz Schlaffer: Der Bürger als Held. Sozialgeschichtliche Auflösungen literarischer Widersprüche, Frankfurt/M. 1976 (2. Aufl., zuerst 1973)

Jochen Schmidt (Hg.): Aufklärung und Gegenaufklärung in der europäischen Literatur, Philosophie und Poetik von der Antike bis zur Gegenwart, Darmstadt 1989

Martin Schmidt: Gesammelte Studien zur Geschichte des Pietismus, Witten 1969

Wilhelm Schmidt-Biggemann: Topica universalis. Eine Modellgeschichte humanistischer und barocker Wissenschaft, Hamburg 1983 (= Tu)

Wilhelm Schmidt-Biggemann: Theodizee und Tatsachen. Das philosophische Profil der deutschen Aufklärung, Frankfurt/M. 1988 (= TT)

Werner Schneiders: Die wahre Aufklärung, Freiburg, München 1974

Erich Schön: Der Verlust der Sinnlichkeit oder Die Verwandlungen des Lesers. Mentalitätswandel um 1800, Stuttgart 1987

Albrecht Schöne: Säkularisation als sprachbildende Kraft. Studien zur Dichtung deutscher Pfarrerssöhne, Göttingen 1968 (2. Aufl., zuerst 1958)

Hans-Jürgen Schrader: Literaturproduktion und Büchermarkt des radikalen Pietismus. Johann Henrich Reitz' ›Historie der Wiedergebohrnen‹ und ihr geschichtlicher Kontext, Göttingen 1989

Horst Stuke: Artikel ›Aufklärung‹, in: Geschichtliche Grundbegriffe, hg. von Otto Brunner u.a., Stuttgart 1972, Bd. I, S. 243–342

Hugh R. Trevor-Roper: Religion, the Reformation and social change. London, Melbourne, Toronto 1967

Rudolf Vierhaus: Deutschland im 18. Jahrhundert. Politische Verfassung, soziales Gefüge, geistige Bewegungen, Göttingen 1987

Rudolf Vierhaus (Hg.): Bürger und Bürgerlichkeit im Zeitalter der Aufklärung, Heidelberg 1981

Nikolaus Wegmann: Diskurse der Empfindsamkeit. Zur Geschichte eines Gefühls in der Literatur des 18. Jahrhunderts, Stuttgart 1988

Reiner Wild: Die Vernunft der Väter. Zur Psychographie von Bürgerlichkeit und Aufklärung in Deutschland am Beispiel ihrer Literatur für Kinder, Stuttgart 1987

Rita Wöbkemeier: Erzählte Krankheit. Medizinische und literarische Phantasien um 1800, Stuttgart 1990

Viktor Žmegač (Hg.): Geschichte der deutschen Literatur vom 18. Jahrhundert bis zur Gegenwart. Bd. I/1 (1700–1848), Königstein/Ts. 1979

## Zu Kapitel II

### Werke und Quellen

(Joseph) Addison, (Richard) Steele and others: The Spectator (1711–1712), ed. by Gregory Smith, London, New York 1958

Aristoteles: Poetik. Griechisch-Deutsch, hg. u. übers. v. Manfred Fuhrmann, Stuttgart 1982

Alexander Gottlieb Baumgarten: Aesthetica. Pars 1.2., Frankfurt/O. 1750/58 (= Ae)

Alexander Gottlieb Baumgarten: Theoretische Ästhetik. Die grundlegenden Abschnitte aus der »Aesthetica« (1750/58). Übers. und hg. v. Rudolf Schweizer. Lateinisch-Deutsch. Hamburg 1983 (= TÄ)

Sigmund von Birken: Teutsche Rede- bind- und Dicht-Kunst. Faksimile-Neudruck der Ausgabe Nürnberg 1679, Hildesheim, New York 1973

Johann Jacob Bodmer u. Johann Jacob Breitinger: Die Discourse der Mahlern. 4 Bde., Zürich 1721–1723 (= D)

(Johann Jacob Bodmer:) Von dem Einfluß und Gebrauch der Einbildungs=Krafft zur Ausbesserung des Geschmackes, Frankfurt, Leipzig 1727 (= E)

(Johann Jacob Bodmer:) Anklagung des verderbten Geschmackes oder Critische Anmerckungen über den Hamburgischen Patrioten, und die Hallischen Tadlerinnen, Frankfurt, Leipzig 1728 (= A)

Johann Jacob Bodmer: Brief-Wechsel von der Natur des poetischen Geschmackes, Zürich 1736. Faksimile-Nachdruck, mit einem Nachwort hg. v. Wolfgang Bender, Stuttgart 1966 (= BW)

Johann Jacob Bodmer: Critische Abhandlung von dem Wunderbaren in der Poesie und dessen Verbindung mit dem Wahrscheinlichen, Zürich 1740. Faksimile Neudruck, Stuttgart 1966 (= W)

Johann Jacob Bodmer: Critische Betrachtungen über die poetischen Gemählde der Dichter. Mit einer Vorrede von Johann Jacob Breitinger, Zürich 1741. Faksimile-Neudruck, Frankfurt/M. 1971 (= CB)

Johann Jacob Bodmer u. Johann Jacob Breitinger: Critische Briefe, Zürich 1746. Faksimile-Neudruck, Hildesheim 1969 (= B)

Nicolas Boileau: L'Art Poétique (1674), hg., eingel. und komm. v. August Buck, München 1970

Johann Jacob Breitinger: Critische Abhandlung von der Natur, den Absichten und dem Gebrauche der Gleichnisse, Zürich 1740. Faksimile-Nachdruck, mit einem Nachwort hg. v. Manfred Windfuhr, Stuttgart 1967 (= G)

Johann Jacob Breitinger: Critische Dichtkunst. Mit einer Vorrede eingeführt von Johann Jacob Bodmer. 2 Bde., Zürich 1740. Faksimile-Nachdruck, mit einem Nachwort hg. v. Wolfgang Bender, Stuttgart 1966 (= CD)

Cicero, Marcus Tullius: Orator. Lateinisch-Deutsch. hg. v. Bernhard Kytzler, München 1975

Cicero, Marcus Tullius: De oratore. Übers., komm. u. mit einer Einleitung hg. v. Harald Merklin, Stuttgart 1976

John Dennis: Letters describing his crossing the Alps (1692), in: J.D., The Critical Works, ed. E. Niles Hooker, Baltimore 1943, Bd. II, S. 380–382

Diomedes: Ars Grammatici Libri III, in: Grammatici Latini, hg. v. Heinrich Keil, Bd. I, Leipzig 1857

Jean Baptiste Dubos: Réflexions critiques sur la poësie et la peinture, Paris 1770 (7. Aufl., zuerst 1719)

Johann Peter Eckermann: Gespräche mit Goethe in den letzten Jahren seines Lebens, hg. v. Fritz Bergmann, Frankfurt/M. 1987 (3. Aufl., zuerst 1955)

Christian Garve: Popularphilosophische Schriften über literarische, aesthetische und gesellschaftliche Gegenstände. 2 Bde. Im Faksimiledruck hg. v. Kurt Wölfel, Stuttgart 1974

Christian Fürchtegott Gellert: Fabeln und Erzählungen, hg. v. Gottfried Honnefelder, Frankfurt/M. 1986

Johann Christoph Gottsched: Versuch einer Critischen Dichtkunst, Leipzig 1730

Johann Christoph Gottsched (Hg.): Beyträge zur Critischen Historie der Deutschen Sprache, Poesie und Beredsamkeit. Sechstes Stück, Leipzig 1733

Georg Philipp Harsdoerffer: Poetischer Trichter (1647–53), Faksimile-Neudruck, Darmstadt 1969

Johann Gottfried Herder: Sämmtliche Werke. 33 Bde., hg. v. Bernhard Suphan, Berlin 1877ff.

Horaz (= Quintus Horatius Flaccus:) Ars Poetica. Die Dichtkunst. Lateinisch und deutsch, übers. u. mit einem Nachwort hg. v. Eckart Schäfer, Stuttgart 1984

Johann Ulrich König: Untersuchung von dem guten Geschmack, in: (Friedrich Rudolf v. Canitz), Des Freiherrn von Canitz Gedichte (...) Nebst einer Untersuchung von dem guten Geschmack in der Dicht= und Rede=Kunst, ausgefertiget von Johann Ulrich König, Berlin, Leipzig 1734 (2. Aufl., zuerst 1727)

René Pierre Le Bossu: Traité du poème épique, La Haye 1714 (zuerst 1675)

Gotthold Ephraim Lessing: Sämtliche Schriften. 23 Bde., hg. v. Karl Lachmann. Dritte, auf's neue durchgesehene und vermehrte Auflage, besorgt durch Franz Muncker, Stuttgart 1886ff. Nachdruck, Berlin 1968 (= LM)

Ps.-Longinos: Vom Erhabenen. Griechisch und Deutsch, hg. und übers. v. Reinhard Brandt, Darmstadt 1966

Georg Friedrich Meier: Anfangsgründe aller schönen Wissenschaften. 3 Bde., Halle 1754 (2. Aufl., zuerst 1749) (= A)

Georg Friedrich Meier: Beurtheilung der Gottschedischen Dichtkunst, Halle, 1747–49 (= B)

Daniel Georg Morhof: Unterricht von der Teutschen Sprache und Poesie, Lübeck, Franckfurt 1700 (2. Aufl., zuerst 1682). Faksimile-Neudruck, hg. v. Henning Boetius, Bad Homburg v. d. H. 1969

Martin Opitz: Buch von der Deutschen Poeterey (1624), hg. v. Cornelius Sommer, Stuttgart 1983

Jean Paul: Werke. 9 Bde. in 2 Abt., hg. v. Norbert Miller u.a., München 1959ff.

Jakob Immanuel Pyra: Erweis, daß die Gottschedianische Sekte den Geschmack verderbe, Hamburg, Leipzig 1743 (= E)

Jakob Immanuel Pyra: Fortsetzung des Erweises, daß die G*ttsch*dianische Sekte den Geschmack verderbe, Berlin 1744 (= FE)

Marcus Fabius Quintilian: Institutio oratoria. Lateinisch-Deutsch. 2 Bde., hg. v. Helmut Rahn, Darmstadt 1972

Julius Cäsar Scaliger: Poetices libri septem. Faksimile-Neudruck der Ausgabe von Lyon 1561, mit einer Einleitung von August Buck, Stuttgart, Bad Cannstatt 1964

Christoph Martin Wieland: Sämmtliche Werke in 39 Bänden, Leipzig 1794–1811. Faksimile-Neudruck, Hamburg 1984

Johann Joachim Winckelmann: Kleine Schriften, Vorreden, Entwürfe, hg. v. Walther Rehm. Mit einer Einleitung von Hellmut Sichtermann, Berlin 1968

Christian Wolff: Vernünfftige Gedancken von GOtt, der Welt und der Seele des Menschen. Auch allen Dingen überhaupt (...), Halle 1743 (9. Aufl., zuerst 1720) (= Deutsche Metaphysik, DM)

Christian Wolff: Ausführliche Nachricht von seinen eigenen Schrifften, die er in deutscher Sprache von den verschiedenen Theilen der Welt=Weißheit herausgegeben (...), Frankfurt am Mayn 1726. Faksimile-Nachdruck der zweiten Auflage von 1733, hg. und mit einem Vorwort vers. v. Hans Werner Arndt (= Christian Wolff, Gesammelte Werke, hg. und bearb. v. H.W. Arndt u.a., Abt. I, Bd. 9, Hildesheim, New York 1973) (= AN)

(Johann Heinrich Zedler:) Grosses vollständiges Universal-Lexicon aller Wissenschaften und Künste, welche bißhero durch menschlichen Verstand und Witz erfunden und verbessert worden (...). 64 Bde. u. 4 Supplement-Bde., Halle, Leipzig 1732–50; 1751–54

## Forschung

Peter-André Alt: Begriffsbilder. Studien zur literarischen Allegorie zwischen Opitz und Schiller, Tübingen 1995

Horst Althaus: Laokoon. Stoff und Form, Bern, München 1968

Wilfried Barner, Gunter E. Grimm, Helmuth Kiesel, Martin Kramer: Lessing. Epoche – Werk – Wirkung, München 1987 (5. Aufl., zuerst 1975)

Alfred Baeumler: Das Irrationalitätsproblem in der Ästhetik und Logik des 18. Jahrhunderts bis zur Kritik der Urteilskraft, Tübingen 1967 (2. Aufl., zuerst 1923)

Christian Begemann: Erhabene Natur. Zur Übertragung des Begriffs des Erhabenen auf Gegenstände der äußeren Natur in den deutschen Kunsttheorien des 18. Jahrhunderts, in: DVjs 58 (1984), S. 74–110

Wolfgang Bender: Johann Jakob Bodmer und Johann Jakob Breitinger, Stuttgart 1973 (Sammlung Metzler, Bd.113)

Joachim Birke: Christian Wolffs Metaphysik und die zeitgenössische Literatur- und Musiktheorie: Gottsched, Scheibe, Mizler, Berlin 1966

Hugo Blümner: Einleitung zu: Lessings »Laokoon«, hg. v. H. Blümner, Berlin 1880 (2. Aufl.)

Paul Böckmann: Formgeschichte der deutschen Dichtung. Erster Band, Hamburg 1964 (2. Aufl., zuerst 1949)

Klaus Bohnen: Geist und Buchstabe. Zum Prinzip des kritischen Verfahrens in Lessings literarästhetischen und theologischen Schriften, Köln, Wien 1974

Hans Christoph Buch: Ut pictura poesis. Die Beschreibungsliteratur und ihre Kritiker von Lessing bis Lukács, München 1972

Rüdiger Campe: Affekt und Ausdruck. Zur Umwandlung der literarischen Rede im 17. und 18. Jahrhundert, Tübingen 1990

Joachim Dyck: Ticht-Kunst. Deutsche Barockpoetik und rhetorische Tradition, Bad Homburg v. d.H. 1966 (3. erg. Aufl. 1991)

Ludwig Fischer: Gebundene Rede. Dichtung und Rhetorik in der literarischen Theorie des Barock in Deutschland, Tübingen 1968

Manfred Fuhrmann: Dichtungstheorie der Antike. Aristoteles – Horaz – ›Longin‹, Darmstadt 1992

Friedrich Gaede: Poetik und Logik. Zu den Grundlagen der literarischen Entwicklung im 17. und 18. Jahrhundert, Bern, München 1978

Gunter Gebauer (Hg.): Das Laokoon-Projekt. Pläne einer semiotischen Ästhetik, Stuttgart 1984

Gunter Grimm u. Frank Rainer Max (Hgg.): Deutsche Dichter. Bd.III (Aufklärung und Empfindsamkeit), Stuttgart 1988

Hans Peter Herrmann: Naturnachahmung und Einbildungskraft. Zur Entwicklung der deutschen Poetik von 1670 bis 1740, Bad Homburg v.d.H., Berlin, Zürich 1970

Ulrich Hohner: Zur Problematik der Naturnachahmung in der Ästhetik des 18. Jahrhunderts, Erlangen 1978

Michael Jäger: Kommentierende Einführung in Baumgartens »Aesthetica«, Hildesheim, New York 1980

Dieter Kimpel: Lessings Hermeneutik. Voraussetzungsprobleme seiner Kritik im europäisch-aufklärerischen Kontext, in: Nation und Gelehrtenrepublik. Lessing im europäischen Zusammenhang, hg. v. Wilfried Barner und Albert M. Reh, München 1984, S. 215–239

Thomas Koebner: Verteidigung der Bildbeschreibung. Fragmente zu einem anderen Laokoon, in: Th. K., Zurück zur Natur. Ideen der Aufklärung und ihre Nachwirkung. Studien, Heidelberg 1993, S. 201–227

Helmut Koopmann: Drama der Aufklärung. Kommentar zu einer Epoche, München 1979

Heinrich Lausberg: Elemente der literarischen Rhetorik, München 1987 (9. Aufl., zuerst 1963)

Bruno Markwardt: Geschichte der deutschen Poetik. Bd. II (Aufklärung, Rokoko, Sturm und Drang), Berlin 1956

Uwe Möller: Rhetorische Überlieferung und Dichtungstheorie im frühen 18. Jahrhundert. Studien zu Gottsched, Breitinger und G. F. Meier, München 1983

Armand Nivelle: Kunst- und Dichtungstheorien zwischen Aufklärung und Klassik, Berlin 1960 (= KD)

Armand Nivelle: Literaturästhetik, in: Europäische Aufklärung, hg. v. Walter Hinck, Frankfurt/M. 1974 (= Neues Handbuch der Literaturwissenschaft, Bd. XI). Erster Teil, S. 15–56 (= L)

Bernhard Poppe: A.G. Baumgarten. Seine Bedeutung und Stellung in der Leibniz-Wolffschen Philosophie und seine Beziehungen zu Kant. Nebst einer bisher unbekannten Handschrift der Ästhetik Baumgartens, Borna, Leipzig 1907

Wolfgang Preisendanz: Die Auseinandersetzung mit dem Nachahmungsprinzip in Deutschland und die besondere Rolle der Romane Wielands (»Don Sylvio«, »Agathon«), in: Nachahmung und Illusion, hg. v. Hans Robert Jauß, München 1969 (2. Aufl., zuerst 1964) (Poetik und Hermeneutik I) S. 72–93

Walther Rehm: Winckelmann und Lessing, in: W.R., Götterstille und Göttertrauer. Aufsätze zur deutsch-antiken Begegnung, München 1951, S.183–202

Werner Rieck: Johann Christoph Gottsched. Eine kritische Würdigung seines Werkes, Berlin 1972

Wolfgang Riedel: »Der Spaziergang«. Ästhetik der Landschaft und Geschichtsphilosophie der Natur bei Schiller, Würzburg 1989

Klaus R. Scherpe: Gattungspoetik im 18. Jahrhundert. Historische Entwicklung von Gottsched bis Herder, Stuttgart 1968

Jochen Schmidt: Die Geschichte des Genie-Gedankens in der deutschen Literatur, Philosophie und Politik 1750–1945, Darmstadt 1988 (2. Aufl., zuerst 1985), Bd. I (Von der Aufklärung bis zum Idealismus)

Hans Rudolf Schweizer: Ästhetik als Philosophie der sinnlichen Erkenntnis. Eine Interpretation der ›Aesthetica‹ A.G. Baumgartens, Basel, Stuttgart 1973

Georg-Michael Schulz: Tugend, Gewalt und Tod. Das Trauerspiel der Aufklärung und die Dramaturgie des Pathetischen und des Erhabenen, Tübingen 1988

Peter Schwind: Schwulst-Stil. Historische Grundlagen von Produktion und Rezeption manieristischer Sprachformen in Deutschland 1624–1738, Bonn 1977

Wulf Segebrecht: Das Gelegenheitsgedicht. Ein Beitrag zur Poetik und Geschichte der deutschen Lyrik, Stuttgart 1977

Volker Sinemus: Poetik und Rhetorik im frühmodernen Staat. Sozialgeschichtliche Bedingungen des Normenwandels im 17. Jahrhundert, Göttingen 1978

Friedhelm Solms: Disciplina Aesthetica. Zur Frühgeschichte der ästhetischen Theorie bei Baumgarten und Herder, Stuttgart 1990

Karl-Heinz Stahl: Das Wunderbare als Problem und Gegenstand der deutschen Poetik des 17. und 18. Jahrhunderts, Frankfurt/M. 1975

Elida Maria Szarota: Lessings ›Laokoon‹. Eine Kampfschrift für eine realistische Kunst und Poesie, Weimar 1959

Gert Ueding: Einführung in die Rhetorik, Stuttgart 1976

David E. Wellbery: Lessing's Laocoon. Semiotics and Aesthetics in the Age of Reason, Cambridge 1984

Angelika Wetterer: Publikumsbezug und Wahrheitsanspruch. Der Widerspruch zwischen rhetorischem Ansatz und philosophischem Anspruch bei Gottsched und den Schweizern, Tübingen 1981

Hermann Wiegmann: Utopie als Kategorie der Ästhetik. Zur Begriffsgeschichte der Ästhetik und Poetik, Stuttgart 1980

Gottfried Willems: Anschaulichkeit. Zu Theorie und Geschichte der Wort-Bild-Beziehungen und des literarischen Darstellungsstils, Tübingen 1989

Manfred Windfuhr: Die barocke Bildlichkeit und ihre Kritiker. Stilhaltungen in der deutschen Literatur des 17. und 18. Jahrhunderts, Stuttgart 1966

Carsten Zelle: »Angenehmes Grauen«. Literaturhistorische Beiträge zur Ästhetik des Schrecklichen im 18. Jahrhundert, Hamburg 1987

## Zu Kapitel III

### Werke und Quellen

Barthold Heinrich Brockes: Irdisches Vergnügen in Gott, bestehend in Physikalisch=Moralischen Gedichten, 9 Bde., Hamburg 1721–1748 (= IVG)

Barthold Heinrich Brockes: Auszug der vornehmsten Gedichte aus dem Irdischen Vergnügen in Gott. Faksimiledruck nach der Ausgabe von 1738 mit einem Nachwort von Dietrich Bode, Stuttgart 1965 (=AZ)

Johann Nikolaus Götz: Die Gedichte Anakreons und der Sappho Oden, Carlsruhe 1760. Faksimile-Neudruck, hg. u. mit einem Nachwort versehen v. Herbert Zeman, Stuttgart 1970

Johann Nikolaus Götz: Vermischte Gedichte, hg. v. Karl Wilhelm Ramler. 2 Bde., Mannheim 1785
Johann Christian Günther: Sämtliche Werke. 6 Bde., hg. v. Wilhelm Krämer, Stuttgart 1930ff.
Friedrich von Hagedorn: Gedichte, hg. v. Alfred Anger, Stuttgart 1968
Albrecht von Haller: Gedichte, hg. u. eingeleitet v. Ludwig Hirzel, Frauenfeld 1882 (= G)
Albrecht von Haller: Die Alpen und andere Gedichte, hg. v. Adalbert Elschenbroich, Stuttgart 1984
    (= AG)
(Albrecht von Haller:) Hallers Literaturkritik, hg. v. Karl S. Guthke, Tübingen 1970
Ewald Christian von Kleist: Sämtliche Werke, hg. v. Jürgen Stenzel, Stuttgart 1971
Friedrich Gottlieb Klopstock: Werke und Briefe. Historisch-kritische Ausgabe, hg. v. Horst Grone-
    meyer, Elisabeth Höpker-Herberg, Klaus Hurlebusch u. Rose-Maria Hurlebusch, Berlin, New
    York 1974ff. (=HKA)
Friedrich Gottlieb Klopstock: Ausgewählte Werke, hg. v. Karl August Schleiden, München 1962
    (=AW)
(Friedrich Gottlieb Klopstock:) Klopstocks Oden und Elegien, Darmstadt 1771. Neudruck, hg. v.
    Jörg-Ulrich Fechner, Stuttgart 1974 (= OE)
Georg Christoph Lichtenberg: Schriften und Briefe. 4 Bde., hg. v. Franz Mauthner, Frankfurt/M.
    1983
Rochus Freiherr von Liliencron (Hg.): Allgemeine deutsche Biographie. 56 Bde., Leipzig 1875–1912
Benjamin Neukirch (Hg.): Herrn von Hoffmannswaldau und andrer Deutschen auserlesener und
    bißher ungedruckter Gedichte anderer Theil (1697), hg. v. Angelo G. de Capua u. Ernst A. Phi-
    lippson, Tübingen 1965
Friedrich Nietzsche: Werke. 3 Bde., hg. v. Karl Schlechta, München 1962
Jakob Immanuel Pyra u. Samuel Gotthold Lange: Freundschaftliche Lieder (1745), in: Deutsche
    Literaturdenkmale des 18. und 19. Jahrhunderts in Neudrucken hg. v. Bernhard Seuffert,
    Bd. XXII, Heilbronn 1885, S. 83ff.
Johann Christoph Rost: Vermischte Gedichte, o.O. 1770 (2.Aufl.)
Jean-Jacques Rousseau: Schriften zur Kulturkritik. Eingeleitet, übers. u. hg. v. Kurt Weigand, Ham-
    burg 1983 (4. Aufl., zuerst 1955)
Peter Rühmkorf: Irdisches Vergnügen in g. Fünfzig Gedichte, Hamburg 1959
Friedrich Schiller: Sämtliche Werke, hg. v. Gerhard Fricke u. Herbert G. Göpfert, München 1962
    (3. Aufl.)
Christian Heinrich Schmid: Theorie der Poesie nach den neusten Grundsätzen und Nachricht von
    den besten Dichtern nach den angenommenen Urtheilen. 2 Bde., Leipzig 1767–69
Arno Schmidt: Die Ritter vom Geist. Von vergessenen Kollegen, Karlsruhe 1965
Christoph Otto Freiherr von Schönaich: Die ganze Aesthetik in einer Nuß oder Neologisches Wör-
    terbuch (1754), hg. v. A. Köster, Berlin 1900
Gottlieb Stolle: Anleitung zur Historie der gelahrheit, Jena 1736 (4. Aufl., zuerst 1718)

## Forschung

Alfred Anger: Literarisches Rokoko, Stuttgart 1968 (= Sammlung Metzler, Bd. 25)
Rainer Baasner: Abraham Gotthelf Kästner, Aufklärer (1719–1800), Tübingen 1991
Manfred Beetz: Rhetorische Logik. Prämissen der deutschen Lyrik im Übergang vom 17. zum
    18. Jahrhundert, Tübingen 1980
Marianne Beyer-Fröhlich (Hg.): Pietismus und Rationalismus, Darmstadt 1970
Norbert Gabriel: Studien zur Geschichte der deutschen Hymne, München 1992
Horst Albert Glaser (Hg.): Deutsche Literatur. Eine Sozialgeschichte, hg. v. Horst Albert Glaser.
    Bd. III (Zwischen Gegenreformation und Frühaufklärung: Späthumanismus, Barock 1572–
    1740), hg. v. Harald Steinhagen, Reinbek b. Hamburg 1985
Wilhelm Große: Studien zu Klopstocks Poetik, München 1977
Karl S. Guthke: Literarisches Leben im achtzehnten Jahrhundert in Deutschland und in der Schweiz,
    Bern, München 1975
Paul Hazard: Die Krise des europäischen Geistes, Hamburg 1939

Arthur Henkel: »Der deutsche Pindar«. Zur Nachahmungsproblematik im 18. Jahrhundert, in: A.H., Goethe-Erfahrungen. Studien und Vorträge (= Kleine Schriften I), Stuttgart 1982, S. 43–60

Urs Herzog: Deutsche Barocklyrik. Eine Einführung, München 1979

Walter Hinck: Magie und Tagtraum. Das Selbstbildnis des Dichters in der deutschen Lyrik, Frankfurt/M., Leipzig 1994

Walter Hinderer (Hg.): Geschichte der deutschen Lyrik vom Mittelalter bis zur Gegenwart, Stuttgart 1983

Hans-Georg Kemper: Gottebenbildlichkeit und Naturnachahmung im Säkularisierungsprozeß. Problemgeschichtliche Studien zur deutschen Lyrik in Barock und Aufklärung, Tübingen 1981

Uwe-K. Ketelsen: Die Naturpoesie der norddeutschen Frühaufklärung. Poesie als Sprache der Versöhnung: alter Universalismus und neues Weltbild, Stuttgart 1974

Werner Kohlschmidt: Hallers Gedichte und die Tradition; in: W.K., Dichter, Tradition und Zeitgeist, Bern, München 1965, S. 206–221

Arthur O. Lovejoy: Die goldene Kette der Wesen, Frankfurt/M. 1985 (Deutsche Ausgabe von »The Great Chain of Being«, 1933)

Anselm Maler: Der Held im Salon. Zum antiheroischen Programm deutscher Rokoko-Epik, Tübingen 1973

Günther Müller: Höfische Kultur der Barockzeit, in: Höfische Kultur, hg. v. H. Naumann u. G. Müller, Halle 1929, S. 79–154

Christoph Perels: Studien zur Aufnahme und Kritik der Rokokolyrik zwischen 1740 und 1760, Göttingen 1974

Karl Pestalozzi: Die Entstehung des lyrischen Ich. Studien um Motiv der Erhebung in der Lyrik, Berlin 1970

Günter Peters: Der zerrissene Engel. Genieästhetik und literarische Selbstdarstellung im achtzehnten Jahrhundert, Stuttgart 1982

Peter Pütz (Hg.): Erforschung der deutschen Aufklärung, Königstein/Ts. 1980

Karl Richter: Literatur und Naturwissenschaft. Eine Studie zur Lyrik der Aufklärung, München 1972

Karl Richter (Hg.): Gedichte und Interpretationen. Bd. II (Aufklärung und Sturm und Drang), Stuttgart 1983

Gerhard Sauder: Der zärtliche Klopstock, in: Friedrich Gottlieb Klopstock, hg. v. Heinz Ludwig Arnold, München 1981 (Edition Text und Kritik), S. 59–70

Heinz Schlaffer: Musa iocosa. Gattungspoetik und Gattungsgeschichte der erotischen Dichtung in Deutschland, Stuttgart 1971

Matti Schüsseler: Unbeschwert aufgeklärt. Scherzhafte Literatur im 18. Jahrhundert, Tübingen 1990

Christoph Siegrist: Das Lehrgedicht der Aufklärung, Suttgart 1974

Emil Staiger: Grundbegriffe der Poetik, Zürich 1966 (7. Aufl., zuerst 1946) (= GP)

Emil Staiger: Die Kunst der Interpretation. Studien zur deutschen Literaturgeschichte, Zürich 1955 (= KI)

Horst Steinmetz: Das deutsche Drama von Gottsched bis Lessing, Stuttgart 1987

Richard Toellner: Albrecht von Haller. Die Einheit im Denken des letzten Universalgelehrten, Wiesbaden 1971

Benno v. Wiese (Hg.): Deutsche Dichter des 18. Jahrhunderts, Berlin 1977

Herbert Zeman: Die deutsche anakreontische Dichtung. Ein Versuch zur Erfassung ihrer ästhetischen und literaturhistorischen Erscheinungsformen im 18. Jahrhundert, Stuttgart 1972

Zu Kapitel IV

Werke und Quellen

Aristoteles: Dichtkunst, ins Deutsche übersetzet, mit Anmerkungen und besonderen Abhandlungen versehen von Michael Conrad Curtius, Hannover 1753

Charles Batteux: Einschränkung der Schönen Künste auf einen einzigen Grundsatz; aus dem Frantzösischen übersetzt und mit verschiednen eignen damit verwandten Abhandlungen begleitet von Johann Adolf Schlegeln, Leipzig 1770 (3. Aufl., zuerst 1751)

Nicolas Boileau: L'Art Poétique (1678), hg. u. übers. v. August Buck, München 1970

Fritz Brüggemann (Hg.): Die bürgerliche Gemeinschaftskultur der vierziger Jahre. Zweiter Teil: Drama, Leipzig 1937 (Deutsche Literatur. Sammlung literarischer Kunst- und Kulturdenkmäler in Entwicklungsreihen, hg. v. Heinz Kindermann. Reihe Aufklärung. Bd. VI)

Pierre Corneille: Der Cid (1636). Deutsch von Arthur Luther, Stuttgart 1987

Pierre Corneille: Trois discours sur le Poème dramatique (1660), in: Théâtre complet. Texte préfacé et annoté par Pierre Lièvre. Edition complétée par Roger Caillois, Paris 1950, Tome I, S. 6–82

(Denis Diderot:) Das Theater des Herrn Diderot. Aus dem Französischen übersetzt von Gotthold Ephraim Lessing (1760), mit einem Nachwort u. Anmerkungen hg. v. Klaus-Detlef Müller, Stuttgart 1986

Johann Wolfgang v. Goethe: Werke, hg. im Auftrag der Großherzogin Sophie von Sachsen. Abt. 1–4. 133 Bde. (in 147 Tln.), Weimar 1887–1919

Christian Fürchtegott Gellert: Von den Annehmlichkeiten des Mißvergnügens (1755), in: Sämtliche Schriften, Berlin, Leipzig 1867. Bd. V, S. 114–122 (= A)

Christian Fürchtegott Gellert: Lustspiele. Faksimiledruck nach der Ausgabe von 1747, mit einem Nachwort hg. v. Horst Steinmetz, Stuttgart 1966 (= L)

Christian Fürchtegott Gellert: Die zärtlichen Schwestern (1747). Im Anhang: Chassirons und Gellerts Abhandlungen über das rührende Lustspiel, hg. v. Horst Steinmetz, Stuttgart 1965 (= S)

Johann Christoph Gottsched: Schriften zur Literatur, hg. v. Horst Steinmetz, Stuttgart 1972 (= SL)

Johann Christoph Gottsched: Sterbender Cato (1732), hg. v. Horst Steinmetz, Stuttgart 1984 (= C)

Johann Christoph Gottsched: Akademische Vorlesung über die Frage: Ob man in theatralischen Gedichten allezeit die Tugend als belohnt, und das Laster als bestraft vorstellen müsse? (1751), In: J. Ch. G., Gesammelte Schriften, hg. v. Eugen Reichel, Berlin 1902ff., Bd. VI, S. 265–284 (= AV)

Luise Adelgunde Victorie Gottsched: Die Pietisterey im Fischbein-Rocke; Oder die doctormäßige Frau (1736), hg. v. Wolfgang Martens, Stuttgart 1968

Johann Christian Hallmann: Mariamne. Trauerspiel (1670), hg. v. Gerhard Spellerberg, Stuttgart 1973

Thomas Hobbes: Leviathan oder Stoff, Form und Gewalt eines bürgerlichen und kirchlichen Staates (1651), hg. u. eingel. v. Iring Fetscher, übers. v. Walter Euchner, Frankfurt/M. 1992

Francis Hutcheson: A System of Moral Philosophy (1755), in: Frances Hutcheson, Collected Works, Glasgow, London 1755. Facsimile Editions prepared by Bernhard Fabian, Vol. V–VI, Hildesheim 1969

Gotthold Ephraim Lessing u. Christlob Mylius: Beiträge zur Historie und Aufnahme des Theaters. Erstes Stück, V (1750), in: Lessings Werke. Vollständige Ausgabe in fünfundzwanzig Teilen, hg. v. Julius Petersen u. Waldemar von Olshausen, Berlin u.a. 1925ff., Bd. XII, S. 72–76

Gotthold Ephraim Lessing: Werke. Bd. I, hg. v. Peter-André Alt, München 1994

Johann Friedrich Löwen: Geschichte des deutschen Theaters (1766). Mit den Flugschriften über das Hamburger Nationaltheater als Neudruck hg. v. Heinrich Stümcke, Berlin 1905

Jürg Mathes (Hg.): Die Entwicklung des bürgerlichen Dramas im 18. Jahrhundert. Ausgewählte Texte, Tübingen 1974

Christoph Friedrich Nicolai: Abhandlung vom Trauerspiele (1757), in: Gotthold Ephraim Lessing, Moses Mendelssohn, Friedrich Nicolai: Briefwechsel über das Trauerspiel, hg. u. kommentiert v. Jochen Schulte-Sasse, München 1972, S. 11–44

Martin Opitz: Weltliche Poemata (1644). Erster Teil, unter Mitwirkung von Christine Eisner hg. v. Erich Trunz, Tübingen 1967

(Johann Gottlob Benjamin Pfeil:) Vom bürgerlichen Trauerspiele, in: Neue Erweiterungen der Erkenntnis und des Vergnügens. 31. Stück, Leipzig 1755, S.1–25. Wieder abgedruckt in: Karl Eibl, Gotthold Ephraim Lessing. Miss Sara Sampson. Ein bürgerliches Trauerspiel (= Commentatio. Analysen und Kommentare zur deutschen Literatur, hg. v. Wolfgang Frühwald, Bd. II), Frankfurt/M. 1971, S.173–189

(Schiller – Goethe:) Der Briefwechsel zwischen Schiller und Goethe, im Auftrage der Nationalen Forschungs- und Gedenkstätten der klassischen deutschen Literatur in Weimar hg. v. Siegfried Seidel. 3 Bde., München 1984

Johann Elias Schlegel: Werke. 5 Bde., hg. v. Johann Heinrich Schlegel, Kopenhagen, Leipzig 1761ff. (= W)

Johann Elias Schlegel: Canut. Ein Trauerspiel. Im Anhang »Gedanken zur Aufnahme des dänischen Theaters« (1746), hg. v. Horst Steinmetz, Stuttgart 1967 (= C)

Georg-Michael Schulz (Hg.): Lustspiele der Aufklärung in einem Akt, Stuttgart 1986

Christian Weise: Sämtliche Werke, hg. v. John D. Lindberg, Berlin, New York 1971ff. (= SW)

Christian Weise: Masaniello. Trauerspiel, hg. v. Fritz Martini, Stuttgart 1972 (= M)


Forschung

Robert J. Alexander: Das deutsche Barockdrama, Stuttgart 1984 (Sammlung Metzler, Bd. 209)

Richard Alewyn: Vorbarocker Klassizismus und Theorie der Tragödie. Analyse der »Antigone«-Übersetzung des Martin Opitz, Heidelberg 1926

Peter-André Alt: Tragödie der Aufklärung. Eine Einführung, Tübingen, Basel 1994

Helmut Arntzen: Von Trauerspielen. Gottsched, Gryphius, Büchner, in: Rezeption und Produktion zwischen 1570 und 1730. Festschrift für Günther Weydt, hg. v. Wolfdietrich Rasch, Hans Geulen u. Klaus Haberkamm, Bern, München 1972, S. 571–587 (= T)

Helmut Arntzen: Die ernste Komödie. Das deutsche Lustspiel von Lessing bis Kleist, München 1968 (= K)

Helmut Arntzen (Hg.): Komödiensprache. Beiträge zum deutschen Lustspiel zwischen dem 17. und 18. Jahrhundert, Münster 1988

Bernhard Asmuth: Daniel Casper von Lohenstein, Stuttgart 1971 (Sammlung Metzler, Bd.97) (= L)

Bernhard Asmuth: Lust- und Trauerspiele. Ihre Unterschiede bei Gryphius, in: Weltgeschick und Lebenszeit. Andreas Gryphius. Ein schlesischer Barockdichter aus deutscher und polnischer Sicht, Düsseldorf 1993, S.69–95 (= G)

Helmut Asper: Hanswurst. Studien zum Lustigmacher auf der Berufsschauspielerbühne, Emsdetten 1980

Michail Bachtin: Literatur und Karneval. Zur Romantheorie und Lachkultur, München 1969

Wilfried Barner: Produktive Rezeption. Lessing und die Tragödien Senecas, München 1973

Gerhard Bauer: Gotthold Ephraim Lessing: »Emilia Galotti«, München 1987

Roger Bauer u. Jürgen Wertheimer (Hgg.): Das Ende des Stegreifspiels – Die Geburt des Nationaltheaters. Ein Wendepunkt in der Geschichte des europäischen Dramas, München 1983

Wolfgang Bender (Hg.): Schauspielkunst im 18. Jahrhundert. Grundlagen, Praxis, Autoren, Stuttgart 1992

Walter Benjamin: Ursprung des deutschen Trauerspiels (1928), in: W.B., Gesammelte Schriften, hg. v. Rolf Tiedemann u. Hermann Schweppenhäuser, Frankfurt/M. 1972ff., Bd. I, S. 203–430

Dieter Borchmeyer: Staatsraison und Empfindsamkeit. Johann Elias Schlegels »Canut« und die Krise des heroischen Trauerspiels, in: Jahrbuch der deutschen Schillergesellschaft 27 (1983), S.154–171

Silvia Bovenschen: Die imaginierte Weiblichkeit. Exemplarische Untersuchungen zu kulturgeschichtlichen und literarischen Präsentationsformen des Weiblichen, Frankfurt/M. 1979

Heinz Otto Burger: Dasein heißt eine Rolle spielen. Das Barock im Spiegel von Jacob Bidermanns ›Philemon Martyr‹ und Christian Weises ›Masaniello‹, in: H.O.B., ›Dasein heißt eine Rolle spielen‹. Studien zur deutschen Literaturgeschichte, München 1963, S.75–93

Eckehard Catholy: Das deutsche Lustspiel vom Mittelalter bis zum Ende der Barockzeit, Stuttgart u.a. 1969 (= MB)

Eckehard Catholy: Das deutsche Lustspiel von der Aufklärung bis zur Romantik, Stuttgart u.a. 1982 (= AR)

Karl Otto Conrady: Gottsched, Sterbender Cato, in: Das deutsche Drama. Vom Barock bis zur Gegenwart. Interpretationen, hg. v. Benno von Wiese, Bd. I, Düsseldorf 1958, S. 61–78

Richard Daunicht: Die Entstehung des bürgerlichen Trauerspiels in Deutschland, Berlin 1965 (2. Aufl., zuerst 1961)

Manfred Durzak: Poesie und Ratio. Vier Lessing-Studien, Bad Homburg v.d.H. 1970

Karl Eibl: Gotthold Ephraim Lessing. Miss Sara Sampson. Ein bürgerliches Trauerspiel (Commentatio. Analysen und Kommentare zur deutschen Literatur, hg. v. Wolfgang Frühwald, Bd. II), Frankfurt/M. 1971 (= L)

Karl Eibl: Identitätskrise und Diskurs. Zur thematischen Kontinuität von Lessings Dramatik, in: Jahrbuch der deutschen Schillergesellschaft 21 (1977), S.138–192 (= ID)

Dietrich Eggers: Die Bewertung deutscher Sprache und Literatur in den deutschen Schulactus von Christian Gryphius, Meisheim a.G. 1967

Wilhelm Emrich: Deutsche Literatur der Barockzeit, Königstein/Ts. 1981

Erika Fischer-Lichte: Kurze Geschichte des deutschen Theaters, Tübingen, Basel 1993

Willi Flemming: Andreas Gryphius und die Bühne, Halle 1921 (= GB)

Willi Flemming: Andreas Gryphius, Stuttgart u.a. 1965 (=AG)

Winfried Freund (Hg.): Deutsche Komödie. Vom Barock bis zur Gegenwart. München 1988

David E.R. George: Deutsche Tragödientheorien vom Mittelalter bis zu Lessing. Texte und Kommentare, München 1972

Ruedi Graf: Das Theater im Literaturstaat. Literarisches Theater auf dem Weg zur Bildungsmacht, Tübingen 1992

Bernhard Greiner: Die Komödie. Eine theatralische Sendung: Grundlagen und Interpretationen, Tübingen 1992

Jutta Greis: Drama Liebe. Zur Entwicklungsgeschichte der modernen Liebe im Drama des 18. Jahrhunderts, Stuttgart 1991

Karl S. Guthke: Das deutsche bürgerliche Trauerspiel, Stuttgart 1984 (4. Aufl., zuerst 1972) (Sammlung Metzler, Bd. 116) (= T)

Karl S. Guthke: Die moderne Tragikomödie. Theorie und Gestalt, Göttingen 1968 (=TG)

Robert R. Heitner: German Tragedy in the Age of Enlightenment, Berkeley, Los Angeles 1963

Günter Hess: Deutsch-lateinische Narrenzunft. Studien zum Verhältnis von Volkssprache und Latinität in der satirischen Literatur des 16. Jahrhunderts, München 1971

Renate von Heydebrand: Johann Christoph Gottscheds Trauerspiel »Der sterbende Cato« und die Kritik. Analyse eines Kräftespiels, in: Rezeption und Produktion zwischen 1570 und 1730. Festschrift für Günther Weydt, hg. v. Wolfdietrich Rasch, Hans Geulen u. Klaus Haberkamm, Bern, München 1972, S. 553–571

Walter Hinck: Das deutsche Lustspiel des 17. und 18. Jahrhunderts und die italienische Komödie. Commedia dell'arte und Théâtre italien, Stuttgart 1965

Walter Hinck (Hg.): Die deutsche Komödie vom Mittelalter bis zur Gegenwart, Düsseldorf 1977

Heide Hollmer: Anmut und Nutzen. Die Originaltrauerspiele in Gottscheds ›Deutscher Schaubühne‹, Tübingen 1994

Dieter Kafitz: Grundzüge einer Geschichte des deutschen Dramas von Lessing bis zum Naturalismus, Frankfurt/M. 1989 (2. Aufl., zuerst 1982)

Brigitte Kahl-Pantis: Bauformen des bürgerlichen Trauerspiels. Ein Beitrag zur Geschichte des deutschen Dramas im 18. Jahrhundert, Frankfurt/M. u.a. 1977

Gerhard Kaiser (Hg.): Die Dramen des Andreas Gryphius. Eine Sammlung von Einzelinterpretationen, Stuttgart 1968

Heinz Kindermann: Theatergeschichte Europas. 10 Bde., Salzburg 1957ff.

Heinz Kindermann (Hg.): Conrad Ekhofs Schauspieler-Akademie, Wien 1956

Volker Klotz: Geschlossene und offene Form im Drama, München 1960

Thomas Koebner: Zum Streit für und wider die Schaubühne im 18. Jahrhundert, in: Festschrift für Rainer Gruenter, hg. v. Bernhard Fabian, Heidelberg 1978, S.26–58

Max Kommerell: Lessing und Aristoteles. Untersuchung über die Theorie der Tragödie, Frankfurt/M. 1984 (5.Aufl., zuerst 1940)

Günther Lohr: Körpertext. Historische Semiotik der komischen Praxis, Opladen 1987

Otto Mann: Geschichte des deutschen Dramas, Stuttgart 1960

Eberhard Mannack: Andreas Gryphius, Stuttgart 1986 (2. Aufl., zuerst 1968) (Sammlung Metzler, Bd. 76)

Fritz Martini: Lustspiele – und das Lustspiel, Stuttgart 1974

Alberto Martino: Geschichte der dramatischen Theorien in Deutschland im 18. Jahrhundert I. Aus dem Italienischen von Wolfgang Proß, Tübingen 1972

Gert Mattenklott: Drama – Von Gottsched bis Lessing, in: Deutsche Literatur. Eine Sozialgeschichte, hg. v. Horst Albert Glaser, Bd. IV (Zwischen Absolutismus und Aufklärung. Rationalismus, Empfindsamkeit und Sturm und Drang), Reinbek b. Hamburg 1980, S. 277–299

Gert Mattenklott, Klaus R. Scherpe (Hgg.): Westberliner Projekt: Grundkurs 18. Jahrhundert. Die Funktion der Literatur bei der Formation der bürgerlichen Klasse Deutschlands im 18. Jahrhundert, Kronberg/Ts. 1974

Sybille Maurer-Schmoock: Deutsches Theater im 18. Jahrhundert, Tübingen 1982

Kurt May: Johann Elias Schlegels »Canut« im Wettstreit der geistesgeschichtlichen und formgeschichtlichen Forschung, in: K.M., Form und Bedeutung. Interpretationen deutscher Dichtung des 18. und 19. Jahrhunderts, Stuttgart 1972 (3. Aufl., zuerst 1957), S.13–42

Albert Meier: Dramaturgie der Bewunderung. Untersuchungen zur politisch-klassizistischen Tragödie in Deutschland, Frankfurt/M. 1993

Reinhart Meyer: Das deutsche Trauerspiel des 18. Jahrhunderts. Eine Bibliographie, München 1977

Peter Michelsen: Der unruhige Bürger. Studien zu Lessing und zur Literatur des 18. Jahrhunderts, Würzburg 1990

Cornelia Mönch: Abschrecken oder Mitleiden. Das deutsche bürgerliche Trauerspiel im 18. Jahrhundert. Versuch einer Typologie, Tübingen 1993

Peter Horst Neumann: Der Preis der Mündigkeit. Über Lessings Dramen, Stuttgart 1977

Wolfgang Paulsen: Johann Elias Schlegel und die Komödie, Bern, München 1977

Lothar Pikulik: »Bürgerliches Trauerspiel« und Empfindsamkeit, Köln, Graz 1966

Wolfgang Promies: Der Bürger und der Narr oder das Risiko der Phantasie. Sechs Kapitel über das Irrationale in der Literatur des Rationalismus, Frankfurt/M. 1977 (zuerst 1966)

Peter Pütz: Die Leistung der Form. Lessings Dramen, Frankfurt/M. 1987

Albert M. Reh: Die Rettung der Menschlichkeit. Lessings Dramen in literaturpsychologischer Sicht, Bern, München 1981

John G. Robertson: Lessing's Dramatic Theory, Cambridge 1939

Günter Saße: Die aufgeklärte Familie. Untersuchungen zur Genese, Funktion und Realitätsbezogenheit des familialen Wertsystems im Drama der Aufklärung, Tübingen 1988

Martin Schenkel: Lessings Poetik des Mitleids im bürgerlichen Trauerspiel ›Miß Sara Sampson‹: poetisch-poetologische Reflexionen. Mit Interpretationen zu Pirandello, Brecht und Handke, Bonn 1984

Hans-Jürgen Schings: Consolatio Tragoediae. Zur Theorie des barocken Trauerspiels, in: Deutsche Dramentheorien, hg. v. Reinhold Grimm, Wiesbaden 1980 (3. Aufl., zuerst 1971), S.19–56 (= CT)

Hans-Jürgen Schings: Der mitleidigste Mensch ist der beste Mensch. Poetik des Mitleids von Lessing bis Büchner, München 1980 (=M)

Hans-Jürgen Schings: Constantia und Prudentia. Zum Funktionswandel des barocken Trauerspiels, in: Studien zum Werk Daniel Caspers von Lohenstein, hg. v. Gerald Gillespie u. Gerhard Spellerberg, Amsterdam 1983, S.187–223 (= CP)

Heinz Schlaffer: Der Bürger als Held. Sozialgeschichtliche Auflösungen literarischer Widersprüche, Frankfurt/M. 1976 (2. Aufl., zuerst 1973)

Armin Schlienger: Das Komische in den Komödien des Andreas Gryphius. Ein Beitrag zu Ernst und Scherz im Barocktheater, Bern 1970

Jürgen Schröder: Gotthold Ephraim Lessing. Sprache und Drama, München 1972

Albrecht Schöne: Emblematik und Drama im Zeitalter des Barock, München 1968 (2. Aufl., zuerst 1964)

Georg-Michael Schulz: Tugend, Gewalt und Tod. Das Trauerspiel der Aufklärung und die Dramaturgie des Pathetischen und des Erhabenen, Tübingen 1988

Hinrich C. Seeba: Die Liebe zur Sache. Öffentliches und privates Interesse in Lessings Dramen, Tübingen 1973

Gerhard Spellerberg: Verhängnis und Geschichte. Untersuchungen zu den Trauerspielen und dem ›Arminius‹-Roman Daniel Caspers von Lohenstein, Bad Homburg v. d. H., Berlin, Zürich 1970

Harald Steinhagen: Wirklichkeit und Handeln im barocken Drama. Historisch-ästhetische Studien zum Trauerspiel des Andreas Gryphius, Tübingen 1977

Horst Steinmetz: Die Komödie der Aufklärung, Stuttgart 1978 (3. Aufl., zuerst 1966) (Sammlung Metzler, Bd. 47) (= K)

Horst Steinmetz: Das deutsche Drama von Gottsched bis Lessing, Stuttgart 1987 (= D)

Horst Steinmetz: Emilia Galotti, in: Lessings Dramen. Interpretationen, Stuttgart 1987 (= EG)

Joseph P. Strelka u.a. (Hgg.): Virtus et Fortuna. Festschrift für Hans-Gert Roloff, Frankfurt/M., New York 1983

Elida Maria Szarota: Vorwort zu: E.M.S. (Hg.), Das Jesuitendrama im deutschen Sprachgebiet. Bd. I,1, München 1979

Peter Szondi: Die Theorie des bürgerlichen Trauerspiels im 18. Jahrhundert. Studienausgabe der Vorlesungen. Bd. I, hg. v. Gert Mattenklott, Frankfurt/M. 1973

Gisbert Ter-Nedden: Lessings Trauerspiele. Der Ursprung der modernen Dramatik aus dem Geist der Kritik, Stuttgart 1986

Hans Wagner: Aesthetik der Tragödie. Von Aristoteles bis Schiller, Würzburg 1987

Peter Weber: Das Menschenbild des bürgerlichen Trauerspiels. Entstehung und Funktion von Lessings »Miß Sara Sampson«, Berlin 1976 (2. Aufl., zuerst 1970)

Conrad Wiedemann: Ein schönes Ungeheuer. Zur Deutung von Lessings Einakter »Philotas«, in: Germanisch-Romanische Monatsschrift. Neue Folge, Bd. XVII (1967), S. 381–397

Alois Wierlacher: Das bürgerliche Drama. Seine theoretische Begründung im 18. Jahrhundert, München 1968

Benno v. Wiese: Die deutsche Tragödie von Lessing bis Hebbel, Hamburg 1973 (8. Aufl., zuerst 1948)

Benno v. Wiese (Hg.): Das deutsche Drama vom Barock bis zur Gegenwart. Bd. I, Düsseldorf 1958

Reiner Wild: Literatur im Prozeß der Zivilisation. Entwurf einer theoretischen Grundlegung der Literaturwissenschaft, Stuttgart 1982

Ruprecht Wimmer: Jesuitentheater. Didaktik und Fest, Frankfurt/M. 1982

Kurt Wölfel: Moralische Anstalt. Zur Dramaturgie von Gottsched bis Lessing, in: Deutsche Dramentheorien, hg. v. Reinhold Grimm, Wiesbaden 1980 (3. Aufl., zuerst 1971), S. 45–123

Konradin Zeller: Pädagogik und Drama. Untersuchungen zur Schulcomödie Christian Weises, Tübingen 1980

## Zu Kapitel V

### Werke und Quellen

Johann Valentin Andreae: Christianopolis (1619). Aus dem Lateinischen übersetzt, kommentiert und mit einem Nachwort hg. v. Wolfgang Biesterfeld, Stuttgart 1975

Charles Batteux: Les Beaux-Arts réduits à un même principe, Paris 1746

(Der Biedermann). Faksimiledruck der Originalausgabe 1727–1729 mit einem Nachwort und Erläuterungen hg. v. Wolfgang Martens, Stuttgart 1975

Friedrich von Blanckenburg: Versuch über den Roman. Faksimiledruck der Originalausgabe von 1774, mit einem Nachwort hg. v. Eberhard Lämmert, Stuttgart 1965

Johann Jakob Engel: Über Handlung, Gespräch und Erzählung. Faksimiledruck der ersten Fassung von 1774, hg. und mit einem Nachwort vers. v. Ernst Theodor Voss, Stuttgart 1964

Reinhard Dithmar (Hg.): Fabeln, Parabeln und Gleichnisse. Beispiele didaktischer Literatur, München 1983 (7. Aufl., zuerst 1970)

Christian Fürchtegott Gellert: Schriften zur Theorie und Geschichte der Fabel. Historisch-kritische Ausgabe, hg. v. Siegfried Scheibe, Tübingen 1966 (= F)

Christian Fürchtegott Gellert: Leben der schwedischen Gräfin von G\*\*\* (1747–48), hg. v. Jörg-Ulrich Fechner, Stuttgart 1985 (= G)

Gunter E. Grimm (Hg.): Satiren der Aufklärung, Stuttgart 1979

Gotthard Heidegger: Mythoscopia Romantica oder Discours von den so benanten Romans. Faksimileausgabe nach dem Originaldruck von 1698, hg. v. Walter Ernst Schäfer. Bad Homburg v.d.H., Berlin, Zürich 1969

Heide Hollmer u.a. (Hgg.): Deutsche Erzählungen des 18. Jahrhunderts von Gottsched bis Goethe, München 1988

Gustav R. Hocke (Hg.): Deutsche Satiren des 18. Jahrhunderts, Dessau, Leipzig 1940

Pierre-Daniel Huet: Traité de l'Origine des Romans, Paris 1670. Deutsche Übers. v. Eberhard Werner Happel, in: Der Insulanische Mandorell (...), Hamburg 1782. Faksimiledruck nach der Erstausgabe von 1670 und der Happelschen Übersetzung von 1682 mit einem Nachwort hg. v. Hans Hinterhäuser, Stuttgart 1966

Dieter Kimpel u. Conrad Wiedemann (Hgg.): Theorie und Technik des Romans im 17. und 18. Jahrhundert. 2 Bde., Tübingen 1970

Eberhard Lämmert u.a. (Hgg.): Romantheorie 1620–1880. Dokumentation ihrer Geschichte in Deutschland, Frankfurt/M. 1988

Antoine de La Motte-Houdar: Discours sur la fable (1719), in: Œuvres, Paris 1754, Tome IX, S. 5–56

Magnus Gottfried Lichtwer: Poetische Schriften. 2 Bde., Wien 1793

Christian Ludwig Liscow: Vortrefflichkeit und Nohtwendigkeit der elenden Scribenten und andere Schriften, hg. v. Jürgen Manthey, Frankfurt/M. 1968

Johann Michael von Loen: Der redliche Mann am Hofe. Faksimiledruck nach der Ausgabe von 1742, mit einem Nachwort hg. v. Karl Reichert, Stuttgart 1966

Karl Philipp Moritz: Anton Reiser. Ein psychologischer Roman (1785–1790), mit einem Nachwort hg. v. Max v. Brück, Frankfurt/M. 1979

(Der Patriot). Nach der Originalausgabe Hamburg 1724–26 in drei Textbänden und einem Kommentarband kritisch hg. v. Wolfgang Martens, Berlin 1969ff.

Gottfried Wilhelm Rabener: Sämmtliche Schriften. 3 Bde., Leipzig 1777

(Gottfried Wilhelm Rabener:) G.W. Rabeners Briefe, von ihm selbst gesammlet und nach seinem Tode nebst einer Nachricht von seinem Leben und Schriften hg. v. Ch.F. Weiße, Leipzig 1772

Albrecht Christian Rotth: Vollständige Deutsche Poesie (...) 3 Bde., Leipzig 1688

Johann Gottfried Schnabel: Wunderliche Fata einiger See-Fahrer (...) (1731–43) (1828 unter dem Titel »Insel Felsenburg« neu hg. v. Ludwig Tieck), Bd. I, hg. v. Volker Meid u. Ingeborg Springer-Strand, Stuttgart 1979

Johann George Sulzer: Allgemeine Theorie der Schönen Künste, in einzeln, nach alphabetischer Ordnung der Kunstwörter auf einander folgenden Artikeln abgehandelt. Neue vermehrte zweyte Auflage, Leipzig 1792–94 (zuerst 1771–74 / 1786–87)

Christian Thomasius: Schertz= und Ernsthaffter, Vernünfftiger und Einfältiger Gedancken / über allerhand Lustige und nützliche Bücher und Fragen (...), 5 Bde., Halle 1690

Daniel Wilhelm Triller: Aesopische Fabeln, worinnen in gebundener Rede allerhand erbauliche Sittenlehren und nützliche Lebensregeln vorgetragen werden, Hamburg 1740

Johann Carl Wezel: Belphegor oder die wahrscheinlichste Geschichte unter der Sonne (1776), hg. v. Hubert Gersch, Frankfurt/M. 1984 (= B)

Johann Karl (!) Wezel: Satirische Erzählungen (1777–1778), neu hg. v. Anneliese Klingenberg, Berlin 1983 (= E)

(Christoph Martin Wieland:) Wielands Briefwechsel, hg. v. Hans Werner Seiffert u.a., Berlin 1963ff.

Christian Wolff: Philosophia practica universalis. Pars posterior. Editio nova, Halle 1750 (zuerst 1739)

Forschung

Helmut Arntzen: Die Satiretheorie der Aufklärung, in: Europäische Aufklärung, hg. v. Walter Hinck, Frankfurt/M. 1974 (= Neues Handbuch der Literaturwissenschaft, Bd. XI). Erster Teil, S. 57–74

Hugo Beyer: Die moralische Erzählung in Deutschland bis zu Heinrich von Kleist, Hildesheim 1941

Wolfgang Biesterfeld: Die literarische Utopie, Stuttgart 1981 (2. Aufl., zuerst 1974) (Sammlung Metzler, Bd. 127)

Hans Blumenberg: Wirklichkeitsbegriff und Möglichkeit des Romans, in: Nachahmung und Illusion (Poetik und Hermeneutik I), hg. v. Hans Robert Jauß, München 1969 (2. Aufl., zuerst 1964), S. 9–27

Wolfgang Braungart: Die Kunst der Utopie. Vom Späthumanismus zur frühen Aufklärung, Stuttgart 1989

Peter J. Brenner: Die Krise der Selbstbehauptung. Subjekt und Wirklichkeit im Roman der Aufklärung, Tübingen 1981

Fritz Brüggemann: Utopie und Robinsonade. Untersuchungen zu Schnabels Insel Felsenburg, Weimar 1914

Jürgen Brummack: Zu Begriff und Theorie der Satire, in: Deutsche Vierteljahrsschrift für Literaturwissenschaft und Geistesgeschichte 45 (1971) (Sonderheft), S. 275–377

Reinhard Dithmar: Die Fabel. Geschichte, Struktur, Didaktik, Paderborn 1988 (7. Aufl., zuerst 1971)

Manfred Engel: Der Roman der Goethezeit. Bd. I. Anfänge in Klassik und Frühromantik, Stuttgart, Weimar 1993

Theo Elm u. Peter Hasubek (Hgg.): Fabel und Parabel. Kulturgeschichtliche Prozesse im 18. Jahrhundert, München 1994

Bernhard Fabian u.a. (Hgg.): Deutschlands kulturelle Entfaltung. Die Neubestimmung des Menschen (Studien zum achtzehnten Jahrhundert, Bd. 2/3), München 1980

Jürgen Fohrmann: Abenteuer und Bürgertum. Zur Geschichte der deutschen Robinsonaden im 18. Jahrhundert, Stuttgart 1981

Werner Frick: Providenz und Kontingenz. Untersuchungen zur Schicksalssemantik im deutschen und europäischen Roman des 17. und 18. Jahrhunderts, Tübingen 1988

Peter Hasubek (Hg.): Die Fabel. Theorie, Geschichte und Rezeption einer Gattung, Berlin 1982 (= DF)

Peter Hasubek (Hg.): Fabelforschung, Darmstadt 1983 (= F)

Urs Herzog: Der deutsche Roman des 17. Jahrhunderts. Eine Einführung, Stuttgart u.a. 1976

Bruno Hillebrand: Theorie des Romans, München 1980 (2. Aufl., zuerst 1972)

Peter Uwe Hohendahl: Der europäische Roman der Empfindsamkeit, Wiesbaden 1977

Jürgen Jacobs: Prosa der Aufklärung. Kommentar zu einer Epoche, München 1976

Georg Jäger: Empfindsamkeit und Roman. Wortgeschichte, Theorie und Kritik im 18. und frühen 19. Jahrhundert, Stuttgart u.a. 1969

Dieter Kimpel: Der Roman der Aufklärung, Stuttgart 1976 (2. Aufl., zuerst 1967) (Sammlung Metzler, Bd. 68)

Isabel Knautz: Epische Schwärmerkuren. Johann Karl Wezels Romane gegen die Melancholie, Würzburg 1990

Helmut Koopman (Hg.): Handbuch des deutschen Romans, Düsseldorf 1983

Klaus Lazarowicz: Verkehrte Welt. Vorstudien zu einer Geschichte der deutschen Satire, Tübingen 1963

Erwin Leibfried: Die Fabel, Stuttgart 1982 (4. Aufl., zuerst 1967) (Sammlung Metzler, Bd. 66)

Hans Mayer: Von Lessing bis Thomas Mann. Wandlungen der bürgerlichen Literatur in Deutschland, Pfullingen 1959

Eckhardt Meyer-Krentler: Der andere Roman. Gellerts »Schwedische Gräfin«: Von der aufklärerischen Propaganda gegen den »Roman« zur empfindsamen Erlebnisdichtung, Göppingen 1974

Peter Michelsen: Laurence Sterne und der deutsche Roman des 18. Jahrhunderts, Göttingen 1972

(2. Aufl., zuerst 1962)

Götz Müller: Gegenwelten. Die Utopie in der deutschen Literatur, Stuttgart 1989

Klaus-Detlef Müller: Autobiographie und Roman. Studien zur literarischen Autobiographie der Goethezeit, Tübingen 1976

Günther Niggl: Geschichte der deutschen Autobiographie im 18. Jahrhundert. Theoretische Grundlegung und historische Entfaltung, Stuttgart 1977

Karl K. Polheim (Hg.): Handbuch der deutschen Erzählung, Düsseldorf 1981

Jörg Schönert: Roman und Satire im 18. Jahrhundert. Ein Beitrag zur Poetik, Stuttgart 1969

Herbert Singer: Der deutsche Roman zwischen Barock und Rokoko, Köln, Graz 1963

Cornelius Sommer: Europäische Tradition und individuelles Stilideal. Zur Versgestalt von Wielands späten Erzählungen (1969), in: Christoph Martin Wieland, hg. v. Hansjörg Schelle, Darmstadt 1981, S. 344–379

Bernhard Spiess: Politische Kritik, psychologische Hermeneutik, ästhetischer Blick. Die Entwicklung bürgerlicher Subjektivität im Roman des 18. Jahrhunderts, Stuttgart 1992

Ludwig Stockinger: Ficta Republica. Gattungsgeschichtliche Untersuchungen zur utopischen Erzählung in der deutschen Literatur des frühen 18. Jahrhunderts, Tübingen 1981

Horst Thomé: Roman und Naturwissenschaft. Eine Studie zur Vorgeschichte der deutschen Klassik, Frankfurt/M. u.a. 1978

Maria Tronskaja: Die deutsche Prosasatire der Aufklärung, Berlin 1969 (zuerst russisch 1962)

Wilhelm Vosskamp: Romantheorie in Deutschland. Von Opitz bis Friedrich von Blanckenburg, Stuttgart 1973

Wilhelm Vosskamp (Hg.): Utopieforschung. Interdisziplinäre Studien zur neuzeitlichen Utopie. 3 Bde., Stuttgart 1982

Fritz Wahrenburg: Funktionswandel des Romans und ästhetische Norm. Die Entwicklung seiner Theorie in Deutschland bis zur Mitte des 18. Jahrhunderts, Stuttgart 1976

Ian Watt: Der bürgerliche Roman. Aufstieg einer Gattung. Defoe – Richardson – Fielding. Aus dem Englischen von Kurt Wölfel, Frankfurt/M. 1974 (Dt. Ausgabe von »The Rise of the Novel«, 1957)

Kurt Wölfel: Friedrich von Blanckenburgs ›Versuch über den Roman‹, in: Deutsche Romantheorien, hg. v. Reinhold Grimm, Bd. 1, Frankfurt/M. 1974 (2. Aufl., zuerst 1968), S. 29–60

# NAMENREGISTER

Abel, Jacob Friedrich 311, 313
Abraham a Sancta Clara 247
Ackermann, Conrad 189–190, 192
Adam, Wolfgang 7, 57
Addison, Joseph 47, 80, 87, 120–121, 145, 197
Adelung, Johann Christoph 311, 313
Adorno, Theodor W. 6, 56
Äsop 251, 256, 259
Alewyn, Richard 168
Alexander, Robert 167, 169, 172, 174–177, 181, 183
Algarotti, Francesco 33
Alkaios 156
Alt, Peter-André 66, 70, 163, 202–203, 221, 236, 242, 253, 303
Altenhofer, Norbert 103
Althaus, Horst 105–106
Anakreon 148–149
André, Christian Karl 312
Andreae, Johann Valentin 167, 169, 283–285, 290
Anger, Alfred 275
Ariost, Lodovico 78
Aristoteles 25, 58, 60, 70–71, 75, 168, 171, 185, 194–196, 210, 219–220, 239, 252, 282
Arnaud, François Thomas Marie Baculard d' 272
Arndt, Johann 41
Arnold, Heinz Ludwig 155
Arntzen, Helmut 198, 228, 236, 245, 246, 262, 304
Asklepiades 156
Asmuth, Bernhard 172, 176
Asper, Helmut 169, 183
Avancini, Nicolaus 167

Baasner, Rainer 129
Bachström, Johann Friedrich 281
Bachtin, Michail 246
Bacon, Francis 276, 283
Baeumler, Alfred 49, 97, 99
Bahr, Ehrhard 4, 59
Balde, Jacob 167

Balet, Leo 51
Barclay, John 180, 278, 289
Barner, Wilfried 24, 60, 64, 67, 106, 114, 176–177, 179, 181, 191, 206, 237
Basedow, Johann Bernhard 312
Bassewitz, Henning Adam von 208
Batteux, Charles 69, 104, 209, 255–256, 269–270, 292
Bauer, Gerhard 193, 221
Baumgarten, Alexander Gottlieb 9, 92, 95–102, 115, 121, 124
Bayle, Pierre 16–17, 22, 68
Beaumont, Francis 234
Becker-Cantarino, Barbara 53
Beer, Johann 273
Beetz, Manfred 126, 162
Begemann, Christian 57, 88
Behrens, Rudolf 57
Behrmann, Georg 187
Bender, Wolfgang 89, 186, 188, 190
Benjamin, Walter 170–171
Bergerac, Cyrano de 273
Bernd, Adam 248, 307
Bernstorff, Johann Hartwig Ernst von 153
Besser, Johann von 66, 81, 126, 128, 131, 273
Beyer, Hugo 305
Beyer-Fröhlich, Marianne 130
Bidermann, Jacob 167, 170
Biesterfeld, Wolfgang 283–284
Birke, Joachim 64–65, 70–71, 74, 76, 118–119, 123
Birken, Sigmund von 60, 62, 64, 104, 127, 171, 247, 277, 279
Blanckenburg, Friedrich von 57, 249, 272, 294, 298–301, 305–306
Blümner, Hugo 106
Blumenberg, Hans 4, 13, 26, 28, 49–51, 136, 250, 277
Boccaccio, Giovanni 238, 272–273
Bodmer, Johann Jacob 9, 80–89, 117, 119–121, 123, 143, 153, 201, 247, 251, 260, 263, 273, 286
Böckmann, Paul 76, 117–118, 162
Böhme, Jacob 42, 163

Böhme, Gernot u. Hartmut 56–57
Boethius, Anicius Manlius Severinus 168, 170
Bohnen, Klaus 104, 110
Boileau, Nicolas 66, 87, 196, 249, 273, 304
Bollacher, Martin 39, 316
Boor, Helmut de 123
Borchmeyer, Dieter 203
Bougeant, Guillaume-Hyacinthe 227
Bovenschen, Silvia 242
Brandes, Johann Christian 192
Braungart, Wolfgang 282–284, 309
Braunschweig-Wolfenbüttel, Anton Ulrich von 183, 185, 276, 279, 281, 285, 289
Brawe, Joachim Wilhelm von 37, 207, 240
Breitinger, Johann Jacob 9, 80–81, 83, 88–91, 104, 119–122, 134, 143, 247, 251, 254–256, 260, 263, 269, 286
Brenner, Peter J. 250, 288, 292, 295, 307
Breymeyer, Reinhard 43
Broch, Hermann 308
Brockes, Barthold Heinrich 36, 44, 87, 89, 105, 111, 129–138, 140, 149–150, 160, 163–164
Brüggemann, Fritz 229–230, 282
Brummack, Jürgen 260, 304
Brumoy, Pierre 185
Bruno, Giordano 28–29, 32
Buch, Hans Christoph 104
Buchner, August 60–61, 104
Büchner, Georg 246
Bürger, Gottfried August 54, 151, 153
Burger, Heinz Otto 180
Burke, Edmund 88
Burnet, Thomas 140

Calepio, Pietro de' Conti di 82, 88
Campanella, Tommaso 283
Campe, Joachim Heinrich 281, 312
Campe, Rüdiger 67
Canitz, Rudolph Ludwig von 67, 126, 131
Carracci, Annibale 80
Cassirer, Ernst 16, 40, 49–50
Castelvetro, Lodovico 61
Castiglione, Baldassare 23, 273
Catharina von Greiffenberg 127
Catholy, Eckehard 169, 175, 225, 229–230, 233–234, 245
Caussinus, Nicolaus 170, 177
Caylus, Anne-Claude-Philipp de 106
Cervantes Saavedra, Miguel de 273
Chassiron, Pierre Mathieu Martin de 207, 233

Chaucer, Geoffrey 154
Cherbury, Lord Herbert of 36–38
Christ, Johann Friedrich 149
Cicero, Marcus Tullius 78–79
Claudian 60, 78
Collins, Anthony 37–38, 235
Congreve, William 218
Conrady, Karl Otto 199
Corneille, Pierre 185–186, 192, 194, 196, 198, 201, 218, 223
Cramer, Johann Andreas 153
Crébillon, Prosper Jolyot de 185, 192, 218
Cronegk, Johann Friedrich von 207, 223
Curtius, Michael Conrad 210
Czucka, Eckehard 228, 245–246

Dacier, André 185
Dacier, Anne Lefèvre 93
Dach, Simon 133
Danneberg, Lutz 54
Dante 154
Daunicht, Richard 208, 240
De Boor, Helmut 123
Defoe, Daniel 281, 283, 299
Dekker, Thomas 182
Dennis, John 140
Derham, William 35
Descartes, René 3, 8, 14–16, 18, 22, 25, 32, 121, 130
Deschampes, François 185, 197
Destouches, Philippe Néricault 185, 192, 227
Diderot, Denis 12, 209–210, 240–241
Dilthey, Wilhelm 49
Diomedes 71, 79
Dithmar, Reinhard 251, 256, 259, 302–303
Döblin, Alfred 308
Donatus, Aelius 71, 79
Donne, John 31
Drevetière, Louis François Delisle de la 235
Dryden, John 218
Dubos, Jean Baptiste 9, 77, 82, 92–93, 104, 106–108, 116, 120–121, 153, 212–213
Dürer, Albrecht 80
Dufresny, Charles Rivière 226–227
Durzak, Manfred 217, 234
Dyck, Joachim 60–62, 64, 78–79

Eberhard, Johann August 311
Eckermann, Johann Peter 103

Eggers, Dietrich  176–179
Eibl, Karl  212, 241
Ekhof, Conrad  189–193
Elias, Norbert  56, 243
Elm, Theo  257–260, 303
Emrich, Wilhelm  173, 181
Engel, Johann Jakob  270–271, 291, 297, 301, 308, 311
Engelsing, Rolf  53
Epictet  62, 170

Fabian, Bernhard  33, 145, 295, 308
Fabricius, Johann Albert  35–36
Feind, Barthold  132, 184
Feller, Joachim  42
Fénelon, François de  289
Ferguson, Adam  213
Fielding, Henry  294–295, 299
Fischer, Ludwig  61, 64
Fischer-Lichte, Erika  169, 186
Flemming, Willi  176
Fohrmann, Jürgen  281, 307
Fontenelle, Bernard le Bouyer de  22, 33, 68, 273
Foucault, Michel  55–56, 243
Francke, August Hermann  19, 42–43
Freund, Winfried  244
Frick, Werner  250, 282, 288, 295, 297, 300, 308
Friedrich II. von Preußen  20, 46
Friedrich Wilhelm I. von Preußen  20, 42, 46
Frischlin, Nicodemus  167
Frühwald, Wolfgang  54
Funck, Gottfried Benedikt  153

Gabriel, Norbert  160, 165
Gaede, Friedrich  62–63, 95, 101, 119, 121–122
Galilei, Galileo  29, 33
Galle, Roland  57
Garve, Christian  111, 211, 270–271, 311
Gebauer, Gunter  108
Gellert, Christian Fürchtegott  44, 48, 70, 207, 209, 214, 230, 232–234, 241–242, 244, 251–254, 258–259, 281, 287–288, 292, 295, 299, 307–308
George, David E.R.  220
Gerhard, Eberhard  51
Gerstenberg, Heinrich Wilhelm  153
Gessner, Salomon  105, 139, 247
Gherardi, Evaristo  226
Glaser, Horst Albert  79, 123, 127, 169,

174, 177, 216, 224, 279, 287
Gleim, Johann Wilhelm Ludwig  148–149, 251, 258–259
Goethe, Johann Wolfgang von  31–32, 42, 44, 68, 114, 117, 151, 153, 158, 161, 193, 222, 232, 236, 251, 275, 286–288, 311
Goeze, Johann Melchior  39, 238
Goldoni, Carlo  244
Gottsched, Johann Christoph  4, 8, 12, 19, 33, 38, 40, 44, 47–48, 54, 58, 66, 68–82, 84–85, 87–91, 93–94, 97, 100–102, 110, 114–116, 118–125, 128, 149, 154–155, 162, 167, 184–189, 192–202, 205, 209–210, 213, 218, 220, 224–232, 234, 237, 239–240, 242–246, 248–250, 253–254, 258, 260–261, 263–264, 269, 272–273, 292–293, 298, 301–303
Gottsched, Luise Adelgrunde Victorie  42, 187, 201, 227–228, 244, 288
Götz, Johann Nikolaus  148–150
Gracián, Balthasar  23–24, 78, 172, 182, 273
Graevenitz, Gerhart von  46, 52
Graf, Ruedi  190–191, 196, 204, 243
Greiffenberg, Catharina von  42
Greiner, Bernhard  225–226, 231, 237, 244, 246
Greis, Jutta  242
Grimm, Gunter E.  50, 64–65, 67, 70, 72, 77, 103, 119, 122–123, 138, 181, 261–268, 274, 304
Grimmelshausen, Hans Jakob Christoffel von  290
Grimminger, Rolf  7, 9, 24, 45, 52, 54, 58, 79, 123, 129, 190, 193, 241–242, 311
Große, Wilhelm  129, 160, 164
Grotius, Hugo  22
Gryphius, Andreas  67, 128, 167–178, 181–183, 185, 198, 202, 223, 226, 247
Gryphius, Christian  178
Günther, Johann Christian  128, 149
Gundling, Nicolaus Hieronymus  280
Guthke, Karl S.  138–139, 141, 180, 208, 211–212, 217, 221, 233–234, 241
Guyon du Chesnoy, Jeanne-Marie  41

Habermas, Jürgen  2, 47, 51–55, 273
Haferkorn, Hans J.  45, 53
Hagedorn, Friedrich von  129, 148–150, 156, 251, 258–260
Haller, Albrecht von  44, 105, 109, 111,

129, 138–144, 146–148, 154, 156, 160, 163–164, 230, 247, 290
Hallmann, Johann Christian 168, 172–174, 177–178, 181, 223, 247
Hamann, Johann Georg 230
Hancke, Gottfried Benjamin 128
Happel, Eberhard Werner 277
Harris, James 106
Harsdoerffer, Georg Philipp 23, 60–66, 104, 127, 169, 171, 247, 273–274, 277
Hasubek, Peter 251, 253, 256–257, 259–260, 302–303
Haugwitz, August Adolph von 168, 172–174, 178
Hauptmann, Johann Gottfried 251
Hausen, Karin 53
Hauser, Arnold 51, 53
Hazard, Paul 126
Hebbel, Friedrich 239
Hegel, Georg Wilhelm Friedrich 5–7, 300, 317
Heidegger, Gotthard 278–280, 282, 298, 305
Heinsius, Daniel 130, 171
Heitner, Robert R. 183
Helvétius, Claude-Adrien 69
Henkel, Arthur 153
Henricus Stephanus 148
Herder, Johann Gottfried 11, 47, 125, 315–319
Hermes, Johann Timotheus 287
Herrmann, Hans Peter 70, 73, 74, 77, 81, 83, 90–91, 119–121
Herzog, Urs 127, 277
Hess, Günter 168
Hess, Ludwig von 265, 268
Heufeld, Franz von 192
Heydebrand, Renate von 54, 199
Heynitz, Johann Friedrich von 186
Hillebrand, Bruno 268, 277, 279, 284, 293, 299–300, 306
Hiller, Philipp Friedrich 41
Hinck, Walter 59, 165, 168–169, 175, 227, 232, 236, 244–245
Hinderer, Walter 129, 164, 274
Hinske, Norbert 1
Hippel, Theodor Gottlieb von 291
Hirzel, Johann Caspar 156
Hobbes, Thomas 52, 203, 276, 289, 291
Hölderlin, Friedrich 153, 158, 161, 317
Hölty, Ludwig Heinrich Christoph 151, 153
Hoffmannswaldau, Christian Hoffmann von 66, 78, 91, 127
Hofmann, Karl Ludwig 185
Hofmannsthal, Hugo von 246
Hogarth, William 105–106
Hohendahl, Peter Uwe 287–288, 307
Hohner, Ulrich 118
Holbein, Hans 80
Holberg, Ludwig 227
Hollmer, Heide 196, 201, 243, 272–273
Homer 60, 70, 87, 105–106, 144, 315
Horaz 12, 58, 60, 70–71, 104, 126, 128, 132, 142, 153, 260, 263
Horkheimer, Max 6, 56
Huber, Therese 289
Hübner, Johann 61
Huet, Pierre-Daniel 277–279, 293, 307
Hunold, Christian Friedrich 66, 132, 184
Hume, David 8
Hutcheson, Francis 213, 215
Huygens, Christiaan 33
Huyssen, Andreas 59

Iffland, August Wilhelm 189

Jacobi, Friedrich Heinrich 10
Jacobs, Jürgen 248–249, 260–261, 263, 265–269, 272, 279, 282, 284, 286–287, 290–291, 295, 297–298, 302, 304
Jäger, Georg 287, 307
Jäger, Michael 96
Jakob, Ludwig Heinrich 311
Jerusalem, Karl Wilhelm 40
Jöcher, Christian Gottlieb 38
Jørgensen, Sven Aage 58–59, 123, 153
Jung-Stilling, Johann Heinrich 44, 248, 291
Justi, Heinrich Gottlob von 265, 267
Juvenal 260, 263

Kästner, Abraham Gotthelf 129, 260, 265–267
Kafitz, Dieter 244
Kahl-Pantis, Brigitte 243
Kaiser, Gerhard 13, 41, 49, 59, 154, 156, 158, 161–162, 170, 175–176
Kant, Immanuel 1–2, 4–5, 7–12, 15, 21, 25, 50, 86, 88, 313
Kanz, Johann Conrad 43
Keller, Gottfried 298
Kemper, Hans-Georg 36–37, 128, 135, 138, 140, 142, 144, 147, 149, 163–164
Kepler, Johannes 33
Ketelsen, Uwe-K. 129, 135, 158–159, 163

Kiesel, Helmuth 46
Kimpel, Dieter 50, 79, 103–104, 123, 248, 276, 279, 282, 285, 287–290, 295, 301, 305–306
Kindermann, Balthasar 60–62
Kindermann, Heinz 167, 169, 182–184, 188–190
Klaj, Johann 66, 127, 247
Kleist, Ewald Christian von 105, 142–143, 148, 154, 156, 207
Kleist, Heinrich von 246, 268
Klinger, Friedrich Maximilian 204, 223
Klopstock, Friedrich Gottlieb 13, 42, 44, 49, 109, 128–129, 139, 143, 151–161, 163–164
Klotz, Christian Adolf 222, 262
Klotz, Volker
Knautz, Isabel 291, 308
Knigge, Adolph Freiherr von 310–311
Koch, Heinrich Gottfried 185, 187, 190
Koebner, Thomas 112, 191
Köllner, Christian Gottlob 186
König, Johann Ulrich 67, 77 78, 81–82, 92–94, 132, 143, 184
Kohlschmidt, Werner 58, 141
Kommerell, Max 213, 219
Kondylis, Panajotis 14, 21, 30, 33–34, 40, 51, 95, 135
Koopmann, Helmut 79, 197, 199, 224–225, 228, 231, 233, 241, 257, 260, 289–290, 297–298, 303
Kopernikus, Nikolaus 26–28, 31–32, 135
Korff, Hermann August 58
Koselleck, Reinhart 46, 51–53, 290
Košenina, Alexander 57, 243
Koyré, Alexandre 25
Krüger, Ephraim Benjamin 201
Krüger, Johann Christian 192, 227, 232, 234
Krüger, Johann Gottlob 33
Krummacher, Hans-Henrik 160
Kühlmann, Wilhelm 172
Kuhlmann, Quirinus 127
Kydd, Thomas 182

La Chaussée, P.C. Nivelle de 209, 233
Laclos, Choderlos de 287
Lämmert, Eberhard 280, 292–294, 299, 306
La Fontaine, Jean de 251, 257, 259
La Motte, Antoine Houdar de 251–252, 254–256
Landois, Paul 208
Lange, Joachim 19

Lange, Samuel Gotthold 153, 155, 262
La Roche, Sophie von 287–288
Lavater, Johann Caspar 266
Lazarowicz, Klaus 260–261, 263, 265–267
Le Bossu, René Pierre 74, 251, 253, 255
Leibfried, Erwin 165, 258–259, 302–303
Leibniz, Gottfried Wilhelm 3, 8–9, 14, 16–19, 21, 24–25, 40, 42, 50, 68–69, 72, 95, 121, 214, 239, 266, 279–280, 287, 301, 315
Leisewitz, Johann Anton 204
Leitzmann, Albert 267
Lenz, Jakob Michael Reinhold 216, 223
Lessing, Gotthold Ephraim 7, 12, 37–40, 44, 47–48, 50, 87, 90, 102–118, 121–125, 129, 134, 139, 151–152, 191–193, 197, 200–201, 204–210, 212–224, 229, 231, 234–245, 247, 249, 251, 256–259, 262, 287, 294, 299, 302–303, 315–318
Lichtenberg, Georg Christoph 260, 264, 266–267, 304
Lichtwer, Magnus Gottfried 258–259, 280
Liebeskind, Dorothea Margarete 289
Lillo, George 201, 208, 217–218, 240–241
Linant, Michel 208
Lippe, Rudolf zur 57
Lipsius, Justus 62, 130, 168, 170
Liscow, Christian Ludwig 260–262, 264–266, 268, 304
Locke, John 8, 276
Loen, Johann Michael von 289–290
Löwen, Johann Friedrich 149, 190–193
Logau, Friedrich von 128, 129
Lohenstein, Daniel Casper von 24, 66–67, 78, 91, 127, 141, 154, 167–168, 172–173, 177–178, 181–182, 185, 276, 281, 289
Lohr, Günther 246
Longin 81–82, 86–87
Lovejoy, Arthur O. 144
Lucan 60, 78, 197
Lucilius 260
Ludwig, Christiane Sophie 289
Lübbe, Hermann 46
Lukács, Georg 300
Luserke, Matthias 57, 243–244
Luther, Martin 176, 262–263
Luyando, Augustin Montiano y 221

Männling, Johann Christoph 66
Major, Elias 176

Magny, Constantin de   83
Mahlmann, Theodor   3
Maler, Anselm   150, 275
Mann, Otto   239, 298
Mannack, Eberhard   169, 171, 174–175
Marino, Giambattista   60, 78, 91, 130–131
Marivaux, Pierre Charlet de Chamblain de
    192, 233
Markschies, Lothar   256–257, 303
Markwardt, Bruno   116–117
Marlowe, Christopher   168, 182
Marmontel, Jean François   272
Marquard, Odo   55
Martens, Wolfgang   23, 42, 47, 135, 228,
    272, 280
Martianus Capella   154
Martini, Fritz   180, 231, 240, 244–245
Martino, Alberto   208, 210, 212, 215
Masen, Jacob   104, 167
Mathes, Jürg   211
Mattenklott, Gert   216, 224, 241, 287
Maurer-Schmoock, Sybille   186, 188,
    190–191
Mauser, Wolfram   53
Max, Frank Rainer   103, 138, 265, 274
Maximos Planudes   251
May, Kurt   204
Mayer, Hans   307
Meier, Albert   194, 197, 199, 243,
    293–294
Meier, Georg Friedrich   9, 80, 88, 92,
    99–102, 105, 108, 121–122
Mendelssohn, Moses   2–3, 7–8, 24–25,
    213–215, 218–219
Menippos   260
Merker, Nicolao   6, 21
Meyer, Reinhart   190, 193, 217
Meyer-Krentler, Eckhardt   287
Michelsen, Peter   212–213, 215–216, 295,
    298, 301, 306
Miller, Johann Martin   44
Milton, John   3, 80, 83–84, 152, 154–155
Minturno, Antonio Sebastiano   61, 171
Mitchell, P.M.   251, 253, 303
Mittelstrass, Jürgen   50
Mönch, Cornelia   243
Möller, Horst   2, 7–8, 18
Möller, Uwe   88, 90, 95, 101, 120, 122
Möser, Justus   314
Mog, Paul   53
Molière   185, 187, 192, 226, 228, 233
Montemayor, Jorge de   247
Montesquieu, Charles-Loius de Secondat

290
Moore, Edward   218, 240
Morhof, Daniel Georg   66, 263, 277
Moritz, Karl Philipp   44, 230, 248, 286,
    291, 307–308, 312–314
Morus, Thomas   283–284
Moscherosch, Johann Michael   260, 263
Müller, Götz   57, 282, 297
Müller, Günther   127
Müller, Johannes   37
Müller, Klaus-Detlef   248, 295, 301, 307
Müller, Lothar   57
Münch, Paul   46
Münz, Rudolf   188
Muratori, Lodovico Antonio   77, 82,
    92–93, 116, 120–121
Musil, Robert   308
Mylius, Christlob   209

Nadler, Josef   116
Naubert, Christiane Benedicte   289
Neuber, Johann   185
Neuber, Karoline   185–189, 193, 226
Neukirch, Benjamin   66, 127, 131, 273
Neumann, Peter Horst   241
Neumark, Georg   60, 62, 65
Neumeister, Erdmann   128
Newald, Richard   58, 123
Newton, Isaac   33–34
Nicolai, Friedrich   48, 102, 204–205,
    212–213, 218–219, 221, 288, 291, 310,
    314
Nietzsche, Friedrich   152, 158
Niggl, Günther   248, 307
Nivelle, Armand   99, 120–121
Novalis   115, 161, 317

Øhrgaard, Per   123
Omeis, Magnus Daniel   66, 71, 171
Opitz, Martin   4, 60–65, 71, 81, 87, 91,
    124, 128, 149, 168, 170–171, 177–178,
    180, 185, 263, 276
Osiander, Andreas   26–27
Ovid   60, 70

Palthen, Franz von   104
Pantke, Adolf Bernhard   186
Patzke, Samuel   221
Paul, Jean   111, 134, 264, 267
Paul III.   26
Paulsen, Wolfgang   231
Perels, Christoph   150, 165
Perrault, Charles   71, 272

Persius   260, 263
Pestalozzi, Karl   126
Peters, Günter   153
Pfeffel, Gottlieb Konrad   259
Pfeil, Johann Gottlob Benjamin   210–211,
    217, 240, 272, 287
Pfotenhauer, Helmut   7, 57, 248, 313
Phädrus   251, 258–259
Philipp, Werner   34–36
Philippi, Johann Ernst   261–262
Pikulik, Lothar   52–53, 212, 216, 240
Pindar   128, 153
Pitschel, Friedrich Lebegott   187, 201
Platner, Ernst   311, 313
Platon   107, 198
Plautus   234
Plutarch   197
Pockels, Carl Friedrich   313
Polheim, Karl Konrad   268, 304
Pope, Alexander   12, 33, 89, 133,
    144–146, 154, 263
Poppe, Bernhard   96
Postel, Christian Heinrich   132, 184
Pradon, Jacques   185, 192, 218
Prasch, Johann Ludwig   167
Preisendanz, Wolfgang   82, 90
Promies, Wolfgang   186, 227
Proß, Wolfgang   129, 272–273, 304
Ptolemaios, Klaudios   25, 27
Pütz, Peter   3, 45, 53, 136, 206, 222, 238,
    261, 263, 265
Pufendorf, Samuel   23
Pyra, Jakob Immanuel   49, 153–154, 196,
    199, 201

Quintilian, Marcus Fabius   78
Quistorp, Johann Theodor   229–230

Rabelais, François   263
Rabener, Gottlieb Wilhelm   260–261,
    263–266, 268, 304
Racine, Jean   186, 192, 218
Ramler, Karl Wilhelm   129
Ranke, Leopold von   6
Ray, John   34
Reh, Albert M.   217
Rehm, Walther   106
Reimarus, Hermann Samuel   36, 38–39
Reitz, Johann Henrich   43
Resewitz, Friedrich Gabriel   294
Reuter, Christian   174, 183, 281, 290
Riccoboni, Luigi   185, 187
Richardson, Jonathan   106

Richardson, Samuel   256, 287–288,
    292–294, 307
Richter, Karl   126, 138, 140, 156,
    158–160, 162–163
Rieck, Werner   69
Riedel, Friedrich Just   265–267
Riedel, Wolfgang   57, 86, 143, 243, 313
Riemer, Johann   66
Rist, Johann   130, 133, 169, 177
Robertson, John George   192
Robortello, Francesco   61, 86, 171
Ronsard, Pierre de   60
Rosenbaum, Heidi   53
Rost, Johann Christoph   149, 151
Rotth, Albrecht Christian   60–63, 171,
    194, 277–278
Rousseau, Jean-Jacques   18, 141–143,
    214–215, 284, 287, 290
Rubens, Peter Paul   80
Rühmkorf, Peter   132

Saavedra Fajardo, Diego de   24, 172, 182
Sack, August Friedrich Wilhelm   40
Saine, Thomas P.   262
Saint-Evremond, Charles de Marguetel de
    Saint-Denis   227
Salzmann, Christian Gotthilf   312
Sannazaro, Iacopo   247
Sappho   156
Saße, Günter   241, 242
Sauder, Gerhard   7, 53, 57–58, 155–156,
    212, 232
Scaliger, Julius Cäsar   61, 63
Schatzberg, Walter   33, 162
Schelling, Friedrich Wilhelm Joseph   7, 317
Schenkel, Martin   216–217
Scherpe, Klaus-R.   129, 143–145,
    147–148, 164, 241
Schiller, Friedrich   47, 87, 115, 117,
    143–145, 147–148, 188, 193, 200, 204,
    216, 218, 221, 223, 236, 241, 243, 248,
    268, 272, 311, 314–315, 317
Schings, Hans-Jürgen   7, 57, 139, 170–172,
    176, 213–214, 230, 248, 289–292,
    295–298, 307–308, 313
Schlaffer, Heinz   54, 165, 237, 241
Schlegel, August Wilhelm   311
Schlegel, Friedrich   5, 222, 311
Schlegel, Johann Adolf   209, 255–256,
    258, 269–271, 292
Schlegel, Johann Elias   48, 115, 187–189,
    192, 196, 201–205, 210, 230–232
Schlegel, Johann Heinrich   153

Schlienger, Armin 176
Schlosser, Johann Ludwig 192
Schmid, Christian Heinrich 211
Schmidt, Arno 137
Schmidt, Jochen 4, 50, 89–90, 110, 114, 125, 143, 219
Schmidt, Johann Christoph 155
Schmidt, Johann Lorenz 37
Schmidt, Martin 41
Schmidt-Biggemann, Wilhelm 14, 18, 24, 31, 50
Schnabel, Johann Gottfried 273, 281–288, 295, 299
Schneider, Helmut J. 136
Schneiders, Werner 13, 50
Schön, Erich 45, 242
Schönaich, Christoph Otto Freiherr von 155
Schöne, Albrecht 13, 49, 168, 176
Schönemann, Johann Friedrich 189
Schönert, Jörg 265, 267, 290, 304
Schottel, Justus Georg 61
Schrader, Hans-Jürgen 43
Schröder, Jürgen 236, 238
Schröder, Sophie Charlotte 189
Schröter, Christian 66
Schubart, Christian Friedrich Daniel 47
Schüsseler, Matti 165
Schulte-Sasse, Jochen 54, 123, 241–242
Schulz, Georg-Michael 86, 91, 196, 199–200, 203, 216, 219, 229, 231–232, 243
Schummel, Johann Gottlieb 312
Schweizer, Hans Rudolf 96
Schwind, Peter 67, 70
Scudéry, Madeleine de 281
Seeba, Hinrich 206, 224, 237, 241
Segebrecht, Wulf 65
Seneca 60, 62, 71, 78, 104, 112, 168, 170, 197, 217
Shaftesbury, Anthony Ashley Cooper, Earl of 120, 213, 291
Shakespeare, William 154, 168, 182, 218
Sidney, Philip 247, 278
Siegrist, Christoph 123, 126, 132, 134, 142, 148, 165
Silesius, Angelus 42
Sinemus, Volker 66–67
Singer, Herbert 286, 305
Sinold, Philipp Balthasar von 281, 286–287
Solms, Friedrich 95–96
Sommer, Cornelius 275

Sonnenfels, Joseph von 211
Sophokles 58, 70, 194–195, 236
Spalding, Johann Joachim 40
Spee, Friedrich von 23
Spellerberg, Gerhard 172–173, 279
Spence, Joseph 106
Spener, Jacob 41
Spiess, Bernhard 282, 288, 307–308
Spinoza, Baruch de 11
Stahl, Karl-Heinz 74, 83, 104, 124
Staiger, Emil 126, 156
Statius 60, 78
Steele, Richard 47, 80, 87, 145, 233–234
Steinhagen, Harald 170
Steinmetz, Horst 132, 184, 186, 193, 204, 207, 221–222, 225–226, 233, 237, 242, 245
Stephanus, Henricus 148
Sterne, Lawrence 287, 294–295, 299
Stieler, Kaspar 3, 61, 108
Stierle, Karlheinz 102
Stockinger, Ludwig 282, 284, 309
Stolberg, Friedrich Leopold, Graf zu 151, 153
Stolle, Gottlieb 134, 200
Stoppe, Daniel 258–159
Stranitzky, Joseph Anton 183
Straube, Gottlob Benjamin 230
Strelka, Joseph P. 173
Stuke, Horst 3
Sturz, Helfrich Peter 153, 217
Sulzer, Johann George 8, 88, 260, 271–272, 311
Swift, Jonathan 77, 263–264, 274
Szarota, Elida Maria 106, 176
Szondi, Peter 208, 210, 212, 240–241

Terenz 234
Ter-Nedden, Gisbert 217, 222, 224
Tersteegen, Gerhard 41
Theokrit 142
Thieme, Karl Traugott 312
Thomasius, Christian 19, 21–25, 42, 47, 67, 130, 263, 278
Thomé, Horst 301, 308
Thomson, James 104–105, 218
Thon, Eleonore 289
Tieck, Ludwig 273, 281
Tindal, Matthew 37–38
Titz, Johann Peter 61
Toellner, Richard 139, 147
Toland, John 37–38
Tresenreuter, Sophie 289

Triller, Daniel Wilhelm   129, 251, 258–259
Tronskaja, Maria   261, 263, 265–266, 304
Ueding, Gert   78, 311
Uhlich, Adolf Gottfried   227
Uhse, Erdmann   66
Unger, Rudolf   49
Ungern-Sternberg, Wolfgang von   45
Uz, Johann Peter   148, 151

Valentin, Jean-Marie   177
Van Dülmen, Richard   45–46, 58, 68
Vergil   58, 60, 70, 105–106, 142
Vierhaus, Rudolf   46
Viperano, Giovanni Antonio   171
Vollhardt, Friedrich   54
Voltaire   12, 18, 20, 185, 209, 272, 291, 297
Vondel, Joost van den   60, 168, 170, 177
Voss, Johann Heinrich   151, 153
Vosskamp, Wilhelm   277–281, 284, 293–294, 299, 301, 306

Wagner, Hans   220
Wahrenburg, Fritz   277–279, 306–307
Walch, Johann Georg   37
Watt, Ian   276, 281, 287
Webb, Daniel   106
Weber, Peter   241
Wegmann, Nikolaus   59
Weichmann, Christian Friedrich   131
Weikard, Melchior Adam   313
Weise, Christian   24, 67, 174–175, 179–182, 226, 234, 260, 268
Weiße, Christian Felix   312
Wellbery, David E.   108, 110, 114
Wernicke, Christian   128
Wertheimer, Jürgen   193
Wetterer, Angelika   70
Wezel, Johann Carl   274, 288, 291–292, 297, 299, 301, 308, 314

Wiedemann, Conrad   206, 279
Wiegmann, Hermann   76, 96
Wieland, Christoph Martin   3–5, 33, 47–48, 68, 109, 162, 193, 207, 249–250, 260, 271–272, 274–275, 290–291, 294–299, 301–302, 305, 308, 310, 314
Wierlacher, Alois   208, 210–212, 240
Wiese, Benno von   139, 160, 239–240, 244, 262
Wild, Reiner   52–53, 243
Willems, Gottfried   64, 104, 110, 124–125
Wimmer, Ruprecht   176
Winckelmann, Johann Joachim   105
Windfuhr, Manfred   66, 70, 91, 126, 149
Wöbkemeier, Rita   57
Wölfel, Kurt   195, 205, 298–300, 306
Wölfflin, Heinrich   53
Wolff, Christian   8–9, 18–25, 33, 38, 40, 42, 46, 50, 67–69, 72–73, 76–77, 81–82, 85, 94–96, 99, 103, 117–122, 214, 257, 261
Wuthenow, Ralph-Rainer   284

Young, Edward   12, 114

Zachariae, Justus Friedrich Wilhelm   261
Zedler, Johann Heinrich   69, 215, 262
Zell, Albrecht Jacob   134
Zelle, Carsten   86, 137, 164
Zeller, Konradin   177, 180, 182
Zeman, Herbert   149, 151, 165
Zesen, Philipp von   61, 276
Zigler (und Klipphausen), Heinrich Anselm von   276, 289, 293
Zimmermann, Johann Georg   313
Zincgreff, Julius Wilhelm   274
Zinzendorf, Nikolaus Ludwig von   41–42
Zoellner, Johann Friedrich   1–3, 12
Žmegač, Viktor   50

**Einführung in die Literaturwissenschaft**

Herausgegeben von Miltos Pechlivanos, Stefan Rieger, Wolfgang Struck und Michael Weitz
1995. VI, 453 Seiten, kartoniert
ISBN 3-476-01225-5

Was wird heute in den Literaturwissenschaften gelehrt und gelernt? Welche Schulen, Theorien und Methoden gibt es überhaupt? Was versteckt sich hinter Begriffen wie Diskursanalyse, Dekonstruktion, Hermeneutik, Strukturalismus, New Historicism oder Intertextualität? Wie verändern Kultur- und Medienwissenschaften das Geschäft des Interpretierens? Diese Einführung gibt einen Überblick über die Vielfalt literaturwissenschaftlicher Arbeiten.

»Was die vorliegende Einführung besonders auszeichnet, sind die theoretische Orientierung, die Aktualität der diskutierten Ansätze und der komparatistische Zuschnitt.«     GERMANISTIK

VERLAG J.B. METZLER